BIOGRAFISCHES HANDBUCH
DER BERLINER ABGEORDNETEN 1963–1995
UND STADTVERORDNETEN 1990/1991

Schriftenreihe des Landesarchivs Berlin
Herausgegeben von Uwe Schaper
Band 19

BIOGRAFISCHES HANDBUCH DER BERLINER ABGEORDNETEN 1963–1995 UND STADTVERORDNETEN 1990/1991

Im Auftrag des
Präsidenten des Abgeordnetenhauses von Berlin
herausgegeben von

WERNER BREUNIG und ANDREAS HERBST

Bearbeitet von Andreas Herbst

Mit einer Einleitung von Werner Breunig

Abgeordnetenhaus BERLIN / Landesarchiv Berlin

Copyright © 2016 by Landesarchiv Berlin

Alle Rechte, insbesondere das Recht der Vervielfältigung und Verbreitung sowie der Übersetzung, vorbehalten. Kein Teil des Werkes darf in irgendeiner Form durch Fotokopie, Mikrofilm, CD-ROM usw. ohne schriftliche Genehmigung des Landesarchivs Berlin reproduziert oder unter Verwendung elektronischer Systeme verarbeitet, vervielfältigt oder verbreitet werden. Bezüglich Fotokopien verweisen wir nachdrücklich auf §§ 53, 54 UrhG.

Umschlagbild: Sitzung des Abgeordnetenhauses im Rathaus Schöneberg, der wiedergewählte Regierende Bürgermeister Willy Brandt (am Rednerpult) gibt seine Erklärung über die Richtlinien der Regierungspolitik ab, 18. März 1963.

Satz: Petra Behr und Ute Langbein
Bildbearbeitung: Manfred Schürmann und Brigitte Tröger
Gestaltung: Werner Breunig und Adelbert Dreyer
Druck: DRUCKZONE GmbH & Co. KG, 03048 Cottbus

Printed in Germany · ISBN 978-3-9803303-5-0

Inhalt

Geleitwort des Präsidenten des Abgeordnetenhauses von Berlin	7
Vorbemerkung	9
Werner Breunig Mauerzeit, Mauerfall und Einheit	11
Biografien der Mitglieder des Abgeordnetenhauses von Berlin (4. bis 12. WP)	69
Biografien der Mitglieder der Stadtverordnetenversammlung von Berlin (1. WP)	411
Anhang	451
Bildnachweis	479
Quellen- und Literaturverzeichnis	499
Abkürzungsverzeichnis	509

Geleitwort

Durch den Bau der Berliner Mauer 1961 wurden Tausende von Menschen von heute auf morgen von ihren Familienangehörigen und Freunden getrennt, wurde eine Stadt im wahrsten Sinne des Wortes in zwei Teile gespalten. Niemand wusste zum damaligen Zeitpunkt, was kommen würde und wie sich das Leben unter diesen Voraussetzungen in Berlin weiterentwickeln würde.

Gerade angesichts der erheblichen Verunsicherung in der Bevölkerung war daher der legendäre Besuch des US-Präsidenten John F. Kennedy im Juni 1963 ein wichtiges Zeichen für die Menschen, dass die Alliierten ihre originären Rechte in Berlin auch zukünftig wahrnehmen und die Freiheit der Menschen in West-Berlin garantieren.

In den Folgejahren stellten sich die Menschen im Westteil der Stadt – allen Widrigkeiten zum Trotz – auf diese neue Lebenssituation in der geteilten Millionenstadt ein.

Die politisch Verantwortlichen in Abgeordnetenhaus und Senat von Berlin gestalteten auf der Basis des bestehenden alliierten Viermächtestatus und mit Hilfestellung des Bundes die Stadtpolitik und sorgten so dafür, dass der westliche Teil der Stadt sich kontinuierlich fortentwickeln konnte.

Mit der neuen Ostpolitik der Bundesregierung ab 1969 und dem Abschluss des Viermächteabkommens 1971 entspannte sich die bis dahin existierende unmittelbare Konfrontation zwischen den politisch-militärischen Blöcken an der Nahtstelle zwischen Ost und West spürbar, sodass sich im Laufe der 70er- und 80er-Jahre des 20. Jahrhunderts das Alltagsleben in der Teilstadt – unter den gegebenen Umständen – „normalisierte".

Zeitgleich kam es aber ebenso zu erheblicher Unruhe in Teilen der jungen Generation, die in den großen Studentendemonstrationen Ende der 60er-/Anfang der 70er-Jahre ihren Ausdruck fand und nicht zuletzt 1981 zum Einzug einer neuen Partei in das Abgeordnetenhaus von Berlin führte.

Mit der friedlichen Revolution in der DDR und Ost-Berlin 1989, der Wiedervereinigung Deutschlands und Berlins 1990 wurden – nach vier Jahrzehnten der Teilung der Stadt – die Voraussetzungen auch für ein Gesamtberliner Parlament geschaffen, das am 2. Dezember 1990 frei gewählt wurde und sich am 11. Januar 1991 in der Nikolaikirche in Berlin-Mitte konstituierte.

Das „Biografische Handbuch der Berliner Abgeordneten 1963–1995 und Stadtverordneten 1990/1991" stellt die Biografien der Berliner Parlamentarier im Einzelnen vor und bietet die Möglichkeit, sich ein genaueres Bild über das politische Wirken und den Lebensweg der Volksvertreterinnen und Volksvertreter zu machen.

Mit dem vorliegenden zweiten Band des Handbuchs wird die Chronik über die Mitglieder des Berliner Parlaments seit 1946 nunmehr vervollständigt und abgeschlossen.

Mein Dank gilt erneut Dr. Werner Breunig und Andreas Herbst, ohne deren großes persönliches Engagement dieses Handbuch nicht realisierbar gewesen wäre. Ebenso danke ich Dr. Breunig für die kenntnisreiche Einleitung.

Dem Leiter des Landesarchivs Berlin, Prof. Dr. Uwe Schaper, gilt mein besonderer Dank dafür, dass auch dieser Band in bewährter Weise in der Schriftenreihe des Landesarchivs Berlin veröffentlicht werden konnte.

Berlin, im Juli 2016

Ralf Wieland
Präsident des Abgeordnetenhauses von Berlin

Vorbemerkung

2011 erschien das Biografische Handbuch der Berliner Stadtverordneten und Abgeordneten 1946–1963. Es stellt alle Personen vor, die in der Zeit von 1946 bis 1963 jemals Mitglied der Stadtverordnetenversammlung von Groß-Berlin bzw. des Abgeordnetenhauses von Berlin waren. Als Fortsetzungsband erfasst das vorliegende Biografische Handbuch der Berliner Abgeordneten 1963–1995 und Stadtverordneten 1990/1991 alle Frauen und Männer, die in der Zeit von 1963 bis 1995 jemals Mitglied des Abgeordnetenhauses von Berlin waren bzw. 1990/1991 der Stadtverordnetenversammlung von Berlin angehörten, nahezu 900 Akteure, die in ihrer Zeit gewirkt haben und uns Impulse für Gegenwart und Zukunft bieten.

Im Februar 1963 fand im Westteil Berlins die erste Abgeordnetenhauswahl nach dem Mauerbau statt. Die Mauer war gefallen, als im Mai 1990 im Ostteil der Stadt die Stadtverordnetenversammlung frei gewählt wurde. Im Januar 1991 konstituierte sich das erste Gesamtberliner Abgeordnetenhaus, dessen fünfjährige Wahlperiode im November 1995 endete.

Die Kurzbiografien der Abgeordneten und Stadtverordneten geben Auskunft über die Fraktions- bzw. Parteizugehörigkeit, Geburtsdatum und -ort sowie Sterbedatum und -ort, die Mitgliedschaft im Parlament, den Bildungsweg sowie den beruflichen und politischen Werdegang. Ergänzt werden die Biografien durch Porträtfotos.

Im Anhang des vorliegenden Handbuchs werden für jede einzelne Wahlperiode der Wahltag, das Datum der ersten Sitzung, das Datum der letzten Sitzung, das Ende der Wahlperiode, das Präsidium, die Fraktionen und die Ausschüsse aufgeführt.

Herzlich gedankt sei dem Präsidenten des Abgeordnetenhauses von Berlin, Ralf Wieland, dem Direktor des Landesarchivs Berlin, Professor Dr. Uwe Schaper, und dem Leiter der Gedenkstätte Deutscher Widerstand, Professor Dr. Johannes Tuchel, für die Förderung des Projektes.

Berlin, im Juli 2016   Werner Breunig und Andreas Herbst

Werner Breunig

Mauerzeit, Mauerfall und Einheit

Am 13. August 1961 begann der Bau der Berliner Mauer. Um die Fluchtbewegung von der Ost- in die Westhälfte der Stadt zu stoppen, ließ das ostdeutsche Regime mit sowjetischer Rückendeckung die Sektorengrenze abriegeln, schließlich eine als „antifaschistischer Schutzwall" deklarierte Mauer errichten, die zum Symbol für die Spaltung Deutschlands und Europas wurde. Mit dem Mauerbau brach eine neue Epoche in der Geschichte Berlins an, die nahezu drei Jahrzehnte währende Mauerzeit.

Die erste Abgeordnetenhauswahl nach dem Mauerbau fand am 17. Februar 1963 statt. Sie bescherte der SPD mit ihrem charismatischen Spitzenkandidaten Willy Brandt, der als Regierender Bürgermeister die historischen Herausforderungen der zweiten Berlin-Krise bestanden hatte, einen grandiosen Erfolg, ihr zweitbestes Ergebnis in der Berliner Nachkriegsgeschichte, fast so gut wie im Blockadejahr 1948.[1] Die bis dahin als Koalitionspartner fungierende CDU unter Franz Amrehn hingegen musste herbe Verluste einstecken. Während die SPD um 9,3 Prozentpunkte auf 61,9 % der Stimmen zulegen konnte, rutschte die CDU um 8,9 Punkte auf 28,8 % ab.[2] Der FDP, bei der Abgeordnetenhauswahl 1958 an der Fünfprozenthürde gescheitert, gelang mit 7,9 % die Rückkehr ins Parlament. Die SED-W (Sozialistische Einheitspartei Deutschlands – Westberlin), der West-Berliner Ableger der SED, verpasste den Einzug ins Abgeordnetenhaus deutlich. Die Wahlbeteiligung lag mit 89,9 % etwas tiefer als 1950 (90,4 %), 1954 (91,8 %) und 1958 (92,9 %).[3]

Ergebnis der Wahl zum Abgeordnetenhaus am 17. Februar 1963[4]

Wahlbeteiligung: 89,9 %

SPD: 61,9 % (89 Mandate)
CDU: 28,8 % (41 Mandate)
FDP: 7,9 % (10 Mandate)
SED-W: 1,4 %

---

1 Bei der Wahl zur Stadtverordnetenversammlung von Groß-Berlin am 5. Dezember 1948 hatte die SPD 64,5 % der Stimmen erzielen können. Zum Ergebnis dieser Stadtverordnetenwahl siehe Siegfried Heimann, „Blütenträume" und die „Mühen der Ebene" im Nachkriegsberlin (1945–1963), in: Biografisches Handbuch der Berliner Stadtverordneten und Abgeordneten 1946–1963, im Auftrag des Präsidenten des Abgeordnetenhauses von Berlin bearb. von Werner Breunig/Andreas Herbst, mit einer Einleitung von Siegfried Heimann (= Schriftenreihe des Landesarchivs Berlin, Bd. 14), Berlin 2011, S. 11–54, hier S. 33.
2 Zur Abgeordnetenhauswahl am 7. Dezember 1958 siehe ebd., hier S. 51.
3 Vgl. ebd., hier S. 42, 47 und 51.
4 Vgl. Amtsblatt für Berlin vom 27. März 1963, S. 408–412.

Verlauf der Berliner Mauer am Brandenburger Tor, März 1962.

Im Januar 1963, vier Wochen vor dem Urnengang, hatte Willy Brandt ein Zusammentreffen mit dem in Ost-Berlin weilenden sowjetischen Regierungs- und Parteichef Nikita Chruschtschow auf Druck der CDU, die mit dem Platzen der Koalition drohte, in letzter Minute absagen müssen. In seinen Erinnerungen schreibt Brandt: „Bürgermeister Amrehn, mein Stellvertreter, erklärte auf einer außerordentlichen Senatssitzung in aller Form, wenn auch mit nur zögernder Zustimmung einiger der CDU-Kollegen, seine Partei würde die Stadtregierung verlassen, sollte ich das Treffen mit Chruschtschow wahrnehmen. Berlin dürfe ‚keine eigene Außenpolitik' betreiben. Ich kam zu dem Ergebnis, unter diesen Umständen im letzten Augenblick absagen zu lassen. Mir schien es nicht ratsam, dem mächtigen Mann aus Moskau mit einem eben geplatzten Senat im Rücken gegenüberzutreten; außerdem standen Wahlen unmittelbar bevor. Ich hätte sie so haushoch nicht gewonnen, würde ich mich anders entschieden haben."[5]

Amrehns Veto gegen das Brandt-Chruschtschow-Treffen dürfte zu dem schlechten Wahlergebnis der CDU beigetragen haben. Auch die Enttäuschung darüber, dass Bundeskanzler Konrad Adenauer (CDU) erst etliche Tage nach dem 13. August 1961 nach Berlin gekommen war, sowie die „Spiegel"-Affäre vom Herbst 1962 spielten möglicherweise eine Rolle.

Als sich am 8. März 1963 das Abgeordnetenhaus der 4. Wahlperiode konstituierte, wurde Otto Bach (SPD) einstimmig erneut zum Parlamentspräsidenten gewählt. Er hatte dieses Amt erstmals im September 1961 – nach dem Tod von Willy Henneberg (SPD) – angetreten.

5 Willy Brandt, Erinnerungen, 5. Auflage, Frankfurt am Main 1990, S. 53.

Willy Brandt blieb Regierender Bürgermeister. Zum dritten Mal nach 1957 und 1959 wurde er in der zweiten, ebenfalls am 8. März 1963 abgehaltenen Sitzung des Abgeordnetenhauses in dieses Amt gewählt.

Die traditionelle Eintracht zwischen Berliner Sozial- und Christdemokraten war zerbrochen, und die seit 1955 bestehende Koalition der beiden großen Parteien wurde nicht fortgeführt. Franz Amrehn, der acht Jahre lang als Bürgermeister fungiert hatte, nahm nun als CDU-Fraktionschef auf der Oppositionsbank Platz.

Obwohl die SPD über eine komfortable absolute Mehrheit – fast zwei Drittel der 140 Mandate – verfügte und somit die Möglichkeit einer Alleinregierung bestand, entschied sie sich für eine Koalition mit der wieder ins Abgeordnetenhaus eingezogenen FDP. Diese stellte drei Senatoren: Der Jurist Hans-Günter Hoppe, der später in die Bundespolitik wechseln und als Berliner Abgeordneter dem Deutschen Bundestag angehören sollte, übernahm das Ressort „Finanzen", der Mediziner Gerhart Habenicht „Gesundheitswesen" und der Jurist Wolfgang Kirsch „Justiz". Bürgermeister und damit Stellvertreter von Willy Brandt wurde der vorherige Innensenator Heinrich Albertz (SPD), der gleichzeitig das Ressort „Sicherheit und Ordnung" übernahm. Senator für Arbeit und soziale Angelegenheiten blieb Kurt Exner (SPD), der dieses Amt seit 1959 innehatte, Senator für Bau- und Wohnungswesen der Diplom-Ingenieur Rolf Schwedler (SPD), seit 1955 im

Sitzung des Abgeordnetenhauses im Rathaus Schöneberg, der wiedergewählte Regierende Bürgermeister Willy Brandt (am Rednerpult) gibt seine Erklärung über die Richtlinien der Regierungspolitik ab, 18. März 1963.

US-Präsident John F. Kennedy, der Regierende Bürgermeister Willy Brandt und Bundeskanzler Konrad Adenauer (von links) im offenen Wagen vor der Mauer am Brandenburger Tor, 26. Juni 1963.

Amt, Senator für Bundesangelegenheiten und Senator für Post- und Fernmeldewesen Klaus Schütz (SPD), seit 1961 im Amt. Senator für Inneres wurde Otto Theuner (SPD), als Nachfolger von Heinrich Albertz, für Jugend und Sport der Berliner Bundestagsabgeordnete Kurt Neubauer (SPD), für Schulwesen der Landesschulrat Carl-Heinz Evers (SPD). Senator für Verkehr und Betriebe blieb Otto Theuner, der dieses Ressort schon seit 1955 führte, für Wirtschaft Karl Schiller (SPD), seit 1961 im Amt. Senator für Wissenschaft und Kunst wurde der Jurist und prominente Bundestagsabgeordnete Adolf Arndt (SPD).

Arndt trat schon nach einem Jahr von seinem Senatorenamt zurück. Zum Nachfolger wurde Werner Stein (SPD) gewählt. Der vielseitige Mann, Mitglied des Abgeordnetenhauses seit 1955, war Professor für Biophysik an der Freien Universität Berlin und Verfasser des immer wieder neu aufgelegten „Kulturfahrplans" mit den wichtigsten Daten der Kulturgeschichte.

Das Ressort „Sicherheit und Ordnung" wurde im November 1965 wieder in „Inneres" eingegliedert und Bürgermeister Albertz zum Innensenator gewählt; der vorherige Innensenator Otto Theuner blieb Senator für Verkehr und Betriebe.

Den zur Senatsmannschaft gehörenden, das Wirtschaftsressort leitenden Hanseaten Karl Schiller hatte Willy Brandt bereits Ende 1961 von der Elbe an die Spree geholt, wo der brillante Wirtschaftsprofessor und frühere Hamburger Wirtschaftssenator die Nachfolge für den verstorbenen Senator Paul Hertz (SPD) antrat und half, die wirtschaftliche

Überlebensfähigkeit der eingemauerten Halbstadt zu sichern. Schiller legte sein Amt im Herbst 1965 nieder, nachdem ihn das Abgeordnetenhaus zum Berliner Bundestagsabgeordneten gewählt hatte. Zu seinem Nachfolger als Wirtschaftssenator wurde der Volkswirt Karl König (SPD) bestellt. Brandt dankte Schiller für seine vierjährige Tätigkeit in der Inselstadt mit den Worten: „Nicht jeder macht sich heute noch klar, welcher Erschütterung wir hier damals um die Jahreswende 1961/1962 gegenüberstanden. Die ideenreiche Arbeit und die sachliche Souveränität von Herrn Schiller haben entscheidend dazu beigetragen, daß wir wirtschaftlich wieder festen Boden unter die Füße bekamen. Er hat sich wesentlich und erfolgreich darum bemüht, daß die zusätzliche, wirtschaftlich sinnvolle und fruchtbare Förderung der Berliner Wirtschaft in Bonn durchgesetzt werden konnte, und er hat uns auch bei unseren Auslandskontakten, zumal in den Vereinigten Staaten, maßgeblich geholfen."[6] Berlin war für Schiller das Sprungbrett zu einer großen Karriere in der Bundespolitik. Ab 1966 gehörte er dem Kabinett der Großen Koalition unter Bundeskanzler Kurt Georg Kiesinger (CDU) als Bundeswirtschaftsminister an. Im Kabinett von Bundeskanzler Willy Brandt übernahm er 1971 auch noch das Finanzressort und wurde zum ersten „Superminister" der Bundesrepublik.

Als ein herausragendes Ereignis des Jahres 1963 gilt der Berlin-Besuch von US-Präsident John F. Kennedy. Seit bald zwei Jahren stand die Mauer, als dem mächtigsten Mann der westlichen Welt am 26. Juni 1963 ein Triumphzug durch die Stadt bereitet wurde. „In

Höhepunkt des Kennedy-Besuchs: Kundgebung mit etwa 400 000 Teilnehmern auf dem Rudolph-Wilde-Platz vor dem Rathaus Schöneberg, 26. Juni 1963.

6 Abgeordnetenhaus von Berlin, IV. Wahlperiode, Stenographischer Bericht, 60. Sitzung, S. 485.

der Geschichte Berlins war solch ehrlicher Jubel noch keinem Gast zuteil geworden", stellt Willy Brandt, der mit Kennedy und Bundeskanzler Konrad Adenauer eine Fahrt im offenen Wagen durch die Reihen begeisterter Berlinerinnen und Berliner genießen konnte, in seinen Erinnerungen fest.[7] Höhepunkt war eine Kundgebung auf dem Rudolph-Wilde-Platz vor dem Rathaus Schöneberg, wo etwa 400 000 Menschen den Präsidenten, Garant ihrer Freiheit, und seine berühmt gewordene Rede bejubelten. „Ich bin ein Berliner", mit diesen Worten versprach er der Mauerstadt seine Loyalität.

Wenige Monate nach seinem Berlin-Besuch wurde Kennedy in Dallas, Texas, ermordet. Spontan versammelten sich Zigtausende auf dem Rudolph-Wilde-Platz, der drei Tage später in John-F.-Kennedy-Platz umbenannt werden sollte.

Im Oktober 1963 kam Konrad Adenauer, der seinen Rücktritt für Herbst 1963 vor Ablauf der normalen Amtsperiode zugesagt hatte, zu seinem Abschiedsbesuch als Bundeskanzler nach Berlin. In einem Festakt im Rathaus Schöneberg verlieh man dem 87-Jährigen die Ehrenbürgerwürde. Nachfolger im Kanzleramt wurde der „Vater des Wirtschaftswunders", der vorherige Vizekanzler und Bundeswirtschaftsminister Ludwig Erhard, der die Regierungskoalition aus CDU/CSU und FDP fortsetzte. Bald nach seiner Wahl absolvierte Erhard seinen ersten Berlin-Besuch als Bundeskanzler.

Willy Brandt berichtet in seinen Erinnerungen von Ludwig Erhards Idee, Moskau die DDR abzukaufen: „Eines Tages, während einer Autofahrt in Berlin, fragte er, damals noch Wirtschaftsminister, allen Ernstes, wieviel es wohl kosten würde, den Russen die Zone abzukaufen!"[8] Als Kanzler hielt der gebürtige Franke an seiner Idee fest. Eigentlich wollte er sie John F. Kennedy vortragen, aber dazu kam es nicht mehr. Als Erhard Ende 1963 Kennedys Nachfolger Lyndon B. Johnson auf dessen Ranch in Texas besuchte, bat er den US-Präsidenten unter vier Augen, er möge Nikita Chruschtschow den Deal antragen. Doch Johnson reagierte kühl: Er habe vorerst nicht die Absicht, den sowjetischen Regierungschef zu treffen.[9]

Bemühungen, durch eine „Politik der menschlichen Erleichterungen" oder „Politik der kleinen Schritte" die Berliner Mauer „durchlässig" zu machen, führten zum ersten Passierscheinabkommen von 1963. Gut zwei Jahre nach dem Mauerbau ermöglichte die zu Weihnachten 1963 ausgehandelte Regelung – ausgehandelt zwischen dem Senat und der DDR-Regierung – Verwandtenbesuche in Ost-Berlin. „Die DDR hatte mit 30 000 Besuchern gerechnet; das hielten wir für viel zu niedrig, aber daß daraus über die Feiertage 1,2 Millionen Besucher werden sollten, überstieg alle Erwartungen. 790 000 West-Berliner nutzten die Möglichkeit, viele also mehrfach. Oft kamen Verwandte und Freunde aus der Zone dazu. Wir konnten ohne Übertreibung feststellen, daß in jenen Tagen an die vier Millionen Menschen einander wiedergesehen hatten", hält Willy Brandt später fest.[10]

Drei weitere Passierscheinabkommen folgten in den 60er-Jahren. Immer bestanden die Besuchsmöglichkeiten nur für eine kurze Zeit. Eine dauerhafte Regelung sollte es erst Anfang der 70er-Jahre mit dem Berliner Viermächteabkommen geben.

Der Deutsche Bundestag wählte am 1. Dezember 1966 Kurt Georg Kiesinger zum neuen Bundeskanzler als Nachfolger des zurückgetretenen Ludwig Erhard. Erstmals wurden die Sozialdemokraten, die seit 1949 in der Opposition gestanden hatten, an der Bundesregierung beteiligt. Willy Brandt – 1961 und 1965 Kanzlerkandidat der SPD und

---

7 W. Brandt, Erinnerungen (wie Anm. 5), S. 70.
8 Ebd., S. 79.
9 Vgl. http://www.spiegel.de/spiegel/print/d-80726190.html (letzter Zugriff am 1. Juli 2016).
10 W. Brandt, Erinnerungen (wie Anm. 5), S. 81.

Berlin-Besuch von Bundeskanzler Ludwig Erhard, Ankunft auf dem Flughafen Tempelhof, von links: Finanzsenator Hans-Günter Hoppe, Bundeskanzler Erhard, der Regierende Bürgermeister Willy Brandt, der CDU-Landesvorsitzende und Fraktionschef im Abgeordnetenhaus, Franz Amrehn, sowie der Präsident des Abgeordnetenhauses, Otto Bach, 28. Oktober 1963.

damit Herausforderer von Konrad Adenauer bzw. Ludwig Erhard, seit 1964 als Nachfolger von Erich Ollenhauer Bundesvorsitzender der SPD – wurde zum Außenminister und Vizekanzler der ersten Großen Koalition aus CDU/CSU und SPD ernannt. Aus seinem Berliner Amt, das er neun Jahre lang bekleidet hatte, schied er aus, und auch die übrigen Senatsmitglieder erklärten ihren Rücktritt. Viele Berlinerinnen und Berliner waren stolz auf ihr langjähriges Stadtoberhaupt und freuten sich, „daß ein Berliner eine so verantwortungsvolle Aufgabe in der Bundesrepublik Deutschland übernimmt" (Parlamentspräsident Otto Bach).[11]

Brandt blieb Mitglied des Abgeordnetenhauses von Berlin. Am 12. Dezember 1970 wurde er – inzwischen Kanzler einer sozialliberalen Koalition – mit einer Medaille für 20-jährige Zugehörigkeit zum Abgeordnetenhaus und mit der Berliner Ehrenbürgerwürde ausgezeichnet. Erst mit dem Ende der 5. Wahlperiode, im Frühjahr 1971, schied er aus dem Berliner Parlament aus.

Unter dem Motto „Wandel durch Annäherung" betrieb Willy Brandt, Bundeskanzler von 1969 bis 1974, eine neue Ostpolitik – der Grundstein war mit den Passierscheinabkommen gelegt worden – und begann mit den Ostverträgen einen Kurs der Entspannung

---

11 Abgeordnetenhaus von Berlin, IV. Wahlperiode, Stenographischer Bericht, 84. Sitzung, S. 580.

und des Ausgleichs mit der Sowjetunion, der DDR, Polen und den übrigen Ostblockstaaten. 1971 erhielt er für diese Politik den Friedensnobelpreis.

Das Abgeordnetenhaus hatte am 14. Dezember 1966 – drei Monate vor der anstehenden Neuwahl des Abgeordnetenhauses – den vorherigen Stellvertreter Willy Brandts, Heinrich Albertz, zum Regierenden Bürgermeister gewählt. Otto Theuner wurde Bürgermeister, blieb Verkehrssenator und übernahm für die Übergangszeit bis zur Senatsbildung nach der bevorstehenden Wahl zum Abgeordnetenhaus die Geschäfte des Innensenators. Albertz nahm selbst die Geschäfte des Senators für Bundesangelegenheiten sowie des Senators für Post- und Fernmeldewesen wahr, denn Klaus Schütz war Willy Brandt nach Bonn gefolgt, als Staatssekretär im Auswärtigen Amt. Ansonsten wurden die Mitglieder des vorherigen Senats in ihren Ämtern bestätigt.

Den evangelischen Pastor Heinrich Albertz, 1915 in Breslau geboren, in der NS-Zeit Mitglied der Bekennenden Kirche, hatte es nach dem Krieg in die Politik verschlagen. Er trat der SPD bei, wurde in den Niedersächsischen Landtag gewählt, von Niedersachsens erstem Ministerpräsidenten, dem Sozialdemokraten Hinrich Wilhelm Kopf, 1948 zum Flüchtlings- und später zum Sozialminister berufen. Zudem wirkte er als Bundesvorsitzender der Arbeiterwohlfahrt. Mitte der 50er-Jahre holte ihn der damalige Berliner SPD-Vorsitzende Franz Neumann nach Berlin, wo er zunächst als Senatsdirektor beim Senator für Volksbildung wirkte. Willy Brandt machte ihn 1959 zum Chef der Senatskanzlei und damit zu einem seiner engsten Mitarbeiter. Im Dezember 1961, nach dem frühen Tod von Innensenator Joachim Lipschitz (SPD), wurde er dessen Nachfolger. Ab März 1963 war er Bürgermeister und damit Stellvertreter von Willy Brandt, dem er den Rücken freihielt für die Aufgaben als SPD-Bundesvorsitzender und Kanzlerkandidat.

Am 12. März 1967 wurde ein neues Abgeordnetenhaus gewählt. Die SPD, die ihren erfolgreichen und populären Spitzenkandidaten des Jahres 1963 an die Bundespolitik verloren hatte, konnte zwar ihre absolute Mehrheit mit 56,9 % der Stimmen klar behaupten, erlitt aber eine Einbuße von 5 Prozentpunkten. Der Koalitionspartner FDP verzeichnete ein leichtes Minus von 0,8 Punkten. Die CDU mit ihrem Spitzenkandidaten Franz Amrehn konnte 4,1 Punkte zulegen und somit einen Teil der bei der letzten Wahl erlittenen Verluste wettmachen. Amrehn sollte sich 1969 aus der Landespolitik zurückziehen.

Ergebnis der Wahl zum Abgeordnetenhaus am 12. März 1967[12]

Wahlbeteiligung: 86,2 %

SPD: 56,9 % (81 Mandate)
CDU: 32,9 % (47 Mandate)
FDP: 7,1 % (9 Mandate)
SED-W: 2,0 %
AUD: 1,1 %

In der konstituierenden Sitzung des Abgeordnetenhauses der 5. Wahlperiode am 6. April 1967 wurde Walter Sickert (SPD), der Berliner DGB-Chef, zum Parlamentspräsidenten gewählt. Acht Jahre lang, bis 1975, sollte er dieses Amt ausüben, sechs Jahre als Vizepräsident sollten folgen.

Der vorherige Präsident Otto Bach hatte nach fast sechsjähriger Amtsführung auf eine erneute Kandidatur bei der Wahl zum Abgeordnetenhaus verzichtet und schied aus dem Parlament aus. Er war 67 Jahre alt und trat in den Ruhestand.

---

12 Vgl. Amtsblatt für Berlin, Teil I, vom 20. April 1967, S. 550–554.

*Wahl zum Abgeordnetenhaus am 12. März 1967,
der Regierende Bürgermeister Heinrich Albertz
an der Wahlurne.*

Heinrich Albertz wurde wieder zum Regierenden Bürgermeister gewählt. Anschließend erfolgte die Wahl des Bürgermeisters und der Senatoren. Die Kleine Koalition aus SPD und FDP wurde fortgesetzt, die Zahl der Senatsverwaltungen von zwölf auf neun verkleinert. Die FDP stellte nur noch einen Senator: Hans-Günter Hoppe, vorheriger Senator für Finanzen, übernahm das Justizressort. Bürgermeister und Finanzsenator wurde der gelernte Bankkaufmann Heinz Striek (SPD), vorheriger Senatsdirektor für Finanzen. Senator für Bau- und Wohnungswesen blieb Rolf Schwedler. Senator für Bundesangelegenheiten wurde Dietrich Spangenberg (SPD), seit 1963 Chef der Senatskanzlei. Das Innenressort übernahm der Rechtsanwalt Wolfgang Büsch, vorheriger parlamentarischer Geschäftsführer der SPD-Fraktion. Senator für Schulwesen blieb Carl-Heinz Evers. Das neue Mammutressort „Soziales, Gesundheit, Jugend und Sport" wurde Kurt Neubauer übertragen. Senator für Wirtschaft blieb Karl König, für Wissenschaft und Kunst Werner Stein.

Wenige Monate nach der Senatsbildung, am 19. September 1967, trat Innensenator Wolfgang Büsch zurück. Er zog damit die Konsequenz aus der Kritik des vom Abgeordnetenhaus eingesetzten Untersuchungsausschusses am Polizeieinsatz beim Berlin-Besuch des Schahs von Persien am 2. Juni 1967. Damals hatten Studenten gegen das autoritäre Schah-Regime protestiert. Bei einem massiv fehlgesteuerten Polizeieinsatz gegen Demonstranten vor der Deutschen Oper in Charlottenburg erschoss der Kriminalobermeister Karl-Heinz Kurras den Studenten Benno Ohnesorg. Kurras war, wie erst 2009 bekannt werden sollte, Inoffizieller Mitarbeiter beim Ministerium für Staatssicherheit der DDR und Mitglied der SED, handelte aber wohl „aus eigenem Ordnungsfana-

Berlin-Besuch des Schahs von Persien, Zuschauer vor dem Rathaus Schöneberg, unter ihnen Demonstranten, die sich Papiertüten mit den aufgeklebten Porträts des Schahs und seiner Gattin aufgesetzt haben, 2. Juni 1967.

tismus heraus".[13] Sein Todesschuss und seine spätere Freisprechung vom Vorwurf der fahrlässigen Tötung trugen wesentlich zur Radikalisierung der Studentenbewegung in der Bundesrepublik und West-Berlin bei.

Rund drei Monate nach dem fatalen Geschehen vom 2. Juni 1967 fiel im Abgeordnetenhaus Albertz' berühmt gewordener Satz, in dem man „ein Verständigungsangebot an die rebellierenden Studenten" erkennen mag:[14] „Ich war am schwächsten, als ich am härtesten war, in jener Nacht des 2. Juni".[15]

Eine Woche nach Wolfgang Büsch trat auch Heinrich Albertz, Attacken und Intrigen des linken und rechten Parteiflügels der Berliner SPD ausgesetzt, zurück – nach nur rund neun Monaten im Amt. Er begründete diesen Schritt mit dem Scheitern seiner Bemühungen, „einen arbeitsfähigen Senat zu erhalten".[16]

Nach seinem Rücktritt vom Amt des Regierenden Bürgermeisters blieb Albertz zunächst Mitglied des Abgeordnetenhauses, legte sein Mandat aber im Juni 1970 nieder. Wenig später verließ er auch den Berliner Landesverband der SPD und ließ sich in den

---

13 Die Nacht der langen Knüppel. Christian Schröder über Kurras und die Straßenschlacht am 2. Juni, in: Der Tagesspiegel vom 29. Mai 2009, S. 23.
14 Uwe Soukup, Abgeschossen von den eigenen Genossen. Heute vor 40 Jahren trat Heinrich Albertz als Regierender Bürgermeister zurück – nach 285 Tagen im Amt. Der Tod Benno Ohnesorgs war nur ein Grund dafür, in: Der Tagesspiegel vom 26. September 2007, S. 12.
15 Abgeordnetenhaus von Berlin, V. Wahlperiode, Stenographischer Bericht, 10. Sitzung, S. 270 f.
16 Pressedienst des Landes Berlin vom 26. September 1967, S. 6.

Bezirksverband seines zweiten Wohnsitzes eintragen, war fortan Mitglied des Bezirksverbands Rheinland-Hessen-Nassau.

Im August 1970 kehrte Albertz auf die Kanzel zurück. Zunächst betreute er kommissarisch die Fürbitt-Gemeinde in Britz, übernahm 1971 eine reguläre Pfarrstelle in der Gropiusstadt (Kirchenkreis Neukölln) und wechselte 1974 in die Zehlendorfer Gemeinde Schlachtensee, in der er bis zu seiner Pensionierung 1979 als Pfarrer tätig war.

Am 19. Oktober 1967 hatte das Abgeordnetenhaus den 41-jährigen Klaus Schütz zu Albertz' Nachfolger im Amt des Regierenden Bürgermeisters gewählt. „Ich war mir keineswegs sicher", schreibt Schütz später in seinen Erinnerungen, „ob ich der Richtige für dieses Amt und ob dieses Amt für mich das Richtige sei, diese Mischung aus Außenpolitik und Parteibasis, Universität und Märkischem Viertel, Stadtreinigung und DDR-Kontakt, Kindergarten und Zugangsregelung, amerikanischer Schutzmacht und Anti-Vietnam-Demonstration, Kleingärtnern und Abrassimow und so weiter und so weiter."[17]

Klaus Schütz kehrte nach nur zehn Monaten als Bonner Staatssekretär – in dieser Zeit hatte er sein Abgeordnetenhausmandat beibehalten – nach Berlin zurück. Fast zehn Jahre sollte er an der Senatsspitze bleiben und die Regierungsgeschäfte führen. 1968 übernahm er auch den Landesvorsitz der Berliner SPD. Der gebürtige Heidelberger war von seinem zehnten Lebensjahr an in Berlin aufgewachsen, besuchte das Paulsen-Realgymnasium in Steglitz, wurde 1944 Soldat. Kurz vor Kriegsende schwer verwundet, blieb sein rechter Arm gelähmt. Schütz begann mit einem Studium der Germanistik und Geschichte an der Universität Berlin, wechselte 1949 an die neu gegründete Freie Universität Berlin und besuchte die Harvard University in den USA. 1951 übernahm er eine Assistentenstelle am Institut für Politische Wissenschaft der Freien Universität. Seit 1946 SPD-Mitglied, gehörte Schütz ab 1955 dem Abgeordnetenhaus an, bis 1957, als er für den zum Regierenden Bürgermeister gewählten Willy Brandt in den Deutschen Bundestag nachrückte. Sein Mentor Brandt holte ihn im Dezember 1961 als Senator für Bundesangelegenheiten und Senator für Post- und Fernmeldewesen in die Berliner Landesregierung und fünf Jahre später als Staatssekretär ins Auswärtige Amt. Seit 1963 war Schütz wieder Mitglied des Abgeordnetenhauses.

Das Abgeordnetenhaus wählte am 19. Oktober 1967 auch den Bürgermeister und die Senatoren. Heinrich Albertz' Kontrahent Kurt Neubauer avancierte zum Bürgermeister und Innensenator.[18] Das Riesenressort „Soziales, Gesundheit, Jugend und Sport", das er unter Albertz geleitet hatte, wurde unter dem Mediziner Klaus Bodin (SPD), seit 1965 Bezirksbürgermeister von Spandau, und dem als Unterhändler des Senats für die Passierscheinverhandlungen bekannt gewordenen Juristen Horst Korber (SPD) aufgeteilt. Bodin wurde Senator für Arbeit, Gesundheit und Soziales, Korber Senator für Familie, Jugend und Sport. Ansonsten glich der neue dem alten Senat. Die FDP war weiterhin durch Hans-Günter Hoppe, der Justizsenator blieb, vertreten.

---

17 Klaus Schütz, Logenplatz und Schleudersitz. Erinnerungen, Berlin und Frankfurt am Main 1992, S. 127.
18 Nach dem Ausscheiden von Innensenator Wolfgang Büsch aus dem Senat hatte der rechte Flügel der Berliner SPD versucht, Kurt Neubauer als Innensenator und auch als Bürgermeister – somit als Stellvertreter von Heinrich Albertz – durchzusetzen. Albertz sagt später, es sei der Auslöser seines Rücktritts gewesen, „daß ich eben einfach nicht ertragen konnte, daß Herr Neubauer mir als Stellvertreter aufgezwungen werden sollte". Heinrich Albertz, Dagegen gelebt – von den Schwierigkeiten, ein politischer Christ zu sein. Gespräche mit Gerhard Rein (= rororo aktuell, 4001), Reinbek bei Hamburg 1976, S. 46.

Im März 1969 wählte die in West-Berlin tagende Bundesversammlung den Sozialdemokraten Gustav Heinemann zum Bundespräsidenten. Das dritte Staatsoberhaupt der Bundesrepublik Deutschland nach Theodor Heuss und Heinrich Lübke nahm seine Dienstgeschäfte im Juli 1969 auf und ernannte Dietrich Spangenberg zum Staatssekretär und Chef des Bundespräsidialamts. Spangenberg schied daraufhin aus dem Senat aus; sein Nachfolger als Bundessenator wurde Horst Grabert (SPD), vorheriger Chef der Senatskanzlei.

Aus Protest gegen die negativen Auswirkungen der vom Senat konzipierten mittelfristigen Finanzplanung auf die West-Berliner Bildungspolitik trat Schulsenator Carl-Heinz Evers im März 1970 von seinem Amt zurück. Zum Nachfolger wählte das Abgeordnetenhaus den Vorsitzenden des Ausschusses für Wissenschaft und Kunst, Gerd Löffler (SPD).

Zu Beginn seiner Amtszeit hatte der Regierende Bürgermeister Klaus Schütz den wachsenden Studentenprotesten dadurch begegnen wollen, dass er sich der Diskussion mit der studentischen Opposition stellte. Doch als er im Dezember 1967 auf Einladung des AStA der Freien Universität einen Vortrag im Auditorium maximum hielt, schlugen ihm Spott und Hohn entgegen. Ein Transparent wurde hochgehalten, auf dem zu lesen stand: „Solche Idioten regieren uns", „Phrasen dreschen" und „Knüppel ins Genick" – „das ist Berliner Schützenpolitik". Fortan ging Schütz auf Distanz zu den rebellierenden Studenten.

Die studentische Protestbewegung hatte ihren Anfang an der Freien Universität genommen und sich von hier über die gesamte Bundesrepublik ausgebreitet. Was mit der Forderung nach einer Reform der „verstaubten" Hochschulen begann, wuchs schnell zu

Auf Einladung des AStA der Freien Universität hält der Regierende Bürgermeister Klaus Schütz (am Rednerpult) einen Vortrag im Auditorium maximum, 19. Dezember 1967.

einer Revolte gegen die etablierte Wertewelt der Gesellschaft heran. „So häufig damals politische Begriffe und Parolen verwendet wurden und so gewiss die Theoretiker und Führer dieser Revolte politische Ziele verfolgten, so war es doch für die meisten, die sich an ihr beteiligten, zunächst einmal ein vager und längst fälliger Protest gegen das, was man das ‚Establishment' nannte, also gegen die Welt der Väter", schreibt Marcel Reich-Ranicki im Rückblick auf die damalige Revolte.[19]

Den jungen West-Berliner Studenten, häufig aus Westdeutschland zugezogen, um sich der Bundeswehr zu entziehen, standen alteingesessene West-Berliner gegenüber, die die Blockade, die Luftbrücke, den Mauerbau und Kennedys Besuch in der Frontstadt erlebt hatten und für die es unerträglich war, dass sich die Proteste der jungen Leute wegen des militärischen Engagements der USA in Vietnam verstärkt gegen die amerikanische Schutzmacht richteten. Es gab „eine Art Pogromstimmung gegen die Studentenbewegung", insbesondere gegen deren Leitfigur, Rudi Dutschke.[20] Einem in der Technischen Universität veranstalteten Vietnam-Kongress, bei dessen Abschlussdemonstration am 18. Februar 1968 etwa 10 000 Teilnehmerinnen und Teilnehmer durch die West-Berliner Innenstadt marschierten, um gegen den Krieg der Amerikaner in Vietnam zu protestieren, antworteten der Senat, die im Abgeordnetenhaus vertretenen Parteien und die Gewerkschaften nur drei Tage später mit einer Gegenkundgebung unter dem Motto „Berlin steht für Freiheit und Frieden".

In seinen Erinnerungen merkt Schütz an: „Bedauert habe ich den Satz: ‚Schaut den Typen ins Gesicht, und ihr werdet erkennen, daß es ihnen nicht um Rechtsstaat und Demokratie geht.' Der Satz war in einer Zeit fehl am Platze, in der es darum gehen mußte, Erregungen, wirkliche und künstliche, abzubauen. Und ich bin heute wie damals davon überzeugt, daß Menschen nicht physiognomisch eingeordnet werden sollten."[21]

Im April 1968 wurde Rudi Dutschke von dem 23-jährigen Josef Bachmann mitten auf dem Kurfürstendamm niedergeschossen und schwer verletzt. Dem Attentat, für das die empörten Studenten der Springer-Presse die Hauptverantwortung anlasteten, folgten die sogenannten Osterunruhen, ein neuer dramatischer Höhepunkt der Protestbewegung.

Schon bald sammelte sich ein kleiner, gewaltbereiter Teil der Protestbewegung in radikalen Gruppierungen. Die terroristische „Rote-Armee-Fraktion" (RAF) bildete sich 1970 nach der gewaltsamen Befreiung des Kaufhaus-Brandstifters Andreas Baader aus der Haft in West-Berlin. Anfang der 70er-Jahre entstand auch die „Bewegung 2. Juni". Als erstes Opfer dieser terroristischen Vereinigung, deren Name an den 2. Juni 1967 erinnern sollte, kam 1972 bei einem Sprengstoffanschlag auf den britischen Jachtklub in Gatow ein deutscher Bootsbauer ums Leben. Traurige Höhepunkte fand der Terror in der Stadt später mit dem Attentat auf den Präsidenten des Kammergerichts, Günter von Drenkmann, und der Entführung des CDU-Politikers Peter Lorenz.

Klaus Schütz' Amtszeit fiel in eine Phase politischer Entspannung zwischen Ost und West. Am 3. September 1971 unterzeichneten die Botschafter der vier für Berlin verantwortlichen Mächte das Viermächteabkommen über Berlin. Nachdem die beiden deutschen Staaten sich über den Transitverkehr geeinigt hatten und zwischen Senat und

---

19 Marcel Reich-Ranicki, Meine Geschichte der deutschen Literatur. Vom Mittelalter bis zur Gegenwart, hrsg. von Thomas Anz, München 2014, S. 512.
20 Volker Viergutz, Studentenproteste in Berlin 1967/68. Eine Ausstellung des Landesarchivs Berlin, in: Berlin in Geschichte und Gegenwart. Jahrbuch des Landesarchivs Berlin 2008, S. 303–320, hier S. 313.
21 K. Schütz, Logenplatz und Schleudersitz (wie Anm. 17), S. 131.

DDR-Regierung eine Reise- und Besuchsregelung erreicht worden war, unterschrieben die Außenminister der vier Mächte am 3. Juni 1972 das Schlussprotokoll zum Viermächteabkommen, das damit in Kraft trat. Ein halbes Jahr später setzten der Bundesminister für besondere Aufgaben, der frühere Berliner Senatspressechef Egon Bahr, Architekt der Brandt'schen Ostpolitik, und der Staatssekretär beim Ministerrat der DDR, Michael Kohl, ihre Unterschriften unter den Vertrag über die Grundlagen der Beziehungen zwischen der Bundesrepublik Deutschland und der DDR (Grundvertrag), mit dem auch die wechselseitige diplomatische Anerkennung der beiden deutschen Staaten und ihr Beitritt zu den Vereinten Nationen verbunden war.

Nach der Zeit harter Ost-West-Konfrontation begann „eine Art ‚anormale Normalität'", die Berlin immer mehr aus den internationalen Schlagzeilen verschwinden ließ.[22] Verstärkt traten aber nun „die ordinären kommunalpolitischen Bedürfnisse des eingemauerten Gemeinwesens zutage".[23]

Wiederwahl von Walter Sickert (vorn links) zum Parlamentspräsidenten in der konstituierenden Sitzung des am 14. März 1971 gewählten Abgeordnetenhauses, hinter Sickert der Regierende Bürgermeister Klaus Schütz, rechts der CDU-Landesvorsitzende Peter Lorenz, der erneut zum Vizepräsidenten des Abgeordnetenhauses gewählt wird, 19. April 1971.

---

22 David E. Barclay, Kein neuer Mythos. Das letzte Jahrzehnt West-Berlins, in: Aus Politik und Zeitgeschichte, 46/2015, S. 37–42, hier S. 37.
23 http://www.spiegel.de/spiegel/print/d-40915703.html (letzter Zugriff am 1. Juli 2016).

Die sechste Wahl zum Abgeordnetenhaus am 14. März 1971 war die erste in der Amtszeit des Regierenden Bürgermeisters Klaus Schütz. Gegenüber 1967 musste die SPD Stimmenverluste in Höhe von 6,5 Prozentpunkten hinnehmen, konnte aber mit 50,4 % die absolute Mehrheit behaupten. Die CDU mit ihrem neuen Spitzenkandidaten Peter Lorenz, der seit 1969, als Nachfolger von Franz Amrehn, Landesvorsitzender war, legte um 5,3 Prozentpunkte auf 38,2 % zu. Der Stimmenanteil der F.D.P., Koalitionspartner der SPD, wuchs von 7,1 % auf 8,5 %. Die frühere SED-W, die sich seit 1969 SEW („Sozialistische Einheitspartei Westberlins") nannte, erzielte 2,3 % (Stimmenzuwachs: 0,3 %).

Ergebnis der Wahl zum Abgeordnetenhaus am 14. März 1971[24]

Wahlbeteiligung: 88,9 %

SPD: 50,4 % (73 Mandate)
CDU: 38,2 % (54 Mandate)
F.D.P.: 8,5 % (11 Mandate)
SEW: 2,3 %
AUD: 0,6 %

Die seit 1963 bestehende Senatskoalition aus SPD und F.D.P. wurde nicht fortgesetzt, an ihre Stelle trat eine Alleinregierung der SPD, ein reiner SPD-Senat – ein Novum in der Berliner Nachkriegsgeschichte. Der F.D.P.-Mann Hans-Günter Hoppe, seit 1963 Finanz- bzw. Justizsenator, gehörte der neuen Landesregierung folglich nicht mehr an. Das Abgeordnetenhaus wählte ihn zum stellvertretenden Präsidenten und im November 1972 zum Berliner Bundestagsabgeordneten. Neuer Justizsenator wurde Horst Korber, der vorherige Senator für Familie, Jugend und Sport. Auch der SPD-Mann Klaus Bodin, der das Ressort „Arbeit, Gesundheit und Soziales" geleitet hatte, schied aus dem Senat aus, blieb aber als Abgeordneter im Rathaus Schöneberg. Sein Ressort wurde aufgeteilt: Senator für Arbeit und Soziales wurde Harry Liehr (SPD), der seit 1962 als Berliner Abgeordneter dem Deutschen Bundestag angehörte, Senator für Gesundheit und Umweltschutz der Mediziner Hans-Georg Wolters (SPD). Klaus Schütz wurde vom Abgeordnetenhaus im Amt des Regierenden Bürgermeisters bestätigt. Kurt Neubauer blieb Bürgermeister und Innensenator, Rolf Schwedler Senator für Bau- und Wohnungswesen, Horst Grabert Senator für Bundesangelegenheiten. Senatorin für Familie, Jugend und Sport wurde, als Nachfolgerin von Horst Korber, Ilse Reichel (SPD), gelernte Jugendpflegerin, seit 1965 Reinickendorfer Bezirksstadträtin für Jugend und Sport. Mit ihr gehörte erstmals seit Ella Kay (SPD), Senatorin für Jugend und Sport von 1955 bis 1962 und Ilse Reichels politisches Vorbild, wieder eine Frau zur Senatsmannschaft. Senator für Finanzen blieb Heinz Striek, für Schulwesen Gerd Löffler, für Wirtschaft Karl König, für Wissenschaft und Kunst Werner Stein.

Während der Legislaturperiode gab es einige personelle Änderungen. Rolf Schwedler, seit 1955 Senator für Bau- und Wohnungswesen und somit dienstältester Senator, schied Ende 1972 aus dem Amt, nachdem er vom Abgeordnetenhaus in den 7. Deutschen Bundestag gewählt worden war. Neuer Bausenator wurde der Jurist Klaus Riebschläger, Vorstandmitglied der Wohnungsbau-Kreditanstalt Berlin und stellvertretender SPD-Landesvorsitzender. Horst Grabert, Senator für Bundesangelegenheiten, wurde nach der Bundestagswahl 1972 Chef des Bundeskanzleramts. Zum neuen Bundessenator wählte das Abgeordnetenhaus den SPD-Fraktionsgeschäftsführer Dietrich Stobbe. Ge-

---

24 Vgl. Amtsblatt für Berlin, Teil I, vom 22. April 1971, S. 684–688.

sundheitssenator Hans-Georg Wolters ging 1973 als Staatssekretär des Bundesgesundheitsministeriums nach Bonn. Erich Pätzold (SPD), Senatsdirektor in der Finanzverwaltung, löste ihn als Senator ab. Aus Protest gegen die Wahl des Nichtmediziners legten der stellvertretende Vorsitzende des Abgeordnetenhaus-Gesundheitsausschusses, der frühere Senator Klaus Bodin, und der gesundheitspolitische Sprecher der SPD-Fraktion, Karl-Heinz Drogula, ihre Ämter nieder.

Am 10. November 1974, dreieinhalb Monate vor der anstehenden Wahl zum Abgeordnetenhaus, wurde der höchste Richter West-Berlins, der Präsident des Kammergerichts, Günter von Drenkmann, von Mitgliedern der „Bewegung 2. Juni" bei einem Entführungsversuch erschossen. Am Vortag war der RAF-Terrorist Holger Meins in der rheinland-pfälzischen Vollzugsanstalt Wittlich an den Folgen seines Hungerstreiks gestorben.

Drei Tage vor der Abgeordnetenhauswahl, am 27. Februar 1975, wurde Peter Lorenz, der Vorsitzende und Spitzenkandidat der Berliner CDU, von der „Bewegung 2. Juni" gekidnappt, um die Freilassung mehrerer Gesinnungsgenossen zu erpressen. Die im Abgeordnetenhaus vertretenen Parteien kamen überein, den Wahlkampf mit sofortiger Wirkung einzustellen. „Das Crescendo der Parteien zum Finale fiel aus. In der Stadt herrschte politisch Totenstille. Die Nerven der Menschen waren auf das äußerste gespannt. Alle bangten und viele beteten für das Leben von Peter Lorenz."[25] Krisenstäbe wurden eingerichtet, in Berlin und beim Bundeskanzler in Bonn. Es war das einzige Mal, dass man auf Forderungen von Terroristen einging, um ein Menschenleben zu retten. Am 3. März, einen Tag nach der Abgeordnetenhauswahl, wurden fünf inhaftierte Terroristen in Begleitung von Pfarrer Heinrich Albert, des früheren Regierenden Bürgermeisters, in den Südjemen ausgeflogen. Albertz kehrte am nächsten Tag nach Deutschland zurück und verlas im Fernsehen eine Botschaft der ausgeflogenen Terroristen. Daraufhin kam das in einem Keller (Terroristen-Jargon: „Volksgefängnis") in Kreuzberg gefangen gehaltene Entführungsopfer frei. „Von einer Telefonzelle aus meldete sich Peter Lorenz, und am 5. März um 00.03 Uhr hatten wir ihn in unserer Obhut", erinnert sich Polizeipräsident Klaus Hübner.[26] „Auf einem der endlosen Gänge im Präsidium umarmten wir uns stumm."[27]

Trotz der Entführung des CDU-Spitzenkandidaten hatte man den Urnengang termingerecht am 2. März stattfinden lassen. Zum ersten Mal konnte bereits mit 18 Jahren gewählt werden. Das Wahlergebnis war eine schwere Niederlage für die Sozialdemokraten, die nicht mehr die Mehrheit im Parlament hatten. Die CDU konnte ihren Wählerzuspruch auf über 40 % steigern und die SPD überrunden. Erstmals war sie stärkste Partei.

Am 25. Januar 1976 wurde die Wahl in zwei Wahlkreisen des Wahlkreisverbands Zehlendorf wiederholt, nachdem das Wahlprüfungsgericht den Urnengang in diesen Wahlkreisen nach einem Einspruch zweier parteiloser Zehlendorfer Bewerber der „Wählergemeinschaft Unabhängiger Bürger", die nicht zur Wahl zugelassen worden waren, für ungültig erklärt hatte. Bei der Wiederholungswahl gewann die CDU ein zusätzliches Mandat, sodass sie im Parlament über 69 statt 68 Sitze verfügte.

---

25 So Ulrich Biel (CDU) als Alterspräsident in der konstituierenden Sitzung des Abgeordnetenhauses der 7. Wahlperiode am 24. April 1975, Abgeordnetenhaus von Berlin, Plenarprotokoll 7/1, S. 2.
26 Klaus Hübner, Einsatz. Erinnerungen des Berliner Polizeipräsidenten 1969–1987, mit einem Vorwort von Bundeskanzler a. D. Helmut Schmidt, Berlin 1997, S. 283.
27 Ebd.

Pressekonferenz nach der Entführung und Freilassung von Peter Lorenz, CDU-Landesvorsitzender und Spitzenkandidat seiner Partei bei der Wahl zum Abgeordnetenhaus, von rechts: Lorenz, Heinrich Lummer, CDU-Fraktionsvorsitzender im Abgeordnetenhaus, und Karl-Heinz Schmitz, 2. CDU-Landesvorsitzender, 5. März 1975.

Ergebnis der Wahl zum Abgeordnetenhaus am 2. März 1975 unter Berücksichtigung der Wiederholungswahl am 25. Januar 1976 in den Wahlkreisen 2 und 3 des Wahlkreisverbands Zehlendorf[28]

Wahlbeteiligung: 87,8 %

CDU: 43,9 % (69 Mandate)
SPD: 42,6 % (67 Mandate)
F.D.P.: 7,1 % (11 Mandate)
BFD: 3,4 %
SEW: 1,8 %
KPD: 0,7 %
Einzelbewerber: 0,4 %
KBW: 0,1 %

Am 24. April 1975 wurde die konstituierende Sitzung des Abgeordnetenhauses der 7. Wahlperiode von dem Alterspräsidenten Ulrich Biel (CDU) eröffnet. Dieser war 1907 in Charlottenburg als Ulrich Bielschowsky in einer assimilierten jüdischen Familie geboren worden. Nach dem Abitur, das er in Berlin ablegte, studierte er Rechtswissenschaften, zunächst in Genf, dann in Bonn und schließlich in Berlin, wo er 1929 die erste juristische Staatsprüfung bestand. Nach der nationalsozialistischen Machtübernahme aus dem juristischen Vorbereitungsdienst entlassen, emigrierte er nach der Promotion

---

28 Vgl. Amtsblatt für Berlin, Teil I, vom 20. Februar 1976, S. 232–237.

zum Dr. jur., die ihm die Bonner Fakultät 1934 noch ermöglicht hatte, in die USA. 1940 erhielt er die amerikanische Staatsbürgerschaft. Als Offizier der US-Armee kehrte er nach Deutschland zurück, wurde ein wichtiger Akteur der amerikanischen Besatzungspolitik, fungierte als Verbindungsoffizier für die politischen Parteien in Berlin. In den 50er-Jahren nahm er wieder die deutsche Staatsbürgerschaft an und wurde, nachdem er das zweite Staatsexamen abgelegt hatte, Rechtsanwalt mit einer Kanzlei in Berlin. Mitte der 60er-Jahre schloss er sich der CDU an, gehörte ab 1971 dem Abgeordnetenhaus an und fungierte 1973/74 als Vorsitzender des Untersuchungsausschusses zum „Steglitzer Kreisel". Als Alterspräsident hielt Biel „eine für ihn typische Rede, staatstragend und dem deutsch-amerikanischen Bündnis verpflichtet, präzise und nicht ohne Witz".[29]

Die jeweils stärkste Fraktion stellt den Parlamentspräsidenten, so der parlamentarische Brauch. Der Wahlausgang vom 2. März 1975 führte damit zu einem Wechsel im Amt. Mit Peter Lorenz wurde erstmals ein Vertreter der CDU Präsident des Abgeordnetenhauses. Das Parlament wählte den Juristen, der dem Haus schon seit 20 Jahren angehörte und seit 1967 als Vizepräsident fungiert hatte, „so gut wie einstimmig, nämlich nur bei Stimmenthaltung von Peter Lorenz selbst".[30] Dieser war nun Parteivorsitzender und über den Fraktionen stehender Parlamentspräsident zugleich. Walter Sickert, der vorherige Präsident, übernahm das Amt eines Vizepräsidenten. Es sollte 26 Jahre dauern, bis die SPD wieder den Parlamentschef stellen konnte.

Die seit 1971 allein regierende SPD musste nun wieder mit der F.D.P. koalieren. Klaus Schütz wurde erneut zum Regierenden Bürgermeister gewählt. Bürgermeister und Senator für Justiz wurde der Rechtsanwalt und Notar Hermann Oxfort, langjähriger F.D.P.-Fraktionsvorsitzender im Abgeordnetenhaus, zeitweise Vorsitzender der Berliner F.D.P. Der vorherige Justizsenator Horst Korber übernahm das Ressort „Arbeit und Soziales", Harry Ristock (SPD), seit 1971 Senatsdirektor beim Schulsenator, „Bau- und Wohnungswesen". Dietrich Stobbe blieb Bundessenator, Ilse Reichel Senatorin für Familie, Jugend und Sport. Klaus Riebschläger, der vorherige Bausenator, übernahm das Finanzressort. Erich Pätzold blieb Senator für Gesundheit und Umweltschutz, Kurt Neubauer Senator für Inneres. Der Diplom-Politologe Walter Rasch (F.D.P.) wurde Senator für Schulwesen. Harry Liehr, der vorherige Senator für Arbeit und Soziales, übernahm „Verkehr und Betriebe", der Jurist Wolfgang Lüder, Vorsitzender der Berliner F.D.P., „Wirtschaft" und Gerd Löffler, bis dahin Schulsenator, „Wissenschaft und Kunst".

Nach zehnmonatiger Amtszeit trat Harry Liehr im Februar 1976 als Senator für Verkehr und Betriebe zurück. Er reagierte damit auf den Vorwurf, bei der Besetzung von Führungspositionen in der KPM habe es unzulässige Begünstigungen bestimmter Bewerber gegeben. Nach dem Rücktritt beschloss das Abgeordnetenhaus, die Senatsverwaltung für Verkehr und Betriebe aufzulösen. Es erfolgte eine fachorientierte Zuordnung zu den Verwaltungsressorts.

Nach dem Ausbruch von vier Terroristinnen aus der Frauenhaftanstalt Lehrter Straße in Tiergarten im Juli 1976 übernahm Bürgermeister und Justizsenator Hermann Oxfort die politische Verantwortung und trat von seinen Ämtern zurück. Nachfolger im Amt des Bürgermeisters wurde Wirtschaftssenator Wolfgang Lüder, neuer Justizsenator der Tübinger Juraprofessor Jürgen Baumann (F.D.P.).

---

29 Martin Otto, Ulrich Biel (1907–1996) – graue Eminenz der (West-)Berliner Politik. Eine erste biografische Annäherung, in: Berlin in Geschichte und Gegenwart. Jahrbuch des Landesarchivs Berlin 2011, S. 285–304, hier S. 300 f.
30 Abgeordnetenhaus von Berlin, Plenarprotokoll 7/1, S. 3.

Am 28. April 1977 demissionierte Innensenator Kurt Neubauer, der Unregelmäßigkeiten im Zusammenhang mit Einkünften aus einem Aufsichtsratsposten einräumen musste. Am nächsten Tag gab auch Klaus Schütz auf und erklärte seine Bereitschaft zum Rücktritt vom Amt des Regierenden Bürgermeisters. Die Berliner SPD, seit drei Jahrzehnten fast ununterbrochen an der Regierung, hatte „durch politische Affären und Skandale, durch Ämter-Patronage und Verfilzung in der Verwaltung das Gesicht verloren".[31]

Drei Kandidaten bewarben sich parteiintern um Schütz' Nachfolge: Bausenator Harry Ristock, Bundessenator Dietrich Stobbe und der Bundespolitiker Hans-Jürgen Wischnewski, Staatsminister im Bundeskanzleramt und Bevollmächtigter der Bundesregierung in Berlin. Die Berliner SPD setzte auf einen Mann aus den eigenen Reihen und nominierte Stobbe.

Im Abgeordnetenhaus stellte die oppositionelle CDU-Fraktion den Antrag, das Parlament aufzulösen, um eine Neuwahl anberaumen zu können. „Es ist das erste Mal in der Nachkriegsgeschichte dieser Stadt, daß eine Fraktion dieses Hauses die Auflösung des Parlaments vorzeitig fordert", stellte Peter Lorenz fest.[32] Der Antrag wurde von den Regierungsfraktionen abgelehnt.

Am 2. Mai 1977 trat Klaus Schütz zurück. Einen Monat später legte er auch den SPD-Landesvorsitz, den er seit 1968 innehatte, nieder. Neuer Parteichef wurde der ehemalige Senator für Wissenschaft und Kunst, Gerd Löffler.

Länger als seine Vorgänger im Amt des Regierenden Bürgermeisters hatte Schütz den Chefposten bekleidet, knapp zehn Jahre lang. Nach seinem Rücktritt warteten auf ihn neue Herausforderungen: als Botschafter der Bundesrepublik Deutschland in Israel, dann als Intendant der Deutschen Welle in Köln und später als Direktor der Landesanstalt für Rundfunk Nordrhein-Westfalen in Düsseldorf. Nach 15-jähriger Abwesenheit kehrte er schließlich in ein inzwischen wiedervereinigtes Berlin zurück.

Das Abgeordnetenhaus hatte am 2. Mai 1977 Dietrich Stobbe in das Amt des Regierenden Bürgermeisters gewählt. Der Diplom-Politologe, Jahrgang 1938, stammte aus Ostpreußen. Nach dem Abitur 1958 im niedersächsischen Stade war er nach Berlin gekommen, um an der Deutschen Hochschule für Politik bzw. der Freien Universität Politikwissenschaft zu studieren. Seit 1960 Mitglied der SPD, war er Kurt Neubauers persönlicher Referent während dessen Amtszeit als Jugendsenator, errang 1967 ein Abgeordnetenhausmandat und wurde parlamentarischer Geschäftsführer seiner Fraktion. Zum Senator für Bundesangelegenheiten avancierte der Sozialdemokrat 1973, als er die Nachfolge von Horst Grabert, der ins Bonner Bundeskanzleramt wechselte, antrat. Als Stobbe 1977 Regierender Bürgermeister wurde, war er mit 39 Jahren jünger als seine Vorgänger und bisherigen Nachfolger in diesem Amt. 1979 übernahm er auch den Landesvorsitz seiner Partei, als Nachfolger von Gerd Löffler.

Nachdem am 2. Mai 1977 der neue Regierende Bürgermeister gekürt worden war, wählte das Abgeordnetenhaus am 12. Mai die übrigen Mitglieder des Senats. Wolfgang Lüder blieb Bürgermeister und Wirtschaftssenator. Senator für Arbeit und Soziales wurde der Diplom-Volkswirt Olaf Sund (SPD), Mitglied des Deutschen Bundestags. Senator für Bau- und Wohnungswesen blieb Harry Ristock. Neuer Bundessenator wurde Horst Korber, der vorherige Senator für Arbeit und Soziales. Senatorin für Familie, Jugend und Sport blieb Ilse Reichel, Senator für Finanzen Klaus Riebschläger, Senator für Gesundheit und Umweltschutz Erich Pätzold. Das Amt des Innensenators übernahm, als Nachfolger von Kurt Neubauer, der Diplom-Politologe Peter Ulrich (SPD), vorheriger Se-

---

31 http://www.spiegel.de/spiegel/print/d-40915703.html (letzter Zugriff am 1. Juli 2016).
32 Abgeordnetenhaus von Berlin, Plenarprotokoll 7/55, S. 2372.

natsdirektor beim Innensenator bzw. beim Bausenator. Justizsenator blieb Jürgen Baumann. Dieter Sauberzweig (SPD), Kulturdezernent des Deutschen Städtetags in Köln und späterer Leiter des Deutschen Instituts für Urbanistik in Berlin, wurde Senator für Kulturelle Angelegenheiten. Walter Rasch blieb Schulsenator. Senator für Wissenschaft und Forschung wurde Peter Glotz (SPD), parlamentarischer Staatssekretär beim Bundesminister für Bildung und Wissenschaft.

„In einer Partei, in der jeder Ortskassierer nach zwanzigjähriger Tätigkeit überzeugt ist, daß die Genossen etwas für ihn tun müssen, war es nicht selbstverständlich, daß Stobbe sich allein drei neue Senatoren aus dem Bundesgebiet holte": Sund, Sauberzweig und Glotz.[33]

Stobbe betonte in seiner Erklärung über die Richtlinien der Regierungspolitik, dass der Senat „sich in bewußter Hinwendung zur Stadtpolitik um die Dinge kümmern" werde, „die den Bürger tagtäglich bewegen".[34] Vor dem Hintergrund der Beruhigung der außenpolitischen Lage ging es ihm darum, die Stadt selbst in ihrer stadtpolitischen Position nach vorn zu bringen. Unter anderem versprach er, dass der Senat „jeden Ansatz nutzen" werde, „wertungleiche Lebensverhältnisse zwischen den einzelnen Bezirken Berlins abzubauen".[35]

Justizsenator Jürgen Baumann trat im Juli 1978 von seinem Amt zurück – nach der gewaltsamen Befreiung des Terroristen Till Meyer, der an der Entführung von Peter Lorenz beteiligt gewesen war, durch zwei Gesinnungsgenossinnen aus der Untersuchungshaftanstalt Moabit. Neuer Justizsenator wurde Gerhard Meyer (F.D.P.), zuvor Justizsenator von Hamburg.

Helmut Kohl, Bundesvorsitzender der CDU und Oppositionsführer im Deutschen Bundestag, überraschte 1978 den rheinland-pfälzischen Bundestagsabgeordneten Richard von Weizsäcker, stellvertretender Vorsitzender der CDU/CSU-Fraktion, mit dem Angebot, bei der Wahl zum Berliner Abgeordnetenhaus 1979 als Spitzenkandidat der CDU für das Amt des Regierenden Bürgermeisters zu fungieren. „Er hatte sich die Sache gut ausgedacht", schreibt von Weizsäcker später.[36] „Eine überlange Zeit in der Opposition hatte die Berliner CDU nachhaltig geschwächt. Zwar hatte ihr seit zwölf Jahren amtierender Vorsitzender Peter Lorenz bei der letzten Wahl zum Abgeordnetenhaus vergleichsweise gut abgeschnitten. Mit seinem Anstand und seiner Uneigennützigkeit hatte er eine Atmosphäre des Vertrauens und der Humanität geschaffen. Nie hatte er die Schultern anderer gesucht, um Lasten oder Vorwürfe abzuwälzen, deren es viele gab. Im Dienste seiner Aufgabe hatte er gegenüber dem gnadenlosen RAF-Terrorismus das Äußerste eingesetzt: sein Leben. Als Helmut Kohl bei ihm anregte, frische Kräfte aus Bonn für den schweren nächsten Berliner Wahlgang aufzunehmen, war er dazu sofort bereit."[37] Kohls Vorschlag entsprach einer allgemeinen Strategie der CDU, die „auf dem Weg über neue Erfolge in den Bundesländern eine Rückkehr an die Spitze der Bundespolitik" vorbereiten wollte.[38] Dass ausgerechnet Richard von Weizsäcker Berliner CDU-Spitzenkandidat werden sollte, hatte zwei Gründe. Der erste Grund „beruhte auf dem eindeutigen Schwerpunkt meiner bundespolitischen Arbeit im Parlament, nämlich der

---

33 Nina Grunenberg, „Schluß mit der Berlin-Sülzerei", 28. Oktober 1977, http://www.zeit.de/1977/44/schluss-mit-der-berlin-suelzerei/seite-3 (letzter Zugriff am 1. Juli 2016).
34 Abgeordnetenhaus von Berlin, Plenarprotokoll 7/59, S. 2428.
35 Ebd., S. 2432.
36 Richard von Weizsäcker, Vier Zeiten. Erinnerungen, Berlin 1997, S. 247.
37 Ebd.
38 Ebd., S. 248.

*Der Regierende Bürgermeister Dietrich Stobbe in seinem Amtszimmer
im Rathaus Schöneberg, Juni 1978.*

Ost- und Deutschlandpolitik. Für ihr Verständnis und zum Einfluß auf sie war Berlin der zentrale Standort."[39] Der zweite Grund war, dass bei der anstehenden Wahl des Bundespräsidenten nicht Richard von Weizsäcker, sondern Bundestagspräsident Karl Carstens (CDU) als Unionskandidat antreten sollte. 1974 war von Weizsäcker auf Kohls Bitten hin als Zählkandidat gegen Walter Scheel (F.D.P.) angetreten.

Richard von Weizsäcker „zeigte sich", so Kohl, „zwar von meiner Idee überrascht, reagierte aber spontan sehr positiv darauf".[40] Er sagte nach einer freundschaftlichen Beratung mit Peter Lorenz zu und zog von Bonn nach Berlin, in die Stadt seiner Kindheit und Soldatenzeit. Zwischen 1927 und 1933 hatte der 1920 in Stuttgart geborene Diplomatensohn ständig in Berlin gelebt. In dieser Zeit wurde die Spreemetropole seine eigentliche Heimat. 1937 legte er am Wilmersdorfer Bismarck-Gymnasium sein Abitur ab. Vor Kriegsende erlebte er „noch ein paar schwere Stunden" im Keller des zerbombten elterlichen Hauses mit.[41] In der Nachkriegszeit war Richard von Weizsäcker durch seine Tätigkeit in der evangelischen Kirche oft in der geteilten Stadt.

Die Neuwahl des Abgeordnetenhauses fand am 18. März 1979 statt. Analog zum Wahlrecht auf Bundesebene wurde erstmals getrennt mit Erst- und Zweitstimme über Direktkandidaten sowie Parteilisten im Verhältnis von 60 zu 40 % entschieden. Die CDU ging aus der Wahl erneut als stärkste Fraktion hervor, gewann 0,5 Prozentpunkte hinzu, aber

---

39 Ebd.
40 Helmut Kohl, Erinnerungen 1982–1990, München 2005, S. 249.
41 R. von Weizsäcker, Vier Zeiten (wie Anm. 36), S. 250.

die sozialliberale Koalition konnte sich behaupten. Die 1978 gegründete „Alternative Liste – Für Demokratie und Umweltschutz" (AL), eine „überwiegend aus dem Zusammenschluss verschiedener K-Gruppen hervorgegangene Berliner radikaldemokratische Partei",[42] erhielt auf Anhieb 3,7 % der Stimmen, verfehlte damit aber den Einzug ins Parlament.

Ergebnis der Wahl zum Abgeordnetenhaus am 18. März 1979 (Zweitstimmen)[43]

Wahlbeteiligung: 85,4 %

CDU: 44,4 % (63 Mandate)
SPD: 42,7 % (61 Mandate)
F.D.P.: 8,1 % (11 Mandate)
AL: 3,7 %
SEW: 1,1 %
KBW: 0,1 %

In der ersten Abgeordnetenhaussitzung der 8. Wahlperiode, am 26. April 1979, erfolgte die Wiederwahl von Dietrich Stobbe zum Senatschef. Richard von Weizsäckers Versuch, als Kandidat der CDU Regierender Bürgermeister von Berlin zu werden, war gescheitert.

Der F.D.P. gefiel es schon lange nicht, dass der Senator für Bundesangelegenheiten, Horst Korber, zugleich Präsident des Landessportbunds war, und so fiel der Sozialdemokrat bei der Wiederwahl durch. Stobbe schlug als neuen Kandidaten den Chef der Senatskanzlei, Gerhard Heimann (SPD), vor, der dann gewählt wurde. Außer Korber wurden alle Senatsmitglieder in ihren Ämtern bestätigt.

Auch Parlamentspräsident Peter Lorenz wurde in seinem Amt bestätigt, gab dieses aber am 10. Dezember 1980 ab, nachdem er vom Abgeordnetenhaus zum Mitglied des Deutschen Bundestags gewählt worden war. Schon 1976/77 hatte er dem Bonner Parlament kurzzeitig angehört. Ende 1980 schied er auch aus dem Abgeordnetenhaus aus. Neuer Präsident wurde Heinrich Lummer, bis dahin CDU-Fraktionsvorsitzender, ein Amt, das er 1969 von Franz Amrehn übernommen hatte. Neuer Fraktionschef als Nachfolger Lummers wurde Eberhard Diepgen, der dem Abgeordnetenhaus seit 1971 angehörte. Der Rechtsanwalt war im Oktober 1980 zum Mitglied des Deutschen Bundestags (Berliner Vertreter) gewählt worden, schied aber nach Übernahme des Vorsitzes der CDU-Abgeordnetenhausfraktion wieder aus.

Peter Lorenz wurde 1982, nachdem Helmut Kohl zum Bundeskanzler gewählt worden war, zum parlamentarischen Staatssekretär im Bundeskanzleramt und Bevollmächtigten der Bundesregierung in Berlin ernannt. Nach der Bundestagswahl 1987 schied er aus diesen Ämtern aus, wurde aber erneut als Vertreter Berlins in den Bundestag entsandt. Am 6. Dezember 1987 starb Lorenz, kurz vor Vollendung seines 65. Lebensjahres.

Richard von Weizsäcker hatte sein Standbein in Bonn behalten, wurde im Juni 1979 Vizepräsident des Deutschen Bundestags. Im Oktober 1980 wählte ihn das Abgeordnetenhaus zum Berliner Bundestagsabgeordneten.

Peter Glotz, Senator für Wissenschaft und Forschung, meldete sich im Dezember 1980 nach Bonn ab, um im März 1981 die Nachfolge von Egon Bahr als Bundesgeschäfts-

---

42 Ingrid Reichart-Dreyer, Das Parteiensystem Berlins, in: Uwe Jun/Melanie Haas/Oskar Niedermayer (Hrsg.), Parteien und Parteiensysteme in den deutschen Ländern, Wiesbaden 2008, S. 147–166, hier S. 150.
43 Vgl. Amtsblatt für Berlin, Teil I, vom 12. April 1979, S. 718–725.

führer der SPD antreten zu können. Neuer Wissenschaftssenator sollte Günter Gaus (SPD), seit 1974 Leiter der Ständigen Vertretung der Bundesrepublik Deutschland bei der DDR in Ost-Berlin, werden.

Im Laufe des Jahres 1980 waren immer wieder beunruhigende Nachrichten aus der Berliner SPD nach außen gedrungen. Es hieß, die Partei verzehre sich in internen Auseinandersetzungen. Für Dietrich Stobbe wurde es offenbar zunehmend schwerer, die Partei, die Fraktion und die Koalition mit der F.D.P. zusammenzuhalten. Ende 1980 kam der sogenannte Garski-Skandal hinzu. Dem Bauunternehmer Dietrich Garski waren für Vorhaben im Nahen Osten von einer landeseigenen Bank Kredite eingeräumt worden, für die das Land Berlin Bürgschaften übernahm. Garskis Firma ging in Konkurs, der Firmenchef tauchte unter, die Bürgschaften wurden fällig.

Stobbe versuchte, sich durch eine Umbildung seines Senats Luft zu verschaffen. Bausenator Ristock und Gesundheitssenator Pätzold sollten aus dem Senat ausscheiden, Riebschläger vom Amt des Finanzsenators zurücktreten und den Posten des SPD-Fraktionschefs übernehmen.

In einer Sitzung der F.D.P.-Fraktion wurde Bürgermeister und Wirtschaftssenator Lüder, vor dem Hintergrund der Bürgschaftsaffäre, zum Rücktritt von seinen Senatsämtern veranlasst.

Am 15. Januar 1981 schlug Stobbe dem Abgeordnetenhaus vor, Guido Brunner (F.D.P.), bis 1980 EG-Kommissar in Brüssel und dann Bundestagsabgeordneter, zum Bürgermeister und Wirtschaftssenator zu wählen, Peter Ulrich, der zuvor als Innensenator zurückgetreten war, zum Bausenator, Rainer Papenfuß, seit 1975 SPD-Fraktionsgeschäftsführer, zum Finanzsenator, den Berliner Bundestagsabgeordneten Jürgen Egert (SPD) zum Gesundheitssenator und Jürgen Brinckmeier (SPD), Senatsdirektor in der Innenverwaltung, zum Innensenator. Die geheime Senatorenwahl geriet zum Fiasko für Stobbe. Alle vier sozialdemokratischen Bewerber fielen durch, nur der als Nachfolger für Lüder vorgesehene F.D.P.-Kandidat Brunner fand die erforderliche Mehrheit. „Das war eine Stunde des Parlaments", rief der CDU-Fraktionsvorsitzende Eberhard Diepgen nach der Wahl und der Bekanntgabe des Wahlergebnisses aus.[44]

Nach einer Unterbrechung der Plenarsitzung erklärte der Regierende Bürgermeister seinen Rücktritt. Gleichzeitig stellten alle übrigen Senatsmitglieder ihre Ämter zur Verfügung. Stobbe hielt eine kurze Rede, die er mit den Worten „Ich liebe unsere Stadt" schloss.[45] Peter Glotz notiert in sein „Politisches Tagebuch": „Stobbe auf schäbige Art gestürzt; von der FDP, aber – was schlimmer ist – nicht ganz ohne Mithilfe aus den eigenen Reihen."[46] Und: „Die Bürgermeister sind in Berlin, Hamburg und Bremen zu schwach; das Prinzip, daß jeder einzelne Senator extra im Parlament gewählt werden muß, macht jeden Personalwechsel zur Tragikomödie."[47]

Nach seinem Rücktritt als Regierender Bürgermeister gab Stobbe auch den SPD-Landesvorsitz ab – neuer Parteichef wurde Peter Glotz – und schied mit dem Ende der Wahlperiode aus dem Abgeordnetenhaus aus. Abstand suchend, übernahm er die Leitung des New Yorker Büros der Friedrich-Ebert-Stiftung. Von 1983 bis 1990 gehörte er als Vertreter Berlins dem Deutschen Bundestag an und engagierte sich unter anderem im Ausschuss Deutsche Einheit. Er startete dann eine zweite Karriere jenseits der Politik und war in der Wirtschaft als Unternehmensberater erfolgreich tätig.

---

44 Abgeordnetenhaus von Berlin, Plenarprotokoll 8/44, S. 1948 (B).
45 Ebd., S. 1948 (C).
46 Peter Glotz, Kampagne in Deutschland. Politisches Tagebuch 1981–1983, Hamburg 1986, S. 17.
47 Ebd.

Nach Stobbes tragischem Scheitern hatte die Berliner SPD dem designierten Bundesgeschäftsführer Peter Glotz die Aufgabe eines „Formateurs" übertragen. Dieser bemühte sich um einen Nachfolger von außen. Der Mann, der sich bereit erklärte, in Berlin in die Bresche zu springen, gehörte als Justizminister der Bundesregierung an, hatte von 1960 bis 1972 das Amt des Oberbürgermeisters von München bekleidet und sich damals den Ruf eines brillanten Kommunalpolitikers erworben: Hans-Jochen Vogel, Jahrgang 1926, seit 1950 SPD-Mitglied. Er gab sein Ministeramt in Bonn auf und kam als Nothelfer nach West-Berlin, wo er den weiteren Zerfall der SPD und des sozialliberalen Bündnisses verhindern sollte. In kurzer Zeit gelang es ihm, eine Senatsmannschaft auf die Beine zu stellen. Die F.D.P. benannte für das Schul- und das Justizressort Walter Rasch und Gerhard Meyer, die diese Ressorts schon unter Stobbe innehatten, und als Bürgermeister und Wirtschaftssenator Guido Brunner, der als Einziger bei Stobbes Versuch einer Senatsumbildung am 15. Januar 1981 eine Mehrheit erlangt hatte. Vogel übernahm Olaf Sund als Senator für Arbeit und Soziales, Peter Ulrich als Senator für Bau- und Wohnungswesen und Dieter Sauberzweig als Senator für Kulturelle Angelegenheiten. Für Bundesangelegenheiten konnte er Gerhard Konow (parteilos), den er als Abteilungsleiter im Bundeskanzleramt kannte, gewinnen, für Familie, Jugend und Sport Anke Brunn (SPD), stellvertretende Vorsitzende der nordrhein-westfälischen Landtagsfraktion, für Finanzen Konrad Porzner, seit 1974 parlamentarischer Geschäftsführer der SPD-Bundestagsfraktion, für Gesundheit und Umweltschutz den Bundestagsabgeordneten Reinhard Ueberhorst (SPD), für Inneres den früheren Hamburger Justizsenator Frank Dahrendorf (SPD), für Wissenschaft und Forschung Günter Gaus, den schon Dietrich Stobbe als Nachfolger für Peter Glotz ausgesucht hatte.

Am 23. Januar 1981 ging die Wahl von Hans-Jochen Vogel zum Regierenden Bürgermeister und der übrigen Senatsmitglieder anstandslos über die Bühne. Nur acht Tage nach dem Debakel vom 15. Januar 1981 hatte West-Berlin wieder eine arbeitsfähige Regierung.

Nach der aus Westdeutschland eingeflogenen „Blutauffrischung"[48] prophezeite Konrad Naumann, SED-Politbüromitglied und Erster Sekretär der Ost-Berliner SED-Bezirksleitung, West-Berlin werde alsbald der DDR wie ein fauler Apfel zufallen, und alle westdeutschen Anstrengungen könnten daran nichts ändern – „eine klassische Fehlprognose".[49]

Mit großem Elan ging Vogel, ein eiserner Arbeiter, seine neuen Aufgaben an. Damals entstand die Legende vom Feldbett in seinem Amtszimmer im Rathaus Schöneberg. „In Wahrheit", so Vogel später, „handelte es sich um ein Sofa in einem Nebenraum, der als Notquartier für den Fall akuter Berlinkrisen hergerichtet worden war. Diese Schlafgelegenheit benutzte ich für gelegentliche Übernachtungen, weil ich so eine Stunde Fahrzeit sparte."[50]

Vogel verschaffte sich zunächst ein detailliertes Bild von den drängendsten Problemen der Stadt. Im Vordergrund standen die Wohnungsleerstände und die Hausbesetzungen. Hierzu Vogel später im Rückblick: „Infolge einer Stadterneuerungspolitik, die unter Ausnutzung der speziell für Berlin geschaffenen Steuervergünstigungen primär auf Abriß und Neubau abstellte, standen Ende 1980 vor allem in den Innenstadtbezirken zahlreiche Häuser leer. Gleichzeitig gab es in großer Zahl Wohnungssuchende, für

---

48 Karl Heinz Gehm, Der Machtzerfall der sozialliberalen Koalition in Berlin. Innenansicht einer Stadtpolitik (= Politologische Studien, Bd. 29), 2., aktualisierte Auflage, Berlin 1985, S. 9.
49 Hans-Jochen Vogel, Nachsichten. Meine Bonner und Berliner Jahre, München 1996, S. 128.
50 Ebd., S. 136.

die Neubauwohnungen in der Regel nicht erschwinglich waren. Gegen den Abriß noch erneuerbarer Bausubstanz regte sich auch ein grundsätzlicher emotionaler Widerstand, der mit alternativer Lebens- und Gesellschaftsauffassung verknüpft war und zu den herkömmlichen materiellen und kommerziellen Kriterien im Widerspruch stand. Aus diesem Umfeld war es bereits zu Protestdemonstrationen, zu Hausbesetzungen und vereinzelt auch zu Sachbeschädigungen und zu gewalttätigen Auseinandersetzungen mit der Polizei gekommen."[51]

Zur Lösung des Problems entwickelte Vogel die sogenannte Berliner Linie, ein Paket von Maßnahmen zur Legalisierung, Duldung oder Räumung besetzter Häuser. Allerdings konnte damit nicht verhindert werden, dass die Zahl der besetzten Häuser stark anwuchs.

Sowohl die CDU als auch die AL hatten längst ein Volksbegehren auf Abberufung des Parlaments in Gang gebracht. Vogel reagierte auf diese Initiativen, die einen beträchtlichen Zulauf hatten, indem auch er für vorgezogene Neuwahlen eintrat. Ende Januar 1981 kam eine Verständigung über eine Verfassungsänderung, die die Selbstauflösung des Abgeordnetenhauses ermögliche, zustande, sodass die Volksbegehren gegenstandslos wurden. Am 10. Mai 1981, nur dreieinhalb Monate nach Vogels Amtsübernahme, sollte neu gewählt werden. Am 16. März 1981 beschloss das Abgeordnetenhaus die vorzeitige Beendigung der 8. Wahlperiode.

Richard von Weizsäcker, am 21. März 1981 zum neuen CDU-Landesvorsitzenden als Nachfolger von Peter Lorenz gewählt, war der Spitzenkandidat seiner Partei und damit Hans-Jochen Vogels Gegenspieler im Wahlkampf. Die CDU warb auf Wahlplakaten mit „Alles spricht für den politischen Wechsel", die SPD mit „Der Wechsel hat stattgefunden: Vogel arbeitet für Berlin". Auf Stellwänden präsentierte die SPD Hans-Jochen Vogel in einer Reihe mit Berlins berühmten sozialdemokratischen Stadtoberhäuptern Ernst Reuter, Louise Schroeder und Willy Brandt.

Bei der vorgezogenen Abgeordnetenhauswahl am 10. Mai 1981 erhielt die seit Jahren einen stetigen Aufwärtstrend verzeichnende CDU mehr Stimmen als je zuvor. Mit 48,0 % verfehlte sie knapp die absolute Mehrheit. Die SPD erlitt beträchtliche Verluste und kam auf magere 38,3 %, die aber weit über dem lagen, „was im Januar zu erwarten stand".[52] Mit der erst 1978 gegründeten und 1979 an der Fünfprozenthürde gescheiterten AL gelang nach Bremen und Baden-Württemberg zum dritten Mal einer grün-alternativen Partei der Sprung in ein Landesparlament. Mit 7,2 % war die „basisdemokratische ‚Antiparteien-Partei'"[53] drittstärkste Kraft. Die F.D.P. erreichte nur noch 5,6 %. Erstmals waren nun vier Parteien, zwei große und zwei kleine, im Abgeordnetenhaus vertreten. Gemäß dem Rotationsprinzip tauschte die AL ihre Fraktionsmitglieder nach zwei Jahren aus. Die parlamentarischen Entscheidungen der AL-Abgeordneten waren an die Beschlüsse der AL-Mitgliedervollversammlung gebunden.

---

51 Ebd., S. 128.
52 Ebd., S. 139.
53 I. Reichart-Dreyer, Das Parteiensystem Berlins (wie Anm. 42), hier S. 151.

Wahlplakat der SPD zur Abgeordnetenhauswahl am 10. Mai 1981.

Wahlplakat der CDU zur Abgeordnetenhauswahl am 10. Mai 1981.

Einzug der AL-Abgeordneten ins Rathaus Schöneberg, 11. Juni 1981.

Ergebnis der Wahl zum Abgeordnetenhaus am 10. Mai 1981 (Zweitstimmen)[54]

Wahlbeteiligung: 85,3 %

CDU: 48,0 % (65 Mandate)
SPD: 38,3 % (51 Mandate)
AL: 7,2 % (9 Mandate)
F.D.P.: 5,6 % (7 Mandate)
SEW: 0,6 %
GLB: 0,3 %

Am 11. Juni 1981 kam ein von der Mehrheit der zerrissenen F.D.P.-Fraktion unterstützter CDU-Minderheitssenat unter Richard von Weizsäcker zustande. Die SPD musste die Regierungsverantwortung erstmals seit Walther Schreiber (CDU), der von 1953 bis 1955 als Regierender Bürgermeister an der Spitze eines CDU/FDP-Senats stand, abgeben.

Sechs Senatoren kamen aus Westdeutschland. Norbert Blüm (CDU), Bundesvorsitzender der CDA, später langjähriger Bundesarbeitsminister, hatte das Amt des Senators für Bundesangelegenheiten inne. Der vorherige CDU-Bundesgeschäftsführer Ulf Fink war für Gesundheit, Soziales und Familie zuständig. Das Justizressort wurde von

---

54 Vgl. Amtsblatt für Berlin, Teil I, vom 4. Juni 1981, S. 1030–1037.

dem Münchner Juraprofessor Rupert Scholz (parteilos, ab 1983 CDU) geleitet. Hanna-Renate Laurien (CDU) war für Schulwesen, Jugend und Sport zuständig. Sie hatte 1946 mit ihrem Studium der Germanistik und Anglistik an der Berliner Universität Unter den Linden begonnen, wurde Gründungsstudentin der Freien Universität und war nach dem Studium viele Jahre im nordrhein-westfälischen Schuldienst beschäftigt, zuletzt als Oberstudiendirektorin in Köln. 1970 wurde die promovierte Germanistin in das Kultusministerium des Landes Rheinland-Pfalz berufen, und ab 1976 gehörte sie als Kultusministerin dem Kabinett des rheinland-pfälzischen Ministerpräsidenten Bernhard Vogel (CDU) an. Im Berliner Volksmund hieß die resolute Politikerin bald „Hanna-Granata". Leiter des Ressorts „Wirtschaft und Verkehr" war der Volkswirt und Unternehmer Elmar Pieroth (CDU), seit 1969 Bundestagsabgeordneter, der ebenfalls aus Rheinland-Pfalz kam. Als Wissenschafts- und Kultursenator fungierte der Kieler Juraprofessor Wilhelm Kewenig (CDU), ehemaliger Vorsitzender des Wissenschaftsrats. Fünf Senatoren kamen aus Berlin. Nach 31 Berufsjahren bei Siemens bekleidete Edmund Wronski (CDU), langjähriges Mitglied des Abgeordnetenhauses, das Amt des Senators für Arbeit und Betriebe. Der Rechtsanwalt Ulrich Rastemborski (CDU), seit 1975 Mitglied des Abgeordnetenhauses, von 1979 bis 1981 Vorsitzender des Ausschusses für Bau- und Wohnungswesen und zuletzt Leiter des Garski-Untersuchungsausschusses, war für Bau- und Wohnungswesen zuständig, der langjährige Bundestagsabgeordnete Gerhard Kunz (CDU) für Finanzen, der vorherige Parlamentspräsident Heinrich Lummer für Inneres, und Volker Hassemer (CDU), zuvor im Umweltbundesamt tätig, leitete das neu geschaffene Ressort „Stadtentwicklung und Umweltschutz". Der weit rechts stehende Innensenator Heinrich Lummer hatte auch das Amt des Bürgermeisters inne. „Nicht selten", so Richard von Weizsäcker, hätten sie „die Klingen gekreuzt und dennoch verläßlich zusammengearbeitet".[55]

Richard von Weizsäcker hält in seinen Erinnerungen fest, „daß die Resonanz auf meine bundesweiten Einladungen positiv und die Bereitschaft der Berliner CDU, zugunsten der Neuerwerbungen aus dem Westen selbst partiell zu verzichten, eindrucksvoll ausfielen".[56] Allerdings fiel Elmar Pieroth bei der Wahl zum Senator zunächst einmal durch. „Das Wort von einer ‚rheinland-pfälzischen Mafia' meiner ‚importierten' Kandidaten machte unter einigen Berlinern die Runde", erinnert sich Richard von Weizsäcker.[57] „Als ich aber in derselben Minute, in der der Parlamentspräsident das Scheitern der Wahl Pieroths bekannt gab, als neuen Kandidaten Elmar Pieroth vorschlug, wurde er im zweiten Wahlgang glatt gewählt."[58] Eberhard Diepgen, der damalige CDU-Fraktionsvorsitzende, schreibt in seinen Erinnerungen, dass die Mitglieder der Berliner CDU, „die über Jahre Oppositionsarbeit geleistet hatten", „sich mit Heinrich Lummer als Bürgermeister auch in einer sonst liberal-konservativ ausgerichteten Senatsmannschaft wiedererkennen" konnten.[59]

Neuer Parlamentspräsident wurde der Jurist Peter Rebsch (CDU), als Nachfolger von Heinrich Lummer, der das Amt ein halbes Jahr lang bekleidet hatte.

Hans-Jochen Vogel saß nun, nach 140 Tagen im Amt des Regierenden Bürgermeisters, auf der Oppositionsbank. Am 16. Juni 1981 wählte ihn die SPD-Fraktion zu ihrem

---

55 R. von Weizsäcker, Vier Zeiten (wie Anm. 36), S. 253.
56 Ebd., S. 264.
57 Ebd., S. 265.
58 Ebd.
59 Eberhard Diepgen, Zwischen den Mächten. Von der besetzten Stadt zur Hauptstadt, Berlin 2004, S. 18.

neuen Vorsitzenden. „Daß sich die Kraft der Partei in den Jahrzehnten der Regierung erschöpft hatte, daß sie starr geworden war, daß sie zuviel Energien in inneren Auseinandersetzungen verbraucht hatte und daß die Zeit vom Januar bis zum Mai 1981 nicht ausgereicht hatte, um all diese Defizite in einer großen Anstrengung aufzuholen, lag auf der Hand", so Vogel später.[60] „Jetzt galt es, die ihr von der Wählerschaft zugewiesene Aufgabe der Opposition zu akzeptieren und die damit verbundene Chance der Erneuerung zu nutzen."[61]

In der Sitzung des Abgeordnetenhauses vom 2. Juli 1981 gab Richard von Weizsäcker seine Regierungserklärung ab. Als am 16. Juli die Aussprache erfolgte, hielten sich der Regierende Bürgermeister und SPD-Fraktionschef Hans-Jochen Vogel gegenseitig Plato-Zitate vor, „was im Berliner Abgeordnetenhaus eher selten geschah" und Beachtung fand.[62]

1982 platzte in Bonn die sozialliberale Koalition. Bundeskanzler Helmut Schmidt (SPD) wurde durch ein konstruktives Misstrauensvotum gestürzt, Helmut Kohl sein Nachfolger. Dieser wollte den Machtwechsel durch eine vorgezogene Wahl zum Deut-

Sitzung des Abgeordnetenhauses im Rathaus Schöneberg, am Rednerpult: der SPD-Fraktionsvorsitzende Hans-Jochen Vogel, rechts: der Regierende Bürgermeister Richard von Weizsäcker, 16. Juli 1981.

60 H.-J. Vogel, Nachsichten (wie Anm. 49), S. 140.
61 Ebd.
62 Ebd., S. 141 f.

schen Bundestag legitimieren. Vogel wurde, nach dem Verzicht von Schmidt, zum Spitzenkandidaten der SPD nominiert, unterlag jedoch bei der Bundestagswahl am 6. März 1983 Bundeskanzler Kohl. Als Vertreter Berlins, durch dessen Abgeordnetenhaus gewählt, kehrte Vogel in den Bundestag zurück und wurde Herbert Wehners Nachfolger als SPD-Fraktionsvorsitzender. Sein Berliner Abgeordnetenhausmandat legte Vogel nieder, den SPD-Fraktionsvorsitz im Abgeordnetenhaus übernahm der Landesvorsitzende und frühere Innen- bzw. Bausenator Peter Ulrich. Bis 1991 blieb Vogel Vorsitzender der SPD-Bundestagsfraktion, und von 1987 bis 1991 war er auch SPD-Bundesvorsitzender, in der Nachfolge Willy Brandts. Noch bis 1994 gehörte er dem Bundestag als Berliner Abgeordneter an und behielt bis zu seinem Ausscheiden sein im Juli 1981 eröffnetes Bürgerbüro in Berlin.

Zeitgleich mit Hans-Jochen Vogel war Anke Brunn aus dem Berliner Parlament ausgeschieden. Von 1981 bis 1983 Vogels Stellvertreterin im Fraktionsvorsitz, kehrte sie nach Nordrhein-Westfalen zurück und wurde 1985 Ministerin für Wissenschaft und Forschung in der von Johannes Rau (SPD) geführten nordrhein-westfälischen Landesregierung.

Der F.D.P.-Mann Guido Brunner, im kurzlebigen Senat Vogel Bürgermeister und Wirtschaftssenator, hatte sein Abgeordnetenhausmandat schon im September 1981 niedergelegt. Der „Jobhopper", so bezeichnete ihn „Der Spiegel",[63] wurde Botschafter in Spanien.

Norbert Blüm, im Senat von Weizsäcker für Bundesangelegenheiten zuständig, schied im Oktober 1982, als die CDU in Bonn wieder in Regierungsverantwortung kam, aus dem Senat aus und wurde Bundesminister für Arbeit und Sozialordnung. Die Geschäfte des Bundessenators übernahm kommissarisch Justizsenator Rupert Scholz. Blüm kam 1999 mit dem Bundestag wieder nach Berlin.

Aus dem CDU-Minderheitssenat wurde ein CDU/F.D.P.-Senat, als nach dem Regierungswechsel in Bonn 1982 und der vorgezogenen Bundestagswahl 1983 auch in Berlin eine Koalition mit der F.D.P. möglich wurde. Im März 1983 trat die F.D.P. mit zwei Senatoren in die Berliner Regierung ein. Hermann Oxfort übernahm von Rupert Scholz das Amt des Justizsenators, das er bereits 1975/76 unter dem damaligen Regierenden Bürgermeister Klaus Schütz in einer sozialliberalen Koalition bekleidet hatte. Horst Vetter, F.D.P.-Fraktionschef seit 1975, übernahm von Volker Hassemer das Amt des Senators für Stadtentwicklung und Umweltschutz. Volker Hassemer wurde nun Senator für Kulturelle Angelegenheiten, Wilhelm Kewenig Senator für Wissenschaft und Forschung und Rupert Scholz Senator für Bundesangelegenheiten, ein Amt, das er bereits seit Oktober 1982 kommissarisch verwaltet hatte.

Nach zwei Amtsjahren trat Bausenator Ulrich Rastemborski, „mit der Aufgabe, so wie er sie wahrnahm, überfordert",[64] von seinem Senatorenposten zurück und legte gleichzeitig sein Abgeordnetenmandat nieder. Neuer Bausenator wurde Klaus Franke (CDU), bis dahin Vizepräsident des Abgeordnetenhauses und Mitglied des Vorstands der Wohnungsbaugesellschaft DEGEWO.

Bemerkenswert ist der Besuch, den Richard von Weizsäcker im September 1983 dem DDR-Staats- und Parteichef Erich Honecker in Ost-Berlin abstattete. Noch nie hatte es davor eine derartige Unternehmung eines Regierenden Bürgermeisters gegeben. „Mir ging es um konkrete Verbesserungen im Reise- und Besuchswesen. Bescheidene Erfolge konnte ich erzielen."[65] Es war seine erste Begegnung mit Honecker, von dem er fol-

---

63 http://www.spiegel.de/spiegel/print/d-14336843.html (letzter Zugriff am 1. Juli 2016).
64 Wilfried Rott, Die Insel. Eine Geschichte West-Berlins 1948–1990, München 2009, S. 349.
65 R. von Weizsäcker, Vier Zeiten (wie Anm. 36), S. 277 f.

*Der Regierende Bürgermeister Richard von Weizsäcker
vor dem Rathaus Schöneberg, Juni 1983.*

gendes Bild gewann: „Welche persönlichen Eigenschaften ihn qualifiziert hatten, an die Spitze seines Systems vorzudringen, konnte ich nicht erraten. Er wirkte unpolemisch und nicht unliebenswürdig, aber unverbindlich und alles andere als kurzweilig. Elektrische Funken gingen von ihm nicht aus."[66]

Zu den großen Herausforderungen in der Regierungszeit Richard von Weizsäckers gehörten die Hausbesetzungen. Die vom früheren sozialliberalen Senat entwickelte „Berliner Linie" wurde fortgesetzt. Als im September 1981 acht besetzte Häuser zwangsgeräumt wurden, kam im Zusammenhang damit ein junger Mann zu Tode, der von einem Bus überfahren wurde.

Im Herbst 1983 gab Bundeskanzler Helmut Kohl bekannt, die Union werde Richard von Weizsäcker als Kandidaten für das Amt des Bundespräsidenten nominieren. Zweimal bereits hatte dieser sich um das höchste Staatsamt der Bundesrepublik bemüht. 1968 unterlag er in einer parteiinternen Abstimmung dem damaligen Verteidigungsminister Gerhard Schröder. 1974 trat er als aussichtsloser Kandidat gegen Walter Scheel an. Diesmal wollte Richard von Weizsäcker nicht aufgeben, obwohl er im Berliner Wahlkampf 1981 versichert hatte, dass er die Stadt als seine politische Lebensaufgabe betrachte. Allerdings war damals nicht abzusehen, dass Bundespräsident Karl Carstens auf eine zweite Amtszeit verzichten würde. Am 23. Mai 1984 wurde Richard von Weizsäcker von

66 Ebd., S. 277.

der Bundesversammlung zum sechsten Bundespräsidenten gewählt. Fünf Jahre später erfolgte die Bestätigung im Amt.

Den Berliner CDU-Landesvorsitz hatte Richard von Weizsäcker im Dezember 1983 an den Fraktionsvorsitzenden im Abgeordnetenhaus, Eberhard Diepgen, abgegeben. Für die Nachfolge im Amt des Regierenden Bürgermeisters wollten sowohl Eberhard Diepgen, der als Fraktionsvorsitzender „nicht nur mitregiert, sondern auch vieles konzipiert" hatte,[67] als auch die populäre Schulsenatorin Hanna-Renate Laurien, die eine siebenjährige Tätigkeit als Ministerin bzw. Senatorin vorweisen konnte, kandidieren. Damit kam es, nach einer breiten Diskussion in Partei und Öffentlichkeit, zu einer Kampfabstimmung im CDU-Landesausschuss, bei der Diepgen sich gegen seine Rivalin durchsetzen konnte.

Am 9. Februar 1984 trat Richard von Weizsäcker, zwei Jahre und acht Monate nach Übernahme seines Berliner Amtes, als Regierungschef zurück, und auch die übrigen Senatsmitglieder stellten ihre Ämter zur Verfügung. Das Abgeordnetenhaus wählte den 42-jährigen Eberhard Diepgen zum neuen Regierenden Bürgermeister. Er war der erste gebürtige Berliner, der in dieses Amt gelangte. Anschließend erfolgte die Wiederwahl der gerade zurückgetretenen Senatoren. So wurde personelle Kontinuität gewahrt. Auch Laurien, die sich erfolglos um das Amt des Stadtoberhaupts bemüht hatte, blieb als loyale Senatorin in Diepgens Senat. „Die Zusammenarbeit mit Dr. Laurien entwickelte sich ausgezeichnet", so Diepgen später.[68] „In all den nachfolgenden Jahren wollte ich auf ihren Rat nie verzichten. Er war freundschaftlich, sachlich und manchmal auch gekennzeichnet vom erhobenen Zeigefinger der Pädagogin."[69]

Richard von Weizsäckers Wechsel nach Bonn wurde in Berlin „mit einer Mischung aus Bedauern und Stolz aufgenommen. Es tat gut, jemanden aus West-Berlin in einem Bonner Spitzenamt zu wissen, und es tröstete, daß mit dem Amtssitz im Schloß Bellevue die Verbundenheit mit der Stadt gewahrt blieb."[70]

1985 stand die Neuwahl des Abgeordnetenhauses an. Nachdem Hans-Jochen Vogel nach Bonn zurückgekehrt war, begann in der Berliner SPD die Suche nach einem neuen Spitzenkandidaten für das Amt des Regierenden Bürgermeisters. „Nach einer qualvollen, ergebnislosen Suche in Westdeutschland durch unseren damaligen Landesvorsitzenden Peter Ulrich warf ich ‚meinen Hut in den Ring'", so der im Januar 1981 zurückgetretene Bausenator Harry Ristock.[71] „Nach Rücksprache mit engsten Freunden erklärte ich über die Abendschau des SFB meine Kandidatur".[72] Am 11. Oktober 1983 wurde Ristock auf einem Sonderparteitag zum Spitzenkandidaten gekürt. Aber wenige Monate später gab der Parteilinke auf, weil die Metallbaufirma, bei der er seit 1981 als Geschäftsführer tätig war, in wirtschaftliche Schwierigkeiten geraten war. Auch nur die leisesten Zweifel an seinem Leistungsvermögen auf wirtschaftlichem Gebiet würden es ihm unmöglich machen, weiterhin Spitzenkandidat seiner Partei zu sein. Die Berliner

---

67 Joachim Nawrocki, Kein Zweifel, wer der Boß ist. Eberhard Diepgen hat sich schnell als Regierender Bürgermeister eingespielt, 28. September 1984, http://www.zeit.de/1984/40/kein-zweifel-wer-der-boss-ist/seite-2 (letzter Zugriff am 1. Juli 2016).
68 E. Diepgen, Zwischen den Mächten (wie Anm. 59), S. 17.
69 Ebd.
70 W. Rott, Die Insel (wie Anm. 64), S. 364.
71 Harry Ristock, Neben dem roten Teppich. Begegnungen, Erfahrungen und Visionen eines Politikers, Berlin 1991, S. 129.
72 Ebd.

*Der Präsident des Abgeordnetenhauses,
Peter Rebsch (links), beglückwünscht den neu gewählten
Regierenden Bürgermeister Eberhard Diepgen
nach seiner Vereidigung, 9. Februar 1984.*

SPD brauchte einen Nachfolger für die Spitzenkandidatur. Sollte sie eine Außen- oder eine Innenlösung anstreben?

Hans-Jochen Vogel rief den früheren Bonner Finanz- bzw. Verteidigungsminister Hans Apel, stellvertretender Vorsitzender der SPD-Bundestagsfraktion und Vorsitzender der von ihr eingesetzten Arbeitsgruppe „Berlin", an, „spricht über Autotelefon, redet deshalb konspirativ: Ein gewisser Harry mache mit seiner Firma Konkurs. Und nun zöge er sich ins Privatleben zurück, das schaffe Probleme. Ich unterbreche ihn: ‚Ich weiß schon Bescheid, die stellen Alufenster her.' Vogel: ‚Und nun brauchen wir einen Neuen. Und zwar schnell. Peter Ulrich ruft dich an, dann sage, ob du bereit bist. Nur du kommst in Frage.'"[73] Sowohl Vogel als auch der Landesvorsitzende Ulrich waren der Meinung, mit dem gestandenen Bonner Politiker Apel hätte die SPD in Berlin eine echte Chance.

Auf einem außerordentlichen Parteitag der Berliner SPD kam es zu einer Kampfabstimmung zwischen Apel und dem von den Parteilinken aufgestellten einheimischen Gegenkandidaten Alexander Longolius, Vizepräsident des Abgeordnetenhauses. Dabei setzte sich Apel klar durch; mit deutlicher Mehrheit wurde er als SPD-Anwärter für das Amt des Regierenden Bürgermeisters nominiert. Der Hanseat war ein Vertreter des

---

73 Hans Apel, Der Abstieg. Politisches Tagebuch 1978–1988, 5. Auflage, Stuttgart 1990, S. 283.

konservativen Flügels der SPD und in die innerparteiliche Schusslinie geraten, als er den Nachrüstungsbeschluss der NATO verteidigt hatte.

Der prominente Bundespolitiker stand nun als importierter Kandidat, der den Sozialdemokraten an der Spree den Erfolg bringen sollte, dem frischgebackenen Regierenden Bürgermeister Eberhard Diepgen gegenüber, der über die Stadtgrenzen hinaus noch kaum bekannt war und darauf baute, „daß die Berliner lieber einen haben, der weiß, daß die Karl-Marx-Straße in Neukölln und nicht in Ost-Berlin liegt".[74] Und Apel sagte sich: „Eigentlich spricht fast alles für Diepgen und die CDU: ein Berliner Junge, Amtsbonus, Bonner Hilfe, das Forum ‚Abgeordnetenhaus'."[75] „Eigentlich ist er gut für diese Stadt, er ist selbstbewußt, offen, sympathisch."[76] Und: „Der CDU-Senat leistet keine schlechte Arbeit, zumindest verkauft er sich vorzüglich."[77]

Apel hatte sich in erster Linie als „braver Parteisoldat" für die Berliner Aufgabe zur Verfügung gestellt. Oft fühlte er sich von seinen Genossen alleingelassen oder nur halbherzig unterstützt. Und: „Ein wesentliches Problem ist, daß viele Berliner mich nicht akzeptieren. Für sie bleibe ich ein Fremder, der bei ihnen nur etwas werden will wie vor mir Hans-Jochen Vogel und von Weizsäcker."[78] Der frühere Bundesminister „kam in Berlin nicht an, wurde von der eigenen Partei geschnitten", schreibt sein Kontrahent Eberhard Diepgen später.[79] Dieser hatte sich schnell als Regierender Bürgermeister eingespielt und war in seiner Partei unangefochten. Auf Wahlplakaten wurde er als „Einer von uns!" beworben.

Bei der Wahl zum Abgeordnetenhaus am 10. März 1985 setzte sich der Abwärtstrend der SPD fort. Sie schnitt noch schwächer als erwartet ab, büßte gegenüber der Wahl von 1981 fast 6 Prozentpunkte ein und bekam nur noch 32,4 % der Wählerstimmen. Die CDU konnte sich trotz eines Stimmenverlusts von 1,6 Punkten klar als stärkste Kraft behaupten. Die AL legte zu, ihre Stimmengewinne blieben aber hinter den Erwartungen zurück. Unerwartet gut schnitt die F.D.P. ab, „die Demoskopen noch vor wenigen Wochen mit schlappen drei Prozent abgeschrieben hatten".[80] Durch eine Leihstimmen-Kampagne wiederbelebt, erzielten die Liberalen ihr bestes Wahlergebnis seit 1971. Die CDU/F.D.P.-Koalition konnte fortgesetzt werden.

Ergebnis der Wahl zum Abgeordnetenhaus am 10. März 1985 (Zweitstimmen)[81]

Wahlbeteiligung: 83,6 %

CDU: 46,4 % (69 Mandate)
SPD: 32,4 % (48 Mandate)
AL: 10,6 % (15 Mandate)
F.D.P.: 8,5 % (12 Mandate)
DA: 1,3 %
SEW: 0,6 %
LD: 0,1 %
SVD: 0,1 %
ÖDP: 0,0 %

74 http://www.spiegel.de/spiegel/print/d-13508411.html (letzter Zugriff am 1. Juli 2016).
75 H. Apel, Der Abstieg (wie Anm. 73), S. 284.
76 Ebd., S. 288.
77 Ebd., S. 289.
78 Ebd., S. 304.
79 E. Diepgen, Zwischen den Mächten (wie Anm. 59), S. 17.
80 http://www.spiegel.de/spiegel/print/d-13512617.html (letzter Zugriff am 1. Juli 2016).
81 Vgl. Amtsblatt für Berlin, Teil I, vom 11. April 1985, S. 872–879.

Nach der schweren Niederlage der SPD erklärte der gescheiterte Spitzenkandidat Hans Apel, der nicht die Absicht hatte, in Berlin als SPD-Oppositionsführer zu bleiben, dass er seine Aufgabe in der Stadt für beendet betrachte, das Abgeordnetenmandat nicht annehmen und nach Bonn zurückkehren werde, um dort weiter als stellvertretender Fraktionschef für die SPD im Bundestag tätig zu sein. Hans Apels Berlin-Abenteuer, in das er sich hatte drängen lassen, war zu Ende.

Peter Ulrich gehörte dem Abgeordnetenhaus nicht mehr an. Neuer SPD-Fraktionschef wurde Walter Momper, Diplom-Politologe, Geschäftsführer der Historischen Kommission zu Berlin, der seine politische Karriere 1969 als Vorsitzender der Kreuzberger Jungsozialisten begonnen hatte. Sein Amt als Landesvorsitzender gab Peter Ulrich an den zum linken Parteiflügel zählenden Bundestagsabgeordneten Jürgen Egert ab. Als dieser etwa eineinhalb Jahre später auf ärztliches Anraten zurücktrat, übernahm Momper auch den Landesvorsitz.

Am 18. April 1985 fand die erste Abgeordnetenhaussitzung der 10. Wahlperiode statt. Peter Rebsch wurde in geheimer Abstimmung im Amt des Parlamentspräsidenten bestätigt, nachdem er sich zwei Tage zuvor bei einer Kampfabstimmung in der CDU-Fraktion gegen Jürgen Wohlrabe, Filmkaufmann, Schatzmeister der Berliner CDU und früherer Bundestagsabgeordneter, hatte durchsetzen können. Eberhard Diepgen wurde erneut zum Regierenden Bürgermeister gewählt. Die F.D.P. konnte nun, nach ihrem überraschend guten Abschneiden bei der Abgeordnetenhauswahl, als Koalitionspartner der Christdemokraten drei Ressorts besetzen: Finanzen mit dem späteren Bundeswirtschaftsminister Günter Rexrodt, Jugend und Familie mit der späteren F.D.P.-Generalsekretärin Cornelia Schmalz-Jacobsen sowie Stadtentwicklung und Umweltschutz mit Horst Vetter. Das Justizressort gab sie ab. Hermann Oxfort, der dieses Ressort geleitet hatte, gehörte dem neuen Senat nicht mehr an. Ein Landesparteitag hatte ihm die Nominierung verweigert und ihn zum einfachen Abgeordneten degradiert. Die CDU stellte neben dem Regierungschef neun Senatsmitglieder: Heinrich Lummer blieb Bürgermeister und Innensenator, Klaus Franke war weiterhin für Bau- und Wohnungswesen zuständig, Ulf Fink für Gesundheit und Soziales, Rupert Scholz für Justiz und Bundesangelegenheiten, Volker Hassemer für Kulturelle Angelegenheiten, Hanna-Renate Laurien für Schulwesen, Berufsausbildung und Sport, Edmund Wronski für Verkehr und Betriebe, Elmar Pieroth für Wirtschaft und Arbeit, Wilhelm Kewenig für Wissenschaft und Forschung.

Ein Jahr später traten Bürgermeister und Innensenator Heinrich Lummer, Bausenator Klaus Franke und Stadtentwicklungssenator Horst Vetter von ihren Ämtern zurück, womit sie die Konsequenzen aus Vorwürfen im Zusammenhang mit einer Bestechungs- und Parteispendenaffäre, die das Ansehen des CDU/F.D.P.-Senats beschädigte, zogen. Hanna-Renate Laurien übernahm, unter Beibehaltung ihres Geschäftsbereichs als Senatorin für Schulwesen, Berufsausbildung und Sport, das Bürgermeisteramt. Somit hatte erstmals seit Louise Schroeder, sozialdemokratische Bürgermeisterin von 1946 bis 1951, wieder eine Frau dieses Amt inne. Wilhelm Kewenig wurde Innensenator und gab das Ressort „Wissenschaft und Forschung" an den Rechtsprofessor George Turner (parteilos), bis dahin Präsident der Universität Hohenheim und früherer Präsident der Westdeutschen Rektorenkonferenz, ab. Georg Wittwer (CDU), seit 1981 Senatsdirektor bzw. Staatssekretär beim Senator für Stadtentwicklung und Umweltschutz, übernahm das Amt des Senators für Bau- und Wohnungswesen. Den der F.D.P. zustehende Posten des Senators für Stadtentwicklung und Umweltschutz besetzte Jürgen Starnick (parteilos, später F.D.P.), Professor für Technische Chemie, Vizepräsident der Westdeutschen Rektorenkonferenz, bis 1985 Präsident der Technischen Universität Berlin.

Als Rupert Scholz 1988 als Verteidigungsminister in das Kabinett von Bundeskanzler Helmut Kohl berufen wurde, wählte das Abgeordnetenhaus Ludwig Rehlinger (CDU), seit 1982 Staatssekretär im Bundesministerium für innerdeutsche Beziehungen, zum neuen Senator für Justiz und Bundesangelegenheiten.

1987 wurde die 750-Jahr-Feier Berlins im Ost- und im Westteil der Stadt getrennt begangen. US-Präsident Ronald Reagan kam anlässlich des Stadtjubiläums nach West-Berlin. Nachdem es am Vorabend von Reagans Besuch heftige Krawalle in der Innenstadt gegeben hatte, riegelte die Polizei als Präventivmaßnahme ganz Kreuzberg ab. „Wer Kennedys Konfettiparade durch die überfüllten Berliner Straßen und Jubelspaliere miterlebt hat, empfindet das Abriegeln ganzer Stadtteile zum Empfang des höchsten Repräsentanten unserer Freiheitsgarantie um so schärfer", kommentierte Günter Matthes im „Tagesspiegel".[82] In Anwesenheit von Bundeskanzler Helmut Kohl und des Regierenden Bürgermeisters Eberhard Diepgen hielt Ronald Reagan vor rund 25 000 geladenen Gästen eine Rede an der Berliner Mauer vor dem Brandenburger Tor, forderte KPdSU-Generalsekretär Michail Gorbatschow zum Abriss der Mauer auf: „Mr. Gorbachev, open this gate! Mr. Gorbachev, tear down this wall!"[83] Damals eine „unpragmatisch anmutende Forderung",[84] aber zweieinhalb Jahre später, im Herbst 1989, fiel die Mauer tatsächlich. Bei seinem Berlin-Besuch im September 1990 konnte Expräsident Reagan als „Mauerspecht" das funktionslos gewordene Bauwerk mit Hammer und Meißel malträtieren.

Als im Februar 1987 aus Anlass des Stadtjubiläums ein Konzert in der Ost-Berliner Gethsemanekirche stattfand, waren sowohl Ost-Berlins Oberbürgermeister Erhard Krack als auch der Regierende Bürgermeister Eberhard Diepgen unter den Ehrengästen. Sie saßen jedoch weit voneinander entfernt, es gab keine Begrüßung, keinen Handschlag. Eine groteske Situation. Acht Monate später kam es dann doch noch zu einer persönlichen Begegnung der beiden Amtskollegen, zu einer kurzen Begrüßung bei der kirchlichen Abschlussveranstaltung zum Stadtjubiläum in der Ost-Berliner Marienkirche. Eberhard Diepgen erinnert sich: „Ich hatte alle Bemühungen der Wächter des Protokoll missachtet und war zu der gegenüberliegenden Bank gegangen. Mehr als ein ‚Guten Tag' war Herrn Krack allerdings nicht zu entlocken und er verließ auch die Kirche schnell. Alle redeten von ‚ganz normalem Vorgang' oder ‚Abbau von Verkrampfungen im Umgang miteinander'."[85]

Am 29. Januar 1989 wurde das Abgeordnetenhaus neu gewählt. Der Urnengang brachte ein unerwartetes Ergebnis. Die CDU mit ihrem Spitzenkandidaten Eberhard Diepgen büßte gegenüber der Wahl von 1985 fast 9 Prozentpunkte ein. Sie blieb knapp stärkste Kraft, hatte einen Vorsprung von 0,4 Prozentpunkten vor der SPD, was sich in Mandaten jedoch nicht auszahlte. Beide Parteien kamen auf 55 Sitze. Die F.D.P. verschlechterte sich um 4,6 Punkte. Gerupft bis auf magere 3,9 Prozent, schied sie aus dem Abgeordnetenhaus aus. Somit verlor die CDU ihren Koalitionspartner. Die SPD, die nach dem großen Wahlerfolg von 1963 kontinuierlich an Stimmen verloren hatte, konnte mit ihrem Landeschef und Spitzenkandidaten Walter Momper einen kräftigen Stimmenzuwachs verbuchen, gewann fast 5 Prozentpunkte hinzu. Sie zog mit vielen neuen Abgeordneten und einem hohen Frauenanteil ins Parlament ein. Die AL steigerte sich um 1,2 Punkte auf

---

82 -thes, Der bestandene Besuch, in: Der Tagesspiegel vom 13. Juni 1987, S. 1.
83 https://www.reaganfoundation.org/library-museum/permanent-exhibitions/berlin-wall/ (letzter Zugriff am 1. Juli 2016).
84 -thes, Der bestandene Besuch (wie Anm. 82).
85 E. Diepgen, Zwischen den Mächten (wie Anm. 59), S. 94.

US-Präsident Ronald Reagan (am Rednerpult) hält eine Rede an der Berliner Mauer vor dem Brandenburger Tor, 12. Juni 1987.

11,8 %. „Zur Überraschung der ganzen Republik" schaffte die rechtsgerichtete Partei „Die Republikaner" (REP) mit 7,5 % der Stimmen ein Ergebnis, das sie erstmals in ein Landesparlament brachte.[86] Noch am Wahlabend kam es vor dem Rathaus Schöneberg zu Protesten gegen den Einzug der „Republikaner" ins Abgeordnetenhaus.

Ergebnis der Wahl zum Abgeordnetenhaus am 29. Januar 1989 (Zweitstimmen)[87]

Wahlbeteiligung: 79,6 %

CDU: 37,7 % (55 Mandate)
SPD: 37,3 % (55 Mandate)
AL: 11,8 % (17 Mandate)
REP: 7,5 % (11 Mandate)
F.D.P.: 3,9 %
ÖDP: 0,7 %
SEW: 0,6 %
DA: 0,4 %

Am 2. März 1989 konstituierte sich das Abgeordnetenhaus der 11. Wahlperiode. Für die Wahl zum Parlamentspräsidenten schlug die CDU-Fraktion – die beiden gleich starken Fraktionen CDU und SPD hatten sich auf ein Vorschlagsrecht der CDU-Fraktion verständigt – Jürgen Wohlrabe vor, der sich zwei Tage zuvor in einer fraktionsinternen Kampfabstimmung gegen Gabriele Wiechatzek, seit September 1983 Parlamentsvize-

---

86 Jürgen Dittberner, Die FDP. Geschichte, Personen, Organisation, Perspektiven. Eine Einführung, Wiesbaden 2005, S. 166.
87 Vgl. Amtsblatt für Berlin, Teil I, vom 9. März 1989, S. 694–705.

präsidentin, als Bewerber für das hohe Amt hatte durchsetzen können. In geheimer Abstimmung wählte das Abgeordnetenhaus den früheren Bundestagsabgeordneten Wohlrabe – Herbert Wehner hatte ihn einst „Übelkrähe" genannt – zu seinem Präsidenten.

„Politischer Extremismus – Gefahr für die parlamentarische Demokratie?", so lautete das Thema der Aktuellen Stunde in der ersten Sitzung des neuen Abgeordnetenhauses. Als dem REP-Fraktionsvorsitzenden Bernhard Andres das Wort erteilt wurde, stellten sich die Abgeordneten der AL an der Eingangsseite des Plenarsaals auf und bildeten mit Buchstabenschildern den Satz „Wehret den Anfängen!", ehe sie nach mehrmaliger Aufforderung des Präsidenten, ihre Plätze wieder einzunehmen, den Saal verließen.

Die SPD unter Walter Momper wagte nach ihrem Wahlerfolg eine Koalition mit der lange Zeit als nicht als regierungsfähig eingeschätzten AL und versprach eine streitbare Zusammenarbeit innerhalb dieses Bündnisses, „bei der die Probleme der Stadt transparent und nachvollziehbar diskutiert werden".[88] Am 16. März 1989 wurde der 1945 in Sulingen bei Bremen geborene und seit 1967 in Berlin lebende Momper vom Abgeordnetenhaus zum Regierenden Bürgermeister gewählt. Bürgermeisterin und Senatorin für Gesundheit und Soziales wurde die Charlottenburger Sozialstadträtin Ingrid Stahmer (SPD), Senator für Arbeit, Verkehr und Betriebe der IG-Metall-Funktionär Horst Wagner (SPD), Senator für Bau- und Wohnungswesen der erfolgreiche Wahlkampfleiter der Berliner SPD und frühere Mitarbeiter des Deutschen Instituts für Urbanistik, Wolfgang Nagel (SPD), Senatorin für Bundesangelegenheiten die Rechtsprofessorin Heide Pfarr (SPD), ehemalige Vizepräsidentin der Universität Hamburg, Senator für Finanzen Norbert Meisner (SPD), Studienleiter beim Jugendsozialwerk e. V., Senatorin für Frauen, Familie und Jugend die Rechtsanwältin und Feministin Anne Klein (parteilos,

Die Abgeordneten der AL demonstrieren in der konstituierenden Sitzung des am 29. Januar 1989 gewählten Abgeordnetenhauses gegen die neu im Parlament vertretenen REP, 2. März 1989.

88 Walter Momper, Abgeordnetenhaus von Berlin, Plenarprotokoll 11/3, S. 66 (A).

von der AL nominiert), Senator für Inneres Erich Pätzold, der frühere Senator für Gesundheit und Umweltschutz (unter den Regierenden Bürgermeistern Klaus Schütz und Dietrich Stobbe), Senatorin für Justiz die Rechtsprofessorin Jutta Limbach (SPD), die später Präsidentin des Bundesverfassungsgerichts und Präsidentin des Goethe-Instituts werden sollte, Senatorin für Kulturelle Angelegenheiten die langjährige Bundestagsabgeordnete Anke Martiny (SPD), Senatorin für Schule, Berufsbildung und Sport die Lehrerin und stellvertretende Berliner GEW-Vorsitzende Sybille Volkholz (parteilos, von der AL nominiert), Senatorin für Stadtentwicklung und Umweltschutz die spätere EU-Kommissarin Michaele Schreyer (DIE GRÜNEN, Landesverband Bayern, von der AL nominiert), Senator für Wirtschaft der Bundestagsabgeordnete Peter Mitzscherling (SPD), früherer Senatsdirektor für Arbeit, Senatorin für Wissenschaft und Forschung die Sozialwissenschaftlerin Barbara Riedmüller-Seel (SPD), Vizepräsidentin der Freien Universität Berlin. Die drei von der AL gestellten Senatorinnen waren keine Mitglieder der AL. Erstmals gehörten einer Landesregierung mehr Frauen (acht) als Männer (sechs) an. Man sprach vom „Frauensenat". Die acht Senatorinnen trafen sich wöchentlich zum „Hexenfrühstück", um sich miteinander abzustimmen.

Nach dem Regierungswechsel wurde Eberhard Diepgen wieder Vorsitzender der CDU-Fraktion, die seit 1984 Dankward Buwitt geführt hatte. Die SPD-Fraktion wählte Ditmar Staffelt, der dem Abgeordnetenhaus seit 1979 angehörte, zu ihrem Vorsitzenden.

Am 25. Mai 1989, ein halbes Jahr vor dem Mauerfall, sorgte die stellvertretende Parlamentspräsidentin Hilde Schramm (AL) für Aufregung im Abgeordnetenhaus. Sie eröffnete die Sitzung, ohne die traditionellen Mahnworte zur Wiedervereinigung, mit denen seit den 50er-Jahren jede Plenarsitzung eröffnet wurde, zu sprechen: „Ich eröffne die 7. Sitzung des Abgeordnetenhauses, und bevor ich dann Herrn Wohlrabe bitte, die Formel der *Mahnworte* zu sprechen, möchte ich einige Worte meinerseits dazu äußern, warum mir das nicht möglich ist."[89] Hier vermerkt das Sitzungsprotokoll: „Überraschung und Unruhe im Saal – Bestürzung bei der CDU und bei den REP – Beifall bei der SPD und der AL".[90] „Selbstverständlich wünsche ich, daß die Mauer abgebaut wird", so Schramm vor den Abgeordneten.[91] „Aber die Mahnworte zur Wiedervereinigung widersprechen der täglichen Politik, die auf der Akzeptanz der Zweistaatlichkeit bei allen Parteien inzwischen basiert. Ich kann es mit meinem politischen Gewissen nicht vereinbaren, mit den Hoffnungen auf eine weitergehende *Entspannungspolitik* im Jahr 1989 hier im Abgeordnetenhaus die Sitzung mit einer *Formel aus dem kalten Krieg* zu eröffnen."[92] Die Mahnworte wurden schließlich von Präsident Jürgen Wohlrabe vorgetragen: „Ich eröffne die 7. Sitzung des Abgeordnetenhauses von Berlin und *bekunde unseren unbeugsamen Willen, daß die Mauer fallen und daß Deutschland mit seiner Hauptstadt Berlin in Frieden und Freiheit wiedervereinigt werden muß*."[93] Einer Anregung des Kuratoriums Unteilbares Deutschland folgend, war die Eröffnungsformel 1955 vom damaligen Parlamentspräsidenten Willy Brandt eingeführt und 1962, nach dem Mauerbau, um den Hinweis auf die Mauer ergänzt worden. Auch die SPD hatte längst Probleme damit, nur noch CDU und REP hörten die Mahnworte traditionsgemäß im Stehen. Am 18. Januar 1990 wurden sie zum letzten Mal gesprochen und in namentlicher Abstimmung mit den Stimmen von SPD und AL abgeschafft.

---

89 Abgeordnetenhaus von Berlin, Plenarprotokoll 11/7, S. 210 (A).
90 Ebd.
91 Ebd., S. 210 (C).
92 Ebd.
93 Ebd.

Der Regierende Bürgermeister Walter Momper mit den weiblichen Senatsmitgliedern auf der Freitreppe des Rathauses Schöneberg, 1. Reihe von links: Jutta Limbach, Anne Klein, Momper, Ingrid Stahmer und Barbara Riedmüller-Seel, 2. Reihe von links: Sybille Volkholz, Anke Martiny, Michaele Schreyer und Heide Pfarr, März 1989.

Aus der AL-Fraktion wurde im Juli 1990 die Fraktion „DIE GRÜNEN/Alternative Liste für Demokratie und Umweltschutz" (Kurzbezeichnung: „GRÜNE/AL"). Die Umbenennung erfolgte aufgrund der von der AL-Mitgliedervollversammlung beschlossenen Umwandlung der Partei in den Landesverband Berlin der Partei „DIE GRÜNEN".

Zahlreiche Konfliktpunkte führten zum Scheitern des rot-grünen Regierungsbündnisses. Gut zwei Wochen vor der für den 2. Dezember 1990 anberaumten Wahl des ersten Gesamtberliner Abgeordnetenhauses kündigten die GRÜNEN/AL nach der polizeilichen Räumung besetzter Häuser in Friedrichshain die Koalition mit der SPD auf. Momper, der den GRÜNEN/AL vorwarf, sie würden sich aus der Verantwortung stehlen, regierte mit einem SPD-Minderheitssenat weiter.

Niemand hatte beim Start des rot-grünen Experiments geahnt, dass schon bald die jahrzehntelang bestehende Ost-West-Konstellation Europas zusammenbrechen, die Mauer, die Berlin in so bedrückender Weise teilte, fallen und die Vision der Einheit Berlins und Deutschlands Erfüllung finden würde. Im Herbst 1989 überschlugen sich die Ereignisse in Ost-Berlin und der DDR. Durch Demonstrationen und Massenfluchten in Bedrängnis geraten, versuchte die Staats- und Parteiführung der DDR, ihre Macht durch einen Wechsel an der Führungsspitze und Reformversprechungen zu sichern. Am Abend des 9. November 1989 gab Günter Schabowski, Mitglied des Politbüros des ZK der SED, auf einer Pressekonferenz eher beiläufig bekannt, dass die Bürgerinnen und Bürger der DDR mit sofortiger Wirkung ohne größere Formalitäten ins westliche Ausland reisen dürften. Die Nachricht verbreitete sich wie ein Lauffeuer und löste noch am selben Abend einen Massenansturm auf die Grenze nach West-Berlin aus, was zur ungeplanten Öffnung der Mauer durch die überforderten DDR-Grenzer führte. Die Mauer, die seit 28 Jahren stand und an der zahlreiche Menschen ihr Leben verloren hatten – erst im Februar 1989 war der 20-jährige Chris Gueffroy, das letzte durch Schusswaffeneinsatz ums Leben gekommene Maueropfer, an der Sektorengrenze zwischen Treptow und Neukölln getötet worden –,[94] war plötzlich frei passierbar, die Trennwand trennte nicht mehr, ein Menschenstrom ergoss sich von Ost- nach West-Berlin.

Am 10. November 1989 trafen sich die Mitglieder des Abgeordnetenhauses zu einer außerordentlichen Sitzung. In einer „Entschließung zur aktuellen Situation in Berlin", die verabschiedet wurde, heißt es unter anderem: „Uns alle bewegt, wie niemals zuvor nach dem Ende des Zweiten Weltkrieges, die Hoffnung, daß die Grenze in unserer Stadt bedeutungslos wird."[95] Und: „Das Abgeordnetenhaus von Berlin hält fest an dem Ziel, auf einen Zustand des Friedens und der Einheit Europas hinzuwirken, in dem auch das deutsche Volk in freier Selbstbestimmung zu der Gestaltung seines Zusammenlebens gelangen kann, für die es sich in Ausübung seines Selbstbestimmungsrechtes entscheidet."[96]

Nach der Sondersitzung des Abgeordnetenhauses fand auf dem John-F.-Kennedy-Platz vor dem Rathaus Schöneberg eine große Kundgebung anlässlich der Maueröffnung statt. Vor allem junge Leute nahmen teil. Nachdem Parlamentspräsident Jürgen Wohlrabe die Kundgebung eröffnet hatte, ergriff der Regierende Bürgermeister Walter Momper als erster Redner das Wort. „Unsere ganze Stadt und alle ihre Bürgerinnen und Bürger werden diesen 9. November 1989 nie mehr vergessen", so Momper.[97] „Das war der Moment, auf den wir so lange gewartet haben. 28 Jahre lang, seit dem Bau der Mauer am 13. August 1961, haben wir diesen Tag herbeigesehnt und herbeigehofft. Wir Deutschen sind jetzt das glücklichste Volk auf der Welt."[98] Der SPD-Ehrenvorsitzende und Altbundeskanzler Willy Brandt, Ehrenbürger von Berlin und früherer Regierender Bürgermeister, sprach als Nächster. „Es wird jetzt viel davon abhängen, ob wir uns – wir Deutschen, hüben und drüben – der geschichtlichen Situation gewachsen erweisen", sagte er.[99] „Das Zusammenrücken der Deutschen, darum geht es."[100] Nach Brandt sprach Vizekanzler und Außenminister Hans-Dietrich Genscher. „In den Straßen Berlins wird in diesen Stunden bezeugt, daß 40 Jahre der Trennung aus einer deutschen Nation nicht zwei Nationen gemacht haben. Es gibt keine kapitalistische, es gibt keine sozialistische,

---

94 Siehe Die Todesopfer an der Berliner Mauer 1961–1989. Ein biographisches Handbuch, hrsg. vom Zentrum für Zeithistorische Forschung Potsdam und der Stiftung Berliner Mauer, Projektleiter: Hans-Hermann Hertle/Maria Nooke, Mitarbeiter: Udo Baron/Christine Brecht/Martin Ahrends/Lydia Dollmann, Berlin 2009; Udo Baron/Hans-Hermann Hertle, Chris Gueffroy: S. 429–433.
95 Abgeordnetenhaus von Berlin, Plenarprotokoll 11/17, S. 787.
96 Ebd.
97 „Wir Deutschen sind jetzt das glücklichste Volk auf der Welt". Die Reden am 10. November 1989 vor dem Rathaus Schöneberg, hrsg. von der Senatskanzlei Berlin, Abt. Information, Berlin o. J., S. 3.
98 Ebd.
99 Ebd., S. 7.
100 Ebd.

es gibt nur eine auf Freiheit und Frieden verpflichtete deutsche Nation!"[101] Als letzter Redner trat Bundeskanzler Helmut Kohl ans Mikrofon. „Heute ist ein großer Tag in der Geschichte dieser Stadt, und heute ist ein großer Tag in der deutschen Geschichte. Wir alle haben für diesen Tag gearbeitet. Wir haben ihn herbeigesehnt."[102] Er forderte „die Verantwortlichen in der DDR" auf: „Verzichten Sie jetzt auf Ihr Machtmonopol!"[103] Und er kündigte die Unterstützung des Reformprozesses in der DDR an: „Meine Damen und Herren, ich bekenne hier erneut für die Bundesrepublik Deutschland, daß wir bereit sind, im Rahmen des uns Möglichen diesen Prozeß zu unterstützen. Eine DDR, die voranschreitet in den Reformen mit dem Ziel der Freiheit, der konkreten Hilfe für die Menschen in allen Bereichen der Gesellschaft, unterstützen wir ganz selbstverständlich aus unserer moralischen Verpflichtung für die Einheit unserer deutschen Nation heraus."[104] Ein Pfeifen und Grölen begleitete die Rede des Kanzlers, und das zum Abschluss angestimmte Deutschlandlied ging in einem ohrenbetäubenden Pfeifkonzert unter. „Ich bin heute noch verärgert, wenn ich an die Szenen vor dem Schöneberger Rathaus denke", schreibt Kohl in seinen Erinnerungen.[105]

Wenige Monate nach dem Mauerfall wurde am 18. März 1990 in der DDR die erste freie Volkskammerwahl abgehalten. Am 6. Mai 1990 folgten freie Kommunalwahlen. Bei der Wahl zur Ost-Berliner Stadtverordnetenversammlung wurde die SPD mit 34,0 % stärkste Kraft, vor der SED-Nachfolgepartei PDS, die auf 30,0 % kam. Die CDU (17,7 %) musste sich mit dem dritten Platz begnügen. Nach der Wahl einigten sich SPD und CDU auf eine Magistratskoalition.

Wie bei der Volkskammerwahl fiel auch bei den Kommunalwahlen das Ost-Berliner Ergebnis aus dem Rahmen, denn es entsprach nicht dem landesweiten Trend mit der CDU auf dem ersten, der SPD auf dem zweiten und der PDS auf dem dritten Platz.

Ergebnis der Wahl zur Stadtverordnetenversammlung am 6. Mai 1990[106]

Wahlbeteiligung: 70,6 %

SPD: 34,0 % (47 Mandate)
PDS: 30,0 % (42 Mandate)
CDU: 17,7 % (24 Mandate)
Bündnis 90: 9,9 % (14 Mandate)
GrüneL: 2,7 % (4 Mandate)
B.F.D.: 1,2 % (2 Mandate)
DSU: 1,0 % (2 Mandate)
F.D.P.: 1,0 % (1 Mandat)
ALL: 0,8 % (1 Mandat)
DA: 0,6 % (1 Mandat)

Berücksichtigt wurden nur die Parteien, die Mandate erringen konnten.

---

101 Ebd., S. 11.
102 Ebd., S. 14.
103 Ebd., S. 15.
104 Ebd.
105 H. Kohl, Erinnerungen 1982–1990 (wie Anm. 40), S. 972.
106 Vgl. Werner Breunig, Berlin-Chronik 1990, in: Berlin in Geschichte und Gegenwart. Jahrbuch des Landesarchivs Berlin 1991, S. 263–421, hier S. 309.

Kundgebung vor dem Rathaus Schöneberg anlässlich der Maueröffnung, von links: der SPD-Ehrenvorsitzende und Altbundeskanzler Willy Brandt, Ehrenbürger von Berlin und früherer Regierender Bürgermeister, der Regierende Bürgermeister Walter Momper, Bundeskanzler Helmut Kohl sowie der SPD-Bundesvorsitzende und frühere Regierende Bürgermeister Hans-Jochen Vogel, 10. November 1989.

Die Stadtverordnetenversammlung hatte 138 Mitglieder. Es bildeten sich folgende fünf Fraktionen: SPD (47 Sitze), PDS (42 Sitze), CDU/DA (25 Sitze), Bündnis 90/Grüne/UFV (19 Sitze) und F.D.P. – Die Liberalen/DSU (5 Sitze).

Die konstituierende Sitzung des Stadtparlaments fand am 28. Mai 1990 im Roten Rathaus statt. Alterspräsident war Moritz Mebel (PDS), Jahrgang 1923, emeritierter Medizinprofessor, von 1971 bis 1989 Kandidat bzw. Mitglied des ZK der SED. „[…] der Alterspräsident war ausgerechnet einer von denen, die wir gerade abgelöst hatten! Aber er war gewählt und der Älteste, also keine Diskussion", schreibt später Christine Bergmann (SPD).[107] Die Apothekerin gehörte damals zu den vielen „Polit-Neulingen" und wurde zur Stadtverordnetenvorsteherin gewählt – ein Start von null auf hundert. Als sie nach ihrer Wahl die Leitung der Sitzung übernahm, erinnerte sie an „die 40jährige Epoche, in der Wahlen zur Farce verkamen und die Bürger mit der Bekanntgabe der Kandidaten bereits ihre künftigen Abgeordneten zu akzeptieren hatten. Heute wird nun hoffentlich ein neues Kapitel in der wechselvollen Geschichte unserer Stadt und ihrer Stadtverordnetenversammlung aufgeschlagen, und ich wünsche uns, daß es ein gutes und anständiges wird."[108] Die gebürtige Dresdnerin stellte fest: „Wir sind frei und demokratisch gewählte

---

107 Christine Bergmann, Von Null auf Hundert. Stationen eines politischen Lebens, Berlin 2012, S. 80.
108 Stadtverordnetenversammlung von Berlin, Plenarprotokoll 1/1, S. 7 (D).

Volksvertreter, und das ist eine gute Legitimation."[109] Schwierige Aufgaben lagen vor den Stadtverordneten: „In den nächsten Monaten wird von dieser Stadtverordnetenversammlung und ihren Ausschüssen viel zu leisten sein. Es soll eine *Berliner Verfassung* erarbeitet werden, die *Einheit Berlins* muß in vernünftiger Weise vorbereitet werden."[110] Die baldige Herstellung der Einheit Deutschlands und die Wiederherstellung der Einheit Berlins standen zu diesem Zeitpunkt außer Frage. Eine Verfassung sollte für die Übergangszeit bis zur Wiederherstellung der Einheit der Stadt geschaffen werden.

Die Amtsbezeichnung der Parlamentschefin änderte sich übrigens mit dem Inkrafttreten der von der Stadtverordnetenversammlung am 11. Juli 1990 beschlossenen Verfassung für Ost-Berlin. Die Stadtverordnetenvorsteherin wurde zur Präsidentin, was mit der Beförderung der Stadtverordnetenversammlung zu einem Landesparlament zu tun hatte. „Aus der Kommune ‚Hauptstadt der DDR' war mit dem Inkrafttreten der neuen Verfassung nach ihrem Selbstverständnis eine Stadt mit ‚Landesbefugnis', ein Stadtstaat, geworden."[111]

Am 30. Mai 1990 wählte das Stadtparlament in seiner zweiten Sitzung den SPD-Abgeordneten und Wirtschaftsjuristen Tino-Antoni Schwierzina, der an diesem Tag 63 Jahre alt wurde, zum Oberbürgermeister. Er konnte sich klar gegen seinen Gegenkandidaten durchsetzen, den PDS-Fraktionsvorsitzenden, Historiker und Politikwissenschaftler Peter-Rudolf Zotl. Bei 134 anwesenden Stadtverordneten vereinigte Schwierzina 74 Stimmen bei 42 Gegenstimmen und 18 Enthaltungen auf sich. Zotl erhielt 43 Stimmen bei 60 Gegenstimmen und 31 Enthaltungen. „Natürlich wurde Schwierzina gewählt", schreibt Zotl später, „aber ich erhielt zwei Stimmen mehr als die PDS-Stimmen es hergaben, und nur 60 Stadtverordnete stimmten gegen mich, wo doch allein die Koalition 72 Stimmen hatte. Die anderen enthielten sich der Stimme."[112]

Die Stadtverordnetenversammlung wählte dann 14 Stadträte, von denen die SPD neun und die CDU fünf stellte. Der Ingenieur Kurt Blankenhagel (SPD) wurde Stadtrat für Arbeit und Betriebe, der Gartenbauingenieur Holger Brandt (SPD) Stadtrat für Umwelt- und Naturschutz, der Ingenieurökonom Bernd Fritzsche (SPD) Stadtrat für Finanzen, der Ingenieur Hartmut Hempel (CDU) Stadtrat für Jugend, Familie und Sport, der Ingenieur Otmar Kny (CDU) Stadtrat für Wissenschaft und Forschung, der Bauingenieur und Betriebswirt Eckehard Kraft (SPD) Stadtrat für Bau- und Wohnungswesen, der Theologe Thomas Krüger (SPD), Mitglied der Volkskammer, Stadtrat für Inneres, die wissenschaftliche Bibliothekarin Eva Kunz (SPD), Mitglied der Volkskammer, Stadträtin für Gleichstellungsfragen, Dieter Pavlik (SPD), stellvertretender Direktor der Volkshochschule Prenzlauer Berg, Stadtrat für Bildung, Elmar Pieroth, Mitglied der CDU-Fraktion im West-Berliner Abgeordnetenhaus und Vorsitzender des Sachverständigenrats beim Ministerpräsidenten der DDR zur Einführung der sozialen Marktwirtschaft in der DDR, Stadtrat für Wirtschaft, die Philologin Irana Rusta (SPD) Stadträtin für Kultur, der Ingenieur Wolfgang Sparing (CDU) Stadtrat für Soziales, der Mathematiker

---

109 Ebd.
110 Ebd., S. 8 (B).
111 Klaus Finkelnburg, Berlins vergessene Verfassung. Zur Erinnerung an die von der Stadtverordnetenversammlung am 11. Juli 1990 beschlossene und am 11. Januar 1991 außer Kraft getretene „Verfassung von Berlin", in: Berlin in Geschichte und Gegenwart. Jahrbuch des Landesarchivs Berlin 2003, S. 171–201, hier S. 175.
112 Peter-Rudolf Zotl, Das Ende und der Anfang. Die Berliner PDS im Wendejahr, http://www.zotl.de/ (letzter Zugriff am 1. Juli 2016).

Konstituierende Sitzung der Ost-Berliner Stadtverordnetenversammlung im Roten Rathaus, 28. Mai 1990.

Zusammenkunft am Rande der konstituierenden Sitzung der Stadtverordnetenversammlung (von links): der Präsident des Abgeordnetenhauses, Jürgen Wohlrabe, der Regierende Bürgermeister Walter Momper, der designierte Oberbürgermeister Tino-Antoni Schwierzina und Stadtverordnetenvorsteherin Christine Bergmann, 28. Mai 1990.

Clemens Thurmann (SPD) Stadtrat für Stadtentwicklung und Regionalplanung, Christian Zippel (CDU), Chefarzt im Klinikum Buch, Stadtrat für Gesundheit.

Elmar Pieroth brachte als Westimport die Erfahrung von acht Jahren als West-Berliner Wirtschaftssenator – von 1981 bis 1989 hatte er dieses Amt unter den Regierenden Bürgermeistern Richard von Weizsäcker und Eberhard Diepgen bekleidet – in den Magistrat ein. Ein Stadtverordneter fragte ihn, ob er DDR-Bürger sei. Pieroths legendäre Antwort: Nein, er sei Deutscher im Sinne des Grundgesetzes.

Einen Tag vor der Magistratswahl hatte Schwierzina mit dem Vorschlag, drei Mitglieder des West-Berliner Senats – Finanzsenator Norbert Meisner, Bausenator Wolfgang Nagel und Schulsenatorin Sybille Volkholz – zugleich im Ost-Berliner Magistrat als Stadträte zu platzieren, erheblichen politischen Wirbel ausgelöst. Der in einem Kreis von führenden westlichen und östlichen SPD-Funktionären geborene und von Walter Momper unterstützte Plan stieß allseits auf Widerstand und wurde von Schwierzina zurückgezogen.

„Konnten wir auch die Personalunion an der Spitze nicht realisieren", schreibt Walter Momper im Rückblick, „auf den Ebenen darunter setzten wir sie durch."[113] Staatssekretäre oder Abteilungsleiter aus West-Berlin fungierten als Stellvertreter der Ost-Berliner Stadträte, und zahlreiche leitende Beamte wurden entsandt, um als Abteilungsleiter beim Aufbau der Verwaltungen zu helfen.

„Wir arbeiten gemeinsam mit dem Senat von Berlin an der *Wiederherstellung der Einheit unserer Stadt*", sagte Oberbürgermeister Schwierzina am 13. Juni 1990 in seiner Regierungserklärung vor der Stadtverordnetenversammlung.[114] „Wir bereiten unsere Stadt auf eine Zukunft vor, die Berlin als blühende Metropole im Zentrum Europas und als Hauptstadt des wiedervereinigten Deutschlands sehen wird. Wir arbeiten an dieser großen Aufgabe in einem neuen, demokratischen Geist."[115]

Bereits am Vortag hatte im Roten Rathaus die erste gemeinsame Sitzung von Magistrat und Senat stattgefunden. Die Doppelregierung fungierte nach der Herstellung der deutschen Einheit auch offiziell als Gesamtberliner Landesregierung und ging als „Magi-Senat" in die Berlin-Geschichte ein. Es handelte sich wohl um „die seltsamste Stadtregierung, die es je in Deutschland gegeben hat", so Walter Momper.[116] „Vorne saßen zwei sozialdemokratische Bürgermeister sowie zwei Chefs der Kanzleien und an jeder Seite je dreizehn Ressortleiterinnen und -leiter, […], dazu zwei SPD-Fraktionsvorsitzende (Ost und West), ein CDU-Fraktionschef (Ost), eine AL-Fraktionsvorsitzende (West) und drei Pressesprecher, zwei aus dem Westen, einer aus dem Osten."[117]

In ihrer gemeinsamen Sitzung am 2. Oktober 1990 beschlossen Senat und Magistrat einvernehmlich eine Erklärung zur Wiederherstellung der Einheit Berlins, in der sie die Berlinerinnen und Berliner zur Gemeinsamkeit aufrufen und all jenen danken, die mitgewirkt hatten, die Mauer zu beseitigen.

Am selben Tag wurden die drei Stadtkommandanten feierlich im Rathaus Schöneberg verabschiedet. Sie überreichten dem Regierenden Bürgermeister Walter Momper ein Schreiben zur Suspendierung der alliierten Rechte um Mitternacht. „Die Verpflichtung unserer drei Länder gegenüber Berlin", so heißt es darin, „beruhte auf der Überzeugung, daß Freiheit, Demokratie und das Recht auf Selbstbestimmung gewahrt werden müssen,

---

113 Walter Momper, Grenzfall. Berlin im Brennpunkt deutscher Geschichte, München 1991, S. 370.
114 Stadtverordnetenversammlung von Berlin, Plenarprotokoll 1/3, S. 64 (C).
115 Ebd.
116 W. Momper, Grenzfall (wie Anm. 113), S. 373.
117 Ebd.

wo immer und wann immer sie bedroht werden und um jeden Preis. Diese Werte wurden im Laufe der Jahre in Berlin immer wieder in Frage gestellt. Die Alliierten und die Berliner waren jedoch entschlossen, sie nicht preiszugeben oder untergraben zu lassen."[118]
„Heute um Mitternacht ist die Aufgabe der Stadtkommandanten erfüllt. Wir drei Stadtkommandanten werden Berlin in Kürze verlassen und dabei Genugtuung empfinden, daß unsere gemeinschaftlichen Bestrebungen zum Erfolg geführt haben. Das Berlin, das wir zurücklassen, wird vereint und frei sein."[119]

Am 3. Oktober 1990 wurde der von der DDR-Volkskammer beschlossene Beitritt der DDR zum Geltungsbereich des Grundgesetzes wirksam. Mit dem Hissen der Bundesfahne um null Uhr vor dem Reichstagsgebäude wurde die Vereinigung Deutschlands symbolisch vollzogen. Zu diesem Zeitpunkt endete der Viermächtestatus Berlins. Die Gesamtstadt, zwölf West- und elf Ost-Bezirke umfassend, wurde ein einheitliches Bundesland.

Ein weiterer historischer Tag im Einheitsjahr 1990 war der 2. Dezember. An diesem Adventssonntag fand die vorgezogene Neuwahl des Abgeordnetenhauses statt. Gewählt wurde in ganz Berlin, erstmals seit 1946. Aufgrund einer regionalisierten Sperrklausel konnten Parteien und Listenvereinigungen auch dann in das Landesparlament einzie-

Abschiedsbesuch der drei Stadtkommandanten im Rathaus Schöneberg, von links: Divisionsgeneral François Cann (Frankreich), Generalmajor Raymond E. Haddock (USA), der Regierende Bürgermeister Walter Momper und Generalmajor Robert J. S. Corbett (Großbritannien), 2. Oktober 1990.

118 „Heute blickt die Welt auf Berlin". Das Abschlußschreiben der alliierten Stadtkommandanten im Wortlaut, in: Der Tagesspiegel vom 3. Oktober 1990, S. 2.
119 Ebd.

hen, wenn sie nur im Ost- oder im Westteil der Stadt mindestens 5 % der Zweitstimmen erhielten. Die Mandatsverteilung richtete sich dann aber nach der Zahl der in Gesamtberlin abgegebenen Stimmen. Das erste Gesamtberliner Abgeordnetenhaus wurde für fünf Jahre gewählt, danach sollte die Legislaturperiode wieder vier Jahre dauern. Gleichzeitig mit der Abgeordnetenhauswahl fand die erste gesamtdeutsche Bundestagswahl statt, bei der die Berlinerinnen und Berliner erstmals direkt mitwählen konnten.

Bei der Wahl zum Abgeordnetenhaus trat die SPD mit Walter Momper als Spitzenkandidat an, die CDU mit Eberhard Diepgen. Stärkste Partei wurde die CDU. SPD und GRÜNE/AL stürzten in der Wählergunst ab. Bemerkenswert ist das unterschiedliche Wahlverhalten in Ost und West. Die CDU kam im Landesdurchschnitt auf 40,4 %, holte aber im Westteil der Stadt 49,0 % (1989: 37,7 %), im Ostteil nur 25,0 %. Die SPD erzielte in Berlin-West 29,5 % (1989: 37,3 %) und in Berlin-Ost 32,1 %, im Landesdurchschnitt 30,4 %. Die PDS war im Osten, wo sie 23,6 % erzielte, eine starke politische Kraft, im Westen hingegen, wo sie auf 1,1 % kam, brachte sie es nur in Kreuzberg mit 4,3 % zu einem respektablen Ergebnis. Mit 9,2 % im Landesdurchschnitt war sie drittstärkste Partei. Die F.D.P., bei der letzten Abgeordnetenhauswahl 1989 an der Fünfprozenthürde gescheitert, kehrte mit 7,1 % ins Parlament zurück (7,9 % in West und 5,6 % in Ost). GRÜNE/AL, die 1989 11,8 % erzielt hatten, sackten, nach der Regierungsbeteiligung schwer angeschlagen, in Berlin-West auf 6,9 % ab und erhielten in Berlin-Ost nur 1,7 % (Durchschnitt: 5,0 %). Das Bündnis 90/Grüne/UFV kam auf 9,8 % (Ost) bzw. 1,3 % (West). Aufgrund der regionalisierten Sperrklausel war diese Listenvereinigung im Landesparlament vertreten, obgleich sie im Landesdurchschnitt nur 4,4 % erhielt. Zusammengerechnet kamen GRÜNE/AL und Bündnis 90/Grüne/UFV, die dann eine gemeinsame Fraktion im Abgeordnetenhaus bilden sollten, auf 9,4 %. Die REP, die nach ihrem großen Wahlerfolg 1989 (7,5 %) vor allem mit internen Querelen von sich reden gemacht hatten, erreichten weder in West (3,7 %) noch in Ost (1,9 %) die Fünfprozentmarke.

Ergebnis der Wahl zum ersten Gesamtberliner Abgeordnetenhaus am 2. Dezember 1990 (Zweitstimmen)[120]

Wahlbeteiligung: 80,8 %

CDU: 40,4 % (101 Mandate)
SPD: 30,4 % (76 Mandate)
PDS: 9,2 % (23 Mandate)
F.D.P.: 7,1 % (18 Mandate)
GRÜNE/AL: 5,0 % (12 Mandate)
Bündnis 90/Grüne/UFV: 4,4 % (11 Mandate)
REP: 3,1 %
ÖDP: 0,3 %
DSU: 0,2 %
DDD: 0,1 %

Mit dem Übergang des West-Berliner Abgeordnetenhauses, das in der 11. Wahlperiode aus 138 Mitgliedern bestanden hatte, in ein Gesamtberliner Parlament mit Abgeordneten aus beiden Teilen der vorher getrennten Stadt erhöhte sich die Sitzanzahl um

---

120 Vgl. Amtsblatt für Berlin, Teil I, vom 24. Januar 1991, S. 113–124.

74,6 % auf 241.[121] Diese Zahl kam durch 200 sogenannte Mindestmandate und 41 Überhang- bzw. Ausgleichsmandate zustande. Es wurde also eng im Rathaus Schöneberg. Im März 1992 sollte das Parlament eine Verfassungsänderung beschließen, mit der die Zahl der Mindestmandate um 50 auf 150 gesenkt wurde.

91 Mitglieder des neuen Abgeordnetenhauses wohnten im Ostteil der Stadt. 58 Abgeordnete (24,1 % aller Parlamentarier) hatten zuvor der im Mai 1990 frei gewählten Ost-Berliner Stadtverordnetenversammlung angehört. Auch Christine Bergmann, die vorherige Stadtverordnetenpräsidentin, war nun Mitglied des Gesamtberliner Parlaments.

Neben der CDU-, der SPD-, der PDS- und der F.D.P.-Fraktion gab es die Fraktion „Bündnis 90/Grüne (AL)/UFV" (die „Fraktionsgemeinschaft mit den vielen Namen",[122] Kurzfassung: „Bündnis 90/Grüne"), der die zwölf Abgeordneten der GRÜNEN/AL und sieben der elf Abgeordneten der Listenvereinigung „Bündnis 90/Grüne/UFV" angehörten. Die vier Parlamentarier, die sich der Fraktion mit den GRÜNEN/AL nicht angeschlossen hatten, bildeten die Gruppe „Neues Forum/Bürgerbewegung" (ohne Fraktionsstatus).

Den CDU-Fraktionsvorsitz übergab Eberhard Diepgen an Klaus-Rüdiger Landowsky, Mitglied des Abgeordnetenhauses seit 1975, seit 1985 Generalsekretär der Berliner CDU. SPD-Fraktionschef blieb Ditmar Staffelt. Nach dessen Rücktritt 1994 trat Klaus Böger an seine Stelle. Die PDS-Fraktion wurde zunächst von Gesine Lötzsch, ab 1993 von Peter-Rudolf Zotl geführt. Den Fraktionsvorsitz von „Bündnis 90/Grüne" teilten sich zunächst Renate Künast und Uwe Lehmann, dann Sibyll-Anka Klotz und Renate Künast, schließlich Anette Detering und Wolfgang Wieland. Vorsitzende der FDP-Fraktion war zunächst Carola von Braun, ab 1994 Axel Kammholz.

Einen Umgang mit der neu im Parlament vertretenen und bald von Stasi-Enthüllungen erschütterten SED-Nachfolgepartei PDS zu finden, fiel den anderen Parteien schwer. „Jetzt mit der PDS in einem Parlament zu sitzen, war eine Erfahrung, die man erst mal verarbeiten musste", erinnert sich Uwe Lehmann-Brauns, damals stellvertretender Vorsitzender der CDU-Fraktion.[123] „Politisch gab es eine klare Abschottung uns gegenüber", so Harald Wolf, der zu den 23 Mitgliedern der PDS-Fraktion gehörte.[124] „Wir waren die ganze erste Legislaturperiode durch die Unberührbaren."[125] Und die Journalistin Brigitte Grunert stellt rückblickend fest: „Die PDS-Abgeordneten waren ungern gesehene Fremdkörper, für die meisten als SED-Ableger ein rotes Tuch, eine Art Stasi-Abteilung, auch für die Ost-Abgeordneten aus den anderen Fraktionen. Einige PDS-Leute erwiesen sich ja auch als Stasi-belastet, folgten aber nicht der Empfehlung des parlamentarischen Ehrenrats zur Niederlegung des Mandats."[126] Dass die PDS eines

---

121 Vgl. Till Heinsohn, Mitgliederfluktuation in den Parlamenten der deutschen Bundesländer. Eine Bestandsaufnahme und Ursachenforschung (= Policy-Forschung und Vergleichende Regierungslehre, Bd. 17), Berlin 2014, S. 139 f.
122 So Carola von Braun (F.D.P.), Abgeordnetenhaus von Berlin, Plenarprotokoll 12/1, S. 18 (A).
123 Lars von Törne, Aus der Kirche in den Kampf. Vor 20 Jahren konstituierte sich das erste Gesamtberliner Parlament. Politiker erinnern sich an den schwierigen Neuanfang – vor allem mit der PDS, in: Der Tagesspiegel vom 10. Januar 2011, S. 10.
124 Ebd.
125 Ebd.
126 Festrede von Brigitte Grunert, Parlamentsberichterstatterin beim Tagesspiegel, in: Feierstunde aus Anlass des 10. Jahrestages der konstituierenden Sitzung des ersten frei gewählten Gesamtberliner Parlaments nach der Wiedervereinigung der Stadt am 11. Januar 2001 in der Nikolaikirche, hrsg. vom Präsidenten des Abgeordnetenhauses von Berlin, Referat Öffentlichkeitsarbeit, Berlin 2001, S. 52–59, hier S. 58.

Tages Regierungsverantwortung übernehmen, mit der SPD einen rot-roten Senat bilden würde, war damals nicht vorstellbar.

Feierlich konstituierte sich am 11. Januar 1991 in der Nikolaikirche, wo am 6. Juli 1809 mit der Vereidigung des Magistrats die Einführung der Städteordnung in Berlin abgeschlossen worden war, das 12. Abgeordnetenhaus, die erste Gesamtberliner Volksvertretung nach der Wiedervereinigung. Bewusst war der 11. Januar für dieses herausragende Ereignis in der Parlamentsgeschichte Berlins gewählt worden: Genau 40 Jahre zuvor hatte sich das 1. Abgeordnetenhaus versammelt – am 11. Januar 1951 im Rathaus Schöneberg. Alterspräsident des ersten Gesamtberliner Parlaments seit der Spaltung der Stadt im Jahre 1948 war der CDU-Abgeordnete und frühere Bausenator Klaus Franke. Dieser stellte in seiner Eröffnungsansprache fest: „Die Vereinigung beider Teile Berlins stellt uns vor große Aufgaben. Berlin ist nach vier Jahrzehnten der Trennung nicht einfach und von heute auf morgen wieder zusammenzufügen."[127]

Beschlossen wurde, die Verfassung von Berlin, die seit 1950 in den zwölf Westbezirken galt, für ganz Berlin in Geltung zu setzen, nachdem sie zuvor punktuell geändert und der neuen Situation angepasst worden war.[128] Dieser Beschluss, mit dem die 1990 verabschiedete Ost-Berliner Interimsverfassung außer Kraft trat, vollendete staatsrechtlich die Einheit Berlins. Zwar hatte der deutsch-deutsche Einigungsvertrag von 1990, der Einzelheiten des Beitritts der DDR zum Geltungsbereich des Grundgesetzes regelt, die zwölf West- und die elf Ost-Berliner Bezirke zu einem Land zusammengefügt, aber erst mit einem gemeinsamen Parlament und einer einheitlichen Verfassung war Berlin staatsrechtlich wiedervereinigt.

Als erste und bislang einzige Frau wurde die CDU-Abgeordnete Hanna-Renate Laurien, bis 1989 Bürgermeisterin und Schulsenatorin, in geheimer Abstimmung zur Präsidentin des Abgeordnetenhauses gewählt. Einer der drei Vizepräsidenten, die ebenfalls geheim gewählt wurden, hieß Tino-Antoni Schwierzina, der von seinem Amt als Oberbürgermeister zurücktrat. Mit der Wahrnehmung der Geschäfte des Oberbürgermeisters bis zur Bildung eines Gesamtberliner Senats wurde Stadtrat Thomas Krüger beauftragt.

Der erste Streit entbrannte darüber, ob im Sinne des Neuanfangs und der Zusammenführung von Stadtverordnetenversammlung und Abgeordnetenhaus nun die 1. Wahlperiode beginnen sollte. Gegner einer Neuzählung argumentierten, die 1946 begonnene demokratische Tradition werde fortgesetzt, es handele sich um das 12. frei gewählte Berliner Parlament in Folge, das erstmals wieder für Gesamtberlin zuständig sei.[129] Es blieb bei der 12. Wahlperiode.

Da bei der Wahl zum Abgeordnetenhaus weder Rot-Grün noch Schwarz-Gelb eine Mehrheit hatten erreichen können und die PDS als nicht koalitionsfähig galt, fanden sich CDU und SPD in einer Großen Koalition zusammen, die von der CDU angeführt wurde. Von den 16 Mitgliedern des am 24. Januar 1991 in der zweiten Sitzung des Abgeordnetenhauses gewählten ersten Gesamtberliner Senats stellte die CDU neun und die SPD sieben. Regierender Bürgermeister wurde der CDU-Landesvorsitzende Eberhard Diepgen. Ihm glückte somit die Rückkehr in das Amt, das er nach der Abgeordnetenhauswahl 1989 dem SPD-Rivalen Walter Momper hatte übergeben müssen. Bürgermeisterin und Senatorin für Arbeit und Frauen wurde Christine Bergmann, die vorherige

---

127 Abgeordnetenhaus von Berlin, Plenarprotokoll 12/1, S. 3 (C).
128 Siehe Ehrhart Körting, Die Entwicklung der nur in den Westsektoren in Kraft gesetzten Verfassung von Berlin zur ersten Gesamtberliner Verfassung vom 11. Januar 1991, in: Berlin in Geschichte und Gegenwart. Jahrbuch des Landesarchivs Berlin 1992, S. 9–61.
129 Vgl. Klaus Finkelnburg (CDU), Abgeordnetenhaus von Berlin, Plenarprotokoll 12/1, S. 14 (A/B).

Konstituierende Sitzung des ersten Gesamtberliner Abgeordnetenhauses in der Nikolaikirche in Berlin-Mitte, 11. Januar 1991.

Hanna-Renate Laurien, ab 11. Januar 1991 Präsidentin des Abgeordnetenhauses, und Eberhard Diepgen, der am 24. Januar 1991 zum Regierenden Bürgermeister gewählt wird, in der konstituierenden Sitzung des Abgeordnetenhauses in der Nikolaikirche, 11. Januar 1991.

Stadtverordnetenpräsidentin und spätere Bundesministerin für Familie, Senioren, Frauen und Jugend, Senator für Wissenschaft und Forschung der Jurist Manfred Erhardt (CDU), vorheriger Ministerialdirektor und Amtschef des Ministeriums für Wissenschaft und Kunst Baden-Württemberg, Senator für Verkehr und Betriebe der spätere Abgeordnetenhauspräsident Herwig Haase (CDU), Professor für Volkswirtschaftslehre, Senator für Stadtentwicklung und Umweltschutz Volker Hassemer, der dieses Amt schon unter Richard von Weizsäcker ausgeübt hatte, Senator für Inneres der Rechtsprofessor Dieter Heckelmann (parteilos, von der CDU nominiert), seit 1983 Präsident der Freien Universität Berlin, Senator für Schule, Berufsbildung und Sport der Jurist Jürgen Klemann (CDU), vorheriger Bezirksbürgermeister von Zehlendorf, Senator für Jugend und Familie Thomas Krüger, der dem Ost-Berliner Magistrat unter Oberbürgermeister Schwierzina als Stadtrat für Inneres angehört hatte. Senatorin für Justiz blieb Jutta Limbach. Senator für Gesundheit wurde der Immunologe Peter Luther (CDU), Direktor des Forschungsinstituts für Lungenkrankheiten und Tuberkulose in Berlin-Buch, Senator für Wirtschaft und Technologie Norbert Meisner, bis dahin Senator für Finanzen, Senator für Bau- und Wohnungswesen Wolfgang Nagel, der dieses Amt schon im rot-grünen Senat bekleidet hatte, Senator für Finanzen Elmar Pieroth, der frühere Wirtschaftssenator und vorherige Stadtrat für Wirtschaft, Senator für Bundes- und Europaangelegenheiten Peter Radunski (CDU), Wahlkampfmanager und Bundesgeschäftsführer der CDU, Senator für Kulturelle Angelegenheiten der frühere F.D.P.-Politiker Ulrich Roloff-Momin (parteilos, von der SPD nominiert), seit 1977 Präsident der Hochschule der Künste Berlin, und Senatorin für Soziales Ingrid Stahmer, die vorherige Bürgermeisterin und Senatorin für Gesundheit und Soziales. Der offensichtlich „west-dominierte" Senat hatte nur drei aus dem Osten kommende Mitglieder: Christine Bergmann, Thomas Krüger und Peter Luther.

Walter Momper, der bis 1992 SPD-Landesvorsitzender blieb, hatte auf eine Kandidatur für ein Amt im CDU/SPD-Senat verzichtet.

Justizsenatorin Limbach wurde im März 1994 zur Richterin am Bundesverfassungsgericht ernannt und schied damit automatisch aus dem Berliner Senat aus. Nachfolgerin wurde die Juristin Lore Maria Peschel-Gutzeit (SPD), bis 1993 Justizsenatorin in Hamburg. Der Senator für Jugend und Familie, Krüger, schied im November 1994 aus dem Senat aus, nachdem er ein Bundestagsmandat gewonnen hatte. Bis zum Ende der Legislaturperiode leitete die Senatorin für Soziales, Stahmer, die Jugendverwaltung. Krüger wurde 2000 Präsident der Bundeszentrale für politische Bildung.

Die Große Koalition unter Eberhard Diepgen sollte zehn Jahre halten. 1995 und 1999 bestätigt, zerbrach sie 2001. Mit seinen insgesamt 15 Jahren im Amt des Regierenden Bürgermeisters ist Diepgen Rekordhalter.

In seiner Regierungserklärung vom 7. Februar 1991 nannte Diepgen den Ausbau Berlins zu einer europäischen Metropole und zur deutschen Regierungshauptstadt, die Angleichung der Lebens- und Arbeitsbedingungen in möglichst kurzer Zeit auf dem Niveau der westlichen Bezirke sowie die Stärkung der wirtschaftlichen Leistungsfähigkeit und der finanziellen Grundlagen der Stadt als wichtigste Ziele des Senats.

Im deutsch-deutschen Einigungsvertrag von 1990 heißt es: „Hauptstadt Deutschlands ist Berlin. Die Frage des Sitzes von Parlament und Regierung wird nach der Herstellung der Einheit Deutschlands entschieden."[130] Die einfache Regelung „Hauptstadt Deutschlands ist Berlin" hatte sich bei den Verhandlungen nicht durchsetzen können. „Plötzlich

---

130 https://www.bpb.de/nachschlagen/gesetze/einigungsvertrag/44102/wirkung-des-beitritts (letzter Zugriff am 1. Juli 2016).

stellten sich viele über Jahre hinweg pathetisch vorgetragene Deklarationen über Berlin als die wahre und einzige Hauptstadt Deutschlands als Lippenbekenntnisse heraus. Große Teile der politischen Öffentlichkeit der alten Bundesrepublik wollten Berlin mit dem Titel der Hauptstadt abspeisen, während Bonn Regierungsstadt bleiben sollte. Im Westen sollte sich möglichst für die Menschen nichts ändern, die gesamte Anpassungsleistung sollte gefälligst von denen erbracht werden, die den Kalten Krieg verloren hatten, den Ostdeutschen", so der Politikwissenschaftler Eckart D. Stratenschulte.[131]

Eine Woche vor der Entscheidung im Deutschen Bundestag über den künftigen Parlaments- und Regierungssitz appellierte das Abgeordnetenhaus an die Mitglieder des Bundestags, für Berlin zu stimmen. „Getragen von dem Wunsch, die innere Einheit und das Zusammenwachsen der Deutschen in Ost und West möglichst rasch zu verwirklichen, appelliert das Berliner Abgeordnetenhaus an alle Abgeordneten des Deutschen Bundestages, bei ihrer Entscheidung über den Sitz der Verfassungsorgane sich der Verantwortung für die Zukunft des vereinten Deutschland im größeren Europa bewußt zu sein."[132] Berlin sei das Symbol der Überwindung der Teilung und müsse nun zum Symbol des Zusammenwachsens werden. Deshalb müssten die entscheidenden Verfassungsorgane ihren Sitz in Berlin finden. „Das Bekenntnis zu Berlin ist ein Akt der politischen Glaubwürdigkeit, eine Erfüllung historischer Verpflichtungen und ein tatkräftiger Beitrag für das wirkliche Zusammenwachsen der Menschen."[133]

Der Bundestag entschied am 20. Juni 1991, nach einer leidenschaftlich geführten und ganztägigen Debatte. 338 Stimmen wurden für den Umzug von Bundestag und Bundesregierung nach Berlin abgegeben. Es war eine knappe Mehrheit: 320 Abgeordnete wollten zwar den Bundesrat und den Sitz des Bundespräsidenten nach Berlin verlegen, Parlament und Regierung aber in Bonn belassen. In der Debatte hatten die Bonn-Befürworter vor allem mit Kostengründen und den Vorzügen Bonns für den Föderalismus argumentiert, während die Berlin-Befürworter an die historischen Zusagen erinnerten und eine Entscheidung für Berlin als Symbol für den Willen zur Solidarität mit Ostdeutschland werteten. Für Berlin war der sogenannte Hauptstadtbeschluss „der erwartete Startschuss für gute Entwicklungen und für ein neues Selbstbewusstsein in unserer Stadt".[134] Im Rathaus Schöneberg sah man nach der Entscheidung in Bonn, „für eine kurze Stunde", „eine Allparteienkoalition der Freude in Partystimmung".[135] Acht Jahre nach dem historischen Parlamentsbeschluss zogen Bundestag und -regierung 1999 vom Rhein an die Spree. In Bonn blieb jedoch etwa die Hälfte der Beschäftigten.

Seit Jahrzehnten waren Senat und Abgeordnetenhaus im Rathaus Schöneberg zu Hause, sozusagen als Untermieter. Für dieses Langzeitprovisorium gab es nach der Wiedervereinigung keine Notwendigkeit mehr. 1991 erfolgte der Umzug des Regierenden Bürgermeisters und der Senatskanzlei ins Rote Rathaus nach Berlin-Mitte. Am 24. September tagte der Senat zum letzten Mal im Schöneberger Rathaus. Am 1. Oktober fand die erste Senatssitzung am neuen Ort statt.

---

131 Eckart D. Stratenschulte, Kleine Geschichte Berlins, 3. Auflage, München 2001, S. 141.
132 Abgeordnetenhaus von Berlin, Plenarprotokoll 12/10, S. 827 (A).
133 Ebd., S. 827 (B).
134 Ansprache von Klaus Franke, Senator a. D., Stadtältester von Berlin, Alterspräsident des Abgeordnetenhauses von Berlin in der 12. Wahlperiode, in: Feierstunde aus Anlass des 10. Jahrestages der konstituierenden Sitzung des ersten frei gewählten Gesamtberliner Parlaments nach der Wiedervereinigung der Stadt am 11. Januar 2001 in der Nikolaikirche (wie Anm. 126), S. 45–48, hier S. 45.
135 Festrede von Brigitte Grunert (wie Anm. 126).

Das Abgeordnetenhaus hatte 1990 seinen Abschied vom Rathaus Schöneberg und den Aufbruch in die Mitte Berlins beschlossen, in das – lange Zeit im Schatten der Mauer gelegene – Gebäude des ehemaligen Preußischen Landtags an der Niederkirchnerstraße. Dieses Gebäude war Ende des 19. Jahrhunderts errichtet und im Zweiten Weltkrieg stark beschädigt worden. Später wurde es provisorisch umgebaut, wobei der Plenarsaal Ruine blieb. Eine aufwendige Restaurierung und Modernisierung konnte 1993 beendet werden. Am 25. März 1993 tagte das Parlament zum letzten Mal im Rathaus Schöneberg. Präsidentin Laurien würdigte die 44-jährige Arbeit der Volksvertretung an diesem Ort. Am 28. April 1993 weihte das Abgeordnetenhaus mit einem Festakt und einem anschließenden Bürgerempfang seinen neuen Sitz im wiederhergestellten Gebäude des ehemaligen Preußischen Landtags ein. Am folgenden Tag fand die erste Plenarsitzung im neuen Domizil statt.[136]

Bundespräsident Richard von Weizsäcker verlegte im Januar 1994, wenige Monate vor Ablauf seiner zweiten Amtszeit, den Schwerpunkt seiner Amtsgeschäfte nach Berlin. Das Schloss Bellevue wurde sein Hauptamtssitz. Gleichzeitig zog er auch privat an die Spree. Nach seinem Ausscheiden aus dem Amt blieb er in Berlin wohnen. Am Kupfergraben, gegenüber dem Pergamonmuseum, unterhielt der Altbundespräsident ein Büro. Wenige Monate vor der Wiedervereinigung war Richard von Weizsäcker von den Regierungen und Parlamenten beider Teile Berlins mit der Verleihung der Ehrenbürgerwürde geehrt worden. Schon damals legte von Weizsäcker ein klares Bekenntnis für Berlin als Hauptstadt ab. „So hatten wir es in der alten Bundesrepublik seit Inkrafttreten unseres Grundgesetzes zugesagt, und so erforderte es nach meiner festen Überzeugung die Aufgabe der Vereinigung erst recht. ‚Nur in Berlin kommen wir wirklich aus beiden Teilen und sind doch eins. Die Politik muß es täglich unmittelbar miterleben, denn sie trägt die Verantwortung dafür, daß unsere Vereinigung dauerhaft gelingt … In Berlin haben wir, wie nirgends sonst, erfahren, was die Teilung bedeutet. In Berlin erkennen wir, wie nirgends sonst, was die Vereinigung von uns erfordert. Hier ist der Platz für die politisch verantwortliche Führung Deutschlands.'"[137]

Nach 49 Jahren ging 1994 die Stationierung russischer und westalliierter Truppen auf deutschem Boden im Gefolge des Zweiten Weltkriegs zu Ende. Es gab zahlreiche Abschiedsveranstaltungen, und zweimal war das Abgeordnetenhaus Veranstaltungsort. Hanna-Renate Laurien, die damalige Parlamentspräsidentin, erinnert sich: „Es gab zwei Lager im Parlament: Die einen wollten mit Blick auf das Ende des Krieges den Abschied von allen vier Mächten feiern; die andern, auf die Zeit der Blockade, der Mauer schauend, wollten nur den dreien danken, die Berlins Freiheit bewahrt hatten. Was tun? Ich hatte (still für mich) eine Idee: statt des Entweder-Oder eine Addition, also zwei Feiern. Die eine, der Abschied von den vier Alliierten, ohne Reden, als Volksfest mit den Militärkapellen aller vier Mächte und der deutschen Bundeswehr. Und die andere Feier später, nach dem Abzug der Russen, dessen Datum aber da noch nicht genau feststand."[138] Die Idee konnte sich durchsetzen. So wurde zunächst mit einem Bürgerfest

---

136 Zum Einzug des Abgeordnetenhauses in das Gebäude des ehemaligen Preußischen Landtags siehe Hanna-Renate Laurien, Diese Steine sprechen. Das Berliner Abgeordnetenhaus im ehemaligen Preußischen Landtag, in: Berlin in Geschichte und Gegenwart. Jahrbuch des Landesarchivs Berlin 2003, S. 203–219; Siegfried Heimann, Der ehemalige Preußische Landtag. Eine politische Geschichte des heutigen Abgeordnetenhauses von Berlin 1947 bis 1993, hrsg. vom Präsidenten des Abgeordnetenhauses von Berlin, Berlin 2014, S. 153–159.
137 R. von Weizsäcker, Vier Zeiten (wie Anm. 36), S. 401 f.
138 H.-R. Laurien, Diese Steine sprechen (wie Anm. 136), hier S. 215.

Feierstunde im Plenarsaal des ehemaligen Preußischen Landtags in Berlin-Mitte, Startschuss für die Restaurierungsarbeiten, 17. Juni 1991.

Festakt zum Einzug des Abgeordnetenhauses in das wiederhergestellte Gebäude des ehemaligen Preußischen Landtags, 28. April 1993.

Das Gebäude des ehemaligen Preußischen Landtags, Sitz des Abgeordnetenhauses, Juli 1993.

Abschied von den vier Alliierten des Zweiten Weltkriegs genommen. Tausende von Berlinerinnen und Berlinern sowie diplomatische und militärische Vertreter der vier Mächte kamen am 5. Juni 1994 zum Abgeordnetenhaus, um „bei flotter Musik" zu feiern.[139] Es folgte am 6. September 1994, nachdem die letzten russischen Soldaten Deutschland verlassen hatten, ein Festakt des Abgeordnetenhauses und des Senats, mit dem Abschied von den drei Schutzmächten genommen wurde. Die PDS-Abgeordnetenhausfraktion, die einen Abschied für alle vier Mächte gefordert hatte, blieb demonstrativ fern. Der frühere Regierende Bürgermeister Klaus Schütz, Regierungschef Eberhard Diepgen und Parlamentspräsidentin Hanna-Renate Laurien würdigten das Engagement der Amerikaner, Briten und Franzosen für die Freiheit und Sicherheit des ehemaligen West-Berlin. Laurien erinnerte daran, dass die Westalliierten es ermöglicht hatten, „daß die Frauen und Männer, die den Parlamenten vor uns, seit 1946, angehörten, nicht ‚Jasagepuppen', nicht Kader in einem ideologischen System sein mußten, sondern auf Recht und Freiheit verpflichtete Politiker sein konnten".[140]

Im Juni 1995 stimmten das Berliner Abgeordnetenhaus und der Brandenburger Landtag jeweils mit Zweidrittelmehrheit dem von beiden Landesregierungen vereinbarten Staatsvertrag über die Bildung eines gemeinsamen Bundeslands zu. Die endgültige Entscheidung fiel im Mai 1996, als in beiden Ländern Volksabstimmungen stattfanden und die Fusion am Votum der Brandenburger Bevölkerung scheiterte. Trotz des Fehlschlags kooperieren Berlin und Brandenburg in vielen Bereichen eng miteinander und unterhalten gemeinsame Einrichtungen.

In einer der letzten Plenarsitzungen des ersten Gesamtberliner Abgeordnetenhauses gab es noch eine wichtige namentliche Abstimmung: über die überarbeitete Verfassung von Berlin (mit einem erweiterten Grundrechtskatalog und plebiszitären Elementen). Mit der erforderlichen Zweidrittelmehrheit wurde sie angenommen. Dann gaben die Berlinerinnen und Berliner ihr Votum ab. Es war das erste Mal in der Geschichte der

---

139 Ebd., hier S. 216.
140 Festakt des Abgeordnetenhauses und des Senats von Berlin aus Anlaß der Verabschiedung der amerikanischen, der britischen und der französischen Schutzmacht von Berlin am Dienstag, dem 6. September 1994, hrsg. von der Präsidentin des Abgeordnetenhauses von Berlin, Referat Öffentlichkeitsarbeit, Berlin 1994, S. 5 f.

Stadt, dass die wahlberechtigte Bevölkerung direkt über das Inkrafttreten einer Verfassung entscheiden konnte. Bei der Volksabstimmung, die zusammen mit der Wahl des zweiten Gesamtberliner Abgeordnetenhauses am 22. Oktober 1995 durchgeführt wurde, stimmte eine große Mehrheit (75,1 %) dem überarbeiteten Werk zu. So konnte eine durch ein Referendum zusätzlich legitimierte Landesverfassung in Kraft treten.

Nach jahrzehntelanger Teilung erwies sich die Gestaltung eines einheitlichen Berlin als schwierig. Im Rückblick auf das erste Gesamtberliner Abgeordnetenhaus lässt sich feststellen, dass es gelang, die Grundlagen für ein funktionierendes Gemeinwesen zu schaffen. Und trotz aller Schwierigkeiten bei der Zusammenführung von Ost und West konnte die scheidende Parlamentspräsidentin Hanna-Renate Laurien nach fünf Jahren Einheit und Gesamtberliner Volksvertretung feststellen: „Auch nach fünf Jahren ist uns die Freude an der Einheit nicht verlorengegangen!"[141]

---

141 Abgeordnetenhaus von Berlin, Plenarprotokoll 12/89, S. 7706 (A).

Biografien der Mitglieder des Abgeordnetenhauses von Berlin (4. bis 12. WP)

Abendroth, Günther *SPD*

Geb. 16. August 1920 Berlin
Gest. 10. Januar 1993 Berlin

Abgeordnetenhaus von Berlin:
3. WP
8. WP (ab November 1980, nachgerückt für Gerd Wartenberg)

Siehe Biografisches Handbuch der Berliner Stadtverordneten und Abgeordneten 1946–1963, im Auftrag des Präsidenten des Abgeordnetenhauses von Berlin bearbeitet von Werner Breunig und Andreas Herbst, mit einer Einleitung von Siegfried Heimann (= Schriftenreihe des Landesarchivs Berlin, Bd. 14), Berlin 2011, S. 55.

Aberle, Peter *SPD*

Geb. 4. Oktober 1918 Straßburg
Gest. 17. Dezember 1992 Berlin

Abgeordnetenhaus von Berlin:
8. WP

Grundschule und Gymnasium, 1935 Abitur, 1937 bis 1941 Lehrer im Schuldienst, 1938 bis 1941 externes Studium, u. a. am Deutschen Pädagogischen Institut in Odessa, 1941 bis 1945 Wehrmacht, 1945 bis 1950 Angestellter bei der Deutschen Reichsbahn, 1953 bis 1958 Studium an der Deutschen Hochschule für Politik in Berlin, freier Journalist und Übersetzer, ab 1960 Mitglied der SPD, ab 1972 ehrenamtlicher Verwaltungsrichter.

Adamek, Leo *CDU*

Geb. 23. September 1914 [Berlin-]Britz
Gest. 17. April 2000 Berlin

Abgeordnetenhaus von Berlin:
3. WP
5. WP

Siehe Biografisches Handbuch der Berliner Stadtverordneten und Abgeordneten 1946–1963, im Auftrag des Präsidenten des Abgeordnetenhauses von Berlin bearbeitet von Werner Breunig und Andreas Herbst, mit einer Einleitung von Siegfried Heimann (= Schriftenreihe des Landesarchivs Berlin, Bd. 14), Berlin 2011, S. 56.

Adelmann, Sofie Marie Gräfin *CDU*

Geb. 2. September 1905 Hohenstadt/Krs. Aalen, Württemberg
Gest. 19. Mai 1993 Berlin

Abgeordnetenhaus von Berlin:
3. WP
4. WP

Siehe Biografisches Handbuch der Berliner Stadtverordneten und Abgeordneten 1946–1963, im Auftrag des Präsidenten des Abgeordnetenhauses von Berlin bearbeitet von Werner Breunig und Andreas Herbst, mit einer Einleitung von Siegfried Heimann (= Schriftenreihe des Landesarchivs Berlin, Bd. 14), Berlin 2011, S. 56 f.

Adler, Jürgen *CDU*

Geb. 11. Mai 1950 Berlin

Abgeordnetenhaus von Berlin:
8. WP
9. WP
10. WP
11. WP
12. WP
13. WP
14. WP

Grundschule und Gymnasium, 1971 Abitur, Studium der Rechtswissenschaften und der Politologie an der Freien Universität Berlin, 1975 bis 1977 Assistent an der Freien Universität Berlin, 1977 1. juristische Staatsprüfung, ab 1978 Gerichtsreferendar im Kammergerichtsbezirk Berlin, ab 1980 selbstständiger Rechtsanwalt in Berlin, ab 1968 Mitglied der CDU, 1975 bis 1979 Vorsitzender der Jungen Union in Berlin-Wilmersdorf, ab 1979 Vorsitzender des CDU-Ortsverbands Schmargendorf, 1981 bis 1983 Mitglied des CDU-Landesverbands Berlin, ab 1994 stellvertretender Vorsitzender der CDU-Fraktion im Abgeordnetenhaus von Berlin.

Adolphi, Wolfram *PDS*

Geb. 6. Januar 1951 Leuna

Abgeordnetenhaus von Berlin:
12. WP (bis 22. August 1991, Nachrücker: Steffen Zillich)

Oberschule, Abitur mit Facharbeiterabschluss als Rinderzüchter, 1971 bis 1976 Studium der Außenpolitik am Institut für Internationale Beziehungen der Akademie für Staats- und Rechtswissenschaft in Potsdam-Babelsberg, 1976 Diplom-Staats- und Rechtswissenschaftler, 1976 bis 1980 wissenschaftlicher Aspirant an der Sektion Asienwissenschaften der Humboldt-Universität zu Berlin, 1980 Promotion zum Dr. phil., 1980 bis 1985 Auslandskorrespondent der außenpolitischen Wochenzeitung „Horizont" in Japan, 1985 und 1988 erneut wissenschaftlicher Aspirant an der Humboldt-Universität zu Berlin, 1987/88 Studienaufenthalt in der Volksrepublik China, 1989 Habilitation (Dissertation B zur „Chinapolitik des faschistischen Deutschlands"), Mai 1990 bis Januar 1991 Mitglied der Stadtverordnetenversammlung von Berlin, 1990/91 Vorsitzender des PDS-Landesverbands Berlin, freiberufliche Weiterarbeit als Sinologe, ehrenamtlicher Redakteur der Zeitschrift „Utopie kreativ", 1999 bis 2002 und ab 2005 wissenschaftlicher Mitarbeiter des PDS- bzw. Linken-Bundestagsabgeordneten Roland Claus, 2003 bis 2005 Mitarbeiter der Rosa-Luxemburg-Stiftung in Berlin.

Agricola, Klaus *SPD*

Geb. 1. Februar 1933 Villingen

Abgeordnetenhaus von Berlin:
6. WP (ab 12. Dezember 1972, nachgerückt für Rolf Schwedler)

Volksschule und Gymnasium in Berlin sowie in Neustadt im Schwarzwald, 1951 bis 1954 Lehre und Arbeit als Feinmechaniker in Villingen, 1958 bis 1963 Studium an der Deutschen Hochschule für Politik in Berlin und an der Freien Universität Berlin, ab 1952 Mitglied der IG Metall, ab 1958 Mitglied der SPD, 1969 bis 1971 Mitglied des geschäftsführenden SPD-Kreisvorstands Berlin-Charlottenburg, 1967 Bürgerdeputierter, 1971/72 Bezirksverordneter in Berlin-Charlottenburg.

Ahme, Annette *AL*

Geb. 31. Oktober 1957 Backnang

Abgeordnetenhaus von Berlin:
10. WP (bis 20. April 1987, Nachrückerin: Brunhild Enkemann)

Gymnasium, 1976 Abitur, bis 1983 Büroangestellte, ab 1983 Studium der Geschichte an der Freien Universität Berlin, 1981 bis 1983 Bezirksverordnete in Berlin-Kreuzberg, Geschäftsführerin der Gesellschaft Historisches Berlin e. V., bis 2008 Vorsitzende der Gesellschaft Historisches Berlin e. V., 2001 Spitzenkandidatin der Statt Partei zur Abgeordnetenhauswahl.

Albertz, Heinrich *SPD*

Geb. 22. Januar 1915 Breslau
Gest. 18. Mai 1993 Bremen

Abgeordnetenhaus von Berlin:
3. WP (Mandatsannahme abgelehnt)
4. WP
5. WP (bis 15. Juni 1970)

Siehe Biografisches Handbuch der Berliner Stadtverordneten und Abgeordneten 1946–1963, im Auftrag des Präsidenten des Abgeordnetenhauses von Berlin bearbeitet von Werner Breunig und Andreas Herbst, mit einer Einleitung von Siegfried Heimann (= Schriftenreihe des Landesarchivs Berlin, Bd. 14), Berlin 2011, S. 57.

Amonat, Reinhold *SPD*

Geb. 24. November 1926 Berlin
Gest. 19. Dezember 2010 Berlin

Abgeordnetenhaus von Berlin:
8. WP
9. WP (bis 28. September 1984, Nachrücker: Hans-Jochen Fröhner)

Grundschule und Journalisten-Fachhochschule an der Berliner Universität, 1947/48 Volontariat beim Berliner Rundfunk, 1949/50 Volontariat und Redakteurstätigkeit bei einem Film-Fachverlag in Ost-Berlin, 1952 Umzug nach West-Berlin, freier Mitarbeiter und kaufmännischer Angestellter, 1965 bis 1967 Wirtschaftsredakteur, 1967 bis 1972 Abteilungsleiter für Öffentlichkeitsarbeit, ab 1972 Angestellter im öffentlichen Dienst, 1976 bis 1980 Leiter der Pressestelle des Bezirksamts Berlin-Kreuzberg, ab 1958 Mitglied der SPD, 1975 bis 1979 Bezirksverordneter in Berlin-Tempelhof.

Amrehn, Franz *CDU*

Geb. 23. November 1912 Berlin
Gest. 4. Oktober 1981 Berlin

Abgeordnetenhaus von Berlin:
1. WP
2. WP
3. WP
4. WP
5. WP (bis 31. Oktober 1969, Nachrücker: Alexander Hasenclever)

Siehe Biografisches Handbuch der Berliner Stadtverordneten und Abgeordneten 1946–1963, im Auftrag des Präsidenten des Abgeordnetenhauses von Berlin bearbeitet von Werner Breunig und Andreas Herbst, mit einer Einleitung von Siegfried Heimann (= Schriftenreihe des Landesarchivs Berlin, Bd. 14), Berlin 2011, S. 58 f.

Andres, Bernhard *REP*

Geb. 21. April 1951 Berlin

Abgeordnetenhaus von Berlin:
11. WP

Hauptschule, Berufsschule für Kraftfahrzeugtechnik, 1968 bis 1971 Ausbildung zum Kraftfahrzeugmechaniker, 1971 Gesellenprüfung, 1971 bis 1973 Verkaufsfahrer, 1973/74 Kraftfahrer bei den amerikanischen Streitkräften in Berlin, ab 1974 Polizeibeamter, Polizeiobermeister beim Polizeipräsidenten in Berlin, 1978 bis 1985 Mitglied der CDU, 1985 bis 1987 Mitglied der FDP, ab 1987 Mitglied der Partei „Die Republikaner", stellvertretender Vorsitzender des Kreisverbands Spandau, ab September 1987 stellvertretender und ab August 1988 Vorsitzender des Landesverbands Berlin der Partei „Die Republikaner", Fraktionsvorsitzender der Fraktion im Abgeordnetenhaus von Berlin, September 1989 Austritt aus der Partei „Die Republikaner" und Mitgründer des Bundes der Deutschen Demokraten (DDD).

Antes, Wolfgang *CDU*

Geb. 30. Januar 1944 Kaiserslautern

Abgeordnetenhaus von Berlin:
7. WP (ab 29. Mai 1975, nachgerückt für Horst Heinschke)
9. WP (bis 25. Juni 1981, Nachrücker: Ingo Schmitt)

Gymnasium, 1967 Abitur, ab 1964 in Berlin und Mitglied der CDU, Studium an der Freien Universität Berlin, 1971 Diplom-Politologe, 1965 bis 1973 Vertreter für Versicherungen und Bausparen, 1973 bis 1975 Planungsbeauftragter beim Bezirksamt Berlin-Charlottenburg, ab 1975 Dozent für Politik und Soziologie an der Staatlichen Fachschule für Erzieher, zuletzt Studienrat, 1981 bis 1985 Baustadtrat in Berlin-Charlottenburg, ab 1979 stellvertretender Vorsitzender und 1983 bis 1985 Vorsitzender des CDU-Kreisverbands Berlin-Charlottenburg, 1985 Festnahme, 12. Dezember 1986 Verurteilung durch die 10. Große Strafkammer des Berliner Landgerichts zu fünf Jahren Freiheitsstrafe wegen Bestechlichkeit in vier Fällen und Vorteilsnahme, Haftverschonung wegen schwerer Nierenkrankheit.

Apel, geb. Schröder, Brigitte *AL*

Geb. 17. Juli 1948 Berlin

Abgeordnetenhaus von Berlin:
10. WP (ab 21. April 1987, nachgerückt durch Rotation für Luise Preisler-Holl)

Grund- und Realschule, 1974 bis 1985 kaufmännische Angestellte im Einzelhandel, Qualifizierung, 1983 Handelsfachwirtin, ab 1982 mit Unterbrechungen Mitglied der AL bzw. der Grünen, 1984/85 Mitglied des geschäftsführenden Ausschusses der AL, zeitweise Bezirksverordnete der GAL-Frauenfraktion in Berlin-Spandau.

Apel, Hans *SPD*

Geb. 25. Februar 1932 Hamburg
Gest. 6. September 2011 Hamburg

Abgeordnetenhaus von Berlin:
10. WP (Mandatsannahme abgelehnt)

Gymnasium, 1951 Abitur, Lehre als Import- und Exportkaufmann, ab 1954 Studium der Wirtschaftswissenschaften an der Universität Hamburg, 1961 Promotion zum Dr. rer. pol., 1958 bis 1961 Sekretär der Sozialistischen Fraktion im Europäischen Parlament in Straßburg, ab 1962 Beamter beim Europäischen Parlament, Abteilungsleiter, zuständig für die Wirtschafts- und Finanzpolitik sowie für die Verkehrspolitik, ab 1955 Mitglied in der SPD, 1970 bis 1988 Mitglied des SPD-Bundesvorstands, 1984 bis 1986 Mitglied des Präsidiums, 1965 bis 1990 Mitglied des Deutschen Bundestags, 1965 bis 1970 außerdem Mitglied des Europaparlaments, 1969 bis 1972 und erneut von 1983 bis 1988 stellvertretender Vorsitzender der SPD-Bundestagsfraktion, 1969 bis 1972 Vorsitzender des Ausschusses für Verkehr und für das Post- und Fernmeldewesen, 1972 bis 1974 parlamentarischer Staatssekretär für Europafragen im Auswärtigen Amt, 1974 bis 1978 Bundesminister der Finanzen, 1978 bis 1982 Bundesminister der Verteidigung, 1985 Spitzenkandidat der Berliner SPD bei der Wahl zum Abgeordnetenhaus von Berlin, nach 1990 ehrenamtlicher Honorarprofessor an der Universität Rostock, Aufsichtsratsvorsitzender des Kombinats „Schwarze Pumpe" sowie 1994 der EKO-Stahl, 1988 bis 1991 Vizepräsident, 1997/98 Aufsichtsratsvorsitzender des Hamburger Fußballklubs FC St. Pauli.

Apelt, Andreas *CDU*

Geb. 12. Januar 1958 Luckau/Brandenburg

Abgeordnetenhaus von Berlin:
12. WP
13. WP
14. WP
15. WP

Aufgewachsen in Zinnitz/Niederlausitz, POS, 1974 bis 1976 Lehre als Forstfacharbeiter in Söllichau/Bad Düben, 1976 bis Ende 1977 Forstarbeiter/Holzfäller in der heimatlichen Umgebung, Anfang 1978 Umzug nach Berlin-Prenzlauer Berg, Theaterarbeiter an der Volksbühne, später als Maurergehilfe, Zimmermann und Gerüstbauer in einer kleinen Baufirma, Abitur an der Abendschule, nach erfolglosen Bemühungen ab 1983 Studium der Germanistik und Geschichte an der Humboldt-Universität zu Berlin (Lehramt), ab 1987 Hausmeister und Gärtner in Berlin, Ende Oktober 1989 Mitbegründer der Vereinigung „Demokratischer Aufbruch", nach der Fusion mit der CDU Mitglied der CDU, Vorsitzender des CDU-Kreisverbands Berlin-Prenzlauer-Berg, Mitglied des Vorstands der CDU-Fraktion und Leiter des Arbeitskreises Kultur und Wissenschaft sowie Sprecher für Bundes- und Europaangelegenheiten im Abgeordnetenhaus von Berlin, ab Januar 1990 Landesvorsitzender, ab Januar 1990 Mitbegründer, später Geschäftsführer und Vorstandsbevollmächtigter der Deutschen Gesellschaft e. V., 2008 Promotion zum Dr. phil. mit der Arbeit „Die DDR-Opposition und die deutsche Frage" an der Technischen Universität Chemnitz.

Arndt, Herbert *SPD*

Geb. 16. Dezember 1906 Berlin
Gest. 18. März 1994 Berlin

Abgeordnetenhaus von Berlin:
4. WP
5. WP
6. WP

Sohn eines Drehers, Volksschule und Gymnasium, Banklehre, Effektenhändler an der Berliner Börse, ab 1927 Mitglied der SPD und des Zentralverbands der Angestellten, 1931 bis 1939 Bankkaufmann bei der Reichshauptbank, ab 1939 Wehrmacht, Kriegsgefangenschaft, danach Tätigkeit in Wirtschaft und Verwaltung, ab 1951 Angestellter bei der Berliner Zentralbank bzw. der Landeszentralbank sowie der Hauptverwaltung der Bundesbank, ab 1956 Vorsitzender des Betriebsrats bzw. Personalrats bei der Landeszentralbank Berlin, ab 1958 Mitglied des Hauptpersonalrats bei der Bundesbank, ab 1960 Vorstandsmitglied des Hauptpersonalrats, 1959 bis 1963 Bezirksverordneter in Berlin-Wedding, 1964 bis 1970 Vorsitzender des SPD-Kreisverbands Berlin-Wedding, 1972 bis 1977 Vorsitzender der AWO Kreis Wedding.

Arndt, Klaus Dieter *SPD*

Geb. 9. März 1927 Berlin
Gest. 29. Januar 1974 Berlin

Abgeordnetenhaus von Berlin:
4. WP (bis 30. September 1965, Nachrücker: Friedrich Bierschenk)

Oberschulen in Berlin und Niesky, 1943 Reichsarbeitsdienst, 1944 Mitglied der NSDAP, Wehrmacht, Luftwaffenhelfer, Infanterist, ab 1946 Mitglied der SPD, Studium der Volkswirtschaft in Berlin, Diplom-Volkswirt, 1954 Promotion an der Freien Universität Berlin mit der Arbeit „Wohnungsversorgung und Mietenniveau in der Bundesrepublik Deutschland", ab 1950 am Deutschen Institut für Wirtschaftsforschung tätig, 1959 bis 1967 Abteilungsleiter, ab 1968 Präsident des Deutschen Instituts für Wirtschaftsforschung, 1948 bis 1950 Mitglied des SPD-Kreisvorstands Berlin-Treptow, 1950 bis 1952 Mitglied des SPD-Landesausschusses Berlin, ab 1956 Mitglied des SPD-Kreisvorstands Berlin-Steglitz, 1958 bis 1963 Bezirksverordneter in Berlin-Steglitz, 1965 bis 1974 Mitglied des Deutschen Bundestags (Berliner Vertreter), 1973/74 stellvertretender Vorsitzender der SPD-Bundestagsfraktion, ab 1971 Mitglied des Europäischen Parlaments, 1967 bis 1970 parlamentarischer Staatssekretär im Bundesministerium für Wirtschaft.

Arndt, Kurt *SPD*

Geb. 11. März 1908 Berlin
Gest. 10. März 1997 Berlin

Abgeordnetenhaus von Berlin:
4. WP
5. WP

Volksschule, Lehre und Arbeit als Automateneinrichter und Werkmeister, ab 1925 gewerkschaftlich organisiert, ab 1930 Mitglied der SPD, nach 1945 Ausbildung als Fürsorger, ab 1947 Gewerkschaftssekretär im Landesverband Berlin der DAG, Bürgerdeputierter, Bezirksverordneter.

Bach, Otto *SPD*

Geb. 22. Dezember 1899 Stuttgart
Gest. 28. Juli 1981 Berlin

Stadtverordnetenversammlung von Groß-Berlin:
1. WP (ab 30. Januar 1947, nachgerückt für Fritz Schloß)
2. WP
Abgeordnetenhaus von Berlin:
1. WP
3. WP
4. WP

Siehe Biografisches Handbuch der Berliner Stadtverordneten und Abgeordneten 1946–1963, im Auftrag des Präsidenten des Abgeordnetenhauses von Berlin bearbeitet von Werner Breunig und Andreas Herbst, mit einer Einleitung von Siegfried Heimann (= Schriftenreihe des Landesarchivs Berlin, Bd. 14), Berlin 2011, S. 60 f.

Baetge, Karl-Heinz *FDP*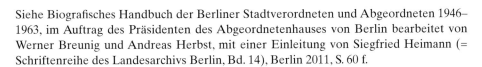

Geb. 2. Januar 1929 Hedwigshof/Westpreußen
Gest. 30. Mai 2000 Berlin

Abgeordnetenhaus von Berlin:
6. WP
7. WP
8. WP
9. WP (ab 16. September 1981, nachgerückt für Guido Brunner)
10. WP

Volks- und Oberschule, Lehre als Bauschlosser, 1956 bis 1966 Busschaffner und Busfahrer bei den Berliner Verkehrsbetrieben, ab 1963 Mitglied der FDP, zeitweise Vorsitzender des FDP-Bezirksverbands Berlin-Neukölln, 1966 bis 1979 hauptamtlicher Geschäftsführer des Bundes Deutscher Kommunalbeamten und -angestellten (Komba) Berlin, ab 1970 Vorsitzender des Berliner Verbandes Deutscher Kommunalbeamter und -arbeitnehmer, ab 1979 stellvertretender Bundesvorsitzender des Deutschen Beamtenbunds, 1971 bis 1975 stellvertretender Vorsitzender der FDP-Fraktion im Abgeordnetenhaus von Berlin, 1975 bis 1981 Stellvertreter des Präsidenten des Abgeordnetenhauses von Berlin, 1985 bis 1989 Vorsitzender des Petitionsausschusses des Abgeordnetenhauses von Berlin.

Bahner, Dietrich *CDU*

Geb. 8. Juni 1939 Berlin
Gest. 21. Mai 2009 Berlin

Abgeordnetenhaus von Berlin:
7. WP
8. WP (bis 5. November 1979, Nachrücker: Peter Rauschenbach)

Sohn eines Industriellen, Realgymnasium in Augsburg, 1959 Abitur, kaufmännische Ausbildung in einer Schuhfabrik und einem Schuhhandel, Auslandsaufenthalt in Frankreich und Großbritannien, Studium der Wirtschafts- und Sozialwissenschaften an der Freien Universität Berlin, Geschäftsführer in der Schuhindustrie, ab 1971 Mitglied der CDU, 1972 Vorsitzender des CDU-Ortsverbands Gesundbrunnen in Berlin-Wedding, 1973/74 stellvertretender Vorsitzender des Landesverbands der Jungen Union Berlin, 1973 bis 1984 Vorsitzender des Kreisverbands Berlin-Wedding, ab 1977 Mitglied des geschäftsführenden Bundesvorstands des Wirtschaftsrats der CDU e. V., ab 1979 (nachgerückt für Jürgen Wohlrabe) bis 1983 Mitglied des Deutschen Bundestags (Berliner Vertreter), 1983 Austritt aus der CDU, 1984 Mitbegründer der Demokratischen Alternative für Umweltschutz, Steuerzahler und Arbeitsplätze, Kandidatur zur Abgeordnetenhauswahl im März 1985.

Ballke, Dierk-Eckhardt *CDU*

Geb. 2. April 1943 Kiel

Abgeordnetenhaus von Berlin:
12. WP

Oberschule, 1961 Abitur, 1962 bis 1967 Studium der Geologie an der Universität Greifswald, Diplom-Geologe, 1974 Ingenieur an der Technischen Hochschule Leipzig, 1980 Promotion zum Dr.-Ing., bis 1982 Ingenieur für Forschung und Entwicklung bei VEB Tiefbau Berlin, 1983 bis 1990 Chefingenieur, anschließend Ingenieur bei der Firma Bau- und Umweltplanung GmbH in Berlin-Mitte, ab 1988 Mitglied der CDU, 1989/90 Mitglied des CDU-Landesvorstands Ost-Berlin, Mai 1990 bis Januar 1991 Mitglied der Stadtverordnetenversammlung von Berlin.

Baltruschat, Hans *SPD*

Geb. 23. November 1921 Leibgarten/Ostpreußen
Gest. 21. September 1984 Berlin

Abgeordnetenhaus von Berlin:
2. WP
3. WP

4. WP (bis 18. Februar 1965, Nachrücker: Georg Henschel)
7. WP

Siehe Biografisches Handbuch der Berliner Stadtverordneten und Abgeordneten 1946–1963, im Auftrag des Präsidenten des Abgeordnetenhauses von Berlin bearbeitet von Werner Breunig und Andreas Herbst, mit einer Einleitung von Siegfried Heimann (= Schriftenreihe des Landesarchivs Berlin, Bd. 14), Berlin 2011, S. 62.

Barowsky, Ella *LDP/FDP*

Geb. 11. Januar 1912 [Berlin-]Charlottenburg
Gest. 25. September 2007 Berlin

Stadtverordnetenversammlung von Groß-Berlin:
1. WP
2. WP
Abgeordnetenhaus von Berlin:
1. WP
2. WP (bis 11. Februar 1955, Nachrücker: Hans-Günter Hoppe)
4. WP
5. WP

Siehe Biografisches Handbuch der Berliner Stadtverordneten und Abgeordneten 1946–1963, im Auftrag des Präsidenten des Abgeordnetenhauses von Berlin bearbeitet von Werner Breunig und Andreas Herbst, mit einer Einleitung von Siegfried Heimann (= Schriftenreihe des Landesarchivs Berlin, Bd. 14), Berlin 2011, S. 62.

Bartel, Horst *CDU*

Geb. 27. September 1920 Niedersee/Ostpreußen
Gest. 29. Oktober 1994 Berlin

Abgeordnetenhaus von Berlin:
5. WP

Ausbildung zum Bankkaufmann, Tätigkeit als Bankangestellter, 1938 Mitglied der NSDAP, ab 1952 selbstständiger Einzelhandelskaufmann für Rundfunk-, Fernsehen-, Elektro-, Sprechfunk- und Funkvertragswerkstätte, ab 1968 Geschäftsführer einer GmbH, ab 1954 Mitglied der CDU, ab 1959 Mitglied des CDU-Kreisvorstands Berlin-Schöneberg.

Barthel, Eckhardt *SPD*

Geb. 17. Dezember 1939 Leipzig

Abgeordnetenhaus von Berlin:
9. WP (ab 27. April 1983, nachgerückt für Anke Brunn)
10. WP
11. WP
12. WP
13. WP (bis 31. Oktober 1998, Nachrücker: Frank Ebel)

Grundschule, Facharbeiterlehre, 1956 Gesellenprüfung, 1956 bis 1959 Elektromonteur, Studium an der Staatlichen Ingenieurschule, 1963 Ingenieur, 1963 bis 1967 Elektroingenieur, Berlin-Kolleg, 1967 Abitur, Studium an der Freien Universität Berlin, 1972 Diplom-Politologe, 1972 bis 1973 Referent für Öffentlichkeitsarbeit beim Senator für Gesundheit und Umweltschutz in Berlin, ab 1973 wissenschaftlicher Redakteur der Schriftenreihe „Zur Politik und Zeitgeschichte" an der Freien Universität Berlin, ab 1970 Mitglied der SPD, 1982 stellvertretender, ab 1992 Vorsitzender des SPD-Kreisverbands Berlin-Schöneberg, 1998 bis 2005 Mitglied des Deutschen Bundestags, 1998 bis 2005 kulturpolitischer Sprecher der SPD-Fraktion im Deutschen Bundestag.

Bartsch, Peter *REP*

Geb. 6. Juni 1956 Berlin

Abgeordnetenhaus von Berlin:
11. WP

Realschule, 1973 bis 1975 Ausbildung zum Sozialversicherungsfachangestellten bei der Bundesversicherungsanstalt für Angestellte (BfA), 1984 bis 1986 berufsbegleitender Lehrgang für den gehobenen Dienst, Angestellter im gehobenen Dienst, Sozialversicherungsangestellter bei der BfA, 1981 bis 1987 Mitglied der CDU, 1985 bis 1987 stellvertretender Vorsitzender der Jungen Union in Borsigwalde (Wittenau), 1986/87 stellvertretender Vorsitzender der Jungen Union in Berlin-Reinickendorf, ab Juni 1987 Mitglied der Partei „Die Republikaner", ab Oktober 1987 Vorsitzender des Kreisverbands Nord und Mitglied des Landesvorstands der Partei „Die Republikaner".

Bartsch, Willy *SPD*

Geb. 24. März 1905 Bielau/Krs. Goldberg, Schlesien
Gest. 9. Juni 1988 Berlin

Abgeordnetenhaus von Berlin:
1. WP
2. WP
3. WP
4. WP (bis 7. November 1963)

Siehe Biografisches Handbuch der Berliner Stadtverordneten und Abgeordneten 1946–1963, im Auftrag des Präsidenten des Abgeordnetenhauses von Berlin bearbeitet von Werner Breunig und Andreas Herbst, mit einer Einleitung von Siegfried Heimann (= Schriftenreihe des Landesarchivs Berlin, Bd. 14), Berlin 2011, S. 64.

Baschista, Adolf *SPD*

Geb. 11. Dezember 1900 [Berlin-]Spandau
Gest. 18. März 1974 Berlin

Abgeordnetenhaus von Berlin:
3. WP
4. WP (ab 4. November 1965, nachgerückt für Georg Reinke)
5. WP (ab 19. Juni 1970, nachgerückt für Heinrich Albertz)

Siehe Biografisches Handbuch der Berliner Stadtverordneten und Abgeordneten 1946–1963, im Auftrag des Präsidenten des Abgeordnetenhauses von Berlin bearbeitet von Werner Breunig und Andreas Herbst, mit einer Einleitung von Siegfried Heimann (= Schriftenreihe des Landesarchivs Berlin, Bd. 14), Berlin 2011, S. 64 f.

Bauwens, Hans-Günter *CDU*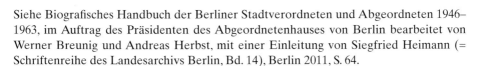

Geb. 11. November 1936 Düsseldorf

Abgeordnetenhaus von Berlin:
9. WP
10. WP

Gymnasium, 1953 bis 1955 technische Praktika in Düsseldorf, anschließend Ausbildung zum Industriekaufmann. 1955 bis kaufmännischer Angestellter in Düsseldorf, 1960 kaufmännischer Leiter, 1959 bis 1962 Besuch einer Abendschule, 1962 externes Abitur, 1975 bis 1978 Prokurist eines Betriebes der Eisen- und Stahlbauverarbeitung in Berlin, ab 1979 Komplementär der Firma Autogena Apparate- und Behälterbau Bauwens KG, ab

1971 Mitglied der CDU, ab 1973 Vorsitzender des CDU-Ortsverbands Reinickendorf-West, 1979 bis 1981 Bezirksverordneter und Vorsitzender der CDU-Fraktion in der Bezirksverordnetenversammlung Berlin-Reinickendorf, später erneut bis 2006 Mitglied der Bezirksverordnetenversammlung und schulpolitischer Sprecher.

Bayer, Raimund *SPD*

Geb. 15. April 1950 Queidersbach/Rheinland-Pfalz

Abgeordnetenhaus von Berlin:
10. WP
11. WP
12. WP (ab 9. März 1992, nachgerückt für Harry Ristock)

Hauptschule, 1965 bis 1968 Ausbildung als Jungwerker bei der Deutschen Bundesbahn, Abendgymnasium, 1972 Abitur, Studium an der Erziehungswissenschaftlichen Hochschule Rheinland-Pfalz, 1975 1. Staatsprüfung für das Lehramt an Grund- und Hauptschulen, 1975 bis 1982 Gesamtschullehrer, ab 1982 Gesamtschulrektor in Berlin-Neukölln, später in der Schulaufsicht der Senatsverwaltung für Bildung, Wissenschaft und Forschung tätig, Schulrat in Berlin-Neukölln, ab 1971 Mitglied der SPD, 1981 bis 1985 Bezirksverordneter in Berlin-Tempelhof.

Beck, Erwin *SPD*

Geb. 17. April 1911 Berlin
Gest. 26. April 1988 Berlin

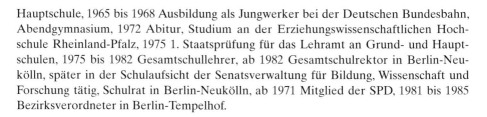

Abgeordnetenhaus von Berlin:
7. WP (ab 1. Januar 1977, nachgerückt für Waldemar Schulze)

Volksschule, Lehre und Arbeit als Glaser, 1928 Mitglied der SAJ, 1933 Bezirksleiter der SAJ in Berlin-Kreuzberg, ab 1930 Mitglied der SPD, 1932/33 Mitglied des SPD-Kreisvorstands Berlin-Kreuzberg, nach 1933 illegale Arbeit in der Widerstandsgruppe „Rote Kämpfer" und der Widerstandsgruppe „Neu Beginnen", November 1936 inhaftiert und am 22. Oktober 1937 durch das Kammergericht Berlin wegen „Vorbereitung zum Hochverrat" zu zweieinhalb Jahren Zuchthaus verurteilt, 1939 Entlassung, anschließend Polizeiaufsicht, November 1942 Einberufung zur Wehrmacht (Strafbataillon 999), ab Mai 1943 britische Kriegsgefangenschaft, Juni 1946 Rückkehr nach Berlin, Mitglied der SPD, Leiter des Jugendamts in Berlin-Kreuzberg und zugleich Mitglied des Hauptjugendausschusses des Magistrats von Groß-Berlin, ab 1949 Leiter des Amtes für Jugendförderung im neuen Hauptjugendamt, Mitglied des Landesvorstands der „Falken", Mitbegründer des Marxistischen Arbeitskreises, 1955 bis 1977 Bezirksstadtrat für Jugend und Sport in Berlin-Kreuzberg, 1974 Präsident der Internationalen Liga für Menschenrechte, 1981 Ehrenpräsident, Mitbegründer des Franz-Neumann-Archivs der SPD, 1981 Verleihung der Würde eines Stadtältesten von Berlin.

Behr, Reinhart *AL*

Geb. 4. Oktober 1928 Hamburg
Gest. 15. Dezember 2003 Ulbølle/Dänemark

Abgeordnetenhaus von Berlin:
9. WP (ab 15. Juni 1983, nachgerückt durch Rotation für Martin Jänicke)

Grundschule, 1947 Abitur am Schadow-Gymnasium in Berlin-Zehlendorf, bis 1950 Studium der Mathematik und Physik an der Humboldt-Universität zu Berlin, anschließend an der Freien Universität Berlin, 1953 1. Staatsexamen, 1956 2. Staatsprüfung für das höhere Lehramt, Lehrer an der Goethe-Oberschule in Berlin-Lichterfelde, danach bis zur Pensionierung 1988 Studiendirektor an der Beethoven-Oberschule in Berlin-Lankwitz (Fachbereichsleiter für Mathematik), ab 1981 Mitglied der Alternativen Liste und Mitglied der Ernst-Bloch-Gesellschaft, später Übersiedlung nach Dänemark.

Behrend, Kurt *SPD*

Geb. 8. September 1905 Berlin
Gest. 8. April 1989 Berlin

Abgeordnetenhaus von Berlin:
4. WP
5. WP

Volks- und Realschule, Lehre und Arbeit als Maschinenbauer bei der Borsig AG, Studium und Abschluss der Ingenieurschule Gauß, 1926 bis 1966 bei der BEWAG als Betriebsingenieur tätig, Leiter des Störungsdienstes und stellvertretender Personalchef, ab 1. April 1966 pensioniert, 1922 Mitglied der SAJ, ab 1923 Mitglied der Gewerkschaft und der SPD, ab 1945 Betriebsrat und von 1952 bis 1964 Arbeitnehmervertreter im Aufsichtsrat der BEWAG, ab 1950 Mitglied der Schuldeputation in Berlin-Reinickendorf, 1954 bis 1963 Bezirksverordneter in Berlin-Reinickendorf, 1948 bis 1958 Vorstandsmitglied der Freien Volksbühne Berlin.

Behrendt, Hans-Jürgen *CDU*

Geb. 11. Juni 1917 Danzig
Gest. 5. Juni 2009 Berlin

Abgeordnetenhaus von Berlin:
1. WP (bis 1. Februar 1952)
4. WP
5. WP
6. WP

Siehe Biografisches Handbuch der Berliner Stadtverordneten und Abgeordneten 1946–1963, im Auftrag des Präsidenten des Abgeordnetenhauses von Berlin bearbeitet von Werner Breunig und Andreas Herbst, mit einer Einleitung von Siegfried Heimann (= Schriftenreihe des Landesarchivs Berlin, Bd. 14), Berlin 2011, S. 67.

Behrendt, Wolfgang *SPD*

Geb. 26. Oktober 1938 Berlin

Abgeordnetenhaus von Berlin:
7. WP (bis 18. Juni 1975, Nachrücker: Manfred Pawlak)
10. WP
11. WP
12. WP (bis 18. November 1994, Nachrückerin: Christina Dluzewski)

Gymnasium, 1957 Abitur, 1957 bis 1959 Studium der Rechtswissenschaften an der Freien Universität Berlin, 1969 bis 1972 der Politikwissenschaft, Diplom-Politologe, 1959 bis 1969 Tätigkeit in der Privatwirtschaft, 1972 bis 1975 Forschungs- und Lehrtätigkeit, 1971 bis 1975 Bezirksverordneter in Berlin-Spandau, 1975 bis 1985 Bezirksstadtrat für Bauwesen in Berlin-Spandau, freier Mitarbeiter in Einrichtungen der politischen und Erwachsenenbildung, ab 1959 Mitglied der SPD, 1987 bis 1992 Vorsitzender des SPD-Kreisverbands Berlin-Spandau, 1979 bis 1989 Mitglied des SPD-Landesvorstands Berlin, 1994 bis 2002 Mitglied des Deutschen Bundestags, Vertreter der Bundesrepublik Deutschland in der Parlamentarischen Versammlung des Europarats, zugleich Sprecher in der Versammlung der Westeuropäischen Union, Vizepräsident der Parlamentarischen Versammlung des Europarats, Vizepräsident der Versammlung der Westeuropäischen Union.

Beier, Gerhard *SPD*

Geb. 11. Dezember 1919 Damerow/Krs. Belgard
Gest. 17. November 2005 Berlin

Abgeordnetenhaus von Berlin:
5. WP
6. WP
7. WP

Volks- und Mittelschule, 1936 bis 1939 Lehre und Arbeit als Vermessungsingenieur, 1939/40 Studium an der Staatsbauschule in Berlin-Neukölln, 1940 bis 1945 Wehrmacht, ab 1946 Angestellter im Bezirksamt Berlin-Spandau, Bau- und Wohnungsabteilung, später Leiter des Vermessungsamts in Berlin-Spandau, Obervermessungsrat, ab 1946 Mitglied des FDGB, ab 1948 der UGO, ab 1949 Mitglied der SPD.

Beise, Emil *FDP*

Geb. 8. März 1895 Wittenfelde/Krs. Greifenberg, Pommern
Gest. 20. November 1972

Abgeordnetenhaus von Berlin:
4. WP

Volksschule und Gymnasium, Abitur, Kriegsfreiwilliger, 1916 erste, 1919 zweite Lehrerprüfung, Wehrmacht, amerikanische und sowjetische Kriegsgefangenschaft, 1946 bis 1956 Lehrer in Berlin-Schöneberg, 1956 bis 1960 Rektor der 5. Grundschule in Berlin-Tempelhof, ab 1. April 1960 Rektor im Ruhestand, Mitglied der FDP, 1954 bis 1960 Mitglied des Landespersonalausschusses, Mitglied im Kulturpolitischen Ausschuss der FDP.

Beitz, Hans *CDU*

Geb. 7. Februar 1917 Breslau
Gest. 29. Januar 1992 Berlin

Abgeordnetenhaus von Berlin:
6. WP
7. WP
8. WP

Sohn eines Arztes, 1928 bis 1933 Gymnasium Breslau, von Gymnasium genommen, da er nicht Mitglied der HJ werden wollte, 1933 bis 1935 Privatschule in Breslau, 1935 bis 1937 König-Friedrich-Gymnasium Breslau, 1936 Verhaftung wegen unberechtigten Aufenthalts in Österreich und Besitzes staatsfeindlicher Schriften, 1937 Abitur, 1937/38 Studium an der Hochschule für Lehrerbildung Beuthen, 1938/39 Studium Deutsch, Psychologie, Geschichte und Leibesübung an der Universität Breslau, 1939 Sportlehrerexamen, 1939 bis 1942 Wehrmacht, 1945 Forstsetzung des Studiums an der Universität Jena, 1949 Referendarexamen in Deutsch und Geschichte, anschließend wissenschaftlicher Assistent, ab 1945 Mitglied der CDU, Vorsitzender der Hochschulgruppe der CDU an der Universität Jena, Stadtverordneter der CDU in Jena, 1950 Verhaftung durch den sowjetischen Geheimdienst NKWD, 1951 von einem sowjetischen Militärtribunal zu 25 Jahren Zuchthaus als Anführer von zehn Personen wegen „illegaler Gruppenbildung und Antisowjethetze" verurteilt, Haft in Bautzen und Torgau, nach Entlassung 1956 Übersiedlung nach West-Berlin, 1959 Studienassessorprüfung in Berlin, ab 1973 Studiendirektor am Herder-Gymnasium in Berlin-Charlottenburg, Vorsitzender des Arbeitskreises Ehemaliger Politischer Häftlinge der Sowjetzone (später der DDR), 1963 bis 1971 Bezirksverordneter in Berlin-Charlottenburg, Mitglied des Hauptvorstands der Exil-CDU, CDU-Ortsverbandsvorsitzender, Mitglied des CDU-Landesvorstands Berlin.

Benda, Rudolf *CDU*

Geb. 11. April 1899 Charlottenburg
Gest. 26. August 1973 Berlin

Abgeordnetenhaus von Berlin:
4. WP

Volksschule und Gymnasium in Mülhausen/Elsass, Kassel, Zögling der Hauptkadettenanstalt in Berlin-Lichterfelde, ab 1916 Wehrdienst als Fähnrich und Leutnant in der Nachrichtentruppe, Studium an den Technischen Hochschulen in Hannover und Berlin, ab 1921 Arbeit als Ingenieur, später als Oberingenieur im Zentrallaboratorium bei Siemens & Halske, Berlin, bzw. im Siemens-Konzern.

Bendkowski, Halina *Bündnis 90/Grüne (AL)/UFV*

Geb. 28. Juli 1949 Gliwice/Polen

Abgeordnetenhaus von Berlin:
12. WP (bis 10. September 1991, Nachrücker: Hartwig Berger)

1971 Abitur, Studium der Soziologie, M. A., Sprecherin der Frauenfraktion, zeitweise Bundessprecherin des Lesben- und Schwulenverbands in Deutschland (LSVD), Mitgründerin des Weltfrauensicherheitsrats, Begründerin des politisch-soziologischen Konzepts der Geschlechterdemokratie.

Bergemann, geb. Koerber, Charlotte *SPD*

Geb. 25. Oktober 1915 Cottbus
Gest. 1. November 2002 Berlin

Abgeordnetenhaus von Berlin:
4. WP
5. WP
6. WP

Volksschule, Lehre und Arbeit als Verkäuferin, Schneiderin und Dekorateurin, bis 1933 Mitglied der SAJ, nach 1933 Verbindung zur Widerstandsgruppe „Neu Beginnen", 1939 bis 1944 Kontoristin im Buchhandel, ab 1946 Mitglied der SPD, 1946/47 Kreisjugendleiterin der SPD in Berlin-Wedding, ab 1958 Vorsitzende der 1. Abteilung der SPD in Berlin-Wedding, 1962/63 Bezirksverordnete in Berlin-Wedding.

Berger, Erich *CDU*

Geb. 28. März 1910 Sackisch/Krs. Glatz, Schlesien
Gest. 10. Januar 2003 in Berlin

Abgeordnetenhaus von Berlin:
5. WP (ab 18. November 1969, nachgerückt für Ernst Lemmer)
6. WP

Volksschule, Lehre und Arbeit als Schneider, Besuch der Textilabendschule, 1935 Meisterprüfung, anschließend selbstständiger Schneidermeister, 1939 bis 1945 Wehrmacht, nach 1945 Inhaber eines Maßschneidereibetriebs und ab 1952 eines Einzelhandelsgeschäfts, Landessozialrichter am Landessozialgericht Berlin, ab August 1945 Mitglied der CDU, 1954 bis 1969 Bezirksverordneter in Berlin-Reinickendorf.

Berger, Hartwig *Bündnis 90/Grüne (AL)/UFV*

Geb. 1. Februar 1943 Uelzen

Abgeordnetenhaus von Berlin:
11. WP
12. WP (ab 11. September 1991, nachgerückt für Halina Bendkowski)
13. WP
14. WP

Gymnasium, 1962 Abitur, Studium der Philosophie, Soziologie, Germanistik und Geschichte an den Universitäten in Tübingen und Heidelberg, 1970 Promotion zum Dr. phil., 1970 bis 1976 wissenschaftlicher Mitarbeiter an der Freien Universität Berlin, 1975 Habilitation in Soziologie, 1978 bis 1980 Hochschullehrer an der Universität Amsterdam, ab 1980 Lehrtätigkeit (Privatdozent) am Institut für Soziologie der Freien Universität Berlin, 1983 bis 1988 Mitarbeiter in Projekten interkultureller Erziehung in Berlin-Kreuzberg, ab 1981 Mitglied der Grünen/AL, 1987 bis 1988 Bürgerdeputierter in Berlin-Charlottenburg, ab 2002 ehrenamtlicher Vorsitzender des Naturschutzzentrums Ökowerk Berlin, 2004 bis 2008 Sprecher der Bundes-AG „Energie" der Grünen.

Berger, Lieselotte *CDU*

Geb. 13. November 1920 Berlin
Gest. 26. September 1989 Berlin

Abgeordnetenhaus von Berlin:
8. WP (bis 8. Juli 1979, Nachrücker: Gero Luckow)

Mittelschule, 1937 bis 1945 Büroangestellte in Berlin, Abendgymnasium, 1938 Mitglied der NSDAP, 1942 Abitur, 1945 bis 1947 Dolmetscherin für Englisch, 1948 bis 1954 Studium der Soziologie, Philosophie und Publizistik an der Freien Universität Berlin, ab 1950 freiberufliche Journalistin, Mitarbeit im Gesamtdeutschen Referat des Verbandes Deutscher Studentenschaften, 1958/59 Referentin in der CDU-Landesgeschäftsstelle Berlin, 1959 bis 1971 persönliche Referentin des Bürgermeisters von Berlin bzw. Referentin beim Regierenden Bürgermeister bzw. in der Senatskanzlei, zuletzt Leiterin des Ausstellungsreferats im Presse- und Informationsamt, ab 1958 Mitglied der CDU, 1960 bis 1969 Vorsitzende der Landes-Frauenvereinigung der CDU Berlin, 1962 bis 1973 Mitglied des Bundesvorstands der CDU-Frauenvereinigung, ab 1965 Mitglied im CDU-Landesvorstand von Berlin, 1973 bis 1989 stellvertretende CDU-Landesvorsitzende in Berlin, 1965 bis 1973 Beauftragte für soziale Arbeit der Berliner CDU, 1971 bis 1989 Mitglied des Deutschen Bundestags, 1973 bis 1987 Vorsitzende des Petitionsausschusses des Deutschen Bundestags, 1987 bis 1989 parlamentarische Staatssekretärin beim Bundeskanzler und Bevollmächtigte der Bundesregierung in Berlin.

Bergmann, geb. Wange, Christine *SPD*

Geb. 7. September 1939 Dresden

Abgeordnetenhaus von Berlin:
12. WP
13. WP (bis 29. Oktober 1998, Nachrücker: Werner Krause)

Oberschule, 1957 Abitur, 1957 bis 1963 Studium der Pharmazie an der Universität Leipzig, 1963 Staatsexamen, Tätigkeit als Apothekerin in Berlin, 1967 bis 1977 zunächst freiberuflich, dann Abteilungsleiterin im Bereich der Arzneimittelinformation am Institut für Arzneimittelwesen der DDR in Ost-Berlin, 1989 Promotion zum Dr. rer. nat., ab Dezember 1989 Mitglied der SDP/SPD, Mai 1990 bis Januar 1991 Mitglied und Vorsteherin der Stadtverordnetenversammlung von Berlin, 1991 bis 1998 Bürgermeisterin von Berlin und Senatorin für Arbeit, Berufliche Bildung und Frauen, 1994 bis 2004 stellvertretende Vorsitzende des SPD-Landesverbands Berlin, April bis Juli 2004 kommissarische Landesvorsitzende, 1995 bis 2004 Mitglied des SPD-Parteivorstands, 1998 bis 2002 Bundesministerin für Familie, Senioren, Frauen und Jugend, 2002 bis 2006 Vorsitzende des „Forums Einheit der Stadt" der Berliner SPD, 2012 Verleihung der Würde einer Stadtältesten von Berlin.

Besser, geb. Roggenbuck, Ursula *CDU*

Geb. 5. Januar 1917 Berlin
Gest. 19. Dezember 2015 Berlin

Abgeordnetenhaus von Berlin:
5. WP
6. WP

7. WP
8. WP
9. WP

1936 Abitur, 1943 bis 1949 mit Unterbrechung Studium der Auslandswissenschaften, Germanistik und Romanistik an der Universität Berlin, 1949 Promotion zum Dr. phil., Übersetzerin, Privatlehrerin und Publizistin, ab 1945 Mitglied der CDU, 1960 bis 1977 Vorsitzende des Kreisverbands Berlin-Schöneberg, 1961 bis 1967 Bezirksverordnete in Berlin-Schöneberg, Vorsitzende des Wissenschaftsausschusses des Abgeordnetenhauses von Berlin, Mitglied der Kuratorien der Freien Universität Berlin und der Technischen Universität Berlin sowie der Technischen Fachhochschule Berlin, Ehrensenatorin der Technischen Universität Berlin sowie der Technischen Fachhochschule Berlin, 1981 Alterspräsidentin des Abgeordnetenhauses von Berlin, 1990 Verleihung der Würde einer Stadtältesten von Berlin.

Biederbick, Jürgen *FDP*

Geb. 4. März 1947 Hannover
Gest. 15. Januar 2001 Berlin

Abgeordnetenhaus von Berlin:
10. WP
12. WP

Gymnasium, 1966 Abitur, 1955 Studium an der Technischen Hochschule Hannover, ab 1968 Studium an der Technischen Universität Berlin, Diplom-Ingenieur, 1974 bis 1983 und 1985 bis 1990 Leiter der Fachbereichsverwaltung des Fachbereichs Umwelttechnik, 1983 bis 1985 Leiter des Präsidialamts, ab 1990 Regierungsdirektor in der Senatswirtschaftsverwaltung, ab 1995 Prokurist in der Landesentwicklungsgesellschaft, anschließend bei der Bavaria Objekt- und Baubetreuung GmbH, ab 1971 Mitglied der FDP, 1980 bis 1990 Vorsitzender des FDP-Bezirksverbands Berlin-Schöneberg, 1984/85 Bezirksverordneter in Berlin-Schöneberg, 1991 bis 1994 Geschäftsführer der FDP-Fraktion im Abgeordnetenhaus von Berlin.

Biel, Ulrich *CDU*

Geb. 17. Mai 1907 [Berlin-]Charlottenburg
Gest. 9. Januar 1996 Berlin

Abgeordnetenhaus von Berlin:
6. WP (ab 14. Oktober 1971, nachgerückt für Alfred Krause)
7. WP

Sohn des jüdischen Rechtsanwalts Richard Bielschowsky, Volksschule, Gymnasium, Abitur, Studium der Rechts- und Staatswissenschaften an den Universitäten Genf, Bonn und

Berlin, 1929 Referendarexamen in Berlin, 1933 Entlassung aus dem juristischen Vorbereitungsdienst, 1934 Promotion zum Dr. jur. an der Universität Bonn und Emigration in die USA, 1942 bis 1946 Angehöriger der US-Armee, kam 1944 wieder nach Deutschland, hatte leitende Funktionen bei OMGUS und HICOG inne, in den 50er-Jahren Assessorexamen in Berlin und Wiederannahme der deutschen Staatsbürgerschaft, Rechtsanwalt mit einer Kanzlei in Berlin, Notar, ab 1965 Mitglied der CDU, 1975 Alterspräsident des Abgeordnetenhauses von Berlin, 1984 Mitbegründer und bis 1995 Vorsitzender der Vereinigung ehemaliger Mitglieder des Abgeordnetenhauses von Berlin e. V.

Bierschenk, Friedrich *SPD*

Geb. 20. November 1907 Berlin
Gest. 18. Oktober 1974 Berlin

Abgeordnetenhaus von Berlin:
4. WP (ab 5. Oktober 1965, nachgerückt für Klaus-Dieter Arndt)

Volksschule, Lehre und Arbeit bei der Allgemeinen Ortskrankenkasse in Berlin-Lichterfelde, 1929/30 Angestellter bei der AOK Berlin-Lichtenberg, Mai 1933 bis Februar 1934 erwerbslos, 1934 bis 1941 private Tätigkeiten, 1941 bis 1946 Wehrmacht, zuletzt als Sanitätsfeldwebel, ab 1946 bei der AOK Berlin beschäftigt, u. a. als Bezirksstellenleiter (Oberinspektor) tätig, Mitglied der SPD, 1948 bis 1958 Vorsitzender der Abteilung 1 der SPD in Berlin-Steglitz, 1954 bis 1965 Bezirksverordneter in Berlin-Steglitz, ab 1954 Vorstandsmitglied der Freien Volksbühne Berlin e. V., zuletzt Vorsitzender der AWO in Berlin-Steglitz.

Biewald, Dieter *CDU*

Geb. 8. Dezember 1932 Berlin

Abgeordnetenhaus von Berlin:
6. WP (ab 30. Januar 1973, nachgerückt für Claus-Jürgen Thies)
7. WP
8. WP
9. WP
10. WP
11. WP

Volksschule und Gymnasium, 1954 Abitur, Studium der Chemie, Geografie und Pädagogik an der Freien Universität Berlin sowie an der Sorbonne in Paris und am Polytechnion in Athen, 1961 Staatsexamen, 1963 Assessorprüfung, bis 1966 Assistent am Geomorphologischen Labor der Freien Universität Berlin, 1966 bis 1972 Gymnasiallehrer, 1972 bis 1990 stellvertretender Rektor der Tannenberg-Oberschule in Berlin-Lichterfelde, 1971 Promotion zum Dr. rer. nat., ab 1967 Mitglied der CDU, ab 1971 stellvertretender Vorsitzender des Kreisverbands Berlin-Steglitz, Ehrenvorsitzender des CDU-Ortsverbands Berlin-Lankwitz, 1995 bis 2004 Vorsitzender, ab 2005 Ehrenvorsitzender der Gesellschaft für Erdkunde zu Berlin, 2008 Verleihung der Würde eines Stadtältesten von Berlin.

Birghan, geb. Vobian, Ursula *CDU*

Geb. 15. Oktober 1942 Dresden

Abgeordnetenhaus von Berlin:
12. WP
13. WP
14. WP

1955 Flucht mit den Eltern nach Berlin, Gymnasium, 1961 Abitur, 1962/63 Ausbildung zur Fremdsprachensekretärin, 1963 bis 1965 Berufsausübung, 1965 bis 1980 Hausfrau, ab 1981 Sekretärin und Chefsekretärin bei der GSW Gemeinnützige Siedlungs- und Wohnungsbaugesellschaft mbH, ab 1961 Mitglied der CDU, 1983 bis 1991 stellvertretende Vorsitzende des CDU-Ortsverbands Tegel, 1993 bis 2001 stellvertretende Vorsitzende des CDU-Landesverbands Berlin, ab 1993 stellvertretende Landesvorsitzende der Berliner Frauen-Union, 1985 bis 1991 Bezirksverordnete in Berlin-Reinickendorf, ab 1989/90 stellvertretende Vorsteherin der Bezirksverordnetenversammlung Berlin-Reinickendorf, ab 2004 stellvertretende Kuratoriumsvorsitzende der Stiftung Synanon.

Birkelbach, Dagmar *AL*

Geb. 6. Juni 1955 Bergen/Krs. Celle

Abgeordnetenhaus von Berlin:
10. WP (bis 20. April 1987, Nachrücker: Wolfgang Wieland)
11. WP

Gymnasium, 1974 Abitur, Studium der Geschichtswissenschaften und Deutsch an der Freien Universität Berlin, Abschluss 1. Staatsexamen für das Lehramt an Gymnasien, Tätigkeit als Büroangestellte, mit Annahme des Abgeordnetenhausmandats Tätigkeit aufgegeben, ab 1978 Mitglied der AL, später Frauenbeauftragte im Bezirksamt Tempelhof-Schöneberg.

Birkholz, Ekkehard *SPD*

Geb. 6. April 1933 Halberstadt

Abgeordnetenhaus von Berlin:
8. WP

Gymnasium, 1952 Abitur, 1954 Lehrerexamen in Ballenstedt/Sachsen-Anhalt, Tätigkeit als Lehrer, 1956 Studium der Chemie an der Freien Universität Berlin, 1964 Diplomprüfung, 1969 Promotion zum Dr. rer. nat., 1969 bis 1974 Lehrer am Berlin-Kolleg, ab 1974 stellvertretender Schulleiter am Bildungszentrum Lipschitzallee in Berlin-Neukölln, zuletzt Studiendirektor, ab 1960 Mitglied der SPD, 1973 Abteilungsvorsitzender, später Austritt aus der SPD und Mitglied der Partei „Die Republikaner", 1991 Vorsitzender des Landesverbands Sachsen-Anhalt, 1992/93 stellvertretender Vorsitzender der Partei „Die Republikaner", Januar 1993 Austritt aus der Partei „Die Republikaner", später Schatzmeister bzw. stellvertretender Vorsitzender der Deutschen Partei (DP) und Vorsitzender des DP-Landesverbands Berlin-Brandenburg.

Bischoff-Pflanz, geb. Pflanz, Heidemarie *AL*

Geb. 16. September 1942 Berlin

Abgeordnetenhaus von Berlin:
10. WP (bis 20. April 1987, Nachrücker: Günter Seiler)
11. WP (bis 31. März 1990, Nachrückerin: Ulrike Zimmermann)

Mittlere Reife, 1960 bis 1963 Ausbildung zur Erzieherin an der staatlich anerkannten Berufsfachschule für Kindergärtnerinnen und Hortnerinnen, 1963 Examen, ab 1963 berufstätig, 1969 bis 1971 vom Dienst als Vorstandsmitglied des Personalrats freigestellt, Vorschul-, Jugend- und Erwachsenenarbeit, Mitglied der Alternativen Liste, 1985 bis 1987 und 1989/90 Vorsitzende der Fraktion der AL im Abgeordnetenhaus von Berlin, Mitglied im Berliner Flüchtlingsrat, nach Austritt aus der AL und Rückzug aus der Politik wieder als Sozialarbeiterin in der Kita-Aufsicht und -Beratung tätig, bis 2003 Personalratsvorsitzende der Senatsbildungsverwaltung, Mitglied des Vorstands des Bildungswerks Berlin der Heinrich-Böll-Stiftung.

Bislich, Michael *SPD*

Geb. 14. März 1944 Bad Landeck/Schlesien

Abgeordnetenhaus von Berlin:
8. WP

Gymnasium, 1963 Abitur, 1963 bis 1970 Studium der Anglistik, Romanistik und Pädagogik an der Freien Universität Berlin, 1970 Organisationsleiter an einer Krankenpflegeschule, anschließend Direktionsassistent in einem Film-Kopierwerk, 1971 bis 1976 stellvertretender Direktor des Amerika-Hauses in Berlin, ab 1976 Vorstandsassistent im Verband Berliner Wohnungsbaugenossenschaften und -gesellschaften e. V., ab 1962 Mitglied der SPD, 1973 stellvertretender Abteilungsvorsitzender, ab 1976 stellvertretender Kreisvorsitzender der SPD in Berlin-Wilmersdorf, 1971 bis 1979 Bezirksverordneter in Berlin-Wilmersdorf.

Blankenburg, Christa-Maria *CDU*

Geb. 26. Januar 1934 Berlin

Abgeordnetenhaus von Berlin:
9. WP (ab 30. Juni 1981, nachgerückt für Günter Bock)
10. WP
11. WP
12. WP

Volks-, Wirtschafts- und Katholische Schule für Sozialarbeit, staatlich anerkannte Sozialarbeiterin, ab 1952 Mitglied der CDU, ab 1971 Ortsverbandsvorsitzende und Beisitzerin im CDU-Kreisvorstand Berlin-Schöneberg, 1973 Graduierung sozial-pädagogisch, 1958 bis 1981 Bezirksverordnete in Berlin-Schöneberg, 1994 bis 2003 ehrenamtliche Vorstandsvorsitzende des Paritätischen Wohlfahrtsverbands Berlin.

Blankenhagel, Kurt *SPD*

Geb. 27. Mai 1938 Berlin

Abgeordnetenhaus von Berlin:
12. WP
13. WP

Grundschule, 1953 bis 1958 Lehre und Arbeit als Maschinenschlosser, 1958 bis 1961 Studium an der Ingenieurschule für Schwermaschinenbau, 1961 Ingenieur für Fördertechnik, 1961 bis 1969 Konstrukteur bzw. Projektant im VEB Gummiprojekt Berlin, 1970 bis 1972 Gruppenleiter im VEB Ingenieurbetrieb Plast- und Elastverarbeitung, Bereich Berlin, 1973 bis 1977 Gruppenleiter VEB Ingenieurtechnisches Zentralbüro im Chemieanlagen- und Montagekombinat (CMK) Leipzig, 1978 bis 1990 Gruppenleiter, stellvertretender Abteilungsleiter bzw. Abteilungsleiter VEB Chemieanlagenbaukombinat Leipzig-Grimma (BT Anlagenbau Berlin) bzw. Gesellschaft für Industrieanlagenbau mbH Berlin, ab November 1989 Mitglied der SDP bzw. der SPD, Mai bis Dezember 1991 Stadtrat für Arbeit und Betriebe von Ost-Berlin.

Blasek, Adolf *SPD*

Geb. 3. November 1919 Schmollen/Krs. Oels, Schlesien
Gest. 23. Dezember 2008 Berlin

Abgeordnetenhaus von Berlin:
4. WP
5. WP
6. WP
7. WP

Volksschule, 1934 bis 1938 Ausbildung und Abschluss als Vermessungstechniker, 1938 bis 1947 Wehrdienst und Kriegsgefangenschaft, nach zweijähriger Tätigkeit im privaten Vermessungswesen ab Mai 1949 als technischer Angestellter im Bezirksamt Berlin-Neukölln, Amt für Vermessung, ab 1957 Mitglied der SPD, ab Februar 1966 Leiter der Neuköllner Sanierungsverwaltungsstelle, ab August 1972 bis 1985 Geschäftsführer der Stadt und Land Wohnbautengesellschaft mbH, baupolitischer Sprecher der SPD-Fraktion im Abgeordnetenhaus von Berlin.

Blüm, Norbert *CDU*

Geb. 21. Juli 1935 Rüsselsheim

Abgeordnetenhaus von Berlin:
9. WP (bis 4. Oktober 1982, Nachrücker: Winfrid Lobermeier)

Volksschule, Lehre und Arbeit als Werkzeugmacher bei der Adam Opel AG in Rüsselsheim, ab 1950 Mitglied der CDU, 1957 Abendgymnasium, 1961 Abitur, 1961 bis 1967 Studium der Philosophie, Germanistik, Geschichte, Theologie und Soziologie an den Universitäten Köln und Bonn, 1967 Promotion zum Dr. phil., 1966 bis 1968 Redakteur der Zeitschrift „Soziale Ordnung", 1968 bis 1975 Hauptgeschäftsführer der Sozialausschüsse der Christlich-Demokratischen Arbeitnehmerschaft (CDA), 1977 bis 1987 Bundesvorsitzender der CDA, ab 1971 Mitglied des Aufsichtsrats der Thyssen Niederrhein AG, ab 1969 Mitglied des CDU-Bundesvorstands, ab 1981 auch des Präsidiums, 1981 bis 1990 und erneut von 1992 bis 2000 stellvertretender Vorsitzender der CDU, 1981/82 Senator für Bundesangelegenheiten in Berlin, 1987 bis 1999 Vorsitzender des CDU-Landesverbands Nordrhein-Westfalen, 1972 bis 1981 und 1982 bis 2002 Mitglied des Deutschen Bundestags, 1980/81 stellvertretender Vorsitzender der CDU-Bundestagsfraktion, 1982 bis 1998 Bundesminister für Arbeit und Sozialordnung.

Blume, Herbert *SPD*

Geb. 17. Februar 1930 Arholzen/Niedersachsen
Gest. 11. Oktober 2009

Abgeordnetenhaus von Berlin:
6. WP
7. WP

1947 bis 1950 Volks- und Berufsschule, kaufmännische Ausbildung im Groß- und Einzelhandel, 1950 bis 1955 Tätigkeit im Einzel- und Großhandel, 1955 bis 1962 kaufmännischer Vertreter für die Firma Wolf-Geräte GmbH, Betzdorf/Niedersachsen, 1962/63 Vertreter dieser Firma in Schweden, ab 1963 Geschäftsführer der Verkaufsniederlassung der Wolf-Geräte GmbH in Berlin, ab 1961 Mitglied der SPD, Mitglied des SPD-Kreisvorstands Berlin-Charlottenburg.

Bock, Günter *CDU*

Geb. 28. Februar 1938 Berlin
Gest. 10. Juni 2007 Berlin

Abgeordnetenhaus von Berlin:
7. WP
8. WP
9. WP (bis 30. Juni 1981, Nachrückerin: Christa-Maria Blankenburg)

Gymnasium, 1958 Abitur, Studium der Betriebswirtschaft an der Freien Universität Berlin, Tätigkeit beim Informationszentrum Berlin, ab 1960 Mitglied der CDU, 1971 bis 1975 Bezirksverordneter in Berlin-Schöneberg, 1972 bis 1975 stellvertretender Fraktionsvorsitzender, 1981 bis 1985 Staatssekretär bei der Senatorin für Schulwesen, Jugend und Sport, Hanna-Renate Laurien, 1985 bis 1989 bei der Senatorin für Jugend und Familie, Cornelia Schmalz-Jacobsen,1991 bis 1995 Staatssekretär beim Senator für Schule, Berufsbildung und Sport, Jürgen Klemann.

Bode, Manfred *CDU*

Geb. 31. Oktober 1938 Berlin
Gest. 14. November 2013 Berlin

Abgeordnetenhaus von Berlin:
7. WP
8. WP
9. WP
10. WP

11. WP
12. WP

Grund- und Oberschule, 1957 Abitur, Studium der Wirtschaftswissenschaften, kaufmännischer Angestellter bei der Deutschen Krankenversicherung AG, ab 1962 Mitglied der CDU, 1967 bis 1975 Bezirksverordneter in Berlin-Neukölln, 1971 bis 1975 Mitglied des CDU-Fraktionsvorstandes in der Bezirksverordnetenversammlung Berlin-Neukölln, ab 1970 Ortsverbandsvorsitzender der CDU Berlin-Rudow, später Ehrenvorsitzender des CDU-Ortsverbands Berlin-Rudow.

Bodin, Klaus *SPD*

Geb. 12. Oktober 1919 [Berlin-]Spandau
Gest. 4. Juli 2012 Berlin

Abgeordnetenhaus von Berlin:
3. WP
4. WP (bis 4. Februar 1965, Nachrücker: Georg Reinke)
6. WP
7. WP

Siehe Biografisches Handbuch der Berliner Stadtverordneten und Abgeordneten 1946–1963, im Auftrag des Präsidenten des Abgeordnetenhauses von Berlin bearbeitet von Werner Breunig und Andreas Herbst, mit einer Einleitung von Siegfried Heimann (= Schriftenreihe des Landesarchivs Berlin, Bd. 14), Berlin 2011, S. 73.

Böger, Klaus *SPD*

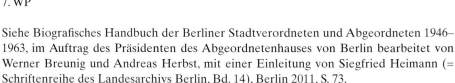

Geb. 8. September 1945 Lauterbach/Hessen

Abgeordnetenhaus von Berlin:
11. WP
12. WP
13. WP
14. WP
15. WP

Gymnasium, 1966 Abitur, 1966 bis 1968 Bundeswehr, 1968 bis 1972 Studium der Politologie/Staatsrecht an der Freien Universität Berlin, 1972 Diplom-Politologe, ab 1968 Mitglied der SPD, Abteilungsvorsitzender, 1990 bis 1992 stellvertretender Landesvorsitzender der SPD, 1972 bis 1976 wissenschaftlicher Assistent an der Freien Universität Berlin, ab 1976 Angestellter/Lehrer (Fachbereichsleiter für Politik) beim Lette-Verein, freier Mitarbeiter beim Gesamtdeutschen Institut Berlin/Bonn und der Bundeszentrale für politische Bildung, 1985 bis 1989 Bezirksverordneter in Berlin-Steglitz, 1992 bis 1994 stellvertretender Vorsitzender, 1994 bis 1999 Vorsitzender der SPD-Fraktion im Abgeordnetenhaus von Berlin, 1999 Bewerbung um die Spitzenkandidatur der Berliner SPD für das Amt des Regierenden Bürgermeisters, 1999 bis 2001 Bürgermeister sowie von 1999 bis 2006 Senator für Bildung, Jugend und Sport, ab 2009 Präsident des Landessportbunds Berlin.

Böhm, Gerhard *SPD*

Geb. 24. November 1920 Rödlitz
Gest. 20. November 1993 Berlin

Abgeordnetenhaus von Berlin:
5. WP
6. WP (bis 23. Juni 1971, Nachrücker: Manfred Twehle)

Volksschule und Gymnasium, Abitur, Studium an der Technischen Hochschule Dresden und der Universität Wien, Abschluss als Diplom-Meteorologe, nach 1945 Lehrerausbildung, 1. und 2. Lehrerprüfung, Rektor, 1951 Mitglied der SPD, 1963 bis 1967 Abgeordneter der Bezirksverordnetenversammlung in Berlin-Neukölln, 1971 bis 1981 Stadtrat für Volksbildung in Berlin-Neukölln.

Boehm, Hans-Joachim *CDU*

Geb. 23. Oktober 1920 Berlin

Abgeordnetenhaus von Berlin:
5. WP
6. WP
7. WP
8. WP
9. WP

Volksschule und Gymnasium, kaufmännische Lehre, Reichsarbeitsdienst und Wehrmacht, ab 1946 Mitglied der CDU, 1947 Abitur, 1948 bis 1954 Studium an der Freien Universität Berlin, Diplom-Volkswirt, 1951/52 AStA-Vorsitzender an der Freien Universität Berlin, 1949/50 Landesvorsitzender der Jungen Union Berlin, ab 1957 Mitglied des CDU-Landesvorstands Berlin, Schatzmeister des CDU-Landesverbands Berlin, 1955 bis 1959 persönlicher Referent des Senators für Finanzen, 1959 bis 1962 Bezirksstadtrat für Finanzen in Berlin-Steglitz, 1962/63 Senatsdirektor beim Senator für Bundesangelegenheiten, zeitweise Vorsitzender des Wirtschaftsausschusses des Abgeordnetenhaus von Berlin, anschließend persönlich haftender bzw. geschäftsführender Gesellschafter der Hans-Joachim Boehm GmbH u. Co. KG und der Deubo-Verwaltungs-GmbH, Berlin, 1990 Verleihung der Würde eines Stadtältesten von Berlin.

Boehm, Wolfgang *SPD*

Geb. 15. September 1908 Pettau/Steiermark
Gest. 18. August 1974 Pforzheim

Abgeordnetenhaus von Berlin:
4. WP (ab 1. Februar 1965, nachgerückt für Friedrich Borges)
5. WP

1931 Abitur an der Deutschen Aufbauschule in Gotha/Thüringen, Studium der Volkswirtschaftslehre an den Universitäten in Halle/Saale, Frankfurt am Main und Berlin, 1925 Mitglied des Reichsbanners Schwarz-Rot-Gold, ab 1930 Mitglied der SPD, 1936 Abschluss als Diplom-Volkswirt, 1938 Promotion zum Dr. rer. pol., ab 1939 Berufsberater in Cottbus, 1940 Mitglied der NSDAP, 1941 bis 1945 Wehrmacht, 1945 bis 1947 amerikanische Kriegsgefangenschaft, Entlassung in die sowjetische Besatzungszone, bis 1950 Tätigkeit als Referent bei der im Ostsektor gelegenen Berliner Stadtbibliothek, Übersiedlung nach West-Berlin, ab 1951 Mitglied der SPD, ab 1953 Berufsberater beim Arbeitsamt Süd, ab 1955 Berufsberater für Abiturienten und Hochschüler, 1956 bis 1958 und von 1962 bis 1965 Bezirksverordneter in Berlin-Spandau.

Bösener, Ernst-Christoph *SPD*

Geb. 19. Mai 1942 Bad Polzin

Abgeordnetenhaus von Berlin:
11. WP (ab 10. April 1989, nachgerückt für Gerhard Schneider)

Gymnasium, 1961 Abitur, Studium der Physik und Geophysik an der Technischen Universität Berlin und der Freien Universität Berlin, später ergänzend Betriebswirtschaft, ab 1978 Verwaltungsangestellter im Sozial- und Gesundheitsbereich der AWO der Stadt Berlin e. V., ab 1974 Mitglied der SPD, Bezirksverordneter in Berlin-Steglitz bzw. in Steglitz-Zehlendorf.

Böttcher, Bruno *CDU*

Geb. 12. März 1921 Berlin
Gest. 18. Oktober 2007 Bad Sachsa

Abgeordnetenhaus von Berlin:
5. WP
6. WP

Gemeindeschule und Realgymnasium, kaufmännische Lehre und Arbeit bei der Firma Knorr-Bremse AG, 1940 bis 1946 Wehrmacht und Kriegsgefangenschaft, 1946 bis 1954

Angestellter im öffentlichen Dienst, Zugbegleiter bei der BVG bzw. Angehöriger der Schutzpolizei, ab Juni 1954 Gewerkschaftssekretär und Geschäftsführer des Landesverbands der Gewerkschaft der Polizei, ab 1954 Landessozialrichter, ab 1960 Berufung zum Arbeitsrichter, ab 1950 Mitglied der CDU, seit 1952 Mitglied des CDU-Kreisvorstands Berlin-Tempelhof, Vorsitzender des CDU-Ortsverbands Lichtenrade.

Böttcher, Kurt *SPD*

Geb. 20. November 1902 [Berlin-]Schöneberg
Gest. 30. April 1986 Berlin

Abgeordnetenhaus von Berlin:
4. WP
5. WP

Volks- und Berufsschule, Lehre und Arbeit als Maurer, 1922 Staatsexamen als Architekt und Bauingenieur, bis 1945 in der privaten Bauindustrie als Bauleiter und im Ullstein-Verlag als Abteilungsleiter und Chefarchitekt tätig, ab Juni 1945 Hauptreferent und Abteilungsleiter der Ämter für Hochbau und Baulenkung im Bezirksamt Berlin-Spandau, ab 1950 Hauptamtsleiter beim Senator für Bau- und Wohnungswesen, ab 1953 Senatsrat und später Leitender Baudirektor, ab 1959 Technischer Direktor der Gemeinnützigen Siedlungs- und Wohnungsbaugesellschaft Berlin, 1950 bis 1956 Bezirksverordneter in Berlin-Spandau.

Bogen, Wolfgang *REP*

Geb. 18. Januar 1928 Berlin

Abgeordnetenhaus von Berlin:
11. WP

Oberschule, Lehre und Arbeit als Werkstoffprüfer (Physik), 1946 bis 1948 technischer Physiker, ab 1947 freiberuflicher Entwickler, 1952 Gründung der Wolfgang Bogen Elektrogerätebau Berlin, 1956 Umgründung in die Wolfgang Bogen GmbH, Fabrikation hochwertiger Magnetknöpfe, 1977 Abgabe der GmbH-Anteile, 1983 Gründung der Wolfgang Bogen GmbH Wirtschaftsberatung, Herausgeber des Börseninformationsdienstes „Börse und Wirtschaft – zyklisch betrachtet", zeitweise Vorsitzender des Deutschen Erfinderverbands, ab 1987 Mitglied der Partei „Die Republikaner".

Bonkowski, Paul *CDU*

Geb. 27. April 1932 Berlin
Gest. 12. August 2011 Berlin

Abgeordnetenhaus von Berlin:
10. WP (ab 9. März 1987, nachgerückt für Christian Neuling)

Grund- und Mittelschule, 1949 mittlere Reife, Ausbildung und Tätigkeit als Rechtsanwaltsgehilfe, 1954 bis 1958 kaufmännischer Angestellter, ab 1958 Verwaltungsangestellter, ab 1970 Sachgebietsleiter bei der Berliner Dienststelle der Bundesschuldenverwaltung, ab 1958 Mitglied der CDU, ab 1971 Mitglied des CDU-Kreisvorstands Berlin-Wedding, 1971 bis 1987 Bezirksverordneter in Berlin-Wedding, zuletzt stellvertretender Fraktionsvorsitzender, langjähriger Rendant (Geschäftsführer) der Pfarrei St. Aloysius e. V. bis zur Fusion der Gemeinden St. Joseph und St. Aloysius im Jahre 2004.

Borges, Friedrich *SPD*

Geb. 18. April 1909 Hamborn
Gest. 22. August 1975 Ruhmannsfelden/Niederbayern

Abgeordnetenhaus von Berlin:
3. WP (ab 26. Januar 1959, nachgerückt für Fritz Bühl)
4. WP (bis 4. Februar 1965, Nachrücker: Wolfgang Boehm)

Siehe Biografisches Handbuch der Berliner Stadtverordneten und Abgeordneten 1946–1963, im Auftrag des Präsidenten des Abgeordnetenhauses von Berlin bearbeitet von Werner Breunig und Andreas Herbst, mit einer Einleitung von Siegfried Heimann (= Schriftenreihe des Landesarchivs Berlin, Bd. 14), Berlin 2011, S. 74.

Borghorst, Hermann *SPD*

Geb. 14. Juli 1947 Haren/Emsland

Abgeordnetenhaus von Berlin:
12. WP (ab 4. Februar 1991, nachgerückt für Klaus Löhe)
13. WP
14. WP

Gymnasium, 1966 Abitur, 1966 bis 1968 Bundeswehrdienst, Studium der Politischen Wissenschaft in Berlin, Paris und New Orleans, 1973 Diplom-Politologe, ab 1970 Mitglied der SPD, 1978 Promotion zum Dr. rer. pol., 1978 bis 1981 wissenschaftlicher Angestellter, 1981 bis 1985 Fraktionsassistent der SPD-Fraktion im Abgeordnetenhaus von Berlin, 1985 bis 1990 Gewerkschaftssekretär des DGB-Landesbezirks Berlin, 1990 der

IG Chemie-Papier-Keramik, Bezirk Brandenburg-Sachsen, 1989 bis 2000 Vorsitzender der Abteilung Hermannstraße, 1994 bis 2000 stellvertretender Vorsitzender des SPD-Landesverbands Berlin, stellvertretender Vorsitzender der SPD-Fraktion im Abgeordnetenhaus von Berlin, ab Februar 2001 Arbeitsdirektor beim Energie- und Braunkohleunternehmen Laubag in Senftenberg bzw. Vattenfall, Vorstandsmitglied von Vattenfall und Sprecher der „Initiative für Beschäftigung!", Vorsitzender des Fördervereins der BTU Cottbus e. V.

Borgis, Michael *CDU*

Geb. 3. September 1945 Berlin
Gest. 16. November 2004 Berlin

Abgeordnetenhaus von Berlin:
12. WP
13. WP
14. WP
15. WP (bis 16. November 2004, Nachrücker: Uwe Lehmann-Brauns)

Gymnasium, 1966 Abitur, Studium an der Pädagogischen Hochschule, 1970 1. Staatsprüfung für das Lehramt, ab 1970 Lehrer bzw. Angestellter beim Bezirksamt Berlin-Tiergarten, ab 1985 Mitglied der CDU, ab 1989 Ortsvorsitzender, 1997 bis 1999 und ab 2002 Vorsitzender des Ausschusses für Jugend, Familie, Schule und Sport sowie Vorsitzender des Unterausschusses Sport im Abgeordnetenhaus von Berlin.

Borm, William *FDP*

Geb. 7. Juli 1895 Hamburg
Gest. 2. September 1987 Bonn

Abgeordnetenhaus von Berlin:
4. WP

Sohn eines Möbelkaufmanns, Volksschule und Gymnasium, 1914 Abitur, 1915 bis 1918 Freiwilliger in einem Husarenregiment, 1919 bis 1924 Beginn eines Studiums der Volkswirtschaft an der Universität Berlin, 1923 Eintritt in das väterliche Geschäft, bis 1929 Handelsvertreter, anschließend eigene Firma, ab 1924 Mitglied der DVP, nach 1933 Wehrwirtschaftsführer, 1945 Mitglied der LDP, ab 1947 Schatzmeister der Berliner LDP, ab 1949 stellvertretender Vorsitzender des FDP-Landesverbands Berlin, Vorsitzender des Industrie-Ausschusses im amerikanischen Sektor von Berlin, 1946 bis 1950 Vorsitzender des Verbands der Berliner Elektroindustrie, September 1950 durch DDR-Behörden inhaftiert, nach zwei Jahren Untersuchungshaft vom Landgericht Greifswald wegen Verletzung der Kontrollratsdirektive 36, Artikel 3 („Kriegs- und Boykotthetze") zu zehn Jahren Zuchthaus verurteilt, Haft in den Strafanstalten Bützow-Dreibergen, Luckau und Cottbus, während der Haft Verpflichtung zur Zusammenarbeit mit dem MfS der DDR,

August 1959 vorzeitige Haftentlassung, Rückkehr nach West-Berlin, 1960 bis 1969 1. Vorsitzender des FDP-Landesverbands Berlin, anschließend Ehrenvorsitzender, zeitweise Mitglied des FDP-Bundesvorstands, 1965 bis 1972 Mitglied des Deutschen Bundestags (Berliner Vertreter), Oktober 1969 Eröffnung der 6. Wahlperiode des Deutschen Bundestags als Alterspräsident, 1971/72 Mitglied des Europäischen Parlaments, 1967 Mitbegründer des Republikanischen Clubs, November 1982 Austritt aus der FDP, Dezember 1982 Beitritt zu den Liberalen Demokraten, Rückzug aus der aktiven Politik, 1985 Ehrendoktor der Karl-Marx-Universität Leipzig, 1980 Verleihung der Würde eines Stadtältesten von Berlin.

Boroffka, Peter *CDU*

Geb. 14. Mai 1932 Potsdam
Gest. 24. Dezember 1999 Berlin

Abgeordnetenhaus von Berlin:
6. WP
7. WP
8. WP
9. WP (bis 3. Dezember 1981, Nachrücker: Dieter Krebs)

Gymnasium, Abitur, 1953/54 Arbeiter bei Siemens in Heidenheim, Studium der Chemie an der Technischen Universität Berlin, 1964 Abschluss als Chemieingenieur, ab 1965 Tätigkeit als wissenschaftlicher Redakteur beim „Chemischen Zentralblatt" bzw. bei „Chemie-Information und Dokumentation Berlin", ab 1960 Mitglied der CDU, 1971 bis 1975 stellvertretender Vorsitzender des Kreisverbands Berlin-Neukölln, ab Oktober 1981 als Nachrücker für Franz Amrehn bis 1987 als Berliner Vertreter Mitglied des Deutschen Bundestags.

Brandt, Hillmer *SPD*

Geb. 30. Juli 1935 Eidinghausen/Krs. Minden, Westfalen

Abgeordnetenhaus von Berlin:
6. WP
7. WP

1941 bis 1950 Volksschule, 1950 bis 1953 Sparkassenlehre, ab 1953 Angestellter bei der Sparkasse Bad Oeynhausen, ab 1959 Bankkaufmann bei der Bank für Gemeinwirtschaft in Berlin, 1959/60 Besuch des Hochschulinstituts für Wirtschaftskunde, ab 1954 Mitglied der SPD, 1963 bis 1967 Bezirksverordneter in Berlin-Schöneberg.

Brandt, Willy *SPD*

Geb. 18. Dezember 1913 Lübeck
Gest. 8. Oktober 1992 Unkel/Rheinland-Pfalz

Abgeordnetenhaus von Berlin:
1. WP
2. WP
3. WP
4. WP
5. WP

Siehe Biografisches Handbuch der Berliner Stadtverordneten und Abgeordneten 1946–1963, im Auftrag des Präsidenten des Abgeordnetenhauses von Berlin bearbeitet von Werner Breunig und Andreas Herbst, mit einer Einleitung von Siegfried Heimann (= Schriftenreihe des Landesarchivs Berlin, Bd. 14), Berlin 2011, S. 76 f.

Branoner, Wolfgang *CDU*

Geb. 15. April 1956 Berlin

Abgeordnetenhaus von Berlin:
12. WP (bis 28. Februar 1991, Nachrückerin: Sabine Toepfer)
13. WP (bis 31. Januar 1996, Nachrücker: Andreas Henseler)
14. WP

1973 bis 1984 Studium der Verwaltungswissenschaften in Berlin, Diplom-Kameralist, ab 1975 Mitglied der CDU, 2001 bis 2005 Vorsitzender des Kreisverbands Berlin-Neukölln, ab 1980 wechselnde Funktionen in Berlin, u. a. von 1980 bis 1984 beim Senator für Bau- und Wohnungswesen, 1985 bis 1991 Bezirksstadtrat für Bau- und Wohnungswesen im Bezirksamt Neukölln, 1991 bis 1995 Staatssekretär in der Senatsverwaltung für Stadtentwicklung und Umweltschutz, 1996 bis 1998 Staatssekretär bei der Berliner Senatsverwaltung für Wirtschaft und Betriebe, 1998/99 Senator für Wirtschaft und Betriebe, 1998 bis 2001 Senator für Wirtschaft und Technologie, 2001 bis 2003 Angestellter der T-Systems, 2003 bis 2006 Director Public Sector von Microsoft Deutschland, ab Januar 2007 Seniorpartner bzw. geschäftsführender Gesellschafter der in Berlin ansässigen Unternehmensberatung SNPC (Stobbe Nymoen & Partner consult GbR in Berlin), Mitglied des Aufsichtsrats der Bürgermeister-Reuter-Stiftung.

Braselmann, Hans *SPD*

Geb. 5. Januar 1934 Berlin
Gest. 6. April 1992 Berlin

Abgeordnetenhaus von Berlin:
12. WP (bis 6. April 1992, Nachrücker: Thomas Krüger)

Volks- und Mittelschule, Lehre und Arbeit als Chemiefacharbeiter, Studium an der Staatlichen Ingenieurschule Beuth und an der Technischen Hochschule in Dresden, Abschlüsse als Diplom-Ingenieur und Diplom-Chemiker, ab 1962 wissenschaftlicher Mitarbeiter an der Charité der Humboldt-Universität zu Berlin, 1980 Promotion zum Dr. rer. nat., ab Herbst 1989 Mitglied der SDP, später der SPD, Mai 1990 bis Januar 1991 Mitglied der Stadtverordnetenversammlung von Berlin.

Brauer, geb. Wolter, Monika *CDU*

Geb. 4. Oktober 1943 Berlin

Abgeordnetenhaus von Berlin:
12. WP (ab 18. Juli 1994, nachgerückt für Elke Hoffmann)

POS, 1960 bis 1973 Tätigkeit in verschiedenen Stellungen, u. a. als Disponentin, Mitarbeiterin im Einkauf und Betriebsorganisatorin, 1967/68 Studium an der Betriebsakademie, Handelskauffrau, 1969 bis 1973 Studium an der Fachschule für Binnenhandel, Handelsökonomin, 1978 bis 1983 Verkaufsstellenleiterin, 1983 bis 1986 Leiterin Materialwirtschaft im Bereich der ambulanten medizinischen Betreuung Berlin-Pankow, 1986 bis 1988 Leiterin Haushalt im Bereich der ambulanten medizinischen Betreuung Berlin-Weißensee, 1988 bis 1991 Wirtschaftsleiterin im ambulanten medizinischen Bereich der Poliklinik „R. Virchow", 1991/92 Verwaltungsleiterin, 1992/93 Büroleiterin bzw. Verwaltungsleiterin im Gesundheitszentrum Pankow, ab Januar 1994 Angestellte im Bezirksamt Berlin-Pankow, ab 1984 Mitglied der CDU, 1990 Mitglied des CDU-Landesverbands von Ost-Berlin.

Braun, Carola von *FDP*

Geb. 12. September 1942 Nakuru/Kenia

Abgeordnetenhaus von Berlin:
12. WP (bis 17. Februar 1994, Nachrücker: Frank Sommer)

Gymnasium, 1961 Abitur, Studium der Anglistik und Geschichte an der Universität Bonn und an der Freien Universität Berlin, Volontariat beim Nachrichtenmagazin

„Newsweek", ab 1972 Assistentin von FDP- bzw. SPD-Bundestagsabgeordneten, ab 1974 Mitglied der FDP, 1975 bis 1984 Abgeordnete des Kreistags Rhein-Sieg, 1978 bis 1984 Fraktionsvorsitzende, 1984 bis 1990 Frauenbeauftragte des Senats von Berlin, 1980 bis 1983 Mitglied des Deutschen Bundestags, ab 1996 Leiterin der Abteilung Berufsbildung bei der Senatorin für Arbeit, 1986 stellvertretende, 1990 bis 1994 Vorsitzende des FDP-Landesverbands Berlin, Mitglied des Bundespräsidiums der FDP, 1991 bis 1994 Vorsitzende der FDP-Fraktion im Abgeordnetenhaus von Berlin.

Braun, Franz *CDU*

Geb. 11. Juni 1935 Konstanz

Abgeordnetenhaus von Berlin:
9. WP
10. WP
11. WP
12. WP

Gymnasium, 1955 Abitur, kaufmännische Lehre (Industriekaufmann), 1958 Kaufmannsgehilfenprüfung, anschließend Studium der Rechtswissenschaften an der Freien Universität Berlin, 1966 1. und 1970 2. juristische Staatsprüfung, 1971 bis 1974 Abteilungsleiter im Caritasverband für Berlin e. V. und Geschäftsführer mehrerer selbstständiger Einrichtungen im sozialen Dienstleitungsbereich, ab Mai 1974 Verwaltungsleiter im Franziskus-Krankenhaus in Berlin-Tiergarten, ab 1971 Mitglied der CDU, ab 1979 stellvertretender Vorsitzender des CDU-Ortsverbands Frohnau.

Brinckmeier, Jürgen *SPD*

Geb. 16. April 1935 Plauen/Vogtland
Gest. 28. November 1984 Berlin

Abgeordnetenhaus von Berlin:
6. WP
7. WP (bis 1. April 1976, Nachrücker: Dieter Hoffmann)

Volks- und Oberschule, Abitur, 1955 Studium der Medizin an der Humboldt-Universität zu Berlin, nach Flucht in die Bundesrepublik Werkstudent, 1958 bis 1960 Studium der Volkswirtschaft und Politischen Wissenschaft an der Universität Hamburg bzw. der Freien Universität Berlin, 1962/63 1. Landesvorsitzender des SHB, 1962 bis 1966 Journalist beim SFB, ab 1962 Mitglied der SPD, 1971 bis 1980 stellvertretender, 1980 bis 1983 Vorsitzender des SPD-Kreisverbands Berlin-Neukölln, 1970 bis 1973 Chefredakteur der Zeitung „Berliner Stimme", ab 1971 Mitglied des SPD-Landesvorstands Berlin, Landeskassierer, 1977 bis 1984 Mitglied des geschäftsführenden Landesvorstands, 1976 bis 1981 Senatsdirektor in der Innenverwaltung, parlamentarischer Geschäftsführer der

SPD-Fraktion im Abgeordnetenhaus von Berlin, Juni bis November 1984 Abgeordneter des Europäischen Parlaments.

Brinckmeier, geb. Dethlefs, Marianne *SPD*

Geb. 4. Juni 1940 Hamburg

Abgeordnetenhaus von Berlin:
8. WP
9. WP
10. WP
11. WP
12. WP
13. WP
14. WP

Gymnasium, 1960 Abitur, 1960/61 Studium der Volkswirtschaftslehre, Ausbildung zur Redakteurin, Journalistin, ab 1957 Mitglied der SPD, 1976 bis 1984 Abteilungsvorsitzende in Berlin-Neukölln, 1986 stellvertretende Vorsitzende des SPD-Kreisverbands Berlin-Neukölln, 1988 bis 1992 stellvertretende Vorsitzende des SPD-Landesverbands Berlin, 1971 bis 1979 Bezirksverordnete in Berlin-Neukölln, zeitweilig dort stellvertretende Fraktionsvorsitzende, 1989 bis 2001 Vizepräsidentin des Abgeordnetenhauses von Berlin, ab 1960 Mitglied der Arbeiterwohlfahrt, Mitglied des Kuratoriums der Staatlichen Fachschule für das Hotel- und Gaststättengewerbe Berlin, Mitglied und Vorsitzende des SFB-Rundfunkrats, ab 2003 Mitglied des Verwaltungsrats des Rundfunks Berlin-Brandenburg, 2008 Verleihung der Würde einer Stadtältesten von Berlin.

Brinsa, Ulrich *CDU*

Geb. 20. September 1938 Berlin

Abgeordnetenhaus von Berlin:
7. WP
8. WP
15. WP

Hauptschule, 1954 bis 1957 kaufmännische Lehre, Einzelhandelskaufmann, 1957/58 Postfacharbeiter, 1958 bis 1965 Ausbildung und mittlerer Dienst bei der Zollverwaltung, ab 1961 Mitglied der CDU, Vorsitzender des Ortsverbands Schönholz der CDU in Berlin-Reinickendorf, 1965 bis 1970 mittlerer Dienst beim Versorgungsamt II Berlin und zugleich Ausbildung für den gehobenen Dienst, 1970 bis 1973 Beamter des gehobenen Dienstes an der Technischen Universität Berlin, ab 1973 Amtsrat im Umweltbundesamt, 1981 bis 1986 Referent und Pressesprecher im Leitungsbereich von Senatoren, u. a.

des Innensenators Heinrich Lummer, 1989 bis zur Vereinigung von Regierung und Verwaltung persönlicher Referent und Pressesprecher eines Magistratsmitglieds, Referent beim Senator für Wirtschaft und Betriebe, Wolfgang Branoner, Oberregierungsrat a. D.

Brünig, Sabine *SPD*

Geb. 26. September 1956 Osnabrück

Abgeordnetenhaus von Berlin:
12. WP (ab 7. Juni 1994, nachgerückt für Joachim Niklas)

Gymnasium, 1975 Abitur, Studium der Politischen Wissenschaft und Germanistik an der Freien Universität Berlin, 1981 1. Staatsexamen, 1986 bis 1990 Forschungsarbeit und Tätigkeit als Pädagogin, 1992 2. Staatsexamen, Gymnasiallehrerin im Land Brandenburg, ab 1972 Mitglied der SPD, 1985 bis 1988 stellvertretende Vorsitzende der Berliner Jungsozialisten, 1988 bis 1992 stellvertretende Vorsitzende der Arbeitsgemeinschaft Sozialdemokratischer Frauen.

Brunn, geb. Wulf-Mathies, Anke *SPD*

Geb. 17. September 1942 Behlendorf/Krs. Lauenburg

Abgeordnetenhaus von Berlin:
9. WP (bis 26. April 1983, Nachrücker: Eckhard Barthel)

Gymnasium, 1961 Abitur, Studium der Wirtschafts- und Sozialwissenschaften an den Universitäten Hamburg, Paris und Köln, 1966 Diplom-Volkswirtin, 1966 bis 1975 wissenschaftliche Hilfskraft und wissenschaftliche Angestellte am Rechenzentrum der Universität Köln, 1975 Versetzung in den Ruhestand aufgrund des Landesrechtsstellungsgesetzes NRW, ab 1967 Mitglied der SPD, 1987 bis 1999 Vorsitzende des SPD-Bezirks Mittelrhein, 1986 bis 1999 Mitglied des SPD-Parteivorstands, ab März 2001 stellvertretende Vorsitzende des SPD-Unterbczirks Köln, 1970 bis 1981 und 1985 bis 2010 Mitglied des Landtags von Nordrhein-Westfalen, 1979 bis 1981 stellvertretende Vorsitzende der SPD-Landtagsfraktion, Januar bis Juni 1981 Senatorin für Jugend, Familie und Sport im Senat von Berlin, 1981 bis 1983 stellvertretende Vorsitzende der SPD-Fraktion im Abgeordnetenhaus von Berlin, 1983 bis 1985 Landesgeschäftsführerin NRW des Internationalen Bundes für Sozialarbeit, 1985 bis 1998 Ministerin für Wissenschaft und Forschung in Nordrhein-Westfalen, später Aufsichtsratsvorsitzende der KölnMusik GmbH und Vorsitzende der Gesellschaft für Zeitgenössischen Tanz NRW e. V.

Brunner, Guido *FDP*

Geb. 27. Juni 1930 Madrid
Gest. 2. Dezember 1997 Madrid

Abgeordnetenhaus von Berlin:
9. WP (bis 15. September 1981, Nachrücker: Karl-Heinz Baetge)

Volksschule und Gymnasium, Studium der Rechtswissenschaften in Madrid, Heidelberg und München, 1953 1. juristische Staatsprüfung, 1955 Promotion zum Dr. jur., ab 1953 Mitglied der FDP, ab 1955 Angehöriger des Auswärtigen Amtes, Mitarbeiter im Büro des Bundesaußenministers Heinrich von Brentano, Mitarbeiter im deutschen Konsulat in Liverpool, an der deutschen Botschaft in Madrid sowie an der UNO-Botschaft in New York, 1968 Referatsleiter, 1970 bis 1972 Sprecher des Auswärtigen Amtes, 1972 Chef des Planungsstabes des Auswärtigen Amtes, 1973/74 Leiter der bundesdeutschen Gruppe bei der KSZE in Helsinki und Genf, 1974 bis 1980 EG-Kommissar für Wissenschaft, Bildung und Technologie in Brüssel, 1980/81 Mitglied des Deutschen Bundestags, Mitglied des Auswärtigen Ausschusses des Deutschen Bundestags und stellvertretender Vorsitzender des außenpolitischen Arbeitskreises der FDP-Fraktion, Januar bis Mai 1981 Bürgermeister und Senator für Wirtschaft in Berlin, 1981 Botschafter z. b. V., anschließend bis 1992 Botschafter der Bundesrepublik Deutschland in Spanien, 1993 Ehrenbürger von Madrid.

Bubel, Gerhard *SPD*

Geb. 7. August 1929 Berlin

Abgeordnetenhaus von Berlin:
10. WP

Gymnasium, anschließend bis 1961 Tätigkeit in der Privatwirtschaft, dann im öffentlichen Dienst, ab 1950 Mitglied der SPD, langjähriger Kassierer der SPD Abteilung Berlin-Moabit Nord, 1957 bis 1959 Vorsitzender der Berliner Jungsozialisten, 1953 bis 1955 betriebswirtschaftliche Studien am Hochschulinstitut für Wirtschaftskunde Berlin, 1958 bis 1963, 1967 bis 1971 und 1975 bis 1979 Bezirksverordneter in Berlin-Tiergarten, 1967 bis 1971 Fraktionsvorsitzender, 1979 bis 1984 Stadtrat für Bauwesen in Berlin-Tiergarten, 1981 bis 1985 zugleich stellvertretender Bürgermeister, nach 1990 Tätigkeit als Lobbyist für ein kanadisches Immobilienunternehmen.

Buchholz, Ingrid *CDU*

Geb. 5. Februar 1940 Berlin

Abgeordnetenhaus von Berlin:
12. WP
13. WP
14. WP

Realschule, 1957 mittlere Reife, 1959 bis 1963 kaufmännische Angestellte in der Metallindustrie, 1963/764 Stenokontoristin im Verlag, 1964 bis 1971 Sekretärin im Bischöflichen Ordinariat Berlin, 1973 bis 1975 Viktoria-Fachschule, Hauswirtschaftsmeisterinnenprüfung, Studium der Didaktik und Methodik der Arbeitslehre (Haushalt) an der Pädagogischen Hochschule Berlin und an der Volkshochschule Tiergarten, 1978 Abschlusszeugnis, ab 1989 Hausleiterin im Haus der Zukunft e. V., ab 1975 Mitglied der CDU, 1989 bis 1993 stellvertretende Vorsitzende des Kreisverbands Berlin-Schöneberg, 1979 bis 1990 Bezirksverordnete in Berlin-Schöneberg, 1979 bis 1990 Fraktionsvorsitzende.

Buckow, Karl *CDU*

Geb. 15. März 1915 Berlin
Gest. 18. Dezember 1979 Berlin

Abgeordnetenhaus von Berlin:
3. WP
4. WP
5. WP
6. WP

Siehe Biografisches Handbuch der Berliner Stadtverordneten und Abgeordneten 1946–1963, im Auftrag des Präsidenten des Abgeordnetenhauses von Berlin bearbeitet von Werner Breunig und Andreas Herbst, mit einer Einleitung von Siegfried Heimann (= Schriftenreihe des Landesarchivs Berlin, Bd. 14), Berlin 2011, S. 78.

Bühling, Reinhard *SPD*

Geb. 21. Januar 1926 Erfurt
Gest. 25. August 2012 Berlin

Abgeordnetenhaus von Berlin:
4. WP (bis 15. Oktober 1965, Nachrücker: Herbert Doeschner)

Volksschule und Gymnasium, 1944 Wehrmacht, Mitglied der NSDAP, Kriegsgefangenschaft, Mai 1947 entlassen, anschließend Studium der Rechtswissenschaften, zunächst an der Universität in Jena, später an der Freien Universität Berlin, 1951 1. und 1955 2. Staatsprüfung, ab 1955 Amtsrichter in Berlin-Kreuzberg, 1957 Justitiar beim Berliner Senator für Volksbildung, Joachim Tiburtius, 1960 bis 1965 Magistratsdirektor beim Bezirksamt Berlin-Schöneberg, anschließend Rechtsanwalt in Berlin-Buckow, 1974 bis 1981 Kuratoriumspräsident der Deutschen Stiftung für Internationale Entwicklung, ab 1949 Mitglied der SPD, Vorsitzender des SPD-Ortsverbands Berlin-Neukölln, 1958 bis 1963 Bezirksverordneter in Berlin-Wilmersdorf, 1961 bis 1963 Vorsitzender der SPD-Fraktion, 1965 bis 1980 und 1981 bis 1983 Mitglied des Deutschen Bundestags (Berliner Vertreter), 1981 als Nachrücker für den verstorbenen Horst Korber.

Büsch, Wolfgang *SPD*

Geb. 24. September 1929 Breslau
Gest. 17. April 2012 Berlin

Abgeordnetenhaus von Berlin:
3. WP
4. WP
5. WP

Siehe Biografisches Handbuch der Berliner Stadtverordneten und Abgeordneten 1946–1963, im Auftrag des Präsidenten des Abgeordnetenhauses von Berlin bearbeitet von Werner Breunig und Andreas Herbst, mit einer Einleitung von Siegfried Heimann (= Schriftenreihe des Landesarchivs Berlin, Bd. 14), Berlin 2011, S. 79.

Buwitt, Dankward *CDU*

Geb. 6. Juli 1939 Berlin

Abgeordnetenhaus von Berlin:
7. WP
8. WP
9. WP
10. WP
11. WP
12. WP (bis 12. März 1991, Nachrücker: Frank Eichelberger)

Realschule, kaufmännische Lehre und Arbeit als Handelsvertreter, 1957 bis 1959 Betriebsassistent, 1959 bis 1963 Automobilverkäufer, 1963 bis 1972 Reisebevollmächtigter, Verkaufsleiter und Handlungsbevollmächtigter in der chemischen Industrie, ab 1971 selbstständiger Kaufmann und Handelsvertreter, ab 1991 Makler in der Berliner Niederlassung der Hamburger Immobilienfirma Angermann, ab 1968 Mitglied der CDU, 1974 bis 1991 Vorsitzender des CDU-Ortsverbands Köllnische Heide in Berlin-Neukölln, 1981 bis 1997 Vorsitzender der Kreisverbands Berlin-Neukölln, 1991 bis 1993 stellvertretender Vorsitzender des CDU-Landesverbands Berlin, 1993 bis 2000 Landesschatzmeister der CDU Berlin, 1984 bis 1989 Vorsitzender bzw. geschäftsführender Vorsitzender der CDU-Fraktion im Abgeordnetenhaus von Berlin, 1990 bis 2002 Mitglied des Deutschen Bundestags.

Celebi-Gottschlich, geb. Celebi, Sevim *AL*

Geb. 2. Mai 1950 Ankara

Abgeordnetenhaus von Berlin:
10. WP (ab 21. April 1987, nachgerückt durch Rotation für Stefan Reiß)

Seit Juli 1970 in Berlin, Grundschule und Gymnasium, 1978 Abitur, Berlin-Kolleg, Fachschule für Sozialarbeit und Sozialpädagogik, 1984 Abschlussprüfung als Sozialarbeiterin, Arbeiterin bei Siemens, Verkäuferin, Kassiererin, Taxifahrerin und Sozialarbeiterin, Dolmetscher-Tätigkeit bei „Treffpunkt und Beratung in Berlin-Kreuzberg", 1987 Einzug als Parteilose für die AL in das Abgeordnetenhaus von Berlin, erste türkischstämmige Abgeordnete in einem deutschen Parlament, 1997 Austritt aus der Partei Bündnis 90/Die Grünen, 1998 Einzelkandidatin für die Bundestagswahl im Wahlkreis 255 in Berlin-Tempelhof.

Coenen, Frank-Elmar *CDU*

Geb. 3. Juni 1935 Düsseldorf
Gest. 22. März 2010 Berlin

Abgeordnetenhaus von Berlin:
9. WP (ab 25. November 1982, nachgerückt für Kurt Runge)

Gymnasium, mittlere Reife, 1952 bis 1955 Lehre als Maschinenschlosser und Berufsaufbauschule, 1955 Gesellenprüfung, 1956 Fachschulreife, 1956 bis 1962 Tätigkeit im Ausland, 1962 bis 1965 Studium an der Akademie für Angewandte Technik in München, 1965 Ingenieur, 1981 Diplom-Ingenieur, ab 1965 Tätigkeit als Papierverarbeitungsingenieur, Betriebsassistent und Betriebsleiter bei der Firma Papierwerke Waldhof Aschaffenburg AG in Mannheim, ab 1974 in Berlin, ab 1971 Mitglied der CDU, 1972 bis 1975 Mitglied des CDU-Kreisvorstands Bergstraße/Hessen und der Stadtverordnetenversammlung von Lampertheim/Südhessen, 1979 bis 1982 und 1995 bis 1999 Bezirksverordneter in Berlin-Spandau, 1995 bis 1999 Vorsteher der Bezirksverordnetenversammlung Berlin-Spandau, Januar bis Juni 1999 parteilos, Vorsitzender des Partnerschaftsvereins Berlin-Spandau.

Conen, Peter *CDU*

Geb. 5. Juli 1936 Berlin

Abgeordnetenhaus von Berlin:
6. WP (ab 22. Dezember 1972, nachgerückt für Raven Henning von der Lancken)
7. WP

Volksschule und Gymnasium, 1956 Abitur, 1956 bis 1960 Studium der Rechtswissenschaften an der Freien Universität Berlin, 1961 Referendarexamen, 1965 Promotion zum Dr. jur., 1966 Assessorexamen, 1966 bis 1971 als Rechtsanwalt und Syndikus tätig, ab 1971 im Dienst des Landes Berlin, zunächst stellvertretender Leiter, ab 1977 Leitender Magistratsdirektor und Leiter des Rechtsamts des Bezirks Berlin-Wilmersdorf, ab 1959 Mitglied der CDU, 1959/60 stellvertretender Vorsitzender des RCDS an der Freien Universität Berlin, 1967 bis 1972 Bezirksverordneter in Berlin-Wilmersdorf, 1981 bis 1989 Senatsdirektor bzw. Staatssekretär beim Senator für Inneres, anschließend wieder als Rechtsanwalt in der Kanzlei Müllenbrock, Koch & Conen bzw. den Anwaltskanzleien Seufert bzw. Römermann Rechtsanwälte tätig.

Corduan, geb. Adamietz, Gerhild *CDU*

Geb. 4. Dezember 1941 Schwientochowitz/Oberschlesien

Abgeordnetenhaus von Berlin:
7. WP (ab 1. Januar 1977, nachgerückt für Rudolf Luster)

Gymnasium, 1961 Abitur, Studium der Germanistik, Romanistik und Politischen Wissenschaft an der Universität Marburg, Hausfrau, ab 1967 Mitglied der CDU, 1968 bis 1970 Vorsitzende der Frauen-Union im CDU-Kreisverband Berlin-Steglitz, ab 1975 Mitglied des CDU-Kreisvorstands Berlin-Steglitz, 1971 bis 1976 Bezirksverordnete in Berlin-Steglitz, 1975/76 stellvertretende Fraktionsvorsitzende der CDU.

Cornelius, Burkhard *FDP*

Geb. 21. Oktober 1932 Ueckermünde
Gest. 1. Januar 2000 Berlin

Abgeordnetenhaus von Berlin:
12. WP (ab 30. Mai 1991, nachgerückt für Hans-Peter Wolf)

Oberschule, 1952 Abitur, 1952 bis 1956 Studium der Rechtswissenschaften an der Humboldt-Universität zu Berlin, 1956 Staatsexamen und Diplom, 1956 bis 1960 Richter am

Kreisgericht Prenzlau und am Zivilsenat des Bezirksgerichts Neubrandenburg, 1960 bis 1964 wissenschaftlicher Assistent an der Hochschule für Ökonomie in Berlin-Karlshorst, 1964 bis 1989 Justitiar und Materialwirtschaftler beim Verband der Konsumgenossenschaften Berlin, in der Nahrungsgüterwirtschaft, beim VEB Robotron bzw. VEB Elektroprojekt und Anlagenbau sowie Gießerei- und Maschinenbau, ab Oktober 1989 Mitglied der LDPD, über LDP und BFD ab August 1990 Mitglied der FDP, ab Februar 1990 stellvertretender Bezirksvorsitzender der LDP bzw. der FDP in Berlin-Lichtenberg.

Craatz, Heinz *SPD*

Geb. 18. September 1918 Berlin

Abgeordnetenhaus von Berlin:
5. WP

Volks- und Berufsschule, 1926 bis 1933 Mitglied der Kinderfreundebewegung, Lehre und Arbeit als Bäcker und Konditor, nach Abschluss der Lehre Dienstverpflichtung als Zahnradfräser bei der Firma „Hasse & Wrede", 1939 bis 1945 Reichsarbeitsdienst, Wehrmacht und Kriegsgefangenschaft, ab 1945 Mitglied der Jungsozialisten und der SPD, Abteilungskassierer und Abteilungsvorsitzender in Berlin-Wedding, ab 1947 Hilfsfürsorger beim Bezirksamt Berlin-Wedding, ab 1949 Verwaltungsangestellter und Sachbearbeiter in der Amtsvormundschaft, 1979 bis 1985 Bezirksverordneter in Berlin-Wedding.

Cramer, Michael *AL/Bündnis 90/Die Grünen*

Geb. 16. Juni 1949 Gevelsberg/Westfalen

Abgeordnetenhaus von Berlin:
11. WP
12. WP
13. WP
14. WP
15. WP (bis 20. Juli 2004, Nachrückerin: Jeanette Martins)

Gymnasium, 1969 Abitur, 1969 bis 1974 Studium an der Johannes Gutenberg-Universität Mainz, 1972 Diplom-Sportlehrer, 1974 1. Staatsprüfung für das Lehramt an Gymnasien (Fachrichtung Musik), 1977 2. Staatsprüfung, 1975 bis 1977 Studienreferendar an der Ernst-Abbe-Oberschule in Berlin-Neukölln, 1977 bis 1995 Lehrer an der Albrecht-Dürer-Oberschule in Berlin-Neukölln, ab 1986 Mitglied der AL bzw. Bündnis 90/Die Grünen, 1989 bis 2004 verkehrspolitische Sprecher der Fraktion AL bzw. Bündnis 90/Die Grünen im Abgeordnetenhaus von Berlin, ab 2004 Mitglied des Europäischen Parlaments, Sprecher der Grünen im Ausschuss für Verkehr und Fremdenverkehr (TRAN), Lehraufträge am Otto-Suhr-Institut der Freien Universität Berlin.

Czollek, Michael *PDS*

Geb. 28. März 1959 Berlin
Gest. 10. Oktober 1999 Berlin

Abgeordnetenhaus von Berlin:
12. WP (ab 7. Februar 1992, nachgerückt für Jürgen Nowak)

Oberschule, 1977 Abitur, 1977 bis 1979 Studium der Geschichte und 1987 bis 1989 der Rechtswissenschaften an der Humboldt-Universität zu Berlin (ohne Abschluss), ab 1983 Erwerbsunfähigkeitsrentner, später freiberufliche Tätigkeit als Heilpraktiker, 1990 Mitbegründer der Partei „Die Nelken", 1990 stellvertretender, September 1990 bis Februar 1992 Vorsitzender der Partei „Die Nelken", ab 1. Mai 1992 fraktionslos.

Dach, Günther *CDU*

Geb. 27. August 1915 Berlin
Gest. 25. Juli 2010 Berlin

Abgeordnetenhaus von Berlin:
3. WP
4. WP
5. WP
6. WP

Siehe Biografisches Handbuch der Berliner Stadtverordneten und Abgeordneten 1946–1963, im Auftrag des Präsidenten des Abgeordnetenhauses von Berlin bearbeitet von Werner Breunig und Andreas Herbst, mit einer Einleitung von Siegfried Heimann (= Schriftenreihe des Landesarchivs Berlin, Bd. 14), Berlin 2011, S. 81 f.

Dahrendorf, Frank *SPD*

Geb. 26. Mai 1934 Berlin
Gest. 4. Juni 2013 Berlin

Abgeordnetenhaus von Berlin:
9. WP (bis 12. Juni 1981, vor Zusammentritt Mandatsverzicht, Nachrücker: Heinz Striek)

Sohn des früheren SPD-Reichstagsabgeordneten Gustav Dahrendorf und jüngerer Bruder von Ralf Dahrendorf, 1953 bis 1958 Studium der Rechtswissenschaft in Hamburg, München und Frankfurt, Mitglied des Sozialistischen Deutschen Studentenbunds, AStA-Vorsitzender in Hamburg und 1956/57 2. Vorsitzender des Verbandes Deutscher Studentenschaften, 1959 1. und 1963 2. juristisches Staatsexamen, Rechtsanwalt in Hamburg, 1970 bis 1978 Staatsrat (Staatssekretär) in Hamburg, zunächst in der Innen- und später in der Schulbehörde, 1978/79 Justizsenator in Hamburg, 1979 aufgrund eines Skandals um die Hamburger Firma Stoltzenberg Rücktritt, 1979 bis 1981 Rechtsanwalt in der Sozietät Dr. Weiland und Partner, Januar bis Juni 1981 Innensenator in Berlin, anschließend wieder als Rechtsanwalt in Hamburg tätig, 1991 bis 1994 Vorstandssprecher des Verbandes der Konsumgenossenschaften in Berlin e. G., 1992 bis 2013 stellvertretender Vorsitzender des Medienrats der neu gegründeten Medienanstalt Berlin-Brandenburg.

Damrat, Anna *SPD*

Geb. 18. Juli 1945 Staats/Krs. Gardelegen

Abgeordnetenhaus von Berlin:
11. WP
12. WP
13. WP

Ab 1946 in Berlin, Gymnasium, 1965 Abitur, 1965 bis 1973 Studium der Volkswirtschaftslehre und anschließend Wirtschaftspädagogik an der Freien Universität Berlin, 1973 Diplom, 1973 wissenschaftliche Angestellte beim Senat von Berlin, 1974 bis 1982 Lehre und Forschungstätigkeit an der Pädagogischen Hochschule Berlin und der Technischen Universität Berlin, 1983/84 Schulreferendarin, Beginn einer Lehrtätigkeit an der Fachhochschule für Verwaltung und Rechtspflege Berlin und der Berufsfachschule, ab 1968 Mitglied der SPD Berlin, 1975 bis 1978 Landesvorsitzende der Berliner Jusos, ab 1979 Mitglied in der Arbeitsgemeinschaft Sozialdemokratischer Frauen (ASF), 1984 bis 1988 Kreisvorsitzende der ASF in Berlin-Wilmersdorf, 1988/89 stellvertretende Vorsitzende, 1990 bis 2000 Landesvorsitzende der ASF Berlin, ab 1994 Mitglied im Bundesvorstand und ab 1996 stellvertretende ASF-Bundesvorsitzende, 1989 bis 1999 wissenschaftspolitische Sprecherin der SPD-Fraktion im Abgeordnetenhaus von Berlin, 1995 bis 1999 Mitglied des Fraktionsvorstands, 1995 bis 1997 stellvertretende Fraktionsvorsitzende.

Degen, Frank *REP*

Geb. 28. Februar 1954 Berlin

Abgeordnetenhaus von Berlin:
11. WP

Realschule, ab 1971 Polizeibeamter, ab 1987 Mitglied der Partei „Die Republikaner", stellvertretender Vorsitzender in Berlin-Spandau, 1989 stellvertretender Vorsitzender bzw. Vorsitzender der Fraktion „Die Republikaner" im Abgeordnetenhaus von Berlin, ab September 1989 kommissarischer Landesvorsitzender Berlin.

Dehms, Alexander *SPD*

Geb. 15. Dezember 1904 Karolinenhof bei Berlin
Gest. 20. September 1979 Berlin

Abgeordnetenhaus von Berlin:
1. WP (ab 19. April 1951, nachgerückt für Wilhelm Urban)
2. WP (ab 17. März 1955, nachgerückt für Willy Kressmann)
3. WP (ab 9. Februar 1959, nachgerückt für Willy Kressmann)
4. WP

Siehe Biografisches Handbuch der Berliner Stadtverordneten und Abgeordneten 1946–1963, im Auftrag des Präsidenten des Abgeordnetenhauses von Berlin bearbeitet von Werner Breunig und Andreas Herbst, mit einer Einleitung von Siegfried Heimann (= Schriftenreihe des Landesarchivs Berlin, Bd. 14), Berlin 2011, S. 83.

Delau, Helga *CDU*

Geb. 2. Oktober 1946 Müden (Aller)
Gest. 24. März 1998 Berlin

Abgeordnetenhaus von Berlin:
12. WP
13. WP (bis 24. März 1998)

Hauptschule, Ausbildung und Arbeit als Masseurin und medizinische Bademeisterin, (Physiotherapeutin), 1977 Staatsexamen, 1979 Diplom, ab 1983 Mitglied der CDU, ab 1988 Verwaltungsangestellte, Mitbegründerin und Leiterin der Selbsthilfegruppe „Frauen von der Plumpe", Vorsitzende des Vereins „Freunde von Nordzypern", 1989 bis 1991 Bezirksverordnete in Berlin-Wedding.

Demba, Judith *Bündnis 90/Grüne (AL)/UFV*

Geb. 20. April 1957 Laucha an der Unstrut

Abgeordnetenhaus von Berlin:
12. WP
13. WP

POS, Berufsausbildung zur Chemiefacharbeiterin mit Abitur (1976), 1977/78 Sachbearbeiterin im VEB Transformatorenwerk Berlin, Studium der Chemischen Technologie (nach zwei Semestern wegen Krankheit des Sohnes abgebrochen), 1978/79 politische Mitarbeiterin beim FDGB-Kreisvorstand Berlin-Köpenick, 1979 Besuch der Jugendschule in Radebeul, 1978 bis 1980 Mitglied der SED (Austritt), 1979 aus politischen

Gründen Wechsel zum VEB Werk für Fernsehelektronik, 1979 bis 1988 Chemielaborantin, 1988 Ausreiseantrag, 1989 Mitbegründerin der Grünen Partei der DDR, 1989 des Neuen Forums, ab 1990 Mitglied der AL, April 1999 Austritt aus der Partei „Bündnis 90/ Die Grünen", 2000 bis 2003 Projektkoordinatorin des Zentrums Demokratische Kultur, 2003 bis 2005 Geschäftsführerin und Bildungsreferentin beim Bildungswerk Berlin der Landesstiftung der Heinrich-Böll-Stiftung, ab 2007 Mitglied der Partei „Die Linke", 2005 bis 2010 Mitarbeiterin im Berliner Büro des Abgeordneten Tobias Pflüger der Fraktion „Vereinte Europäische Linke/Nordische Grüne Linke" im Europaparlament bzw. parlamentarische Mitarbeiterin im Verbindungsbüro von Jürgen Klute, Mitglied des Europaparlaments, im Deutschen Bundestag, Mai 2010 bis Juli 2012 Fraktionsgeschäftsführerin der Fraktion „Die Linke" im Landtag von Nordrhein-Westfalen, gegenwärtig Geschäftsführerin beim Landesverband der NaturFreunde Berlin.

Detering, Anette *Bündnis 90/Grüne (AL)/UFV*

Geb. 28. Juli 1966 Stralsund

Abgeordnetenhaus von Berlin:
12. WP

POS und EOS, 1984 Abitur, 1984 bis 1989 Studium der Mathematik in Greifswald, Abschluss als Diplom-Mathematikerin, 1989/90 wissenschaftliche Mitarbeiterin am Institut für Physikalische Chemie der Akademie der Wissenschaften in Berlin, 1989 Mitarbeit in der Initiative Frieden und Menschenrechte, später im Bündnis 90, Mai 1990 bis Januar 1991 Mitglied der Stadtverordnetenversammlung von Berlin, 1993 Vorsitzende der Fraktion „Bündnis 90/Grüne (AL)/UFV" im Abgeordnetenhaus von Berlin, 1996 bis 1999 Gründung und Aufbau von Buchhandlungen mit geschichtlich-politischem Schwerpunkt im Willy-Brandt-Haus, im Deutschen Dom und in der Gedenkstätte Hohenschönhausen, 2000 bis 2010 Assistentin der Geschäftsführung in der vorwärts: buchhandlung + antiquariat GmbH im Willy-Brandt-Haus Berlin, ab 2010 stellvertretende Domkirchenrätin am Berliner Dom sowie freiberuflich tätig.

Diepgen, Eberhard *CDU*

Geb. 13. November 1941 Berlin-Pankow

Abgeordnetenhaus von Berlin:
6. WP
7. WP
8. WP
9. WP
10. WP
11. WP

12. WP
13. WP
14. WP

Gymnasium, 1960 Abitur, Studium der Rechtswissenschaft an der Freien Universität Berlin, 1967 1. juristisches Staatsexamen, Referendar u. a. am Berliner Kammergericht, 1972 2. juristisches Staatsexamen, ab 1972 Rechtsanwalt, 1963 Vorsitzender des AStA der Freien Universität Berlin, 1965/66 stellvertretender Vorsitzender des Verbandes Deutscher Studentenschaften, ab 1962 Mitglied der CDU, 1967 bis 1971 Bürgerdeputierter in Berlin-Tiergarten, ab 1971 Mitglied des CDU-Landesvorstands Berlin, ab 1981 stellvertretender Landesvorsitzender und 1983 bis 2002 Landesvorsitzender der Berliner CDU, ab 2004 Ehrenvorsitzender, 1983 bis 2002 Mitglied des CDU-Bundesvorstands, zeitweise auch Mitglied des Präsidiums des CDU-Bundesvorstands, 1984 bis 1989 und 1991 bis 2001 Regierender Bürgermeister von Berlin, 1980/81 Mitglied des Deutschen Bundestags (Berliner Vertreter), 1980 bis 1984 und 1989 bis 1991 Vorsitzender der CDU-Fraktion des Abgeordnetenhauses von Berlin, bis Ende 2011 als Anwalt in der internationalen Kanzlei für Wirtschaftsrecht Thümmel, Schütze & Partner tätig.

Dilschneider, Otto *CDU*

Geb. 24. Januar 1904 Berlin
Gest. 30. März 1991 Berlin

Abgeordnetenhaus von Berlin:
4. WP

Volks- und Oberrealschule in Berlin-Tegel, Studium der Rechts- und Staatswissenschaften, Philosophie und Theologie in Berlin, Freiburg, Greifswald und Tübingen, Promotion zum Dr. theol., 1933 Assistent an der Theologischen Fakultät der Universität Tübingen bei Karl Heim, 1934 Pfarrverweser in Hohengehren (Ortsteil von Baltmannsweiler/Landkrs. Esslingen in Baden-Württemberg), 1936 Pfarrverweser in Bad Liebenzell und Pfullingen, 1937 Studentenpfarrer der illegalen Bekennenden Kirche in Jena, 1938 stellvertretender Studiendirektor am Predigerseminar in Düsseldorf, 1939 Pfarrer in Kemberg, ab 1941 Pfarrer an der Paulus-Gemeinde in Berlin-Zehlendorf, 1945 Mitbegründer des Kulturbunds zur demokratischen Erneuerung Deutschlands, zeitweise Mitglied des Präsidialrats des Kulturbunds, ab 1951 Professor des Kirchlichen Lehramts (Systematische Theologie) an der Kirchlichen Hochschule Berlin, 1958/59 Rektor der Kirchlichen Hochschule Berlin, 1963 bis 1967 schul- und hochschulpolitischer Sprecher der CDU-Fraktion im Abgeordnetenhaus von Berlin.

Dittberner, Jürgen *FDP*

Geb. 1. Dezember 1939 Berlin

Abgeordnetenhaus von Berlin:
7. WP
8. WP
9. WP

Gymnasium, 1960 Abitur, 1960 bis 1965 Studium der Soziologie, Politikwissenschaft, Volkwirtschaftslehre und Betriebswirtschaftslehre an der Freien Universität Berlin, den Universitäten Hamburg und Münster, 1965 Diplom-Soziologe, 1960 bis 1965 wissenschaftlicher Assistent am Institut für Politische Wissenschaft, später am Zentralinstitut für sozialwissenschaftliche Forschung der Freien Universität Berlin, ab 1968 Mitglied der FDP, 1969 Promotion zum Dr. rer. pol., 1969 bis 1974 Assistenzprofessor an der Freien Universität Berlin, 1974 Habilitation für Politische Wissenschaft am Otto-Suhr-Institut der Freien Universität Berlin, 1974 bis 1976 Vorsitzender des FDP-Bezirksverbands Berlin-Wilmersdorf, 1976 bis 1979 Mitglied des FDP-Landesvorstands Berlin, ab 1978 Mitglied des Bundeshauptausschusses der FDP, 1974 bis 1986 Professor für Soziologie und Politikwissenschaft an der Fachhochschule für Verwaltung und Rechtspflege Berlin, zuletzt dort Rektor, 1986 bis 1989 Staatssekretär beim Senator für Jugend und Familie bzw. in der Senatsverwaltung für Wirtschaft, 1990 bis 1992 Staatssekretär in der Landesregierung Brandenburg, 1993 bis 1997 Direktor der Stiftung Brandenburgische Gedenkstätten, 1993 bis 2009 Professor für Politikwissenschaft an der Universität Potsdam, 1971 bis 1975 Bezirksverordneter in Berlin-Wilmersdorf, Vorsitzender der FDP-Fraktion, 1975 bis 1986 stellvertretender Vorsitzender der FDP-Fraktion im Abgeordnetenhaus von Berlin.

Dluzewski, geb. Rattelsberger, Christina *SPD*

Geb. 7. November 1944 in Görtelsdorf/Krs. Landshut, Schlesien

Abgeordnetenhaus von Berlin:
12. WP (ab 21. November 1994, nachgerückt für Wolfgang Behrendt)

Gymnasium, 1964 Abitur, Studium, ab 1970 Diplom-Bibliothekarin für wissenschaftliche Bibliotheken an der Freien Universität Berlin und in Frankfurt am Main, ab 1985 Mitglied der SPD, 1989 bis 1991 Bezirksverordnete in Berlin-Spandau, später Geschäftsführerin der SPD-Fraktion in der Stadtverordnetenversammlung von Potsdam, zeitweise Mitglied des Aufsichtsrats der Gemeinnützigen Wohn- und Baugesellschaft Potsdam mbH.

Döring, Hildegart *SPD*

Geb. 13. Mai 1907 Berlin
Gest. 3. November 1983 Berlin

Abgeordnetenhaus von Berlin:
4. WP (ab 18. April 1963, nachgerückt für Ernst Sünderhauf)
5. WP (ab 18. Juni 1970, nachgerückt für Carl-Heinz Evers)
6. WP

Volksschule und Lyzeum, Abitur am Berliner Abendgymnasium, Redakteurin für Fachzeitschriften, Redakteurin und Pressereferentin im Zentralinstitut für Erziehung und Unterricht in der Zentralstelle für Schulfunk der Reichs-Rundfunk-Gesellschaft, 1937 Mitglied der NSDAP, nach 1945 Referentin in der Pressestelle der französischen Kommandantur bzw. in der Pressestelle des Bezirksamts Berlin-Wedding, ab 1949 Mitglied der SPD, 1959 Vorsitzende der SPD-Abteilung „Freie Scholle" in Berlin-Reinickendorf, ab 1963 Leiterin der Pressestelle des Bezirksamts Berlin-Wedding.

Dörre, geb. Hombach, Karin *PDS*

Geb. 16. September 1954 Waldbroel/Rheinland

Abgeordnetenhaus von Berlin:
12. WP

Oberschule, 1973 Abitur, 1974 bis 1978 Studium an der Sektion Journalistik der Karl-Marx-Universität Leipzig, Diplom-Journalistin, 1976 bis 1988 Journalistin in der Redaktion der Tageszeitung „Junge Welt", 1988/89 Mitarbeiterin im FDJ-Zentralrat, ab 1989 Journalistin bei der Tageszeitung „Neues Deutschland", zeitweise stellvertretende Ressortleiterin Inland, ab 1977 Mitglied der SED, ab 1990 der PDS, Mai 1990 bis Januar 1991 Mitglied der Stadtverordnetenversammlung von Berlin, 1990 bis Januar 1995 Mitglied des PDS-Bundesvorstands und verantwortliche Redakteurin der Mitgliederzeitschrift „Disput", Januar 1995 Rücktritt als Mitglied des PDS-Bundesvorstands und Austritt aus der PDS, September 1995 Austritt aus der PDS-Fraktion im Abgeordnetenhaus von Berlin.

Doeschner, Herbert *SPD*

Geb. 18. Februar 1900 Dresden
Gest. 10. Februar 1976 München

Abgeordnetenhaus von Berlin:
3. WP (bis 30. Januar 1959)
4. WP (ab 21. Oktober 1965, nachgerückt für Reinhard Bühling)
5. WP

Siehe Biografisches Handbuch der Berliner Stadtverordneten und Abgeordneten 1946–1963, im Auftrag des Präsidenten des Abgeordnetenhauses von Berlin bearbeitet von Werner Breunig und Andreas Herbst, mit einer Einleitung von Siegfried Heimann (= Schriftenreihe des Landesarchivs Berlin, Bd. 14), Berlin 2011, S. 85.

Dolata, Werner *CDU*

Geb. 23. Februar 1927 Brandenburg an der Havel
Gest. 26. Dezember 2015 Berlin

Abgeordnetenhaus von Berlin:
5. WP
6. WP
7. WP
8. WP
9. WP (bis 26. Juni 1981, Nachrücker: Robert Wachs)

Volks- und Mittelschule, Lehre und Arbeit als Dentist, Dentisten-Assistenzprüfung, 1944 Reichsarbeitsdienst, 1950 Staatsexamen, 1950/51 Fachlehrer an einer Berufsschule für Dentisten Praktikanten, 1953 Approbation als Zahnarzt, 1953 Bestallung als Zahnarzt, später als Jugendpfleger tätig, ab 1946 Mitglied der CDU, 1955/56 Mitglied des Landesvorstands der Jungen Union, 1959 Vorsitzender des Ortsverbands „Pallas" des Kreisverbands Berlin-Schöneberg und Mitglied des CDU-Kreisvorstands Berlin-Schöneberg, 1958 bis 1967 Bezirksverordneter in Berlin-Schöneberg, 1963 bis 1967 Fraktionsvorsitzender, 1981 bis 1987 Mitglied des Deutschen Bundestags (Berliner Vertreter), 1998 Verleihung der Würde eines Stadtältesten von Berlin.

Dormann, Daniel *CDU*

Geb. 29. September 1965 Berlin

Abgeordnetenhaus von Berlin:
12. WP

Gymnasium, 1983 Abitur, Auszubildender im Groß- und Außenhandel, 1986/87 Assistent eines Abgeordneten, 1987/88 Assistent der Geschäftsleitung eines Berliner Bauunternehmers, bis 1993 kaufmännischer Angestellter eines mittelständischen Textilunternehmens, ab 1982 Mitglied der CDU, 1982/83 Vorsitzender der Schüler Union in Berlin-Charlottenburg, 1983 bis geschäftsführender Vorsitzender, 1985 bis 1987 Vorsitzender der Jungen Union in Berlin-Charlottenburg, 1989 bis 1993 stellvertretender Vorsitzender der Jungen Union Landesverband Berlin, ab 1989 Vorsitzender des CDU-Ortsverbands Charlottenburg-Kurfürstendamm, 1985 bis 1991 Mitglied des CDU-Kreisvorstands Berlin-Charlottenburg, Vorstandsmitglied der Arbeitsgemeinschaft 13. August e. V., Mitinhaber der Berliner Immobilienfirma Aron Linda & Daniel Dormann.

Dornberger, Peter *PDS/Gruppe „Neues Forum/Bürgerbewegung"/ Bündnis 90/Grüne (AL)/UFV*

Geb. 28. Januar 1945 London

Abgeordnetenhaus von Berlin:
12. WP

1946 Rückkehr mit den Eltern nach Deutschland, Oberschule, 1964 Abitur, 1967 staatlich geprüfter Krankenpfleger, Studium an der Humboldt-Universität zu Berlin, Sektion Humanmedizin, 1974 Approbation, 1977 Diplom-Mediziner, 1980 Promotion zum Dr. med., Tätigkeit an der Akademie für Ärztliche Fortbildung, 1980 Facharzt für Anästhesie und Intensivtherapie, 1984 Diplom-Medizinpädagoge, 1987 bis 1988 Tätigkeit als Facharzt für Anästhesie und Intensivtherapie und Medizinpädagoge im Hospital Carlos Marx, Managua/Nicaragua, 1988 bis 1991 Facharzt für Anästhesie und Intensivtherapie am Krankenhaus Kaulsdorf, Rettungsstelle Berlin-Hellersdorf, ab 1991 Niederlassung als praktischer Arzt, bis 27. Oktober 1992 Mitglied der PDS-Fraktion, anschließend fraktionslos, ab 1. März 1993 Hospitant bei der Gruppe „Neues Forum/Bürgerbewegung", ab 13. Dezember 1994 Hospitant bei Bündnis 90/Grüne (AL)/UFV.

Drews, geb. Radtke, Monika *SPD*

Geb. 7. März 1942 Berlin

Abgeordnetenhaus von Berlin:
12. WP

Oberschule, 1960 Abitur, Ausbildung zur Luftverkehrsfrau, 1962 Abschluss, Studium an der Fachschule für Außenwirtschaft, 1971 Außenhandelsökonomin, ab 1991 Importkauffrau im Industrieanlagen-Import Berlin, ab 1990 Mitglied der SPD, stellvertretende Abteilungsvorsitzende der SPD in Berlin-Friedrichshagen, 1990 und 2000 bis 2006 Bezirksverordnete in Berlin-Köpenick.

Drogula, Karl-Heinz *SPD*

Geb. 14. Juni 1925 Mittenwalde

Abgeordnetenhaus von Berlin:
6. WP

Volksschule, Reichsbahn-Junghelfer, Oberschule, Wehrmacht, Medizinstudium, 1952 Staatsexamen in Kiel, 1954 Promotion in Kiel zum Dr. med., Assistenzarzt in Hamburg,

Neumünster/Holstein und Glückstadt, Assistent und Oberarzt an der Orthopädischen Universitätsklinik der Freien Universität Berlin (Oskar-Helene-Heim) und in Gießen, ab 1964 eigene orthopädische Facharztpraxis in Berlin-Charlottenburg, ab Januar 1970 Chefarzt einer orthopädischen internistischen Klinik in Berlin-Zehlendorf, später Inhaber der Westklinik in Berlin-Dahlem, Mitbegründer und sechs Jahre lang Präsident der Deutschen Gesellschaft für Manuelle Medizin, 1952 bis 1956 Vorsitzender der gewerkschaftlich organisierten Ärzte des Landes Schleswig-Holstein, Bezirk Nordwest, 1953 Vorsitzender der ÖTV Neumünster im DGB, ab 1945 Mitglied der SPD, Vorsitzender der sozialdemokratischen Studenten und des Internationalen Studentenbunds in Kiel, 1952/53 Vorsitzender des SPD-Bezirks Hamburg-Eilbeck, 1959 Vorsitzender der Jungsozialisten in Berlin-Charlottenburg, 1969 bis 1971 Vorsitzender des SPD-Kreisverbands Berlin-Charlottenburg, 1959 bis 1967 Bezirksverordneter, 1967 bis 1971 Bürgerdeputierter in Berlin-Charlottenburg, 1971 bis 1973 gesundheitspolitischer Sprecher der SPD-Fraktion im Abgeordnetenhaus von Berlin, 21. Oktober 1974 Austritt aus der SPD und der SPD-Fraktion, bis Ende der Legislaturperiode fraktionslos, 29. Oktober 1974 Mitbegründer und stellvertretender Vorsitzender des rechtskonservativen Bundes Freies Deutschland.

Dromowicz, Werner *SPD*

Geb. 7. März 1913 Berlin
Gest. 9. Oktober 2004 Berlin

Abgeordnetenhaus von Berlin:
4. WP (ab 27. April 1964, nachgerückt für Werner Haase)

Realschule, Ausbildung als Funker für den Dienst auf Großfunkstellen, ab 1932 bei der Post tätig, ab 1964 Abteilungsleiter beim Fernmeldeamt 3 Berlin, ab 1950 Mitglied der SPD, 1958 bis 1962 Bezirksverordneter in Berlin-Schöneberg, ab 1955 Vorstandsmitglied der Deutschen Postgewerkschaft, Landesleitung Berlin, und des DGB-Landesbezirks Berlin.

Dümchen, Rudolf *CDU*

Geb. 7. Oktober 1920 Berlin

Abgeordnetenhaus von Berlin:
1. WP (vom 21. März 1951, nachgerückt für Karl Theodor Schmitz, bis 28. März 1951)
2. WP (bis 24. Februar 1955, Nachrückerin: Agnes Eilers)
3. WP (bis 25. Februar 1959, Nachrücker: Siegmund Jaroch)
4. WP (ab 4. März 1965, nachgerückt für Siegmund Jaroch)
5. WP

Siehe Biografisches Handbuch der Berliner Stadtverordneten und Abgeordneten 1946–1963, im Auftrag des Präsidenten des Abgeordnetenhauses von Berlin bearbeitet von Werner Breunig und Andreas Herbst, mit einer Einleitung von Siegfried Heimann (= Schriftenreihe des Landesarchivs Berlin, Bd. 14), Berlin 2011, S. 87.

Dünnebacke, Adolf *SPD*

Geb. 29. Juli 1891 Dortmund
Gest. 1. Mai 1978 Berlin

Abgeordnetenhaus von Berlin:
3. WP (Mandatsannahme abgelehnt)
4. WP

Siehe Biografisches Handbuch der Berliner Stadtverordneten und Abgeordneten 1946–1963, im Auftrag des Präsidenten des Abgeordnetenhauses von Berlin bearbeitet von Werner Breunig und Andreas Herbst, mit einer Einleitung von Siegfried Heimann (= Schriftenreihe des Landesarchivs Berlin, Bd. 14), Berlin 2011, S. 87 f.

Dürkop (später: Dürkop-Leptihn), Marlis *Bündnis 90/Grüne*

Geb. 14. August 1943 Braunschweig

Abgeordnetenhaus von Berlin:
12. WP (bis 31. Juli 1992, Nachrücker: Ismail H. Kosan)

Realschule, Lehre zur Reisebürokauffrau, 1964 bis 1966 Abitur auf dem zweiten Bildungsweg, 1966 bis 1971 Studium der Soziologie, Psychologie und Publizistik an der Freien Universität Berlin, Diplom-Soziologin, 1973 bis 1976 wissenschaftliche Assistentin für Rechtswissenschaften an der Freien Universität Berlin und von 1976 bis 1978 für Kriminologie an der Universität Hannover, Promotion zum Dr. phil., 1978 Ernennung zur Professorin an der Fachhochschule für Sozialarbeit und Sozialpädagogik (heute: Alice Salomon Hochschule Berlin), 1986 bis 1990 Rektorin, ab 1982 Mitglied der AL, 1991/92 wissenschaftspolitische Sprecherin der Fraktion „Bündnis 90/Grüne" im Abgeordnetenhaus von Berlin, 1992 bis 1996 Präsidentin der Humboldt-Universität zu Berlin, anschließend Universitätsprofessorin am Seminar für Kulturwissenschaften an der Humboldt-Universität zu Berlin, 1998 bis 2001 Staatsrätin für Wissenschaft, Forschung und Gleichstellung der Freien und Hansestadt Hamburg, November 2001 Versetzung in den einstweiligen Ruhestand, 2003 bis 2006 Lehrauftrag „Bildungspolitik und Bildungsrecht" an der Universität Oldenburg, 2003 bis 2007 Mitglied im Hochschulrat der Hochschule für Angewandte Wissenschaft und Kunst, Hildesheim/Holzminden/Göttingen, 2004 bis Oktober 2007 und erneut ab Oktober 2011 Beisitzerin im Landesvorstand von Bündnis 90/Die Grünen in Hamburg.

Dürr, Klaus *SPD*

Geb. 17. April 1939 Mannheim
Gest. 27. Oktober 1997 Berlin

Abgeordnetenhaus von Berlin:
11. WP
13. WP (bis 27. Oktober 1997, Nachrückerin: Renate Mende)

Grund- und Mittelschule, 1953 bis 1956 Verwaltungslehre, 1956 bis 1958 Abendgymnasium, 1956 bis 1959 Ausbildung für den nichttechnischen gehobenen Verwaltungsdienst, 1959 bis 1964 Angestellter in der Stadtverwaltung Ludwigshafen am Rhein, ab 1960 Mitglied der SPD, 1964 bis 1989 leitender Angestellter bzw. Beamter bei der Verwaltung der Berliner Feuerwehr bzw. bei den Senatoren für Verkehr und Betriebe bzw. für Inneres, 1991 bis 1995 bei der Senatsverwaltung für Arbeit und Frauen, 1992/32 Verwaltungsakademie, Aufstieg in den höheren Dienst, Oberregierungsrat bei der Senatorin für Arbeit, Berufliche Bildung und Frauen, 1995 bis 1997 Mitglied des Präsidiums des Abgeordnetenhauses von Berlin.

Dyllick, Paul *CDU*

Geb. 26. November 1908 Posen
Gest. 30. März 1991 Berlin

Abgeordnetenhaus von Berlin:
2. WP
3. WP
4. WP
5. WP
6. WP
7. WP

Siehe Biografisches Handbuch der Berliner Stadtverordneten und Abgeordneten 1946–1963, im Auftrag des Präsidenten des Abgeordnetenhauses von Berlin bearbeitet von Werner Breunig und Andreas Herbst, mit einer Einleitung von Siegfried Heimann (= Schriftenreihe des Landesarchivs Berlin, Bd. 14), Berlin 2011, S. 88 f.

Ebel, Detlef *CDU*

Geb. 24. März 1953

Abgeordnetenhaus von Berlin:
12. WP

Hauptschule, 1973 Fachkaufmann im Einzelhandel, 1979 bis 1985 Busfahrer bei der BVG, 1985 bis 1990 Regionalsekretär der Christlich-Demokratischen Arbeitnehmerschaft (CDA), Februar bis November 1990 Landessozialsekretär der CDA, ab Dezember 1990 Organisationssekretär des DGB in Berlin-Mitte, ab 1982 Mitglied der CDU, Bezirksverordneter in Berlin-Spandau.

Eckert, Albert *AL*

Geb. 2. November 1960 München-Pasing

Abgeordnetenhaus von Berlin:
11. WP
12. WP (ab 1. Februar 1991, nachgerückt für Sabine Weissler)

Gymnasium, 1981 Abitur, 1981 bis 1987 Studium der Politikwissenschaft, Germanistik, Philosophie und Psychologie am Leibniz Kolleg der Eberhard Karls Universität Tübingen und an der Freien Universität Berlin, 1987 Diplom-Politologe, anschließend Tätigkeit als Schreibkraft, Redaktionsassistent, Sozialwissenschaftler, Aids-Forscher und Schönheitsmasseur, 1984/85 Geschäftsführer der Humanistischen Union, parteiloses Mitglied der Fraktion der AL (später: Bündnis 90/Grüne [AL]/UFV) im Abgeordnetenhaus von Berlin, 22. März bis 3. April 1990 Vizepräsident des Abgeordnetenhauses von Berlin, 1997 bis 2005 Leiter der Öffentlichkeitsarbeit der Heinrich-Böll-Stiftung, unterbrochen durch eine mehrmonatige Tätigkeit 2002 als stellvertretender Sprecher des Berliner Senats, ab 2005 selbstständiger PR-Berater.

Eckert, Wolfgang *SPD*

Geb. 7. September 1912 Berlin
Gest. 23. September 1994 Berlin

Abgeordnetenhaus von Berlin:
5. WP (ab 6. April 1967, nachgerückt für Alfred Keil)

Sohn des Maschinenschlossers und Gewerkschaftsfunktionärs Paul Eckert, Volksschule und Gymnasium, 1931 Abitur, 1928 bis 1933 Mitglied der SAJ, ab 1931 der SPD, Verwaltungsausbildung, Anwärter für den gehobenen Dienst im Bezirksamt Berlin-Wedding, 1933 aus politischen Gründen entlassen, kaufmännischer Angestellter bei der japanischen Handelsgesellschaft in Berlin, 1941 bis 1946 Wehrmacht und sowjetische Kriegsgefangenschaft, 1947 bis 1950 kaufmännischer Angestellter, 1951 bis 1956 Angestellter bei der Lohnausgleichskasse Berlin, ab 1951 Mitglied der SPD, ab 1965 Leiter der 18. Abteilung des SPD-Kreisverbands Berlin-Wedding, ab 1956 Anerkennung als Beamter (Amtsrat, Leiter des Wohnungsamts) im Bezirksamt Berlin-Wedding aufgrund der Anerkennung der Wiedergutmachungsansprüche durch das Entschädigungsamt Berlin, später Leiter des Heimatmuseums Berlin-Wedding.

Edel, Otto *SPD*

Geb. 26. Juni 1943 Pegau/Sachsen

Abgeordnetenhaus von Berlin:
10. WP
11. WP
12. WP

Realschule, 1960 mittlere Reife, 1963 Abschluss als Schaufenstergestalter, danach mehrjährige selbstständige Tätigkeit, 1970/71 Berufsfachschule für maschinelle Datenverarbeitung im Berufsfortbildungswerk des DGB und Umschulung zum Programmierer, 1971 bis 1976 Programmierer beim Senator für Inneres (LED), 1973 bis 1976 Ausbildung an der Verwaltungsakademie Berlin und Abschluss mit Verwaltungsdiplom, 1976 bis 1985 Sachbearbeiter beim Deutschen Institut für Urbanistik, ab 1972 Mitglied der SPD, 1976 bis 1980 Abteilungsvorsitzender, 1980 bis 1990 Kreisvorsitzender der SPD in Berlin-Schöneberg, 1975 bis 1985 Bezirksverordneter in Berlin-Schöneberg, baupolitischer Sprecher der SPD-Fraktion im Abgeordnetenhaus von Berlin, 1996 bis 2000 Bezirksstadtrat für Stadtentwicklung in Berlin-Schöneberg, ab 2001 freiberuflicher Künstler (Malerei), Ausstellungen u. a. in Altlandsberg, Berlin, Buckow, Frankfurt (Oder), Bad Freienwalde und Strausberg, Gründungsmitglied der Malergruppe WOM, Organisation und Durchführung von Workshops für Kinder und Erwachsene, Mal- und Zeichenzirkel, 2006 bis 2008 Galerie Edel in Altlandsberg (Ute und Otto Edel GbR), ab 2007 Ateliers und Ausstellungsräume in der KulturManufaktur Altlandsberg, 2004 bis 2008 Mitglied der Stadtverordnetenversammlung Altlandsberg (SPD-Fraktion).

Egert, Jürgen *SPD*

Geb. 23. Oktober 1941 Berlin
Gest. 16. Dezember 1992 Berlin

Abgeordnetenhaus von Berlin:
6. WP (bis 31. Dezember 1972, Nachrücker: Achim Rheinländer)

Sohn eines Polizeibeamten, Volks- und Oberschule, 1960 Abitur, April 1960 bis Juni 1963 Stadtinspektoranwärter im Bezirksamt Berlin-Charlottenburg, anschließend Studium an der Verwaltungsakademie, 1966 Stadtoberinspektor, 1968 Stadtamtmann, 1965 bis 1969 persönlicher Referent beim Bezirksbürgermeister in Berlin-Charlottenburg, anschließend als Amtsrat bis 1972 in der Revisionsabteilung im Bezirksamt Berlin-Charlottenburg, Mitglied der „Falken", ab 1963 Mitglied der SPD, 1969 bis 1971 Vorsitzender des Landesverbands Berlin der Jungsozialisten, beratendes Mitglied im SPD-Landesvorstand, 1985/86 Vorsitzender des SPD-Landesverbands Berlin, 1982 kurzzeitig parlamentarischer Staatssekretär beim Bundesminister für Arbeit und Sozialordnung, 1972 bis 1990 Mitglied des Deutschen Bundestags, 1991 Sozialdezernent in Frankfurt am Main.

Eggert, Michael *AL*

Geb. 22. November 1950 Berlin

Abgeordnetenhaus von Berlin:
10. WP (ab 21. April 1987, nachgerückt durch Rotation für Renate Heitmann)

Grundschule, Gymnasium, 1972 Abitur, Studium an der Technischen Universität Berlin, Fachbereich Architektur, 1980 Examen als Diplom-Ingenieur, Tätigkeit als Architekt bei der Internationalen Bauausstellung Berlin und im ABM-Programm beim Senator für Gesundheit und Soziales, ab 1986 Mitglied der AL.

Ehrke, Franz *SPD*

Geb. 20. September 1921 Prenzlau

Abgeordnetenhaus von Berlin:
2. WP (ab 3. März 1955, nachgerückt für Georg Ramin)
3. WP
4. WP
5. WP
6. WP
7. WP
8. WP

Siehe Biografisches Handbuch der Berliner Stadtverordneten und Abgeordneten 1946–1963, im Auftrag des Präsidenten des Abgeordnetenhauses von Berlin bearbeitet von Werner Breunig und Andreas Herbst, mit einer Einleitung von Siegfried Heimann (= Schriftenreihe des Landesarchivs Berlin, Bd. 14), Berlin 2011, S. 89 f.

Eichelberger, Frank *CDU*

Geb. 30. Dezember 1966 Berlin

Abgeordnetenhaus von Berlin:
12. WP (ab 12. März 1991, nachgerückt für Dankward Buwitt)
13. WP (ab 2. Oktober 1999, nachgerückt für Jürgen Weitzel)
14. WP (ab 24. November 1999, nachgerückt für Carsten-Michael Röding)

Grundschule, Gymnasium, 1985 Abitur, Studium der Energietechnik an der Technischen Universität Berlin, Diplom-Ingenieur für Lüftungstechnik, ab 1983 Mitglied der CDU, ab 1989 Kreisvorsitzender der Jungen Union Berlin-Neukölln und Mitglied des CDU-Kreisvorstands Berlin-Neukölln, Ortsvorsitzender der CDU in Gropiusstadt, 1995 bis 1999 Bezirksverordneter in Berlin-Neukölln.

Eichler, Ulrich *CDU*

Geb. 31. Januar 1952 Halle/Saale

Abgeordnetenhaus von Berlin:
12. WP
14. WP

EOS, 1970 Abitur, Lehre als Facharbeiter, 1970 Elektromonteur, Studium an der Technischen Hochschule Ilmenau, Diplom-Ingenieur, 1974 bis 1978 Konstrukteur und Vertriebsingenieur in einer Elektrofirma, 1978 bis 1982 Ingenieur für Öffentlichkeitsarbeit in einem Baubetrieb, 1983 bis 1985 freiberuflich als Fotograf, 1986 bis 1990 Laborleiter bei der Bauakademie der DDR, ab 1990 wissenschaftlicher Mitarbeiter in der Geschäftsstelle der CDU-Fraktion in der Volkskammer, später Sicherheitsingenieur am Universitätsklinikum Charité der Humboldt-Universität zu Berlin, ab 1984 Mitglied der CDU, 1990 bis 1993 Vorsitzender des Kreisverbands Berlin-Pankow, Vorsitzender des CDU-Ortsverbands Berlin-Buch, 1995 bis 1999 Bezirksverordneter in Berlin-Pankow, Fraktionsvorsitzender der CDU-Fraktion.

Eilers, Günter *CDU*

Geb. 24. August 1925 Berlin
Gest. 5. Mai 2014 Berlin

Abgeordnetenhaus von Berlin:
10. WP (ab 21. September 1988, nachgerückt für Rupert Scholz)

Sohn der CDU-Abgeordneten Agnes Eilers (2. WP Abgeordnetenhaus von Berlin), Gymnasium, 1947 Abitur, 1948 bis 1954 Studium der Humanmedizin an der Freien Universität Berlin, 1954 medizinisches Staatsexamen, 1974 Promotion zum Dr. med., 1954 bis 1958 Assistenzarzt im Wenckebach-Krankenhaus in Berlin-Tempelhof, 1959 bis 1964 Assistenzarzt, 1964 bis 1978 Oberarzt, ab 1978 leitender Arzt am Christophorus-Krankenhaus in Berlin-Lichtenrade und Leiter der Beratungsstelle für Risikokinder, ab 1948 Mitglied der CDU, 1951 bis 1953 Kreisvorsitzender der Jungen Union in Berlin-Tempelhof, 1977 bis 1981 stellvertretender Vorsitzender des Ortsverbands Neu-Tempelhof, 1956 bis 1984 Mitglied des CDU-Kreisvorstands Berlin-Tempelhof, 1953 bis 1956 Bezirksverordneter in Berlin-Tempelhof.

Elgaß, Karl *SPD*

Geb. 3. Juni 1900 Saarbrücken
Gest. 4. Mai 1985 Berlin

Abgeordnetenhaus von Berlin:
3. WP (ab 5. Februar 1959, nachgerückt für Heinz Stücklen)
4. WP

Siehe Biografisches Handbuch der Berliner Stadtverordneten und Abgeordneten 1946–1963, im Auftrag des Präsidenten des Abgeordnetenhauses von Berlin bearbeitet von Werner Breunig und Andreas Herbst, mit einer Einleitung von Siegfried Heimann (= Schriftenreihe des Landesarchivs Berlin, Bd. 14), Berlin 2011, S. 90 f.

Elsner, Günter *CDU*

Geb. 17. März 1916 Stettin
Gest. 1. Juni 1992 Berlin

Abgeordnetenhaus von Berlin:
3. WP
6. WP (ab 3. Februar 1972, nachgerückt für Gerhard Kunz)
7. WP
8. WP
9. WP

Siehe Biografisches Handbuch der Berliner Stadtverordneten und Abgeordneten 1946–1963, im Auftrag des Präsidenten des Abgeordnetenhauses von Berlin bearbeitet von Werner Breunig und Andreas Herbst, mit einer Einleitung von Siegfried Heimann (= Schriftenreihe des Landesarchivs Berlin, Bd. 14), Berlin 2011, S. 91.

Emig, Gerhard *FDP*

Geb. 10. September 1926 Eisenach
Gest. 17. Juli 2004

Abgeordnetenhaus von Berlin:
7. WP (bis 12. Februar 1976, Verlust des Mandats durch Urteil des Wahlprüfungsgerichts vom 12. November 1975)

Gymnasium, 1947 Abitur, Studium der Rechtswissenschaften, 1958 1. und 1962 2. juristische Staatsprüfung, Rechtsanwalt, Mitglied der FDP, ab 1963 Geschäftsführer der FDP-Fraktion im Abgeordnetenhaus von Berlin bzw. wissenschaftlicher Assistent der FDP-Bundestagsfraktion, 1974 bis 1970 Fraktionsgeschäftsführer der FDP im Abgeordnetenhaus in Berlin, 1966 bis 1970 Rechtsanwalt, 1970/71 und 1977 bis 1981 Senatsdirektor in der Senatswirtschaftsverwaltung, 1971 bis 1975 stellvertretender Vorsitzender des FDP-Landesverbands Berlin, anschließend Rechtsanwalt, August 1991 bis Januar 1993 kommissarischer Leiter der Mahn- und Gedenkstätte Sachsenhausen.

Endres, Egon *CDU*

Geb. 8. September 1902 Koblenz
Gest. 5. August 1983 Berlin

Abgeordnetenhaus von Berlin:
2. WP
3. WP
4. WP

Siehe Biografisches Handbuch der Berliner Stadtverordneten und Abgeordneten 1946–1963, im Auftrag des Präsidenten des Abgeordnetenhauses von Berlin bearbeitet von Werner Breunig und Andreas Herbst, mit einer Einleitung von Siegfried Heimann (= Schriftenreihe des Landesarchivs Berlin, Bd. 14), Berlin 2011, S. 91 f.

Engler, geb. Neumann, Brigitte *Bündnis 90/Grüne (AL)/UFV*

Geb. 4. März 1952 Berlin

Abgeordnetenhaus von Berlin:
12. WP

POS, Ausbildung zur Facharbeiterin für elektronische Datenverarbeitung, zweiter Bildungsweg, 1971 Abitur, Studium der Soziologie und Ökonomie an der Humboldt-Universität zu Berlin, 1977 Diplom-Soziologin, 1977 bis 1985 Soziologin an der Akademie der Wissenschaften, 1985 bis 1990 wissenschaftliche Mitarbeiterin im Konsumgütergroßhandel, 1990 Mitarbeiterin eines Abgeordneten von Bündnis 90/Grüne/UFV in der Volkskammer, Mai 1990 bis Januar 1991 Mitglied der Stadtbezirksversammlung Berlin-Prenzlauer Berg, sozialpolitische Sprecherin von Bündnis 90/Grüne im Abgeordnetenhaus von Berlin.

Engler, Eberhard *CDU*

Geb. 2. März 1941 Berlin

Abgeordnetenhaus von Berlin:
12. WP
13. WP

Oberschule, 1959 Abitur, 1959/60 landwirtschaftliches Praktikum, 1960 bis 1966 Studium der Veterinärmedizin an der Humboldt-Universität zu Berlin, 1966 Staatsexamen, 1967 tierärztliche Approbation und Promotion zum Dr. med. vet., 1987 Fachtierarzt für Labordiagnostik, 1966 bis 1969 wissenschaftlicher Assistent am Friedrich-Loeffler-Institut der Akademie der Landwirtschaftswissenschaften, Insel Riems, 1969 Obertierarzt, 1970 wissenschaftlicher Mitarbeiter am Zentralinstitut für Ernährung der Akademie der Wissenschaften (AdW) der DDR, 1971 bis 1989 wissenschaftlicher Oberassistent am Zentralinstitut für Herz-Kreislaufforschung der AdW, 1990 Abteilungsleiter für molekulare Pharmakologie und Pathologie am Institut für Herz-Kreislaufforschung, anschließend bis 1994 Forschungsgruppenleiter am Max-Delbrück-Centrum für molekulare Medizin in Berlin-Buch, ab 1995 Geschäftsführer Verbund Klinische Pharmakologie Berlin-Brandenburg, ab 1966 Mitglied der CDU, 1967 bis 1969 Vorsitzender des CDU-Ortsverbands Insel Riems, 1975 bis 1979 des CDU-Ortsverbands Berlin-Biesdorf, 1979 bis 1985 des Kreisverbands Berlin-Marzahn, 1988/89 Mitglied des CDU-Bezirksvorstands Ost-Berlin und ehrenamtlicher stellvertretender Vorsitzender, 1990 Vorsitzender des CDU-Landesverbands von Ost-Berlin und Mitglied des CDU-Parteipräsidiums, 1990/91 stellvertretender Landesvorsitzender der CDU Berlin, ab 1990 Vorsitzender des CDU-Ortsverbands Berlin-Biesdorf, 1976 bis 1991 Mitglied der Ost-Berliner Stadtverordnetenversammlung, 1990/91 stellvertretender Vorsteher.

Enkemann, geb. Przyborowski, Brunhild *AL*

Geb. 23. November 1935 Berlin

Abgeordnetenhaus von Berlin:
10. WP (ab 21. April 1987, nachgerückt durch Rotation für Annette Ahme)

Grund- und Realschule, Ausbildung zur medizinisch-technischen Assistentin, Besuch der Fachschule, 1969 Abitur (zweiter Bildungsweg), Studium der Kunstgeschichte, Geschichte und Soziologie, medizinisch-technische Assistentin am Klinikum Berlin-Charlottenburg der Freien Universität Berlin, Institut für Embryonalpharmakologie, ab 1981 Mitglied der AL.

Essen, Gerhard von *SPD*

Geb. 6. März 1932 Bednarken/Krs. Osterode
Gest. 12. Juni 2002 Luckenwalde

Abgeordnetenhaus von Berlin:
12. WP

Grundschule, Lehre als Stellmacher, 1949 Facharbeiterprüfung, 1950 bis 1954 Theologiestudium am Missionsseminar Unterweissbach/Krs. Backnang, Württemberg, 1961 bis

1975 Pfarrer der St.-Petri-Kirche in Luckenwalde, danach an der Offenbarungskirche in Berlin, ab Juni 1989 Pfarrer i. R., 1985 bis 1989 Mitglied der Evangelischen Kirchenleitung Berlin-Brandenburg, ab Januar 1990 Mitglied der SDP/SPD, Mai 1990 bis Januar 1991 Mitglied der Stadtverordnetenversammlung von Berlin.

Evers, Carl-Heinz *SPD*

Geb. 23. Januar 1923 Klein-Freden/Krs. Alfeld
Gest. 13. August 2010 Berlin

Abgeordnetenhaus von Berlin:
5. WP (bis 12. Juni 1970, Nachrückerin: Hildegart Döring)

Sohn eines Reichsbahningenieurs, Realgymnasium in Holzminden, 1940 Abitur, 1940 Mitglied der NSDAP, anschließend Arbeitsdienst und Wehrmacht (Kriegsmarine), sowjetische Kriegsgefangenschaft, 1944 zunächst in Danzig, dann von 1946 bis 1950 Studium der Mathematik, Physik, Philosophie und Pädagogik an der Universität Halle/Saale, ab November 1945 Mitglied der SPD, 1947 bis 1949 der CDU in der SBZ/DDR, 1950 Flucht nach West-Berlin, Mitglied der SPD, Fortsetzung des Studiums an der Freien Universität Berlin, bis 1952 erster Geschäftsführer des Amtes für gesamtdeutsche Studentenfragen beim Verband Deutscher Studentenschaften, 1. und 2. Staatsexamen, Lehrer in Berlin-Tempelhof, 1957 bis 1959 Bezirksschulrat in Berlin-Tempelhof, 1959 bis 1963 Landesschulrat (Leiter der Schulabteilung in der Senatsverwaltung für Volksbildung), 1963 bis 1970 Senator für Schulwesen, 1970 bis 1974 Mitglied des SPD-Parteivorstands, 1993 Austritt aus der SPD, 1972 bis 1974 Vorsitzender der Gemeinnützigen Gesellschaft Gesamtschule, 1973 Ernennung zum Honorarprofessor an der Technischen Universität Berlin, 1986 bis 1988 Präsident der Internationalen Liga für Menschenrechte in Berlin.

Ewald, Hein-Detlef *CDU*

Geb. 30. September 1944 Berlin

Abgeordnetenhaus von Berlin:
12. WP
13. WP

Realschule, Lehre als Speditionskaufmann, 1963 Kaufmannsgehilfenprüfung, höhere Wirtschaftsschule, ab 1967 Geschäftsführer der Kurt Ewald Spedition Berlin (Kurt Ewald & Co. GmbH KG, Ferntransporte und Spedition), ab 1969 Geschäftsführer der Papendieck Spedition GmbH und Co. Berlin, ab 1979 Geschäftsführer bzw. geschäftsführender Gesellschafter der Truck Vertrieb und Service GmbH Berlin, ab 1980 Mitglied der CDU, ab 1984 Kreisschatzmeister der CDU Berlin-Spandau.

Ewers, Uwe *CDU*

Geb. 24. März 1944 Bad Landeck (heute Ladek-Zdrój/Polen)
Gest. 3. Juli 2007 Berlin

Abgeordnetenhaus von Berlin:
7. WP
8. WP
9. WP
10. WP
11. WP (bis 9. November 1989, Nachrücker: Hubert Vogt)

Realschule, 1962 Prüfung für mittleren, 1972 für den gehobenen Postdienst, 1975 Postoberinspektor, ab 1984 Postamtmann bei der Bundespost, ab 1967 Mitglied der CDU, Ortsverbandsvorsitzender in Berlin-Hermsdorf und stellvertretender Kreisvorsitzender in Berlin-Reinickendorf, 2007 Ehrenvorsitzender, 1971 bis 1975 Bezirksverordneter in Berlin-Reinickendorf, 1989 bis 2006 Bezirksstadtrat Finanzen, Personal, Wirtschaft, Kultur, Schule in Berlin-Reinickendorf.

Exner, Kurt *SPD*

Geb. 15. Mai 1901 Berlin
Gest. 12. November 1996 Berlin

Abgeordnetenhaus von Berlin:
1. WP (bis 20. März 1951, Nachrücker: Arthur Sadina)
2. WP (bis 24. Februar 1955, Kurt Barthel)
3. WP (bis 21. Januar 1959, Georg Meyer)
4. WP
5. WP

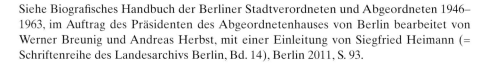

Siehe Biografisches Handbuch der Berliner Stadtverordneten und Abgeordneten 1946–1963, im Auftrag des Präsidenten des Abgeordnetenhauses von Berlin bearbeitet von Werner Breunig und Andreas Herbst, mit einer Einleitung von Siegfried Heimann (= Schriftenreihe des Landesarchivs Berlin, Bd. 14), Berlin 2011, S. 93.

Faber, Horst *CDU*

Geb. 29. April 1941 Berlin

Abgeordnetenhaus von Berlin:
12. WP
13. WP (ab 25. März 1998, nachgerückt für Helga Delau)
14. WP

Realschule, kaufmännische Ausbildung, ab 1960 Kaufmann im Großhandel, geschäftsführender Gesellschafter der Faber GmbH und der Nordpunkt GmbH, Handelsrichter beim Landgericht, ab 1974 Mitglied der CDU, 1975 bis 1980 Ortsvorstandsmitglied der CDU in Berlin-Heiligensee, Kreisvorsitzender der Wirtschafts- und Mittelstandsvereinigung der CDU in Berlin-Wedding, ab 1989 Landesvorsitzender der Wirtschafts- und Mittelstandsvereinigung der Berliner CDU, später Ehrenvorsitzender, 1979 bis 1981 Bezirksverordneter in Berlin-Reinickendorf.

Fabig, Wolfgang *FDP*

Geb. 13. Oktober 1934 Obrawalde/Neumark
Gest. 13. März 2008 Berlin

Abgeordnetenhaus von Berlin:
9. WP
10. WP

Gymnasium, 1954 Abitur, 1954 bis 1960 Studium der Publizistik, Germanistik, Theaterwissenschaft und Soziologie an der Freien Universität Berlin und Universität München, anschließend Redaktionsvolontär, 1961 bis 1963 Redakteur bei den Zeitungen „Telegraf" und „nacht-depesche", 1963 bis 1969 Kulturreferent und Pressemitarbeiter der Vereinigung Freiheitlicher Juristen, freier Mitarbeiter bei Rundfunk und Presse, ab 1969 Referent beim Gesamtdeutschen Institut – Bundesanstalt für gesamtdeutsche Aufgaben, ab 1974 Mitglied der FDP, 1976 bis 1978 Vorsitzender des FDP-Ortsverbands Steglitz Nord, 1975 bis 1979 Bürgerdeputierter in Steglitz, ab 1977 Vorsitzender des Arbeitskreises Deutschland- und Außenpolitik des FDP-Landesverbands Berlin, stellvertretender Vorsitzender der FDP-Fraktion im Abgeordnetenhaus von Berlin.

Fechner, geb. Seling, Gisela *SPD*

Geb. 5. November 1926 Gelsenkirchen
Gest. 10. April 2016 Bad Gandersheim

Abgeordnetenhaus von Berlin:
6. WP (ab 28. April 1971, nachgerückt für Gerhard Heimann)
7. WP
8. WP
9. WP

Volksschule, 1941 bis 1943 Handelslehranstalt (Berufsfachschule), 1943 bis 1945 Sekretärin in einem Luftfahrtgerätewerk, ab 1945 Mitglied der SPD, 1945 bis1947 Angestellte im Bezirksamt Berlin-Spandau, 1947 bis 1950 Sekretärin bei der britischen Militärregierung, Amt für das Vermögen der NSDAP und ihrer Mitglieder, 1951 bis 1955 Sekretärin in der Treuhandstelle für Interzonenhandel, 1955 bis 1964 nicht berufstätig, 1957 bis 1963 ehrenamtliche Verwaltungsrichterin, 1964 bis 1971 Rechtsanwaltssekretärin, 1963 bis 1967 Bürgerdeputierte in der Schuldeputation des Bezirks Berlin-Spandau, 1967 bis 1971 Bezirksverordnete in Berlin-Spandau, 1985 Verleihung des Bundesverdienstkreuzes I. Klasse.

Fechner, Helmut *SPD*

Geb. 24. Februar 1935 Berlin

Abgeordnetenhaus von Berlin:
12. WP

Grundschule, 1950 bis 1953 Lehre als Büromaschinenmechaniker, Facharbeiterabschluss, 1953 bis 1968 Büromaschinenmechaniker, 1968 bis 1970 Fachgebietsleiter, 1970 bis 1973 Fachtechnologe für Büromaschinen, 1969 bis 1973 Studium an der Ingenieurschule für Elektrotechnik und Maschinenbau, Ingenieurökonom für Elektrotechnik, 1974 bis 1983 Abteilungsleiter Kundendienst VEB Rechentechnik, 1983 bis 1990 Serviceleiter für Computertechnik, ab November 1989 Mitglied der SPD, Mai bis September 1990 Mitglied des SPD-Landesvorstands Berlin, bis 1999 Vorsitzender des SPD-Kreisverbands Berlin-Treptow, Januar 2002 Austritt aus der SPD, Mai 1990 bis Januar 1991 Mitglied der Stadtverordnetenversammlung von Berlin, 1991 bis 1995 parlamentarischer Geschäftsführer der SPD im Abgeordnetenhaus von Berlin, 1996 bis 1998 Tätigkeit für die Wirtschafts- und Ingenieurgesellschaft WIB.

Feige, Hildegard *CDU*

Geb. 11. März 1915 Berlin
Gest. 11. Juni 1992 Madrid

Abgeordnetenhaus von Berlin:
5. WP (ab 3. Dezember 1969, nachgerückt für Alfred Krause)

Volksschule und Gymnasium, kaufmännische Lehre und Arbeit als Buchhalterin bei der Motorschiffsreederei Oder GmbH Berlin-Westhafen, ab 1941 Hausfrau, ab 1945 Mitglied der CDU, 1967 bis 1969 Bezirksverordnete in Berlin-Wedding, ab 1988 wohnhaft in Spanien.

Feilcke, Jochen *CDU*

Geb. 19. August 1942 Hannover

Abgeordnetenhaus von Berlin:
7. WP
8. WP

9. WP (bis 28. April 1983, Nachrücker: Karl-Heinz Lesnau)

Gymnasium, 1963 Abitur, 1963 bis 1968 Studium der Politischen Wissenschaft und Volkswirtschaft an der Freien Universität Berlin, ab 1964 Mitglied der CDU, ab 1977 Vorsitzender des Kreisverbands Berlin-Schöneberg, 1968 bis 1971 freiberuflicher Dozent in der politischen Bildungsarbeit, 1972/73 Geschäftsführer des Demokratischen Klubs e. V., ab 1973 Verbandsreferent der Zentralvereinigung Berliner Arbeitgeberverbände, 1978 bis 1981 Geschäftsführer des Bildungswerks der Berliner Wirtschaft, dann Leiter der Abteilung Arbeitsmarkt und internationale Sozialpolitik der Zentralvereinigung Berliner Arbeitgeberverbände, 1971 bis 1975 Bezirksverordneter in Berlin-Schöneberg, 1983 bis 1998 Mitglied des Deutschen Bundestags (bis 1990 Berliner Vertreter), ab 1999 Vorsitzender der Deutsch-Israelischen Gesellschaft Berlin und Potsdam, zeitweise auch Vizepräsident der Deutsch-Israelischen Gesellschaft in der Bundesrepublik, Inhaber der Unternehmensberatung „Jochen Feilcke Kommunikation Wirtschaft & Politik".

Ferberg, Nils *SPD*

Geb. 10. Juni 1931 Narva/Estland

Abgeordnetenhaus von Berlin:
5. WP (bis 1. März 1969, Nachrücker: Heinz Frick)
9. WP
10. WP

Volks- und Oberschule, 1945/46 Landarbeiter, Gymnasium, 1953 Abitur, 1952/53 Studium der Wirtschaftswissenschaften an der Humboldt-Universität zu Berlin, anschließend Studium der Politologie, Volkswirtschaft und Geschichte an der Deutschen Hochschule für Politik und der Freien Universität Berlin, 1957 Diplom-Politologe, 1958/59 Besuch der London School of Economics, 1960 Promotion zum Dr. rer. pol. an der Universität Graz, 1961 Lehrer an der Heimvolkshochschule Hustedt/Niedersachsen, 1961 bis 1969 Direktor der Otto-Suhr-Volkshochschule in Berlin-Neukölln, ab 1953 Mitglied des Sozialistischen Deutschen Studentenbunds (SDS), 1955 SDS-Sekretär in Berlin, ab 1955 Mitglied der SPD, 1969 bis 1981 Stadtrat für Volksbildung in Berlin-Tempelhof, ab Oktober 1981 nebenamtlich Lehrbeauftragter an der Evangelischen Fachhochschule für Sozialarbeit.

Fichtner, Eckhard *SPD*

Geb. 8. April 1920 Berlin
Gest. 18. August 1999 Berlin

Abgeordnetenhaus von Berlin:
5. WP

Volksschule und Gymnasium, 1938 Abitur, 1938 Reichsarbeitsdienst, 1939 bis 1941 Wehrmacht, 1941 bis 1947 Kriegsgefangenschaft in Australien, ab 1947 Dienstanwärter beim Bezirksamt Berlin-Prenzlauer Berg, Besuch der Verwaltungsschule, 1950 politisch gemaßregelt (Entlassung), ab 1949 Mitglied der SPD, ab November 1951 Sekretär bei der Senatsverwaltung für Sozialwesen, 1954 Stadtinspektor, 1958 Oberinspektor, ab Juli 1961 Ernennung zum Stadtamtmann und Leiter des Bezirkseinwohneramts von Berlin-Schöneberg.

Fielitz, Joachim *SPD*

Geb. 21. September 1943 Zielenzig

Abgeordnetenhaus von Berlin:
6. WP (bis 25. Januar 1974, Nachrücker: Joachim Nauck)

Volks- und Oberschule, 1962 Abitur, 1962 bis 1967 Studium der Rechtswissenschaften an der Freien Universität Berlin, 1967 1. juristische Staatsprüfung, ab November 1967 Referendar, 1970 2. juristische Staatsprüfung, ab 1970 Rechtsanwalt, ab 1962 Mitglied der SPD, 1967 bis 1971 Bürgerdeputierter in Berlin-Reinickendorf.

Finger, Peter *AL*

Geb. 18. Dezember 1941 Kiel

Abgeordnetenhaus von Berlin:
9. WP (bis 15. August 1983, Nachrücker durch Rotation: Bernd Köppl)

Realschule, 1959 mittlere Reife, Banklehre, 1962 Bankgehilfenprüfung, 1979 Abitur (zweiter Bildungsweg), Studium der Politologie an der Freien Universität Berlin, 1981 erster Fraktionsvorsitzender der AL im Abgeordnetenhaus von Berlin, anschließend Mitarbeiter von zwei Berliner Bundestagsabgeordneten der AL, 1988 Mitbegründer der Antirassistischen Initiative, 1989 aus Protest gegen die rot-grüne Koalition in Berlin Ausstieg aus der Politik und Austritt aus der AL, später Buchhalter und langjähriges Vorstandsmitglied des Vereins Netzwerk Selbsthilfe e. V.

Fink, Ulf *CDU*

Geb. 6. Oktober 1942 Freiberg/Sachsen

Abgeordnetenhaus von Berlin:
10. WP
11. WP
12. WP (bis 3. Juni 1992, Nachrückerin: Almut Mommert)

Gymnasium, 1962 Abitur, Studium der Volkswirtschaftslehre an den Universitäten in Hamburg, Marburg und Bonn, 1966 Diplom-Volkswirt, 1967 bis 1969 wissenschaftlicher Mitarbeiter bzw. Hilfsreferent im Bundesministerium für Arbeit, 1970 bis 1973 wissenschaftlicher Mitarbeiter der CDU/CSU-Fraktion im Deutschen Bundestag, ab 1971 Mitglied der CDU, 1973 bis 1977 Leiter der Planungsgruppe für Gesellschaftspolitik im Ministerium für Soziales, Gesundheit und Sport des Landes Rheinland-Pfalz, 1977 bis 1979 Hauptabteilungsleiter Politik in der CDU-Bundesgeschäftsstelle, Mitglied des geschäftsführenden CDU-Bundesvorstands, 1979 bis 1981 Bundesgeschäftsführer der CDU, 1981 bis 1985 Senator für Gesundheit, Soziales und Familie, 1985 bis 1989 Senator für Gesundheit und Soziales, 1987 bis 1993 Vorsitzender der Christlich-Demokratischen Arbeitnehmerschaft, 1990 bis 1994 stellvertretender Bundesvorsitzender des DGB, 1991 bis 1993 Vorsitzender des CDU-Landesverbands Brandenburg, 1994 bis 2002 Mitglied des Deutschen Bundestags, ab 1997 Präsident des Kneipp-Bundes e. V. – Bundesverband für Gesundheit.

Finkelnburg, Klaus *CDU*

Geb. 7. Mai 1935 Bonn

Abgeordnetenhaus von Berlin:
10. WP
11. WP
12. WP (bis 26. März 1992, Nachrücker: Julius Wallot)

Gymnasium, 1955 Abitur, Studium der Rechts- und Staatswissenschaften an den Universitäten Bonn und Berlin, 1. und 2. juristische Staatsprüfung, Assistent von Prof. Dr. Karl August Bettermann am Institut für Staats- und Verwaltungsrecht der Freien Universität Berlin, dort 1963 Promotion zum Dr. jur., ab 1966 Rechtsanwalt, ab 1976 zusätzlich auch Notar, 1987 Fachanwalt für Verwaltungsrecht, Mitinhaber der Berliner Kanzlei Finkelnburg & Clemm, Anfang 1999 Fusion mit der internationalen Sozietät Feddersen Laule Scherzberg & Ohle Hansen Ewerwahn, 2000 Fusion mit der nordamerikanischen Anwaltssozietät White & Case LLP zur Kanzlei White & Case, Feddersen, ab 1971 Honorarprofessor für Staats- und Verwaltungsrecht am Fachbereich Rechtswissenschaft der Freien Universität Berlin, bis 2005 kontinuierlich Lehrtätigkeit, ab 1991 auch an der Humboldt-Universität zu Berlin, ab 1963 Mitglied der CDU, 1977 bis 1980 Präsident der Juristischen Gesellschaft zu Berlin, 1992 bis 2000 erster Präsident des Verfassungsgerichtshofs des Landes Berlin, 1999 bis 2005 Vorsitzender des Vereins für die Geschichte Berlins, 2008 Verleihung der Würde eines Stadtältesten von Berlin.

Fischbeck, Hans-Jürgen *Bündnis 90/Grüne (AL)/UFV*

Geb. 18. Dezember 1938 Ndolage/Bukoba District Tanganjika, heute Tansania

Abgeordnetenhaus von Berlin:
12. WP (bis 14. Januar 1992, Nachrücker: Wolfgang Wustlich)

Oberschule, 1956 Abitur, 1956 bis 1962 Studium der Physik an der Humboldt-Universität zu Berlin, 1962 bis 1991 Physiker und wissenschaftlicher Mitarbeiter am Zentralinstitut für Elektronenphysik in Berlin, ab 1977 Mitglied der Synode der Evangelischen Kirche Berlin-Brandenburg, Herbst 1989 Mitbegründer der Bürgerbewegung „Demokratie Jetzt" und Mitglied des Sprecherrats, ab 1992 Studienleiter an der Evangelischen Akademie in Mülheim an der Ruhr, ab 2002 Mitglied der Kommunität Grimnitz e. V. in Joachimsthal, Mai 1990 bis Januar 1991 Mitglied der Stadtverordnetenversammlung von Berlin.

Fischer, geb. Bachurow, Heidemarie *SPD*

Geb. 19. Oktober 1944 Berlin

Abgeordnetenhaus von Berlin:
10. WP (ab 3. Februar 1986, nachgerückt für Hans Nisblé)
13. WP
14. WP
15. WP

Gymnasium und höhere Handelsschule, Inspektorenausbildung bei der Bundesversicherungsanstalt für Angestellte (BfA), bis 1974 Sachbearbeiterin bei der BfA, 1974 bis 1981 Angestellte beim Bundesinstitut für Berufsbildung, ab 1975 Mitglied der SPD, 1977 bis 1979 Abteilungsvorsitzende der Jungsozialisten, verschiedene Funktionen auf Abteilungs- und Kreisebene, stellvertretende Abteilungsvorsitzende, Landesparteitags- und Kreisdelegierte, stellvertretende Vorsitzende der SPD-Arbeitsgemeinschaft 60 plus, seit 2007 Vorsitzende der Landesseniorenvertretung, 1992 bis 1995 Bezirksverordnete in Berlin-Wedding.

Fleischhauer, Irene *SPD*

Geb. 15. November 1913 Berlin
Gest. 17. März 1993 Berlin

Abgeordnetenhaus von Berlin:
3. WP (ab 13. Oktober 1960, nachgerückt für Theo Thiele)
4. WP

Siehe Biografisches Handbuch der Berliner Stadtverordneten und Abgeordneten 1946–1963, im Auftrag des Präsidenten des Abgeordnetenhauses von Berlin bearbeitet von Werner Breunig und Andreas Herbst, mit einer Einleitung von Siegfried Heimann (= Schriftenreihe des Landesarchivs Berlin, Bd. 14), Berlin 2011, S. 96.

Fleischmann, Paul *SPD*

Geb. 23. September 1889 Freiburg/Schlesien
Gest. 7. Juni 1965 Berlin

Abgeordnetenhaus von Berlin:
3. WP
4. WP (bis 7. Juni 1965, Nachrücker: Gerhard Schwarz)

Siehe Biografisches Handbuch der Berliner Stadtverordneten und Abgeordneten 1946–1963, im Auftrag des Präsidenten des Abgeordnetenhauses von Berlin bearbeitet von Werner Breunig und Andreas Herbst, mit einer Einleitung von Siegfried Heimann (= Schriftenreihe des Landesarchivs Berlin, Bd. 14), Berlin 2011, S. 96.

Flemming, Bert *SPD*

Geb. 18. März 1944 Lutherstadt Wittenberg

Abgeordnetenhaus von Berlin:
12. WP
13. WP
15. WP

Oberschule, 1962 Abitur, Lehre als Augenoptiker, 1964 Gesellenprüfung, 1965 bis 1971 Studium der Humanmedizin an der Humboldt-Universität zu Berlin, 1971 Approbation, ab 1971 am Physiologischen Institut der Charité Berlin, 1972 Promotion zum Dr. med., 1976 Facharzt für Pathophysiologie, ab 1990 Oberarzt am Physiologischen Institut der Charité Berlin, ab 2006 Institut für Vegetative Physiologie, Charité, Universitätsmedizin Berlin, 1990 bis 1995 Mitglied des Akademischen Senats der Humboldt-Universität zu Berlin, ab 1990 Mitglied der SPD, Mai 1990 bis Januar 1991 Mitglied der Stadtverordnetenversammlung von Berlin, hochschulpolitischer bzw. gesundheitspolitischer Sprecher der SPD-Fraktion im Abgeordnetenhaus von Berlin.

Fluhr, geb. Heller, Christa *CDU/SPD*

Geb. 14. Dezember 1942 Braunschweig

Abgeordnetenhaus von Berlin:
8. WP
11. WP

Grundschule und Lyzeum, 1958 Abbruch des Schulbesuchs wegen Auswanderung nach Brasilien, kaufmännische Lehre, 1983 Erwerb der allgemeinen Hochschulreife, bis 1971 Chefsekretärin in der freien Wirtschaft, bis 1982 Angestellte im öffentlichen Dienst, ab 1982 Pressereferentin beim Verband der gemeinnützigen Wohnungsunternehmen, 1972 bis 1984 Mitglied der CDU, ab 1984 Mitglied der SPD, 1975 bis 1979 und 1988/89 Bezirksverordnete in Berlin-Reinickendorf, später Sprecherin des Verbandes Berlin-Brandenburgischer Wohnungsunternehmen (BBU).

Förster, Kurt *SPD*

Geb. 21. Oktober 1913 Berlin
Gest. 18. Oktober 2000 Berlin

Abgeordnetenhaus von Berlin:
5. WP

Volks- und Berufsfachschule, Lehre und Arbeit als Zimmerer, 1930 Mitglied der SAJ, der SPD und des Reichsbanners Schwarz-Rot-Gold, 1939 bis 1945 Wehrmacht, 1945 bis 1965 wieder als Zimmerer tätig, ab 1965 Baukontrolleur beim Bauaufsichtsamt Berlin-Kreuzberg, ab 1945 erneut Mitglied der SPD, 1948 bis 1967 Bezirksverordneter in Berlin-Tiergarten.

Franke, Klaus *CDU*

Geb. 11. April 1923 Berlin

Abgeordnetenhaus von Berlin:
4. WP (ab 19. März 1964, nachgerückt für Wilhelm Wosenitz)
5. WP
6. WP

7. WP
8. WP
9. WP
10. WP
11. WP
12. WP
13. WP

Volksschule und Realgymnasium in Berlin-Lichterfelde, 1941 Abitur, bis Mai 1945 Wehrmacht (Kriegsmarine, Leutnant zur See, U-Boot-Wachoffizier), 1945 britische Kriegsgefangenschaft, 1946 bis 1956 Angestellter bei verschiedenen amerikanischen und britischen Dienststellen in Berlin und Lüneburg, 1956 bis 1966 Hauptsachbearbeiter bei einer Dienststelle des Bundesministeriums des Innern im Notaufnahmelager in Berlin-Marienfelde, ab 1955 Mitglied der CDU, 1982 bis 1991 Vorsitzender des Kreisverbands Berlin-Steglitz, 1961 bis 1966 Mitarbeiter in der Protokollabteilung der Senatskanzlei des Landes Berlin bzw. im Bezirksamt Berlin-Steglitz, 1966 bis 1973 Angestellter der IHK zu Berlin bzw. stellvertretender Geschäftsführer der Berliner Absatz-Organisation, 1973 bis 1979 Geschäftsführer der Mercuria Handelsvertretungs-GmbH, 1979 bis 1983 Vorstandsmitglied der Deutschen Gesellschaft zur Förderung des Wohnungsbaus (DEGEWO), 1983 bis 1986 Senator für Bau- und Wohnungswesen, 1958 bis 1964 Bezirksverordneter in Berlin-Steglitz, ab 1960 stellvertretender Vorsitzender der CDU-Fraktion, 1981 bis 1983 Vizepräsident des Abgeordnetenhauses von Berlin, 1991 bis 1999 Vorsitzender des Hauptausschusses des Abgeordnetenhauses.

Franz, Rudolf *CDU*

Geb. 23. August 1934 Berlin
Gest. 6. Oktober 1998 Berlin

Abgeordnetenhaus von Berlin:
10. WP
11. WP
12. WP
13. WP (bis 31. Januar 1998, Nachrücker: Rainer Welz)

Gymnasium, 1953 Abitur in Ost-Berlin, 1954 Abitur in West-Berlin, 1954 bis 1960 Studium der Medizin an der Freien Universität Berlin, 1960 Promotion zum Dr. med., 1960 bis 1962 Medizinalassistent in verschiedenen Krankenhäusern, 1962 Approbation als Arzt, bis 1968 Facharztausbildung, 1968 bis 1993 Niederlassung als Facharzt für Innere Krankheiten in Berlin-Mariendorf, ab 1972 Mitglied der CDU, 1979 bis 1985 Bezirksverordneter in Berlin-Tempelhof, gesundheitspolitischer Sprecher der CDU-Fraktion im Abgeordnetenhaus von Berlin, Mitgründer der Bürgerinitiative „Dresdner Bahn".

Freudenthal, Klaus *AL*

Geb. 22. Juni 1940 Berlin

Abgeordnetenhaus von Berlin:
9. WP (ab 15. Juni 1983, nachgerückt durch Rotation für Michael Wendt)

Grundschule und Gymnasium, 1960 Abitur, Studium der Mathematik, Physik und Soziologie an der Freien Universität Berlin und der Universität Heidelberg, 1969 Examen als Diplom-Mathematiker, April/Mai 1970 Tätigkeit im Planungsstab des Präsidenten der Universität Hamburg, 1970/71 wissenschaftlicher Mitarbeiter am Institut für Soziologie der Technischen Universität Berlin, 1971 bis 1983 wissenschaftlicher Mitarbeiter am Klinikum Charlottenburg, Abteilung für klinische Psychiatrie, der Freien Universität Berlin.

Freundl, geb. Bluhm, Carola *PDS/Die Linke*

Geb. 16. November 1962 Berlin

Abgeordnetenhaus von Berlin:
12. WP
13. WP
14. WP
15. WP
16. WP
17. WP (bis 31. Dezember 2009, Nachrückerin: Kadriye Karci)
18. WP

POS und EOS, 1982 Abitur und Facharbeiterin für Obstproduktion (Gärtnerin), 1982 bis 1987 Studium der Soziologie an der Humboldt-Universität zu Berlin, Diplom-Soziologin, 1987 bis 1991 wissenschaftliche Assistentin an der Hochschule für Ökonomie Berlin-Karlshorst, ab 1982 Mitglied der SED, ab 1990 der PDS, ab 2007 der Partei „Die Linke", Mai 1990 bis Januar 1991 Mitglied der Stadtverordnetenversammlung von Berlin, 1995 bis 2001 eine der gleichberechtigten Fraktionsvorsitzenden im Abgeordnetenhaus von Berlin, anschließend stellvertretende Fraktionsvorsitzende, 2006 bis 2009 Fraktionsvorsitzende, 2009 bis 2011 Senatorin für Integration, Arbeit und Soziales.

Frick, Heinz *SPD*

Geb. 5. Oktober 1919 Berlin
Gest. 19. Januar 2010 Berlin

Abgeordnetenhaus von Berlin:
5. WP (ab 4. März 1969, nachgerückt für Nils Ferberg)

Volks- und Oberrealschule, Lehre als technischer Zeichner, Abendgymnasium, Abitur, 1939 bis 1946 Wehrmacht und Kriegsgefangenschaft, Dolmetscherausbildung, ab 1946 Mitglied der SPD, 1953 staatliche Anerkennung als Sozialarbeiter, ab 1952 Jugendpfleger, seit 1962 Bezirksjugendpfleger im Bezirksamt Berlin-Schöneberg, 1952 bis 1958 Bezirksverordneter in Berlin-Kreuzberg.

Friedl, Christa *SPD*

Geb. 14. Dezember 1935 Berlin

Abgeordnetenhaus von Berlin:
11. WP
12. WP
13. WP

Realschule, 1951 bis 1953 Viktoria-Fachschule, Berufsfachschule für Damenschneiderei, Schneiderlehre, 1954 Gesellenprüfung, 1954 bis 1960 Modezeichnerin in der Modellkonfektion, ab 1961 Hausfrau, ab 1971 Mitglied der SPD, 1975 bis 1978 Vorsitzende der Arbeitsgemeinschaft Sozialdemokratischer Frauen in Berlin-Zehlendorf, 1978 bis 1982 Abteilungsvorsitzende, 1979 bis 1989 Bezirksverordnete in Berlin-Zehlendorf, 1981 bis 1989 stellvertretende Bezirksverordnetenvorsteherin.

Friese, Victor *SPD*

Geb. 16. Februar 1937 Berlin

Abgeordnetenhaus von Berlin:
5. WP (ab 9. Februar 1971, nachgerückt für Hans-Joachim Kenneweg)

Volksschule und Gymnasium, 1956 Abitur, 1956 bis 1960 Studium der Rechtswissenschaften an der Freien Universität Berlin, 1960 Referendarexamen, 1964 Assessorexamen, 1965 Ernennung zum Regierungsassessor, 1970 Magistratsdirektor, zuletzt Leiter des Rechtsamts in Berlin-Tiergarten, ab 1963 Mitglied der SPD, 1967 bis 1971 Bezirksverordneter in Berlin-Schöneberg.

Fröhner, Hans-Jochen *SPD*

Geb. 11. November 1935 Berlin
Gest. 28. Mai 2016

Abgeordnetenhaus von Berlin:
5. WP
6. WP
7. WP
8. WP
9. WP (ab 4. Oktober 1984, nachgerückt für Reinhold Amonat)

Volks- und Mittelschule, Wirtschaftsschule, kaufmännische Lehre in der Filmtheaterbranche, bis 1960 Filmtheaterleiter, ab 1960 kaufmännischer Angestellter bei der BEWAG, ab 1961 Mitglied der SPD, Vorstandsmitglied der Berliner Jungsozialisten, 1968 bis 1975 Vorsitzender des SPD-Kreisverbands in Berlin-Tempelhof, Präsident des Landesverbands Berlin der DLRG.

Frohnert, Inge *SPD*

Geb. 23. März 1924 Domnau/Krs. Friedland
Gest. 21. Januar 2013 Berlin

Abgeordnetenhaus von Berlin:
9. WP
10. WP
11. WP

Grund- und Realschule, 1940 mittlere Reife, höhere Handelsschule, Abschluss 1942, 1946 Eintritt in den öffentlichen Dienst als Verwaltungsangestellte, 1955 Übernahme in das Beamtenverhältnis, Besuch der Verwaltungsschule und Verwaltungsakademie, 1960 Diplom-Kameralist, Senatsrätin beim Senator für Finanzen, ab 1967 Mitglied der SPD, Mitglied des SPD-Kreisvorstands Spandau und Mitglied des Landesvorstands der Arbeitsgemeinschaft für Arbeitnehmerfragen der SPD, bis 1983 stellvertretende Landesvorsitzende, 1976 bis 1981 Bezirksverordnete in Berlin-Spandau, Mitglied im Kuratorium des Lette-Vereins, stellvertretendes Mitglied im Beirat beim Bundesausgleichsamt, bis 2002 Vorsitzende der SPD-Arbeitsgemeinschaft 60 plus, 2008 Verleihung der Würde einer Stadtältesten von Berlin.

Führer, Erich *SPD*

Geb. 20. September 1901 Berlin
Gest. 4. Dezember 1972 Berlin

Abgeordnetenhaus von Berlin:
4. WP

Volksschule, Lehre und Arbeit als Schriftsetzer, 1921 Mitglied im Verband der Buchdrucker, ab 1924 Mitglied der SPD, 1939 bis 1945 Wehrmacht, 1945 bis 1947 Kriegsgefangenschaft, 1947 bis 1953 zunächst Schriftsetzer, dann als Korrektor in Berliner Druckereien tätig, ab 1948 Mitglied der UGO und Wiedereintritt in die SPD, Bezirksvorsitzender der IG Druck und Papier, 1958 bis 1962 und 1967 bis 1971 Bezirksverordneter in Berlin-Wedding.

Führer, Reinhard *CDU*

Geb. 22. November 1945 Gaweinstal/Österreich

Abgeordnetenhaus von Berlin:
7. WP
8. WP
9. WP
10. WP
11. WP
12. WP
13. WP
14. WP

Gymnasium, 1960 bis 1963 Lehre als Mechaniker, Facharbeiterprüfung, 1963/64 Mechaniker, 1964 bis 1967 Aufbauschule, 1967 bis 1970 Techniker-Abendschule an der Ingenieur-Akademie Gauß, Abschluss als staatlich geprüfter Nachrichtentechniker, 1965 bis 1972 Gruppenleiter bzw. Kostenstellenleiter in der Elektroindustrie, 1973 Studium an der Akademie für angewandte Betriebswirtschaft, Abschluss als Technischer Betriebswirt, 1974 bis 1982 Technischer Betriebswirt in einem frei gemeinnützigen Krankenhaus, ab 1983 im Seniorenhaus an der Ullsteinstraße GmbH in Berlin-Tempelhof, ab 2001 dort Geschäftsführer, ab 1971 Mitglied der CDU, 1975 bis 1997 Ortsverbandsvorsitzender der CDU in Berlin-Buckow, 1997 bis 1999 Vorsitzender des Kreisverbands in Berlin-Neukölln, ab 2002 Vorsitzender des Volksbunds Deutsche Kriegsgräberfürsorge e. V. mit Sitz in Kassel, 1991 bis 1999 Vizepräsident, 1999 bis 2001 Präsident des Abgeordnetenhauses von Berlin.

Gabriel, Hellwart *CDU*

Geb. 1. Februar 1939 Glatz/Schlesien

Abgeordnetenhaus von Berlin:
7. WP (bis 30. Juni 1975, Nachrückerin: Armgard Rechenberg)

Gymnasium, 1959 Abitur, Studium der Politikwissenschaft an der Freien Universität Berlin, 1966 Diplom-Politikwissenschaftler, 1966 bis 1973 wissenschaftlicher Berater in der Lehrmittelbranche, 1974/75 Pressereferent beim Bezirksamt Berlin-Charlottenburg, 1975 bis 1979 Bezirksstadtrat für Jugend und Sport in Berlin-Spandau, 1976 bis 1980 und ab 1997 Vorsitzender des DRK-Kreisverbands Berlin-Spandau, 1980 bis 1995 Geschäftsführer des DRK-Kreisverbands, ab 1963 Mitglied der CDU, 1965 bis 1967 Kreisvorsitzender der Jungen Union Berlin-Spandau, 1969 bis 1971 Mitglied des CDU-Kreisvorstands Berlin-Spandau, 1971 bis 1973 Mitglied des CDU-Landesverbands Berlin, 1967 bis 1975 Bezirksverordneter in Berlin-Spandau, 1972 bis 1975 Vorsitzender der CDU-Fraktion in der Bezirksverordnetenversammlung.

Gadow, Peter *FDP*

Geb. 5. Februar 1937 in Berlin

Abgeordnetenhaus von Berlin:
12. WP

Grundschule, Werkzeugmacherlehre, 1955 Gesellenprüfung, Studium an der Staatlichen Ingenieurschule für Maschinenbau bzw. an der Humboldt-Universität zu Berlin, 1960 Ing. grad., 1970 Diplom-Physiker, 1972 Promotion zum Dr. rer. nat., wissenschaftlicher Mitarbeiter am Zentralinstitut für Elektronenphysik, 1990 Mitbegründer der FDP in der DDR, Mitglied des FDP-Landesvorstands in Ost-Berlin, ab 1990 Vorsitzender des FDP-Bezirksverbands Berlin-Prenzlauer Berg, 1991 bis 1995 stellvertretender Vorsitzender der FDP-Fraktion im Abgeordnetenhaus von Berlin, freiberuflicher Dozent an der Technischen Fachhochschule Wildau/Verwaltungs- und Wirtschafts-Akademie Wildau, Institut für Mittelstandsforschung.

Gardain, Hans-Joachim *SPD*

Geb. 12. Juli 1934 Berlin

Abgeordnetenhaus von Berlin:
11. WP
12. WP

Gymnasium, 1954 Abitur, Studium der Rechtswissenschaften an der Freien Universität Berlin, 1959 1. und 1962 2. juristische Staatsprüfung, 1964 Anwaltsassessor, ab November 1964 in der Berliner Verwaltung als Regierungsassessor tätig, 1967 Regierungsrat, 1969 Oberregierungsrat, 1970 Regierungsdirektor, ab 1965 Mitglied der SPD, 1985 bis 1992 Vorsitzender des SPD-Kreisverbands Berlin-Reinickendorf, 1971 bis 1989 Bezirksstadtrat für Bauwesen, 1981 bis 1989 zugleich stellvertretender Bezirksbürgermeister von Berlin-Reinickendorf, ab 1989 Rechtsanwalt.

Gaudszun, Thomas *SPD*

Geb. 15. März 1955 in Berlin

Abgeordnetenhaus von Berlin:
11. WP
13. WP

Gymnasium, 1973 Abitur, 1974 bis 1979 Studium an der Technischen Universität Berlin, 1972 bis 1982 wissenschaftlicher Mitarbeiter, 1979 Diplom-Chemiker, 1979 bis 1982 Angestellter bei der Deutschen Forschungsgemeinschaft, 1982 Promotion zum Dr. rer. nat.,1983 2. Staatsprüfung für das Lehramt, 1982/83 Studienreferendar, 1984 bis 1995 Studienrat am Oberstufenzentrum Drucktechnik, ab 1976 Mitglied der SPD, 1980 bis 1992 Abteilungsvorsitzender Tegel-Süd, ab 1980 Mitglied des Kreisvorstands, 1992 bis 1996 Kreisvorsitzender der SPD in Berlin-Reinickendorf, 1995 bis 1999 Vorsitzender des Ausschusses für Wirtschaft und Betriebe im Abgeordnetenhaus von Berlin, 1999 bis 2011 Bezirksstadtrat für Kultur, Umwelt und Wohnungswesen in Berlin-Reinickendorf.

Gaus, Günter *SPD*

Geb. 23. November 1929 Braunschweig
Gest. 14. Mai 2004 Hamburg

Abgeordnetenhaus von Berlin:
9. WP (vor Zusammentritt Mandatsverzicht,
Nachrücker: Horst-Achim Kern)

Volks- und Oberrealschule, 1949 Abitur, 1950 bis 1952 Studium der Geschichte und Germanistik in München, 1953 bis 1965 journalistische Tätigkeit bei verschiedenen Tages- und Wochenzeitungen sowie Mitarbeiter beim ZDF (Interview-Reihe „Zur Person"), 1965 bis 1969 Programmdirektor des Südwestfunks für Hörfunk und Fernsehen sowie stellvertretender Intendant, 1969 bis 1973 Chefredakteur des Wochenmagazins „Der Spiegel", Juni 1973 Ernennung zum Staatssekretär im Bundeskanzleramt, Juni 1974 bis Januar 1981 erster Leiter der Ständigen Vertretung der Bundesrepublik Deutschland bei der DDR, 1976 bis 2001 Mitglied der SPD, 23. Januar 1981 bis 11. Juni 1981 Senator für Wissenschaft und Forschung in Berlin, ab 1981 journalistische Tätigkeit für Printmedien und Fernsehen, u. a. ab 1990 Mitherausgeber der Wochenzeitung „Freitag" und der politisch-wissenschaftlichen Monatszeitschrift „Blätter für deutsche und internationale Politik" sowie freier Mitarbeiter für den Ostdeutschen Rundfunk Brandenburg.

Gebler, Günter *SPD*

Geb. 14. Dezember 1932 Berlin
Gest. 13. Mai 2009 Berlin

Abgeordnetenhaus von Berlin:
4. WP (ab 4. Juli 1963, nachgerückt für Hans Kettner)

Volksschule, Lehre als Fernmeldehandwerker, 1950 bis 1962 Fernmeldehandwerker, ab 1963 Beamter beim Fernmeldeamt 3 in Berlin, 1956 bis 1963 Personalrat und Funktionär der Deutschen Postgewerkschaft (DGB), 1958 bis 1963 Bezirksverordneter in Berlin-Schöneberg.

Gehrke, Willi *SPD*

Geb. 28. Januar 1908 [Berlin-]Rixdorf
Gest. 27. Februar 1987 Berlin

Abgeordnetenhaus von Berlin:
4. WP
5. WP

Volks- und Mittelschule in Neukölln, Lehre und Arbeit als Maurer, ab 1924 Mitglied der Gewerkschaft, ab 1926 der SPD, 1926 bis 1928 und 1937/38 Besuch der Abendabteilungen der Baugewerkschule Berlin bzw. der Höheren Technischen Lehranstalt der Stadt Berlin, ab 1937 Bautechniker, Bauingenieur und Statiker, Anfang der 60er-Jahre Betriebsratsvorsitzender und Mitglied des Aufsichtsrats der Gemeinnützigen Siedlungs- und Wohnungsbaugesellschaft Berlin mbH (GSW), 1948 bis 1958 Bezirksverordneter, 1959 bis 1963 Bürgerdeputierter in Berlin-Neukölln, 1948 bis 1963 Mitglied der Baudeputation in Berlin-Neukölln.

Gerl, Andreas *SPD*

Geb. 11. November 1943 Fürstenwalde

Abgeordnetenhaus von Berlin:
6. WP (ab 21. Mai 1973, nachgerückt für Werner Heubaum)
7. WP

8. WP
9. WP
10. WP
11. WP

Gymnasium, 1963 Abitur, Studium der Rechtswissenschaften an der Freien Universität Berlin, 1968 1. und 1972 2. juristisches Staatsexamen, Assessor, 1969 bis 1976 wissenschaftlicher Assistent am Fachbereich Rechtswissenschaften der Freien Universität Berlin, ab 1963 Mitglied der SPD, 1966 bis 1968 Vorsitzender der Jungsozialisten in Berlin-Schöneberg, 1975 Promotion zum Dr. jur., ab 1976 selbstständiger Rechtsanwalt in der Sozietät mit Rechtsanwalt Rainer Papenfuß, Januar bis Oktober 1986 Assistent der Geschäftsführung bei der SYSTEC Gesellschaft für Digital-Analog-Technik mbH, bis Oktober 1987 Geschäftsführer der HIT High Tech Electronics GmbH, 1995 bis 2010 Honorarkonsul der Republik Nicaragua.

Geschinsky, Helmut *SPD*

Geb. 9. Juli 1927 Berlin
Gest. 31. Juli 2009 Berlin

Abgeordnetenhaus von Berlin:
5. WP

Volks-, Real- und Handelsschule, 1945 bis 1956 Arbeit als kaufmännischer Angestellter und Journalist, 1950 bis 1956 Studium an der Deutschen Hochschule für Politik, 1956 bis 1967 Verwaltungsangestellter bei verschiedenen Senatsverwaltungen, ab 1962 Dozent an Berliner Volkshochschulen, ab 1965 Referent beim Jugendreferat des Informationszentrums Berlin (Betreuung von Besuchergruppen), ab 1956 Mitglied der SPD, 1965 bis 1967 Bezirksverordneter in Berlin-Charlottenburg.

Gethke, Frank *SPD*

Geb. 2. Januar 1937 Berlin

Abgeordnetenhaus von Berlin:
5. WP

Gymnasium, 1958 Abitur, Studium der Staats- und Rechtswissenschaften in Berlin und Bonn, Ostrechtsstudium am Osteuropa-Institut der Freien Universität Berlin, 1963/64 juristisches Staatsexamen, ab 1959 Mitglied der SPD, ab 1969 Kreisvorsitzender der SPD in Berlin-Reinickendorf, 1964 bis 1969 Referendar, bis 1967 Assistent der SPD-Fraktion im Abgeordnetenhaus von Berlin, ab 1970 Verwaltungsleiter und Prokurist der Deutschen Film- und Fernsehakademie Berlin.

Gewalt, Roland *CDU*

Geb. 2. April 1958 Berlin

Abgeordnetenhaus von Berlin:
12. WP
13. WP
14. WP
15. WP (bis 31. Januar 2003, Nachrückerin: Katrin Schultze-Berndt)

Gymnasium, 1978 Abitur, Studium der Rechtswissenschaft an der Freien Universität Berlin, 1987 1. und 1990 2. juristisches Staatsexamen, Rechtsreferendariat im Kammergerichtsbezirk Berlin, Angestellter der Treuhandanstalt bzw. ab 1994 der Bundesanstalt für vereinigungsbedingte Sonderaufgaben, bis 1997 Leiter des Referats für Vermögensrecht, anschließend Leiter der Liegenschaftsabteilung einer Wohnungsbaugesellschaft, 2002 bis 2005 Mitglied des Deutschen Bundestags, 2005 Direktkandidat im Wahlkreis Berlin-Lichtenberg, 2005 bis 2009 Mitglied des Europäischen Parlaments (nachgerückt für Ingo Schmitt), ab 1980 Mitglied der CDU, 1983 bis 1985 Kreisvorsitzender der Jungen Union in Berlin-Reinickendorf, 1983 bis 2007 Kreisschatzmeister des CDU-Kreisvorstands Berlin-Reinickendorf, ab 2000 Vorsitzender des CDU-Ortsverbands Berlin-Tegel, ab 2005 Landesschatzmeister der CDU Berlin, 1985 bis 1990 Bezirksverordneter in Berlin-Reinickendorf, 1995 bis 1998 stellvertretender Fraktionsvorsitzender der CDU, 1998 bis 2001 parlamentarischer Geschäftsführer der CDU-Fraktion im Abgeordnetenhaus von Berlin, 1992 bis 1998 ausländerpolitischer Sprecher bzw. 1998 bis 2002 innenpolitischer Sprecher der CDU-Fraktion im Abgeordnetenhaus von Berlin.

Gierich, Peter *CDU*

Geb. 27. April 1936 Berlin

Abgeordnetenhaus von Berlin:
7. WP
8. WP
9. WP
10. WP
11. WP
12. WP

Mittelschule, 1953 bis 1955 abgeschlossene Ausbildung an der Schule für künstlerische Schaufenstergestaltung Berlin, Volontär im Werbezentrum „Netzt" Berlin, 1955 bis 1957 Schaufenstergestalter, 1957 bis 1961 Leiter einer Dekorationsabteilung, 1961 bis 1970 selbstständiger Werbegestalter, 1970 bis 1974 kaufmännischer Angestellter im Großhandel, 1974 bis 1985 kaufmännischer Angestellter der Firmengruppe Deinhard & Co. KG a. A., ab März 1985 selbstständiger Handelsvertreter, ab 1967 Mitglied der CDU, ab 1968 stellvertretender Vorsitzender der Jungen Union in Berlin-Wedding, zeitweise stellvertretender Vorsitzender des Kreisverbands Berlin-Wedding bzw. Berlin-Mitte, Ehrenvorsitzender des CDU-Ortsverbands Berlin-Wedding, 1971 bis 1975 Bezirksverordneter in Berlin-Wedding.

Giersch, Fritz *CDU*

Geb. 11. April 1915 Berlin
Gest. 16. Februar 1981 Berlin

Abgeordnetenhaus von Berlin:
3. WP
4. WP

Siehe Biografisches Handbuch der Berliner Stadtverordneten und Abgeordneten 1946–1963, im Auftrag des Präsidenten des Abgeordnetenhauses von Berlin bearbeitet von Werner Breunig und Andreas Herbst, mit einer Einleitung von Siegfried Heimann (= Schriftenreihe des Landesarchivs Berlin, Bd. 14), Berlin 2011, S. 103.

Giese, Reiner *SPD*

Geb. 3. Dezember 1944 Schloß Wallwitz/Krs. Guben

Abgeordnetenhaus von Berlin:
7. WP

Grund- und Realschule, 1961 bis 1964 Verwaltungslehre beim Senator für Inneres, 1964 bis 1967 Vorbereitungsdienst für den gehobenen nichttechnischen Verwaltungsdienst, 1967 Laufbahnprüfung, Juni 1967 bis September 1968 Mitarbeiter in der Verwaltung des Abgeordnetenhauses von Berlin, Oktober 1968 bis Dezember 1969 Mitarbeiter beim Auswärtiges Amt, Bonn, ab Dezember 1969 erneut in der Verwaltung des Abgeordnetenhauses von Berlin beschäftigt, Oberamtsrat, 1973/74 Vorsitzender des Personalrats beim Abgeordnetenhaus von Berlin, ab 1964 Mitglied der SPD, Abteilungsvorsitzender in Berlin-Neukölln, Kreisschriftführer und Mitglied des SPD-Kreisvorstands Berlin-Neukölln.

Giesel, Rainer B. *CDU*

Geb. 11. August 1942 Potsdam

Abgeordnetenhaus von Berlin:
7. WP
8. WP (ab 20. Dezember 1979, nachgerückt für Richard von Weizsäcker)

9. WP
10. WP
11. WP
12. WP

Gymnasium, 1962 Abitur, Studium der Volkswirtschaft an der Freien Universität Berlin, Diplom-Volkswirt, ab 1963 freier Mitarbeiter verschiedener Einrichtungen der politischen Bildung, ab 1965 Mitglied der CDU, ab 1977 Ortsvereinsvorsitzender in Berlin-Neukölln, zuletzt stellvertretender Ortsverbandsvorsitzender der CDU Gropiusstadt, ab 1970 freiberuflicher Dozent, u. a. Unterrichtsleiter an der Verwaltungsschule und ab 1973 Lehrbeauftragter an der Fachhochschule für Verwaltung und Rechtspflege, 1975 bis 1984 Leiter der Hermann-Ehlers-Akademie Berlin und der Hermann-Ehlers-Stiftung für staatsbürgerliche Bildung und Begabtenförderung e. V. Kiel, 1977 bis 1983 Leiter der Verbindungsstelle Berlin der Konrad-Adenauer-Stiftung, 1986 bis 1990 Leiter des Büros Berlin des Deutschen Beamtenbunds, später Geschäftsführer der Informationsdrehscheibe ERDGASFAHRZEUGE, stellvertretender Vorsitzender des Bundesausschusses der Europa-Union und stellvertretender bzw. Landesvorsitzender der Europa-Union Berlin, zuletzt Ehrenvorsitzender der Europa-Union Berlin, Mitglied des Berliner Komitees für UNESCO-Arbeit.

Gießner, Erich *SPD*

Geb. 10. Mai 1909 Gera
Gest. 8. März 1995 Berlin

Abgeordnetenhaus von Berlin:
2. WP (ab 17. Februar 1955, nachgerückt für Georg Stücklen)
3. WP
4. WP
5. WP
6. WP

Siehe Biografisches Handbuch der Berliner Stadtverordneten und Abgeordneten 1946–1963, im Auftrag des Präsidenten des Abgeordnetenhauses von Berlin bearbeitet von Werner Breunig und Andreas Herbst, mit einer Einleitung von Siegfried Heimann (= Schriftenreihe des Landesarchivs Berlin, Bd. 14), Berlin 2011, S. 104.

Girnus, Wolfgang *PDS*

Geb. 4. Mai 1949 Berlin

Abgeordnetenhaus von Berlin:
12. WP
13. WP
14. WP

Oberschule, Berufsausbildung zum Maschinenbauer mit Abitur, Studium der Chemie und Mathematik an der Technischen Universität Dresden, 1971 Fachlehrer für Chemie und Mathematik, 1972 Diplom-Lehrer, 1972 bis 1991 wissenschaftlicher Mitarbeiter (Wissenschaftshistoriker) am Institut für Theorie, Geschichte und Organisation der Wissenschaft an der Akademie der Wissenschaften, 1982 Promotion zum Dr. phil., ab 1968 Mitglied der SED, 1990 bis 2011 der PDS/Die Linke, 1990 bis 1998 Sprecher der Arbeitsgemeinschaft Wissenschafts- und Hochschulpolitik beim Bundesvorstand der PDS, Mai 1990 bis Januar 1991 Mitglied der Stadtverordnetenversammlung von Berlin, ab Februar 2003 Leiter des Kollegiums Wissenschaft der Rosa-Luxemburg-Stiftung, ab 2005 Vorsitzender des Kuratoriums der Rosa-Luxemburg-Stiftung Brandenburg.

Glagow, Rudolf *SPD*

Geb. 12. Februar 1929 Berlin
Gest. 24. Dezember 2015 Berlin

Abgeordnetenhaus von Berlin:
6. WP
7. WP
9. WP (ab 4. September 1982, nachgerückt für Olaf Sund)

Gymnasium, 1949 Abitur, Lehre als Zimmermann, 1951 Gesellenprüfung, Bauleiter, Studium des Bauingenieurwesens und der Wirtschaftswissenschaften an der Technischen Universität Berlin, 1959 Diplom-Ingenieur, anschließend wissenschaftlicher Assistent an der Technischen Universität Berlin, 1967 Dozent an der Staatlichen Ingenieur-Akademie für Bauwesen Berlin, ab 1971 Professor an der Technischen Fachhochschule Berlin, ab 1963 Mitglied der SPD, 1967 bis 1971 Bezirksverordneter in Berlin-Tempelhof.

Gloatz, Dagmar *CDU*

Geb. 22. Oktober 1936 Berlin

Abgeordnetenhaus von Berlin:
12. WP (ab 30. März 1991, nachgerückt für Ingo Schmitt)
13. WP

Gymnasium, Fachhochschulstudium Grafik und Buchgewerbe, 1958 Staatsexamen als Diplom-Designerin, ab 1973 Mitglied der CDU, ab 1976 Mitglied des CDU-Kreisvorstands Berlin-Charlottenburg, stellvertretende Ortsverbandsvorsitzende, 1979 bis 1981 und 1985 bis 1991 Bezirksverordnete in Berlin-Charlottenburg.

Göllner, Artur *REP*

Geb. 2. Januar 1933 Berlin

Abgeordnetenhaus von Berlin:
11. WP

Volksschule, Lehre und Arbeit als Polsterer, 1952 Gesellenprüfung als Polsterer und Dekorateur, Angestellter, Mitglied der CDU, 1979 bis 1981 Bezirksverordneter, Mitglied der CDU-Fraktion in Berlin-Kreuzberg, ab 1987 Mitglied der Partei „Die Republikaner", 31. August 1989 Austritt aus Partei und Fraktion.

Götze, Alfried *SPD*

Geb. 29. Februar 1904 Berlin
Gest. 11. Mai 1985 Berlin

Abgeordnetenhaus von Berlin:
3. WP (ab 19. Februar 1959, nachgerückt für Erich Lück)
4. WP

Siehe Biografisches Handbuch der Berliner Stadtverordneten und Abgeordneten 1946–1963, im Auftrag des Präsidenten des Abgeordnetenhauses von Berlin bearbeitet von Werner Breunig und Andreas Herbst, mit einer Einleitung von Siegfried Heimann (= Schriftenreihe des Landesarchivs Berlin, Bd. 14), Berlin 2011, S. 104.

Goetze, Uwe *CDU*

Geb. 9. Januar 1961 Berlin

Abgeordnetenhaus von Berlin:
12. WP
13. WP
14. WP
15. WP
16. WP

1979 Abitur, Lehre als Bankkaufmann, 1982 bis 1984 Studium der Betriebswirtschaftslehre, 1982 Angestellter (Abteilungsleiter) bei der Bank für Handel und Industrie AG, 1984 bis 1990 Dozent in der politischen Bildungsarbeit beim IZB und diversen staatlichen und privaten Organisationen, 1993 bis 2004 zunächst Bereichsleiter, ab 1998 Vertriebsbeauftragter (beurlaubt) der Beratungs- und Service-Gesellschaft Umwelt mbH, ab 1977 Mitglied der CDU, 1987 bis 1994, 1995 bis 2002 sowie 2003 bis 2005 stellvertretender, 2005 bis 2011 Vorsitzender des CDU-Ortverbands Charlottenburg-Nord, 1985 bis 1990 Bezirksverordneter in Berlin-Charlottenburg und stellvertretender Fraktionsvorsitzender, 1993 bis 2006 umweltpolitischer Sprecher, 1999 bis 2011 parlamentarischer Geschäftsführer sowie von 2006 bis 2011 haushalts- und finanzpolitischer Sprecher der CDU-Fraktion im Abgeordnetenhaus von Berlin, Mitglied der Deutschen Parlamentarischen Gesellschaft, 1993 bis 2006 stellvertretender Vorsitzender des Stiftungsrats der „stiftung naturschutz berlin".

Goiny, Christian *CDU*

Geb. 28. April 1965 Berlin

Abgeordnetenhaus von Berlin:
12. WP (ab 3. Juli 1995, nachgerückt für Cerstin Richter-Kotowski)
16. WP
17. WP

Gymnasium, 1984 Abitur, Studium der Rechtswissenschaften an der Freien Universität Berlin, 1993 1. juristisches Staatsexamen, ab 1996 Referendariat im Kammergerichtsbezirk Berlin, ab 1999 Tätigkeit in einer Rechtsanwaltskanzlei, 2002 bis 2005 in der Geschäftsführung der bpi-GmbH, 2006 bis 2009 Geschäftsführer der Kommunal-Verlag GmbH, 1983 bis 1985 Vorsitzender der Schüler-Union in Berlin-Steglitz, ab 1983 Mitglied der CDU, 1985 bis 1991 Kreisvorsitzender der Jungen Union in Berlin-Steglitz, ab 2002 Vorsitzender des CDU-Ortsverbands Berlin-Lichterfclde, 1999 bis 2007 Mitglied im CDU-Landesvorstand Berlin. 1985 bis 1989 Bürgerdeputierter in der Bezirksverordnetenversammlung Steglitz (Volksbildungsausschuss), 1989 bis 2001 Bezirksverordneter in Steglitz und Steglitz-Zehlendorf (Unterbrechung Juli bis Nov. 1995), 1995 bis 2001 Vorsitzender der CDU-Fraktion in der Bezirksverordnetenversammlung Steglitz-Zehlendorf, 2005 bis 2006 wissenschaftlicher Referent der CDU-Fraktion im Abgeordnetenhaus von Berlin.

Goldberg, Werner *CDU*

Geb. 9. Februar 1919 Berlin
Gest. 28. September 2004 Berlin

Abgeordnetenhaus von Berlin:
3. WP
4. WP
5. WP
6. WP
7. WP

Siehe Biografisches Handbuch der Berliner Stadtverordneten und Abgeordneten 1946–1963, im Auftrag des Präsidenten des Abgeordnetenhauses von Berlin bearbeitet von

Werner Breunig und Andreas Herbst, mit einer Einleitung von Siegfried Heimann (= Schriftenreihe des Landesarchivs Berlin, Bd. 14), Berlin 2011, S. 104 f.

Gollnick, Jonny *SPD*

Geb. 26. Januar 1933 Berlin

Abgeordnetenhaus von Berlin:
6. WP
7. WP
8. WP (bis 31. Dezember 1979, Nachrückerin: Gerda Misch)

Gymnasium, Abitur, 1953 bis 1957 Studium der Rechts- und Staatswissenschaften an der Freien Universität Berlin, 1957 1. und 1962 2. juristische Staatsprüfung, Referendar bei Berliner Gerichten und bei verschiedenen Rechtsanwälten, 1962 Eintritt in die Berliner Verwaltung, ab März 1966 Mitglied der SPD, ab März 1969 Leiter des Rechtsamts des Bezirksamts Berlin-Neukölln, 1980 bis 1997 Arbeitsdirektor bzw. Personalvorstand bei der GASAG, April bis Dezember 1979 stellvertretender Vorsitzender der SPD-Fraktion im Abgeordnetenhaus von Berlin.

Gomann, Heinz *CDU*

Geb. 1. Juli 1920 Berlin

Abgeordnetenhaus von Berlin:
6. WP

Gymnasium, 1938 Mitglied der NSDAP, 1940 Abitur, 1940 bis 1945 Wehrmacht, Jagdflieger bei der Luftwaffe, ab November 1945 Studium der Rechtswissenschaften an den Universitäten Göttingen und Hamburg, anschließend Syndikus zweier Presseverlage in Hamburg, ab 1958 selbstständiger Kaufmann in der Reisebürobranche, ab 1968 Mitglied der CDU.

Goryanoff, Michael-Sergij *AL*

Geb. 18. Juli 1942 Hagen

Abgeordnetenhaus von Berlin:
10. WP (ab 21. April 1987, nachgerückt durch Rotation für
Reimund Helms, bis 11. Januar 1988, Nachrücker durch Rotation:
Volker Härtig)

Hauptschule, Ausbildung zum Dekorateur, 1959 Gehilfenprüfung, Besuch des Abendgymnasiums, 1973 Abitur, Studium der Stadt- und Regionalplanung an der Technischen Universität Berlin, 1978 Diplom-Ingenieur, 1977/78 Tätigkeit beim Umlandverband Frankfurt am Main, 1978 bis 1980 Stadtplaner bei der Beratungsgesellschaft für Stadterneuerung und Modernisierung, 1980 bis 1985 wissenschaftlicher Mitarbeiter an der Technischen Universität Berlin, 1986 Dozent an der École Nationale des Ponts et Chaussées, Paris, bis 1987 Angestellter beim Bezirksamt Berlin-Tiergarten, Abteilung Bauwesen, ab 1980 Mitglied der AL, 1981 bis 1983 Bezirksverordneter in Berlin-Kreuzberg.

Gottschalk, Karl *SPD*

Geb. 27. November 1928 Berlin
Gest. 30. September 1991 in Berlin

Abgeordnetenhaus von Berlin:
6. WP
7. WP

Volks- und Oberschule, 1948 Verwaltungslehre in der Berliner Verwaltung, Angestellter bzw. Beamter beim Bezirksamt Berlin-Tiergarten, ab 1960 Mitglied der SPD, Mitglied des SPD-Kreisvorstands Berlin-Tiergarten, fachliche Weiterbildung, ab 1971 Revisor (Oberamtsrat) der Abteilung Personal und Verwaltung des Bezirksamts Berlin-Tiergarten.

Grabert, Horst *SPD*

Geb. 12. Dezember 1927 Berlin
Gest. 10. Oktober 2012 Berlin

Abgeordnetenhaus von Berlin:
6. WP (bis 10. Januar 1973, Nachrückerin: Ursula Maletzke)

Oberschule, Abitur, ab 1946 Mitglied der SPD, 1946 bis 1952 Studium an der Technischen Universität Berlin, Diplom-Ingenieur, Regierungsbaureferendar in Berlin, 1955 Bauassessor-Examen, Baurat bzw. Oberbaurat, zuletzt Baudirektor in der Senatsverwaltung für Bau- und Wohnungswesen, 1952 bis 1963 Bürgerdeputierter und Bezirksverordneter in Berlin-Steglitz, 1958 bis 1963 Vorsitzender der SPD-Fraktion in der Bezirksverordnetenversammlung Berlin-Steglitz, 1962 bis 1967 Kreisvorsitzender der SPD in Berlin-Steglitz, 1965 bis 1967 Beisitzer im SPD-Landesverband Berlin, 1963 bis 1967 Senatsdirektor der Senatsverwaltung für Bau- und Wohnungswesen, ab Juni 1967 Chef der Senatskanzlei, ab Juni 1969 Senator für Bundesangelegenheiten, ab Dezember 1972 bis 1974 Staatssekretär und Chef des Bundeskanzleramts, 1974 bis 1979 Botschafter der Bundesrepublik Deutschland in Österreich, 1979 bis 1984 in Jugoslawien und 1984 bis 1987 in Irland.

Graf, Fritz *CDU*

Geb. 15. Januar 1900 Berlin
Gest. 12. März 1979 Berlin

Abgeordnetenhaus von Berlin:
4. WP

Volks- und Realschule, Lehre und Arbeit als Bankangestellter, ab April 1921 Beamter der Preußischen Staatsbank (Seehandlung), Studium an der Handelshochschule Berlin, ab Juni 1939 Angestellter im Reichsfinanzministerium, 1944 Wehrdienst, anschließend Kriegsgefangenschaft, März 1946 Rückkehr nach Berlin, Mitglied der CDU, Beschäftigung mit Finanzierungsfragen auf dem Gebiet der Wasserwirtschaft, Juni 1950 bis März 1962 Leiter der Berliner Vertretung des Bundesministeriums für den Marshallplan und der Folgeministerien, zuletzt des Bundesschatzministeriums, Oberregierungsrat, April bis Dezember 1962 Vorstandsmitglied der Berliner Volksbank (West) GmbH, Vorstandsmitglied des Graphischen und Gewerbe-Zentrums Berlin AG.

Gram, Andreas *CDU*

Geb. 5. April 1955 Berlin

Abgeordnetenhaus von Berlin:
12. WP
13. WP
14. WP
15. WP
16. WP
17. WP

Gymnasium, 1974 Abitur, 1974 bis 1979 Studium der Rechtswissenschaften an der Freien Universität Berlin, 1982 2. juristische Staatsprüfung, bis 1983 Fraktionsassistent der CDU-Fraktion im Abgeordnetenhaus von Berlin, ab 1983 Rechtsanwalt, ab 1993 auch als Notar tätig, ab 1972 Mitglied der CDU, 1972 bis 1974 stellvertretender Landesvorsitzender der Jungen Union Berlin, ab 1993 Vorsitzender des CDU-Ortsverbands Reinickendorf-West, ab 1996 stellvertretender Vorsitzender der CDU in Berlin-Reinickendorf, 2009 bis 2011 stellvertretender Vorsitzender der CDU-Fraktion im Abgeordnetenhaus von Berlin, 1995 bis 2001 Vorsitzender des Ausschusses für Verfassungsschutz, 2002 bis 2011 Vorsitzender des Ausschusses für Verfassungs- und Rechtsangelegenheiten, Immunität und Geschäftsordnung, ab Oktober 2011 Vizepräsident des Abgeordnetenhauses von Berlin.

Greiff, Nicola *CDU*

Geb. 6. Dezember 1926 Berlin
Gest. 18. Januar 2013 Berlin

Abgeordnetenhaus von Berlin:
7. WP
8. WP

Lyzeum, mittlere Reife, 1943 bis 1946 Schauspielschule, 1945 bis 1947 Tätigkeit beim NWDR in Hamburg, 1947 bis 1961 beim NWDR in Berlin und beim SFB, 1961 bis 1968 freie Tätigkeit für SFB, NDR, WDR und Radio Luxemburg, 1971/72 Geschäftsführerin in einer OHG, 1973 bis 1976 Geschäftsführerin (Handelsvertretungen), ab April 1976 freie Handelsvertreterin, ab Mai 1979 Pressereferentin der Senator-Hotel-Gruppe in Berlin, ab 1964 Mitglied der CDU, 1968 bis 1975 Bezirksverordnete in Berlin-Charlottenburg, Vorsitzende des Petitionsausschusses des Abgeordnetenhauses von Berlin.

Greiner, Gisela *CDU*

Geb. 30. Oktober 1949 Neuhaus

Abgeordnetenhaus von Berlin:
12. WP
13. WP
14. WP

POS, Lehre als Textilfachverkäuferin, 1968 Facharbeiterabschluss, Studium an der Fachschule für Binnenhandel, Betriebsführung, Ökonom, 1971 bis 1977 Mitarbeiterin im Vorstandsbereich Handel der Kreiskonsumgenossenschaft Neuhaus, 1978 Mitarbeiterin Fachdirektion Ökonomie, Gaststätten HO Ost-Berlin, 1979 bis 1990 Mitarbeiterin der Handwerkskammer in Ost-Berlin, Mitglied der Geschäftsleitung, ab Dezember 1990 Verwaltungsangestellte in der Handwerkskammer Berlin, Rechtsreferat, ab 1975 Mitglied der CDU, 1981 bis 1989 Mitglied des CDU-Bezirksvorstands Berlin, ab 1990 Mitglied des CDU-Kreisvorstands Berlin-Treptow, 1979 bis 1984 Mitglied der Stadtbezirksversammlung von Berlin-Treptow, Vertreterin der Handwerkskammer Berlin im Berliner Beirat für Familienfragen, 1991 bis 1995 parlamentarische Geschäftsführerin der CDU-Fraktion im Abgeordnetenhaus von Berlin.

Gresse, Franz *SPD*

Geb. 12. Juni 1895 Berlin
Gest. 21. März 1968 Berlin

Abgeordnetenhaus von Berlin:
2. WP (ab 14. Februar 1955, nachgerückt für Joachim Karnatz)
3. WP
4. WP

Siehe Biografisches Handbuch der Berliner Stadtverordneten und Abgeordneten 1946–1963, im Auftrag des Präsidenten des Abgeordnetenhauses von Berlin bearbeitet von Werner Breunig und Andreas Herbst, mit einer Einleitung von Siegfried Heimann (= Schriftenreihe des Landesarchivs Berlin, Bd. 14), Berlin 2011, S. 107.

Greve, Karen *SPD*

Geb. 30. März 1942 Berlin
Gest. 27. April 2014 in Berlin

Abgeordnetenhaus von Berlin:
11. WP

Gymnasium (10. Klasse), Besuch der staatlich anerkannten Schule für Krankengymnastik Dr. Labinus in Kiel, Abschluss als Diplom-Krankengymnastin, ab 1973 Mitglied der SPD, zeitweise Vorsitzende der 12. Abteilung der SPD in Berlin-Schöneberg/Friedenau, 1979 bis 1989 Bezirksverordnete in Berlin-Schöneberg, 1985 bis 1989 stellvertretende Fraktionsvorsitzende, Inhaberin einer physiotherapeutischen Praxis in Berlin-Friedenau, Vorsitzende von Early Music Society Berlin e. V. (Gesellschaft zur Förderung der Alten Musik).

Gribach, Joachim *SPD*

Geb. 3. Mai 1930 Berlin

Abgeordnetenhaus von Berlin:
6. WP (ab 6. Mai 1971, nachgerückt für Dieter Schwäbl,
bis 2. Januar 1975, Nachrücker: Helmut Mickley)
7. WP
8. WP

Gymnasium, Abitur, 1951 Eintritt in die Berliner Verwaltung, Studium an der Berliner Verwaltungsakademie mit den Prüfungen als Diplom-Kameralist und als Verwaltungsassessor, Angestellter bzw. Beamter in der Senatskanzlei, beim Senator für Inneres, beim Senator für Bau- und Wohnungswesen, ab Februar 1962 Leiter des Haushaltsamts beim

Bezirksamt Berlin-Neukölln, ab 1948 Mitglied der SPD, 1963 bis 1971 Bezirksverordneter in Berlin-Zehlendorf, 1966 bis 1971 stellvertretender Fraktionsvorsitzender, Vorstandsmitglied im Deutschen Zentralinstitut für soziale Fragen, 1995 bis 2003 Kreisvorsitzender der AWO in Berlin-Zehlendorf und anschließend bis 2007 Vorsitzender der AWO Südwest.

Grieger, Harald *CDU*

Geb. 19. März 1945 Berlin
Gest. 17. Oktober 2012 Polen

Abgeordnetenhaus von Berlin:
10. WP (ab 5. September 1985, nachgerückt für Gerhard Lawrentz)
12. WP
13. WP

Realschule, 1963 Grundausbildung Polizeibeamter und Beamter auf Widerruf, 1964 Beamter auf Probe, 1968 Oberwachtmeister, Ausbildung an der Polizeischule „Joachim Lipschitz", 1969 Hauptwachtmeister, 1971 Polizeimeister, 1972 Beamter auf Lebenszeit, 1975 Obermeister, 1985 Hauptmeister, ab 1968 Mitglied der CDU, Vorsitzender des CDU-Ortsverbands Taunus, Mitglied des CDU-Kreisvorstands Berlin-Schöneberg, 1971 bis 1975 Bezirksverordneter in Berlin-Schöneberg.

Grotzke, geb. Polzin, Gisela *SPD*

Geb. 24. Februar 1948 Barkelsby/Krs. Eckernförde

Abgeordnetenhaus von Berlin:
10. WP
11. WP
12. WP

Haupt- und Handelsschule, 1966 bis 1985 Angestellte bei einer Zeitungs-, Verlags- und Buchdruckerei, Sekretärin und Betriebsrätin beim „Volksblatt Berlin", ab 1970 Mitglied der SPD, 1979 bis 1988 Vorsitzende, ab 1988 stellvertretende Vorsitzende der Abteilung Neustadt in Berlin-Spandau, 1981 bis 1985 Bezirksverordnete in Berlin-Spandau, 1983 bis 1985 stellvertretende Fraktionsvorsitzende.

Grützke, Gerhard *SPD*

Geb. 5. Juni 1908 Berlin
Gest. 30. Juli 1981 Berlin

Abgeordnetenhaus von Berlin:
3. WP (ab 26. Januar 1959, nachgerückt für Joachim Karnatz)
4. WP

Siehe Biografisches Handbuch der Berliner Stadtverordneten und Abgeordneten 1946–1963, im Auftrag des Präsidenten des Abgeordnetenhauses von Berlin bearbeitet von Werner Breunig und Andreas Herbst, mit einer Einleitung von Siegfried Heimann (= Schriftenreihe des Landesarchivs Berlin, Bd. 14), Berlin 2011, S. 109.

Grugelke, Gunnar *AL*

Geb. 26. Februar 1950 Berlin

Abgeordnetenhaus von Berlin:
10. WP (ab 21. April 1987, nachgerückt durch Rotation für Stefan Klinski)

Grundschule und Gymnasium, 1969 Abitur, Studium der Mathematik und Geografie an der Freien Universität Berlin, 1981 Diplom-Geograf, wissenschaftlicher Angestellter an der Freien Universität Berlin, ab 1978 Mitglied der AL, 1985 bis 1987 Bezirksverordneter in Berlin-Wilmersdorf.

Grund, geb. Hübbe, Ida *SPD*

Geb. 15. Januar 1911 Wusterhausen/Dosse
Gest. 22. April 1982 Berlin

Abgeordnetenhaus von Berlin:
3. WP (ab 30. Oktober 1961, nachgerückt für Kurt Lötzsch)
4. WP
5. WP

Siehe Biografisches Handbuch der Berliner Stadtverordneten und Abgeordneten 1946–1963, im Auftrag des Präsidenten des Abgeordnetenhauses von Berlin bearbeitet von Werner Breunig und Andreas Herbst, mit einer Einleitung von Siegfried Heimann (= Schriftenreihe des Landesarchivs Berlin, Bd. 14), Berlin 2011, S. 109.

Gruner, Gert *SPD*

Geb. 17. Januar 1947 Leonberg bei Stuttgart

Abgeordnetenhaus von Berlin:
8. WP

Gymnasium, kaufmännische Lehre zum Großhandelskaufmann in der Stahlbranche, Studium der Betriebswirtschaft (Examen 1971) und der Soziologie (Examen 1973) in Bochum, Bremen und Berlin, 1979 Promotion zum Dr. rer. pol., bis 1980 geschäftsführender Gesellschafter der Altis-Gesellschaften mbH, ab 1980 Leiter des Berliner Büros der CMC Computer Machinery (Deutschland) GmbH, ab 1971 Mitglied der SPD, Abteilungsvorsitzender, stellvertretender Kreisvorsitzender in Berlin-Steglitz, Mitglied des SPD-Landesvorstands Berlin.

Günther, Joachim *SPD*

Geb. 25. April 1951 Wiesbaden

Abgeordnetenhaus von Berlin:
11. WP
12. WP

Gymnasium, 1969 Abitur, Lehramtsstudium Deutsch und Erdkunde, 1979 1. und 1981 2. Staatsprüfung, ab 1969 Mitglied der SPD, 1981 bis 1984 Landessekretär der Berliner Jungsozialisten, 1985 bis 1987 Kreisgeschäftsführer der Kreuzberger SPD, zeitweise Vorsitzender der SPD-Abteilung Kottbusser Tor, 1987 bis 1989 Mitarbeiter in der SPD-Bundestagsfraktion für den Bundestagsabgeordneten Gerd Wartenberg und für das Mitglied im Europäischen Parlament Rüdiger Hitzigrath, Mitglied des Kuratoriums der Landeszentrale für politische Bildung und des SFB-Rundfunkrats, ab 1997 Referent für Presse- und Öffentlichkeitsarbeit beim Senator für Stadtentwicklung und Verkehr, Mitglied im Vorstand des Kulturforums Stadt Berlin der Sozialdemokratie.

Günther, Walter *SPD*

Geb. 24. März 1916 Gottesgab/Sudeten

Abgeordnetenhaus von Berlin:
4. WP (bis 26. Oktober 1965, Nachrücker: Rudi Schade)

Arzt, Chefarzt.

Güthling, Horst *SPD*

Geb. 16. März 1922 Berlin
Gest. 30. Juni 2005 Berlin

Abgeordnetenhaus von Berlin:
6. WP
7. WP

Volks- und Aufbauschule, Lehre und Arbeit als kaufmännischer Angestellter, 1940 Dienstverpflichtung als Magazinverwalter bei der Firma Borsig AG in Berlin-Tegel, ab 1941 Wehrmacht, ab September 1946 Verwaltungsangestellter beim Bezirksamt Berlin-Pankow, nach politischer Maßregelung wegen gewerkschaftlicher Tätigkeit für die UGO ab 1948 beim Bezirksamt Berlin-Wedding, Sach- bzw. Hauptsachbearbeiter in den Abteilungen Jugend und Sport, Bau- und Wohnungswesen sowie Finanzen, 1959 bis 1961 Personalratsvorsitzender, ab 1957 Mitglied der SPD, ab 1965 Abteilungsleiter der SPD in Berlin-Wedding, 1962 bis 1968 Leiter des Berliner Ledigenheims Berlin-Wedding, anschließend erneut Personalratsvorsitzender, ab April 1970 Büroleiter der Betriebskrankenkasse Berlin.

Gunkel, Rudolf *CDU*

Geb. 22. November 1915 Berlin
Gest. 16. November 2013 Berlin

Abgeordnetenhaus von Berlin:
2. WP
3. WP
4. WP
5. WP
6. WP (bis 30. Juni 1971, Nachrücker: Rudolf Müller)

Siehe Biografisches Handbuch der Berliner Stadtverordneten und Abgeordneten 1946–1963, im Auftrag des Präsidenten des Abgeordnetenhauses von Berlin bearbeitet von Werner Breunig und Andreas Herbst, mit einer Einleitung von Siegfried Heimann (= Schriftenreihe des Landesarchivs Berlin, Bd. 14), Berlin 2011, S. 110.

Gutjahr, Karl-Heinz *SPD*

Geb. 18. Juni 1927 Berlin
Gest. 19. Februar 1963 Berlin

Abgeordnetenhaus von Berlin:
3. WP
4. WP (vor Annahme des Mandats verstorben)

Siehe Biografisches Handbuch der Berliner Stadtverordneten und Abgeordneten 1946–1963, im Auftrag des Präsidenten des Abgeordnetenhauses von Berlin bearbeitet von Werner Breunig und Andreas Herbst, mit einer Einleitung von Siegfried Heimann (= Schriftenreihe des Landesarchivs Berlin, Bd. 14), Berlin 2011, S. 111.

Haase, Herwig *CDU*

Geb. 15. Januar 1945 Hohensalza/Westpreußen

Abgeordnetenhaus von Berlin:
9. WP (ab 12. Januar 1983, nachgerückt für Peter Rzepka)
10. WP
11. WP
12. WP
13. WP

Gymnasium, 1964 Abitur, Studium der Wirtschafts- und Sozialwissenschaften an der Freien Universität Berlin, 1969 Diplom-Volkswirt, 1970 bis 1971 wissenschaftlicher Assistent an der Freien Universität Berlin (1976 Promotion), ab 1972 wissenschaftlicher Leiter einer Forschungsabteilung, 1977 bis 1990 wissenschaftlicher Mitarbeiter am Osteuropa-Institut der Freien Universität Berlin, 1987 Habilitation, Privatdozent, 1990/91 Professor für Volkswirtschaftslehre an der Europäischen Wirtschaftshochschule Berlin (EAP), ab 1967 Mitglied der CDU, 1979 bis 1983 Bezirksverordneter in Berlin-Tempelhof, 1991 bis 1995 Senator für Verkehr und Betriebe, 1995 bis 1990 Präsident des Abgeordnetenhauses von Berlin, 1999 bis 2002 Prorektor der ESCP-EAP Europäische Wirtschaftshochschule Berlin und ab 2002 Rektor.

Haase, Werner *SPD*

Geb. 17. Oktober 1922 Berlin
Gest. 1. April 2002 Berlin

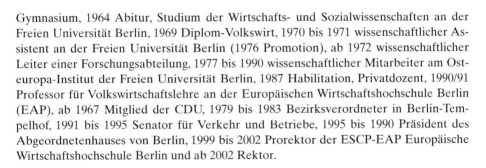

Abgeordnetenhaus von Berlin:
2. WP (ab 17. Februar 1955, nachgerückt für Konrad Dickhardt)
3. WP
4. WP (bis 14. Mai 1964, Nachrücker: Werner Dromowicz)

Siehe Biografisches Handbuch der Berliner Stadtverordneten und Abgeordneten 1946–1963, im Auftrag des Präsidenten des Abgeordnetenhauses von Berlin bearbeitet von Werner Breunig und Andreas Herbst, mit einer Einleitung von Siegfried Heimann (= Schriftenreihe des Landesarchivs Berlin, Bd. 14), Berlin 2011, S. 112.

Haberkorn, Michael *AL/Bündnis 90/Grüne*

Geb. 12. Januar 1947 Berlin

Abgeordnetenhaus von Berlin:
10. WP (bis 20. April 1987,
Nachrückerin durch Rotation: Helga Hentschel)
11. WP
12. WP

Gymnasium, 1970 Fachhochschule für Sozialarbeit, 1973 Examen als Sozialarbeiter (grad.), 1974 bis 1976 als Sozialarbeiter beim Senator für Jugend und Sport, 1976 bis 1979 beim Gesundheitszentrum in Berlin-Gropiusstadt, 1980 bis 1982 beim Senator für Schule, Jugend und Sport im Heimbereich und ab 1982 beim Diakonischen Werk (Nichtsesshaftenbetreuung), später beim Berliner Verband für Arbeit und Ausbildung tätig und Vorsitzender der Arbeitsgemeinschaft Jugendberufshilfe Berlin.

Hackel, Wolfgang *CDU*

Geb. 27. November 1942 Oberliebich/Sudeten

Abgeordnetenhaus von Berlin:
7. WP (bis 27. September 1978, Nachrücker: Günter Mardus)
8. WP (bis 16. Mai 1979, Nachrücker: Manfred Preuss)

Gymnasium, 1961 Abitur in Aschersleben/Harz, 1963 Abitur in Berlin-Tiergarten, 1963 bis 1968 Studium der Politischen Wissenschaft und Volkswirtschaft an der Freien Universität Berlin, 1969 Diplom-Politologe, 1978 Promotion zum Dr. rer. pol., ab 1966 Mitglied der CDU, 1976 bis 1982 Vorsitzender des Kreisverbands Berlin-Neukölln, Geschäftsführer des Ringes Politischer Jugend, Arbeit als Journalist, 1969 bis 1978 Pressesprecher bzw. wissenschaftlicher Referent in Berlin und Bonn bzw. Geschäftsführer eines mittelständischen Unternehmens, ab 1980 geschäftsführender Gesellschafter der Horst Schmidt GmbH Berlin, 1978 bis 1980 Stadtrat für Finanzen und stellvertretender Bürgermeister in Berlin-Neukölln, 1980 bis 1985 Mitglied des Deutschen Bundestags, ab 1982 Mitglied im Europarat, 1985 bis 1989 Mitglied des Europäischen Parlaments, 1990 bis 1994 Beigeordneter für Wirtschaft und Finanzen im Landratsamt Potsdam, 1994 bis 2004 Mitglied des Landtags Brandenburg, 1997 bis 1999 Vorsitzender der CDU-Fraktion, 1999 bis 2004 Minister für Wissenschaft, Forschung und Kultur im Land Brandenburg.

Hadrich, Julius *SPD*

Geb. 16. Dezember 1891 Pforzheim
Gest. 18. April 1983 Berlin

Abgeordnetenhaus von Berlin:
3. WP
4. WP

Siehe Biografisches Handbuch der Berliner Stadtverordneten und Abgeordneten 1946–1963, im Auftrag des Präsidenten des Abgeordnetenhauses von Berlin bearbeitet von Werner Breunig und Andreas Herbst, mit einer Einleitung von Siegfried Heimann (= Schriftenreihe des Landesarchivs Berlin, Bd. 14), Berlin 2011, S. 112.

Härtig, Volker *AL*

Geb. 4. Februar 1956 Hannover

Abgeordnetenhaus von Berlin:
10. WP (ab 12. Januar 1988, nachgerückt durch Rotation für Michael-Sergij Goryanoff)

Gymnasium, 1974 Abitur, Studium der Soziologie, Politologie und Volkswirtschaft in Köln und Berlin, ab 1979 nebenberuflich, ab 1985 hauptberuflich Journalist, kaufmännische Tätigkeit als Geschäftsführer einer Naturkosthandel-GmbH, 1972 bis 1976 Mitglied der SPD, ab 1978 Mitglied der AL, 1985 bis Januar 1988 Bezirksverordneter in Berlin-Kreuzberg, stellvertretender Vorsitzender der AL-Fraktion, später Tätigkeit als freier Stadtplaner, Projektsteuerer und Publizist, 1993 bis 2003 Geschäftsführer des Entwicklungsträgers Bornstedter Feld GmbH in Potsdam, Leiter der Geschäftsstelle der Stiftung Denkmalschutz Berlin, ab Juni 2010 kaufmännischer Geschäftsführer der Treberhilfe Berlin GmbH.

Häusler, Michael *REP*

Geb. 26. Mai 1944 Berlin
Gest. 12. November 1999 Berlin

Abgeordnetenhaus von Berlin:
11. WP

Grund- und Mittelschule, 1960 bis 1962 Beleuchterlehre, 1962 bis 1969 Beleuchter an der Hochschule für Film und Fernsehen in Potsdam, 1970 Hochschulreife, 1969 bis 1979 Regieassistent, 1979 wegen „versuchter Republikflucht" Verurteilung zu eineinhalb Jahren Gefängnis, 1981 Ausreise nach West-Berlin, 1981 bis 1984 freiberuflicher Kameramann und Regisseur, 1984/85 Produktionsassistent beim SFB, 1986/87 freiberuflicher Kameramann und Regisseur, 1988/89 medientechnischer Betreuer, ab 1988 Mitglied der Partei „Die Republikaner", stellvertretender Vorsitzender im Landesverband.

Hahn, Axel *FDP*

Geb. 10. Dezember 1959 Berlin

Abgeordnetenhaus von Berlin:
12. WP
15. WP

Grundschule und Gymnasium, Abitur, Studium der Geschichte, Germanistik und Philosophie an der Freien Universität Berlin, Magister Artium, Historiker, während und nach dem Studium Hausverwalter, 1990 bis 1992 Geschäftsführer eines Vereins für Unternehmensberatung, ab 1982 Mitglied der FDP, 1988 bis 2006 Vorsitzender des FDP-Kreisverbands Berlin-Neukölln, ab 1998 stellvertretender Vorsitzender des FDP-Landesverbands Berlin.

Hale, Horstmar *SPD*

Geb. 6. November 1937 Frankfurt (Oder)
Gest. 6. September 2008 Lindau am Bodensee

Abgeordnetenhaus von Berlin:
7. WP
8. WP

Realschule, Verwaltungslehre, 1960 bis 1963 Regierungsinspektor, ab 1963 Verwaltungsleiter im Max-Planck-Institut für Bildungsforschung, ab 1960 Mitglied der SPD, 1968 bis 1970 Kreisvorsitzender der Arbeitsgemeinschaft der Jungsozialisten in Spandau, ab 1972 Abteilungsvorsitzender in Haselhorst, 1971 bis 1975 Bezirksverordneter in Berlin-Spandau.

Hampel, Winfried *FDP*

Geb. 31. August 1935 Dessau
Gest. 15. Juni 2010 Berlin

Abgeordnetenhaus von Berlin:
12. WP

Grundschule, 1949 bis 1951 Chemiewerkerlehre, 1951 bis 1953 Vorstudienanstalt der Humboldt-Universität zu Berlin (Abitur), 1953 bis 1959 Studium der Chemie an der

Humboldt-Universität zu Berlin, Diplom-Chemiker, 1962 Promotion zum Dr. rer. nat., 1959 bis 1962 Assistent an der Humboldt-Universität zu Berlin, 1962 bis 1969 Oberassistent, ab 1979 Lektor, ab 1970 Mitglied der LDPD, ab August 1990 der FDP, 1984 stellvertretender Kreisvorsitzender der LDPD, ab September 1990 Kreis- bzw. Bezirksvorsitzender der FDP in Berlin-Köpenick, 1974 bis 1990 Mitglied der Stadtbezirksversammlung Berlin-Köpenick, ab 1989 Fraktionsvorsitzender, Mai 1990 bis Januar 1991 Mitglied der Stadtverordnetenversammlung von Berlin, stellvertretender Fraktionsvorsitzender.

Hannemann, Ferdinand *SPD*

Geb. 18. Januar 1905 Hamburg
Gest. 14. Dezember 1987 Berlin

Abgeordnetenhaus von Berlin:
1. WP (ab 31. Januar 1952, nachgerückt für Walter Nicklitz)
3. WP
4. WP
5. WP
6. WP

Siehe Biografisches Handbuch der Berliner Stadtverordneten und Abgeordneten 1946–1963, im Auftrag des Präsidenten des Abgeordnetenhauses von Berlin bearbeitet von Werner Breunig und Andreas Herbst, mit einer Einleitung von Siegfried Heimann (= Schriftenreihe des Landesarchivs Berlin, Bd. 14), Berlin 2011, S. 116.

Hapel, Dieter *CDU*

Geb. 22. Juni 1951 Berlin

Abgeordnetenhaus von Berlin:
8. WP (ab 5. Januar 1981, nachgerückt für Peter Lorenz)
9. WP
10. WP
11. WP
12. WP
13. WP(bis 18. Februar 1998, Nachrücker: Nicolas Zimmer)

Haupt- und kaufmännische Berufsfachschule, 1971 Postinspektoranwärter im gehobenen nichttechnischen Postdienst, 1974 Verwaltungsprüfung für den gehobenen Postdienst, Diplom-Verwaltungswirt, ab 1968 Mitglied, 1973 bis 1975 stellvertretender Landesvorsitzender der Jungen Union, ab 1970 Mitglied der CDU, ab 1975 Mitglied des CDU-Kreisvorstands Berlin-Tempelhof, 1982 stellvertretender Vorsitzender, ab 1985 Vorsitzender des CDU Ortsverbands Neu-Tempelhof, 1993 bis 2005 Vorsitzender des Kreisverbands Berlin-Tempelhof bzw. Tempelhof-Schöneberg, 1985 bis 1991 Bezirksverordneter in Berlin-Tempelhof, 1991 bis 1998 parlamentarischer Geschäftsführer der CDU-Fraktion im Abgeordnetenhaus von Berlin, 1998 bis 2000 Bezirksbürgermeister von Berlin-Tempelhof, 2001/02 Fusionsbürgermeister von Berlin-Tempelhof-Schöneberg und Bezirksstadtrat der Abteilung Personal und Verwaltung bzw. ab 1999 zusätzlich für Finanzen, ab 2002 stellvertretender Bezirksbürgermeister und Bezirksstadtrat für Schule, Bildung und Kultur in Berlin-Tempelhof-Schöneberg.

Harloff, Günter *SPD*

Geb. 4. Mai 1928 Berlin
Gest. 28. Oktober 1993 Berlin

Abgeordnetenhaus von Berlin:
6. WP
7. WP

Mittlere Reife, kaufmännische Lehre, Studium an der Fachschule für Industriekaufleute, Arbeit als Kundenberater und kaufmännischer Angestellter, ab 1955 Mitglied der SPD, 1964 bis 1971 Bezirksverordneter in Berlin-Tempelhof.

Harries, Helmuth *CDU*

Geb. 5. Juli 1902 Nienburg/Niedersachsen
Gest. 26. Dezember 1977 Berlin

Abgeordnetenhaus von Berlin:
2. WP (ab 3. März 1955, nachgerückt für Charles Schmidt)
3. WP
5. WP

Siehe Biografisches Handbuch der Berliner Stadtverordneten und Abgeordneten 1946–1963, im Auftrag des Präsidenten des Abgeordnetenhauses von Berlin bearbeitet von Werner Breunig und Andreas Herbst, mit einer Einleitung von Siegfried Heimann (= Schriftenreihe des Landesarchivs Berlin, Bd. 14), Berlin 2011, S. 117.

Hartung, Egon *CDU*

Geb. 15. Oktober 1923 Berlin
Gest. 29. September 1999 Berlin

Abgeordnetenhaus von Berlin:
10. WP

Volksschule und Gymnasium, 1942 Zuerkennung der Reife (Notabitur), 1942 bis 1945 Wehrmacht, Kriegsgefangenschaft, 1946 bis 1954 Schuldienst in Ost-Berlin, 1948 1. und 1954 2. Lehrerprüfung und Musikfachlehrerprüfung in Ost-Berlin, Flucht nach West-Berlin, 1956 2. Lehrerprüfung in West-Berlin, 1954 bis 1975 Schuldienst in West-Berlin, ab 1946 Mitglied der CDU, zunächst in Ost-, dann in West-Berlin, 1959 bis 1966 Vorsitzender des Exilkreisverbands Berlin-Mitte in West-Berlin, 1958/59 Landesvorsitzender der Jungen Union, 1981 bis 1987 stellvertretender Vorsitzender des CDU-Landesverbands Berlin, 1975 bis 1979 Stadtrat für Soziales, 1979 bis 1985 Stadtrat für Finanzen und Wirtschaft sowie stellvertretender Bürgermeister von Berlin-Wedding.

Hasenclever, Alexander *CDU*

Geb. 6. August 1918 Orjechowo-Sujewo bei Moskau
Gest. 28. Dezember 1990 Berlin

Abgeordnetenhaus von Berlin:
4. WP
5. WP (ab 20. November 1969, nachgerückt für Franz Amrehn)
6. WP
7. WP
8. WP

Sohn eines Gymnasiallehrers, Gymnasium, 1937 Abitur, 1939 bis 1943 Medizinstudium an den Universitäten Rostock und Berlin, 1943 Staatsexamen und Promotion zum Dr. med., 1945/46 Arzt am Stubenrauch-Krankenhaus in Berlin-Lichterfelde, 1946 bis 1950 wissenschaftlicher Assistent an der Universität Berlin, anschließend Facharzt für Innere Medizin in Berlin-Lankwitz, 1967 bis 1971 Präsident der Ärztekammer Berlin, ab 1962 Mitglied der CDU, 1984 Verleihung der Würde eines Stadtältesten von Berlin.

Hassemer, Volker *CDU*

Geb. 20. Januar 1944 Metz

Abgeordnetenhaus von Berlin:
8. WP
9. WP
10. WP
11. WP
12. WP

Gymnasium, 1963 Abitur, Studium der Rechtswissenschaft an den Universitäten Mainz, Saarbrücken und Berlin, 1968 1. und 1971 2. juristische Staatsprüfung, ab 1968 Mitglied der CDU, ab 1977 Mitglied des CDU-Kreisvorstands Berlin-Wilmersdorf, ab 1978 Vorsitzender des CDU-Ortsverbands Grunewald, ab 1972 Tätigkeit als Rechtsanwalt, 1973

Promotion zum Dr. jur., 1973/74 Assessor im Bezirksamt Berlin-Wedding und beim Senator für Schulwesen, 1974 bis 1981 Leiter der Gruppe „Umweltplanung" im Umweltbundesamt, 1981 bis 1983 Senator für Stadtentwicklung und Umweltschutz, 1983 bis 1989 Senator für Kulturelle Angelegenheiten, 1991 bis 1996 Senator für Stadtentwicklung und Umweltschutz, 1996 bis 2002 Geschäftsführer von „Partner für Berlin", Mitinitiator und Sprecher der Initiative „Europa eine Seele geben".

Hauff, Sigurd *SPD*

Geb. 24. Juli 1935 Tübingen

Abgeordnetenhaus von Berlin:
6. WP
7. WP
8. WP

1955 Geschichts-, Germanistik- und Anglistikstudium in Tübingen, Cleveland/USA und ab 1957 in Berlin, 1963 1. und 1966 2. Staatsexamen, ab 1958 Mitglied der SPD, ab 1965 Mitglied des SPD-Kreisvorstands Berlin-Kreuzberg, 1965/66 Kreisvorsitzender der Jungsozialisten in Berlin-Kreuzberg, 1967 bis 1973 Abteilungsvorsitzender, 1966 bis 1976 Landesparteitagsdelegierter, 1967 bis 1971 Bezirksverordneter in Berlin-Kreuzberg, 1968 Studienrat, 1970 Oberstudienrat, 1972 Studiendirektor, 1973 bis 1975 stellvertretender Leiter der Walter-Gropius-Gesamtschule in Berlin-Neukölln, 1973 bis 1976 Vorsitzender im Ständigen Ausschuss für Schulwesen beim SPD-Landesvorstand, 1981 bis 1992 Volksbildungsstadtrat in Berlin-Spandau, 1992 bis 1995 Bezirksbürgermeister in Berlin-Spandau, 2004 Verleihung der Würde eines Stadtältesten von Berlin.

Haus, Wolfgang *SPD*

Geb. 26. Juli 1927 Berlin

Abgeordnetenhaus von Berlin:
5. WP
6. WP
7. WP (bis 1. März 1978, Nachrücker: Ulrich Schürmann)

Sohn eines Kaufmanns, Gymnasium, 1946 Abitur, Studium der Geschichte und des öffentlichen Rechts an der Freien Universität Berlin und der Universität Bonn, 1955 Promotion zum Dr. phil., ab 1951 Mitglied der SPD, 1963 bis 1967 Vorsitzender des SPD-Kreisverbands Berlin-Wilmersdorf, 1956 bis 1963 wissenschaftlicher Referent des geschäftsführenden Präsidialmitglieds beim Deutschen Städtetag, ab 1965 Geschäftsführer des Kommunalwissenschaftlichen Forschungszentrums und der Berlinvertretung des Deutschen Städtetags, 1973 bis 1978 Leiter des Deutschen Instituts für Urbanistik, 1963 bis 1967 Bezirksverordneter in Berlin-Wilmersdorf, 1965 bis 1967 Fraktionsvorsitzender, 1969 stellvertretender Vorsitzender, 1973 bis 1977 Vorsitzender der SPD-Fraktion im Abgeordnetenhaus von Berlin, 1978 bis 1982 Intendant des SFB, anschließend Arbeit als freier Journalist.

Heide, Manuel *CDU*

Geb. 13. Mai 1955 Berlin

Abgeordnetenhaus von Berlin:
10. WP
11. WP
12. WP
13. WP
15. WP
16. WP
17. WP

Gymnasium, 1974 Abitur, 1975 bis 1980 Studium der Rechtswissenschaften an der Freien Universität Berlin, 1980 1. juristisches Staatsexamen, 1980/81 wissenschaftlicher Mitarbeiter am Fachbereich Rechtswissenschaften, 1980 bis 1983 Rechtsreferendar im Kammergerichtsbezirk Berlin, 1983 2. juristisches Staatsexamen, 1987 Promotion zum Dr. jur. an der Freien Universität Berlin, ab 1983 Rechtsanwalt, ab 1994 auch Notar, ab 1996 Rechtsanwalt bei der Luther Rechtsanwaltsgesellschaft mbH, ab 1973 Mitglied der CDU, 1979 bis 1981 Mitglied des CDU-Kreisvorstands Berlin-Reinickendorf, 1981 bis 1983 stellvertretender Vorsitzender des Landesverbands der Jungen Union Berlin, 1981 bis 1985 Bezirksverordneter in Berlin-Reinickendorf, Vorsitzender des Ausschusses für Bauen und Wohnen, Mitglied im geschäftsführenden Fraktionsvorstand (Schatzmeister) der CDU-Fraktion im Abgeordnetenhaus von Berlin.

Heimann, Gerhard *SPD*

Geb. 12. Februar 1934 Peine/Niedersachsen

Abgeordnetenhaus von Berlin:
5. WP
6. WP (bis 27. April 1971, Nachrückerin: Gisela Fechner)

1955 Abitur, Studium der Rechtswissenschaften an der Freien Universität Berlin, 1959 1. juristisches Staatsexamen, Referendar am Kammergerichtsbezirk Berlin, 1962 2. juristisches Staatsexamen, Regierungsassessor, 1967 Regierungsrat, wissenschaftlicher Mitarbeiter am Max-Planck-Institut für Bildungsforschung Berlin, 1969 Hochschuldozent, 1971 Professor an der Pädagogischen Hochschule Berlin, später an der Technischen Universität

Berlin, ab 1959 Mitglied der SPD, 1975 bis 1982 Vorsitzender der SPD in Berlin-Spandau, 1971 bis 1977 Senatsdirektor bzw. Staatssekretär in der Senatsverwaltung für Wissenschaft und Kultur, 1977 bis 1979 Chef der Senatskanzlei, 1979 bis 1981 Senator für Bundesangelegenheiten und Bevollmächtigter des Landes Berlin beim Bund, 1964 bis 1967 Bezirksverordneter in Berlin-Spandau, 1983 bis 1987 Mitglied des Deutschen Bundestags.

Heinrich, geb. Stein, verh. Siemens, Ursula *SPD*

Geb. 19. Dezember 1920 Berlin

Abgeordnetenhaus von Berlin:
6. WP (bis 11. April 1972, Nachrücker: Rainer Papenfuß)

Mittlere Reife, Ausbildung zur Kindergärtnerin, 1940 Heirat, dann Hausfrau, nach 1945 im Schuldienst, ab 1947 wieder Hausfrau, ab 1945 Mitglied der SPD, ab 1959 Abteilungsbeisitzer, Vorstandsmitglied und Kreisvorsitzende der AWO in Berlin-Reinickendorf, 1963 bis 1971 Bezirksverordnete in Berlin-Reinickendorf.

Heinschke, Horst *CDU*

Geb. 8. Februar 1928 Küstrin
Gest. 19. Januar 2014 Berlin

Abgeordnetenhaus von Berlin:
5. WP
6. WP (bis 1. Juli 1971, Nachrücker: Harry Wollenschläger)
7. WP (bis 12. Mai 1975, Nachrücker: Wolfgang Antes)
10. WP (ab 1. September 1987, nachgerückt für Hans-Peter Patt)

Gymnasium, Wehrmacht und Kriegsgefangenschaft, 1947 Abitur, Studium der Germanistik, Geschichte, Theaterwissenschaften und Philosophie, zugleich Arbeit als Werft- und Bauarbeiter, Staatsexamen, ab 1956 im Schuldienst, Studienrat, Oberstudienrat und stellvertretender Schulleiter, ab 1952 Mitglied der CDU, 1958 bis 1967 Bezirksverordneter in Berlin-Charlottenburg, 1971 bis 1981 Bezirksstadtrat für Sozialwesen in Berlin-Charlottenburg, 1987 Landesvorsitzender der Senioren-Union der CDU Berlin.

Heinschke, Michael *CDU*

Geb. 10. September 1950 Berlin

Abgeordnetenhaus von Berlin:
8. WP (ab 25. Mai 1979, nachgerückt für Eckard Lindemann)

Gymnasium (Canisius-Kolleg), 1970 Abitur, Studium der Theologie, Philosophie, Psychologie, Pädagogik, Germanistik und Romanistik in Paderborn, München und Berlin, 1975 Diplom-Theologe, ab 1975 als Katechet im Bischöflichen Ordinariat Berlin tätig, ab 1971 Mitglied der CDU, 1973 bis 1975 stellvertretender Vorsitzender, 1975 bis 1978 Vorsitzender der Jungen Union in Berlin-Charlottenburg, ab 1977 stellvertretender Landesvorsitzender der Jungen Union, ab 1975 auch Mitglied des CDU-Kreisvorstands Berlin-Charlottenburg, 1975 bis 1979 Bezirksverordneter in Berlin-Charlottenburg, 1978/79 stellvertretender Fraktionsvorsitzender, 1981 bis 1999 Leiter der Abteilung „Pastorale Planung und pastorale Dienste" im Bischöflichen Ordinariat Berlin, anschließend Beauftragter des Erzbischofs für die Berufsgruppe der Pastoralreferentinnen und Pastoralreferenten mit Verantwortung für Berufseinführung, Fortbildung und Einsatz.

Heitmann, Renate *AL*

Geb. 18. August 1938 Breslau

Abgeordnetenhaus von Berlin:
10. WP (bis 20. April 1987, Nachrücker durch Rotation: Michael Eggert)

Gymnasium, 1959 Abitur, Studium der Germanistik und Geschichte an der Universität Göttingen bzw. Studium (Lehramt) an der Pädagogischen Hochschule Oldenburg, 1962 1. Staatsprüfung für das Lehramt, Eintritt in den Schuldienst in Berlin, 1965 2. Staatsprüfung für das Lehramt, bis April 1985 Lehrerin, ab 1985 Mitglied der AL bzw. Bündnis90/Grüne, 1999 Austritt, ab 2002 Engagement in der Initiative Berliner Bankenskandal.

Helias, Siegfried *CDU*

Geb. 28. Dezember 1943 Elsterwerda-Biehla/Brandenburg

Abgeordnetenhaus von Berlin:
10. WP
11. WP
12. WP
13. WP (bis 31. Oktober 1998, Nachrücker: Jens Friedrich)

Hauptschule und kaufmännische Berufsschule, Ausbildung zum Friseur, 1963 Gesellenprüfung, 1967 Meisterprüfung, 1968 Werbeleiter, 1970 Werbeberater, 1971 bis 1975 Werbefachmann und Texter beim Ullstein-Verlag, 1975 bis 2005 freiberuflicher Kommunikationsberater und selbstständiger Friseurmeister, ab 1982 persönlich haftender Gesellschafter der Helias KG in Berlin, ab 2004 Vorstandsvorsitzender der City Stiftung Berlin, ab 1981 Mitglied der CDU, ab 1982 Vorsitzender des CDU-Verbands Charlottenburg-Nord, 1989 bis 1991 Vorsitzender des Kreisverbands Berlin-Charlottenburg, 2000 bis 2002 Schatzmeister des CDU-Landesverbands Berlin, Vorsitzender des Ausschusses für Arbeit, Berufliche Bildung und Frauen im Abgeordnetenhaus von Berlin, 1998 bis 2005 Mitglied des Deutschen Bundestags, 2002 bis 2005 Vorsitzender der deutsch-zypriotischen Parlamentariergruppe.

Helms, Reimund *AL/Bündnis 90/Grüne*

Geb. 23. Januar 1954 Sülze/Krs. Celle
Gest. 21. Februar 2005 Berlin

Abgeordnetenhaus von Berlin:
10. WP (bis 20. April 1987, Nachrücker durch Rotation: Michael-Sergij Goryanoff)
12. WP

Gymnasium, 1972 Abitur, Lehre und Arbeit als Offsetdrucker, später Angestellter und zeitweise Personalrat in einer Senatsverwaltung, ab 1977 Mitglied der ÖTV, 1978 Gründungsmitglied der AL, 1990 Gewerkschaftssekretär der ÖTV, 1980 bis 1983 und 1989/90 und ab 1995 Bezirksverordneter in Berlin-Kreuzberg, ab 2002 in Berlin-Friedrichshain-Kreuzberg.

Hennicke, Wiegand *CDU*

Geb. 28. September 1928 Berlin
Gest. 18. April 2000 Berlin

Abgeordnetenhaus von Berlin:
3. WP
4. WP
5. WP
6. WP (bis 30. September 1972, Nachrücker: Werner Platzeck)

Siehe Biografisches Handbuch der Berliner Stadtverordneten und Abgeordneten 1946–1963, im Auftrag des Präsidenten des Abgeordnetenhauses von Berlin bearbeitet von Werner Breunig und Andreas Herbst, mit einer Einleitung von Siegfried Heimann (= Schriftenreihe des Landesarchivs Berlin, Bd. 14), Berlin 2011, S. 121.

Hennig, Helmut *CDU*

Geb. 12. April 1940 in Berlin

Abgeordnetenhaus von Berlin:
7. WP

Volks- und Mittelschule sowie höhere Wirtschaftsschule (kaufmännische Berufsfachschule), 1959 Abschlussprüfung, 1959 bis 1962 Vorbereitungsdienst für den gehobenen nichttechnischen Dienst in der Bundeswirtschaftsverwaltung, ab 1961 Mitglied der CDU, 1963 bis 1968 Vorsitzender der Jungen Union in Berlin-Kreuzberg, 1962 bis 1972 Verwaltungsbeamter (Sachbearbeiter und leitender Bürobeamter) beim Bundesaufsichtsamt für das Versicherungs- und Bausparwesen, ab Oktober 1972 Leiter des Besucherdienstes im Reichstagsgebäude, 1967 bis 1975 Bezirksverordneter in Berlin-Kreuzberg, ab 1972 stellvertretender Bezirksverordnetenvorsteher.

Henschel, Georg *SPD*

Geb. 16. September 1912 Berlin
Gest. 4. September 1981 Stade

Stadtverordnetenversammlung von Groß-Berlin:
1. WP (bis 21. Januar 1947)
Abgeordnetenhaus von Berlin:
4. WP (ab 15. Februar 1965, nachgerückt für Hans Baltruschat)
5. WP

Siehe Biografisches Handbuch der Berliner Stadtverordneten und Abgeordneten 1946–1963, im Auftrag des Präsidenten des Abgeordnetenhauses von Berlin bearbeitet von Werner Breunig und Andreas Herbst, mit einer Einleitung von Siegfried Heimann (= Schriftenreihe des Landesarchivs Berlin, Bd. 14), Berlin 2011, S. 121.

Hentschel, Helga *AL*

Geb. 30. Juni 1963 in Rheydt

Abgeordnetenhaus von Berlin:
10. WP (ab 21. April 1987, nachgerückt durch Rotation für Michael Haberkorn)

Grund- und Realschule, Ausbildung zur pharmazeutisch-technischen Assistentin, 1972 Abschlussprüfung, 1972 bis 1977 Tätigkeit als pharmazeutisch-technische Assistentin, Besuch des Abendgymnasiums, 1976 Abitur, Studium der Psychologie an der Freien Universität Berlin, 1982 Examen als Diplom-Psychologin, 1982 bis 1987 wissenschaftliche Mitarbeiterin an der Freien Universität Berlin, Fachbereich Psychologie, ab 1982 Mitglied der AL, ab April 1987 stellvertretende Vorsitzende der AL-Fraktion im Abgeordnetenhaus von Berlin, 1989/90 Staatssekretärin bei der Senatorin für Frauen, Jugend und Familie, Anne Klein, später Leiterin der Abteilung Frauen- und Gleichstellungspolitik, Senatsverwaltung für Wirtschaft, Technologie und Frauen.

Herbst, Knut *SPD*

Geb. 21. Februar 1950 Lieberose

Abgeordnetenhaus von Berlin:
12. WP (ab 18. September 1992, nachgerückt für Jochen Schmidt)

POS und EOS mit Berufsausbildung zum Facharbeiter (Elektromonteur), 1968 Abitur, 1969 bis 1973 Studium der Volkswirtschaft an der Universität Halle, Diplom-Ökonom, 1973 bis 1978 Mitarbeiter bei der Bezirksdirektion Halle der Staatsbank der DDR, 1978 bis 1991 Geschäftsführer der Berliner Missionsgesellschaft/Ökumenisch-Missionarisches Zentrum Berlin der Evangelischen Kirche, 1991 Leiter der Berlinabteilung in der Zentrale der Treuhandgesellschaft, ab November 1992 Geschäftsführer der City-Projekt Gesellschaft für Unternehmensberatung und Stadtentwicklung mbH, bis 1993 Geschäftsführer der Gewächshaus Berlin GmbH, ab 1989 Mitglied der SPD, 1989 Abteilungsvorsitzender der SPD in Berlin-Niederschönhausen, 1990 stellvertretender Vorsitzender des Bezirksverbands der SPD Berlin (Ost), 1990 Mitglied des Parteirats der SDP/SPD in der DDR, 1991 Mitglied des SPD-Landesvorstands Berlin, Mai 1990 bis Januar 1991 Mitglied der Stadtverordnetenversammlung von Berlin, Fraktionsvorsitzender, 1991 bis 1994 1. Vorsitzender, anschließend Mitglied des Beirats der Initiative Hauptstadt Berlin e. V.

Herer, geb. Meinel, Elke *PDS*

Geb. 14. Januar 1943 Leipzig

Abgeordnetenhaus von Berlin:
12. WP
13. WP

Grund- und Oberschule, Abitur, 1961 bis 1964 Lehre und Arbeit als technische Zeichnerin bei der DSR Rostock, ab 1963 Mitglied der SED, ab 1990 der PDS, 1964 Funkredakteurin, März bis Oktober 1964 Schülerin an der FDJ-Jugendhochschule, 1964/65 Instrukteurin der FDJ-Bezirksleitung Rostock, ab November 1965 Mitarbeiterin im FDJ-Zentralrat, Abteilung Internationale Verbindungen, Fernstudium an der Akademie für Staat und Recht in Potsdam-Babelsberg, 1972 Diplom-Staatswissenschaftlerin, 1976 bis

1990 Mitarbeiterin im Ministerium für Hoch- und Fachschulwesen, Mai 1990 bis Januar 1991 Mitglied der Stadtverordnetenversammlung von Berlin, Ehrenmitglied der Überparteilichen Fraueninitiative Berlin.

Herfort, Ronald *SPD*

Geb. 7. Oktober 1953 Berlin

Abgeordnetenhaus von Berlin:
11. WP

Gymnasium, 1974 Abitur, Studium an der Technischen Universität Berlin, 1985 1. Staatsexamen für das Lehramt, 1982 2. Staatsexamen, Lehrer an einer Realschule in Berlin-Charlottenburg, 1979 bis 1983 Kreisvorsitzender des Jugendwerks der AWO Berlin-Tiergarten, 1979 bis 1983 Landesvorsitzender des Jugendwerks Berlin der AWO, ab 1972 Mitglied der SPD, ab 1985 Mitglied des SPD-Landesvorstands Berlin, Kreisvorsitzender der SPD in Berlin-Tiergarten, 1982 bis 1989 Bezirksverordneter in Berlin-Tiergarten, 1983 bis 1988 stellvertretender Fraktionsvorsitzender.

Herrmann, geb. Zechel, Annelies *CDU*

Geb. 16. November 1941 Berlin

Abgeordnetenhaus von Berlin:
11. WP
12. WP
13. WP
14. WP
15. WP

Realschule, kaufmännische Lehre, Fachausbildung im dental-medizinischen Großhandel, 1959 Abschluss, 1959 bis 1963 kaufmännische Angestellte, Hausfrau, ab 1967 Mitglied der CDU, Mitglied des CDU-Kreisvorstands Berlin-Neukölln, stellvertretende Vorsitzende des CDU-Ortsverbands Alt-Rixdorf, 1985 bis 1989 Bezirksverordnete in Berlin-Neukölln, 2001 bis 2004 stellvertretende Fraktionsvorsitzende der CDU-Fraktion im Abgeordnetenhaus von Berlin, 2008 Mitbegründerin des Fördervereins des Annedore-Leber-Berufsbildungswerks Berlin e. V.

Herrmann, Dieter *CDU*

Geb. 30. Mai 1937 Berlin

Abgeordnetenhaus von Berlin:
10. WP

Realschule, 1954 bis 1957 Fernmeldehandwerkerlehre, 1957 Gesellenprüfung, bis 1961 Fernmeldehandwerker beim Fernmeldezeugamt und Fernmeldeamt 3 Berlin, 1961 bis 1964 Praktikum und Ingenieurausbildung an der Staatlichen Ingenieurschule Gauß (Fachrichtung Elektrotechnik), 1964 Diplom-Ingenieur, 1964 bis 1966 Verwaltungsausbildung, anschließend Einsatz als Diplom-Ingenieur in verschiedenen Aufgabenbereichen beim Fernmeldeamt 3 Berlin, ab 1966 Mitglied der CDU, 1972 bis 1985 Bezirksverordneter in Berlin-Neukölln, stellvertretender Fraktionsvorsitzender.

Heß, Hans-Jürgen *SPD*

Geb. 12. Juni 1935 Berlin
Gest. 29. Oktober 2010 Berlin

Abgeordnetenhaus von Berlin:
6. WP
7. WP (bis 11. November 1975 und dann wieder ab 3. Februar 1976, durch Wiederholungswahl vom 25. Januar 1976 in Berlin-Zehlendorf)
8. WP
10. WP (ab 8. November 1985, nachgerückt für Jörg-Otto Spiller)
11. WP

Gymnasium, 1954 Abitur, 1954 bis 1957 Postinspektor-Anwärter, 1957 Verwaltungsprüfung und Anstellung als Postinspektor bis 1965, ab 1958 Mitglied der SPD, 1965 bis 1969 stellvertretender Vorsitzender, 1969 bis 1971 Vorsitzender des SPD-Kreisverbands Berlin-Zehlendorf, 1960 bis 1964 neben der Berufsausübung als Postinspektor Studium der Politikwissenschaft am Otto-Suhr-Institut der Freien Universität Berlin, 1964 Diplom-Politologe, 1983 Promotion zum Dr. rer. pol., 1965 bis 1974 hauptamtlicher Vorsitzender der DPG, Landesverband Berlin, 1974 bis 1999 Leiter der Dienststelle des Deutschen Bundestags in Berlin, zuletzt als Ministerialdirigent, ab 1999 Bundesgeschäftsführer des Zentralverbands der Ingenieurvereine e. V., 1963 bis 1971 Bezirksverordneter in Berlin-Zehlendorf.

Hesse, Eberhard *SPD*

Geb. 28. Juni 1911 [Berlin-]Rixdorf
Gest. 28. März 1986 Berlin

Abgeordnetenhaus von Berlin:
2. WP (ab 2. Februar 1956, nachgerückt für Kurt Bartel)
3. WP
4. WP
5. WP
6. WP

Siehe Biografisches Handbuch der Berliner Stadtverordneten und Abgeordneten 1946–1963, im Auftrag des Präsidenten des Abgeordnetenhauses von Berlin bearbeitet von Werner Breunig und Andreas Herbst, mit einer Einleitung von Siegfried Heimann (= Schriftenreihe des Landesarchivs Berlin, Bd. 14), Berlin 2011, S. 123.

Heubaum, Werner *SPD*

Geb. 2. September 1931 Berlin

Abgeordnetenhaus von Berlin:
5. WP
6. WP (bis 21. Mai 1973, Nachrücker: Andreas Gerl)

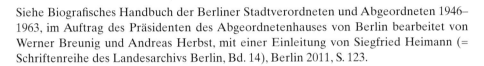

Grund- und Oberschule, 1947 bis 1954 Mitglied der „Falken", 1952 Mitglied der SPD, stellvertretender Vorsitzender bzw. Vorsitzender der SPD in Berlin-Schöneberg, 1949 bis 1951 Lehre als Maschinenschlosser, 1951 bis 1954 Dienstanwärter beim Bezirksamt Berlin-Kreuzberg, 1954 bis 1956 Angestellter, 1954 1. und 1956 2. Verwaltungsprüfung, 1956 Stadtinspektor, 1962 Stadtoberinspektor, 1967 Stadtamtmann, 1971 bis 1973 Vorsitzender des Hauptausschusses des Abgeordnetenhauses von Berlin, Mai 1973 bis 1995 Senatsdirektor bzw. Staatssekretär in der Senatsverwaltung für Finanzen, 1995 Ruhestand, ab 2000 Geschäftsführer der NET-GE Kliniken für Berlin GmbH, 2012 Verleihung der Würde eines Stadtältesten von Berlin, Mitglied des Aufsichtsrats der Bürgermeister-Reuter-Stiftung.

Heyden, Gerd *CDU*

Geb. 10. Januar 1941 Berlin

Abgeordnetenhaus von Berlin:
6. WP
7. WP

8. WP
9. WP

Gymnasium, 1959 Abitur, 1959 bis 1962 Praktikum auf verschiedenen Bergbauschachtanlagen, 1960 Beginn des Studiums Fachrichtung Bergbau an der Technischen Universität Berlin, 1966 Diplom-Bergbauingenieur, wissenschaftlicher Hilfsassistent, 1967 bis 1969 wissenschaftlicher Mitarbeiter, 1969 bis 1973 wissenschaftlicher Assistent, 1971 Promotion zum Dr.-Ing., ab 1973 technischer Angestellter bei der BEWAG, ab 1963 Mitglied der CDU, Mitglied des CDU-Kreisvorstands Berlin-Tempelhof, 1967 bis 1971 Bezirksverordneter in Berlin-Tempelhof.

Hiersemann, Fritz *SPD*

Geb. 22. März 1930 Stettin
Gest. 10. Juli 1996 Berlin

Abgeordnetenhaus von Berlin:
6. WP
7. WP
8. WP
9. WP

Volksschule, 1949 Abitur an der Friedrich-Engels-Oberschule in Berlin-Reinickendorf, 1950 Dienstanwärter beim Bezirksamt Berlin-Reinickendorf, Verwaltungslehrgänge, 1953 Übernahme in das Beamtenverhältnis, Sachbearbeiter, Revisor, ab 1968 Büroleiter verschiedener Abteilungen des Bezirksamts Berlin-Reinickendorf, zeitweise stellvertretender Verwaltungsdirektor der Städtischen Karl-Bonhoeffer Nervenklinik, ab 1976 leitender Fachbeamter des Jugendamts Berlin-Reinickendorf, nebenberufliches Studium der Politologie an der Deutschen Hochschule für Politik, 1957 Abschluss als Diplom-Politologe, ab 1960 Mitglied der SPD, ab 1967 Mitglied des SPD-Kreisvorstands Berlin-Reinickendorf und Abteilungsvorsitzender in Berlin-Reinickendorf.

Hildebrandt, Helmut *SPD*

Geb. 23. November 1931 Berlin
Gest. 28. Mai 2010 Berlin

Abgeordnetenhaus von Berlin:
8. WP
9. WP
10. WP
11. WP
12. WP

Grund- und Oberschule, 1944 Schulbesuch durch Kriegsereignisse unterbrochen, 1946 bis 1948 Kürschnerlehre, 1952 Eintritt in den Polizeidienst, Besuch der Abendschule, 1962 Abitur, Studium der Sozialwissenschaften (Soziologie, Psychologie, Pädagogik), 1976 Magister Artium, ab 1965 im leitenden Dienst der Schutzpolizei Berlin, ab 1966 Lehrer an der Landespolizeischule „Joachim Lipschitz" bzw. Dozent an der Fachhochschule für Verwaltung und Rechtspflege, zuletzt Polizeihauptkommissar, mit Annahme des Abgeordnetenmandats Polizeihauptkommissar a. D., ab 1965 Mitglied der SPD, 1971 bis 1981 stellvertretender Vorsitzender der SPD in Berlin-Reinickendorf, 1971 bis 1984 Mitglied des SPD-Landesvorstands Berlin, 1971 bis 1974 Bezirksverordneter in Berlin-Reinickendorf, Vorsitzender des Innenausschusses des Abgeordnetenhauses von Berlin.

Hillenberg, Ralf *SPD*

Geb. 3. August 1956 in Berlin

Abgeordnetenhaus von Berlin:
12. WP
14. WP
15. WP
16. WP

Oberschule, 1975 Abitur, Grundwehrdienst NVA, 1977/78 Berufsausbildung zum Zimmermann, 1978 bis 1984 Fernstudium zum Diplom-Ingenieur an der Technischen Universität Dresden, ab 1983 Bauleiter beim VEB Ingenieur-Hochbau, 1991 bis 1994 Oberbauleiter der Ingenieur-Hochbau Berlin GmbH, 1990/91 Betriebsratsvorsitzender, ab 1994 geschäftsführender Gesellschafter des Architekten- und Ingenieursbüros für Projektentwicklung und Baubetreuung (IPB.B GmbH), 1998 Mitbegründer des Architektur- und Ingenieurbüro ASCIA GmbH, bis Ende 2005 Gesellschafter und Mitgeschäftsführer, Februar 2002 Gründung der IPB.G GmbH (Generalunternehmer für Modernisierung und Instandsetzung von Wohn- und Gewerbebauten), ab 1989 Mitglied der SDP/SPD, 1992 stellvertretender, 1998 bis 2001 Vorsitzender des SPD-Kreisverbands Berlin-Weißensee, 2000 bis 2002 Kreisvorsitzender der SPD Nord-Ost (Großbezirk Berlin-Pankow), 2004 bis 2010 Vorsitzender der SPD-Abteilung Karow-Buch, ab November 2010 Ehrenvorsitzender der SPD Karow-Buch, 2001 bis Februar 2010 Vorsitzender des Petitionsausschusses des Abgeordnetenhauses von Berlin, ab März 2010 fraktionslos, Mai 1990 bis Januar 1991 Mitglied der Stadtverordnetenversammlung von Berlin.

Hilse, Torsten *SPD*

Geb. 12. Februar 1955 Zittau

Abgeordnetenhaus von Berlin:
12. WP
15. WP
16. WP

POS, Volkshochschule, 1975 Abitur, 1971 bis 1973 Lehre als Drucker, 1973 Gesellenprüfung, 1979 bis 1981 Studium an der Ingenieurschule für Polygrafie in Leipzig, 1981 Ingenieur für Polygrafie, 1981 bis 1983 Abteilungsleiter, 1984 bis 1987 Produktionsleiter (Druckerei) VEB Grafischer Großbetrieb Völkerfreundschaft, Werkstätten Görlitz-Zittau, 1987 bis 1990 Herstellungsleiter in der Evangelischen Verlagsanstalt Berlin, ab 1991 Mitgründer und geschäftsführender Gesellschafter der verbum Druck- und Verlagsgesellschaft mbH in Berlin-Prenzlauer Berg, Herbst 1989 Mitbegründer der SDP in Schwante, Februar bis September 1990 Mitglied des Parteirats des SPD-Bezirksverbands Berlin (Ost), ab Oktober 1990 Mitglied der SPD, 1990 bis 2006 stellvertretender Kreisvorsitzender der SPD in Berlin-Pankow.

Hitzigrath, Rüdiger *SPD*

Geb. 27. Dezember 1929 Berlin

Abgeordnetenhaus von Berlin:
6. WP
7. WP
8. WP

Gymnasium, 1948 Abitur, Studium der Rechtswissenschaften an der Freien Universität Berlin, 1956 1. juristisches Staatsexamen, 1956 bis 1958 juristischer Vorbereitungsdienst, 1958 bis 1983 freier Mitarbeiter bei der Bundesversicherungsanstalt für Angestellte, Prozessvertreter am Sozialgericht Berlin, ab 1983 selbstständiger Versicherungsvertreter, ab 1963 Mitglied der SPD, 1967 bis 1971 Bezirksverordneter in Berlin-Wilmersdorf, 1977 bis 1980 stellvertretender Vorsitzender der SPD-Fraktion, 1981 bis 1983 Mitglied des Deutschen Bundestags, 1984 bis 1989 Mitglied des Europäischen Parlaments, 2008 Verleihung der Würde eines Stadtältesten von Berlin.

Hönig, Hans-Christoph *CDU*

Geb. 25. Dezember 1930 Hindenburg/Oberschlesien

Abgeordnetenhaus von Berlin:
7. WP

Gymnasium, 1949 Abitur, Studium der Rechtswissenschaften an der Universität München, 1954 1. und 1958 2. juristische Staatsprüfung, 1958 Sachbearbeiter in einem Versicherungsunternehmen in München, Januar bis März 1959 Anwaltsassessor, 1959 bis 1964 juristischer Sachbearbeiter bei einem Versicherungsunternehmen in Frankfurt am Main, ab 1961 Mitglied der CDU, ab 1971 Mitglied des CDU-Kreisvorstands Berlin-Reinickendorf, 1964 bis 1974 Hilfsreferent, ab 1975 Referatsleiter im Bundesaufsichtsamt für das Versicherungswesen.

Hoffmann, Dieter *SPD*

Geb. 22. April 1934 Sellin
Gest. 24. November 2005 Potsdam

Abgeordnetenhaus von Berlin:
7. WP (ab 8. April 1976, nachgerückt für Jürgen Brinckmeier)
9. WP (ab 2. Juli 1981, nachgerückt für Martin Raasch)

Hauptschule, Lehre und Arbeit als Friseur, Friseurgehilfe, Polizeiausbildung und Besuch der Polizeifortbildungsschule, bis Oktober 1967 im Polizeidienst, anschließend hauptamtlicher Funktionär der Gewerkschaft ÖTV, Geschäftsführer der ÖTV Berlin, ab 1959 Mitglied der SPD.

Hoffmann, Otto *FDP*

Geb. 1. April 1940 Korntal bei Stuttgart

Abgeordnetenhaus von Berlin:
10. WP
12. WP

Gymnasium, 1959 Abitur, 1959 bis 1961 Studium an der Technischen Hochschule Stuttgart, danach an der Technischen Universität Berlin, 1969 Diplom-Ingenieur, bis 1971 Entwicklungsingenieur bei der AEG Berlin, 1971 bis 1973 Mitarbeiter bei der Gesellschaft für Prozeßsteuerungs- und Informationssysteme mbH, Berlin, ab 1973 Mitarbeiter im Vertrieb der Firma Digital Equipment, später Vertriebsleiter, ab 1991 freiberuflicher Unternehmensberater, ab 1975 Mitglied der FDP, Bezirksvorsitzender in Berlin-Charlottenburg bzw. Vorsitzender des FDP-Ortsverbands Charlottenburg-City, 1975 bis 1981 Bezirksverordneter in Berlin-Charlottenburg und Fraktionsvorsitzender der FDP, ab 1989 Mitglied des FDP-Landesvorstands Berlin.

Hofmann (später verh. Maes), geb. Brückner, Elke *CDU*

Geb. 26. Februar 1943 Neustadt/Sachsen

Abgeordnetenhaus von Berlin:
12. WP (bis 15. Juli 1994, Nachrückerin: Monika Brauer)

Gymnasium, 1961 Abitur, 1962 bis 1966 Studium an der Pädagogischen Hochschule, Staatsexamen, später noch Fernstudium, Diplom-Lehrerin, 1966 bis 1978 Diplom-Lehrerin für Mathematik und Physik an einer Betriebsberufsschule, 1979 bis 1990 an einer POS, 1982 bis 1986 außerplanmäßige Aspirantur an der Sektion Mathematik der Universität Jena, 1986 Promotion zum Dr. paed., ab 1979 Mitglied der CDU, ab Dezember 1989 Mitglied des CDU-Parteivorstands in der DDR, ab 1990 Vorsitzende des Kreisverbands Berlin-Hohenschönhausen, zeitweilig stellvertretende Landesvorsitzende der CDU Berlin, Mai 1990 bis Januar 1991 Mitglied der Stadtverordnetenversammlung von Berlin.

Hohenberger, Lydia *AL*

Geb. 17. Januar 1959 Selb/Oberfranken
Gest. 7. Dezember 2011 Portugal

Abgeordnetenhaus von Berlin:
11. WP

Gymnasium in Laufen und Wiesbaden, 1978 Abitur, Studium der Politischen Wissenschaft an der Universität Marburg und an der Freien Universität Berlin, 1984 Diplom-Politologin, 1984/85 Postgraduierten-Studium an der International Graduate School/ Universität Stockholm, 1985 bis 1988 Honorartätigkeiten im Bereich der Frauen- und Arbeitsmarktforschung (Freie Universität Berlin, Wissenschaftszentrum Berlin für Sozialforschung und Technische Universität Berlin), 1986 bis 1988 wissenschaftliche Mitarbeiterin am Berliner Institut für Sozialforschung, ab 1985 Mitglied der AL, 1994 Umzug nach Portugal, Mitinhaberin des Reiseunternehmens A & O – Ausflüge vor Ort Lydia Hohenberger & Jürgen Strohmaier.

Holzhütter, geb. Krupke, Ingrid *SPD*

Geb. 12. November 1936 Berlin
Gest. 25. September 2009 Berlin

Abgeordnetenhaus von Berlin:
10. WP
11. WP
12. WP (14. November 1994, Nachrücker: Jürgen Wagner)

Grundschule und Gymnasium, Ausbildung am Pestalozzi-Fröbel-Haus, Staatsexamen als Hauswirtschaftsleiterin, 1977 Eintritt in den Einzelhandel, ab 1983 leitende Angestellte im Einzelhandelsgeschäft Kinder-Center Proske in Mariendorf, ab 1975 Mitglied der SPD, 1978 bis 1987 Kreisvorsitzende der Arbeitsgemeinschaft Sozialdemokratischer Frauen (ASF) in Berlin-Tempelhof, 1988 bis 1990 Landesvorsitzende der ASF Berlin, 1987 bis 1994 Mitglied im ASF-Bundesvorstand, Mitglied des SPD-Landesvorstands Berlin, 1981 bis 1985 Bezirksverordnete in Berlin-Tempelhof, 1994 bis 2002 Mitglied des Deutschen Bundestags.

Hopmann, Benedikt *AL*

Geb. 11. August 1949 Münster/Westfalen

Abgeordnetenhaus von Berlin:
11. WP

Gymnasium, Abitur, Hilfsarbeiter bei den Deutschen Telefonwerken, Schweißer im Waggonbau und Ausbildung zum Betriebsschlosser, Anfang der 1980er-Jahre Mitglied in einem Betriebsrat, schließlich Betriebsratsvorsitzender, ab 1981 Mitglied der AL, 1981 bis 1983 Bezirksverordneter in Berlin-Kreuzberg, 1989/90 Fraktionssprecher der AL im Abgeordnetenhaus von Berlin für den Bereich Arbeit und Betriebe, 1995 bis 2000 Studium der Rechtswissenschaften an der Freien Universität Berlin, nach dem Referendariat und dem 2. Staatsexamen Tätigkeit als Rechtsanwalt, vor allem im Bereich des Arbeitsrechts tätig.

Hoppe, Hans-Günter *FDP*

Geb. 9. November 1922 Stettin
Gest. 22. März 2000 Berlin

Abgeordnetenhaus von Berlin:
1. WP (ab 7. Februar 1952, nachgerückt für Friederike Mulert)
2. WP
4. WP

5. WP
6. WP (bis 11. Oktober 1973, Nachrücker: Arnold Krüger)

Siehe Biografisches Handbuch der Berliner Stadtverordneten und Abgeordneten 1946–1963, im Auftrag des Präsidenten des Abgeordnetenhauses von Berlin bearbeitet von Werner Breunig und Andreas Herbst, mit einer Einleitung von Siegfried Heimann (= Schriftenreihe des Landesarchivs Berlin, Bd. 14), Berlin 2011, S. 129.

Horn, Heiko *PDS*

Geb. 6. Juni 1956 Berlin

Abgeordnetenhaus von Berlin:
12. WP (bis 5. Juli 1994, Nachrückerin: Heide-Lore Wagner)

POS, 1974 bis 1976 Berufsausbildung zum Facharbeiter für Straßenbautechnik, 1976 bis 1980 Facharbeiter für Straßenbautechnik, 1980 bis 1987 hauptamtlicher Mitarbeiter im Jugendverband der FDJ, 1987 bis 1990 Gewerkschaftsfunktionär des FDGB und der IG Metall, BGL-Vorsitzender VEB Berliner Vergaser- und Filterwerke, ab 1990 Mitglied der PDS, Mai 1990 bis Januar 1991 Mitglied der Stadtverordnetenversammlung von Berlin.

Hucklenbroich, Volker *FDP*

Geb. 10. Februar 1925 Soest/Westfalen
Gest. 12. Februar 2004 Berlin

Abgeordnetenhaus von Berlin:
1. WP
2. WP
7. WP
8. WP

Siehe Biografisches Handbuch der Berliner Stadtverordneten und Abgeordneten 1946–1963, im Auftrag des Präsidenten des Abgeordnetenhauses von Berlin bearbeitet von Werner Breunig und Andreas Herbst, mit einer Einleitung von Siegfried Heimann (= Schriftenreihe des Landesarchivs Berlin, Bd. 14), Berlin 2011, S. 130.

Hübner, Beate *CDU*

Geb. 31. Mai 1955 Jena

Abgeordnetenhaus von Berlin:
12. WP
13. WP

POS und EOS, 1973 Abitur, 1973 bis 1975 Ausbildung zur Krankenschwester, Studium der Humanmedizin an der Humboldt-Universität zu Berlin, 1987 Diplom, Ausbildung zur Fachärztin für Physiotherapie am Krankenhaus Berlin-Friedrichshain, ab 1981 Mitglied der CDU, Vorsitzende des CDU-Ortsverbands Hellersdorf im Kreisverband Wuhletal, Mai 1990 bis Januar 1991 Mitglied der Stadtverordnetenversammlung von Berlin, 1996 bis 1999 Senatorin für Gesundheit und Soziales, Vorsitzende des Vereins zur Förderung und Erforschung Traditioneller Chinesischer Medizin in Berlin e. V., Master Student der Traditionellen Chinesischen Medizin an der Jinan-Universität zu Guangzhou.

Ibscher, Paul *SPD*

Geb. 9. Oktober 1910 Berlin
Gest. 3. Mai 1983 Berlin

Abgeordnetenhaus von Berlin:
5. WP (ab 2. Februar 1970, nachgerückt für Eleonore Lipschitz)

Volksschule, Lehre als Etuimacher, ab 1928 Mitglied der SPD, 1929 bis 1933 Radfahrbote beim SPD-Verlag „Vorwärts", anschließend Packer bei der Firma Siemens, nach 1933 illegale Arbeit gegen das NS-Regime, zeitweise inhaftiert, Wehrmacht, Kriegsgefangenschaft, 1947 bis 1949 Zeitungsfahrer beim „Telegraf", anschließend Arbeiter bzw. Vorarbeiter bei den Entwässerungswerken Berlin, 1954 bis 1968 als Personalrat freigestellt, ab Januar 1969 Vorstandsmitglied im Hauptpersonalrat für die Betriebe und Verwaltungen des Landes Berlin, 1952 bis 1970 Bezirksverordneter in Berlin-Kreuzberg.

Jacoby, Hans *CDU*

Geb. 30. April 1918 Berlin
Gest. 19. September 1996 Berlin

Abgeordnetenhaus von Berlin:
5. WP

Oberrealschule, Lehre und Arbeit als Industriekaufmann, 1939 Reichsarbeitsdienst, anschließend Wehrmacht, nach 1945 Betriebsleiter eines mittleren Unternehmens, selbstständiger Industriekaufmann, ab 1946 Mitglied der CDU, 1948 bis 1967 Bezirksverordneter in Berlin-Kreuzberg, zeitweise Vorsitzender der CDU-Fraktion.

Jänichen, Horst *SPD*

Geb. 5. März 1931 Berlin

Abgeordnetenhaus von Berlin:
5. WP

Volks- und Oberrealschule, am 23. April 1946 vom NKWD in Berlin-Lichtenberg wegen angeblicher Zugehörigkeit zu einer nationalsozialistischen Widerstandsorganisation („Werwolf") verhaftet, bis 31. Juli 1948 im Internierungslager Sachsenhausen inhaftiert, nach Entlassung im Juli 1948 Abrissarbeiter bzw. im Gaststättengewerbe beschäftigt, Kontakt zur Kampfgruppe gegen Unmenschlichkeit, am 29. Dezember 1950 erneut verhaftet und vom Stadtgericht in Ost-Berlin zu acht Jahren Zuchthaus verurteilt, 9. Januar 1959 Entlassung aus dem Zuchthaus Waldheim nach Ost-Berlin, 4. Februar 1959 Flucht nach West-Berlin, ab Mai 1960 Verwaltungsangestellter beim Bezirksamt Berlin-Tiergarten, ab 1960 Mitglied der SPD, ab 1965 2. Landesvorsitzender der Berliner Jungsozialisten und Vertreter der Jungsozialisten im Landesausschuss der Berliner SPD, ab 1973 Mitarbeiter in der Pressestelle des Bundesministeriums für innerdeutsche Beziehungen, ab 1989 Referatsleiter im Bundesministerium des Innern, 1989 bis 1999 Bezirksverordneter in Berlin-Tiergarten.

Jänicke, Martin *AL*

Geb. 15. August 1937 Buckow bei Beeskow

Abgeordnetenhaus von Berlin:
9. WP (bis 11. Juni 1983, Nachrücker durch Rotation: Reinhard Behr)

Sohn eines Gemeindepfarrers, 1949 Umzug nach Berlin, Gymnasium, 1957 Abitur, Studium der Soziologie, Volkswirtschaft und Politikwissenschaft an der Freien Universität Berlin, 1963 Diplom-Soziologe, ab 1963 Assistent an der Pädagogischen Hochschule Berlin, 1969 Promotion zum Dr. phil., 1970 Habilitation, 1957 bis 1979 Mitglied der SPD, 1968/69 Mitarbeiter im Wahlkampfteam von Willy Brandt, 1974 bis 1976 externer Berater der Planungsabteilung im Bundeskanzleramt, 1971 bis 2002 Professor für Vergleichende Analyse am Fachbereich Politische Wissenschaft der Freien Universität Berlin, 1986 bis 2007 Leiter der Forschungsstelle für Umweltpolitik, 1981 parteiloser Kandidat der AL für die Wahl zum Abgeordnetenhaus von Berlin, Mitbegründer der Zeitschrift „Natur" und des Instituts für ökologische Wirtschaftsforschung, 1999 bis 2005 Mitglied des Sachverständigenrats für Umweltfragen der Bundesregierung.

Jannicke, Werner *SPD*

Geb. 27. Oktober 1919 Berlin
Gest. 15. Mai 1995 Berlin

Abgeordnetenhaus von Berlin:
4. WP
5. WP
6. WP (bis 9. Februar 1974, Nachrücker: Hans Zarth)

Volksschule und Gymnasium, Abitur, Reichsarbeitsdienst, Wehrmacht, 1946 Angestellter im Bezirksamt Berlin-Wedding, 1949 bis 1963 persönlicher Referent beim Senator Paul Hertz bzw. Leiter des Notstandsprogramms in der Senatsverwaltung für Wirtschaft und Kredit, ab 1946 Mitglied der SPD, ab 1959 Mitglied des SPD-Landesvorstands Berlin, 1949 bis 1963 Bezirksverordneter in Berlin-Wedding und ab 1950 auch Fraktionsvorsitzender, ab Oktober 1956 ehrenamtliches Vorstandsmitglied der Bürgermeister-Reuter-Stiftung, ab 1967 stellvertretender Vorsitzender der SPD-Fraktion im Abgeordnetenhaus von Berlin.

Jaroch, Siegmund *CDU*

Geb. 20. November 1926 Stettin
Gest. 9. Januar 2016 Berlin

Abgeordnetenhaus von Berlin:
3. WP (ab 10. März 1959, nachgerückt für Rudolf Dümchen)
4. WP (bis 24. Februar 1965, Nachrücker: Rudolf Dümchen)
12. WP

Siehe Biografisches Handbuch der Berliner Stadtverordneten und Abgeordneten 1946–1963, im Auftrag des Präsidenten des Abgeordnetenhauses von Berlin bearbeitet von Werner Breunig und Andreas Herbst, mit einer Einleitung von Siegfried Heimann (= Schriftenreihe des Landesarchivs Berlin, Bd. 14), Berlin 2011, S. 133.

Jessen, Hauke *CDU*

Geb. 6. Dezember 1934 Marburg an der Lahn

Abgeordnetenhaus von Berlin:
10. WP (ab 1. Februar 1988, nachgerückt für Dietrich Mahlo)

Gymnasium, 1955 Abitur, Studium der Rechts- und Wirtschaftswissenschaften an der Freien Universität Berlin sowie an den Universitäten Köln und Freiburg, 1960 1. juristische Staatsprüfung, 1962 Promotion zum Dr. jur., 1965 2. juristische Staatsprüfung,

1965/66 wissenschaftlicher Assistent an der Freien Universität Berlin, 1966 bis 1969 Beamter im höheren Auswärtigen Dienst (Legationssekretär bzw. Legationsrat) an Auslandsvertretungen der Bundesrepublik Deutschland in Paris und London, ab 1969 Rechtsanwalt, ab 1981 auch Notar in Berlin, ab 1969 Mitglied der CDU, Ortsverbandsvorsitzender und Mitglied des CDU-Kreisvorstands Berlin-Wilmersdorf, 1975 bis 1979 Bezirksverordneter in Berlin-Wilmersdorf, 1975 bis 1981 persönlicher Referent des Präsidenten des Abgeordnetenhauses von Berlin, stellvertretender Vorsitzender bzw. Vorstandsmitglied der Arbeitsgemeinschaft 13. August e. V.

Jewarowski, Manfred *CDU*

Geb. 3. Oktober 1940 Berlin

Abgeordnetenhaus von Berlin:
9. WP (ab 31. August 1983, nachgerückt für Ulrich Rastemborski)
10. WP

Oberschule und kaufmännische Berufsschule, kaufmännische Lehre, Einzelhandelskaufmann, 1959 Kaufmannsgehilfenprüfung, 1959/60 Einzelhandelskaufmann, 1960 bis 1971 im Außendienst tätig, 1971 bis 1981 Verkaufsleiter bei Nordhaus Fertigbau GmbH, ab 1981 Geschäftsführer, später Geschäftsführer der JURATON GmbH in Berlin-Reinickendorf, ab 1976 Mitglied der CDU, 1979 bis 1981 stellvertretender Vorsitzender des CDU-Ortsverbands „Alt Cölln" in Berlin-Neukölln, 1979 bis 1981 Bezirksverordneter in Berlin-Neukölln.

Jöhren, Heinz-Horst *CDU*

Geb. 10. März 1928 Berlin

Abgeordnetenhaus von Berlin:
5. WP

Sohn des Architekten und Schriftstellers Werner Jöhren, Volks- und Oberschule, Abitur, 1948 bis 1953 Studium der Geschichte, Germanistik und Publizistik an der Freien Universität Berlin, anschließend journalistische Tätigkeit als fester, freier Mitarbeiter an verschiedenen Zeitschriften und Rundfunkanstalten, 1952 bis 1958 Landesvorsitzender (Diözesanjugendführer) des Bundes der Deutschen Katholischen Jugend im Bistum Berlin, ab 1961 Leiter des Internationalen Instituts für gesamtdeutsche Bildungsarbeit – Haus der Zukunft Berlin, ab 1946 Mitglied der CDU, Kreisvorsitzender der Jungen Union in Usedom, 1948 Flucht nach West-Berlin (Vater war nach 1945 Landrat von Usedom und Vorsitzender der CDU-Fraktion im Landtag von Mecklenburg, durch SMA ausgewiesen, später Leiter des Ost-Büros der CDU), 1948 bis 1952 Vorsitzender der Jungen Union in Berlin-Kreuzberg, 1959 stellvertretender Vorsitzender des Landesverbands der Jungen Union Berlin, ab 1963 Mitglied des Geschäftsführenden CDU-Landesverbands Berlin.

Jörgensen-Ullmann, geb. Jörgensen, Kirsten *AL*

Geb. 17. April 1958 Berlin

Abgeordnetenhaus von Berlin:
10. WP (ab 21. April 1987, nachgerückt durch Rotation für Hilde Schramm)

Grundschule und Gymnasium, 1976 Abitur, Studium der Politischen Wissenschaft an der Freien Universität Berlin, 1982 Examen als Diplom-Politologin, 1983/84 Fraktionsassistentin der AL in der Bezirksverordnetenversammlung Berlin-Schöneberg, 1984 bis 1986 wissenschaftliche Mitarbeiterin an der Freien Universität Berlin, ab 1983 Mitglied der AL, 1991 Beginn des Promotionsvorhabens über die deutsche Sonderabfallpolitik, seitdem Mitarbeiterin der Forschungsstelle für Umweltpolitik, 1996 Promotion an der Freien Universität Berlin, wissenschaftliche Mitarbeiterin bzw. Studienleiterin am Fachbereich Politik- und Sozialwissenschaften und Mitglied des Vorstands der Forschungsstelle für Umweltpolitik der Freien Universität Berlin.

John, Barbara *CDU*

Geb. 18. Januar 1938 Berlin

Abgeordnetenhaus von Berlin:
9. WP (bis 30. November 1981, Nachrücker: Günter Elsner)

Gymnasium, 1958 Abitur, 1958 bis 1961 Lehrerstudium in Lüneburg, 1961 1. Staatsprüfung für das Lehramt, 1965 2. Lehrerprüfung, 1961 bis 1966 Grundschullehrerin für Deutsch und Englisch in Hamburg, anschließend Zweitstudium der Politikwissenschaft und Bildungsökonomie an der Freien Universität Berlin und der London School of Economics, 1970 Diplom-Politologin, 1971 bis 1975 wissenschaftliche Angestellte an der Freien Universität Berlin und Technischen Universität Berlin, 1975 bis 1980 wissenschaftliche Assistentin an der Pädagogischen Hochschule Berlin, ab 1967 Mitglied der CDU, ab 1977 stellvertretende Vorsitzende der Landesfrauenvereinigung der CDU, ab 1980 Vorsitzende des CDU-Ortsverbands in Berlin-Kreuzberg, 1971 bis 1981 Bezirksverordnete in Berlin-Kreuzberg, 1975 bis 1981 stellvertretende Fraktionsvorsitzende, ab 1980 Tätigkeit in der Lehrerausbildung im Fach Deutsch als Zweitsprache an der Freien Universität Berlin, 1981 bis 2003 Ausländerbeauftragte des Berliner Senats, Oktober 2007 Wahl zur Vorsitzenden des Beirats der Antidiskriminierungsstelle des Bundes, Vorsitzende des Paritätischen Wohlfahrtsverbands Berlin, Mitglied des Aufsichtsrats der Bürgermeister-Reuter-Stiftung.

Jordan, Carlo (Karl-Heinz) *Bündnis 90/Grüne (AL)/UFV*

Geb. 5. Februar 1951 Berlin

Abgeordnetenhaus von Berlin:
12. WP (ab 7. April 1994, nachgerückt für Uwe Lehmann)

POS mit Berufsausbildung zum Zimmerer (1968), 1969 bis 1972 Studium an der Fachschule für Bauwesen in Ost-Berlin, 1972 Hochbau-Ingenieur, später Diplom-Ingenieur, 1978 bis 1982 Fernstudium der Geschichte und Philosophie an der Humboldt-Universität zu Berlin, 1982 aus politischen Gründen Relegation, bis 1989/90 Bauleiter an der Zionskirche in Berlin-Mitte und Philosophiedozent an der Evangelischen Hochschule in Potsdam, 1986 Mitbegründer der Berliner Umweltbibliothek und Mitarbeiter der „Umweltblätter", 1989 Mitbegründer der Grünen Partei der DDR und deren Parteisprecher, Mai 1990 bis Januar 1991 Mitglied der Stadtverordnetenversammlung von Berlin, nach 1995 Beginn eines Forschungsprojekts zur Nachkriegsgeschichte der Humboldt-Universität an der Freien Universität Berlin, 2000 Promotion zum Dr. phil., ab 2000 stellvertretender Vorsitzender der Forschungs- und Gedenkstätte Berlin-Normannenstraße.

Jungclaus, Klaus *SPD*

Geb. 24. Oktober 1942 Stade

Abgeordnetenhaus von Berlin:
8. WP
9. WP
10. WP (bis 22. Mai 1985, Nachrücker: Horst Kliche)

Gymnasium, 1960 mittlere Reife, Vermessungstechnikerlehre, 1962 Lehrabschlussprüfung, Studium des Vermessungswesens an der Ingenieur-Akademie der Freien und Hansestadt Hamburg, 1965 Ingenieur, 1965 bis 1973 technischer Angestellter beim Bezirksamt Berlin-Spandau, 1975 Vermessungsrat, ab 1976 stellvertretender Amtsleiter des Vermessungsamts Berlin-Spandau, ab 1965 Mitglied der SPD, ab 1975 stellvertretender Kreisvorsitzender der SPD in Berlin-Spandau, 1985 bis 1995 Bezirksstadtrat für Bauwesen in Berlin-Spandau, Inhaber eines Ingenieurbüros in Berlin-Spandau.

Jungnickel, Wolfgang *CDU/FDP*

Geb. 30. April 1928 Bernau bei Berlin

Abgeordnetenhaus von Berlin:
6. WP
15. WP

Gymnasium, 1946 Abitur, 1946 bis 1952 Studium der Veterinärmedizin an der Universität Berlin bzw. an der Freien Universität Berlin, 1952 Promotion zum Dr. med. vet., Approbation, wissenschaftliche Assistenz, freie Praxis in Berlin-Friedenau, ab 1964 Amtstierarzt und Leiter des Veterinäramts in Berlin-Steglitz, ab 1955 Mitglied der CDU, später Austritt und Mitglied der FDP, 29. November 2001 Eröffnung der 15. Wahlperiode des Abgeordnetenhauses von Berlin als Alterspräsident, kulturpolitischer Sprecher der FDP-Fraktion im Abgeordnetenhaus, Oktober 2002 Austritt aus der FDP, fraktionsloser Abgeordneter bis 2006.

Kaczmarek, Alexander *CDU*

Geb. 21. Februar 1963 Berlin

Abgeordnetenhaus von Berlin:
12. WP (ab 3. Juni 1994, nachgerückt für Manfred Preuss)
13. WP
14. WP
15. WP

Gymnasium, 1982 Abitur, 1982 bis 1988 Studium der Volkswirtschaftslehre und des Verkehrswesens an der Technischen Universität Berlin, Diplom-Volkswirt, 1988 bis 1990 Regierungsreferendariat bei den Senatoren für Inneres, für Finanzen, für Verkehr und Betriebe sowie bei der Verwaltung des Abgeordnetenhauses von Berlin, 1991 Staatsexamen für den höheren Dienst, 1993 Regierungsrat, 1992 bis 1994 Leiter des Senatorenbüros beim Senator für Verkehr und Betriebe, ab 1986 Mitglied der CDU, 1992 bis 1994 Bezirksverordneter in Berlin-Neukölln, verkehrspolitischer Sprecher bzw. parlamentarischer Geschäftsführer der CDU-Fraktion im Abgeordnetenhaus von Berlin, ab 2007 in der Abteilung Politische Beziehungen der Deutschen Bahn, ab 2009 Leiter der Repräsentanz der Deutschen Bahn in Berlin, Vorsitzender des Verkehrspolitischen Informationsvereins, 2013 bis 2015 Konzernbevollmächtigter der Deutschen Bahn für Sachsen-Anhalt, ab Juli 2015 Konzernbevollmächtigter der Deutschen Bahn für Berlin.

Kalleja, Hartmut *CDU*

Geb. 4. März 1955 Berlin

Abgeordnetenhaus von Berlin:
12. WP

Gymnasium, 1973 Abitur, Studium Bau- und Verkehrswesen an der Technischen Universität Berlin, 1981 Diplom-Ingenieur, 1987 Promotion zum Dr.-Ing., 1981/82 Diplom-Ingenieur im Ingenieurbüro Horst Kalleja, 1982 bis 1988 wissenschaftlicher Assistent an der Technischen Universität Berlin, 1988/89 Bauleiter bei der Fa. Wayss & Freytag AG, ab 1989 selbstständig, Mitinhaber BBP Ingenieur Consulting GmbH und Beratende Ingenieure Specht und Partner GmbH Berlin bzw. BAU·WERK·PLAN Dr.-Ing. Hartmut Kalleja, ab 1973 Mitglied der CDU, Vorsitzender des CDU-Ortsverbands Hermsdorf.

Kammholz, Axel *FDP*

Geb. 15. März 1937 Berlin

Abgeordnetenhaus von Berlin:
10. WP
12. WP

Gymnasium, 1955 Abitur, kaufmännische Lehre, Kaufmannsgehilfenprüfung, 1959 Industriekaufmann, Studium der Volkswirtschaft an der Freien Universität Berlin, 1963 Diplom-Volkswirt, Leitender Regierungsdirektor beim Bundeskartellamt, Lehrbeauftragter an der Fachhochschule für Wirtschaft Berlin, ab 1963 Mitglied der FDP, Ortsverbandsvorsitzender, 1971 bis 1975 Bezirksverordneter in Berlin-Steglitz, 1971 bis 1973 stellvertretender Landesvorsitzender der FDP Berlin, 1994/95 Fraktionsvorsitzender der FDP im Abgeordnetenhaus von Berlin, 1995 Spitzenkandidat der Berliner FDP zur Abgeordnetenhauswahl, 1998 Kandidatur zum Deutschen Bundestag im Wahlkreis Stegitz-Zehlendorf.

Kampfhenkel, geb. Just, Elga *SPD*

Geb. 4. Juli 1945 Kassel

Abgeordnetenhaus von Berlin:
10. WP
11. WP
12. WP
13. WP

Mittlere Reife, 1963 bis 1998 kaufmännische Lehre und Tätigkeit als Lohnbuchhalterin, Personal- und Finanzbuchhaltung in der Privatwirtschaft, 1971 bis 1986 Betriebsratsvorsitzende, ab 1963 Mitglied der SPD, 2005/06 Vorsitzende der SPD im Bezirk Friedrichshain-Kreuzberg, anschließend Kreiskassiererin, 1975 bis 1985 Bezirksverordnete in Berlin-Kreuzberg, stellvertretende Fraktionsvorsitzende, 1989 bis 1999 arbeitsmarktpolitische Sprecherin und stellvertretende Fraktionsvorsitzende der SPD im Abgeordnetenhaus von Berlin.

Kantemir (auch: Kantemir-Thomä), geb. Kallenberg, Rita *AL*

Geb. 7. März 1940 Berlin

Abgeordnetenhaus von Berlin:
9. WP (bis 12. Juni 1983, Nachrückerin durch Rotation: Kordula Schulz)

Grund- und Volkshochschule in der DDR, 1958 Prüfung als Kaufmannsgehilfin, ab 1972 Phonotypistin beim Bezirksamt Berlin-Spandau, ab 1981 Mitglied der AL, Gründungsmitglied des Berliner Flüchtlingsrats, 1986 bis 1989 Angestellte in einer Rechtsanwaltskanzlei, ab Juni 1990 Mitarbeiterin in der Fraktion „Bündnis 90/Grüne (AL)/UFV" im Abgeordnetenhaus von Berlin.

Kapek, Frank *AL*

Geb. 29. Oktober 1951 Berlin

Abgeordnetenhaus von Berlin:
10. WP (ab 21. April 1987, nachgerückt durch Rotation für Christiane Zieseke)

Grund- und Realschule, 1969 bis 1972 Berufsausbildung als Krankenpfleger, anschließend Tätigkeit als Krankenpfleger in verschiedenen Krankenhäusern, Tätigkeit als OP-Pfleger, 1978 bis 1981 Betriebsrat im Jüdischen Krankenhaus, ab 1979 Mitglied der AL, 1982/83 Mitglied des Geschäftsführenden Ausschusses der AL, Januar 1984 bis März 1985 Bezirksverordneter in Berlin-Tempelhof.

Kaschke, Heinz *FDP*

Geb. 27. März 1916 Berlin
Gest. 3. August 2002 Berlin

Abgeordnetenhaus von Berlin:
4. WP
5. WP
6. WP
7. WP (bis 1. September 1976, Nachrücker: Jürgen Kunze)

Sohn eines Kürschnermeisters, Volksschule und Gymnasium, 1928 Mitglied der Bündischen Jugend, 1935 Abitur, bankkaufmännische Lehre, 1938 Kaufmannsgehilfenprüfung, 1939 bis1945 Wehrmacht, amerikanische Kriegsgefangenschaft, 1945 Eintritt in den väterlichen Pelzbearbeitungsbetrieb „Ernst Kaschke & Sohn KG", 1947 geschäftsführender Mitinhaber des Betriebes, 1945 Mitbegründer der LDP in Halle/Saale, ab September 1945 in Berlin, Mitbegründer eines Jugendsekretariats, später Arbeitsgemeinschaft Junger Liberaldemokraten beim LDP-Landesverband Ost-Berlin, zeitweise Vorsitzender eines LDP-Ortsverbands in Berlin-Prenzlauer Berg, Vorsitzender eines Handwerker-Ausschusses beim LDPD-Bezirksvorstand Ost-Berlin, 1956 Übersiedlung nach West-Berlin, Mitglied der FDP, 1960 bis 1967 Vorsitzender des FDP-Bezirksverbands Berlin-Charlottenburg, 1963 bis 1967 Landesschatzmeister der FDP West-Berlin, 1967 bis 1981 Landesgeschäftsführer der FDP, Vorstandsmitglied der Vereinigung ehemaliger Mitglieder des Abgeordnetenhauses von Berlin e. V., 1981 Verleihung der Würde eines Stadtältesten von Berlin.

Kay, Ella *SPD*

Geb. 16. Dezember 1895 Berlin
Gest. 3. Februar 1988 Berlin

Stadtverordnetenversammlung von Groß-Berlin:
1. WP (bis 30. Januar 1947)
2. WP
Abgeordnetenhaus von Berlin:
3. WP
4. WP

Siehe Biografisches Handbuch der Berliner Stadtverordneten und Abgeordneten 1946–1963, im Auftrag des Präsidenten des Abgeordnetenhauses von Berlin bearbeitet von Werner Breunig und Andreas Herbst, mit einer Einleitung von Siegfried Heimann (= Schriftenreihe des Landesarchivs Berlin, Bd. 14), Berlin 2011, S. 137 f.

Kayser, Boto *CDU*

Geb. 14. Juni 1943 Rheinsberg

Abgeordnetenhaus von Berlin:
12. WP

Oberschule, 1961 Abitur, Lehre, 1965 Facharbeiterprüfung als technischer Rechner, Studium an der Staatlichen Ingenieurschule für Elektrotechnik in Berlin-Lichtenberg, 1969 Ingenieur für Nachrichtentechnik, 1963 bis 1967 mathematisch-technischer Assistent in der Akademie der Wissenschaften der DDR, 1969 bis 1983 Programmierer im Rechenzentrum des Ministeriums für Forschung und Technologie, 1984 bis 1990 Gruppenleiter, 1990 amtierender Direktor des Rechenzentrums, 1990/91 leitender Angestellter, Prokurist der Innovationspark Wuhlheide GmbH, 1991/92 ruhendes Arbeitsverhältnis, 1992 strukturbedingte Kündigung, ab 1973 Mitglied der CDU, 1990/91 Vorsitzender des Kreisverbands Berlin-Hellersdorf, Mai 1990 bis Januar 1991 Vorsteher der Bezirksverordnetenversammlung Berlin-Hellersdorf und Mitglied der Stadtverordnetenversammlung von Berlin, 2. Vorsitzender Förderverein der Erwin-von-Witzleben-Grundschule e. V.

Kayser, Christian *FDP*

Geb. 13. April 1938 Königsberg

Abgeordnetenhaus von Berlin:
6. WP
7. WP
8. WP

Gymnasium, 1957 Abitur, kaufmännisches Praktikum in einem Berliner Industriebetrieb, 1958 bis 1964 Studium der Rechts- und Erziehungswissenschaften an der Freien Universität Berlin und den Universitäten Tübingen, Freiburg und Göttingen, 1965 juristisches Staatsexamen, 1965 bis 1968 wissenschaftlicher Mitarbeiter an der Universität Göttingen, Gerichtsreferendar beim Berliner Kammergericht, ab 1959 Mitglied der FDP, 1966 Bundesvorsitzender des Liberalen Studentenbunds Deutschlands, ab 1967 Vorsitzender des FDP-Ortsverbands Berlin-Lankwitz/Lichterfelde Ost, ab 1977 Mitglied und stellvertretender Bundesvorsitzender der Arbeitsgemeinschaft Liberaler Eltern und Erzieher e. V.

Keil, Alfred *SPD*

Geb. 20. August 1904 Berlin
Gest. 18. März 1967 Berlin

Abgeordnetenhaus von Berlin:
3. WP (ab 12. Januar 1961, nachgerückt für Hermann Schäfer)
4. WP
5. WP (vor Beginn der WP verstorben)

Siehe Biografisches Handbuch der Berliner Stadtverordneten und Abgeordneten 1946–1963, im Auftrag des Präsidenten des Abgeordnetenhauses von Berlin bearbeitet von Werner Breunig und Andreas Herbst, mit einer Einleitung von Siegfried Heimann (= Schriftenreihe des Landesarchivs Berlin, Bd. 14), Berlin 2011, S. 138.

Kekulé, Friedrich von *CDU*

Geb. 16. Dezember 1930 Weimar
Gest. 15. März 2009 Potsdam

Abgeordnetenhaus von Berlin:
5. WP (ab 25. März 1969, nachgerückt für Bernhard Skrodzki)
6. WP
7. WP
8. WP

Aufgewachsen in Berlin und Brandenburg an der Havel, Realschule, Zögling der Ritterakademie, kaufmännische Ausbildung und Tätigkeit im Darmgroßhandel in Berlin-Neukölln, Anwaltsgehilfe in Berlin-Wilmersdorf, Mitinhaber eines Fabrikationsbetriebs für Reformlebensmittel in Berlin-Steglitz, ab 1959 Mitglied der CDU, stellvertretender Vorsitzender des CDU-Ortsverbands Kurfürstendamm und von 1965 bis 1975 Mitglied des CDU-Kreisvorstands Berlin-Charlottenburg, ab 1963 Vorstandsvorsitzender der Theatergemeinde Berlin e. V., 1993 Umzug nach Brandenburg an der Havel, CDU-Kreisvorsitzender und von 2003 bis 2005 Vorsitzender der Stadtverordnetenversammlung Brandenburg an der Havel, zuletzt Ehrenvorsitzender des Kreisverbands Brandenburg an der Havel, Vorsitzender des Vereins „Freunde der Kaiser-Wilhelm-Gedächtnis-Kirche".

Kellner, Horst *PDS*

Geb. 7. Februar 1930 Berlin

Abgeordnetenhaus von Berlin:
12. WP

1948 Abitur, ab 1946 Mitglied der KPD/SED, 1948 bis 1951 Studium an der Humboldt-Universität zu Berlin, 1951 1. juristische Staatsprüfung, 1957 Promotion zum Dr. jur., 1964 Habilitation, 1971 Dr. sc. jur., 1954 Lehrbeauftragter, 1956 beauftragter Dozent, 1964 Dozent, 1966 Professor mit Lehrauftrag, ab 1966 ordentlicher Professor an der Sektion bzw. ab 1990 am Fachbereich Rechtswissenschaften der Humboldt-Universität zu Berlin, Prodekan, Dekan und Direktor der Juristischen Fakultät beziehungsweise der Sektion Rechtswissenschaft der Humboldt-Universität zu Berlin, ab Januar 1991 ohne Besoldung beurlaubt, 1981 bis 1984 Gastprofessor an der Universität Addis Abeba in Äthiopien, Oktober 1990 Zulassung als Rechtsanwalt, Mai 1990 bis Januar 1991 Mitglied der Stadtverordnetenversammlung von Berlin.

Kendzia, Rudolf *REP*

Geb. 21. April 1938 Berlin

Abgeordnetenhaus von Berlin:
11. WP

Gymnasium, 1958 Abitur, kaufmännische Lehre als Verlagskaufmann, 1960 Kaufmannsgehilfenprüfung, bis 1965 als Verlagskaufmann, zuletzt als Werbeleiter tätig, danach als Betriebswirt selbstständig, 1973 bis 1987 Geschäftsführender GmbH-Gesellschafter, 1958/59 Mitglied der Deutschen Partei, 1959 bis 1969 Mitglied der Deutschen Reichspartei bzw. der NPD, Mitglied der CDU, 1981 bis 1986 Mitglied im CDU-Wirtschaftsrat, ab 1988 Mitglied der Partei „Die Republikaner", ab 1988 Landesgeschäftsführer und Kreisvorsitzender der REP in Berlin-Neukölln, 1991 Gründungsmitglied der Deutschen Liga für Volk und Heimat, einer von drei gleichberechtigten Bundesvorsitzenden, Gründungsmitglied und Wahlkandidat der Nationalen e. V., Geschäftsführer des VBR-Verlags (Vortrag-Buch-Reise Verlagsgesellschaft für politische Bildung), Vorsitzender des Hoffmann-von-Fallersleben-Bildungswerks sowie Leiter der Betreuungs- und Vermittlungs-GmbH „Kendzia und Partner", 2003 Rückzug von allen politischen Organisationen aus Altersgründen.

Kenneweg, Hans-Joachim *SPD*

Geb. 11. März 1927 Berlin

Abgeordnetenhaus von Berlin:
4. WP
5. WP (bis 31. Januar 1971, Nachrücker: Viktor Friese)

Volksschule und Falk-Oberschule, 1944 Mitglied der NSDAP, 1945 Wehrmacht und bis Juli 1948 Kriegsgefangenschaft, nach Entlassung Besuch der Oberschule, Abitur, September 1950 Eintritt als Dienstanwärter in die Bezirksverwaltung Berlin-Schöneberg, zeitweise Stadtamtmann im Ausgleichsamt Berlin-Schöneberg, Mitglied der SPD.

Kern, Horst-Achim *SPD*

Geb. 20. August 1943 Berlin

Abgeordnetenhaus von Berlin:
9. WP (ab 15. Juni 1981, nachgerückt für Günter Gaus)
10. WP
11. WP
12. WP

Gymnasium, 1963 Abitur, Studium am Otto-Suhr-Institut der Freien Universität Berlin, 1967 bis 1970 Ausbildung zum Stadtinspektor für den gehobenen nichttechnischen Verwaltungsdienst, 1970 Abschlussprüfung, 1970 bis 1975 Sachbearbeiter in der Amtsvormundschaft des Jugendamts Berlin-Schöneberg, 1975 bis 1977 persönlicher Mitarbeiter beim Senatsdirektor in der Senatsverwaltung für Familie, Jugend und Sport, 1977 bis 1981 Mitarbeiter in der Planungsgruppe der Senatsverwaltung für Familie, Jugend und Sport, ab 1982 Geschäftsführer des Sozialpädagogischen Instituts Berlin, 1987 bis 1989 Institutsleiter und Vorstandsvorsitzender, ab 1963 Mitglied der SPD, 1977 bis 1981 Abteilungsvorsitzender und Mitglied des Geschäftsführenden SPD-Kreisvorstands Berlin-Charlottenburg, ab 1986 Mitglied des Geschäftsführenden SPD-Landesvorstands Berlin, März 1989 bis 1995 parlamentarischer Geschäftsführer der SPD-Fraktion im Abgeordnetenhaus von Berlin, anschließend Vorstandsmitglied der Berliner Rentaco Boden- und Finanzmanagement AG, später stellvertretender Präsident des Bundesverbands Freier Immobilien- und Wohnungsunternehmen e. V., stellvertretender Vorsitzender der Stiftung Sozialpädagogisches Institut „Walter May" Berlin.

Kettner, Hans *SPD*

Geb. 16. Dezember 1919 Bischofswerda
Gest. 12. Oktober 2011 Berlin

Abgeordnetenhaus von Berlin:
3. WP
4. WP (bis 30. Juni 1963)

Siehe Biografisches Handbuch der Berliner Stadtverordneten und Abgeordneten 1946–1963, im Auftrag des Präsidenten des Abgeordnetenhauses von Berlin bearbeitet von Werner Breunig und Andreas Herbst, mit einer Einleitung von Siegfried Heimann (= Schriftenreihe des Landesarchivs Berlin, Bd. 14), Berlin 2011, S. 140 f.

Keul, Heinrich *CDU*

Geb. 11. Juni 1918 Bad Ems
Gest. 28. Juli 1998 Berlin

Stadtverordnetenversammlung von Groß-Berlin:
1. WP
2. WP
Abgeordnetenhaus von Berlin:
5. WP
6. WP

Siehe Biografisches Handbuch der Berliner Stadtverordneten und Abgeordneten 1946–1963, im Auftrag des Präsidenten des Abgeordnetenhauses von Berlin bearbeitet von Werner Breunig und Andreas Herbst, mit einer Einleitung von Siegfried Heimann (= Schriftenreihe des Landesarchivs Berlin, Bd. 14), Berlin 2011, S. 141.

Kewenig, Wilhelm *CDU*

Geb. 20. Juni 1934 Köln
Gest. 18. Juni 1993 Frankfurt am Main

Abgeordnetenhaus von Berlin:
9. WP
10. WP
11. WP (bis 10. Juni 1989, Nachrücker: Rolf Wiedenhaupt)

Gymnasium, 1954 Abitur, 1954 bis 1960 Studium der Rechts- und Staatswissenschaften an den Universitäten Freiburg im Breisgau, Bonn und Köln, 1959 1. und 1963 2. juristische Staatsprüfung, 1962 Promotion zum Dr. jur. in Köln, 1969 Habilitation, 1964 bis 1969 wissenschaftlicher Assistent, 1971 bis 1981 ordentlicher Professor für öffentliches Recht und Direktor des Instituts für Internationales Recht an der Christian-Albrechts-Universität Kiel, 1974/75 Rektor der Universität Kiel, 1976 bis 1979 Vorsitzender des Wissenschaftsrats, ab 1971 Mitglied der CDU, 1985 bis 1989 Vorsitzender des Kreisverbands Berlin-Charlottenburg, 1981 bis 1983 Senator für Wissenschaft und Kulturelle Angelegenheiten, 1983 bis 1986 Senator für Wissenschaft und Forschung, 1986 bis 1989 Senator für Inneres, ab Juni 1989 Rechtsanwalt in der Frankfurter Anwaltssozietat Hengeler, Mueller, Weitzel & Wirtz.

Kiele, Ingvild *AL*

Geb. 16. August 1940 Berlin

Abgeordnetenhaus von Berlin:
10. WP (bis 21. April 1987, Nachrücker durch Rotation:
Hans-Jürgen Kuhn)

Gymnasium, 1960 Abitur, Lehrerstudium, 1964 1. Staatsexamen, 1970 2. Staatsexamen, 1967 bis 1970 Lehrerin in Harpstedt/Oldenburg, Studium, 1981 Diplom in Psychologie, wissenschaftliche Mitarbeiterin am Psychologischen Institut der Freien Universität Berlin, ab 1981 Mitglied der AL, 1983/84 Mitglied des Geschäftsführenden Ausschusses der AL, 1989/90 stellvertretende Senatssprecherin.

Kittelmann, Marion *CDU*

Geb. 21. Mai 1952 Köln

Abgeordnetenhaus von Berlin:
12. WP
13. WP

Gymnasium, 1970 Abitur, Studium der Mathematik und Geschichte an der Pädagogischen Hochschule Berlin, 1976 1., 1979 2. Staatsprüfung für das Lehramt, Lehrerin an der 5. Grundschule in Berlin-Charlottenburg, ab 1976 Mitglied der CDU, ab 1989 Vorsitzende der Frauen-Union in Berlin-Tiergarten, schulpolitische Sprecherin der Fraktion der CDU im Abgeordnetenhaus von Berlin.

Kittelmann, Peter *CDU*

Geb. 17. Juli 1936 Stendal
Gest. 1. März 2003 Berlin

Abgeordnetenhaus von Berlin:
6. WP (bis 1. Juli 1971, Nachrücker: Fritz Troppa)
14. WP
15. WP (bis 1. März 2003, Nachrücker: Stefan Tromp)

Abitur 1955 und Ergänzungsabitur 1956, Studium der Veterinärmedizin und Rechtswissenschaften an der Freien Universität Berlin, während seines Studiums Mitglied der Sängerschaft Borussia Berlin, ab 1962 Mitglied der CDU, 1969 2. juristische Staatsprüfung, ab 1970 Rechtsanwalt, 1967 bis 1999 Kreisvorsitzender der CDU in Berlin-Tiergarten, nach Fusion 1999 bis 2003 Vorsitzender des Kreisverbands Berlin-Mitte, 1981 bis 1996 stellvertretender Landesvorsitzender der CDU Berlin, 1967 bis 1971 Bezirksverordneter in Berlin-Tiergarten, 1971 bis 1979 Bezirksstadtrat für Gesundheit und Wirtschaft bzw. stellvertretender Bürgermeister von Berlin-Tiergarten, 1976 bis 1994 Mitglied des Deutschen Bundestags (zunächst Berliner Vertreter, ab 1990 Direktmandat des Wahlkreises Berlin-Spandau), 1979 bis 1994 Mitglied der Parlamentarischen Versammlung des Europarats und der Parlamentarischen Versammlung der WEU.

Kittner, Ekkehard *CDU*

Geb. 27. November 1942 Pansdorf/Schlesien

Abgeordnetenhaus von Berlin:
7. WP
8. WP
9. WP
10. WP
11. WP
12. WP (bis 24. Januar 1991, Nachrücker: Günter Mardus)

Oberschule/Gymnasium, 1961 Abitur in Zwickau/Sachsen, Flucht nach West-Berlin, ab 1962 Mitglied der Jungen Union, ab 1967 der CDU, ab 1973 stellvertretender Kreisvorsitzender der CDU in Berlin-Neukölln, Vorsitzender, später Ehrenvorsitzender des CDU-Ortsverbands Berlin-Britz, Studium der Politikwissenschaft an der Freien Universität Berlin, 1969 Diplom-Politologe, 1969 bis 1971 politischer Referent beim CDU-Landesverband Berlin, 1971 bis 1974 GmbH-Geschäftsführer, ab 1970 Dozent an der Technischen Fachschule Berlin, 1991 bis 1995 Bezirksstadtrat für Soziales in Berlin-Neukölln.

Klauck, Fritz *CDU*

Geb. 16. März 1923 Berlin
Gest. 26. April 1967 Berlin

Abgeordnetenhaus von Berlin:
3. WP
4. WP

Siehe Biografisches Handbuch der Berliner Stadtverordneten und Abgeordneten 1946–1963, im Auftrag des Präsidenten des Abgeordnetenhauses von Berlin bearbeitet von Werner Breunig und Andreas Herbst, mit einer Einleitung von Siegfried Heimann (= Schriftenreihe des Landesarchivs Berlin, Bd. 14), Berlin 2011, S. 143.

Klebba, Rainer *SPD*

Geb. 15. August 1943 Camin/Pommern
Gest. 6. August 2012 in Berlin

Abgeordnetenhaus von Berlin:
8. WP

Gymnasium, 1964 Abitur, Studium der Volkswirtschaft an der Freien Universität Berlin und der Universität Hamburg, Studienleiter beim Paul-Löbe-Institut, 1963 bis 1993 Mitglied der SPD, 1974 bis 1976 Abteilungsvorsitzender in Berlin-Kreuzberg, später stellvertretender Vorsitzender des SPD-Kreisverbands Berlin-Kreuzberg, 1977 bis 1979 Angestellter beim Senator für Familie, Jugend und Sport, anschließend freiberuflicher Dozent, später erneut Verwaltungsangestellter bei der Senatsverwaltung für Jugend und Sport, 1971 bis 1979 Bezirksverordneter in Berlin-Kreuzberg, 1975 bis 1979 und 1981 bis 1993 erneut Bezirksverordneter und Vorsitzender der SPD-Fraktion in Berlin-Kreuzberg.

Kleemann, Heinrich *SPD*

Geb. 6. Januar 1918 Flinsbach
Gest. 16. November 2010 Berlin

Abgeordnetenhaus von Berlin:
6. WP (ab 10. Oktober 1974, nachgerückt für Ursula Maletzke)

Lehrer an Sonderschulen.

Klein, Dieter *PDS*

Geb. 25. Juni 1936 Berlin
Gest. 19. Januar 2002 Berlin

Abgeordnetenhaus von Berlin:
12. WP
13. WP

1942 bis 1951 Grundschule, 1951 bis 1954 Schlosserlehre, 1954 Gesellenprüfung, 1954 bis 1963 Schlosser, Mitglied der SED, ab 1990 der PDS, Studium an der FDGB-Hochschule Bernau, 1966 Diplom-Gesellschaftswissenschaftler, 1966 bis 1969 Vorsitzender der IG Metall in Berlin-Mitte, 1969 bis 1979 stellvertretender Intendant der Volksbühne, 1979 bis 1983 Aufbauleiter und Direktor des Schlosses in Berlin-Friedrichsfelde, 1983 bis 1990 Direktor des Büros für architekturbezogene Kunst in Ost-Berlin, 1959 bis 1963 Mitglied der Stadtbezirksversammlung von Berlin-Mitte, Mai 1990 bis Januar 1991 Mitglied der Stadtverordnetenversammlung von Berlin, kulturpolitischer Sprecher der PDS-Fraktion im Abgeordnetenhaus von Berlin.

Klein, Reinhard *FDP*

Geb. 22. Mai 1944 Riesenburg

Abgeordnetenhaus von Berlin:
12. WP

Oberschule, 1962 Abitur, 1964 Handelskaufmann, 1964 bis 1970 Studium der Wirtschaftswissenschaften in Leipzig, Diplom-Wirtschaftler, 1971 Promotion zum Dr. rer. oec., 1971 bis 1978 wissenschaftlicher Mitarbeiter im Rationalisierungs- und Forschungszentrum Einzelhandel, zuletzt als Bereichsleiter, ab 1966 Mitglied der LDPD, 1990 des BFD bzw. der FDP, 1990 Landesvorsitzender der LDP in Ost-Berlin, später EG-Beauftragter des FDP-Landesverbands Berlin, 1988 bis 1990 Mitarbeiter, zuletzt Abteilungsleiter in der Abteilung internationale Verbindungen des Zentralvorstands der LDPD/BFD/FDP, 1981 bis 1990 Mitglied der Stadtverordnetenversammlung von Ost-Berlin, zuletzt Fraktionsvorsitzender, 1990 bis 1993 Referent Auslandsarbeit/Osteuropa in der Friedrich-Naumann-Stiftung, sportpolitischer Sprecher der FDP-Fraktion im Abgeordnetenhaus von Berlin.

Klein, Siegfried *CDU*

Geb. 25. Februar 1923 Recklinghausen

Abgeordnetenhaus von Berlin:
5. WP (ab 7. Oktober 1968, nachgerückt für Renate von Roques)
6. WP

Volksschule, Lehre als Maschinenschlosser, Besuch der Abendschule, Ingenieurstudium, 1950 bis 1952 Fürsorgeausbildung am Pestalozzi-Fröbel-Haus, ab 1955 Familienfürsorger, 1953 bis 1958 Studium an der Deutschen Hochschule für Politik, Diplom-Politologe, 1958 bis 1962 Arbeit als Fürsorger, ab 1962 Lehrtätigkeit am Pestalozzi-Fröbel-Haus, Studienrat, ab 1961 Mitglied der CDU, ab 1967 Mitglied des CDU-Vorstands in Berlin-Lichterfelde Ost.

Klemann, Jürgen *CDU*

Geb. 16. Dezember 1944 Berlin-Pankow

Abgeordnetenhaus von Berlin:
12. WP (ab 1. Juni 1991, nachgerückt für Heinrich Lummer)
13. WP

Gymnasium, 1963 Abitur, Studium der Rechtswissenschaften an der Freien Universität Berlin, 1969 1. und 1973 2. juristische Staatsprüfung, 1973 bis 1979 Angestellter bei der Bundesversicherungsanstalt für Angestellte, zuletzt stellvertretender Direktor des Arbeitsamts II Berlin, ab 1967 Mitglied der CDU, 1986 bis 1997 Kreisvorsitzender der CDU Berlin-Zehlendorf, 1987 bis 1991 stellvertretender CDU-Landesvorsitzender, 1975 bis 1979 Bezirksverordneter in Berlin-Zehlendorf, 1979 bis 1981 stellvertretender Fraktionsvorsitzender, 1979 bis 1981 Bezirksstadtrat Personal und Verwaltung, 1981 bis 1991 Bezirksbürgermeister von Berlin-Zehlendorf, 1981 bis 1986 zugleich Baustadtrat, 1991 bis 1999 Senator für Schule, Berufsbildung und Sport bzw. für Verkehr, Bau- und Wohnungswesen, 2000 bis 2006 Vorstandsmitglied der Wohnungsbaugesellschaft GEHAG, Tätigkeit als Rechtsanwalt in der Kanzlei Buse Heberer Fromm in Berlin.

Kleusberg, Herbert *SPD*

Geb. 20. Januar 1914 Berlin
Gest. 5. August 1997 Berlin

Abgeordnetenhaus von Berlin:
3. WP (ab 30. Oktober 1961, nachgerückt für Paul Hertz)
4. WP
5. WP (bis 29. November 1967, Nachrücker: Hubert Schwarz)

Siehe Biografisches Handbuch der Berliner Stadtverordneten und Abgeordneten 1946–1963, im Auftrag des Präsidenten des Abgeordnetenhauses von Berlin bearbeitet von Werner Breunig und Andreas Herbst, mit einer Einleitung von Siegfried Heimann (= Schriftenreihe des Landesarchivs Berlin, Bd. 14), Berlin 2011, S. 146.

Kliche, Horst *SPD*

Geb. 1. November 1938 Berlin
Gest. 6. Februar 2000 Berlin

Abgeordnetenhaus von Berlin:
10. WP (ab 22. Mai 1985, nachgerückt für Klaus Jungclaus)
11. WP
12. WP

Oberschule, 1954 bis 1958 gewerbliche Lehre und Abschluss, Studium, 1962 Abschluss als Ingenieur, 1962 bis 1969 Tätigkeit als Ingenieur für Elektrotechnik in Nordrhein-Westfalen, ab 1969 Konstruktionsingenieur bei der Siemens AG, ab 1970 Mitglied der SPD, verschiedene Funktionen, u. a. Abteilungsvorsitzender, 1981 bis 1984 und von 1995 bis 2000 Bezirksverordneter in Berlin-Spandau.

Kliem, Wolfgang *CDU*

Geb. 7. Dezember 1936 Berlin
Gest. 18. März 2003 in Berlin

Abgeordnetenhaus von Berlin:
10. WP
12. WP

Grundschule, 1952 bis 1955 Berufsschule für Metallarbeiter, 1955 Gesellenprüfung als Maschinenschlosser, leitender Angestellter der Gebäudereinigung Bosse KG, ab 1965 Mitglied der CDU, ab 1970 Ortsverbandsvorsitzender der CDU Oranienplatz (Kreuzberg), 1975 bis 1979 Mitglied des CDU-Kreisvorstands, 1979 bis 1981 Vorsitzender des CDU-Kreisverbands Berlin-Kreuzberg. 1971 bis 1975 Bezirksverordneter in Berlin-Kreuzberg, 1975 bis 1979 Bezirksstadtrat für Bauwesen in Berlin-Kreuzberg.

Klinski, Stefan *AL*

Geb. 13. Februar 1958 Berlin

Abgeordnetenhaus von Berlin:
10. WP (bis 20. April 1987, Nachrücker durch Rotation:
Gunnar Grugelke)

Gymnasium, 1977 Abitur, Studium an der Pädagogischen Hochschule und an der Technischen Universität Berlin, 1984 1. Staatsprüfung für das Lehramt (Deutsch/Geschichte), ab 1983 Studium der Rechtswissenschaften an der Freien Universität Berlin, 1. und 2. juristisches Staatsexamen in Berlin, Promotion zum Dr. jur. an der Humboldt-Universität zu Berlin, 1995 bis 1998 Verwaltungsrichter, 1998 bis 2004 Rechtsanwalt, ab 2004 Professor für Wirtschaftsrecht, insbesondere Umweltrecht, an der Hochschule für Wirtschaft und Recht Berlin, 1981 bis 1983 Bezirksverordneter in Berlin-Zehlendorf.

Klotz, Knut *SPD*

Geb. 5. Juli 1944 Zwickau

Abgeordnetenhaus von Berlin:
12. WP

POS, Berufsausbildung zum Elektromonteur, 1963 Gesellenprüfung, Studium an der Ingenieurschule für Elektrotechnik, 1967 Ingenieur für Elektroanlagenbau, Studium der Rechtswissenschaften an der Humboldt-Universität zu Berlin, 1976 Diplom-Jurist, ab 1990 Unterabteilungsleiter im Ministerium für Bauwesen, Städtebau und Wohnungswirtschaft, zuletzt Regierungsdirektor im Bundesministerium für Verkehr, Bau und Stadtentwicklung bzw. Bundesministerium für Verkehr, Bau- und Wohnungswesen, ab 1990 Mitglied der SPD, Mai 1990 bis Januar 1991 Mitglied der Stadtverordnetenversammlung von Berlin.

Klotz, Sibyll-Anka *Bündnis 90/Grüne (AL)/UFV*

Geb. 4. März 1961 Berlin

Abgeordnetenhaus von Berlin:
12. WP
13. WP
14. WP
15. WP

POS und EOS, 1979 Abitur, Studium der Philosophie an der Humboldt-Universität zu Berlin, 1984 Diplom-Philosophin, 1984 bis 1990 wissenschaftliche Mitarbeiterin an der Charité, 1990 Promotion zum Dr. phil., 1983 bis 1989 Mitglied der SED, 1990 Mitgründerin des Unabhängigen Frauenverbands (UFV), ab 1995 Mitglied der Partei „Bündnis 90/Die Grünen", 1991 bis 1993 stellvertretende Vorsitzende der Fraktion „Bündnis 90/Grüne (AL)/UFV" im Abgeordnetenhaus von Berlin, 1993 bis 1995, 1997 und 1999 bis 2006 Fraktionsvorsitzende von Bündnis 90/Grüne, 1998/99 stellvertretende Fraktionsvorsitzende, arbeitsmarkt- und frauenpolitische Sprecherin der Fraktion, ab 2006 Bezirksstadträtin für Gesundheit und Soziales in Tempelhof-Schöneberg.

Kochan, Paul *FDP*

Geb. 1. Dezember 1894 Groß Eichholz/Krs. Beeskow-Storkow
Gest. 12. Februar 1975 Berlin

Abgeordnetenhaus von Berlin:
5. WP

Volksschule, Gymnasium, Studium an der Handelshochschule Berlin, Diplom-Kaufmann, in der Privatwirtschaft tätig, Abteilungsleiter, Handlungsbevollmächtigter, Prokurist bzw. Angestellter bei der Reichsbank, 1945 bis 1959 Angestellter bei der Arbeitsverwaltung, ab 1959 Ruhestand, ab 1945 Mitglied der LDP, später der FDP.

König, Karl *SPD*

Geb. 9. Mai 1910 Alsenz/Rheinhessen
Gest. 14. März 1979 auf dem Weg von Leipzig nach Berlin

Abgeordnetenhaus von Berlin:
3. WP (bis 7. Januar 1960, Nachrücker: Walter Milschewsky)
5. WP

Siehe Biografisches Handbuch der Berliner Stadtverordneten und Abgeordneten 1946–1963, im Auftrag des Präsidenten des Abgeordnetenhauses von Berlin bearbeitet von Werner Breunig und Andreas Herbst, mit einer Einleitung von Siegfried Heimann (= Schriftenreihe des Landesarchivs Berlin, Bd. 14), Berlin 2011, S. 149.

Königstein, Lothar *SPD*

Geb. 4. Oktober 1937 Berlin

Abgeordnetenhaus von Berlin:
6. WP
7. WP

Gymnasium, 1959 Abitur, Studium der Soziologie, Volks- und Betriebswirtschaft an der Freien Universität Berlin, 1971 Diplom-Soziologe, ab 1964 Mitglied der SPD, wissenschaftlicher Mitarbeiter am August-Bebel-Institut, 1972/73 Dozent an der Ausbildungsstätte für Heimerzieher und Sozialarbeiter, ab März 1973 Vorstandsassistent bei der Berliner Flughafen-Gesellschaft.

Köppen, Ernst *SPD*

Geb. 11. Oktober 1918 Berlin
Gest. 11. Februar 1989 Berlin

Abgeordnetenhaus von Berlin:
5. WP (ab 1. Oktober 1970, nachgerückt für Horst Nauber)
6. WP

Volks- und Oberschule, Abitur, Studium an der Technischen Hochschule Berlin, Diplomvorprüfung für Maschinenbau, Lehrerausbildung, 1. und 2. Lehrerprüfung, Lehrer und Rektor, Schulrat, ab 1959 Mitglied der SPD.

Köppl, Bernd *AL*

Geb. 25. September 1948 Günerod/Harz

Abgeordnetenhaus von Berlin:
9. WP (ab 31. August 1983, nachgerückt durch Rotation für Peter Finger)
11. WP
12. WP
13. WP
14. WP (bis 27. Juni 2001, Nachrücker: Peter Sellin)

Grundschule, 1970 Abitur, Ausbildung zum Starkstromelektriker, Studium der Politologie, 1975 Diplom-Politologe, 1978 Promotion zum Dr. rer. pol., Studium der Medizin, 1982 Staatsexamen der Medizin, ab Dezember 1991 als Mediziner im Umweltamt des Bezirksamts Berlin-Steglitz, ab 1979 Mitglied der AL, wirtschaftspolitischer Sprecher der Fraktion der AL im Abgeordnetenhaus von Berlin, 2001 Wissenschaftskoordinator in der Senatsverwaltung für Wissenschaft, Forschung und Kultur, 2004 bis 2010 ärztlicher Leiter Sana Gesundheitszentrum Berlin und stellvertretender Vorstandsvorsitzender des Bundesverbands Medizinische Versorgungszentren – Gesundheitszentren – Integrierte Versorgung e. V., ab 2010 Vorstandsvorsitzender.

Körting, Ehrhart *SPD*

Geb. 22. Juni 1942 Berlin

Abgeordnetenhaus von Berlin:
11. WP
14. WP (bis 27. Januar 2000, Nachrückerin: Felicitas Tesch)

Gymnasium, 1962 Abitur, 1962 bis 1965 Studium der Rechtswissenschaften an der Freien Universität Berlin und in München, 1969/70 Assessor bzw. Staatsanwalt im Bayerischen Staatsministerium der Justiz, 1970 bis 1972 wissenschaftlicher Mitarbeiter am Bundesverwaltungsgericht, ab 1971 Mitglied der SPD und Promotion zum Dr. rer. pol., 1972 bis 1975 Richter am Verwaltungsgericht Berlin, 1975 bis 1979 Bezirksstadtrat für Bauwesen, 1979 bis 1981 für Volksbildung in Berlin-Charlottenburg, ab 1981 Rechtsanwalt, 1981 bis 1985 Bezirksverordneter in Berlin-Charlottenburg, zeitweise auch stellvertretender Fraktionsvorsitzender, 1984 bis 1988 Vorsitzender des SPD-Kreisverbands in Berlin-Charlottenburg, 1992 bis 1997 Verfassungsrichter und Vizepräsident des Berliner Verfassungsgerichtshofs, 1997 bis 1999 Senator für Justiz, ab Juni 2001 bis Dezember 2011 Senator für Inneres, ab 2006 zusätzlich Senator für Sport.

Kohl, Hans-Joachim *SPD*

Geb. 25. Februar 1938 Berlin

Abgeordnetenhaus von Berlin:
11. WP
13. WP

Gymnasium, 1957 Abitur, 1958 bis 1964 Studium der Geschichte in Tübingen, Wien und Berlin, 1965/66 wissenschaftlicher Angestellter an der Freien Universität Berlin, 1967 bis 1969 Volkswagenstipendiat am Europa-Institut Amsterdam, 1969/70 publizistische Tätigkeit für die Europäischen Gemeinschaften, 1971 wissenschaftlicher Angestellter der Historischen Kommission zu Berlin, 1972 bis 1989 Kaufmann in der gemeinnützigen und privaten Wohnungswirtschaft Wolfsburg und Berlin, ab 1970 Mitglied der SPD, 1979 bis 1989 Bezirksverordneter in Berlin-Kreuzberg, später Prokurist der Momper Projektentwicklungs GmbH.

Kohlberger, Hans *SPD*

Geb. 15. November 1932 Berlin

Abgeordnetenhaus von Berlin:
4. WP
5. WP (bis 17. April 1969, Nachrücker: Ralf Tonnätt)

Volks- und Berufsschule, Lehre und Arbeit als Bäcker, Teilnahme an gewerkschaftlichen Kursen, Studium an der Volkshochschule „Arbeit und Leben" sowie an der Deutschen Hochschule für Politik in West-Berlin, Zwischenexamen, Sonderreifeprüfung beim Wissenschaftlichen Landesprüfungsamt Berlin, Sozialstipendiat, später Stipendiat der Friedrich-Ebert-Stiftung, Mitarbeiter bei der Arbeiterwohlfahrt der Stadt Berlin e. V., ab 1953 Mitglied der SPD, ab 1959 Sekretär des SPD-Kreisvorstands Berlin-Kreuzberg, 1960 bis 1963 Bezirksverordneter in Berlin-Kreuzberg, Mitglied des Ältestenrats, der Deputation für Volksbildung und des Jugendwohlfahrtsausschusses, 1969 bis 1982 Sozialstadtrat im Bezirksamt Berlin-Kreuzberg, stellvertretender Vorsitzender der AWO Berlin, 2002 bis 2006 Vorsitzender der Arbeitsgemeinschaft 60 plus der Berliner SPD, Januar 2006 (nach Vorwürfen, mit dem Ministerium für Staatssicherheit der DDR zusammengearbeitet zu haben) Austritt aus der SPD.

Kohlhepp, Irmgard *AL*

Geb. 23. September 1923 Großalmerode/
Werra-Meißner-Kreis, Hessen
Gest. 5. Oktober 2010 Berlin

Abgeordnetenhaus von Berlin:
9. WP (bis 11. Juni 1983, Nachrücker durch Rotation:
Wolfgang Petersen)

1941 Abitur, Lehrerausbildung an der Pädagogischen Hochschule Schneidemühl, 1941 1. und 1952 2. Staatsprüfung für das Lehramt an Volksschulen, 1941 Mitglied der NSDAP, 1942 bis 1945 Lehrerin an Volksschulen in Briesen/Westpreußen, 1945 Flucht aus Westpreußen und Rückkehr nach Hessen, bis 1962 Lehrerin im Werra-Meißner-Kreis, ab 1962 Lehrerin in Berlin-Wedding, heilpädagogische Ausbildung an der Pädagogischen Hochschule Berlin-Lankwitz, ab 1965 Lehrerin an Sonderschulen in Berlin-Wedding, Lehrbeauftragte an der Fachschule für Sozialarbeit und Sozialpädagogik, 1978 Mitgründerin der AL in West-Berlin, später Vorstandsmitglied der Grünen, Landesverband Hessen, 1997 Mitbegründerin der „Association Liberal Soziale Ordnung" (ALSO), 1999 wegen Verbindung zu rechtsextremen Gruppierungen Ausschluss aus der Partei „Die Grünen".

Kohlmann, Carla *SPD*

Geb. 31. Mai 1906 New York
Gest. 19. April 1994 Berlin

Abgeordnetenhaus von Berlin:
6. WP

Volks- und Handelsschule, kaufmännische Lehre und Tätigkeit in der Privatwirtschaft, Sekretärin für englische und französische Korrespondenz, nach 1945 Gerichtsprotokollführerin und ab 1957 Beraterin für Sozialversicherung bei der AWO der Stadt Berlin e. V., ab 1957 Mitglied der SPD, ab 1962 Kreisvorsitzende der AWO in Berlin-Tiergarten, ab 1967 Kreisvorsitzende der Arbeitsgemeinschaft der Frauen der SPD Berlin-Tiergarten, 1963 bis 1967 Bürgerdeputierte in Berlin-Tiergarten.

Kollat, Horst *SPD*

Geb. 9. November 1925 Berlin
Gest. 24. Juli 2004 Berlin

Abgeordnetenhaus von Berlin:
7. WP
8. WP
9. WP

Volksschule und Gymnasium, Abitur, 1949 bis 1951 Studium der Geschichte und Germanistik an der Humboldt-Universität zu Berlin, 1947 1. Lehrerprüfung, 1951 Diplomexamen, 1954 Referendar- und Assessorexamen, 1957 Studienrat, 1957 bis 1963 Gymnasiallehrer für Deutsch und Geschichte, ab 1955 Mitglied der SPD, 1959 bis 1963 Bürgerdeputierter in der Bezirksverordnetenversammlung Berlin-Wedding, 1963 bis 1969 Stadtrat für Volksbildung in Berlin-Wedding, 1971 bis 1975 Bezirksdeputierter in der Bezirksverordnetenversammlung Berlin-Reinickendorf, 1972 bis 1974 Bezirksvorsitzender der GEW in Berlin-Wedding.

Kollotschek, Cordula *CDU*

Geb. 3. November 1956 Berlin

Abgeordnetenhaus von Berlin:
11. WP
12. WP

Gymnasium, 1975 Abitur, Studium der Mathematik und Chemie für das höhere Lehramt, 1981 1. und 1983 2. Staatsexamen, ab 1983 Assessorin an der Erich-Hoepner-Oberschule (Gymnasium) in Berlin-Charlottenburg, später Studiendirektorin bzw. Oberstudienrätin am Gottfried-Keller-Gymnasium in Charlottenburg-Wilmersdorf, Vorstandsmitglied im Berliner Verein zur Förderung des mathematischen und naturwissenschaftlichen Unterrichts, ab 1973 Mitglied der CDU, ab 1987 stellvertretende Vorsitzende Ortsverband Wilmersdorf-Nord, ab 1987 Mitglied im CDU-Kreisvorstand Wilmersdorf, 1981 bis 1985 Bezirksverordnete in Berlin-Wilmersdorf.

Konrad, Rolf *SPD*

Geb. 13. November 1924 Berlin
Gest. 30. November 1990 Berlin

Abgeordnetenhaus von Berlin:
6. WP
7. WP

Volksschule, Lehre und Arbeit als Kraftfahrzeugschmied, 1953 bis 1959 Betriebsratsvorsitzender der Firma „Waggon-Union", ab 1959 hauptamtlicher Gewerkschaftssekretär der IG Metall, Verwaltungsstelle Berlin, Mitglied des Kontrollausschusses der IG Metall, ab 1958 Mitglied der SPD, 1967 bis 1971 Bezirksvorsitzender in Berlin-Wedding, ab 1959 Richter am Berliner Arbeits- und Landesarbeitsgericht.

Korber, Horst *SPD*

Geb. 16. März 1927 Stadtroda/Thüringen
Gest. 2. Juli 1981 Berlin

Abgeordnetenhaus von Berlin:
6. WP
7. WP

Volksschule und Gymnasium, 1944 Abitur, 1945 bis 1949 Studium der Rechtswissenschaften in Jena, ab 1945 Mitglied der SPD, 1949 Referendarexamen, 1953 Assessorexamen in Berlin, 1954 bis 1953 Richter am Landgericht Berlin, ab 1955 persönlicher Referent des Senators für Bundesangelegenheiten, 1963 bis 1967 Senatsrat und Leiter der Grundsatzabteilung der Senatskanzlei, Unterhändler des Senats für die Passierscheinverhandlungen mit der DDR, 1967 bis 1971 Senator für Familie, Jugend und Sport, 1971 bis 1975 Senator für Justiz, 1975 bis 1977 Senator für Arbeit und Soziales, 1977 bis 1979 Senator für Bundesangelegenheiten, 1980 bis 1981 Mitglied des Deutschen Bundestags, 1977 bis 1981 Präsident des Landessportbunds Berlin und Mitglied des NOK.

Korthaase, geb. Frost, Helga *SPD*

Geb. 24. August 1938 Mannheim

Abgeordnetenhaus von Berlin:
9. WP
10. WP
11. WP

Grundschule und Gymnasium, 1957 Abitur, 1959 bis 1961 Ausbildung als medizinisch-technische Assistentin im Lette-Verein in Berlin, ab 1961 Mitglied der SPD, stellvertretende Abteilungsvorsitzende und Mitglied des SPD-Kreisvorstands in Berlin-Wilmersdorf, stellvertretende Vorsitzende der Arbeitsgemeinschaft Sozialdemokratischer Frauen, Landesverband Berlin, 1971/72 Ausbildung an der Landeslehranstalt zur leitenden Röntgenassistentin, bis 1981 am Evangelischen Krankenhaus Hubertus in Berlin-Zehlendorf tätig, 1971 bis 1975 Bezirksverordnete in Berlin-Wilmersdorf, 1981 stellvertretende Vorsitzende der SPD-Fraktion im Abgeordnetenhaus von Berlin, 1984 Gründerin und bis 1989 Leiterin der Gleichstellungsstelle der SPD-Fraktion, 1991 bis 1999 Staatssekretärin bei der Senatorin für Arbeit, Berufliche Bildung und Frauen.

Korthaase, Werner *SPD*

Geb. 4. Mai 1937 Burg bei Magdeburg
Gest. 6. Mai 2008 Berlin

Abgeordnetenhaus von Berlin:
6. WP

Volks- und Oberschule, 1955 Abitur, 1956 bis 1960 Studium der Politischen Wissenschaft, Rechtswissenschaft und Volkswirtschaft an der Deutschen Hochschule für Politik und an der Freien Universität Berlin, ab 1958 Mitglied der SPD, 1969 bis 1998 Direktor der Otto-Suhr-Volkshochschule in Berlin-Neukölln, 1992 Gründer, langjähriger Vorsitzender und Ehrenvorsitzender der Deutschen Comenius-Gesellschaft, 1998 Promotion an der Karls-Universität Prag zum Dr. phil., ab 2006 Mitglied der Leibniz-Sozietät.

Kosan, Ismail H. *Bündnis 90/Grüne (AL)/UFV*

Geb. 26. Oktober 1948 Pülümür/Türkei

Abgeordnetenhaus von Berlin:
12. WP (ab 1. August 1992, nachgerückt für Marlis Dürkop)
13. WP

Grund- und Mittelschule sowie Gymnasium in Erzincan/Türkei, 1967 Abitur, Studium Bau- und Verkehrswesen an der Technischen Universität Berlin, 1987 Diplom-Bauingenieur, Mitarbeit beim BMFT, IBA, beim Verein für Sozialplanung und angewandte Stadtforschung e. V. und einem Berliner Ingenieurbüro, ab 1985 Mitglied der Grünen/AL.

Kotowski, Georg *CDU*

Geb. 12. Juni 1920 Thorn
Gest. 29. November 1999 Berlin

Abgeordnetenhaus von Berlin:
3. WP
4. WP
5. WP (bis 31. Oktober 1969, Nachrücker: Reinhold Tappert)

Siehe Biografisches Handbuch der Berliner Stadtverordneten und Abgeordneten 1946–1963, im Auftrag des Präsidenten des Abgeordnetenhauses von Berlin bearbeitet von Werner Breunig und Andreas Herbst, mit einer Einleitung von Siegfried Heimann (= Schriftenreihe des Landesarchivs Berlin, Bd. 14), Berlin 2011, S. 150 f.

Kowalewsky, Herbert *SPD*

Geb. 19. Mai 1907 Kiel
Gest. 20. Juni 2003 Berlin

Abgeordnetenhaus von Berlin:
3. WP
4. WP
5. WP

Siehe Biografisches Handbuch der Berliner Stadtverordneten und Abgeordneten 1946–1963, im Auftrag des Präsidenten des Abgeordnetenhauses von Berlin bearbeitet von Werner Breunig und Andreas Herbst, mit einer Einleitung von Siegfried Heimann (= Schriftenreihe des Landesarchivs Berlin, Bd. 14), Berlin 2011, S. 151.

Kowallek, Christine *CDU*

Geb. 6. November 1937 Berlin
Gest. 24. April 2002 Damelang bei Brück (Mark)

Abgeordnetenhaus von Berlin:
12. WP

Gymnasium, 1957 Abitur, Hausfrau, ab 1967 Mitglied der CDU, 1972 bis 1975 Geschäftsführerin des Kreisverbands Berlin-Charlottenburg, 1975 bis 1981 und 1985 bis 1991 Bezirksverordnete in Berlin-Charlottenburg, 1985 bis 1990 Fraktionsvorsitzende, ab Januar 1991 Mitglied des Rundfunkrats des SFB, später Gemeindevertreterin in Damelang-Freienthal/Landkrs. Potsdam-Mittelmark.

Kox, Gerhard *CDU*

Geb. 26. Januar 1912 Aachen
Gest. 15. Februar 1982 Dorsten

Abgeordnetenhaus von Berlin:
3. WP
4. WP

Siehe Biografisches Handbuch der Berliner Stadtverordneten und Abgeordneten 1946–1963, im Auftrag des Präsidenten des Abgeordnetenhauses von Berlin bearbeitet von Werner Breunig und Andreas Herbst, mit einer Einleitung von Siegfried Heimann (= Schriftenreihe des Landesarchivs Berlin, Bd. 14), Berlin 2011, S. 151.

Kraetzer, Jakob *CDU*

Geb. 6. Mai 1934 Berlin
Gest. 6. Februar 2010 Berlin

Abgeordnetenhaus von Berlin:
9. WP

Gymnasium, 1955 Abitur, Studium der Rechtswissenschaften an den Universitäten Marburg und Berlin, 1969 1. und 1964 2. juristisches Staatsexamen, ab 1964 Rechtsanwalt und ab 1973 auch Notar in Berlin, ab 1960 Mitglied der CDU, ab 1974 Vorsitzender des CDU-Ortsverbands Charlottenburg-West, Mitglied des CDU-Kreisvorstands Charlottenburg, 1967 bis 1975 Bezirksverordneter in Berlin-Charlottenburg, Vorsitzender des Vorstands der Georg-Kolbe-Stiftung, stellvertretender Vorsitzender des Diözesanrats der Katholiken des Bistums Berlin (West).

Krahe, Friedrich-Wilhelm *CDU*

Geb. 19. Juli 1929 Berlin

Abgeordnetenhaus von Berlin:
10. WP (ab 30. Juni 1987, nachgerückt für Heinrich Lummer)
11. WP

Gymnasium, Abitur, 1948 bis 1953 Architekturstudium an der Technischen Universität Berlin, 1953 Diplom-Ingenieur, 1956 Promotion zum Dr.-Ing., Beginn der Planung für das Hahn-Meitner-Institut, 1958 bis 1963 wissenschaftlicher Assistent, 1963 Habilitation, beamteter Privatdozent, 1964 Wissenschaftlicher Rat, 1969 apl. Professor, ab 1971 Professor für Gebäudekunde, ab 1974 Direktor des Instituts für Bauplanung, zunächst Mitarbeiter, dann von 1968 bis 1977 gemeinsam mit Professor Dübbers Leitung eines Architekturbüros, ab 1974 Mitglied der CDU, stellvertretender Vorsitzender des CDU-Ortsverbands Berlin-Zehlendorf, 1979 bis 1985 Bezirksverordneter in Berlin-Zehlendorf, stellvertretender Fraktionsvorsitzender.

Krause, Alfred *CDU*

Geb. 4. November 1915 Ostritz/Oberlausitz
Gest. 7. Juni 1988 Berlin

Abgeordnetenhaus von Berlin:
3. WP
4. WP
5. WP (bis 27. September 1969, Nachrückerin: Hildegard Feige)
6. WP (bis 30. September 1971, Nachrücker: Ulrich Biel)

Siehe Biografisches Handbuch der Berliner Stadtverordneten und Abgeordneten 1946–1963, im Auftrag des Präsidenten des Abgeordnetenhauses von Berlin bearbeitet von Werner Breunig und Andreas Herbst, mit einer Einleitung von Siegfried Heimann (= Schriftenreihe des Landesarchivs Berlin, Bd. 14), Berlin 2011, S. 153.

Krause, Arnold *Bündnis 90/Grüne (AL)/UFV*

Geb. 23. September 1949 Freital

Abgeordnetenhaus von Berlin:
12. WP
13. WP

Grundschule, 1958 bis 1961 Lehre als Elektroinstallateur, 1961 bis 1965 Geselle und Besuch der EOS, Abitur (Abendoberschule), 1965 bis 1970 Studium der Physik an der Technischen Universität Dresden, Diplom-Physiker, 1970 bis 1973 Problemanalytiker, 1973 bis 1979 Mitarbeiter für Betriebssysteme, 1979 bis 1986 Gruppenleiter Projektierung, bis Januar 1991 Gruppenleiter für rechnergestützte Prozessleitung (EDV-Ingenieur) beim VEB Kombinat Minol, ab Juni 1990 bei der Minol Mineralölhandel AG Berlin, 1990 Bezirksverordneter in Berlin-Prenzlauer Berg, stellvertretender Vorsteher.

Krause, Peter *CDU*

Geb. 18. Januar 1943 Kleinvarchow/Krs. Waren

Abgeordnetenhaus von Berlin:
12. WP

Grundschule, Motorenschlosser, 1961 Gesellenprüfung, 1961 bis 1974 Seefahrt, 1970 bis 1974 Schiffsingenieur bei der VEB Deutsche Seereederei Rostock, 1967/68 Volkshochschule, mittlere Reife, 1968 bis 1970 und 1972/73 Studium an der Ingenieur-Hochschule für Seefahrt Warnemünde-Wustrow, 1973 Schiffsingenieur, 1975 bis 1977 Studium an der Humboldt-Universität zu Berlin, Sektion Rechtswissenschaft, 1974 bis 1988 Diplom-Ingenieur für Nachrichtentechnik im Wohnungsbaukombinat Berlin und Binnenreederei, 1988/89 Gruppenleiter Wissenschaft/Technik VEB Industrieprojektierung (Ipro) Halle, ab Januar 1990 Mitglied „Demokratischer Aufbruch", Geschäftsführer Landesverband Berlin und Unterabteilungsleiter im Ministerium für wirtschaftliche Zusammenarbeit, Außenstelle Berlin, ab August 1990 Mitglied der CDU, Februar 1994 Mitbegründer des nationalkonservativen „Verbandes demokratische Erneuerung".

Krause, Siegfried *SPD*

Geb. 3. Dezember 1928 Berlin

Abgeordnetenhaus von Berlin:
4. WP

Volks- und Oberschule in Eberswalde, 1945/46 Arbeitsdienst, Wehrdienst, Kriegsgefangenschaft, 1948 Abitur, 1949 Landwirtschaftsgehilfenprüfung, Studium an der Freien Universität Berlin und Technischen Universität Berlin, 1954 Diplomprüfung, bis 1956 selbstständiger Bauer in Senftenhütte/Krs. Eberswalde, wirtschaftswissenschaftliches Studium, 1956/57 Vorsitzender des Landesverbands der Gewerkschaftlichen Studentengemeinschaft, 1957 bis 1959 pädagogischer Mitarbeiter beim Niedersächsischen Bund für freie Erwachsenenbildung („Arbeit und Leben") in Hannover, ab 1960 freiberufliche Tätigkeit und später als Angestellter in Vorhaben der Entwicklungshilfe, Arbeitsgemeinschaft Weltfriedensdienst und Deutsche Stiftung für Entwicklungsländer.

Krause, Werner *SPD*

Geb. 24. August 1932 Rastenburg/Ostpreußen

Abgeordnetenhaus von Berlin:
12. WP

Hauptschule, Lehre als Branntweinbrenner, 1952 Gesellenprüfung, 1955 Abitur, Studium der Chemie an der Universität Greifswald, 1962 Diplom-Chemiker, 1962 bis 1970 wissenschaftlicher Assistent Grundlagenforschung, 1970 Promotion zum Dr. rer. nat., ab 1970 wissenschaftlicher Assistent für experimentelle medizinische Forschung an der Charité in Ost-Berlin, ab 1990 Mitglied der SPD, Vorsitzender des SPD-Kreisverbands Berlin-Hellersdorf, Mai 1990 bis Januar 1991 Mitglied der Stadtverordnetenversammlung von Berlin, 1990 bis 1993 Bezirksverordneter in Berlin-Hellersdorf.

Krebs, Dieter *CDU*

Geb. 29. März 1944 Berlin

Abgeordnetenhaus von Berlin:
9. WP (ab 4. Dezember 1981, nachgerückt für Peter Boroffka)
10. WP

Realschule, 1960 bis 1962 Verwaltungslehre bei der AOK Berlin, 1965 1. und 1969 2. Verwaltungsprüfung, ab Juli 1973 Abteilungsleiter für Finanzen, Statistik und Grundstücksverwaltung bei der Vereinigten Innungskasse Berlin, Dozent für das Haushalts- und Rechnungswesen bei der AOK Berlin und den Betriebs- und Innungskrankenkassen im Land Berlin, ab 1971 Mitglied der CDU, 1975 bis 1981 Ortsverbandsvorsitzender, 1975 bis 1981 Bezirksverordneter in Berlin-Neukölln, 1979 bis 1981 stellvertretender Fraktionsvorsitzender der CDU-Fraktion in der Bezirksverordnetenversammlung Berlin-Neukölln, ab 1980 Mitglied des Unionhilfswerks, 1990 Schatzmeister, ab 1992 Landesvorsitzender und Leiter des geschäftsführenden Landesvorstands.

Kremendahl, Hans *SPD*

Geb. 17. September 1948 Wuppertal
Gest. 10. Februar 2015 Wuppertal

Abgeordnetenhaus von Berlin:
9. WP
10. WP
11. WP (bis 21. März 1989, Nachrückerin: Ursula Leyk)

Gymnasium, 1967 Abitur in Remscheid, 1967 bis 1971 Studium der Politikwissenschaft an der Freien Universität Berlin, Diplom-Politologe, 1972 bis 1974 Teilzeitassistent, 1974 bis 1977 wissenschaftlicher Assistent an der Freien Universität Berlin, 1976 Promotion zum Dr. rer. pol. am Otto-Suhr-Institut der Freien Universität Berlin, ab 1977 Assistenzprofessor, 1979 Habilitation, 1979 bis 1985 Privatdozent, ab 1966 Mitglied der SPD, 1979 Mitglied des SPD-Landesvorstands Berlin, 1980 bis 1982 stellvertretender Vorsitzender, ab 1982 Vorsitzender des SPD-Kreisverbands Berlin-Steglitz, 1982 bis 1985 stellvertretender Vorsitzender des SPD-Landesverbands Berlin, 1985 bis 1989 Landesgeschäftsführer der Berliner SPD, 1989 bis 1991 Staatssekretär in der Senatsverwaltung für Wissenschaft und Forschung, 1991 bis 1996 Staatssekretär in der Senatsverwaltung für Wirtschaft und Technologie, 1996 Staatssekretär in der Senatsverwaltung für Stadtentwicklung, Umwelt und Technologie, 1996 bis 2004 Oberbürgermeister von Wuppertal.

Kriebel, Jürgen *SPD*

Geb. 15. August 1940 Berlin

Abgeordnetenhaus von Berlin:
11. WP
12. WP
13. WP
14. WP

Oberschule, 1955 bis 1958 Druckerlehre, 1958 Gesellenprüfung, 1973 Meisterprüfung, 1959 bis 1961 Zeitungsdrucker beim „Tagesspiegel", 1961 bis 1972 beim „Telegraf", anschließend Assistent der Betriebsleitung bei der Graphischen Gesellschaft Grunewald, später technischer Leiter der Verwaltungsdruckerei Berlin bzw. Verkaufsberater der Firma Hermann Hagedorn GmbH & Co., ab 1975 Mitglied der SPD, 1981 bis 1989 Vorsitzender SPD-Abteilung Rudow, Mitglied des SPD-Kreisvorstands Berlin-Neukölln.

Krüger, Arnold *FDP*

Geb. 13. September 1920 Berlin
Gest. 28. August 2011 Berlin

Abgeordnetenhaus von Berlin:
6. WP (ab 17. Oktober 1973, nachgerückt für Hans-Günter Hoppe)
7. WP
9. WP (ab 6. Dezember 1983, nachgerückt für Horst Vetter)

Realgymnasium, 1936 bis 1939 kaufmännische Berufsschule und Lehrgang als Rundfunktechniker, 1939 Kaufmannsgehilfenprüfung und Rundfunktechniker-Prüfung, 1939/40 Angestellter, 1940 bis 1945 Wehrmacht, 1945 bis 1949 sowjetische Kriegsgefangenschaft, ab 1950 Mitglied der SPD, ab 1951 Angestellter, ab 1953 selbstständiger Kaufmann, 1955 Übernahme einer GmbH und als Geschäftsführer tätig.

Krüger, Erwin F. *SPD*

Geb. 12. Mai 1909 Berlin
Gest. 17. Januar 1986 Bad Soden am Taunus

Abgeordnetenhaus von Berlin:
2. WP
3. WP
4. WP

Siehe Biografisches Handbuch der Berliner Stadtverordneten und Abgeordneten 1946–1963, im Auftrag des Präsidenten des Abgeordnetenhauses von Berlin bearbeitet von Werner Breunig und Andreas Herbst, mit einer Einleitung von Siegfried Heimann (= Schriftenreihe des Landesarchivs Berlin, Bd. 14), Berlin 2011, S. 156.

Krüger, Friedrich *SPD*

Geb. 3. Januar 1896 Berlin
Gest. 15. März 1984 Berlin

Abgeordnetenhaus von Berlin:
2. WP (ab 12. Februar 1955, nachgerückt für Walter Röber)

3. WP
4. WP

Siehe Biografisches Handbuch der Berliner Stadtverordneten und Abgeordneten 1946–1963, im Auftrag des Präsidenten des Abgeordnetenhauses von Berlin bearbeitet von Werner Breunig und Andreas Herbst, mit einer Einleitung von Siegfried Heimann (= Schriftenreihe des Landesarchivs Berlin, Bd. 14), Berlin 2011, S. 156.

Krüger, Thomas *SPD*

Geb. 20. Juni 1959 Buttstädt/Thüringen

Abgeordnetenhaus von Berlin:
12. WP (ab 29. April 1992, nachgerückt für Hans Braselmann)

Oberschule, 1979 Abitur mit Berufsausbildung als Plast- und Elastfacharbeiter, 1981 bis 1987 Studium der Theologie am Sprachenkonvikt Berlin (Kirchliche Hochschule), 1987 Examen, 1987 bis 1989 Vikariat und 2. theologisches Staatsexamen in Berlin und Eisenach, 1989/90 Praktikum im Kunstdienst der Evangelischen Kirche Berlin (Bund EK DDR), 1989 Mitglied der SDP, 1989/90 Geschäftsführer des Bezirksverbands Berlin der SDP, ab 1990 Mitglied der SPD, ab Mai 1990 stellvertretender Landesvorsitzender der SPD, März bis August 1990 Mitglied der Volkskammer, Mai 1990 bis Januar 1991 Stadtrat für Inneres im Magistrat von Ost-Berlin, 1991 bis 1994 Berliner Senator für Familie und Jugend, 1994 bis 1998 Mitglied des Deutschen Bundestags, ab Juni 2000 Präsident der Bundeszentrale für politische Bildung.

Krüger, Ulrich F. *CDU*

Geb. 2. April 1929 Berlin

Abgeordnetenhaus von Berlin:
9. WP
10. WP
12. WP

Gymnasium, 1947 Abitur, 1947 Einstellung als Schulhelfer, 1950 1. und 1953 2. Lehrerprüfung, Lehrer an einer Hauptschule in Berlin-Kreuzberg, 1969 bis 1971 Studium Ostrecht und Staatstheorie am Osteuropa-Institut der Freien Universität Berlin, ab 1992 im Ruhestand, 1946 bis 1948 und ab 1966 Mitglied der CDU, 1974 bis 1983 Vorsitzender, ab 1983 stellvertretender Vorsitzender des CDU-Ortsverbands Chamissoplatz (Kreuzberg), 1989 bis 1993 Mitglied des CDU-Kreisvorstands Berlin-Kreuzberg, Mitglied des Vorstands der Deutsch-Israelischen Gesellschaft Berlin.

Krüger, Werner *CDU*

Geb. 4. Januar 1948 Berlin

Abgeordnetenhaus von Berlin:
12. WP
13. WP
14. WP
15. WP

Hauptschule, Lehre und Arbeit als Schlosser, 1966 Gesellenprüfung, ab 1974 Techniker beim Bezirksamt Berlin-Spandau, ab 1969 Mitglied der CDU, ab 1985 CDU-Ortsverbandsvorsitzender Neustadt und ab 1989 Mitglied des CDU-Kreisvorstands Berlin-Spandau, 1984 bis 1991 Bezirksverordneter in Berlin-Spandau.

Krutz, Herbert *SPD*

Geb. 20. Januar 1903 Reckendorf/Krs. Neustadt, Westpreußen
Gest. 5. Februar 1986 Krombach/Krs. Siegen-Wittgenstein

Abgeordnetenhaus von Berlin:
4. WP
5. WP

Volksschule, Lehre und Arbeit als Maschinen- und Bauschlosser, ab 1925 in Berlin, bis 1968 als Maschinenschlosser und Kolonnenführer bei Borsig AG in Berlin-Tegel beschäftigt, ab 1923 Mitglied des Deutschen Metallarbeiter-Verbands, ab 1927 der SPD, ab 1946 Mitglied des Betriebsrats, 1965 bis 1968 Betriebsratsvorsitzender der Borsig AG in Berlin-Tegel, 1959 bis 1969 Mitglied des Aufsichtsrats der Borsig AG, 1948 bis 1963 Bezirksverordneter in Berlin-Reinickendorf.

Kuchler, Heinz *SPD*

Geb. 18. März 1921 Berlin
Gest. 19. September 2006

Abgeordnetenhaus von Berlin:
6. WP (ab 10. Juni 1971, nachgerückt für Lothar Laggies)

Mittelschule, 1937 bis 1939 kaufmännische Lehre mit kaufmännischer Gehilfenprüfung, 1940 bis 1945 Wehrmacht (Kriegsmarine, Marine-Navigationsoffizier), 1946 bis 1949 betriebswirtschaftliches Studium in Kiel, 1950 bis 1953 Verkaufsleiter einer Strickwarenfabrik, 1958 bis 1965 Inhaber einer DOB-Firma, ab 1965 Tätigkeit als beratender Betriebswirt, 1968/69 Geschäftsführer der „Avalon GmbH", ab 1958 Mitglied der SPD, ab 1967

Leiter der Arbeitsgemeinschaft der Selbstständigen beim SPD-Landesverband Berlin, 1963 bis 1967 Bezirksverordneter in Berlin-Schöneberg.

Künast, Renate *AL/Bündnis 90/Grüne*

Geb. 15. Dezember 1955 Recklinghausen

Abgeordnetenhaus von Berlin:
10. WP (bis 20. April 1987, Nachrückerin durch Rotation: Sabine Nitz-Spatz)
11. WP
12. WP
13. WP
14. WP (bis 26. Juni 2000, Nachrücker: Dietmar Volk)
17. WP (Nichtannahme des Mandats)

Realschule, 1973 bis 1976 Fachoberschule für Sozialwesen in Düsseldorf, 1973 Fachhochschulreife, 1976/77 Anerkennungsjahr als Sozialarbeiterin, 1977 bis 1979 Sozialarbeiterin in der JVA Tegel, Studium der Rechtswissenschaften an der Freien Universität Berlin, 1982 1. juristische Staatsprüfung, 1982 bis 1985 Rechtsreferendarin, 1985 2. juristische Staatsprüfung, Rechtsanwältin, ab 1979 Mitglied der AL, ab 1982 Mitglied des Geschäftsführenden Ausschusses der AL, März 1990 bis 1993 Vorsitzende der Fraktion der AL bzw. Bündnis 90/Grüne, 1993 bis 1998 rechtspolitische Sprecherin der Fraktion im Abgeordnetenhaus, 1998 bis 2000 Vorsitzende der Fraktion von Bündnis 90/Die Grünen im Abgeordnetenhaus, Juni 2000 bis März 2001 (zusammen mit Fritz Kuhn) Bundesvorsitzende von Bündnis 90/Die Grünen, Mitglied des Parteirats der Grünen, 2001 bis 2005 Bundesministerin für Verbraucherschutz, Ernährung und Landwirtschaft, ab 2002 Mitglied des Deutschen Bundestags, 2005 bis 2013 Fraktionsvorsitzende der Grünen im Bundestag, 2011 Spitzenkandidatin der Grünen zur Abgeordnetenhauswahl.

Kuhlisch, Karl *SPD*

Geb. 17. März 1919 Drehnow/Krs. Crossen an der Oder
Gest. 17. November 1999 Berlin

Abgeordnetenhaus von Berlin:
4. WP (ab 15. Februar 1965, nachgerückt für Rudi Pietschker)

Volksschule, Lehre und Arbeit als Bäcker und Konditor, Berufsfachschule, 1938 Reichsarbeitsdienst, ab November 1938 Wehrmacht, bis 1947 Kriegsgefangenschaft, ab Mai 1947 Angestellter im Bezirksamt Berlin-Kreuzberg, 1947 Mitglied des FDGB, dann der UGO bzw. später der ÖTV, ab 1956 stellvertretender Betriebsrat, ab 1957 Vorsitzender des Personalrats der Angestellten im Bezirksamt Berlin-Kreuzberg.

Kuhn, Hans-Jürgen *AL*

Geb. 18. Mai 1953 Berlin

Abgeordnetenhaus von Berlin:
10. WP (ab 21. April 1987, nachgerückt durch Rotation für Ingvild Kiele)

Grundschule und Gymnasium, 1973 Abitur, Studium an der Pädagogischen Hochschule Berlin, 1978 1. Staatsprüfung für das Lehramt Arbeitslehre, 1980 2. Staatsprüfung, 1978 bis 1987 Lehrer in der Kopernikus-Gesamtschule mit den Fächern Arbeitslehre und Chemie, ab 1978 Mitglied der AL, 1989/90 Staatssekretär bei der Senatorin für Schulwesen, Berufsbildung und Sport, ab 1990 Referatsleiter im Ministerium für Bildung, Jugend und Sport im Land Brandenburg, bis 2000 Leiter der Schulaufsicht der Sekundarstufe I, seit 2000 Leiter des Referats Qualitätsentwicklung und -sicherung, Schulentwicklung, Schulforschung, 2006 Gründungsgeschäftsführer des Instituts für Schulqualität der Länder Berlin und Brandenburg, ab 2008 Vorsitzender der Schulkommission der Heinrich-Böll-Stiftung, Mitglied und Delegierter der Landesarbeitsgemeinschaft Bildung von Bündnis 90/Die Grünen in Brandenburg, ab November 2011 Sprecher der Bundesarbeitsgemeinschaft Bildung von Bündnis 90/Die Grünen.

Kujath, Rudolf *SPD*

Geb. 22. Juni 1942 [Butzbach-]Nieder-Weisel

Abgeordnetenhaus von Berlin:
12. WP
13. WP (bis 15. Dezember 1998, Nachrückerin: Helga Ernst)

Hauptschule, 1957 bis 1962 Lehre und Arbeit als Schriftsetzer, 1962 bis 1965 Fachschule, 1965 mittlere Reife, 1967 Abitur am Hessenkolleg in Rüsselsheim, ab 1963 Mitglied der SPD, Abteilungsvorsitzender, 1967 bis 1972 Studium der Politikwissenschaft an der Freien Universität Berlin, 1972 Diplom-Politologe, einjähriger Studienaufenthalt an der Vanderbilt University in den USA, Master of Arts im Fach Political Science, 1973 bis 1975 wissenschaftlicher Angestellter beim Senator für Inneres, ab 1960 DGB-Ortsvorsitzender in Butzbach, 1989 bis 1999 Vorsitzender der SPD Charlottenburg, Vorsitzender der SPD Biesdorf-Nord in Marzahn-Hellersdorf, 1975 bis 1990 Bezirksverordneter in Berlin-Charlottenburg, 1975 bis 1979 stellvertretender, 1989/90 Vorsitzender der SPD-Fraktion in der Bezirksverordnetenversammlung Berlin-Charlottenburg, zeitweise stellvertretender Vorsitzender der SPD-Fraktion im Abgeordnetenhaus von Berlin, 1991 bis 1998 leitender Angestellter in der Wohnungsbaugesellschaft Friedrichshain (WBF), 1998 bis 2007 Geschäftsführer der WOGEHE Wohnungsbaugesellschaft Hellersdorf und ab 2000 zugleich Geschäftsführer der Wohnungsbaugesellschaft STADT UND LAND Berlin, ab 2007 Geschäftsführer der Sophia Berlin GmbH (Unternehmen für Alarmsysteme für ältere Menschen), 2009 Direktkandidat der SPD für den Bundestagswahlkreis Berlin-Marzahn-Hellersdorf.

Kukutz, Irina *Gruppe „Neues Forum/Bürgerbewegung"*

Geb. 20. August 1950 Parchau

Abgeordnetenhaus von Berlin:
12. WP

POS und EOS, Berufsausbildung mit Abitur, 1969 Abschluss als Betonfacharbeiterin, 1969 bis 1974 Studium an der Kunsthochschule Berlin-Weißensee, Diplom-Keramikerin, ab 1974 freiberuflich tätig in eigener Werkstatt, 1982 Mitinitiatorin des Netzwerks „Frauen für den Frieden", Herbst 1989 Mitbegründerin der Bürgerbewegung „Neues Forum", später wissenschaftliche Mitarbeiterin in der Robert-Havemann-Gesellschaft.

Kunz, Gerhard *CDU*

Geb. 11. Februar 1942 Komotau/Sudetenland

Abgeordnetenhaus von Berlin:
6. WP (bis 31. Januar 1972, Nachrücker: Günter Elsner)
9. WP

Volksschule in Güsen und Oberschule in Genthin (beide Bezirk Magdeburg), 1959 Übersiedlung nach West-Berlin, 1961 Abitur in Berlin-Schöneberg, 1961 bis 1967 Studium der Rechtswissenschaften an der Freien Universität Berlin, 1967 Referendarexamen, 1971 Assessorexamen, anschließend Rechtsanwalt in Berlin, ab 1961 Mitglied der CDU, stellvertretender Landesvorsitzender der Jungen Union Berlin, 1965 bis 1968 Mitglied des Deutschlandrats der Jungen Union, 1971 bis 1981 Mitglied des Deutschen Bundestags, 1981 bis 1985 Senator für Finanzen, ab 1986 Chef der Abteilung für strategische Planung eines Berliner Konzerns.

Kunze, Jürgen *FDP/AL*

Geb. 8. April 1945 Berlin

Abgeordnetenhaus von Berlin:
7. WP (ab 1. September 1976, nachgerückt für Heinz Kaschke)
8. WP
9. WP

Grundschule und Gymnasium, 1964 Abitur, 1964 bis 1969 Studium der Volkswirtschaftslehre an der Freien Universität Berlin, Diplom-Volkswirt, 1966 bis 1968 Geschäftsführer des Ringes Politischer Jugend e. V. Berlin, 1969/70 Hilfsreferent im Landesarbeitsamt

Berlin, 1970 bis 1974 wissenschaftlicher Mitarbeiter beim Deutschen Bildungsrat, 1973 Promotion zum Dr. phil., 1974 bis 1977 wissenschaftlicher Mitarbeiter beim Deutschen Institut für Wirtschaftsforschung, ab Oktober 1977 Professor an der Fachhochschule für Wirtschaft Berlin, 1992 bis 2000 Rektor, 2001 bis 2003 Gründungsrektor OTA Hochschule Berlin und Professor für Finanzdienstleistungen und Volkswirtschaftslehre, 1964 bis 1983 Mitglied der FDP, 1969 bis 1972 Landesvorsitzender der Jungdemokraten Berlin, 1970/71 stellvertretender Bundesvorsitzender der Jungdemokraten, 1973 bis 1983 Mitglied des FDP-Landesvorstands Berlin, 1979 stellvertretender Landesvorsitzender, 1981 bis 1983 Landesvorsitzender der FDP Berlin, 7. Dezember 1983 Austritt aus der FDP und bis Ende der Wahlperiode „unabhängiger liberaler Abgeordneter" bzw. ab 17. Mai 1984 Mitglied der Fraktion der AL im Abgeordnetenhaus von Berlin.

Kunzelmann, Dieter *AL*

Geb. 14. Juli 1939 Bamberg

Abgeordnetenhaus von Berlin:
9. WP (ab 15. Juni 1983, nachgerückt durch Rotation für Peter Sellin)

Sohn eines Sparkassendirektors, abgebrochene Banklehre, Anfang der 1960er-Jahre Mitglied der Münchener Künstlergruppe SPUR und der Situationistischen Internationale, Mitgründer der Kommune I in Berlin, 1970 wegen versuchter Brandstiftung Festnahme und drei Jahre Untersuchungshaft, 1975 Ausbildung zum Drucker, später zeitweise Archivar in der Anwaltskanzlei von Hans-Christian Ströbele, 1975 Kandidat der KPD für das Abgeordnetenhaus von Berlin.

Ladeburg, Heinz *SPD*

Geb. 3. Mai 1926 Berlin

Abgeordnetenhaus von Berlin:
4. WP

Volksschule, aus rassischen Gründen nicht zum Besuch einer höheren Schule zugelassen, 1940 bis 1943 kaufmännische Lehre als Speditionsexpedient und Besuch einer Fachschule für Verkehr und Verwaltung, bis zur Einberufung zur Wehrmacht, Speditionsangestellter, Dezember 1945 Rückkehr aus amerikanischer Kriegsgefangenschaft, bis 1952 in verschiedenen Berufen tätig, ab November 1952 Verwaltungsangestellter des Landes Berlin, zuletzt Sachbearbeiter beim Entschädigungsamt, ab 1953 Mitglied der SPD, 1955 bis 1957 Besuch von betriebswirtschaftlichen Vorlesungen am Hochschulinstitut für Wirtschaftskunde Berlin, 1956 bis 1959 Mitglied des SPD-Kreisvorstands Berlin-Wedding, ab 1957 Mitglied des Landesvorstands der Jungsozialisten Berlin, 1967 bis 1971 Bezirksverordneter in Berlin-Wedding.

Laggies, Lothar *SPD*

Geb. 8. März 1927 Berlin

Abgeordnetenhaus von Berlin:
6. WP (bis 9. Juni 1971, Nachrücker: Heinz Kuchler)

1944 Abitur, Reichsarbeitsdienst, Wehrmacht (Luftwaffe), Kriegsgefangenschaft, verschiedene Tätigkeiten, ab 1948 Lehrer in Berlin, 1950 1. und 1952 2. Staatsprüfung, 1957 Abschlussprüfung nach sozialpädagogischem Ausbildungslehrgang für Tiefenpsychologie, 1959 Fachprüfung für Jugendpsychologie, 1961 Lehrer mit zwei Wahlfächern, 1971 Schulleiter, ab 1962 Mitglied der SPD, 1967 bis 1971 Bezirksverordneter in Berlin-Schöneberg, 1971 bis 1975 Bezirksstadtrat für Volksbildung in Berlin-Schöneberg, 1975 bis 1983 Rektor der Friedrich-Bergius-Oberschule in Berlin-Schöneberg.

Lancken, Raven Henning von der *CDU*

Geb. 3. August 1937 Hamburg
Gest. 2. Juli 2014 Berlin

Abgeordnetenhaus von Berlin:
6. WP (ab 26. Mai 1971, nachgerückt für Gero Luckow, bis 14. Dezember 1972, Nachrücker: Peter Conen)

1958 bis 1964 Studium des Wirtschaftsingenieurwesens und der Betriebswirtschaft an der Technischen Universität Berlin, 1972 bis 1979 Bezirksstadtrat für Gesundheitswesen bzw. Bauwesen in Berlin-Wilmersdorf, 1979 bis 1981 Bezirksbürgermeister in Berlin-Wilmersdorf, 1981 bis 1989 Staatssekretär für Bau- und Wohnungswesen in Berlin, Juli 2000 bis Oktober 2007 Mitglied des Aufsichtsrats der Gemeinnützigen Wohn- und Baugesellschaft mbH (GEWOBA) Potsdam sowie des Unternehmensverbunds ProPotsdam, ab 1964 Katastrophenschutzbeauftragter der Johanniter-Unfall-Hilfe, ab 1968 Ehrenritter der Brandenburgischen Provinzialgenossenschaft des Johanniterordens und von 1978 bis 1999 deren regierender Kommendator, 2005 bis 2007 ehrenamtlicher Landesvorstand der Johanniter-Unfall-Hilfe in Berlin-Brandenburg.

Landowsky, Klaus-Rüdiger *CDU*

Geb. 21. Juli 1942 Berlin

Abgeordnetenhaus von Berlin:
7. WP
8. WP
9. WP

10. WP
11. WP
12. WP
13. WP
14. WP

Volksschule und Gymnasium, 1962 Abitur, Studium der Rechtswissenschaften an der Freien Universität Berlin, 1968 1. und 1972 2. juristisches Staatsexamen, Rechtsanwalt, ab 1972 zunächst Vorstandsassistent, dann bis 1978 Justitiar der Berliner Pfandbrief-Bank (heute Berlin Hyp), ab April 1978 Vorstandsmitglied dieser Bank und ab August 1978 zugleich Vorstandsmitglied der Wohnungsbau-Kreditanstalt (WBK) (heute Investitionsbank Berlin), 1993 bis 2001 Vorstandsvorsitzender der Berliner Hypotheken- und Pfandbriefbank AG (Berlin Hyp), ab 1961 Mitglied der CDU, 1975 bis 1990 stellvertretender, 1991 bis 2001 Fraktionsvorsitzender der CDU im Abgeordnetenhaus von Berlin, 1985 bis 1991 Generalsekretär des CDU-Landesverbands Berlin, Mai/Juni 2001 stellvertretender Vorsitzender des CDU-Landesverbands Berlin, Verlust aller Ämter durch die Berliner Bankenaffäre, 2014 Einstellung eines Untreue-Verfahrens, 2011 Freispruch in einem weiteren Untreue-Verfahren.

Lange, Horst *SPD*

Geb. 30. März 1934 Berlin
Gest. 27. Juli 2010 Berlin

Abgeordnetenhaus von Berlin:
6. WP
7. WP
8. WP

Hauptschule, Lehre und Arbeit als Bäcker, 1952 Mitglied der SPD, 1954 Erziehungspraktikant, 1955 mittlere Reife über den zweiten Bildungsweg, 1955 bis 1957 Studium am Seminar für Sozialberufe der Arbeiterwohlfahrt in Mannheim, Staatsexamen als Sozialarbeiter, anschließend Fürsorger in Berlin-Kreuzberg, ab 1963 Prozessvertreter im Jugendamt, zunächst in Berlin-Kreuzberg und ab 1967 in Berlin-Tiergarten, Abteilungsvorsitzender und Mitglied des SPD-Kreisvorstands Berlin-Kreuzberg, 1967 bis 1971 Bezirksverordneter in Berlin-Kreuzberg, stellvertretender Vorsitzender der SPD-Fraktion.

Lange, Kurt *SPD*

Geb. 4. Juli 1926 Berlin
Gest. 22. Juni 2005 Berlin

Abgeordnetenhaus von Berlin:
12. WP

Grundschule und Gymnasium, Wehrmacht, Lehre und Arbeit als Glaser, 1947 bis 1949 Glaserfachschule, 1949 Gesellenprüfung, 1952 Glasermeisterprüfung, Glaser im väterlichen Betrieb, ab 1963 selbstständiger Handwerksmeister bzw. Kunstmaler in Berlin-Prenzlauer Berg, 1946 Mitglied der SPD, 1989 Wiedereintritt und zeitweise Vorstandsmitglied der SPD im Kreis Prenzlauer Berg.

Lange, Rolf-Peter *FDP*

Geb. 29. Januar 1944 Berlin

Abgeordnetenhaus von Berlin:
10. WP
12. WP

Gymnasium, 1963 Abitur, 1963 bis 1965 Lehre zum Verlagskaufmann, 1965 bis 1969 Studium der Politischen Wissenschaft an der Freien Universität Berlin, 1969 Diplom-Politologe, ab 1969 Mitglied der FDP, 1969 bis 1971 wissenschaftlicher Assistent, 1971 bis 1976 am Zentralinstitut für sozialwissenschaftliche Forschung der Freien Universität Berlin, 1976 Promotion zum Dr. phil., 1976/77 freier Mitarbeiter der Friedrich-Naumann-Stiftung, 1977 bis 1980 wissenschaftlicher Angestellter beim Senator für Inneres, 1980 bis 1982 Leiter des Büros des Bürgermeisters von Berlin, 1982 bis 1985 Geschäftsführer der FDP-Fraktion, 1985 bis 1989 parlamentarischer Geschäftsführer der FDP-Fraktion im Abgeordnetenhaus von Berlin, 1970/71 Ortsverbandsvorsitzender, ab 1984 stellvertretender Vorsitzender des FDP-Bezirksverbands Berlin-Wilmersdorf, 1971 bis 1982 Bezirksverordneter in Berlin-Wilmersdorf, 1975 bis 1982 Fraktionsvorsitzender, 1998 bis 2000 Landesvorsitzender der Berliner FDP, ab 1989 Regionalleiter der Firma Grieneisen, ab 1995 Vorsitzender des Verbandes Deutscher Bestattungsunternehmen e. V., ab Juli 1998 Verantwortlicher für Öffentlichkeitsarbeit und Marketing sowie Unternehmenssprecher der Ahorn-Grieneisen AG, ab Oktober 2006 freier Mitarbeiter der Otto Berg Bestattungen GmbH & Co. KG.

Laurien, Hanna-Renate *CDU*

Geb. 15. April 1928 Danzig
Gest. 12. März 2010 Berlin

Abgeordnetenhaus von Berlin:
10. WP
11. WP
12. WP

Tochter eines Chemikers und einer Lehrerin, Gymnasium in Spremberg und in Berlin, 1944 Arbeitsdienst, 1946 Abitur, Studium der Germanistik, Anglistik und Philosophie an der Universität Berlin, ab 1948 an der Freien Universität Berlin, 1951 Staatsexamen und

Promotion zum Dr. phil., 1951 bis 1970 im höheren Schuldienst in Nordrhein-Westfalen tätig, 1957 bis 1963 im Kultusministerium des Landes Nordrhein-Westfalen in Düsseldorf tätig, 1963 bis 1965 Fachleiterin für Deutsch am Studienseminar, 1965 bis 1970 Direktorin die Königin-Luise-Schule in Köln, ab 1966 Mitglied der CDU, 1967 bis 1970 stellvertretende CDU-Kreisvorsitzende in Köln, 1977 bis 1996 Mitglied des CDU-Bundesvorstands, ab 1970 Hauptabteilungsleiterin, ab 1971 Staatssekretärin im Kultusministerium von Rheinland-Pfalz, 1979 bis 1981 Mitglied des Landtags Rheinland-Pfalz, 1976 bis 1981 Kultusministerin von Rheinland-Pfalz, 1981 bis 1989 Senatorin für Schulwesen, Jugend und Sport in Berlin, 1986 bis 1989 Bürgermeisterin von Berlin, 1989 bis 1991 Vorsitzende des Petitionsausschusses des Abgeordnetenhaus von Berlin, 1991 bis 1995 Präsidentin des Abgeordnetenhauses von Berlin, 1991 bis 2000 Vorsitzende des Diözesanrats der Katholiken im Erzbistum Berlin, 1996 Verleihung der Würde einer Stadtältesten von Berlin.

Lawrentz, Gerhard *CDU*

Geb. 8. Oktober 1945 Buttstädt/Krs. Weimar

Abgeordnetenhaus von Berlin:
10. WP (bis 3. September 1985, Nachrücker: Harald Grieger)

Schulbesuch in Berlin, Gymnasium, 1966 Abitur, ab 1964 Mitglied der CDU, Studium der Geschichte und Slawistik, 1974 wissenschaftliches Staatsexamen für das Amt des Studienrats, 1975 bis 1978 Dozent in der Erwachsenenbildung – Fachbereichsleiter in der Volkshochschule Berlin-Steglitz, 1978 stellvertretender Direktor der Volkshochschule Steglitz, ab 1981 stellvertretender Vorsitzender eines CDU-Ortsverbands, 1991 bis 2000 Kreisvorsitzender der CDU in Berlin-Schöneberg, ab 2000 1. stellvertretender Kreisvorsitzender der CDU Tempelhof-Schöneberg, 1996 bis 1998 Generalsekretär der CDU Berlin, 1981 bis 1985 Bezirksverordneter in Berlin-Schöneberg, 1983 bis 1985 Vorsitzender der CDU-Fraktion, 1985 bis 1989 Bezirksstadtrat für Volksbildung in Berlin-Schöneberg, 1989 Fachbereichsleiter in der Volkshochschule Steglitz, 1992 bis 2001 stellvertretender Bezirksbürgermeister und Bezirksstadtrat für Sozialwesen bzw. für Bauen und Wohnen in Berlin-Schöneberg, 2001/02 stellvertretender Bezirksbürgermeister und Bezirksstadtrat für Bauwesen in Tempelhof-Schöneberg, ab 2002 Bezirksstadtrat für Bauwesen in Tempelhof-Schöneberg.

Leber, geb. Rosenthal, Annedore *SPD*

Geb. 18. März 1904 [Berlin-]Wilmersdorf
Gest. 28. Oktober 1968 Berlin

Stadtverordnetenversammlung von Groß-Berlin:
1. WP
2. WP

Abgeordnetenhaus von Berlin:
4. WP

Siehe Biografisches Handbuch der Berliner Stadtverordneten und Abgeordneten 1946–1963, im Auftrag des Präsidenten des Abgeordnetenhauses von Berlin bearbeitet von Werner Breunig und Andreas Herbst, mit einer Einleitung von Siegfried Heimann (= Schriftenreihe des Landesarchivs Berlin, Bd. 14), Berlin 2011, S. 164.

Legien, Roman *CDU*

Geb. 26. Dezember 1927 Danzig
Gest. 13. Februar 2015

Abgeordnetenhaus von Berlin:
9. WP
10. WP

Gymnasium, 1946 Abitur, Studium der Rechtswissenschaften an der Christian-Albrechts-Universität Kiel, 1949 1. juristische Staatsprüfung, 1951 Promotion zum Dr. jur., 1956 2. juristische Staatsprüfung, ab 1951 Mitglied der CDU, 1956 bis 1961 Referent des Berliner Bürgermeisters Franz Amrehn und stellvertretender Leiter des Büros für Gesamtberliner Fragen, 1961 bis 1971 Bezirksstadtrat für Gesundheitswesen, 1971 bis 1979 Bezirksbürgermeister von Berlin-Charlottenburg, 1979/80 Geschäftsführer des Berliner Mode Forums, 1990 bis 1993 Lehrbeauftragter an der Universität Potsdam, 1990/91 Berater der Gemeinde Wustermark/Brandenburg, 1992 bis 1993 Mitgeschäftsführer der Güterverkehrszentren-Entwicklungsgesellschaft Brandenburg-Berlin mbH.

Lehmann, Uwe *Bündnis 90/Grüne (AL)UFV*

Geb. 13. Oktober 1957 Woltersdorf

Abgeordnetenhaus von Berlin:
12. WP (bis 31. März 1994, Nachrücker: Carlo Jordan)

1964 bis 1974 Oberschule, 1974 bis 1976 Lehre als Baufacharbeiter, 1976 bis 1978 Wehrdienst bei der Bereitschaftspolizei in Eisenhüttenstadt, 1978 bis 1981 Studium an der Ingenieurschule für Bauwesen Berlin, Tiefbauingenieur, 1981/82 Bauleiter VEB Verkehrs- und Tiefbaukombinat Frankfurt (Oder), 1982 bis 1987 Mitarbeiter beim Hauptauftraggeber komplexer Wohnungsbau in Berlin-Prenzlauer Berg, 1987 bis 1989 Hausmann, 1989/90 Bauberater der VEB Kommunalen Wohnungsverwaltung Berlin-Prenzlauer Berg, Mitglied der Bürgerrechtsgruppe „Initiative Frieden und Menschenrechte" (IFM), September 1989 Gründungsmitglied von Bündnis 90, Mai 1992 bis Mai 1993 Mitglied im Bundesvorstand von Bündnis 90, ab Mai 1993 Mitglied von Bündnis 90/Die Grünen, 1989/90 Vertreter der IFM am Runden Tisch in Ost-Berlin, Mai 1990 bis Januar 1991

Mitglied der Stadtverordnetenversammlung von Berlin, 1991 Vorsitzender der Fraktion „Bündnis 90/Grüne (AL)/UFV" im Abgeordnetenhaus von Berlin, ab Juli 2006 zeitweise Landesgeschäftsführer von Bündnis 90/Die Grünen Sachsen.

Lehmann-Brauns, Uwe *CDU*

Geb. 28. August 1938 Potsdam

Abgeordnetenhaus von Berlin:
8. WP
9. WP
10. WP
11. WP
12. WP
13. WP
14. WP
15. WP (ab 23. November 2004, nachgerückt für Michael Borgis)
16. WP
17. WP

Gymnasium, 1956 Abitur, Studium der Rechtswissenschaften an der Universität Bonn und an der Freien Universität Berlin, 1961 1. juristisches Staatsexamen, 1965 2. juristisches Staatsexamen und Promotion zum Dr. jur., ab 1966 Rechtsanwalt, ab 1976 auch Notar, 1967 Attaché im Diplomatischen Dienst der Bundesrepublik Deutschland, ab 1966 Mitglied der CDU, Kreisvorsitzender der Jungen Union in Berlin-Zehlendorf, Ortsvorsitzender der CDU in Dahlem und von 1997 bis 2001 Kreisvorsitzender der CDU in Berlin-Zehlendorf, ab 1984 stellvertretender Vorsitzender der CDU-Fraktion im Abgeordnetenhaus von Berlin, bis 2006 kulturpolitischer Sprecher der CDU-Fraktion im Abgeordnetenhaus von Berlin, 2006 bis 2011 Vizepräsident des Abgeordnetenhauses von Berlin, 2006 und 2011 Eröffnung der 16. bzw. 17. Legislaturperiode des Abgeordnetenhauses von Berlin als Alterspräsident, Gründungs- und Vorstandsmitglied des Bürgerbüros zur Aufarbeitung von SED-Unrecht, 2. Vorsitzender des Autorenkreises der Bundesrepublik.

Lemmer, Ernst *CDU*

Geb. 28. April 1898 Remscheid
Gest. 18. August 1970 Berlin

Abgeordnetenhaus von Berlin:
1. WP
2. WP
3. WP
4. WP
5. WP (bis 15. November 1969, Nachrücker: Erich Berger)

Siehe Biografisches Handbuch der Berliner Stadtverordneten und Abgeordneten 1946–1963, im Auftrag des Präsidenten des Abgeordnetenhauses von Berlin bearbeitet von Werner Breunig und Andreas Herbst, mit einer Einleitung von Siegfried Heimann (= Schriftenreihe des Landesarchivs Berlin, Bd. 14), Berlin 2011, S. 166.

Lemmer, Henning *CDU*

Geb. 25. November 1931 Berlin

Abgeordnetenhaus von Berlin:
6. WP
7. WP (bis 11. November 1975 und dann wieder ab 3. Februar 1976, durch Wiederholungswahl vom 25. Januar 1976 in Berlin-Zehlendorf)
8. WP

Sohn von Ernst Lemmer, Volksschule und Gymnasium, 1950 Abitur, Studium der Rechtswissenschaften und juristische Ausbildung in Köln, Freiburg und Berlin, 1959 Großes Staatsexamen, 1959/60 anwaltliche Tätigkeit, ab 1951 Mitglied der CDU, 1960 bis 1971 Oberregierungsrat, 1967 bis 1971 Bezirksverordneter in Berlin-Zehlendorf, 1985 bis 1989 Bezirksstadtrat für Gesundheitswesen und Wirtschaft in Berlin-Steglitz, Mitglied des Landesvorstands des Unionhilfswerks.

Lesnau, Karl-Heinz *CDU*

Geb. 20. Mai 1935 Halle/Saale
Gest. 13. August 1996 in Berlin

Abgeordnetenhaus von Berlin:
9. WP (ab 29. April 1983, nachgerückt für Jürgen Feilcke)
10. WP
11. WP
12. WP

Grundschule und Gymnasium, 1954 Abitur, Studium der Rechtswissenschaften und der Heraldik an der Freien Universität Berlin, Zolltechnische Prüfungs- und Lehranstalt Hannover, Abschluss als Zollinspektor z. A., später Diplom-Verwaltungswirt, ab 1965 Zollinspektor beim Hauptzollamt Hamburg, ab 1965 beim Bezirksamt Berlin-Zehlendorf, Oberamtsrat, Leiter des Amtes 3 der Abteilung Sozialwesen, ab 1969 Mitglied der CDU, ab 1981 Vorsitzender des CDU-Ortsverbands Pallas in Berlin-Schöneberg, 1973 bis 1983 Bezirksverordneter in Berlin-Schöneberg, Mitglied des Hauptausschusses des Abgeordnetenhauses von Berlin.

Leyk, geb. Milewski, Ursula *SPD*

Geb. 27. März 1942 Berlin

Abgeordnetenhaus von Berlin:
11. WP (ab 28. März 1989, nachgerückt für Hans Kremendahl)
12. WP

Gymnasium, Ausbildung zur Gehilfin für Buchprüfung und Steuerberatung, später Hausfrau, ab 1962 Mitglied der SPD, 1971 bis 1989 Bezirksverordnete in Berlin-Steglitz, stellvertretende Vorsitzende der SPD-Fraktion, schulpolitische Sprecherin der SPD-Fraktion im Abgeordnetenhaus von Berlin.

Liebig, Günter *FDP*

Geb. 22. Juni 1928 Berlin
Gest. 3. August 2004 Berlin

Abgeordnetenhaus von Berlin:
6. WP

Grund- und Oberschule, 1944/45 Wehrmacht, 1948 Abitur, kaufmännisches Praktikum bei der C. Lorenz AG in Berlin, Studium an der Technischen Universität Berlin und Freien Universität Berlin, ab 1970 als selbstständiger Kaufmann Fortführung des väterlichen Geschäfts „Paul Liebig" (Immobilien, Finanzierungen, Hausverwaltungen), ab 1947 Mitglied der LDP bzw. später der FDP, 1969 bis 1971 Vorsitzender der FDP-Ortsgruppe Schöneberg-Nord.

Liehr, Harry *SPD*

Geb. 15. Mai 1927 Berlin

Abgeordnetenhaus von Berlin:
3. WP (bis 12. Januar 1962)
7. WP

Siehe Biografisches Handbuch der Berliner Stadtverordneten und Abgeordneten 1946–1963, im Auftrag des Präsidenten des Abgeordnetenhauses von Berlin bearbeitet von Werner Breunig und Andreas Herbst, mit einer Einleitung von Siegfried Heimann (= Schriftenreihe des Landesarchivs Berlin, Bd. 14), Berlin 2011, S. 168.

Liepelt, Volker *CDU*

Geb. 5. August 1948 Itzehohe/Schleswig-Holstein

Abgeordnetenhaus von Berlin:
9. WP (ab 16. Oktober 1981, nachgerückt für Detlef Pagel)
10. WP
12. WP
13. WP
14. WP (bis 10. Januar 2000, Nachrückerin: Barbara Herrmann)

Gymnasium, 1955 bis 1969 kaufmännisches Volontariat, 1969 Kaufmannsgehilfenprüfung, 1969/70 kaufmännischer Angestellter im Buchhandel, 1970 bis 1973 Leiter einer Verlagsniederlassung, 1973 bis 1975 Studium der Betriebswirtschaftslehre, 1974 HWL-Diplom, staatlich geprüfter Betriebswirt, 1975 bis1981 kaufmännischer Angestellter und selbstständiger Betriebswirt, ab 1982 geschäftsführender Gesellschafter der Marketing- und Werbeagentur „CBM, Communikationsbüro & Marketing-Beratung GmbH", ab 2003 selbstständiger Wirtschaftsberater, ab 1972 Mitglied der CDU, Vorsitzender des CDU-Ortsverbands Beussel in Berlin-Moabit, 1998 bis 2000 Generalsekretär des CDU-Landesverbands Berlin, Ortsvorsitzender der CDU Moabit und stellvertretender Kreisvorsitzender der CDU Mitte, 1975 bis 1981 Bezirksverordneter in Berlin-Tiergarten, 1991 bis 1999 1. parlamentarischer Geschäftsführer der CDU-Fraktion im Abgeordnetenhaus von Berlin, 2000/01 Staatssekretär beim Senator für Wirtschaft und Technologie, 2002 und 2005 Kandidatur für den Deutschen Bundestag im Wahlkreis Berlin-Mitte, ab 2003 selbstständiger Wirtschaftsberater.

Liessfeld, geb. Franz, Heike *SPD*

Geb. 16. Januar 1939 Berlin

Abgeordnetenhaus von Berlin:
11. WP
12. WP
13. WP

Volks- und Mittelschule, 1955/56 Höhere Handelsschule Hamburg-Harburg, 1956 bis 1975 Arbeit als Stenokontoristin in verschiedenen Firmen und Unternehmen in Hamburg und Lausanne, ab 1975 Sachbearbeiterin im Berliner Büro der Friedrich-Ebert-Stiftung (Erwachsenenbildungseinrichtung), ab 1972 Mitglied der SPD, 1973 bis 1976 Juso-Kreisvorsitzende, ab 1987 Abteilungsvorsitzende, später Schriftführerin der SPD in Spandau, Abteilung Falkenhagener Feld/Spandau West, 1981 bis 1989 Bezirksverordnete in Berlin-Spandau, stellvertretende Fraktionsvorsitzende.

Liljeberg, Georg *SPD*

Geb. 15. Januar 1905 Berlin
Gest. 25. November 1993 Berlin

Abgeordnetenhaus von Berlin:
2. WP
3. WP
4. WP
5. WP

Siehe Biografisches Handbuch der Berliner Stadtverordneten und Abgeordneten 1946–1963, im Auftrag des Präsidenten des Abgeordnetenhauses von Berlin bearbeitet von Werner Breunig und Andreas Herbst, mit einer Einleitung von Siegfried Heimann (= Schriftenreihe des Landesarchivs Berlin, Bd. 14), Berlin 2011, S. 169.

Lindemann, Eckard *CDU*

Geb. 8. Juni 1937 Stettin

Abgeordnetenhaus von Berlin:
7 WP
8. WP (bis 17. Mai 1979, Nachrücker: Michael Heinschke)

Gymnasium, 1957 Abitur, Studium der Rechtswissenschaften an der Freien Universität Berlin und den Universitäten Bonn und Saarbrücken, 1961 1. und 1965 2. juristisches Staatsexamen, ab 1960 Mitglied der CDU, ab November 1965 Rechtsanwalt und später auch Notar, 1971 bis 1975 Bezirksverordneter in Berlin-Charlottenburg, 1979 bis 1983 Vorsitzender des Kreisverbands Berlin-Charlottenburg, 1979 bis 1985 Bürgermeister von Berlin-Charlottenburg.

Lippert, Arno *CDU*

Geb. 19. April 1904 Berlin
Gest. 19. Dezember 1975 Herford

Abgeordnetenhaus von Berlin:
1. WP
6. WP

Siehe Biografisches Handbuch der Berliner Stadtverordneten und Abgeordneten 1946–1963, im Auftrag des Präsidenten des Abgeordnetenhauses von Berlin bearbeitet von Werner Breunig und Andreas Herbst, mit einer Einleitung von Siegfried Heimann (= Schriftenreihe des Landesarchivs Berlin, Bd. 14), Berlin 2011, S. 169 f.

Lippschütz, Alfred *SPD*

Geb. 1. Oktober 1922 Nauen
Gest. 20. September 1996

Abgeordnetenhaus von Berlin:
7. WP
8. WP
9. WP

Volksschule, Lehre und Arbeit als Elektromechaniker, 1941 Gesellenprüfung, 1945 Mitglied der SPD und Verwaltungsangestellter, 1948 Verhaftung durch sowjetische Behörden wegen „Zugehörigkeit zur SPD" und Verurteilung zu 25 Jahren Zwangsarbeit, bis 1956 Haft in der Sowjetunion, 1956 Entlassung und Rückkehr nach Deutschland, ab 1956 Verwaltungsangestellter in West-Berlin, 1957 bis 1960 Studium an der Verwaltungsschule, ab 1964 Beamter, später Oberamtsrat, 1963 bis 1975 Bezirksverordneter in Berlin-Tempelhof, 1969 bis 1975 Fraktionsvorsitzender, Vorsitzender des Innenausschusses des Abgeordnetenhauses von Berlin.

Lipschitz, geb. Krüger, Eleonore *SPD*

Geb. 1. August 1922 Berlin
Gest. 28. Mai 1981 Berlin

Abgeordnetenhaus von Berlin:
4. WP
5. WP (bis 31. Januar 1970, Nachrücker: Paul Ibscher)

Tochter eines Kaufmanns, Volksschule und Gymnasium, 1941 Abitur, Volontariat bei der Dresdner Bank, Handelsschule, Dolmetscherin, 1948 Studium der Volkswirtschaften an der Freien Universität Berlin, 1956 Promotion zum Dr. rer. pol., 1954 Dozentin am Sozialpädagogischen Institut der AWO, ab März 1956 Leiterin des Sozialpädagogischen Instituts der AWO, 1964 bis 1969 geschäftsführende Vorsitzende der AWO Landesverband Berlin, 1970 Referentin und Regierungsdirektorin beim Senator für Arbeit und Soziales, 1976 Senatsrätin.

Lischewski, Otto *FDP*

Geb. 23. November 1913 Berlin
Gest. 9. Februar 2006 Berlin

Abgeordnetenhaus von Berlin:
4. WP (ab 3. April 1964, nachgerückt für Friedrich Lüttge)

Volks- und Oberschule, Lehre und Arbeit als Versicherungskaufmann, Reichsarbeitsdienst, anschließend Einberufung zur Wehrmacht, ab 1945 Mitglied der LDP, später der FDP, 1951 bis 1958 Bezirksvorsitzender in Berlin-Steglitz, zeitweise Fraktionsvorsitzender, ab 1956 Vorsitzender des FDP-Bezirksverbands Berlin-Steglitz, 1960/61 stellvertretender Landesvorsitzender der FDP, ab 1961 Landesvorsitzender der Freien Demokratischen Wohlfahrt e. V.

Lobermeier, Winfried *CDU*

Geb. 13. September 1940 Berlin

Abgeordnetenhaus von Berlin:
9. WP (ab 6. Oktober 1982, nachgerückt für Norbert Blüm)
10. WP

Realschule in Ost-Berlin, Ausbildung zum Elektromonteur, 1957 Gesellenprüfung, Elektromonteur bei der BVG, ab 1965 Mitglied der CDU, 1971 bis 1975 Vorsitzender des CDU-Ortsverbands Panke, ab 1984 stellvertretender Vorsitzender des Kreisverbands Berlin-Wedding, 1971 bis 1982 Bezirksverordneter in Berlin-Wedding, 1972 bis 1982 stellvertretender Fraktionsvorsitzender, Schatzmeister im Weddinger Heimatverein e. V.

Löffler, Gerd *SPD*

Geb.10. August 1927 Xaverhof/Krs. Lodz
Gest. 9. Januar 2004 Berlin

Abgeordnetenhaus von Berlin:
4. WP
5. WP
6. WP
7. WP
8. WP
9. WP
10. WP
11. WP

Volksschule und Gymnasium, Abitur, 1945/46 Studium an der Pädagogischen Fachschule Gera, 1948 1. und 1949 2. Staatsprüfung für das Lehramt, 1946 Mitglied der LDP, bis Mai 1950 Lehrer in Thüringen, nach Ablehnung der im Frühjahr 1950 aufgestellten „Einheitsliste" der Kandidaten für die Wahl zur ersten Volkskammer im Oktober 1950 Entlassung aus dem Schuldienst und Flucht nach West-Berlin, Mitglied der FDP, 1951 Übernahme in den Schuldienst, Studium der Politischen Wissenschaft und der Neueren Geschichte an der Freien Universität Berlin, Abschluss als Diplom-Politologe, ab 1958 Mitglied der SPD, 1961 Mitglied des SPD-Kreisvorstands Charlottenburg, 1964 bis 1975 Mitglied des

Bildungspolitischen Ausschusses beim SPD-Parteivorstand, ab 1968 Mitglied des SPD-Landesvorstands Berlin, Juni 1977 bis Juni 1979 Vorsitzender des SPD-Landesverbands Berlin, 1986 bis 1991 Vorsitzender des SPD-Kreisverbands Berlin-Wedding, 1964 bis 1970 Leiter der Volkshochschule Berlin-Schöneberg, März 1970 bis April 1975 Senator für Schulwesen, April 1975 bis Mai 1977 Senator für Wissenschaft und Technik, 1967 bis 1970 und 1989 bis 1990 stellvertretender Vorsitzender der SPD-Fraktion im Abgeordnetenhaus von Berlin.

Löffler, Walter *SPD*

Geb. 24. Mai 1900 Berlin
Gest. 29. April 1967 Berlin

Abgeordnetenhaus von Berlin:
4. WP (ab 4. Oktober 1965, nachgerückt für Klaus-Peter Schulz)

Volks- und Fortbildungsschule, Lehre und Arbeit als Dreher und Werkmeister, 1918 Militärdienst, ab 1920 Mitglied der SPD, 1928 Studium an der Staatlichen Fachschule für Wirtschaft und Verwaltung, 1929 bis 1933 Abgeordneter der Bezirksversammlung Berlin-Prenzlauer Berg, 1930 bis 1933 Angestellter beim Bezirksamt Berlin-Prenzlauer Berg, Juni 1933 aus politischen Gründen entlassen, Mitglied der illegalen Berliner Leitung der SPD, 24. November 1934 Festnahme, 26. September 1936 wegen „Vorbereitung zum Hochverrat" vom 2. Senat beim Volksgerichtshof zu sieben Jahren Zuchthaus verurteilt, Haft im Zuchthaus Brandenburg, 1942 bis 1945 Automateneinrichter, bis Ende 1946 Bürgermeister in Rietz bei Treuenbrietzen, anschließend Verwaltungsangestellter im Bezirksamt Berlin-Prenzlauer Berg, ab 1945 wieder Mitglied der SPD und Aufbau der SPD-Organisation im Kreis Zauch-Belzig/Provinz Brandenburg, 1948/49 Referent im Hauptamt Opfer des Faschismus beim Magistrat von Groß-Berlin, 1949 bis 1964 Aufbau und Leitung des Referats PrV (politisch, rassisch oder religiös Verfolgte) bei der Senatsverwaltung für Sozialwesen, zuletzt Oberregierungsrat, 1954 bis 1958 Bezirksverordneter in Berlin-Charlottenburg.

Löhe, Klaus *SPD*

Geb. 17. Oktober 1944 Berlin
Gest. 2. Februar 2015 Berlin

Abgeordnetenhaus von Berlin:
10. WP
11. WP
12. WP (bis 30. Januar 1991, Nachrücker: Hermann Borghorst)

Hauptschule, 1959 bis 1962 Ausbildung im einfachen Dienst der Deutschen Bundespost, Postschaffner, 1965/66 Ausbildung im mittleren Verwaltungsdienst des Berliner Justizvollzugs, Laufbahnprüfung, ab 1971 Mitglied der SPD, 2010 Austritt aus der SPD, 1974 Fachhochschulreife, 1975 bis 1978 Studium an der Fachhochschule für Verwaltung und Rechtspflege, Diplom-Verwaltungswirt, Amtmann, ab 1985 Stadtamtmann beim Bezirksamt Berlin-Neukölln, 1979 bis 1985 Bezirksverordneter in Berlin-Neukölln, stellvertretender Fraktionsvorsitzender, Vorsitzender des Ausschusses für Jugend und Familie im Abgeordnetenhaus von Berlin, 1991 bis 1999 Staatssekretär in der Senatsverwaltung für Jugend, Bildung und Sport, Dezember 1999 Versetzung in den einstweiligen Ruhestand, 2004 bis 2008 im Auftrag der Senatsverwaltung für Bildung, Jugend und Sport Abwicklung des Jugendaufbauwerks.

Lösche, geb. Ludwig, Dorothea (Dora) *SPD*

Geb. 31. Mai 1906 Hagen/Westfalen
Gest. 22. November 1985 Berlin

Abgeordnetenhaus von Berlin:
3. WP (ab 1. Oktober 1959, nachgerückt für Herbert Ohning)
4. WP (bis 2. Mai 1963, Nachrücker: Otto Vortisch)

Siehe Biografisches Handbuch der Berliner Stadtverordneten und Abgeordneten 1946–1963, im Auftrag des Präsidenten des Abgeordnetenhauses von Berlin bearbeitet von Werner Breunig und Andreas Herbst, mit einer Einleitung von Siegfried Heimann (= Schriftenreihe des Landesarchivs Berlin, Bd. 14), Berlin 2011, S. 172.

Lötzsch, geb. Gorisch, Gesine *PDS*

Geb. 7. August 1961 Berlin

Abgeordnetenhaus von Berlin:
12. WP
13. WP
14. WP
15. WP (bis 31. Dezember 2002, Nachrücker: Carl Wechselberg)

POS, 1978 bis 1980 EOS, 1980 Abitur, 1980 bis 1985 Studium, 1985 Diplom-Lehrerin für Deutsch und Englisch, 1985 bis 1988 Forschungsstudium an der Humboldt-Universität zu Berlin, 1988 Promotion zum Dr. phil., Philologin, wissenschaftliche Assistentin, ab 1984 Mitglied der SED, ab 1990 der PDS/Die Linke, 1989/90 Mitglied der Stadtbezirksversammlung in Berlin-Lichtenberg, 1991 bis 1993 Mitglied des PDS-Landesvorstands Berlin, ab 1994 Vorsitzende des Bezirksverbands der PDS bzw. Die Linke in Berlin-Lichtenberg, Mai 2010 bis Mai 2012 eine der beiden Bundesvorsitzenden (mit Klaus Ernst) von Die Linke, Mai 1990 bis Januar 1991 Mitglied der Stadtverordnetenversammlung von Berlin, 1991 bis 1993 Vorsitzende der PDS-Fraktion und Vorsitzende des Ausschusses für Europa- und Bundesangelegenheiten und Medienpolitik sowie bis 2002 stellvertretende Vorsitzende des Ausschusses für Berlin-Brandenburg im Abgeordnetenhaus von Berlin, ab 2002 Mitglied des Deutschen Bundestags, haushaltspolitische Sprecherin der Linksfraktion.

Lohauß, Peter *AL*

Geb. 14. Dezember 1948 in Hadmersleben/Krs. Wanzleben

Abgeordnetenhaus von Berlin:
10. WP (bis 21. April 1987, Nachrückerin durch Rotation: Sabine Spiesmacher)

Gymnasium, 1967 Abitur, 1969 bis 1973 Studium der Soziologie an der Freien Universität Berlin, 1973 bis 1977 wissenschaftlicher Assistent am Institut für Soziologie der Freien Universität Berlin, 1994 Promotion zum Dr. phil., ab 1981 Mitglied der AL, zeitweise Mitglied des Geschäftsführenden Ausschusses der AL, ab 1980 Mitarbeiter des Statistischen Landesamts Berlin, später Abteilungsleiter im Amt für Statistik Berlin-Brandenburg (bis 2014), Mitarbeit für die Autorengruppe Bildungsberichterstattung: Bildung in Deutschland 2006, 2008 und 2010.

Lonchant, Dieter *CDU*

Geb. 1. Februar 1940 Leipzig

Abgeordnetenhaus von Berlin:
6. WP

Gymnasium, Verwaltungsschule, Beamter beim Bezirksamt Berlin-Wilmersdorf, 1970 Vorsitzender Heimatverein Wilmersdorf, ab 1960 Mitglied der CDU, 1961 bis 1963 stellvertretender Vorsitzender des Landesverbands der Jungen Union, ab 1962 Mitglied des CDU-Kreisvorstands Berlin-Wilmersdorf, 1963 bis 1971 Ortsverbandsvorsitzender, 1967 bis 1971 Bezirksverordneter in Berlin-Wilmersdorf, 1975 Umzug nach Nienburg/Weser, 1975 bis 2000 Leiter des Referats „Sozialer Wohnungsbau" bzw. Hauptsachgebiet „Wirtschaftsförderung", ab 1976 Mitglied im Stadtrat Nienburg/Weser, ab 1994 Leiter des Ostdeutschen Heimatmuseums mit Sitz in Nienburg.

Longolius, Alexander *SPD*

Geb. 30. Dezember 1935 Berlin
Gest. 31. Januar 2016 Berlin

Abgeordnetenhaus von Berlin:
7. WP
8. WP
9. WP
10. WP
12. WP

246

Volksschule und Gymnasium, 1954 Abitur, Studium an der Deutschen Hochschule für Politik und an der Freien Universität Berlin, 1958 bis 1967 Lehrer, ab 1963 Mitglied der SPD, ab 1973 Mitglied des SPD-Landesvorstands Berlin, 1967 bis 1970 Leiter des Besucherdienstes Bundeshaus Berlin, 1970 bis 1973 Direktor der Volkshochschule Berlin-Schöneberg, 1970 bis 1971 Bezirksverordneter in Berlin-Charlottenburg, ab 1973 Referatsleiter beim Bevollmächtigten der Bundesregierung in Berlin (Abteilung Innerdeutsche Beziehungen), 1981 kurzzeitig Vorsitzender der SPD-Fraktion im Abgeordnetenhaus von Berlin, 1981 bis 1989 Vizepräsident des Abgeordnetenhauses von Berlin, 1983 bis 1993 Vorsitzender der Vereinigung Partnerschaft der Parlamente, Vorstandsvorsitzender der Checkpoint Charlie Stiftung und der Initiative Berlin – USA e. V., Mitbegründer der Initiative Amerika Haus Berlin.

Lorenz, Gerald *SPD*

Geb. 2. Dezember 1937 Berlin

Abgeordnetenhaus von Berlin:
7. WP
8. WP
9. WP

Gymnasium, 1956 Abitur, Studium der Elektrotechnik und des Wirtschaftsingenieurwesens, kaufmännische und technische Praktika als Wirtschaftsingenieur, freiberufliche Tätigkeit als Dolmetscher und Berufsberater, ab 1971 Geschäftsführer einer Großhandelsfirma, 1974 kaufmännischer Angestellter einer Einzelhandelsfirma, ab 1980 Inhaber, ab 1967 Mitglied der SPD, 1973 bis 1980 Kreisvorsitzender der SPD Berlin-Schöneberg, Mitglied des SPD-Landesvorstands Berlin.

Lorenz, Hans-Georg *SPD*

Geb. 15. April 1943 Berlin

Abgeordnetenhaus von Berlin:
8. WP
9. WP
10. WP
11. WP
12. WP
13. WP
14. WP
15. WP

Gymnasium, 1963 Abitur, Studium der Rechtswissenschaften an der Freien Universität Berlin, 1972 1. juristisches Staatsexamen, Referendariat, 1975 2. juristisches Staatsexamen, 1975 bis 1979 Regierungsrat beim Senator für Inneres, ab April 1979 selbstständiger Rechtsanwalt, ab 1961 Mitglied der SPD, 1971 bis 1979 Bezirksverordneter in Berlin-Spandau, 1982 bis 1987 Kreisvorsitzender der SPD in Berlin-Spandau.

Lorenz, Peter *CDU*

Geb. 22. Dezember 1922 Berlin
Gest. 6. Dezember 1987 Berlin

Abgeordnetenhaus von Berlin:
2. WP
3. WP
4. WP
5. WP
6. WP
7. WP
8. WP (bis 31. Dezember 1980, Nachrücker: Dieter Hapel)

Siehe Biografisches Handbuch der Berliner Stadtverordneten und Abgeordneten 1946–1963, im Auftrag des Präsidenten des Abgeordnetenhauses von Berlin bearbeitet von Werner Breunig und Andreas Herbst, mit einer Einleitung von Siegfried Heimann (= Schriftenreihe des Landesarchivs Berlin, Bd. 14), Berlin 2011, S. 174.

Loßmann, Erwin *FDP*

Geb. 20. Januar 1937 Berlin

Abgeordnetenhaus von Berlin:
12. WP

Volksschule, Elektriker, 1955 Betriebshandwerker, 1965 Assistent der Geschäftsleitung, 1980 Handlungsvollmacht, 1985 geschäftsführender Gesellschafter der Fa. GEBH Vertriebsgesellschaft für Druckereierzeugnisse mbH, Verkaufsleiter Fa. Goetz & Müller GmbH & Co., ab 1958 Mitglied der FDP, 1969 bis 1983 Mitglied des FDP-Landesvorstands Berlin, 1975 bis 1983 stellvertretender Landesvorsitzender, bundespolitischer Sprecher der Berliner FDP.

Lowka, geb. Hähn, Edith *SPD*

Geb. 13. August 1916 Berlin
Gest. 7. Oktober 1989 Walsrode/Niedersachsen

Abgeordnetenhaus von Berlin:
2. WP
3. WP
4. WP
5. WP
6. WP

Siehe Biografisches Handbuch der Berliner Stadtverordneten und Abgeordneten 1946–1963, im Auftrag des Präsidenten des Abgeordnetenhauses von Berlin bearbeitet von Werner Breunig und Andreas Herbst, mit einer Einleitung von Siegfried Heimann (= Schriftenreihe des Landesarchivs Berlin, Bd. 14), Berlin 2011, S. 174 f.

Luckow, Gero *CDU*

Geb. 10. August 1928 Erfurt
Gest. 4. Juli 2016 Berlin

Abgeordnetenhaus von Berlin:
6. WP (bis 24. Mai 1971, Nachrücker: Raven Henning von der Lancken)
8. WP (ab 8. Juni 1979, nachgerückt für Lieselotte Berger)

1943 bis 1947 Goethe-Gymnasium, Berlin, 1947 Abitur, 1948 bis 1957 Studium der Philosophie, Rechtswissenschaften und Politischen Wissenschaft an der Freien Universität Berlin, der Universität Heidelberg, der Ohio State University in den USA und an der Deutschen Hochschule für Politik, Berlin, 1955 Diplom-Politologe, ab 1953 Mitglied der CDU, ab 1956 Mitglied des CDU-Kreisvorstands Berlin-Wilmersdorf, 1961 bis 1971 Vorsitzender des CDU-Ortsverbands Gartenstadt, ab 1977 Mitglied des CDU-Landesverbands Berlin, 1958 bis 1960 stellvertretender Verbandsgeschäftsführer und Leiter der Pressestelle der Komba Berlin, 1960 bis 1971 Leiter des Büros der DBB, 1959 bis 1971 Bezirksverordneter und von 1967 bis 1971 Vorsitzender der CDU-Fraktion in der Bezirksverordnetenversammlung Berlin-Wilmersdorf, 1971 bis 1979 Bezirksstadtrat für Gesundheitswesen bzw. Volksbildungsstadtrat in Berlin-Wilmersdorf, später bis 1995 Geschäftsführer der Wohnungsbaugesellschaft GSW.

Lueddecke, Werner *SPD*

Geb. 23. Januar 1920 Berlin
Gest. 16. August 1996 Berlin

Abgeordnetenhaus von Berlin:
5. WP

Volks- und Aufbauschule, 1936 bis 1939 kaufmännische Lehre, 1938 bis 1941 Korrespondent, 1941 bis 1945 Wehrmacht und Kriegsgefangenschaft, 1945 bis 1949 Lehrerausbildung, 1949 1. und 1953 2. Lehrerprüfung, 1954 Ernennung zum außerplanmäßigen Beamten, 1955 zum Beamten auf Lebenszeit, 1962 Rektor, Schulleiter der Grundschule am Schäfersee in Berlin-Reinickendorf, ab 1960 Mitglied der SPD.

Lüder, Wolfgang *FDP*

Geb. 11. April 1937 Celle
Gest. 19. August 2013 Berlin

Abgeordnetenhaus von Berlin:
8. WP (bis 7. Mai 1979, Nachrücker: Jürgen Wahl)

Sohn eines Gastwirts, Ernestinum in Celle (altsprachliches Gymnasium), Abitur, 1957 bis 1961 Studium der Rechtswissenschaft an der Freien Universität Berlin, 1961 1. juristische Staatsprüfung, Referendar am Berliner Kammergericht, 1967 2. juristische Staatsprüfung, ab 1970 zunächst Assessor bei der Staatsanwaltschaft, dann Richter am Landgericht Berlin, ab 1981 Rechtsanwalt, 1991 bis 2007 auch Notar, ab 1957 Mitglied im Liberalen Studentenbund, 1961 Berliner Landesvorsitzender, 1962 Bundesvorsitzender, 1963 stellvertretender Bundesvorsitzender, 1958 Vorsitzender des Studentenparlaments der Freien Universität Berlin, 1959 Studentensprecher im Akademischen Senat, ab 1962 Mitglied der FDP, ab 1963 Mitglied der Jungdemokraten, 1967 Landesvorsitzender, 1968 bis 1970 Bundesvorsitzender der Jungdemokraten, ab 1970 Mitglied des FDP-Bundesvorstands, 1971 bis 1979 Landesvorsitzender der FDP Berlin, 1975 bis 1981 Senator für Wirtschaft, ab Juli 1976 auch Bürgermeister von Berlin, Januar 1981 Rücktritt infolge eines Bürgschaftsskandals um den Bauunternehmer Dietrich Garski, 1987 bis 1995 Mitglied des Deutschen Bundestags, stellvertretender Vorsitzender des Innenausschusses des Deutschen Bundestags, Mitglied im Vorstand der Vereinigung „Gegen Vergessen – Für Demokratie", Präsidiumsmitglied des Berliner Landesverbands der Deutschen Gesellschaft für die Vereinten Nationen, Kuratoriumsmitglied der Karl-Hamann-Stiftung und Vorstandsmitglied der Deutsch-Chinesischen Gesellschaft (Freunde Taiwans), bis 2008 deren Bundesvorsitzender, 2010 bis 2012 Vorsitzender der Vereinigung ehemaliger Mitglieder des Abgeordnetenhauses von Berlin e. V., 2012 Verleihung der Würde eines Stadtältesten von Berlin.

Lüdtke, Jürgen *SPD*

Geb. 6. Mai 1945 Berlin

Abgeordnetenhaus von Berlin:
11. WP
12. WP

Gymnasium, 1965 Abitur, 1965 bis 1969 Studium der Soziologie, der Volks- und Betriebswirtschaft sowie des öffentlichen Rechts an der Freien Universität Berlin, 1969 Diplom-Soziologe, 1970 bis 1972 Regierungsreferendar, ab 1972 Verwaltungsbeamter, 1981 bis 1989 Bezirksstadtrat für Bau- und Wohnungswesen in Berlin-Wedding, ab 1973 Mitglied der SPD, 1971 bis 1986 Abteilungsvorsitzender, 1971 bis 1973 Kreisvorsitzender der Jungsozialisten in Berlin-Wedding, 1971 bis 1980 Bezirksverordneter in Berlin-Wedding, 1975 bis 1979 Fraktionsvorsitzender, 1979/80 Bezirksverordnetenvorsteher, zeitweise stellvertretender Vorsitzender des Hauptausschusses des Abgeordnetenhauses von Berlin, 1995 bis 2005 Vorstandsmitglied der landeseigenen Wohnungsgesellschaft GESOBAU AG und Geschäftsführer der Wohnungsbaugesellschaft Weißensee.

Lüttge, Friedrich *FDP*

Geb. 6. September 1900 Anderbeck
Gest. 16. August 1978 Schongau

Abgeordnetenhaus von Berlin:
4. WP (bis 31. März 1964, Nachrücker: Otto Lischewski)

Diplom-Volkswirt, Obermagistratsrat, Mitglied der FDP.

Luft, Christine *SPD*

Geb. 13. September 1949 Berlin

Abgeordnetenhaus von Berlin:
12. WP

POS, 1968 bis 1973 Steno-Phonotypistin, 1973 staatlich geprüfte Sekretärin, 1973 bis 1976 Sekretärin, 1976 bis 1986 Fotosetzerin, 1986 bis 1990 technische Mitarbeiterin für Anlagentechnik, bis 1992 technische Mitarbeiterin bei Artline Ltd. in Berlin, Januar 1990 bis Januar 2002 Mitglied der SPD, Mai 1990 bis Januar 1991 Mitglied der Stadtverordnetenversammlung von Berlin, 1991 bis 1993 stellvertretende Vorsitzende der SPD-Fraktion im Abgeordnetenhaus von Berlin, 1993 bis 1995 Mitglied des Präsidiums des Abgeordnetenhauses von Berlin.

Lummer, Heinrich *CDU*

Geb. 21. November 1932 Essen-Kray

Abgeordnetenhaus von Berlin:
5. WP
6. WP
7. WP (bis 12. November 1975 und wieder ab 3. Februar 1976, durch Nachwahl vom 25. Januar 1976 im Bezirk Zehlendorf)
8. WP
9. WP
10. WP (bis 29. Juni 1987, Nachrücker: Friedrich-Wilhelm Krahe)
12. WP (bis 31. Mai 1991, Nachrücker: Jürgen Klemann)

Volksschule, Lehre und Arbeit als Elektromechaniker, ab 1953 Mitglied der CDU, Abendgymnasium, 1957 Abitur, 1957 bis 1961 Studium der Philosophie, Rechtswissenschaften und Politikwissenschaft an der Freien Universität Berlin, 1961 Diplom-Prüfung am Otto-Suhr-Institut, 1960/61 AStA-Vorsitzender an der Freien Universität Berlin, 1962 bis 1964 Assistent am Institut für Politische Wissenschaft, 1964/65 Leiter des Besucherdienstes Bundeshaus Berlin, 1965 bis 1969 Geschäftsführer der CDU-Fraktion im Abgeordnetenhaus von Berlin, April 1969 bis Dezember 1980 Vorsitzender der CDU-Fraktion, Dezember 1980 bis Juni 1981 Präsident des Abgeordnetenhauses von Berlin, Juni 1981 bis April 1986 Bürgermeister und Senator für Inneres, 1987 bis 1998 Mitglied des Deutschen Bundestags, 1971 bis 1980 und ab 1991 Vorsitzender des Deutschen Politologen-Verbands.

Luster, Rudolf *CDU*

Geb. 20. Januar 1921 Berlin
Gest. 13. Februar 2000 Berlin

Stadtverordnetenversammlung von Groß-Berlin:
2. WP (ab 6. April 1950, nachgerückt für Hilde Körber)
Abgeordnetenhaus von Berlin:
5. WP
6. WP
7. WP (bis 31. Dezember 1976, Nachrückerin: Gerhild Corduan)

Siehe Biografisches Handbuch der Berliner Stadtverordneten und Abgeordneten 1946–1963, im Auftrag des Präsidenten des Abgeordnetenhauses von Berlin bearbeitet von Werner Breunig und Andreas Herbst, mit einer Einleitung von Siegfried Heimann (= Schriftenreihe des Landesarchivs Berlin, Bd. 14), Berlin 2011, S. 179.

Luther, Peter *CDU*

Geb. 10. Mai 1942 [Aschersleben-]Drohndorf

Abgeordnetenhaus von Berlin:
12. WP
13. WP
14. WP
16. WP

Grund- und Mittelschule, Fachschule mit Abitur, Studium der Physiologie und Landwirtschaft an der Humboldt-Universität zu Berlin, 1968 Diplom-Landwirt, 1969 bis 1974 wissenschaftlicher Assistent und Aspirantur am Institut für Gerichtsmedizin Berlin, 1974 Promotion zum Dr. rer. nat., 1980 Habilitation, Dr. sc. nat., ab 1974 wissenschaftlicher Mitarbeiter am Forschungsinstitut für Lungenkrankheiten und Tuberkulose in Berlin-Buch, ab 1979 Oberassistent, ab 1985 Abteilungsleiter und ab 1990 Direktor, 1991 bis 1996 Senator für Gesundheitswesen, ab 1963 Mitglied der CDU, 1990 stellvertretender Vorsitzender des CDU-Ortsverbands Karow, 1991 bis 2001 Vorsitzender des Kreisverbands Berlin-Weißensee, Mitglied des CDU-Landesvorstands Berlin, Kreis- bzw. Ehrenvorsitzender der CDU in Berlin-Pankow, 1999 bis 2001 Vizepräsident des Abgeordnetenhauses von Berlin.

Luuk, geb. Pioch, Dagmar *SPD*

Geb. 12. April 1940 Bremen

Abgeordnetenhaus von Berlin:
7. WP
8. WP (bis 15. November 1980, Nachrücker: Klaus Jatzky)

Grundschule und Gymnasium, 1960 Abitur, 1960 bis 1965 Studium der Politikwissenschaft, Geschichte und des öffentlichen Rechts in Hamburg und Berlin, 1965 Diplom-Politologin, ab 1961 Mitglied der SPD, ab 1976 Mitglied des SPD-Landesvorstands Berlin, ab 1977 stellvertretende Vorsitzende der Arbeitsgemeinschaft Sozialdemokratischer Frauen (ASF) Berlin und Mitglied des ASF-Bundesvorstands, 1965 bis 1968 wissenschaftliche Assistentin und Tutorin am Otto-Suhr-Institut der Freien Universität Berlin, 1968 bis 1975 wissenschaftliche Dozentin an einer Einrichtung der Erwachsenenbildung, zeitweilig auch Lehrbeauftragte an der Fachhochschule für Wirtschaft Berlin, 1967 bis 1975 Bezirksverordnete in Berlin-Steglitz, 1980 bis 1990 Mitglied des Deutschen Bundestags.

Mach, Erich *CDU*

Geb. 18. April 1915 Goßlershausen/Westpreußen
Gest. 20. Dezember 2006

Abgeordnetenhaus von Berlin:
5. WP

Volks- und Bürgerrealschule, kaufmännische Lehre und Arbeit als Buchhändler, 1936 bis 1939 Ausbildung zum Diakon und Fürsorger am Evangelischen Johannesstift Berlin-Spandau, 1939 bis 1944 Wehrmacht, 1944 amerikanische Kriegsgefangenschaft, 1946 bis 1955 Landesjugendreferent der Evangelischen Jugend Berlin, Mitbegründer des Landesjugendrings Berlin, bis 1951 dessen Vorsitzender, 1952 bis 1954 Vertreter der Berliner Jugend im Bundesjugendring, 1955 bis 1965 Bezirksstadtrat für Jugend und Sport in Berlin-Steglitz, ab 1965 Abteilungsleiter im Diakonischen Werk in Berlin, Mitglied der CDU, 1956 bis 1961 Ortsverbandsvorsitzender in Berlin-Lankwitz und 1961 bis 1965 von Berlin-Lichterfelde West, Vorsitzender des Jugendausschusses im Abgeordnetenhaus von Berlin, 1960 Mitbegründer des Albert-Schweitzer-Kinderdorfs.

Maerz, Wolfgang *SPD*

Geb. 19. Februar 1941 Berlin
Gest. 26. Juli 2001 Berlin

Abgeordnetenhaus von Berlin:
7. WP
8. WP
9. WP
10. WP
11. WP

Volks- und Mittelschule, 1961 Eintritt in die Berliner Verwaltung, 1964 Abschlussprüfung, Tätigkeit bei der Senatsverwaltung für Familie, Jugend und Sport, beim Landesverwaltungsamt Berlin und beim Senator für Inneres, ab Januar 1975 Tätigkeit beim Bezirksamt Berlin-Kreuzberg, ab 1965 Mitglied der SPD, Abteilungsvorsitzender und Mitglied des SPD-Kreisvorstands Berlin-Neukölln, 1971 bis 1975 Bezirksverordneter in Berlin-Neukölln.

Mahlo, Dietrich *CDU*

Geb. 8. Januar 1935 Berlin

Abgeordnetenhaus von Berlin:
8. WP
9. WP

10. WP (bis 31. Januar 1988, Nachrücker: Hauke Jessen)

Johanneum Lüneburg, 1955 Abitur, Studium der Rechtswissenschaften, 1960 1. juristische Staatsprüfung, 1962 Promotion zum Dr. jur., 1961 bis 1964 Attachéausbildung im Auswärtigen Amt, Auslandsaufenthalt an der Botschaft der Bundesrepublik Deutschland in Marokko, 1964 diplomatische und konsularische Staatsprüfung, Legationssekretär, 1967 Legationsrat, 1964 bis 1968 Leiter der Referate Kultur und Konsularische Angelegenheiten an der Botschaft der Bundesrepublik Deutschland in Rangun (Birma bzw. Myanmar), 1969 bis 1972 Mitarbeiter der Politischen Abteilung des Auswärtigen Amtes, ab 1972 Tätigkeit als Rechtsanwalt, ab 1966 Mitglied der CDU, ab 1973 Ortsverbandsvorsitzender der CDU in Berlin-Wilmersdorf, 1987 bis 1998 Mitglied des Deutschen Bundestags, zunächst als Berliner Vertreter für den am 6. Dezember 1987 verstorbenen Peter Lorenz, dann gewählt in der 12. und 13. WP im Wahlkreis 253 bzw. 254.

Maletzke, Ursula *SPD*

Geb. 27. April 1928 Danzig

Abgeordnetenhaus von Berlin:
6. WP (ab 15. Januar 1973, nachgerückt für Horst Grabert, bis 4. Oktober 1974, Nachrücker: Heinrich Kleemann)

Bis 1945 Schulbesuch in Danzig, 1948 Abitur in Lübeck, 1949 bis 1953 Studium der Psychologie an der Univcrsität Marburg, Diplom-Psychologin, 1955 bis 1965 Tätigkeit in der Markt- und Verbraucherforschung in Hamburg, ab 1963 Mitglied der SPD, 1965 Übersiedlung nach Berlin, 1969 bis 1963 Assistentin der CDU-Bundestagsabgeordneten Marie Schlei, 1971 bis 1973 Bezirksverordnete in Berlin-Reinickendorf.

Manske, Ulrich *CDU*

Geb. 10. Juli 1954 Berlin
Gest. 3. August 2013 Berlin

Abgeordnetenhaus von Berlin:
10. WP
11. WP
12. WP
13. WP
14. WP

Fachoberschule, 1977 Fachhochschulreife, Studium an der Fachhochschule für Verwaltung und Rechtspflege, Diplom-Verwaltungswirt, Stadtinspektor beim Bezirksamt Berlin-Charlottenburg bzw. bis Januar 2000 Stadtoberinspektor beim Bezirksamt Berlin-Wilmersdorf, ab 1972 Mitglied der CDU, 1975 bis 1981 Mitglied des CDU-Kreisvorstands Steglitz, ab 1981 Vorsitzender des CDU-Ortsverbands Schloßstraße, 1978 bis 1981 Bezirksverordneter in Berlin-Steglitz, stellvertretender Fraktionsvorsitzender, Mitglied im CDU-Ortsverband Steglitz-Zentrum, Mitglied der Senioren-Union Steglitz-Zehlendorf, zuletzt deren Ehrenvorsitzender.

Mardus, Günter *CDU*

Geb. 27. September 1924 Salzwedel

Abgeordnetenhaus von Berlin:
7. WP (ab 4. Oktober 1978, nachgerückt für Wolfgang Hackel)
12. WP (ab 24. Januar 1991, nachgerückt für Ekkehard Kittner)

Gymnasium, 1942 Abitur, Studium der Physik an der Technischen Universität Berlin, Diplom-Ingenieur für Physik, 1954 bis 1958 wissenschaftlicher Assistent, 1958 bis 1963 wissenschaftlicher Mitarbeiter an der Technischen Universität Berlin, 1963 bis 1971 Dozent an der Staatlichen Ingenieur-Schule (später Ingenieur-Akademie), 1971 bis 1979 Professor an der Technischen Fachhochschule Berlin, ab 1973 Mitglied der CDU, 1975 bis 1989 Ortsverbandsvorsitzender, 1979 bis 1985 Bezirksstadtrat für Jugend und Sport in Berlin-Neukölln, ab Oktober 1992 Stadtrat für kommunale Einrichtungen und Mitglied des Magistrats der Stadt Potsdam.

Masteit, Dietrich *SPD*

Geb. 19. Januar 1923 Gülzow/Pommern

Abgeordnetenhaus von Berlin:
6. WP
7. WP
8. WP

Gymnasium, 1940 Abitur, 1940 bis 1945 Wehrmacht, 1949 bis 1953 Studium der Politischen Wissenschaft an der Deutschen Hochschule für Politik, 1953 Diplom, ab 1952 Mitglied der SPD, 1963 bis 1970 Abteilungsvorsitzender in Berlin-Charlottenburg, 1953 bis 1955 Erzieher, wissenschaftlicher Hilfsarbeiter und Jugendverbandssekretär, 1955 bis 1957 Sachbearbeiter im Entschädigungsamt Berlin, 1957 bis 1963 persönlicher Referent des Senators für Jugend und Sport, ab 1964 Dozent für politische Bildung, ab 1968 Direktor der Volkshochschule Berlin-Kreuzberg.

Matthes, Jürgen *CDU*

Geb. 18. Juli 1941 Leipzig

Abgeordnetenhaus von Berlin:
7. WP

Grundschule, Lehre als Metallflugzeugbauer, 1958 Gesellenprüfung, 1959 bis 1961 Besuch der Arbeiter-und-Bauern-Fakultät, 1961 Abitur, 1962 Sonderreifeprüfung für Flüchtlinge in Lünen, Studium der Soziologie, Betriebswirtschaftslehre und Psychologie an der Technischen Universität Berlin, 1968 Magister Artium, 1969/70 Assistent der Geschäftsleitung eines Bauunternehmens, 1970 bis 1972 Mitarbeiter in einer Unternehmensberatung und Geschäftsführer, 1972 angestellter Geschäftsführer und ab 1973 persönlich haftender Gesellschafter und Geschäftsführer der Contiplast Kunststoffabrikationsges. & Co., ab 1966 Mitglied der CDU, 1970/71 stellvertretender Landesvorsitzender der Jungen Union Berlin, ab 1971 Mitglied des CDU-Kreisvorstands Berlin-Tempelhof, 1971 bis 1975 Bezirksvorsitzender in Berlin-Tempelhof, 1974/75 Fraktionsvorsitzender, ab 1983 selbstständiger Unternehmensberater, zeitweise Vorsitzender der Mittelstandsvereinigung der CDU Berlin, Vorsitzender des Bundesverbands zum Schutz gewerblicher und freiberuflicher Kreditnehmer (Gelber Ring e. V.).

Mattig, Edmund *CDU*

Geb. 19. April 1929 Dömitz/Krs. Ludwigslust
Gest. 1. Januar 2004 Berlin

Abgeordnetenhaus von Berlin:
7. WP

Oberschule, 1948 Abitur, 1949 bis 1953 Studium der Rechtswissenschaften an der Freien Universität Berlin, 1951 bis 1961 Verwaltungs- und Finanzreferent beim Verband Deutscher Studentenschaften, 1955 bis 1958 gleichzeitig Geschäftsführer von Filmtheaterbetrieben, 1958 bis 1961 halbtags Geschäftsführer des Arbeitskreises Berliner Studenten e. V., ab 1960 Mitglied der CDU, ab 1971 Vorsitzender des CDU-Ortsverbands Berlin-Halensee, ab 1975 auch Mitglied des CDU-Landesvorstands Berlin, 1961 bis 1974 zunächst Referatsleiter, später stellvertretender Leiter des Informationszentrums Berlin, ab 1974 stellvertretender Leiter der Dienstelle Berlin des Deutschen Bundestags (Reichstagsverwaltung).

Mehnert, Dieter *SPD*

Geb. 28. Februar 1932 Dresden

Abgeordnetenhaus von Berlin:
12. WP

Grundschule, Maschinenschlosserlehre, 1949 Gesellenprüfung, Studium an der Fachschule für Nahrungs- und Genussmittelmaschinenbau Dresden, 1954 Ing. grad., Studium an der Humboldt-Universität zu Berlin, 1967 Diplom-Ingenieur, 1978 Promotion zum Dr.-Ing., Fachgruppenleiter Verfahrenstechnik im Institut für Milchwirtschaft Oranienburg, Mai 1990 bis Januar 1991 Mitglied der Stadtverordnetenversammlung von Berlin.

Meier, Ullrich *CDU*

Geb. 29. Juli 1955 Zeitz/Sachsen-Anhalt

Abgeordnetenhaus von Berlin:
12. WP
13. WP
14. WP

POS und EOS, 1974 Abitur, 1977 bis 1983 Studium der Humanmedizin an der Humboldt-Universität zu Berlin, 1983 Staatsexamen, 1985 Promotion zum Dr. med., 1983 bis 1988 Facharztausbildung für Neurochirurgie, 1988/89 Leiter des Intensivüberwachungsbereichs, ab 1990 Oberarzt der Klinik für Neurochirurgie Krankenhaus Friedrichshain, ab 1997 Direktor der Klinik für Neurochirurgie am Unfallkrankenhaus Berlin, ab 2005 Berufung zum außerplanmäßigen Professor durch die Medizinische Fakultät der Charité, ab Oktober 1989 Mitglied der CDU, ab 1990 Vorsitzender eines Ortsverbands und Mitglied des CDU-Kreisvorstands Berlin-Friedrichshain, 1997 bis 2000 Vorsitzender des CDU-Kreisverbands Berlin-Friedrichshain, später stellvertretender Vorsitzender des CDU-Ortsverbands Frankfurter Tor, Mai 1990 bis Januar 1991 Mitglied der Stadtverordnetenversammlung von Berlin, gesundheitspolitischer Sprecher der CDU-Fraktion, ab 2006 Vorstandsmitglied des Marzahn-Hellersdorfer Wirtschaftskreises e. V.

Meisner, Norbert *SPD*

Geb. 7. November 1942 Berlin

Abgeordnetenhaus von Berlin:
8. WP
9. WP

10. WP
11. WP
12. WP (bis 1. Februar 1991, Nachrücker: Nikolaus Sander)

Grundschule und Gymnasium, 1962 Abitur, Studium der klassischen Philologie und der evangelischen Theologie an den Universitäten in Berlin und Bonn, ab 1963 Mitglied der SPD, 1971 Lehrer, 1972 Promotion zum Dr. theol., 1971 bis 1975 Referent beim Senator für Familie, Jugend und Sport in Berlin, 1975 bis 1981 wissenschaftlicher Assistent an der Pädagogischen Hochschule Berlin bzw. an der Freien Universität Berlin, 1976 bis 1982 Vorsitzender des SPD-Kreisverbands Berlin-Zehlendorf, 1978/79 Bezirksverordneter in Berlin-Zehlendorf, 1981 bis 1989 Studienleiter beim Jugendsozialwerk e. V., 1982 bis 1989 stellvertretender Vorsitzender des SPD-Landesverbands Berlin, 1989 bis 1991 Senator für Finanzen, 1991 bis 1995 Senator für Wirtschaft und Technologie, anschließend Mitarbeiter bei der Herlitz AG bzw. freier Unternehmensberater, 1998/99 Landesgeschäftsführer der SPD Berlin, 1996 bis 2007 Vorsitzender des Stiftungsrats der Stiftung Naturschutz Berlin, Vorsitzender des Aufsichtsrats der Bürgermeister-Reuter-Stiftung.

Meissner, Kurt W. R. *CDU*

Geb. 26. April 1924 Duisburg
Gest. 19. Oktober 2009 Berlin

Abgeordnetenhaus von Berlin:
6. WP
7. WP

Volks- und Oberrealschule, Abitur, 1942 bis 1945 Wehrmacht, Studium der Rechtswissenschaften, Assessorexamen, anschließend kommissarische Richtertätigkeit beim Amtsgericht Mühlheim/Ruhr und Landgericht Düsseldorf, 1955 bis 1962 Justitiar und Direktionsassistent mit Prokura bei der Duisburg-Ruhrorter Hafen A.G., 1963/64 Generalbevollmächtigter der Becker & Felstau OHG, ab 1965 Rechtsanwalt und Notar, ab 1961 Mitglied der CDU, Ehrenvorsitzender der CDU in Berlin-Frohnau, 1968 bis 1971 und 1992 bis 1999 Bezirksverordneter in Berlin-Reinickendorf, zeitweise auch Vorsteher der Bezirksverordnetenversammlung Berlin-Reinickendorf, Schatzmeister des Albert-Schweitzer-Kinderdorfs Berlin e. V.

Mendel, Rudolf *CDU*

Geb. 18. Oktober 1907 Berlin
Gest. 13. Dezember 1979 Berlin

Abgeordnetenhaus von Berlin:
2. WP (ab 15. Februar 1955, nachgerückt für Ottomar Batzel)
3. WP
4. WP

5. WP
6. WP
7. WP

Siehe Biografisches Handbuch der Berliner Stadtverordneten und Abgeordneten 1946–1963, im Auftrag des Präsidenten des Abgeordnetenhauses von Berlin bearbeitet von Werner Breunig und Andreas Herbst, mit einer Einleitung von Siegfried Heimann (= Schriftenreihe des Landesarchivs Berlin, Bd. 14), Berlin 2011, S. 187.

Merkel, Petra *SPD*

Geb. 18.September 1947 Berlin

Abgeordnetenhaus von Berlin:
11. WP
12. WP
13. WP
14. WP

Mittlere Reife an der Bertha-von-Suttner-Oberschule, Kaufmännische Berufsfachschule des Lette-Vereins, 1979 bis 1994 kaufmännische Angestellte – Unterbrechung wegen Erziehungszeit, ab 1974 Mitglied der SPD, 1979 bis 1981 Bürgerdeputierte, 1981 bis 1989 Bezirksverordnete in Berlin-Charlottenburg, 1985 bis 1989 stellvertretende Vorsitzende der SPD-Fraktion in der Bezirksverordnetenversammlung, 1994/95 zunächst stellvertretende, 1995 bis 2001 parlamentarische Geschäftsführerin der SPD-Fraktion im Abgeordnetenhaus von Berlin, 2002 bis 2013 Mitglied des Deutschen Bundestags, Vorsitzende des Haushaltsausschusses des Deutschen Bundestags.

Mertsch, Hans *SPD*

Geb. 15. April 1927 Berlin
Gest. 8. Februar 2011 Berlin

Abgeordnetenhaus von Berlin:
6. WP
7. WP
8. WP
9. WP

Oberschule, kaufmännische Lehre, 1944/45 Wehrmacht, Kriegsgefangenschaft, ab 1946 Verwaltungslehre in Berlin, später berufsbegleitendes Studium an der Deutschen Hochschule für Politik, Angestellter im Bezirksamt Berlin-Wedding, stellvertretender Verwaltungsleiter des Städtischen Rudolf-Virchow-Krankenhauses, ab 1946 Mitglied des FDGB, Mitbegründer der UGO und später Mitglied der ÖTV sowie der Arbeiterwohlfahrt, Mitglied der „Falken", zeitweise Kreisvorsitzender, ab 1946 Mitglied der SPD, Abteilungskassierer, Abteilungsvorsitzender und Mitglied im SPD-Kreisvorstand Berlin-Wedding, 1971 bis 1985 Vorsitzender und Sprecher des Ausschusses für Gesundheit und Umweltschutz im Abgeordnetenhaus von Berlin, Mitglied und zeitweise auch stellvertretender Vorsitzender des Ausschusses für Familie, Jugend und Sport.

Meves, Heike *PDS*

Geb. 19. März 1956 Leipzig

Abgeordnetenhaus von Berlin:
12. WP

Oberschule, 1974 Abitur, Studium an der Pädagogischen Hochschule Dresden, 1978 Diplom-Lehrerin für Kunsterziehung und Deutsch, 1978 bis 1982 Lehrerin in Greiz, 1982 bis 1987 planmäßige Aspirantur, 1987/88 Fachschullehrerin, 1988 bis 1990 Klubmitarbeiterin an der Humboldt-Universität zu Berlin, 1988 Promotion zum Dr. paed., 1989 Leiterin des Heimatmuseums Berlin-Treptow, 1989/90 Bereichsleiterin für kommunale Kulturarbeit in Berlin-Treptow, ab Juli 1990 amtierende Kulturamtsleiterin, Mai 1990 bis Januar 1991 Mitglied der Stadtverordnetenversammlung von Berlin, 1996 bis 1999 Mitarbeiterin im Kulturamt Treptow, ab 1999 Dozentin für Soziale Kulturarbeit und Ästhetische Bildung mit dem Schwerpunkt Bildende Kunst an der Alice Salomon Hochschule Berlin, zeitweise Leiterin des Amtes für Bildung und Kultur des Bezirks Marzahn-Hellersdorf und Direktorin der Volkshochschule Marzahn-Hellersdorf.

Meyer, Franz *SPD*

Geb. 14. März 1906 Berlin
Gest. 21. Juli 1983 Berlin

Stadtverordnetenversammlung von Groß-Berlin:
2. WP
Abgeordnetenhaus von Berlin:
1. WP
2. WP
3. WP (bis 10. November 1961, Nachrücker: Josef Schroer)
6. WP

Siehe Biografisches Handbuch der Berliner Stadtverordneten und Abgeordneten 1946–1963, im Auftrag des Präsidenten des Abgeordnetenhauses von Berlin bearbeitet von Werner Breunig und Andreas Herbst, mit einer Einleitung von Siegfried Heimann (= Schriftenreihe des Landesarchivs Berlin, Bd. 14), Berlin 2011, S. 189.

Meyer, Peter *SPD*

Geb. 11. Dezember 1935 Magdeburg
Gest. 15. Januar 2015 Berlin

Abgeordnetenhaus von Berlin:
12. WP
13. WP

Gymnasium, High-School-Abschluss (Van Nuys High School, Kalifornien), 1954 Abitur, Studium an der University of California in Los Angeles, 1958 Bachelor of Arts in Physik, 1961 Diplom in Physik an der Universität Bonn, 1966 Promotion zum Dr. rer. nat., ab 1967 Lehrer für Mathematik und Physik, ab 1976 Mitglied der SPD, 1984 bis 1991 Bezirksverordneter in Berlin-Wilmersdorf.

Meyer-Feltges, Claire *CDU*

Geb. 4. Februar 1948 Oberbettingen/Rheinland-Pfalz

Abgeordnetenhaus von Berlin:
12. WP

Volks- und Handelsschule, 1967 bis 1970 Verwaltungsangestellte, 1971 bis 1973 Schreibdienstleiterin, 1977 bis 1980 Prokuristin in der Unternehmensberatung, ab 1981 in einem Unternehmen der chemischen Industrie, 1988 Prokuristin, ab 1990 Geschäftsführerin, ab 1990 geschäftsführende Gesellschafterin eines Dienstleistungs- und Transportunternehmens, ab 2004 Geschäftsführerin der Ad Bonum Consulting GmbH in Zingst, später Berlin, ab 1981 Mitglied der CDU, ab 1987 Mitglied des CDU-Kreisvorstands Berlin-Neukölln, ab 1989 Vorsitzende eines CDU-Ortsverbands.

Michaelis, Michael *AL*

Geb. 30. April 1947 Berlin

Abgeordnetenhaus von Berlin:
11. WP

Gymnasium, 1966 Abitur, 1966 bis 1968 Lehre als Industriekaufmann, 1968 Kaufmannsgehilfenprüfung, Studium der Rechtswissenschaften, 1976 1. juristische Staatsprüfung, 1979 2. juristische Staatsprüfung, ab 1979 Rechtsanwalt, ab 1980 Mitglied der AL, 1981 bis 1985 Bezirksverordneter in Berlin-Wilmersdorf.

Michels, geb. Meyer, Martina *PDS/Die Linke*

Geb. 1. Dezember 1955 Berlin

Abgeordnetenhaus von Berlin:
12. WP
13. WP
14. WP
15. WP
16. WP
17. WP (bis 20. September 2013, Nachrücker: Carsten Schatz)

Oberschule, 1975 Abitur, Studium der Philosophie an der Humboldt-Universität zu Berlin, 1980 Diplom-Philosoph, Mitglied der SED, ab 1990 der PDS bzw. der Linkspartei, 1980 bis 1985 Mitarbeiterin im Präsidium der URANIA, ab 1985 im Ministerium für Gesundheitswesen, wissenschaftliche Mitarbeiterin, 1988 Sektorenleiterin, Mai 1990 bis Januar 1991 Mitglied der Stadtverordnetenversammlung von Berlin, 1990 bis April 1991 Referentin im Bundesministerium für Jugend, Frauen, Familie und Gesundheit, Außenstelle Berlin, parlamentarische Geschäftsführerin der PDS-Fraktion, europapolitische Sprecherin und stellvertretende Vorsitzende der Linksfraktion, 1996 bis 1999 und 2001 bis 2006 Vizepräsidentin des Abgeordnetenhauses von Berlin, ab November 1999 Mitglied des Präsidiums des Abgeordnetenhauses, ab September 2013 als Nachrückerin für Lothar Bisky Mitglied des Europaparlaments in Brüssel.

Mickley, Helmut *SPD*

Geb. 26. März 1924 in Altensorge/Krs. Landsberg

Abgeordnetenhaus von Berlin:
6. WP (ab 14. Januar 1975, nachgerückt für Joachim Gribach)

Kaufmann und Geschäftsführer.

Milschewsky, Walter *SPD*

Geb. 7. Oktober 1911 Berlin
Gest. 12. Juni 1996 Berlin

Abgeordnetenhaus von Berlin:
3. WP (ab 7. Januar 1960, nachgerückt für Karl König)
4. WP
5. WP

6. WP
7. WP

Siehe Biografisches Handbuch der Berliner Stadtverordneten und Abgeordneten 1946–1963, im Auftrag des Präsidenten des Abgeordnetenhauses von Berlin bearbeitet von Werner Breunig und Andreas Herbst, mit einer Einleitung von Siegfried Heimann (= Schriftenreihe des Landesarchivs Berlin, Bd. 14), Berlin 2011, S. 191.

Miosga, Richard *REP*

Geb. 22. Juni 1944 Frankenstein/Schlesien

Abgeordnetenhaus von Berlin:
11. WP

Realschule, Ausbildung zum Einzelhandelskaufmann, kaufmännischer Angestellter, ab Juli 1989 selbstständiger Handwerker, später Inhaber einer Firma für Reinigungsbedarf in Hohen Neuendorf bei Berlin, Mitglied der CDU, 1975 bis 1979 Bezirksverordneter in Berlin-Kreuzberg, ab 1987 Mitglied der Partei „Die Republikaner", Kreisvorsitzender in Berlin-Wilmersdorf, bis Mai 1989 Vorsitzender des Gesamtverbands der Christlichen Gewerkschaften, Landesverband Berlin, 1989 stellvertretender Vorsitzender der Fraktion der Republikaner im Abgeordnetenhaus von Berlin, später Schatzmeister bzw. Vorsitzender des Hoffmann-von-Fallersleben-Bildungswerks sowie Mitglied bei Die Nationalen e. V., 2008 Wahl in das Gemeindeparlament von Hohen Neuendorf.

Misch, geb. Lachmund, Gerda *SPD*

Geb. 3. Juni 1920 Berlin
Gest. 24. September 1997 Berlin

Abgeordnetenhaus von Berlin:
7. WP
8. WP (ab 4. Januar 1980, nachgerückt für Jonny Gollnick)

Volks- und Oberschule, höhere Handelsschule, ab 1945 Mitglied der SPD, 1946 Magistratsausbildung, 1948 1. Staatsprüfung, 1951 2. Staatsprüfung für das Lehramt, Lehrerin, 1969 bis 1973 stellvertretene Schulleiterin, 1973 bis 1978 Rektorin einer Haupt- und Realschule, 1955 bis 1967 Bezirksverordnete in Berlin-Neukölln.

Mleczkowski, Wolfgang *FDP*

Geb. 7. Juli 1943 Königs Wusterhausen
Gest. 15. Februar 2014 Berlin

Abgeordnetenhaus von Berlin:
12. WP
15. WP

Grundschule, 1957 bis 1960 kaufmännische Ausbildung, 1960 bis 1966 Industriekaufmann, 1965 Abitur, 1964 bis 1969 Mitglied der LDPD, 1966 bis 1968 Kreissekretär der LDPD in Berlin-Friedrichshain, 1966 bis 1968 Fernstudium Geschichte an der Humboldt-Universität zu Berlin, Exmatrikulation aus politischen Gründen, 1969/70 Weiterstudium am kirchlichen Sprachenkonvikt, anschließend erneut Studium an der Humboldt-Universität zu Berlin, 1974 Diplom-Historiker, 1970 bis 1972 wissenschaftlich-technischer Assistent am Deutschen Theater (DT), anschließend Honorarmitarbeiter am DT, 1976 Übersiedlung nach West-Berlin, 1983 bis 1991 Landesgeschäftsführer des Kuratoriums Unteilbares Deutschland, ab 1994 geschäftsführender Gesellschafter der PriMe – Private Messen in Berlin GmbH bzw. PriMe – Messe Marketing, 1980 bis 2005 Mitglied der FDP, 1986 bis 2005 Vorsitzender des FDP-Bezirksverbands Berlin-Spandau, ab 5. April 2005 fraktionslos.

Mollin, Gert *CDU*

Geb. 26. Mai 1912 Marienburg/Westpreußen
Gest. 5. Dezember 1976 München

Abgeordnetenhaus von Berlin:
3. WP
4. WP

Siehe Biografisches Handbuch der Berliner Stadtverordneten und Abgeordneten 1946–1963, im Auftrag des Präsidenten des Abgeordnetenhauses von Berlin bearbeitet von Werner Breunig und Andreas Herbst, mit einer Einleitung von Siegfried Heimann (= Schriftenreihe des Landesarchivs Berlin, Bd. 14), Berlin 2011, S. 193.

Molter, Alfred-Mario *CDU*

Geb. 23. Januar 1952 Frankfurt am Main

Abgeordnetenhaus von Berlin:
12. WP

POS, 1966 bis 1970 Bischöfliches Vorseminar Schöneiche bei Berlin, 1970 bis 1972 Studium der katholischen Theologie am Philosophisch-Theologischen Studium Erfurt, auf eigenen

Wunsch mit der I. Theologischen Hauptprüfung vorzeitig beendet, 1973 Buchhandlungsgehilfe, 1973 bis 1985 Lektoratsmitarbeiter, 1976/77 Gasthörer, ab 1977 Fernstudium der Kultur- und Literaturwissenschaften an der Humboldt-Universität zu Berlin, ab 1974 Mitglied der CDU, 1989 bis 2005 Vorsitzender des CDU-Ortsverbands Berlin-Friedrichshagen bzw. Müggelsee, 1978/79 Wehrersatzdienst als Bausoldat, 1979 Fortsetzung des Studiums, 1984 Diplom-Kulturwissenschaftler, 1985 bis 1990 Verlagslektor, 1990/91 persönlicher Referent des Leiters des Berliner Büros der Bundesgeschäftsstelle der CDU, ab 1991 Verlagslektor bzw. freiberuflicher Verlagsberater, Mai 1990 bis Januar 1991 Mitglied der Stadtverordnetenversammlung von Berlin, stellvertretender Fraktionsvorsitzender.

Mommert, Almut *CDU*

Geb. 25. März 1944 Göttingen

Abgeordnetenhaus von Berlin:
12 WP (ab 4. Juni 1992, nachgerückt für Ulf Fink)
13. WP
14. WP

1960 Realschulabschluss, höhere Handelsschule, 1960/61 kaufmännische Lehre, 1963 Kaufmannsgehilfenprüfung, 1961 bis 1963 Lehre als Industriekauffrau, 1964 Abschluss und Tätigkeit als Hilfsschwester, 1965/66 Dekorationsassistentin im Einzelhandel, 1966/67 kaufmännische Angestellte in einer Spedition, ab 1970 Mitglied der CDU, 1972 bis 1977 Betriebsratsvorsitzende, 1973 bis 1981 Mitglied im Rat der Stadt Göttingen, 1977 bis 1981 Landesgeschäftsführerin des RCDS Niedersachsen, 1981 bis 1989 Landessozialsekretärin der CDU-Sozialausschüsse (CDA) in Berlin, 1989 bis 1991 Gewerkschaftssekretärin der Gewerkschaft der Polizei, ab Oktober 1991 Referentin für Öffentlichkeitsarbeit beim DGB-Berufsfortbildungswerk.

Momper, Walter *SPD*
Geb. 21. Februar 1945 Sulingen/Niedersachsen

Abgeordnetenhaus von Berlin:
7. WP
8. WP
9. WP
10. WP
11. WP
12. WP
14. WP
15. WP
16. WP

Gymnasium, 1964 Abitur, Studium der Politischen Wissenschaft, Geschichte und Volkswirtschaftslehre an den Universitäten Münster, München und Berlin, 1969 Diplom-Politologe, wissenschaftlicher Angestellter am Institut für Politische Wissenschaft der Freien Universität Berlin, ab 1970 beim Geheimen Staatsarchiv der Stiftung Preußischer Kulturbesitz, 1972 bis 1986 Geschäftsführer der Historischen Kommission zu Berlin, ab 1967 Mitglied der SPD, 1969 bis 1972 Vorsitzender der Jungsozialisten in Berlin-Kreuzberg, 1974 stellvertretender Kreisvorsitzender, 1980 bis 1985 Kreisvorsitzender der SPD in Berlin-Kreuzberg, ab 1986 Mitglied des SPD-Landesvorstands Berlin und bis 1992 Landesvorsitzender der Berliner SPD, ab 2000 erneut Mitglied des SPD-Landesvorstands Berlin, 1988 bis 1993 Mitglied des SPD-Bundesvorstands, 1989 bis 1991 Regierender Bürgermeister von Berlin, 1989/90 auch Präsident des Bundesrats, 1980 bis 1985 stellvertretender, 1985 bis 1989 Vorsitzender der SPD-Fraktion des Abgeordnetenhauses von Berlin, 1999 bis 2001 Vizepräsident, 2001 bis 2011 Präsident des Abgeordnetenhauses von Berlin, 1992/93 Generalbevollmächtigter der Bauträgergesellschaft Dr. Ellinghaus GmbH, ab 1993 geschäftsführender Gesellschafter der Momper Projektentwicklungs GmbH und ab 2008 geschäftsführender Gesellschafter der B & M Hausverwaltung GmbH.

Mory, Stephan *SPD*

Geb. 20. Februar 1941 Sorau

Abgeordnetenhaus von Berlin:
12. WP

Oberschule, 1959 Abitur, Filmkopierfacharbeiter, 1961 Facharbeiterabschluss, Studium an der Humboldt-Universität zu Berlin, 1968 Diplom-Physiker, 1974 Promotion zum Dr. rer. nat., wissenschaftlicher Mitarbeiter an der Akademie der Wissenschaften der DDR, später Mitbegründer der Lasertechnik Berlin GmbH und Geschäftsführer Forum Adlershof e. V., ab Herbst 1989 Mitglied der SDP/SPD, 1989/90 Vorsitzender der SPD-Abteilung in Altglienicke, Mai 1990 bis Januar 1991 Mitglied der Stadtverordnetenversammlung von Berlin.

Müller, Erwin *SPD*

Geb. 27. Juli 1931 Differdingen/Luxemburg
Gest. 14. April 2014

Abgeordnetenhaus von Berlin:
6. WP
7. WP (bis 28. Mai 1975, Nachrückerin: Ilse Reichel)

Sohn eines Bergarbeiters, Volks- und Aufbauschule, Forstarbeiter, Pädagogische Akademie Trier, 1. und 2. Lehrerprüfung, ab 1951 Mitglied der SPD, 1954 bis 1964 Volksschullehrer in Rheinland-Pfalz, 1964/65 Stadtrat in Bad Marienberg/Westerwald, 1965

267

Übersiedlung nach Berlin, Kreisvorsitzender der SPD in Berlin-Reinickendorf, Hauptschullehrer in Berlin-Reinickendorf, Abteilungsvorsitzender in Berlin-Frohnau, 1971 bis 1975 Landesgeschäftsführer der SPD Berlin, 1975 bis 1989 Stadtrat für Sozialwesen bzw. Gesundheitswesen in Berlin-Reinickendorf, 1983 bis 1999 Geschäftsführer der Karl-May-Gesellschaft e. V., später Ehrenmitglied der Karl-May-Gesellschaft.

Müller, geb. Barz, Eva *PDS*

Geb. 21. November 1947 Elgersburg/Thüringen

Abgeordnetenhaus von Berlin:
12. WP
13. WP

POS und EOS, 1966 Abitur, Lehre als Forstfacharbeiter, 1966 Prüfung, 1968 bis 1974 Studium an der Karl-Marx-Universität Leipzig, Diplom-Journalistin, später Promotion zum Dr. rer. pol., ab 1974 Journalistin im Funkhaus Berlin, Mai 1990 bis Januar 1991 Mitglied der Stadtverordnetenversammlung von Berlin, ab 1989 Mitglied der PDS, später Mitarbeiterin der PDS in Berlin-Reinickendorf.

Müller, geb. Pfefferkorn, Gertrud *SPD*

Geb. 25. August 1911 Berlin
Gest. 27. September 1992 Berlin

Stadtverordnetenversammlung von Groß-Berlin:
2. WP (ab 1. Februar 1949, nachgerückt für Georg Ramin)
Abgeordnetenhaus von Berlin:
1. WP
4. WP
5. WP

Siehe Biografisches Handbuch der Berliner Stadtverordneten und Abgeordneten 1946–1963, im Auftrag des Präsidenten des Abgeordnetenhauses von Berlin bearbeitet von Werner Breunig und Andreas Herbst, mit einer Einleitung von Siegfried Heimann (= Schriftenreihe des Landesarchivs Berlin, Bd. 14), Berlin 2011, S. 194.

Müller, Hans *CDU*

Geb. 8. August 1933 Altenburg/Thüringen

Abgeordnetenhaus von Berlin:
12. WP

Gymnasium, 1952 Abitur, Studium an der Universität Greifswald, 1956 Diplom-Kunsthistoriker, 1957 bis 1960 Verlagslektor, 1961 bis 1965 wissenschaftlicher Assistent und Aspirantur an der Humboldt-Universität zu Berlin, 1963 Promotion zum Dr. phil., 1965 bis 1985 wissenschaftlicher Mitarbeiter am Institut für Denkmalpflege bzw. am Institut für Museumswesen Berlin, 1990 Direktor, ab 1990 Beauftragter des Bundesministers des Innern, Außenstelle Berlin – Kultur, ab 1969 Mitglied der CDU, Mai 1990 bis Januar 1991 Mitglied der Stadtverordnetenversammlung von Berlin.

Müller, geb. Zech, Helga *SPD*

Geb. 18. November 1931 Berlin

Abgeordnetenhaus von Berlin:
8. WP
9. WP
10. WP
11. WP

Gymnasium, 1951 Abitur, ab 1952 Ausbildung in der Finanzverwaltung, ab 1953 Steuersekretärin, ab 1957 Steuerinspektorin, ab 1964 Steueroberinspektorin und Betriebsprüferin, 1968 bis 1979 Steueramtfrau im Finanzamt Neukölln-Nord, ab 1972 Mitglied der SPD, ab 1974 Mitglied des SPD-Kreisvorstands und Kreisdelegierte in Berlin-Neukölln, 1976 bis 1978 stellvertretende Abteilungsvorsitzende, ab 1978 Abteilungsvorsitzende der SPD Hermannstraße in Berlin-Neukölln, Landesdelegierte und Mitglied der Organisations- und Finanzkommission beim SPD-Landesvorstand Berlin, 1974 bis 1977 Vorsitzende der Neuköllner Arbeitsgemeinschaft Sozialdemokratischer Frauen (ASF), 1976 bis 1977 stellvertretende Landesvorsitzende, 1977 Landesvorsitzende der ASF, 1975 bis 1979 ehrenamtliche Jugendrichterin, 1975 bis 1979 Bürgerdeputierte in Berlin-Neukölln.

Müller, Rudolf *CDU*

Geb. 23. Mai 1938 Stettin
Gest. 19. Juni 2016 Berlin

Abgeordnetenhaus von Berlin:
6. WP (ab 5. Juli 1971, nachgerückt für Rudolf Gunkel)
7. WP
8. WP
9. WP
10. WP
11. WP
12. WP

Gymnasium, 1957 Abitur, 1964 Examen als Diplom-Kaufmann an der Freien Universität Berlin, Januar 1971 Bestellung als Steuerberater durch den Senator für Finanzen, ab 1972 selbstständiger Steuerberater, ab 1963 Mitglied der CDU, 1965/66 Vorsitzender des RCDS, 1965 bis 1971 stellvertretender Ortsvorsitzender der CDU in Berlin-Reinickendorf-West, 1965 bis 1972 stellvertretender Vorsitzender der Jungen Union in Berlin-Reinickendorf, 1967 bis 1971 Bezirksvorsitzender in Berlin-Reinickendorf, zuletzt Fraktionsvorsitzender.

Müller-Schoenau, Bernhard *CDU*

Geb. 27. Mai 1925 Berlin
Gest. 10. Juni 2003 Berlin

Abgeordnetenhaus von Berlin:
3. WP (bis 2. Februar 1961)
7. WP (ab 25. Januar 1976,
durch Wiederholungswahl in Berlin-Zehlendorf)

Siehe Biografisches Handbuch der Berliner Stadtverordneten und Abgeordneten 1946–1963, im Auftrag des Präsidenten des Abgeordnetenhauses von Berlin bearbeitet von Werner Breunig und Andreas Herbst, mit einer Einleitung von Siegfried Heimann (= Schriftenreihe des Landesarchivs Berlin, Bd. 14), Berlin 2011, S. 196.

Müllerburg, Wolfram *CDU*

Geb. 2. November 1906 Berlin
Gest. 20. Oktober 1980 Berlin

Abgeordnetenhaus von Berlin:
2. WP
3. WP
4. WP

Siehe Biografisches Handbuch der Berliner Stadtverordneten und Abgeordneten 1946–1963, im Auftrag des Präsidenten des Abgeordnetenhauses von Berlin bearbeitet von Werner Breunig und Andreas Herbst, mit einer Einleitung von Siegfried Heimann (= Schriftenreihe des Landesarchivs Berlin, Bd. 14), Berlin 2011, S. 196.

Nagel, Wolfgang *SPD*

Geb. 3. August 1944 Lüdden/Warthe, Landkrs. Obornik

Abgeordnetenhaus von Berlin:
9. WP
10. WP
11. WP
12. WP
13. WP

Gymnasium, 1965 Abitur, ab 1966 Studium der Geschichte, Germanistik, Psychologie und Pädagogik an der Freien Universität Berlin und der Universität Münster, 1967 bis 1970 Erzieher in einem städtischen Kinderheim, ab 1971 Mitglied der SPD, 1973 bis 1978 Abteilungsvorsitzender, 1971 bis 1986 wissenschaftlicher Mitarbeiter bzw. Redakteur und Leiter der Pressestelle im Deutschen Institut für Urbanistik, 1975 bis 1981 Bezirksverordneter in Berlin-Charlottenburg, stellvertretender Vorsitzender der SPD-Fraktion, Vorsitzender des Ausschusses für Wohnungspolitik und Stadtentwicklung beim SPD-Landesverband Berlin, Mitglied des Fachausschusses „Wohnungs- und Städtebau" beim SPD-Parteivorstand, 1987 bis 1989 Wahlkampfleiter der SPD Berlin, 1989 bis 1996 Senator für Bau- und Wohnungswesen, ab 1996 Projektentwickler bzw. kaufmännischer Geschäftsführer bei der Bredero Projekt Gruppe Berlin, einer Gesellschaft der Fundus-Immobiliengruppe.

Nauber, Horst *SPD*

Geb. 24. März 1932 Berlin

Abgeordnetenhaus von Berlin:
5. WP (bis 30. September 1970, Nachrücker: Ernst Köppen)

Volksschule, Lehre und Arbeit als Tischler, Abitur und Studium der Politischen Wissenschaft, ab 1956 Mitglied der SPD, 1960 Diplom-Politologe, anschließend Assistent an der Freien Universität Berlin, 1961 Referent beim DGB-Bundesvorstand, 1961 bis 1965 Referent für politische Bildungsarbeit im SPD-Landesverband Berlin und Studienleiter des August-Bebel-Instituts, 1965 bis 1967 Assistent der SPD-Fraktion im Abgeordnetenhaus, ab 1971 Referent in der Abteilung Weiterbildung beim Senator für Schulwesen, Jugend und Sport.

Nauck, Joachim *SPD*

Geb. 20. Dezember 1942 Berlin

Abgeordnetenhaus von Berlin:
6. WP (ab 1. Februar 1974, nachgerückt für Joachim Fielitz)

Gymnasium, 1962 Abitur, kaufmännische Lehre als Industriekaufmann, Studium der Wirtschaftswissenschaften und Pädagogik an der Freien Universität Berlin, 1969 Diplom-Handelslehrer, bis 1971 Referendar, anschließend Studienrat an der Friedrich-Leitner-Oberschule in Berlin-Wilmersdorf, ab 1967 Mitglied der SPD, Vorsitzender der SPD-Abteilung Berlin-Hermsdorf, 1971 bis 1974 Bezirksverordneter in Berlin-Reinickendorf.

Neubauer, Kurt *SPD*

Geb. 30. September 1922 Berlin
Gest. 9. Dezember 2012 Berlin

Abgeordnetenhaus von Berlin:
5. WP
6. WP
7. WP
8. WP

Volks- und Aufbauschule bis zur mittleren Reife, Mitglied der „Falken", 1939 bis 1941 Lehre als Feinmechaniker, 1941 bis 1943 Reichsarbeitsdienst und Wehrmacht, 1943 bis 1945 Kriegsgefangenschaft, ab 1946 Mitglied der SPD, 1947 bis 1961 hauptamtlicher Jugendsekretär bzw. Vorsitzender und politischer Sekretär der SPD in Berlin-Friedrichshain, bis zum 23. August 1961 inoffizieller Sprecher der acht Ost-Berliner SPD-Kreisverbände, 1950 bis 1976 Mitglied des SPD-Landesvorstands Berlin, 1962-1976 stellvertretender Landesvorsitzender der SPD Berlin, bis zum Bau der Berliner Mauer wohnhaft im Ostteil Berlins, Februar 1952 bis April 1963 Mitglied des Deutschen Bundestags (Berliner Vertreter), Mitglied des Ausschusses für gesamtdeutsche und Berliner Fragen und des Innenausschusses, 1963 bis 1967 Senator für Jugend und Sport, 1967 Senator für Soziales, Gesundheit, Jugend und Sport, 1967 bis 1977 Innensenator und zeitweise Bürgermeister, 1993 Verleihung der Würde eines Stadtältesten von Berlin.

Neugebauer, Werner *SPD*

Geb. 10. Januar 1927 Habelschwerdt
Gest. 24. Februar 1972 Berlin

Abgeordnetenhaus von Berlin:
5. WP
6. WP (bis 24. Februar 1972, Nachrücker: Manfred Wetzel)

Volksschule, Lehre als Verwaltungsangestellter beim Bezirksamt Berlin-Kreuzberg, Reichsarbeitsdienst und Wehrmacht sowie Kriegsgefangenschaft, ab Juni 1946 Verwaltungsangestellter beim Bezirksamt Berlin-Kreuzberg, Besuch der Verwaltungsschule, 1953 Prüfung als Jugendpfleger, 1962 bis 1964 Leiter des Amtes Familien- und Heimpflege, ab 1964 Bezirksjugendpfleger in Berlin-Neukölln, ab 1948 Mitglied der UGO, später der DAG bzw. der ÖTV, ab 1949 Mitglied der SPD.

Neuling, Christian *CDU*

Geb. 18. September 1943 Neudamm/Landkrs. Königsberg Nm.

Abgeordnetenhaus von Berlin:
8. WP
9. WP
10. WP (bis 8. März 1987, Nachrücker: Paul Bonkowski)

Gymnasium, 1962 Abitur, studierte Wirtschaftsingenieurwesen an der Technischen Universität Berlin, Diplom-Ingenieur, 1968/69 Landesvorsitzender des RCDS, Doktoranden-Stipendien des DAAD und der Konrad-Adenauer-Stiftung, 1970/71 am Massachusetts Institute of Technology, 1972 Promotion zum Dr. rer. pol., ab 1973 Mitglied der CDU, zeitweise Vorsitzender des CDU-Kreisverbands Berlin-Wedding, 1977 bis 1989 Vorsitzender der Wirtschafts- und Mittelstandvereinigung beim CDU-Landesverband Berlin, 1972/73 Assistent der Geschäftsleitung, ab 1973 Prokurist, später Gesellschafter in der Paul Neuling Mineralölwerke – Chemische Fabrik GmbH und Paul Neuling Handelsgesellschaft mbH, 1991 Mitbegründer und Geschäftsführer der Aubis-Immobilien AG, 1984 bis 1987 stellvertretender Vorsitzender der CDU-Fraktion, 1987 bis 1994 Mitglied des Deutschen Bundestags, zeitweilig Vorsitzender des Unterausschusses Treuhand im Deutschen Bundestag, im Zusammenhang mit einer Parteispende an die CDU Berlin und der dadurch ausgelösten Berliner Bankenaffäre 2004 Anklage vor der 19. Großen Strafkammer des Landgerichts Berlin (gemeinsam mit Klaus-Hermann Wienhold), April 2006 Einstellung des Prozesses wegen Verhandlungsunfähigkeit.

Neumann, Kurt *SPD*

Geb. 7. Juni 1924 Berlin
Gest. 29. August 2008 Berlin

Abgeordnetenhaus von Berlin:
4. WP (ab 1. Februar 1965 nachgerückt für Arved Rogall)
5. WP
8. WP

Volksschule, März 1942 Wehrmacht, 1947 Rückkehr nach Berlin, Eintritt in die „Falken", 1947 Mitglied der SPD, ab 1962 zeitweise 2. Kreisvorsitzender der SPD in Berlin-Tiergarten, Ausbildung zum Erzieher im Friedrich-Fröbel-Haus, 1952 staatliche Anerkennung als Jugendpfleger, anschließend Tätigkeit in Kinderheimen, ab August 1954 Sozialarbeiter (Jugendpfleger) beim Bezirksamt Berlin-Tiergarten, ab 1975 Vorsitzender des Personalrats beim Bezirksamt Berlin-Tiergarten.

Neumann, Kurt *SPD*

Geb. 10. Juni 1945 Bischofswerda/Sachsen

Abgeordnetenhaus von Berlin:
9. WP
10. WP (ab 3. März 1986, nachgerückt für Klaus Riebschläger)

Gymnasium, 1964 Abitur, Studium der Rechtswissenschaften an der Freien Universität Berlin, 1969 1. juristisches Staatsexamen, 1970 bis 1976 wissenschaftlicher Assistent, 1974 2. juristisches Staatsexamen, ab 1977 selbstständiger Rechtsanwalt, 1966 bis 1996 Mitglied der SPD, 1969/70 Bundesvorsitzender des Sozialdemokratischen Hochschulbunds, 1969 bis 1971 Vorsitzender der Jungsozialisten in Berlin-Steglitz, 1974 bis 1976 Landesvorsitzender der Jungsozialisten in Berlin, zeitweise Mitglied des SPD-Landesvorstands Berlin, 1994 bis 1998 Mitglied des Deutschen Bundestags, später Mitglied der Linkspartei, bis Oktober 2005 Mitarbeiter im Büro der Europaabgeordneten Tobias Pflüger und Sahra Wagenknecht, ab Oktober 2005 EU-Referent bei der Linksfraktion im Deutschen Bundestag.

Neumann, Manfred *SPD*

Geb. 25. Februar 1950 Schönfeld/Krs. Aussig

Abgeordnetenhaus von Berlin:
12. WP

Oberschule, 1958 Abitur, Studium der Chemie an der Technischen Hochschule Merseburg, 1964 Diplom-Chemiker, 1964 bis 1990 wissenschaftlicher Mitarbeiter in Forschung und Entwicklung der kautschukverarbeitenden Industrie, ab 1990 Mitarbeiter für Umweltschutz bei der Polymant Kautschuk- und Kunststoffverarbeitung GmbH, ab Juli 1993 arbeitslos, ab 1990 Mitglied der SPD, 1991 Mitglied des SPD-Kreisvorstands Berlin-Hohenschönhausen.

Neumann, geb. Fünfstück, Ulrike *SPD*

Geb. 29. Juli 1945 Soltau/Lüneburger Heide

Abgeordnetenhaus von Berlin:
12. WP
13. WP
14. WP
15. WP
16. WP

Grundschule in Brandenburg an der Havel, Berlin-Mitte und Berlin-Steglitz, 1958 bis 1962 Realschule, 1962 bis 1964 Berufsfachschule für technische Zeichnerinnen, 1964 bis 1978 Berufstätigkeit als technische Zeichnerin, 1979 bis 1981 Berlin-Kolleg, 1981 Abitur, 1981 bis 1985 Studium der Rechtswissenschaften an der Freien Universität Berlin, ab 1975 Mitglied der SPD, 1984/85 Vorsitzende der Abteilung 2 der SPD in Berlin-Steglitz, Mitglied des SPD-Kreisvorstands Steglitz-Zehlendorf, 1985 bis 1990 Bezirksverordnete in Berlin-Steglitz, frauenpolitische Sprecherin der SPD-Fraktion im Abgeordnetenhaus von Berlin.

Niedergesäß, Fritz *CDU*

Geb. 19. Februar 1940 [Heideblick-]Langengrassau bei Luckau

Abgeordnetenhaus von Berlin:
12. WP
13. WP
14. WP
15. WP

Grundschule, 1954 bis 1957 Zimmererlehre, 1957 Gesellenprüfung, 1960 bis 1963 Studium an der Ingenieurschule für Bauwesen, 1963 Tiefbauingenieur, 1970 bis 1975 Fernstudium an der Universität Rostock und der Hochschule für Verkehrswesen Dresden, 1974 Hochschul-Ingenieur, 1975 Diplom-Ingenieur Verkehrsbau, 1963 bis 1977 Bauleiter Brückenbau, 1978 bis 1990 HAN- und Komplexbauleiter im Brücken-, U-Bahn-Verkehrsbau, 1991 bis 1998 kaufmännischer bzw. technischer Leiter Verkehrsbau Berlin GmbH – Straßen- und Tiefbau, ab 1958 (1983) Mitglied der CDU, 1990 Mitglied des CDU-Landesverbands Ost-Berlin, September 1990 bis 1998 stellvertretender Landesvorsitzender

der CDU Berlin, 1991 bis 1996 Vorsitzender des CDU-Kreisverbands Berlin-Köpenick, ab 1996 stellvertretender Vorsitzender, Mai 1990 bis Januar 1991 Mitglied der Stadtverordnetenversammlung von Berlin, verkehrspolitischer Sprecher der CDU-Fraktion, 1991 bis 1997 stellvertretender Vorsitzender der CDU-Fraktion im Abgeordnetenhaus von Berlin, ab 1995 baupolitischer Sprecher.

Niedergesäss, geb. Kattner, Rosemarie *FDP*

Geb. 22. September 1926 Berlin

Abgeordnetenhaus von Berlin:
7. WP (ab 4. Februar 1976,
nachgerückt durch Wiederholungswahl am 24. Januar 1976)

Volks- und Hauswirtschaftsschule, Ausbildung zur Einzelhandelskauffrau, 1945 Kaufmannsgehilfin, Verkäuferin, 1969 Eintritt in die Verwaltung, Besuch der Verwaltungsschule, Verwaltungsangestellte beim Bezirksamt Berlin-Wilmersdorf, Abteilung Bauwesen, ab 1966 Mitglied der FDP.

Niemsch, Günther *CDU*

Geb. 9. Juni 1924 Wepritz/Krs. Landsberg an der Warthe

Abgeordnetenhaus von Berlin:
3. WP (ab 2. Januar 1963, nachgerückt für Ulrich Brost)
5. WP (ab 5. November 1969, nachgerückt für Jürgen Wohlrabe)

Siehe Biografisches Handbuch der Berliner Stadtverordneten und Abgeordneten 1946–1963, im Auftrag des Präsidenten des Abgeordnetenhauses von Berlin bearbeitet von Werner Breunig und Andreas Herbst, mit einer Einleitung von Siegfried Heimann (= Schriftenreihe des Landesarchivs Berlin, Bd. 14), Berlin 2011, S. 202.

Niklas, Joachim *SPD*

Geb. 13. Dezember 1941 Königsberg/Ostpreußen

Abgeordnetenhaus von Berlin:
10. WP
11. WP
12. WP (bis 3. Juni 1994, Nachrückerin: Sabine Brünig)

Gymnasium, 1961 Abitur, Studium an der Freien Universität Berlin, 1966 Examen als Diplom-Volkswirt, 1976 Promotion zum Dr. rer. pol., 1966/67 wissenschaftlicher Hilfsassistent an der Freien Universität Berlin, 1967 bis 1969 Forschungsingenieur an der Technischen Universität Berlin (Institut für Kraftfahrzeuge), ab 1969 wissenschaftlicher Mitarbeiter beim Deutschen Institut für Wirtschaftsforschung, ab 1967 Mitglied der SPD, ab 1982 Vorsitzender des SPD-Kreisverbands Berlin-Wilmersdorf, 1994 bis 2002 Finanzvorstand der BVG.

Nisblé, Hans *SPD*

Geb. 28. März 1945 Berlin

Abgeordnetenhaus von Berlin:
10. WP (bis 2. Februar 1986, Nachrückerin: Heide Fischer)

Hauptschule, Bürobote und Arbeiter bei der Firma Ullstein GmbH, später Druckhaus Tempelhof, ab 1961 Mitglied der SPD, stellvertretender bzw. Vorsitzender einer SPD-Abteilung in Berlin-Wedding, 1964 bis 1966 Besuch einer Verwaltungsschule und Ausbildung als Angestelltenanlernling, 1966 bis 1968 Verwaltungsangestellter beim Bezirksamt Berlin-Tiergarten, 1968 bis 1978 Kreisgeschäftsführer der SPD Berlin-Wedding, 1978/79 Leiter des Referats für Organisation und Öffentlichkeitsarbeit und stellvertretender Landesgeschäftsführer, 1979/80 Landesgeschäftsführer der AWO der Stadt Berlin e. V., 1981 bis 1986 Kreisgeschäftsführer der SPD Berlin-Wedding, 1971 bis 1985 Bezirksverordneter in Berlin-Wedding, 1986 bis 1994 Bezirksstadtrat für Sozialwesen, Gesundheitswesen und Ausländerangelegenheiten in Berlin-Wedding, 1994 bis 2000 Bezirksbürgermeister in Berlin-Wedding, Januar bis November 2001 Bezirksstadtrat für Gesundheit und Soziales und stellvertretender Bezirksbürgermeister von Berlin-Mitte, ab 2004 Landesvorsitzender der AWO Berlin, ab 2005 stellvertretender Bundesvorsitzender AWO International e. V.

Nisblé, geb. Gregor, Heide *SPD*

Geb. 22. September 1940 Berlin

Abgeordnetenhaus von Berlin:
11. WP
12. WP
13. WP

Gymnasium, 1960 Abitur, ab 1960 Verwaltungsangestellte (Hauptsachbearbeiterin) bei der Bundesversicherungsanstalt für Angestellte, ab 1976 Mitglied der SPD, 1980 bis 1982 stellvertretende, ab 1982 Abteilungsvorsitzende der 13. Abteilung der SPD in Berlin-Wedding, 1981 bis 1985 Bürgerdeputierte, 1985 bis 1989 Bezirksverordnete in Berlin-Wedding, bis 2012 Vizepräsidentin Breitensport des Behinderten-Sportverbands Berlin.

Nitz-Spatz, Sabine *AL*

Geb. 10. März 1956 Berlin
Gest. 19. Januar 1997 Berlin

Abgeordnetenhaus von Berlin:
10. WP (ab 21. April 1987, nachgerückt durch Rotation für Renate Künast)

Grundschule und Gymnasium, 1974 Abitur, Studium der Ethnologie an der Freien Universität Berlin, 1981 Magister Artium, 1974 bis 1984 Tätigkeit in der Altenpflege im Elisabeth-Diakonissen- und Krankenhaus Schöneberg, Vorsitzende der Krankenhauskonferenz des Krankenhauses Moabit, Krankenhausbetrieb von Berlin-Tiergarten, ab 1984 Mitglied der AL, 1984/85 Fraktionsassistentin der AL-Fraktion im Abgeordnetenhaus von Berlin, 1978/79 und 1985/86 Feldforschung in Peru, Bezirksverordnete und von 1989 bis 1995 Bezirksstadträtin für Gesundheitswesen in Berlin-Tiergarten.

Nix (später: Emanuel), Adrian *CDU*

Geb. 20. September 1953 Berlin

Abgeordnetenhaus von Berlin:
12. WP (ab 21. Februar 1991, nachgerückt für Klaus-Ulrich Reipert)

Realschule, 1971 bis 1973 Ausbildung als Polizeibeamter, anschließend Tätigkeit als Polizeibeamter, ab Januar 1991 beurlaubt, ab 1974 Mitglied der CDU, ab 1982 freier Mitarbeiter beim Gesamtdeutschen Institut, ab 1987 Vorsitzender CDA in Berlin-Tempelhof, 1987 bis 1990 Bezirksverordneter in Berlin-Tempelhof, ab 1991 geschäftsführender Gesellschafter der AUBIS-Grundstücksverwaltungsgesellschaft mbH, 1996 bis 2002 Polizeibeamter.

Noetzel, Michael *SPD*

Geb. 19. Dezember 1925 Berlin
Gest. 23. Oktober 2003 Berlin

Abgeordnetenhaus von Berlin:
3. WP (ab 22. Dezember 1961, nachgerückt für Günter Klein)
4. WP
5. WP

Siehe Biografisches Handbuch der Berliner Stadtverordneten und Abgeordneten 1946–1963, im Auftrag des Präsidenten des Abgeordnetenhauses von Berlin bearbeitet von Werner Breunig und Andreas Herbst, mit einer Einleitung von Siegfried Heimann (= Schriftenreihe des Landesarchivs Berlin, Bd. 14), Berlin 2011, S. 202.

Nolte, Karlheinz *SPD*

Geb. 27. Februar 1949 Berlin

Abgeordnetenhaus von Berlin:
12. WP
13. WP
14. WP
15. WP
16. WP
17. WP

Gymnasium, 1968 Abitur, Studium der Chemie, Mathematik und Informatik (Lehramt) an der Freien Universität Berlin, 1977 1. und 1979 2. wissenschaftliche Staatsprüfung, 1979 bis 1982 wissenschaftlicher Mitarbeiter an der Freien Universität Berlin, 1982 bis 1996 im Schuldienst, Lehrer, Oberstudienrat, 1996/98 EDV-Trainer, 1998 bis 2001 Vorstand Wohnungsbaugenossenschaft, seit 2001 freiberuflich tätig (Projektentwicklung), ab 1969 Mitglied der SPD, Mitglied des Hauptausschusses und von 2001 bis 2006 stellvertretender Vorsitzender der SPD-Fraktion, ab 2006 Vorsitzender des Arbeitskreises Haushalt und Finanzen der SPD-Fraktion im Abgeordnetenhaus von Berlin.

Nowak, Jürgen *PDS*

Geb. 28. März 1942 Berlin

Abgeordnetenhaus von Berlin:
12. WP (vom 5. November 1991, nachgerückt für Dirk Schneider, bis 9. Januar 1992, Nachrücker: Michael Czollek)

Gymnasium, Abitur, 1961 bis 1965 Studium der Volkswirtschaft an der Freien Universität Berlin, Diplom-Volkswirt, 1966 bis 1971 Studium der Soziologie und Philosophie an der Technischen Universität Berlin, Promotion zum Dr. phil., ab 1972 Hochschullehrer an der Alice Salomon Hochschule (ASH) Berlin im Fach Soziologie, seit 2007 Soziale Ökonomie und Soziologie, 1983 Habilitation in Planungstheorie und Soziologie an der Technischen Universität Berlin, ab 1995 Direktor des Europa-Instituts für Soziale Arbeit an der ASH Berlin e. V., diverse Gastprofessuren, u. a. in den USA, der Türkei, Spanien und den Niederlanden, 2008 Ernennung zum Professor honoris causa an der Moskauer Humanistischen Universität.

Nuß, Hannelore *PDS*

Geb. 18. Juli 1952 Potsdam

Abgeordnetenhaus von Berlin:
12. WP

POS, Lehre und Arbeit als Großhandelskauffrau, Studium am Institut zur Ausbildung von Ökonomiepädagogen, 1974 Ökonomiepädagogin, Mitglied im Behindertenverband, ab Mai 1993 Behindertenbeauftragte der PDS, Mai 1990 bis Januar 1991 Mitglied der Stadtverordnetenversammlung von Berlin, Vorsitzende des Behindertenausschusses.

Oesterlein, Willi *CDU*

Geb. 15. September 1909 Untertürkheim bei Stuttgart
Gest. 23. April 1992 Berlin

Abgeordnetenhaus von Berlin:
3. WP (ab 18. Oktober 1961, nachgerückt für Johannes Müller)
6. WP
7. WP
8. WP

Siehe Biografisches Handbuch der Berliner Stadtverordneten und Abgeordneten 1946–1963, im Auftrag des Präsidenten des Abgeordnetenhauses von Berlin bearbeitet von Werner Breunig und Andreas Herbst, mit einer Einleitung von Siegfried Heimann (= Schriftenreihe des Landesarchivs Berlin, Bd. 14), Berlin 2011, S. 202 f.

Ollech, Ernst *SPD*

Geb. 29. April 1936 Puppen/Krs. Ortelsburg in Ostpreußen

Abgeordnetenhaus von Berlin:
12. WP
13. WP
14. WP

Gymnasium bzw. Oberschule, Abitur, 1953 bis 1956 kaufmännische Lehre und Arbeit, ab 1965 selbstständiger Gewerbetreibender, Farbenhändler, Inhaber eines Raumausstattungsbetriebs in Berlin-Lichtenberg, September 1989 bis Januar 1990 Mitbegründer und Kreisvorsitzender der SDP/SPD in Berlin-Marzahn, Januar 1990 bis September 1990 stellvertretender Kreisvorsitzender der SPD in Berlin-Marzahn, Abteilungsvorsitzender.

Omankowsky, Manfred *SPD*

Geb. 27. Januar 1927 Berlin

Abgeordnetenhaus von Berlin:
7. WP (ab 3. Februar 1976, durch Wiederholungswahl im Wahlkreis Zehlendorf am 25. Januar 1976)

Sohn von Meta Omankowsky, Volks- und Aufbauschule, Verwaltungslehre, ab 1947 Mitglied der SPD und bis 1953 Pressereferent, 1953 bis 1959 Angestellter bzw. Beamter im Bezirksamt Berlin-Reinickendorf, Studium der Politischen Wissenschaft an der Freien Universität Berlin, 1956 Diplom-Politologe, 1959 bis 1963 persönlicher Referent des Senators für Arbeit und Soziales, 1965 bis 1971 Bezirksstadtrat für Jugend und Sport in Berlin-Tiergarten, anschließend geschäftsführender Gesellschafter eines Dienstleistungsbetriebs, ab 1974 Angestellter im Deutschen Zentrum für Altersfragen, ab 1975 Präsident des Deutschen Familienverbands, stellvertretender Vorsitzender der Bürgermeister-Reuter-Stiftung.

Omankowsky, geb. Schwarz, Meta *SPD*

Geb. 14. Mai 1902 Stolzenhagen bei Stettin/Pommern
Gest. 23. Juni 1984 Berlin

Stadtverordnetenversammlung von Groß-Berlin:
1. WP
2. WP
Abgeordnetenhaus von Berlin:
1. WP
2. WP
3. WP
4. WP

Siehe Biografisches Handbuch der Berliner Stadtverordneten und Abgeordneten 1946–1963, im Auftrag des Präsidenten des Abgeordnetenhauses von Berlin bearbeitet von Werner Breunig und Andreas Herbst, mit einer Einleitung von Siegfried Heimann (= Schriftenreihe des Landesarchivs Berlin, Bd. 14), Berlin 2011, S. 204.

Oxfort, Hermann *FDP*

Geb. 27. Oktober 1928 Erfurt
Gest. 8. August 2003 Berlin

Abgeordnetenhaus von Berlin:
4. WP
5. WP

6. WP
7. WP
8. WP
10. WP

Sohn eines Kaufmanns, Gymnasium, 1947 Abitur in Erfurt, 1946 Mitglied der LDP, 1947 vorübergehend in politischer Haft, kaufmännische Grundausbildung, Ausbildung als Rechtspfleger im thüringischen Justizdienst aus politischen Gründen abgebrochen, 1949 bis 1952 Studium der Rechtswissenschaften an der Freien Universität Berlin, ab 1957 Rechtsanwalt, ab 1968 auch Notar, ab 1952 Mitglied der FDP, 1969 bis 1971 und 1989 bis 1990 Landesvorsitzender der Berliner FDP, 1968 bis 1972 Mitglied des FDP-Bundesvorstands, 1963 bis 1975 Vorsitzender der FDP-Fraktion im Abgeordnetenhauses von Berlin, 1975 bis 1976 Bürgermeister von Berlin und Senator für Justiz, im Zusammenhang mit dem Ausbruch inhaftierter Terroristinnen (Inge Viett, Juliane Plambeck, Gabriele Rollnik und Monika Berberich) am 7. Juli 1976 aus der Berliner Frauenhaftanstalt in der Lehrter Straße Rücktritt als Justizsenator am 10. Juli 1976, 1983 bis 1985 erneut Senator für Justiz, 1969 und 1974 Mitglied der Bundesversammlung, 1979 gemeinsam mit Alexander von Stahl Mitbegründer und Vorsitzender der Liberalen Gesellschaft.

Padberg, Wilhelm *CDU*

Geb. 16. Januar 1908 Berlin
Gest. 22. Februar 1978 Berlin

Abgeordnetenhaus von Berlin:
1. WP
5. WP
6. WP
7. WP (bis 22. Februar 1978, Nachrücker: Günter Schmidt)

Siehe Biografisches Handbuch der Berliner Stadtverordneten und Abgeordneten 1946–1963, im Auftrag des Präsidenten des Abgeordnetenhauses von Berlin bearbeitet von Werner Breunig und Andreas Herbst, mit einer Einleitung von Siegfried Heimann (= Schriftenreihe des Landesarchivs Berlin, Bd. 14), Berlin 2011, S. 206 f.

Pätzold, Erich *SPD*

Geb. 8. Juni 1930 Sömmerda

Abgeordnetenhaus von Berlin:
7. WP
8. WP
9. WP
10. WP

Gymnasium, 1948 Abitur, 1948 bis 1950 Dienstanwärter der Berliner Verwaltung (Hauptverwaltung), 1950 Prüfung für den mittleren, 1953 für den gehobenen Verwaltungsdienst, 1950 bis 1964 Sachbearbeiter, später Referent in der Senatsverwaltung für Finanzen, Besuch der Verwaltungsakademie, 1957 Diplom-Kameralist, 1958 Verwaltungsassessor, 1959 Regierungsrat, 1962 Oberregierungsrat, 1963 bis 1964 Bezirksverordneter und Fraktionsvorsitzender der SPD in Berlin-Wedding, 1964 bis 1970 Bezirksstadtrat für Finanzen in Berlin-Wedding, 1967 bis 1971 stellvertretender und von 1971 bis 1986 Vorsitzender des SPD-Kreisverbands Wedding, 1967 bis 1984 Mitglied des SPD-Landesvorstands Berlin, 1971 bis 1976 Landeskassierer, 1970 bis 1973 Senatsdirektor in der Senatsverwaltung für Finanzen, 1973 bis 1981 Senator für Gesundheit und Umweltschutz, 1981 bis 1989 innenpolitischer Sprecher der SPD-Fraktion im Abgeordnetenhaus von Berlin, 1989 bis 1991 Senator für Inneres.

Pagel, Carsten *REP*

Geb. 1. September 1962 Berlin

Abgeordnetenhaus von Berlin:
11. WP

Gymnasium, 1980 Abitur, 1981 bis 1987 Studium der Rechtswissenschaften an der Freien Universität Berlin, 1987 1. juristisches Staatsexamen, Referendar im Kammergerichtsbezirk Berlin, 1978 bis 1987 Mitglied der CDU, 1980/81 Landesvorsitzender der Berliner Schüler-Union, 1981 bis 1983 und 1984 bis 1987 Kreisvorsitzender der Jungen Union in Berlin-Tiergarten, 1981 bis 1985 Mitglied des Ortsverbandsvorstands, 1985 bis 1987 Bezirksverordneter für die CDU-Fraktion in Berlin-Tiergarten, ab Oktober 1987 fraktionslos, ab November 1987 Kreisvorsitzender der Partei „Die Republikaner" in Berlin-Tiergarten, ab 1988 stellvertretender Landesvorsitzender, 1990 bis 1992 Landesvorsitzender, ab März 1989 Pressesprecher der Fraktion der Republikaner im Abgeordnetenhaus von Berlin, Anfang 1992 Parteiaustritt, Tätigkeit als Rechtsanwalt in Berlin.

Pagel, Detlef *CDU*

Geb. 29. Januar 1943 Berlin

Abgeordnetenhaus von Berlin:
9. WP (bis 15. Oktober 1981, Nachrücker: Volker Liepelt)

Gymnasium, Ausbildung zum Fachgehilfen für steuer- und wirtschaftsberatende Berufe, 1965 Prüfung, ab 1968 Mitglied der CDU, 1970 Steuerbevollmächtigtenprüfung vor der Oberfinanzdirektion Berlin, 1977 Steuerberaterprüfung, Tätigkeit als Steuerberater, ab 1973 Vorsitzender des CDU-Ortsverbands Bredow in Berlin-Tiergarten, 1975 bis 1981 Bezirksverordneter in Berlin-Tiergarten.

Palm, Joachim *CDU*

Geb. 28. August 1935 Berlin
Gest. 15. November 2005 Altdorf/Landkrs. Böblingen,
Baden-Württemberg

Abgeordnetenhaus von Berlin:
7. WP
8. WP
9. WP
10. WP
11. WP
12. WP
13. WP

Hauptschule und Gymnasium, 1953 mittlere Reife, 1953 bis 1955 Praktikantenschule, Staatliche Ingenieurschule Gauß, Ingenieur, 1958 bis 1960 Konstrukteur (Rundfunk- und Fernsehgeräte), 1960 bis 1968 Konstrukteur für Hochspannungsschaltgeräte, ab 1954 Mitglied der CDU, 1958 bis 1960 Kreisvorsitzender der Jungen Union in Berlin-Tempelhof und Mitglied des CDU-Kreisvorstands, 1962 bis 1969 Vorsitzender des CDU-Ortsverbands Marienfelde, 1963 bis 1975 Bezirksverordneter in Berlin-Tempelhof, stellvertretender Vorsitzender der CDU-Fraktion im Abgeordnetenhaus von Berlin und Vorsitzender im Ausschuss für Wirtschaft und Technologie sowie energiepolitischer Sprecher der CDU-Fraktion, ab 2001 stellvertretender Vorsitzender des CDU-Gemeindeverbands Altdorf/Landkrs. Böblingen, Baden-Württemberg, ab 2002 Vorsitzender der Kreis-Senioren-Union mit Sitz im CDU-Kreisvorstand sowie Vorsitzender der Böblinger Senioren-Union.

Papenfuß, Rainer *SPD*

Geb. 7. Februar 1941 Berlin
Gest. 30. Juni 2002 Berlin

Abgeordnetenhaus von Berlin:
6. WP (ab 13. April 1972, nachgerückt für Ursula Heinrich)
7. WP
8. WP (bis 27. Januar 1981, Nachrückerin: Ilse Reichel)

Oberschule, 1960 Abitur, 1965 bis 1967 Studium der Volks- und Rechtswissenschaften an der Freien Universität Berlin, 1965 bis 1969 Gerichtsreferendar im Kammergerichtsbezirk Berlin, 1969 2. juristisches Staatsexamen, ab 1967 Mitglied der SPD, ab 1976 Mitglied des Geschäftsführenden Landesvorstands der SPD, ab 1970 Rechtsanwalt, 1970 bis 1972 Assistent der SPD-Fraktion im Abgeordnetenhaus von Berlin, April 1971 bis April 1972 Bezirksverordneter in Berlin-Reinickendorf, April 1976 bis Januar 1981 parlamentarischer Geschäftsführer bzw. stellvertretender Fraktionsvorsitzender der SPD im Abgeordnetenhaus von Berlin, 1981 Chef der Senatskanzlei unter dem Regierenden Bürgermeister Hans-Jochen Vogel, wieder Tätigkeit als Rechtsanwalt und Notar, Beauftragter der Evangelischen Landeskirche für Hausbesetzerfragen.

Paris, Manfred *CDU*

Geb. 1. Oktober 1941 Berlin
Gest. 30. März 2013 Berlin

Abgeordnetenhaus von Berlin:
8. WP
9. WP
10. WP (bis 31. Oktober 1986, Nachrücker: Klaus-Ulrich Reipert)

Gymnasium, 1957 Verwaltungslehre bzw. Stadtinspektoranwärter beim Bezirksamt Berlin-Tempelhof, 1963 Laufbahnprüfung, Besuch der Verwaltungsakademie Berlin, 1970 Diplom-Kameralist, ab 1962 Mitglied der CDU, stellvertretender Vorsitzender bzw. Vorsitzender des CDU Ortsverbands Mariendorf und Mitglied des CDU-Kreisvorstands Berlin-Tempelhof, 1975 bis 1979 Bezirksverordneter in Berlin-Tempelhof, bis 1971 beim Bezirksamt Berlin-Tempelhof beschäftigt, 1971 bis 1975 am Klinikum Steglitz der Freien Universität Berlin, ab 1975 am Auguste-Viktoria-Krankenhaus in Berlin-Schöneberg, Obermagistratsrat, ab 1980 Direktor beim Bezirksamt Berlin-Schöneberg, 1986 bis 1995 Personalvorstand bei der BSR.

Partzsch, Anni *SPD*

Geb. 11. Juli 1905 [Hamburg-]Altona
Gest. 8. November 1973 Berlin

Abgeordnetenhaus von Berlin:
1. WP (ab 7. Februar 1952, nachgerückt für Louise Schroeder)
2. WP (ab 17. März 1955, nachgerückt für Wilhelm Urban)
3. WP
4. WP
5. WP

Siehe Biografisches Handbuch der Berliner Stadtverordneten und Abgeordneten 1946–1963, im Auftrag des Präsidenten des Abgeordnetenhauses von Berlin bearbeitet von Werner Breunig und Andreas Herbst, mit einer Einleitung von Siegfried Heimann (= Schriftenreihe des Landesarchivs Berlin, Bd. 14), Berlin 2011, S. 208.

Patt, Hans-Peter *CDU*

Geb. 9. November 1940 Berlin

Abgeordnetenhaus von Berlin:
9. WP
10. WP (bis 31. August 1987, Nachrücker: Horst Heinschke)

Gymnasium, 1959 Abitur, 1959 bis 1962 kaufmännische Lehre als Bankkaufmann, 1962 Kaufmannsgehilfenprüfung, 1962 bis 1968 Studium der Rechtswissenschaften an der Freien Universität Berlin, 1968 1. juristisches, 1971 2. juristisches Staatsexamen, ab 1969 Mitglied der CDU, ab 1979 Vorsitzender des CDU-Ortsverbands Kurfürstendamm und Mitglied des CDU-Kreisvorstands Berlin-Charlottenburg, ab 1983 stellvertretender Vorsitzender, 1971 bis 1974 leitender Angestellter und Justitiar in einem mittelständischen Unternehmen in Berlin, 1972 bis 1975 Rechtsanwalt, 1975 bis 1981 Beamter im höheren Dienst der Berliner Steuerverwaltung, zuletzt Oberregierungsrat im Finanzamt für Körperschaften, 1979 bis 1981 Bezirksverordneter in Berlin-Charlottenburg, ab November 1981 Obermagistratsrat (Direktor) im Bezirksamt Berlin-Wilmersdorf, ab 1987 Generalreferent in der Senatsbauverwaltung.

Pavlik, Dieter *SPD*

Geb. 24. September 1935 Berlin
Gest. 11. Februar 2000 Berlin

Abgeordnetenhaus von Berlin:
12. WP

EOS, 1952 bis 1954 Studium am Institut für Lehrerbildung, 1954 bis 1957 Fernstudium Geschichte an der Humboldt-Universität zu Berlin, Fachlehrer Geschichte, 1961 bis 1966 Fernstudium Chemie an der Pädagogischen Hochschule Potsdam, Fachlehrer Chemie, 1965 bis 1970 stellvertretender Direktor einer Oberschule, 1970 bis 1981 Forschungslehrer und Leiter eines Fernsehschulstudios, 1988 bis 1990 stellvertretender Direktor einer Volkshochschule, ab 1990 Mitglied der SPD, Mai 1990 bis Januar 1991 Mitglied der Stadtverordnetenversammlung von Berlin und Stadtrat für Bildung, 1991 bis 1995 Vorsitzender des Schulausschusses des Abgeordnetenhauses von Berlin, ab 1996 Lehrer für Politische Weltkunde am Abendgymnasium Prenzlauer Berg, Ende 1998 aus gesundheitlichen Gründen Ruhestand, 1999 Austritt aus der SPD.

Pawlak, Manfred *SPD*

Geb. 28. Juni 1929 Berlin
Gest. 10. April 1995 Berlin

Abgeordnetenhaus von Berlin:
5. WP
6. WP
7. WP (ab 24. Juni 1975, nachgerückt für Wolfgang Behrendt)

Volks- und Oberschule, 1947 Abitur, Bote, Dienstanwärter beim Bezirksamt Berlin-Spandau, 1950 bis 1959 Studium der Rechtswissenschaften an der Freien Universität Berlin, 1954 1. und 1959 2. juristische Staatsprüfung, Rechtsanwalt und ab 1971 Notar in Berlin-Spandau, ab 1949 Mitglied der SPD, 1958 bis 1967 Bezirksverordneter in Berlin-

Spandau, 1961 bis 1967 stellvertretender Vorsitzender der SPD-Fraktion, zeitweise Präsident des Fußballvereins Tennis Borussia.

Pawlowski, Dietrich *FDP*

Geb. 29. Oktober 1940 Berlin

Abgeordnetenhaus von Berlin:
10. WP

1957 Realschulabschluss, Lehre als Schriftsetzer, 1960 Gesellenprüfung, 1961 Redaktionsvolontariat bei einer Wirtschaftszeitung, ab 1962 Redakteur bei den Zeitungen „Welt" und „Welt am Sonntag", ab 1969 Ressortleiter „Sport", 1975 bis 1981 Pressesprecher des Senators für Schulwesen, 1981 bis 1983 Referatsleiter beim Senator für Schulwesen mit Fachaufsicht über die Landesbildstelle Berlin, ab 1978 Mitglied der FDP, Vorsitzender des Ortsverbands der FDP Marienfelde/Lichtenrade und stellvertretender Vorsitzender des FDP-Bezirksverbands Berlin-Tempelhof, ab 1983 Parteisprecher bzw. Pressesprecher der FDP und Chefredakteur der „Berliner Liberalen Zeitung", nach 1990 stellvertretender Regierungssprecher der Landesregierung Sachsen-Anhalt.

Pech, geb. Glätzer, Bettina *PDS*

Geb. 26. Juni 1954 Dresden

Abgeordnetenhaus von Berlin:
12. WP

POS und Oberschule, 1973 Abitur, Damenmaßschneiderin, 1974 Gesellenprüfung, Abendstudium Malerei/Grafik, Studium an der Hochschule für industrielle Formgestaltung Halle, 1988 Diplom-Designerin, 1985 bis 1989 Gewerbedesignerin im Modeinstitut der DDR, ab 1989 stellvertretende Leiterin eines Schüler- und Jugendclubs, Abgeordnete für die PDS/ Offene Liste und jugendpolitische Sprecherin der PDS im Abgeordnetenhaus von Berlin.

Petersen, Wolfgang *AL*

Geb. 18. Februar 1952 Schleswig/Schleswig-Holstein

Abgeordnetenhaus von Berlin:
9. WP (ab 15. Juni 1983, nachgerückt durch Rotation für Irmgard Kohlhepp)

Hauptschule in Dänemark, Ausbildung und Tätigkeit als Krankenpflegehelfer, ab 1980 Mitglied der AL, 1982/83 Fraktionsassistent der AL im Abgeordnetenhaus von Berlin, ab Juni 1983 fraktionsloser Abgeordneter, 1984 Anschluss an die 1982 gegründete Partei „Liberale Demokraten", später ehrenamtliche Tätigkeit als Hausmeister für die Diakonie in Dortmund.

Pewestorff, Norbert *PDS*

Geb. 14. Juli 1952 Rheinsberg

Abgeordnetenhaus von Berlin:
12. WP
13. WP
15. WP

Oberschule, 1971 Abitur, 1973 bis 1977 Studium an der Humboldt-Universität zu Berlin, Diplom-Ökonom, ab 1977 Ex- und Importkaufmann im DDR-Außenhandel und in einer Metallhütte, ab 1973 Mitglied der SED, ab 1990 der PDS, wirtschaftspolitischer Sprecher der PDS-Fraktion im Abgeordnetenhaus von Berlin, ab 2011 Bürgerdeputierter in der Bezirksverordnetenversammlung Treptow-Köpenick.

Pfennig, Gero *CDU*

Geb. 11. Februar 1945 Jüterbog

Abgeordnetenhaus von Berlin:
7. WP (bis 12. Februar 1976, Verlust des Mandats durch Urteil des Wahlprüfungsgerichts vom 12. November 1975)

Gymnasium, 1964 Abitur, Studium der Rechtswissenschaften an der Freien Universität Berlin und an der Universität Freiburg im Breisgau, 1968 bis 1973 wissenschaftlicher Assistent an der Freien Universität Berlin, 1970 Promotion zum Dr. jur., 1973 2. juristische Staatsprüfung, ab 1973 Assistenzprofessor, Rechtsanwalt und später auch Notar in Berlin, ab 1964 Mitglied der CDU, 1971 bis 1975 Bezirksverordneter in Berlin-Zehlendorf, zeitweise Vorsitzender, später Ehrenvorsitzender des CDU-Ortsverbands Nikolassee/Schlachtensee/Krumme Lanke, 1979 bis 1985 Mitglied des Europäischen Parlaments, 1977 bis 1980 und 1985 bis 1998 Mitglied des Deutschen Bundestags, in der 11. und 12. Wahlperiode Vorsitzender des Petitionsausschusses, Vorsitzender der Arbeitsgruppe Europäische Union und europapolitischer Sprecher der CDU/CSU-Fraktion im Deutschen Bundestag.

Pflugbeil, Sebastian *Gruppe „Neues Forum/Bürgerbewegung"*

Geb. 14. September 1947 Bergen auf Rügen

Abgeordnetenhaus von Berlin:
12. WP

Sohn des Kirchenmusikers Hans Pflugbeil und der Cembalistin Annelise Pflugbeil, Oberschule, Abitur, 1966 bis 1971 Studium der Physik an der Ernst-Moritz-Arndt-Universität Greifswald, anschließend Mitarbeiter am Zentralinstitut für Herz-Kreislaufforschung der Akademie der Wissenschaften der DDR in Berlin-Buch, 1983 Verweigerung des Abschlusses des Promotionsverfahrens aus politischen Gründen, 1990 Zuerkennung des Titels Dr. rer. nat., Mitbegründer des Friedensseminars der evangelischen Immanuelgemeinde in Berlin-Prenzlauer Berg, September 1989 Mitbegründer der Bürgerbewegung „Neues Forum" und Sprecher am Berliner und am Zentralen Runden Tisch, ab Februar 1990 Minister ohne Geschäftsbereich in der Regierung Modrow, Mai 1990 bis Januar 1991 Mitglied der Stadtverordnetenversammlung von Berlin, ab 1993 Vorsitzender des Vereins „Kinder von Tschernobyl", ordentliches Mitglied der Internationalen Ökologischen Akademie, 2000 Auszeichnung mit dem Nationalpreis der Deutschen Nationalstiftung, ab 1999 Präsident der Gesellschaft für Strahlenschutz e. V.

Pickert (später: Brünig), geb. Diem, Silvia *SPD*

Geb. 21. Dezember 1953 in Berlin

Abgeordnetenhaus von Berlin:
12. WP

Oberschule, 1970 bis 1973 Studium am Institut für Lehrerbildung, Abschluss als staatlich geprüfte Heimerzieherin mit Lehrbefähigung für Kunsterziehung und Musik, 1973 bis 1975 Abendoberschule, 1975 Abitur, 1977 bis 1979 Lehrstudium an der Humboldt-Universität zu Berlin (ohne Abschluss), Erzieherin im Außeninternat der Staatlichen Ballettschule Berlin, ab 1990 Mitglied der SPD, Mai 1990 bis Januar 1991 Bezirksverordnete in Berlin-Prenzlauer Berg, stellvertretende Fraktionsvorsitzende der SPD, später Referentin des Intendanten und Leiterin für Marketing, PR und Kommunikation am Hans-Otto-Theater in Potsdam, Mitarbeiterin für die Jutta-Deutschland-Compagnie im Bereich PR und Marketing, bis 2006 Referentin für Presse- und Öffentlichkeitsarbeit und Ballettdramaturgin an der Deutschen Oper am Rhein Düsseldorf Duisburg, anschließend Aufbau der Agentur „Kultur in Kontakt" in Mainz.

Piefke, Friedrich *SPD*

Geb. 9. Februar 1907 [Berlin-]Rixdorf
Gest. 27. August 1988 Ostrach/Baden-Württemberg

Abgeordnetenhaus von Berlin:
4. WP
5. WP
6. WP

Volksschule, Lehre und Arbeit als Schriftsetzer, Meisterschule des grafischen Gewerbes, anschließend kaufmännischer Angestellter, ab 1922 Mitglied der SAJ, ab 1925 der SPD, nach 1933 im Widerstand gegen das NS-Regime, Mitglied der Widerstandsgruppe „Parole", 1942 bis 1945 Wehrmacht, 1945/46 Kriegsgefangenschaft, 1946 Rückkehr nach Berlin, Mitglied der SPD und politischer Sekretär der SPD in Berlin-Treptow, ab Oktober 1946 kommunalpolitischer Sekretär im SPD-Landesverband Berlin, 1950 Mitgründer der Zeitung „Berliner Stimme", 1950 bis 1973 Verlagsleiter und Gesellschafter der Kompaß Buch und Zeitschriften GmbH und der Berliner Stimme, Mitbegründer der Zeitschrift „Recht und Politik", 1954 bis 1963 Bezirksverordneter in Berlin-Neukölln, 1951 bis 1954 Beisitzer am OVG Berlin, ab Anfang der 60er-Jahre Geschäftsführer des Berliner Jugenderholungswerks e.V., 1977 Verleihung der Würde eines Stadtältesten von Berlin, ab 1980 wohnhaft in Baden-Württemberg.

Pieroth, Elmar *CDU*

Geb. 9. November 1934 Bad Kreuznach

Abgeordnetenhaus von Berlin:
9. WP
10. WP
11. WP
12. WP

Gymnasium, 1953 Abitur, baute anschließend das Weingut und Weinhandelsunternehmen Ferdinand Pieroth GmbH auf, Studium der Volkswirtschaft, Betriebswirtschaft und Politikwissenschaft an den Universitäten München und Mainz, 1968 Diplom-Volkswirt, ab 1965 Mitglied der CDU, ab 1965 Vorstandsmitglied der Mittelstandsvereinigung der CDU/CSU, 1987 bis 1993 Bundesvorsitzender, 1973 bis 1981 CDU-Kreisvorsitzender in Bad Kreuznach, ab 1976 Vorsitzender des Bundesfachausschusses Wirtschaftspolitik, 1981 bis 1993 Mitglied des CDU-Bundesvorstands, 1969 bis 1981 Mitglied des Deutschen Bundestags, 1972 bis 1981 Vorstandsmitglied der CDU/CSU-Bundestagsfraktion, 1981 bis 1985 Senator für Wirtschaft und Verkehr, 1985 bis 1989 Senator für Wirtschaft und Arbeit, Juni bis Oktober 1990 Stadtrat für Wirtschaft in Ost-Berlin, 1991 bis 1996 Senator für Finanzen, 1996 bis 1998 Senator für Wirtschaft und Betriebe, 1991 bis 1994 zugleich Mitglied des Verwaltungsrats der Treuhandanstalt, ab 2001 ehrenamtlicher Vorsitzender des Vereins „Most-Brücke von Berlin nach Mittel- und Osteuropa e. V." und ab 2007 Stifter und Vorsitzender der Stiftung Bürgermut.

Pietschker, Rudi *SPD*

Geb. 24. Januar 1917 Berlin
Gest. 21. April 1999 Berlin

Abgeordnetenhaus von Berlin:
4. WP (bis 8. Februar 1965, Nachrücker: Karl Kuhlisch)

Sohn eines Fernbahnschaffners, Volks- und Mittelschule, Lehre und Arbeit als Buchdrucker, Mitglied der SAJ, nach 1933 illegale Arbeit gegen das NS-Regime in einer Gruppe von Naturfreunden innerhalb des bürgerlichen Vereins „Märkische Wanderer" bzw. später bei den Abstinenzlern und den „Guttemplern", Herstellung und Vertrieb von Flugblättern und Unterstützung jüdischer Mitglieder bei ihrer Flucht aus Deutschland, 1939 Wehrmacht, anschließend Kriegsgefangenschaft, 1947 Arbeit als Buchdrucker, Sachbearbeiter, stellvertretender Jugendpfleger, 1953 bis 1963 Bezirksjugendpfleger in Berlin-Kreuzberg, anschließend Leiter des Jugendamts, ab 1950 Mitglied der SPD, 1971 bis 1973 Kreisvorsitzender der SPD in Berlin-Kreuzberg, 1965 bis 1975 Bezirksstadtrat für Gesundheitswesen, 1975 bis 1981 Bezirksbürgermeister von Berlin-Kreuzberg, 1985 Verleihung der Würde eines Stadtältesten von Berlin.

Pistor, Bernd *CDU*

Geb. 29. Dezember 1949 Berlin

Abgeordnetenhaus von Berlin:
12. WP
13. WP

Realschule, Lehre und Arbeit als Elektromechaniker, 1969 Facharbeiterprüfung, 1969 bis 1972 Elektromechaniker, 1972 bis 1978 Servicetechniker, ab 1978 Verkaufsrepräsentant der Liebers Büromaschinen GmbH & Co, später Angestellter bei der Unternehmensgruppe Macon Bau in Berlin, ab 1980 Mitglied der CDU, 1981 bis 1985 stellvertretender Vorsitzender der Jungen Union Berlin-Wedding, Mitglied des CDU-Landesverbands der Jungen Union, 1985 bis stellvertretender Vorsitzender des CDU-Ortsverbands Gesundbrunnen, 1985 bis 1990 Bezirksverordneter in Berlin-Wedding, Beisitzer im CDU-Ortsverband Bernauer Straße.

Platzeck, Werner *CDU*

Geb. 14. Mai 1930 Breslau
Gest. 18. Februar 2015

Abgeordnetenhaus von Berlin:
6. WP (ab 3. Oktober 1972, nachgerückt für Wiegand Hennicke)

Volks- und höhere Handelsschule, 1945 bis 1948 kaufmännische Lehre, anschließend Arbeit als Buchhalter in Wittenberg und Berlin, ab 1953 Verwaltungsangestellter an der Freien Universität Berlin, bis 1995 Referatsleiter in der Haushaltsabteilung der Freien Universität Berlin, 1959 bis 1971 Mitglied des Personalrats der Freien Universität Berlin, ab 1969 Mitglied des Akademischen Senats der Freien Universität Berlin als Vertreter der Dienstkräfte, ab 1953 Mitglied der CDU, ab 1965 Vorstandsmitglied des CDU-Ortsverbands Dahlem, ab 1968 Kreisschatzmeister des CDU-Kreisverbands Berlin-Zehlendorf, 1967 bis 1972 und 1975 bis 2011 Bezirksverordneter in Berlin-Zehlendorf bzw. Berlin-Zehlendorf-Steglitz, 1978 bis 2001 Fraktionsvorsitzender der CDU in der Bezirksverordnetenversammlung, 2001 bis 2004 Vorsteher der Bezirksverordnetenversammlung.

Pöppelmeier, Otto-Wilhelm *CDU*

Geb. 2. Juni 1949 [Stemwede-]Dielingen

Abgeordnetenhaus von Berlin:
10. WP
11. WP

1967 mittlere Reife an der Städtischen Handelsschule Bad Godesberg, 1967 bis 1969 Verwaltungspraktikant bei der Stadtverwaltung Bad Godesberg, 1969 bis 1973 Stadtinspektorenanwärter, Besuch des Studieninstituts für kommunale Verwaltung im Regierungsbezirk Köln, Abteilung Bonn, ab 1968 Mitglied der CDU, 1973 Prüfung für den gehobenen nichttechnischen Verwaltungsdienst, 1969 bis 1971 Grundwehrdienst/Ersatzdienst, 1973 bis 1976 Stadtinspektor z. A. und Stadtinspektor bei der Stadt Bonn, 1976 bis 1978 Stadtinspektor, 1978 bis 1982 Stadtoberinspektor beim Bezirksamt Berlin-Kreuzberg, Büro des Bezirksbürgermeisters, 1982/83 stellvertretender Landesvorsitzender der Jungen Union Berlin, später stellvertretender Fraktionsvorsitzender der CDU-Fraktion in Treuenbrietzen.

Pohl, geb. Sepp, Inge *CDU*

Geb. 9. Juli 1940 in Berlin
Gest. 28. Januar 2011 Berlin

Abgeordnetenhaus von Berlin:
12. WP (ab 9. November 1994, nachgerückt für Diethard Schütze)
14. WP

OPZ, kaufmännische Angestellte, Arzthelferin, ab 1982 Mitglied der CDU, zeitweise Mitglied des CDU-Kreisvorstands und Bezirksverordnete in Berlin-Reinickendorf.

Pohle, geb. Stammnitz, Dagmar *PDS*

Geb. 7. September 1953 Allstedt/Landkrs. Mansfeld-Südharz

Abgeordnetenhaus von Berlin:
12. WP
13. WP

Grund- und Oberschule, Studium an der Karl-Marx-Universität Leipzig, Diplom-Philosophin, 1975 bis 1989 Mitglied der SED, ab 1990 der PDS/Linke, 1976 bis 1982 wissenschaftliche Aspirantin/wissenschaftliche Mitarbeiterin, 1982 bis 1989 Mitarbeiterin der SED-Kreisleitung Berlin-Marzahn, Mai 1990 bis Januar 1991 Mitglied der Stadtverordnetenversammlung von Berlin, 1990 bis 1998 stellvertretende Bezirksvorsitzende der PDS Marzahn, 2000 bis 2002 Mitglied des Bundesvorstands der PDS, 2003 bis 2005 des Berliner Landesvorstands der PDS, 1992 bis Februar 2002 Arzthelferin in einer chirurgischen Praxis, März 2002 bis November 2006 Bezirksstadträtin für Wirtschaft, Soziales und Gesundheit in Berlin-Marzahn-Hellersdorf, November 2006 bis November 2011 Bezirksbürgermeisterin und ab November 2011 stellvertretende Bezirksbürgermeisterin und Leiterin der Abteilung Gesundheit, Soziales und Planungskoordination in Marzahn-Hellersdorf.

Poritz, Ernst-August *CDU*

Geb. 14. April 1921 Berlin
Gest. 28. Januar 2009 Berlin

Abgeordnetenhaus von Berlin:
8. WP
9. WP
10. WP
11. WP

Gymnasium, 1937 mittlere Reife, Lehre und Arbeit als Kaufmann, 1939 Kaufmannsgehilfenprüfung, Verwaltung des eigenen Haus- und Grundbesitzes, ab 1963 Mitglied der CDU, 1977 bis 1980 stellvertretender Vorsitzender des CDU-Kreisverbands Berlin-Spandau, 1985 bis 1991 Alterspräsident des Abgeordnetenhauses von Berlin.

Porzner, Konrad *SPD*

Geb. 4. Februar 1935 Larrieden/Landkrs. Feuchtwangen

Abgeordnetenhaus von Berlin:
9. WP (bis 14. Juli 1981, Nachrücker: Diethard Rüther)

Gymnasium, 1954 Abitur, Lehramtsstudium der Wirtschaftswissenschaften und der Geografie in Erlangen, 1959 1. und 1961 2. Staatsexamen für das höhere Lehramt, bis 1962 Lehrer am Adam-Kraft-Gymnasium in Schwabach/Regierungsbez. Mittelfranken, ab 1956 Mitglied der SPD, 1960 bis 1963 Stadtrat ins Ansbach, 1962 bis 1981 und 1983 bis 1990 Mitglied des Deutschen Bundestags, 1969 bis 1972 stellvertretender Vorsitzender des Finanzausschusses und daneben von Juni bis Dezember 1972 stellvertretender Vorsitzender der SPD-Bundestagsfraktion, Dezember 1974 bis 28. Januar 1981 und 1983 bis 1987 parlamentarischer Geschäftsführer der SPD-Bundestagsfraktion, 1987 bis 1990 Vorsitzender des Ausschusses für Wahlprüfung, Immunität und Geschäftsordnung, 1972 bis 1974 parlamentarischer Staatssekretär beim Bundesminister der Finanzen, Januar bis Juni 1981 Senator für Finanzen in Berlin, 15. Juli 1981 bis 12. Oktober 1982 Staatssekretär im Bundesministerium für wirtschaftliche Zusammenarbeit, Oktober 1990 bis Juni 1996 Präsident des Bundesnachrichtendienstes.

Poschepny, Frank *SPD*

Geb. 15. Dezember 1962 Berlin

Abgeordnetenhaus von Berlin:
12. WP

Oberschule, Lehre als Facharbeiter für chemische Produktion, 1981 Abschluss, 1981/82 Facharbeiter für Chemische Wasseraufbereitung im Heizkraftwerk, 1982 bis 1990 Ansetzer im VEB Kosmetikkombinat Berlin, ab 1990 Mitglied der SPD, Mai 1990 bis Januar 1991 Mitglied der Stadtverordnetenversammlung von Berlin, ab 1991 jugendpolitischer Sprecher der SPD-Fraktion im Abgeordnetenhaus von Berlin, ab 2009 stellvertretender Vorsitzender des Vereins „Schulbewegung MV – Bildung ist Zukunft e.V." in Mecklenburg-Vorpommern.

Powierski, geb. Helle, Christel *SPD*

Geb. 13. April 1948 [Bismark-]Grassau

Abgeordnetenhaus von Berlin:
12. WP (ab 20. Juli 1994, nachgerückt für Christof Tannert)

1964 Abschluss der POS, 1966 Abschluss als Facharbeiterin am Institut für Geflügelwirtschaft Merbitz, 1966/67 Studium am Institut für Ingenieur-Pädagogen Schwerin, 1967 bis 1969 Programmiererin beim VEB Maschinelles Rechnen Schwerin, 1968 bis 1971 Fernstudium an der Fachschule für Finanzwirtschaft Gotha, Abschluss als Ökonomin, 1969/70 Programmiererin am Institut für Operationsforschung und EDV Berlin, 1970 bis 1975 EDV-Organisatorin bei der BEWAG Berlin, 1975/76 stellvertretende Hauptökonomin BEWAG Kraftwerk Lichtenberg, 1976/77 Gruppenleiterin EDV-Erfassung AHB Transportmaschinen Export-Import, 1977 bis 1990 EDV-Organisatorin VEK Tiefbau Berlin, ab 1990 Mitglied der SPD, 1990 Finanzbuchhalterin beim Vorstand der SPD-Ost, ab 1990 Buchhalterin bei der Akademie für Berufsförderung und Umschulung Berlin e. V.

Preisler-Holl, Luise *AL*

Geb. 24. März 1949 Mainz-Hechtsheim

Abgeordnetenhaus von Berlin:
10. WP (bis 20. April 1987, Nachrückerin durch Rotation: Brigitte Apel)

Gymnasium, 1967 Abitur, 1968 gärtnerisches Praktikum, Studium an der Staatlichen Ingenieurschule für Wein-, Obst- und Gartenbau, 1971 Ing. grad., Studium an der Technischen Universität Berlin, 1977 Diplom-Ingenieur der Landschaftsplanung, 1971 bis 1974 Tätigkeit als Gartenbauingenieurin, 1974 bis 1978 Bauleiterin, ab 1978 Landschaftsplanerin bei der Obersten Naturschutzbehörde, beurlaubt ab 1985, später bei der Senatsverwaltung für Stadtentwicklung bzw. beim Deutschen Institut für Urbanistik in Berlin tätig.

Preuss, Manfred *CDU*

Geb. 30. Oktober 1951 München

Abgeordnetenhaus von Berlin:
8. WP (ab 28. Mai 1979, nachgerückt für Wolfgang Hackel)
9. WP
10. WP
11. WP
12. WP (bis 31. Mai 1994, Nachrücker: Alexander Kaczmarek)

295

Gymnasium, 1971 Abitur, Studium der Rechtswissenschaften an der Freien Universität Berlin, 1973 bis 1976 Geschäftsführer und Heimleiter, ab 1976 geschäftsführender Gesellschafter der Manfred Preuss GmbH Gesellschaft zur Beratung, Planung und Verwaltung privater Einrichtungen der Alten- und Krankenpflege, Inhaber der Kleeblatt Finanz- und Beteiligungs-Holding GmbH, später unter dem Namen Manfred Mueller-Preuss als Künstler (Maler) in der Schweiz und in Südafrika tätig, ab 1973 Mitglied der CDU, ab 1977 Vorsitzender der CDU in Britz, ab 1985 stellvertretender Vorsitzender des CDU-Kreisverbands Berlin-Neukölln, ab 1989 stellvertretender Geschäftsführer und stellvertretender Vorsitzender der CDU-Fraktion im Abgeordnetenhaus von Berlin, ab 1999 in der Schweiz wohnhaft.

Prostak, Johannes *CDU*

Geb. 2. Januar 1940 Berlin

Abgeordnetenhaus von Berlin:
6. WP (ab 23. Juni 1972, nachgerückt für Horst Scheiblich)
7. WP

Angestellter, 1960 bis 1969 Sachbearbeiter bei der Bundesversicherungsanstalt für Angestellte, 1969 bis 1972 stellvertretender Verwaltungsleiter beim Wissenschaftszentrum Berlin, ab 1973 Verwaltungsleiter in der gemeinnützigen Stiftung „Maria Immaculata", Geschäftsführer der staatlich anerkannten Zentralschule für Krankenpflege der katholischen Krankenanstalten in Berlin, ab 1964 Mitglied der CDU, 1971 bis 1972 Bezirksverordneter in Berlin-Wilmersdorf.

Prozell, Artur *SPD*

Geb. 23. Juli 1933 Berlin

Abgeordnetenhaus von Berlin:
4. WP
5. WP
6. WP
7. WP
8. WP
9. WP

Volksschule, Lehre als Bäcker, 1951/52 arbeitslos, 1952 bis 1954 Handwerkerhelfer bei den Berliner Wasserwerken, 1954 bis 1958 Heimerzieher, 1957 Staatsexamen als Heimerzieher, 1958 bis 1960 Ausbildung zum Sozialarbeiter, 1960 Staatsexamen, ab 1961 Sozialarbeiter in der Abteilung Jugend und Sport des Bezirksamts Berlin-Schöneberg, Sozialamtsrat, 1978 bis 1993 1. Vorsitzender der Vereinigung für Jugendhilfe e. V., 1984 bis

1993 Geschäftsführer der Werkstatt für behinderte Menschen, 1948 bis 1956 Mitglied der „Falken", ab 1956 der SPD, Vorsitzender der Abteilung Hermannstraße, ab 1967 stellvertretender Vorsitzender bzw. Vorsitzender des SPD-Kreisverbands Berlin-Neukölln, ab 1977 stellvertretender Vorsitzender der SPD-Fraktion im Abgeordnetenhaus von Berlin.

Puhst, Heinz *SPD*

Geb. 20. Juli 1930 Berlin
Gest. 15. Dezember 2006 Berlin

Abgeordnetenhaus von Berlin:
8. WP
9. WP

Gymnasium, 1950 Abitur, 1950 bis 1952 Dienstanwärter beim Senat von Berlin, 1952 bis 1970 Beamter, zuletzt Amtsrat beim Senator für Familie, Jugend und Sport, ab 1952 Mitglied der SPD, ab 1964 Mitglied des SPD-Kreisvorstands Wedding, ab 1978 stellvertretender Kreisvorsitzender, Besuch der Verwaltungsschule Berlin, Verwaltungsprüfung I und II sowie Besuch der Verwaltungsakademie, 1961 Diplom-Kameralist, 1958 bis 1970 Bezirksverordneter in Berlin-Wedding, ab 1964 Fraktionsvorsitzender, 1970 bis 1979 Bezirksstadtrat für Wirtschaft und Finanzen und stellvertretender Bürgermeister in Berlin-Wedding.

Pulz, Christian *Bündnis 90/Grüne (AL)/UFV*

Geb. 14. Dezember 1944 Plauen

Abgeordnetenhaus von Berlin:
12. WP

POS, 1967 bis 1970 Ausbildung zum Buchhändler, Facharbeiterprüfung und von 1968 bis 1984 Arbeit als Buchhändler, Vorschule für kirchlichen Dienst in Moritzburg, acht Semester Studium der Theologie am Theologischen Seminar in Leipzig sowie Studium an der Fachschule für Gesundheits- und Sozialwesen Potsdam, 1990 Fachberufsabschluss als Sozialfürsorger, 1984 bis 1990 Mitarbeiter in der Abteilung Sozialfürsorge beim Rat des Stadtbezirks Potsdam bzw. beim Bezirksamt Berlin-Pankow (Heim für geschütztes Wohnen), 1981 bis 1989 Mitinitiator der kirchlichen Bürgerrechtsbewegung der Homosexuellen in der DDR, 1985 bis 1990 Mitglied der CDU, ab 1991 jugendpolitischer Sprecher der Fraktion von Bündnis 90/Die Grünen und zeitweise stellvertretender Fraktionsvorsitzender im Abgeordnetenhaus von Berlin, ab 1996 gemeinsam mit Anette Detering Leiter einer Buchhandlung in Berlin-Kreuzberg, 2005 Mitgründer des Arbeitskreises Otto Dibelius.

Puschnus, geb. Schröter, Erika *SPD*

Geb. 24. Mai 1927 Guben
Gest. 12. Dezember 1990

Abgeordnetenhaus von Berlin:
6. WP

Volksschule, kaufmännische Lehre und Arbeit als Verkäuferin, ab 1960 Mitglied der SPD, 1967 bis 1971 Bezirksverordnete in Berlin-Schöneberg.

Raasch, Martin *SPD*

Geb. 24. Dezember 1938 Berlin
Gest. 28. November 2008 Berlin

Abgeordnetenhaus von Berlin:
8. WP
9. WP
10. WP (bis 1. Juli 1981, Nachrücker: Dieter Hoffmann)

Realschule, Ausbildung im Verwaltungsdienst, 1961 Verwaltungsprüfung II, 1963 Stadtinspektor, 1972 Oberamtsrat, stellvertretender Verwaltungsdirektor des Städtischen Krankenhauses „Am Urban" in Berlin-Kreuzberg, ab 1955 Mitglied der SPD, ab 1965 Abteilungsvorsitzender und zeitweise Mitglied des SPD-Kreisvorstands Berlin-Neukölln, 1967 bis 1975 Bezirksverordneter in Berlin-Neukölln, 1981 bis 1989 Bezirksstadtrat für Gesundheitswesen, ab 1985 stellvertretender Bürgermeister von Berlin-Neukölln, 1989 bis 2003 Geschäftsführer bzw. Vorstandsvorsitzender der Wohnungsbaugenossenschaft IDEAL.

Rabatsch, Manfred *AL*

Geb. 16. Mai 1941 Berlin

Abgeordnetenhaus von Berlin:
9. WP (bis 12. Juni 1983, Nachrückerin durch Rotation: Christiane Zieger)

Haupt- und Realschule, Lehre als Betonbauer, 1960 Gesellenprüfung, 1960/61 Studium an der Staatlichen Ingenieurschule für Bauwesen, 1961 bis 1964 Sozialarbeiterausbildung am Sozialpädagogischen Institut der AWO Berlin, Staatsexamen als Sozialarbeiter, 1965 bis 1981 Tätigkeit als Sozialarbeiter in der Jugend- und Familienarbeit, ab 1981 Lehrbeauftragter an der Freien Universität Berlin, ab 1981 Mitglied der AL, 1981 bis 1983 Vorsitzender des Jugendausschusses des Abgeordnetenhauses von Berlin, später Jugendamtsleiter in Berlin-Prenzlauer Berg.

Radziejewski, Max *SPD*

Geb. 30. Oktober 1897 Berlin
Gest. 10. Januar 1978 Berlin

Abgeordnetenhaus von Berlin:
1. WP (ab 4. Mai 1951, nachgerückt für Heinz-Kurt Steinkampf)
4. WP

Siehe Biografisches Handbuch der Berliner Stadtverordneten und Abgeordneten 1946–1963, im Auftrag des Präsidenten des Abgeordnetenhauses von Berlin bearbeitet von Werner Breunig und Andreas Herbst, mit einer Einleitung von Siegfried Heimann (= Schriftenreihe des Landesarchivs Berlin, Bd. 14), Berlin 2011, S. 214.

Rasch, Walter *FDP*

Geb. 13. Mai 1942 Erfurt

Abgeordnetenhaus von Berlin:
6. WP
7. WP
8. WP
9. WP
10. WP

Gymnasium, Abitur, Studium an den Universitäten Tübingen und Braunschweig sowie an der Freien Universität Berlin, 1969 Examen am Otto-Suhr-Institut der Freien Universität Berlin, Diplom-Politologe, ab 1966 Mitglied der FDP, ab Oktober 1969 Landesbeauftragter der Friedrich-Naumann-Stiftung in Berlin, 1969 bis 1971 persönlicher Referent des Landes- und Fraktionsvorsitzenden der Berliner FDP, ab Februar 1970 zusätzlich Pressereferent beim FDP-Landesvorstand Berlin, ab 1970 Vorsitzender des FDP-Bezirksverbands Berlin-Tempelhof, 1971 bis 1975 stellvertretender Vorsitzender, 1981 bis 1989 Vorsitzender der FDP-Fraktion im Abgeordnetenhaus von Berlin, 1975 bis 1981 Senator für Schulwesen in Berlin, 1981 bis 1989 Vorsitzender des FDP-Landesverbands Berlin, ab April 1982 Vorsitzender des Vorstands des Vereins für Modellversuche e. V. im Stifterverband für die Deutsche Wissenschaft, 1991 bis 1992 Geschäftsführer der TEKEMUNDI Deutschland GmbH sowie der HANSEATICA Unternehmens Consulting GmbH, ab 1999 Geschäftsführer der HPE Development GmbH und der HPE Development GmbH, ab 2003 Vorsitzender des Bundesverbands Freier Immobilien- und Wohnungsunternehmen e. V., ab 2002 Vorsitzender der Ernst-Reuter-Gesellschaft der Förderer und Freunde der Freien Universität Berlin e. V.

Rass, Rudolf *SPD*

Geb. 1. Januar 1934 in Hof/Bayern

Abgeordnetenhaus von Berlin:
5. WP
6. WP
7. WP
8. WP

Gymnasium, Abitur, 1954 bis1959 Studium der Physik und Philosophie an der Universität Göttingen und der Freien Universität Berlin, Werkstudent in Buchdruckerei und Metallindustrie, 1964 Promotion zum Dr. rer. nat. an der Freien Universität Berlin, anschließend wissenschaftlicher Mitarbeiter bei der Max-Planck-Gesellschaft (Fritz-Haber-Institut) in Berlin, ab 1976 Hochschullehrer an der Pädagogischen Hochschule Berlin, ab 1976 Professor für Physik an der Pädagogischen Hochschule Berlin, später am Institut für Fachdidaktik Physik und Lehrerbildung am Fachbereich 4 der Technischen Universität Berlin. 1967/68 und 1971 bis 1976 Mitglied des SFB-Rundfunkrats, ab 1962 Mitglied der SPD, 1966 Abteilungsvorsitzender, ab 1976 Vorsitzender des SPD-Kreisverbands Berlin-Steglitz, zeitweise Mitglied des SPD-Landesvorstands Berlin, Vorsitzender des Ausschusses für Bundesangelegenheiten und Gesamtberliner Fragen des Abgeordnetenhauses von Berlin.

Rastemborski, Ulrich *CDU*

Geb. 17. Oktober 1940 Berlin
Gest. 24. Juni 1994 Berlin

Abgeordnetenhaus von Berlin:
7. WP
8. WP
9. WP (bis 26. August 1983, Nachrücker: Manfred Jewarowski)

Gymnasium, Abitur, 1959 bis 1964 Studium der Rechtswissenschaften an der Freien Universität Berlin und der Universität Tübingen, 1964 1. und 1969 2. juristische Staatsprüfung, 1965 bis1969 Referendar, ab 1969 Rechtsanwalt, ab 1965 Mitglied der CDU, ab 1977 stellvertretender Vorsitzender des CDU-Kreisverbands Berlin-Neukölln, 1981 bis 1983 Senator für Bau- und Wohnungswesen, 26. August 1983 Rücktritt als Senator und Niederlegung seines Abgeordnetenmandats, anschließend Tätigkeit als Rechtsanwalt.

Rathje, Heiner *CDU*

Geb. 28. Dezember 1943 Berlin
Gest. 4. Januar 2005 Berlin

Abgeordnetenhaus von Berlin:
12. WP
13. WP

Grund- und Realschule, Lehre und Arbeit als Fernmeldemonteur, 1962 Gesellenprüfung, 1973 bis 1980 Teilhaber und kaufmännische Leitung eines Malereibetriebs, ab 1981 Vertriebsbeauftragter bei Telenorma, Bosch Telecom, ab 1971 Mitglied der CDU, 1975 bis 1991 Bezirksverordneter in Berlin-Wedding, ab 1987 stellvertretender Fraktionsvorsitzender.

Rauschenbach, Peter *CDU*

Geb. 21. April 1943 Altenburg/Thüringen

Abgeordnetenhaus von Berlin:
7. WP (ab 9. Juni 1975, nachgerückt für Winfried Tromp)
8. WP (ab 6. November 1979, nachgerückt für Dietrich Bahner)

Gymnasium, 1962 Abitur, Studium an der Freien Universität Berlin, 1968 1. Staatsexamen für das Lehramt, Studienrat in Berlin-Charlottenburg, später Studienrat an der Ernst-Reuter-Schule in Berlin-Wedding, ab 1971 Mitglied der CDU, 1972 bis 1975 Vorsitzender der Jungen Union in Berlin-Wedding, 1973 bis 1977 stellvertretender Vorsitzender des CDU-Kreisverbands Berlin-Wedding., ab 1975 Vorsitzender des CDU-Ortsverbands Humboldt in Berlin-Wedding, 1984 Übertritt zur SPD, 1975 bis 1979 Bezirksverordneter in Berlin-Wedding.

Rebsch, Peter *CDU*

Geb. 20. Februar 1938 Berlin
Gest. 16. September 2007 Berlin

Abgeordnetenhaus von Berlin:
8. WP
9. WP
10. WP
11. WP
12. WP

Gymnasium, 1956 Abitur, Studium der Rechtswissenschaften an der Freien Universität Berlin, 1965 Assessorexamen, juristischer Sachbearbeiter in einer Versicherungsanstalt, ab 1967 Leiter der Rechtsabteilung und ab 1970 zusätzlich Ausbildungsleiter in der D.A.S. Allgemeine Rechtsschutzversicherung AG, ab 1958 Mitglied der CDU, stellvertretender Landesvorsitzender der Jungen Union, ab 1976 stellvertretender Vorsitzender des CDU-Ortsverbands Berlin-Spandau, 1967 Bürgerdeputierter, 1971 bis 1975 Bezirksverordneter in Berlin-Spandau, 1981 bis 1989 Präsident des Abgeordnetenhauses von Berlin, 1989 bis 1991 Vorsitzender des Sportausschusses, 1973 bis 1982 Vizepräsident des Deutschen Schützenbunds.

Rechenberg (auch: Rechenberg-Schrader), Armgard *CDU*

Geb. 22. Oktober 1943 Trebnitz/Schlesien

Abgeordnetenhaus von Berlin:
7. WP (ab 10. Juli 1975, nachgerückt für Hellwart Gabriel)

Gymnasium, 1959 mittlere Reife, 1960 höhere Wirtschaftsschule, 1960 bis 1962 Tätigkeit als Stenotypistin, 1962 Sekretärinnen-Lehrgang, 1969 bis 1970 Betriebswirtschaftslehrgang mit Abschluss als betriebswirtschaftliche Assistentin, ab 1965 Mitglied der CDU, Mitglied des CDU-Kreisvorstands Berlin-Spandau, 1971 bis 1975 Bezirksverordnete in Berlin-Spandau, stellvertretende Fraktionsvorsitzende.

Reichel (auch: Reichel-Koß), geb. Pottgießer, Ilse *SPD*

Geb. 13. Juli 1925 Berlin
Gest. 17. Dezember 1993 Berlin

Abgeordnetenhaus von Berlin:
7. WP (ab Mai 1975, nachgerückt für Erwin Müller)
8. WP (ab 29. Januar 1981, nachgerückt für Rainer Papenfuß)
9. WP
10. WP

Volks- und Aufbauschule, Ausbildung und Arbeit als Teilzeichnerin, Mitglied der Kinderfreunde, 1945/46 Angestellte im Bezirksamt Berlin-Reinickendorf, ab 1946 Mitglied der SPD, bis 1949 Sachbearbeiterin beim Hauptjugendausschuss des Magistrats von Groß-Berlin, 1949 bis 1959 Referentin beim Hauptjugendamt des Senats von Berlin, 1951 bis1953 Ausbildung als Jugendpflegerin mit staatlicher Anerkennung, 1959 bis 1963 Leiterin des Referats Jugendpflege beim Senator für Jugend und Sport, 1965 bis 1971 Bezirksstadträtin für Jugend und Sport in Berlin-Reinickendorf, 1971 bis 1981 Senatorin für Familie, Jugend und Sport.

Reif, Hans *LDP/FDP*

Geb. 19. Januar 1899 Leipzig
Gest. 11. November 1984 Berlin

Stadtverordnetenversammlung von Groß-Berlin:
1. WP
2. WP
Abgeordnetenhaus von Berlin:
1. WP (bis 17. September 1951)
2. WP (bis 15. Februar 1955)
4. WP
5. WP

Siehe Biografisches Handbuch der Berliner Stadtverordneten und Abgeordneten 1946–1963, im Auftrag des Präsidenten des Abgeordnetenhauses von Berlin bearbeitet von Werner Breunig und Andreas Herbst, mit einer Einleitung von Siegfried Heimann (= Schriftenreihe des Landesarchivs Berlin, Bd. 14), Berlin 2011, S. 216.

Reimann, Günther *SPD*

Geb. 7. März 1924 Lubmin bei Greifswald
Gest. 24. Dezember 1998 Berlin

Abgeordnetenhaus von Berlin:
5. WP

Volksschule und Gymnasium, 1942 Abitur, 1942 bis 1945 Wehrmacht, 1942 Aufnahme des Studiums an der Universität Greifswald, 1946 bis 1951 Fortführung des Studiums der Humanmedizin und der Veterinärmedizin an den Universitäten in Hannover und Berlin, 1950/51 Assistent an der Staatlichen Forschungsanstalt für Tierseuchen („Friedrich-Löffler-Institut") Insel Riems/Greifswald, 1950 veterinärmedizinisches Staatsexamen, 1952 Promotion zum Dr. med. vet., 1952 bis 1956 Assistent an der Freien Universität Berlin, 1956 bis 1958 Geschäftsführer der Obersten Behörde für Traber-Zucht und -Rennen, ab 1958 2. Amtstierarzt beim Bezirksamt Berlin-Kreuzberg, Abteilung Gesundheitswesen, Oberveterinärrat, ab 1960 Mitglied der SPD.

Reimann, Horst *CDU*

Geb. 31. Oktober 1929 Berlin

Abgeordnetenhaus von Berlin:
12. WP

Gymnasium, 1948 Abitur, Sonderstudium für Lehramtsbewerber an der Pädagogischen Hochschule Berlin, 1950 1. und 1952 2. Lehrerprüfung, 1953 Fachprüfung für Lehrer der Mittelstufe, 1954 Staatsexamen für Lehrer der Oberstufe, 1954 bis 1958 wissenschaftlicher Assistent am Zoologischen Institut der Pädagogischen Hochschule Potsdam, 1958 bis 1962 Oberstufenlehrer an einer EOS, 1962 bis 1967 Studium an der Humboldt-Universität zu Berlin, 1967 Diplom-Landwirt, 1968 bis 1981 wissenschaftlicher Mitarbeiter am Institut für Getreidewirtschaft und Redakteur einer Fachzeitschrift, 1970 bis 1975 wissenschaftliche Aspirantur, 1975 Promotion zum Dr. agr., 1981 bis 1994 Oberstufenlehrer, u. a. an der Kinder- und Jugendsportschule Wasserfahrsport „Paul Gesche" in Berlin-Köpenick, ab Februar 1990 Mitglied der Partei „Demokratischer Aufbruch", Kreisvorsitzender in Berlin-Köpenick, ab August 1990 Mitglied der CDU, Mai 1990 bis Januar 1991 Mitglied der Stadtverordnetenversammlung von Berlin, Februar 1994 Mitbegründer des nationalkonservativen „Verbandes demokratische Erneuerung".

Reinhardt, Erich *SPD*

Geb. 28. April 1897 Berlin
Gest. 24. September 1968 Berlin

Abgeordnetenhaus von Berlin:
3. WP (ab 26. Januar 1961, nachgerückt für Otto Sperling)
4. WP

Siehe Biografisches Handbuch der Berliner Stadtverordneten und Abgeordneten 1946–1963, im Auftrag des Präsidenten des Abgeordnetenhauses von Berlin bearbeitet von Werner Breunig und Andreas Herbst, mit einer Einleitung von Siegfried Heimann (= Schriftenreihe des Landesarchivs Berlin, Bd. 14), Berlin 2011, S. 217.

Reinke, Georg *SPD*

Geb. 29. April 1907 Stettin
Gest. 26. Oktober 1965 Südtirol

Abgeordnetenhaus von Berlin:
4. WP (ab 4. Februar 1965, nachgerückt für Klaus Bodin)

Oberingenieur in einer Industrie-Baufirma, ab 1928 Mitglied der SPD, 1949/50 Vorsitzender des SPD-Kreisverbands Berlin-Spandau, 1950 bis 1964 Bezirksverordneter in Berlin-Spandau, zeitweise Fraktionsvorsitzender und Vorsitzender des Bauausschusses.

Reipert, Klaus-Ulrich *CDU*

Geb. 8. Februar 1940 Berlin

Abgeordnetenhaus von Berlin:
9. WP (ab 1. Oktober 1981, nachgerückt für Claus Wischner)
10. WP (ab 3. November 1986, nachgerückt für Manfred Paris)
11. WP
12. WP (bis 17. Januar 1991, Nachrücker: Adrian Nix)

Realschule, Lehre als Maurer, 1959 bis 1963 Studium an der Staatlichen Ingenieurschule für Bauwesen, Bauingenieur, April bis Dezember 1963 Bauleiter bei einer Tiefbaufirma, 1964 bis 1970 technischer Angestellter (Bauleiter) im Tiefbauamt Berlin-Tempelhof, ab Dezember 1970 beim Tiefbauamt Berlin-Schöneberg, ab 1960 Mitglied der CDU, zeitweise Mitglied des CDU-Orts- und des CDU-Kreisvorstands Berlin-Tempelhof, 1971 bis 1973 stellvertretender Landesvorsitzender der Jungen Arbeitnehmerschaft, 1975 bis 1981 Bezirksverordneter in Berlin-Tempelhof, 1991 bis 2006 Stadtrat für Bauwesen, Jugend und Sport bzw. Volksbildung in Berlin-Tempelhof bzw. ab 2000 im Bezirk Tempelhof-Schöneberg, Vorstandsmitglied Nachbarschaftsheim Schöneberg e. V. sowie Ehrenvorsitzender und Vereinsgründer des Tempelhofer Forums.

Reiss, Stefan *AL*

Geb. 1. Januar 1951 Berlin

Abgeordnetenhaus von Berlin:
10. WP (bis 20. April 1987, nachgerückt durch Rotation: Sevim Celebi-Gottschlich)

Gymnasium, 1973 Abitur, Studium der Rechtswissenschaften an der Freien Universität Berlin und den Universitäten Heidelberg und Hamburg, 1978 1. juristische Staatsprüfung, anschließend Gerichtsreferendar beim Kammergericht, 1981 2. juristische Staatsprüfung, 1981 Zulassung als Rechtsanwalt, ab 1982 selbstständiger Rechtsanwalt, ab 1979 Mitglied der Allgemeinen Homosexuellen Arbeitsgemeinschaft Berlin e. V., Mitbegründer der Homosexuellen Selbsthilfe e. V. und der Deutschen Aids-Hilfe e. V., Mitglied der Bundesarbeitsgemeinschaft Schwule Juristen und seit 1992 Stiftungsvorstand der Hannchen-Mehrzweck-Stiftung, ab November 1989 Referent im Referat für gleichgeschlechtliche Lebensweisen in der Senatsverwaltung für Frauen, Jugend und Familie bzw. der Senatsverwaltung für Bildung, Jugend und Sport, ab 1993 Referent für Jugendrecht und Jugendpolitik in der Senatsverwaltung für Schule, Jugend und Sport.

Renner, geb. Meyer, Ingeborg *SPD*

Geb. 24. März 1930 Berlin
Gest. 24. Dezember 2010 Berlin

Abgeordnetenhaus von Berlin:
5. WP
6. WP
7. WP
8. WP

Volks- und Mittelschule, Oberlyzeum, 1948 Abitur, 1948 bis 1950 Studium an der Pädagogischen Hochschule Berlin (aus gesundheitlichen Gründen nach vier Semestern abgebrochen), ab 1947 Mitglied der SPD, zeitweise stellvertretende Vorsitzende des SPD-Kreisverbands Berlin-Wedding, 1957 bis 1969 Vorsitzende der Arbeitsgemeinschaft Sozialdemokratischer Frauen beim SPD-Landesverband Berlin, 1959 bis 1962 Bürgerdeputierte, 1962 bis 1967 sowie 1981 bis 1987 Bezirksverordnete in Berlin-Wedding, Mitglied des Präsidiums des Abgeordnetenhauses von Berlin sowie Mitglied des SFB-Rundfunkrats.

Reuther, geb. Bujack, Anke *SPD*

Geb. 5. Mai 1941 Berlin

Abgeordnetenhaus von Berlin:
12. WP

Grundschule, Lehre und Arbeit als Fachverkäuferin Textilien/Pelze, 1960 Bibliothekshelferin, 1957 Abendoberschule, 1962 Abitur, Studium der Ästhetik und Kunstwissenschaften an der Humboldt-Universität zu Berlin, 1971 Diplom-Kulturwissenschaftlerin, 1961 bis 1971 Bibliothekarin, 1971 bis 1976 kulturpolitische Mitarbeiterin beim Kulturbund der DDR, 1977 bis 1982 Redaktionssekretärin beim Verlag „Junge Welt", 1982 bis 1985 Leiterin der Öffentlichkeitsarbeit am Theater der Freundschaft in Ost-Berlin, 1985 bis 1990 Mitarbeiterin beim Staatlichen Kunsthandel, ab Juni 1990 arbeitslos, ab 1990 Mitglied der SPD, ab April 1990 Kreisvorsitzende der SPD Berlin-Prenzlauer Berg, Mitglied des Parteirats und des SPD-Landesvorstands Berlin, ab 1995 Vorsitzende der Freireligiösen Gemeinde in Berlin e. V., Bezirksverordnete in Berlin-Prenzlauer Berg.

Rheinländer, Achim *SPD*

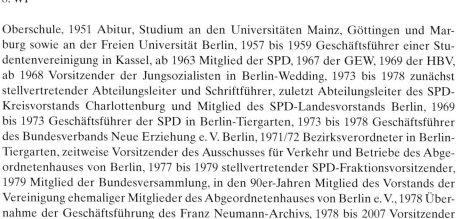

Geb. 12. November 1933 Wiesbaden
Gest. 4. September 2015 Berlin

Abgeordnetenhaus von Berlin:
6. WP (ab 22. Dezember 1972, nachgerückt für Jürgen Egert)
7. WP
8. WP

Oberschule, 1951 Abitur, Studium an den Universitäten Mainz, Göttingen und Marburg sowie an der Freien Universität Berlin, 1957 bis 1959 Geschäftsführer einer Studentenvereinigung in Kassel, ab 1963 Mitglied der SPD, 1967 der GEW, 1969 der HBV, ab 1968 Vorsitzender der Jungsozialisten in Berlin-Wedding, 1973 bis 1978 zunächst stellvertretender Abteilungsleiter und Schriftführer, zuletzt Abteilungsleiter des SPD-Kreisvorstands Charlottenburg und Mitglied des SPD-Landesvorstands Berlin, 1969 bis 1973 Geschäftsführer der SPD in Berlin-Tiergarten, 1973 bis 1978 Geschäftsführer des Bundesverbands Neue Erziehung e. V. Berlin, 1971/72 Bezirksverordneter in Berlin-Tiergarten, zeitweise Vorsitzender des Ausschusses für Verkehr und Betriebe des Abgeordnetenhauses von Berlin, 1977 bis 1979 stellvertretender SPD-Fraktionsvorsitzender, 1979 Mitglied der Bundesversammlung, in den 90er-Jahren Mitglied des Vorstands der Vereinigung ehemaliger Mitglieder des Abgeordnetenhauses von Berlin e. V., 1978 Übernahme der Geschäftsführung des Franz Neumann-Archivs, 1978 bis 2007 Vorsitzender des Vereins „Verkehrsmuseum Berlin e. V." bzw. „Freunde und Förderer des Deutschen Technikmuseums Berlin e. V.", anschließend Ehrenmitglied.

Richter, Claus-Gerd *FDP*

Geb. 11. Dezember 1934 Berlin

Abgeordnetenhaus von Berlin:
6. WP

Volks- und Oberschule, Abitur, 1954 Studium der Rechts- und Wirtschaftswissenschaften an der Freien Universität Berlin, 1960 Diplom-Volkswirt, 1960 bis 1962 Tätigkeit im Banken- und Prüfungswesen, 1963 persönlicher Referent und Pressereferent des Senators für Gesundheitswesen, ab 1966 Geschäftsführer.

Richter-Kotowski, geb. Richter, Cerstin *CDU*

Geb. 14. April 1962 Berlin

Abgeordnetenhaus von Berlin:
12. WP (ab 6. Juli 1992, nachgerückt für Johannes Rudolf, bis 30. Juni 1995, Nachrücker: Christian Goiny)
13. WP
14. WP
15. WP
16. WP (bis 17. November 2006, Nachrücker: Joachim Luchterhand)
17. WP (bis 17. November 2011, Nachrücker: Stefan Schlede)

Gymnasium, 1981 Abitur, 1981 bis 1988 Studium der Rechtswissenschaft an der Freien Universität Berlin, 1988 1. Staatsexamen, 1991 2. Staatsexamen, 1991 Eintritt in den öffentlichen Dienst des Landes Berlin, ab 1979 Mitglied der CDU, 1985 bis 1992 Bezirksverordnete in Berlin-Steglitz, ab November 2006 Bezirksstadträtin für die Abteilung Bildung, Kultur und Bürgerdienste in Berlin-Steglitz-Zehlendorf, ab 2011 zusätzlich verantwortlich für das Sport- und Schulamt.

Riebschläger, Klaus *SPD*

Geb. 17. August 1940 Berlin
Gest. 23. September 2009 Schönhagen bei Trebbin

Abgeordnetenhaus von Berlin:
5. WP
6. WP
7. WP
8. WP
10. WP (bis 28. Februar 1986, Nachrücker: Kurt Neumann)
12. WP

Gymnasium, 1959 Abitur, 1959 bis 1963 Studium der Rechtswissenschaft an der Freien Universität Berlin, 1964 1. juristische Staatsprüfung, 1964 bis 1968 Referendartätigkeit, 1964 bis 1966 gleichzeitig Assistent an der juristischen Fakultät der Freien Universität Berlin, 1968 Promotion zum Dr. jur. und 2. juristische Staatsprüfung, ab 1968 zunächst juristischer Berater, später Vorstandsmitglied bei der Wohnungsbau-Kreditanstalt Berlin, ab 1959 Mitglied der SPD, ab 1968 Mitglied des Landesvorstands, 1971 bis 1972 und von 1977 bis 1986 Kreisvorsitzender der SPD in Berlin-Steglitz, 1973 bis 1982 Mitglied des SPD-Parteirats, 1971 bis 1981 stellvertretender Landesvorsitzender, 1983 bis 1986 wirtschaftspolitischer Sprecher der Berliner SPD, 1985/86 und 2000/01 Landeskassierer bzw. Schatzmeister der Berliner SPD, 1972 bis 1981 Senator für Bau- und Wohnungswesen bzw. Finanzen, Januar 1981 im Zusammenhang mit der Garski-Affäre Rücktritt und kurzzeitig Vorsitzender der SPD-Fraktion im Abgeordnetenhaus von Berlin, 1981 bis 1990 erneut Vorstandsmitglied der Wohnungsbau-Kreditanstalt, ab 1990 als Rechtsanwalt tätig, Mitglied des Aufsichtsrats des Berliner Krankenhausbetreibers „Vivantes", 1. Vorsitzender der „Werkstatt Deutschland e. V.", bei einem Flugzeugunglück am 23. September 2009 gestorben.

Riedmüller-Seel, geb. Riedmüller, Barbara *SPD*

Geb. 5. September 1945 Mittenwald/Oberbayern

Abgeordnetenhaus von Berlin:
12. WP

Gymnasium, 1968 Abitur, Studium der Soziologie an der Universität München, 1973 Magister Artium, 1976 Dr. phil., bis 1982 auf dem Gebiet Gesundheit/Soziales bei der Landeshauptstadt München tätig, 1982 Habilitation in Politische Wissenschaft an der Freien Universität Berlin, 1983 bis 1986 Professorin am Fachbereich Pädagogik der Universität der Bundeswehr in München, bis 1987 Gastprofessur an der Fakultät für Soziologie der Universität Bielefeld, ab März 1988 Übernahme eines Lehrstuhls am Fachbereich Politische Wissenschaft am Otto-Suhr-Institut für Politikwissenschaft der Freien Universität Berlin, 1988 bis März 1989 Vizepräsidentin der Freien Universität Berlin, 1989 bis 1991 Senatorin für Wissenschaft und Forschung in Berlin, 1994 bis 1996 Vorsitzende der Brandenburgischen Kommission für Wissenschaft und Forschung im Auftrag des Wissenschaftsministeriums Brandenburg, 2007 bis 2009 Dekanin des Fachbereichs Politik- und Sozialwissenschaften der Freien Universität Berlin, Leiterin des Arbeitsschwerpunkts Sozialpolitik und Komparatistik.

Riedrich, Karin *SPD*

Geb. 23. August 1942 Berlin

Abgeordnetenhaus von Berlin:
12. WP

1958 mittlere Reife, 1959 vorzeitiger Lehrabschluss als Krankenpflegerin, Studium an der medizinischen Fachschule, 1961 staatlich anerkannte Krankenschwester, 1970 bis 1973 Lehrabschluss als Bankkauffrau, 1970 bis 1990 Angestellte, ab 1978 als Fachökonomin bei der Deutschen Außenhandelsbank AG, ab Januar 1990 Mitglied der SPD, Mai 1990 bis Januar 1991 Mitglied der Stadtverordnetenversammlung von Berlin.

Rieger, Peter *REP*

Geb. 7. September 1941 Berlin

Abgeordnetenhaus von Berlin:
11. WP

Hauptschule, 1956 bis 1958 Lehre und Facharbeiter in der Landwirtschaft, 1958 bis 1961 Angestellter bei der Deutschen Post, 1962 bis 1965 Haft in der DDR (Strafanstalten Bautzen und Brandenburg), 1966 bis 1969 Angestellter und Tätigkeit beim Baugewerbe bzw. in der Gastronomie, 1969 bis 1975 selbstständiger Taxiunternehmer, 1975 bis 1982 Gastwirt und Taxifahrer, 1982 bis 1988 Beamter in der Justiz, ab 1988 Mitglied der Partei „Die Republikaner", stellvertretender Landesvorsitzender und Kreisvorsitzender in Berlin-Spandau, Dezember 1989 Parteiaustritt, fraktionsloser Abgeordneter im Abgeordnetenhaus von Berlin, 1992 bis 1995 Bezirksverordneter für die Republikaner in Berlin-Spandau.

Riehl, Elko *SPD*

Geb. 8. September 1941 Mannheim
Gest. 1. April 1994 (tödlich verunglückt bei einem Hubschrauberabsturz in Algerien)

Abgeordnetenhaus von Berlin:
7. WP

Gymnasium, 1961 Abitur, Studium der Mathematik und Physik an der Technischen Hochschule Karlsruhe, Studium des Wirtschaftsingenieurwesens und der Informatik an der Technischen Universität Berlin, kaufmännische und technische Praktikantentätigkeiten in mehreren Firmen, Werkstudent im Ausbildungsprogramm der IBM, 1969/70 studentische Hilfskraft am Hahn-Meitner-Institut für Kernforschung Berlin, Sektor Mathematik, 1970 bis 1977 Tutor an der Technischen Universität Berlin, Fachbereich Kybernetik, selbstständiger Computerspezialist, ab 1965 Mitglied der SPD, stellvertretender Vorsitzender der SPD in Berlin-Tiergarten, 1971 bis 1975 Bezirksverordneter in Berlin-Tiergarten, 1972 bis 1975 stellvertretender Vorsitzender der SPD-Fraktion in der Bezirksverordnetenversammlung.

Riesebrodt, Günter *CDU*

Geb. 14. Dezember 1911 [Berlin-]Friedrichsfelde
Gest. 4. März 1989 Berlin

Abgeordnetenhaus von Berlin:
3. WP
4. WP
5. WP

Siehe Biografisches Handbuch der Berliner Stadtverordneten und Abgeordneten 1946–1963, im Auftrag des Präsidenten des Abgeordnetenhauses von Berlin bearbeitet von Werner Breunig und Andreas Herbst, mit einer Einleitung von Siegfried Heimann (= Schriftenreihe des Landesarchivs Berlin, Bd. 14), Berlin 2011, S. 220 f.

Ristock, Harry *SPD*

Geb. 20. Januar 1928 Seemen/Ostpreußen
Gest. 5. März 1992 Berlin

Abgeordnetenhaus von Berlin:
7. WP
8. WP (bis 2. Mai 1979, Nachrücker: Peter Paul Waller)
9. WP
10. WP
11. WP
12. WP (bis 5. März 1992, Nachrücker: Raimund Bayer)

Mittelschule, Wehrmacht und Kriegsgefangenschaft, 1948 bis 1952 Studium an der Deutschen Hochschule für Politik, Diplom, ab 1950 Mitglied der SPD, 1952/53 wissenschaftlicher Hilfsassistent, 1960 bis 1965 kaufmännischer Angestellter, 1965 bis 1971 Bezirksstadtrat für Volksbildung in Berlin-Charlottenburg, 1971 bis 1975 Senatsdirektor beim Senator für Schulwesen, 1975 bis 1981 Senator für Bau- und Wohnungswesen, 1954 bis 1957 Bezirksverordneter in Berlin-Spandau und 1963/64 in Berlin-Charlottenburg, 1954 bis 1963 Landesvorsitzender der „Falken", 1954 bis 1958 Abteilungsvorsitzender und Parteitagsdelegierter, 1965 bis 1967 und 1971 bis 1973 Kreisvorsitzender der SPD Berlin-Charlottenburg, Mitglied im SPD-Landesvorstand, ab 1973 Mitglied des SPD-Bundesvorstands, 1976/77 stellvertretender SPD-Landesvorsitzender in Berlin, 1981 Geschäftsführer der Metallbaufirma „Metalu", Oktober 1983 Wahl zum SPD-Spitzenkandidaten für die Wahl zum Abgeordnetenhaus am 10. März 1985, 8. März 1984 Rücknahme der Kandidatur für das Amt des Regierenden Bürgermeisters wegen wirtschaftlicher Schwierigkeiten der Metallbaufirma „Metalu".

Ritter, Heinz *SPD*
Geb. 11. Juni 1924 in Berlin
Gest. 27. August 2004

Abgeordnetenhaus von Berlin:
6. WP
7. WP
8. WP

Real- und höhere Handelsschule, Lehre und Arbeit als Industrie- und Werbekaufmann in der Metallindustrie, Wehrmacht, bis 1947 amerikanische Kriegsgefangenschaft, Eintritt in den öffentlichen Dienst als Verwaltungsangestellter, Weiterbildung in Abendkursen, Übernahme in das Beamtenverhältnis, Tätigkeit im Bezirksamt Berlin-Tiergarten, ab 1956 Mitglied der SPD, Mitglied des SPD-Kreisvorstands Berlin-Tiergarten, zeitweise stellvertretender Kreis- und Abteilungsvorsitzender, 1958 bis 1971 Bezirksverordneter in Berlin-Tiergarten, 1963 bis 1967 Vorsteher der Bezirksverordnetenversammlung Berlin-Tiergarten.

Röseler, Hartmut *CDU*

Geb. 11. März 1942 Berlin

Abgeordnetenhaus von Berlin:
9. WP

Gymnasium, 1961 Abitur, ab 1959 Mitglied der FDP, zeitweise stellvertretender Landesvorsitzender der Deutschen Jungdemokraten (Jugendverband der FDP), 1961 und 1963 kaufmännischer Hochschulpraktikant, 1962 bis 1969 Studium der Politischen Wissenschaft und der Betriebswirtschaft an der Freien Universität Berlin, 1969 Diplom-Politologe, 1966 Geschäftsführer Ring Politischer Jugend e. V., 1966/67 persönlicher Referent und Pressereferent des Senators für Gesundheit, 1970/71 Ausbildungsleiter der deutschen Renault AG Brühl, 1967 bis 1971 Bezirksverordneter in Berlin-Charlottenburg (Sprecher der Gruppe der FDP), ab 1971 Mitglied der CDU, Vorsitzender des Ortsverbands „Rathaus" in Berlin-Charlottenburg, 1971 bis 1979 Bezirksstadtrat für Volksbildung, bis 1975 zugleich stellvertretender Bürgermeister in Berlin-Charlottenburg, ab 1979 freiberuflicher Trainer für Kommunikation und Führungstechniken in Böblingen.

Rösler, Hubert *CDU*

Geb. 11. November 1937 Schwiebus

Abgeordnetenhaus von Berlin:
6. WP
7. WP
8. WP
9. WP
10. WP
11. WP
12. WP
13. WP
14. WP

Gymnasium, 1959 Abitur, 1959 bis 1964 Studium der Rechtswissenschaften an der Freien Universität Berlin, 1964 1. und 1968 2. juristisches Staatsexamen, ab 1961 Mitglied der CDU, ab 1965 Mitglied des CDU-Kreisvorstands Berlin-Tempelhof, 1969 bis 1994 Vorsitzender des CDU-Ortsverbands Marienfelde, 1971 bis 1973 stellvertretender Vorsitzender des CDU-Kreisverbands Berlin-Tempelhof, ab 1969 Rechtsanwalt, später auch Notar, Justitiar und rechtspolitischer Sprecher der CDU-Fraktion im Abgeordnetenhaus von Berlin, 1967 bis 1971 Bezirksverordneter in Berlin-Tempelhof, Vorsitzender des Rechtsausschusses des Abgeordnetenhauses von Berlin.

Rogall, Arved *SPD*

Geb. 4. Februar 1927 Kauen/Litauen
Gest. 8. Mai 2008 Berlin

Abgeordnetenhaus von Berlin:
4. WP (bis 20. Januar 1965, Nachrücker: Kurt Neumann)

Volks- und Oberschule in Kaunas und Memel, Wehrmacht, amerikanische Kriegsgefangenschaft, Studium an der Universität Jena, Flucht vor drohender Verhaftung nach West-Berlin, Arbeiter in der Maschinenfabrik „Fritz Werner" und Studium an der Deutschen Hochschule für Politik, ab 1953 Mitglied der SPD, Bezirksverordneter und Vorsitzender der SPD-Fraktion in Berlin-Charlottenburg, 1965 bis 1971 Bezirksstadtrat für Sozialwesen in Berlin-Charlottenburg.

Rogall, Holger *SPD*

Geb. 17. Juli 1954 in Berlin

Abgeordnetenhaus von Berlin:
12. WP (ab 1. Februar 1991, nachgerückt für Ingrid Stahmer)
13. WP (ab 18. April 1996, nachgerückt für Ingrid Stahmer)
14. WP
15 WP (ab 11. Mai 2004, nachgerückt für Hella Dunger-Löper)

Sohn von Arved Rogall, Gymnasium, 1974 Abitur, 1975 bis 1982 Studium der Volkswirtschaft, Wirtschaftspädagogik und Politikwissenschaft an der Freien Universität Berlin, Diplom-Volkswirt, 1982 Diplom-Handelslehrer, ab 1972 Mitglied der SPD, 1984 bis 1991 Abteilungsvorsitzender der SPD Westend, 1987 Promotion zum Dr. rer. pol., Mitarbeiter am Institut für Zukunftsstudien und Technologiebewertung, ab 1996 Professor für Nachhaltige Ökonomie an der Hochschule für Wirtschaft und Recht Berlin (HWR), Direktor des Instituts für Nachhaltigkeit der HWR Berlin und Leiter des Instituts für Nachhaltige Ökonomie sowie geschäftsführender Herausgeber des Jahrbuchs Nachhaltige Ökonomie.

Rohleder, Lutz *SPD*

Geb. 10. Juni 1935 Bunzlau/Schlesien
Gest. 21. Januar 2000 Berlin

Abgeordnetenhaus von Berlin:
6. WP (ab 16. September 1972, nachgerückt für Wilhelm Urban)

Volks- und Mittelschule, kaufmännische Lehre, ab 1953 Mitglied der SPD, ab 1957 kaufmännischer Angestellter bei der BEWAG, 1958 Bürgerdeputierter, 1965 bis 1989 Bezirksverordneter in Berlin-Spandau, 1983 Bundesverdienstkreuz.

Rojek, Alfred *CDU*

Geb. 20. September 1897 Boguschowitz/Krs. Rybnik, Oberschlesien
Gest. 12. Dezember 1975 Berlin

Stadtverordnetenversammlung von Groß-Berlin:
1. WP
2. WP
Abgeordnetenhaus von Berlin:
1. WP
2. WP (bis 17. März 1955)
3. WP
4. WP

Siehe Biografisches Handbuch der Berliner Stadtverordneten und Abgeordneten 1946–1963, im Auftrag des Präsidenten des Abgeordnetenhauses von Berlin bearbeitet von Werner Breunig und Andreas Herbst, mit einer Einleitung von Siegfried Heimann (= Schriftenreihe des Landesarchivs Berlin, Bd. 14), Berlin 2011, S. 222.

Roloff (ab 1985: Roloff-Momin), Ulrich *FDP*

Geb. 29. April 1939 Osnabrück

Abgeordnetenhaus von Berlin:
7. WP (bis 4. Januar 1978, Nachrücker: Jürgen Wahl)

Gymnasium, 1960 Abitur, Banklehre, 1962 Bankkaufmanngehilfenprüfung, ab 1962 Studium der Rechtswissenschaften an der Freien Universität Berlin, 1969 1. und 1973 2. juristische Staatsprüfung, 1973 Angestellter beim Bundesversicherungsamt, zuletzt Oberregierungsrat, 1969 bis 1982 Mitglied der FDP, 1971 bis 1975 Mitglied und zeitweise Vorsitzender der FDP-Fraktion in der Bezirksverordnetenversammlung von Berlin-Steglitz, zeitweise Vorsitzender des FDP-Bezirksverbands Berlin-Steglitz, ab 1975 Mitglied des

FDP-Landesvorstands Berlin, Vorsitzender des neugegründeten Ausschusses für Kunst des Abgeordnetenhauses von Berlin, 1977 bis 1991 Präsident der Hochschule der Künste Berlin, 1972 Mitglied des Präsidiums, 1976 bis 1991 Präsident der Neuen Gesellschaft für Bildende Kunst, 1991 bis 1995 (als Parteiloser, jedoch für die SPD nominiert) Senator für Kulturelle Angelegenheiten.

Roques, geb. Ziegert, Renate von *CDU*

Geb. 9. März 1912 [Berlin-]Spandau
Gest. 1. Oktober 1968 Berlin

Abgeordnetenhaus von Berlin:
3. WP
5. WP (bis 1. Oktober 1968, Nachrücker: Siegfried Klein)

Siehe Biografisches Handbuch der Berliner Stadtverordneten und Abgeordneten 1946–1963, im Auftrag des Präsidenten des Abgeordnetenhauses von Berlin bearbeitet von Werner Breunig und Andreas Herbst, mit einer Einleitung von Siegfried Heimann (= Schriftenreihe des Landesarchivs Berlin, Bd. 14), Berlin 2011, S. 224.

Roschanski, Ilse *SPD*

Geb. 5. August 1925 Berlin
Gest. 14. August 2015 Berlin

Abgeordnetenhaus von Berlin:
3. WP
4. WP
5. WP

Siehe Biografisches Handbuch der Berliner Stadtverordneten und Abgeordneten 1946–1963, im Auftrag des Präsidenten des Abgeordnetenhauses von Berlin bearbeitet von Werner Breunig und Andreas Herbst, mit einer Einleitung von Siegfried Heimann (= Schriftenreihe des Landesarchivs Berlin, Bd. 14), Berlin 2011, S. 224.

Roß, Reinhard *SPD*

Geb. 12. Mai 1950 Berlin

Abgeordnetenhaus von Berlin:
10. WP
11. WP

12. WP
13. WP
14. WP

Gymnasium, 1970 Abitur, Fachhochschule für Verwaltung und Rechtspflege, 1973 Diplom-Verwaltungswirt, ab 1974 Mitarbeiter beim Senator für Stadtentwicklung und Umweltschutz, 1985 bis 1990 stellvertretender Personalchef in der Karl-Bonhoeffer-Nervenklinik, Juni bis September 1990 Leiter der Zentralen Personalplanung im Universitätsklinikum Rudolf Virchow, ab 1970 Mitglied der SPD, 1973 bis 1976 Vorsitzender der Arbeitsgemeinschaft der Jungsozialisten in Berlin-Reinickendorf, 1996 bis 2000 Vorsitzender des SPD-Kreisverbands Berlin-Reinickendorf, 1975 bis 1985 Bezirksverordneter in Berlin-Reinickendorf, 1979 bis 1985 stellvertretender Fraktionsvorsitzender, September 1989 bis Anfang 1993 Landesgeschäftsführer der SPD Berlin und Mitglied des geschäftsführenden Landesvorstands, Vorsitzender des Petitionsausschusses des Abgeordnetenhauses von Berlin.

Rossmann, Hugo *CDU*

Geb. 30. April 1937 Berlin
Gest. 31. Dezember 2005 Berlin

Abgeordnetenhaus von Berlin:
6. WP

Volks- und Berufsschule, Lehre und Arbeit als Kupferschmied, 1957 bis 1959 Praktikantenzeit in Hamburg, 1959 Eintritt in den väterlichen Betrieb, 1959 bis 1961 Volkshochschulbesuch, ab 1970 Alleininhaber der Rossmann Apparatebau GmbH in Berlin-Reinickendorf, ab 1962 Mitglied der CDU, 1967 bis 1971 Bezirksverordneter in Berlin-Wedding.

Rost, geb. Kleinert, Gabriele *CDU*

Geb. 23. März 1948 Berlin

Abgeordnetenhaus von Berlin:
11. WP
12. WP

Gymnasium, 1967 Abitur, Studium der Geschichte, Germanistik und der Vergleichenden Literaturwissenschaften an der Freien Universität Berlin, ab 1973 Mitglied der CDU, ab 1978 Vorsitzende des CDU-Ortsverbands Alt-Lichterfelde (Steglitz), ab 1989 Mitglied des CDU-Kreisvorstands Steglitz, 1985 bis 1987 stellvertretende Vorsitzende der Frauenunion, Landesverband Berlin, 1975 bis 1989 Bezirksverordnete in Berlin-Steglitz, 1983 bis 1989 Vorsteherin der Bezirksverordnetenversammlung Berlin-Steglitz, Oktober 1989 bis Februar 1990 Mitglied des Deutschen Bundestags (Nachrückerin für die verstorbene

Lieselotte Berger), Februar 1994 Mitbegründerin des nationalkonservativen „Verbandes demokratische Erneuerung".

Rudolf, Johannes *CDU*

Geb. 22. August 1951 Berlin

Abgeordnetenhaus von Berlin:
10. WP
11. WP
12. WP (bis 19. Juni 1992, Nachrückerin: Cerstin Richter-Kotowski)

Gymnasium, 1971 Abitur, Studium an der Freien Universität Berlin, 1981 Diplom-Politologe, ab 1982 Planungsbeauftragter beim Bezirksamt Berlin-Schöneberg, ab 1971 Mitglied der CDU, 1975 bis 1985 Bezirksvorsitzender in Berlin-Steglitz, 1982 bis 1985 Vorsitzender der CDU-Fraktion in der Bezirksverordnetenversammlung Berlin-Steglitz, 1992 bis 2000 Bezirksstadtrat für Soziales und Gesundheitswesen in Berlin-Steglitz.

Rüter, Diethard *SPD*

Geb. 20. März 1936 Dorsten/Westfalen
Gest. 19. Mai 2008 Berlin

Abgeordnetenhaus von Berlin:
8. WP
9. WP (ab 17. Juli 1981, nachgerückt für Konrad Porzner)
10. WP

Volksschule und Gymnasium, 1955 Abitur, Studium der Fremdsprachen, der Rechtswissenschaften und der Betriebswirtschaft in München und Münster, 1961 1. juristisches Staatsexamen in Hamm, 1961/62 wissenschaftliche Tätigkeit und Referendarausbildung in Berlin, 1966 2. juristisches Staatsexamen in Berlin, 1966 bis 1973 Tätigkeit als Rechtsanwalt, gleichzeitig Arbeit als Bankjurist, ab 1965 Mitglied der SPD, 1969 Promotion zum Dr. jur., ab 1971 Verwaltungsleiter am Fachbereich Rechtswissenschaft der Freien Universität Berlin, 1971 bis 1979 Bezirksverordneter in Berlin-Reinickendorf, Vorsitzender des Ausschusses für Stadtentwicklung und Umweltschutz im Abgeordnetenhaus von Berlin, 1989 bis 1999 Bezirksstadtrat in Berlin-Reinickendorf, zunächst für Volksbildung, anschließend für Bau- und Wohnungswesen, ab 2000 stellvertretender Vorsitzender und ab 2003 Vorsitzender des Landesverbands Berlin des Volksbunds Deutsche Kriegsgräberfürsorge.

Runge, Kurt *CDU*

Geb. 4. Juli 1928 Groß-Lübbichow/Krs. Weststernberg
Gest. 13. Juli 2007 Berlin

Abgeordnetenhaus von Berlin:
8. WP
9. WP (bis 25. November 1982, Nachrücker: Elmar Coenen)

Mittelschule, 1947 bis 1949 Lehrerausbildung, 1950 1. Staatsprüfung für das Lehramt, 1954/55 Pädagogische Hochschule Berlin, 1959 2. Staatsprüfung, 1967 Prüfung für das 2. Wahlfach, Lehrer an der Paul-Eipper-Grundschule in Berlin-Wilmersdorf, ab 1967 Mitglied der CDU, ab 1968 Mitglied des CDU-Kreisvorstands Berlin-Spandau, 1972 bis 1989 Vorsitzender des CDU-Ortsverbands Kladow, 1975 bis 1979 Bezirksverordneter in Berlin-Spandau, stellvertretender Vorsitzender der CDU-Fraktion, 1982 bis 1989 Bezirksstadtrat für Gesundheitswesen in Berlin-Spandau.

Rusta, Irana *SPD*

Geb. 23. Juli 1954 Moskau

Abgeordnetenhaus von Berlin:
12. WP
13. WP
14. WP

Oberschule, 1971 Abitur, Studium der Germanistik und Slawistik an der Humboldt-Universität zu Berlin, Diplom-Philologin, 1980 Promotion zum Dr. phil., 1975 bis 1978 wissenschaftliche Aspirantin am Institut für Geschichte der Akademie der Wissenschaften der DDR, 1978 bis 1980 wissenschaftliche Mitarbeiterin, 1980 bis 1990 freischaffende Herausgeberin und Übersetzerin, Herbst 1989 Mitglied der SPD, Mai 1990 bis Januar 1991 Mitglied der Stadtverordnetenversammlung von Berlin und Stadträtin für Kultur, kulturpolitische Sprecherin der SPD-Fraktion im Abgeordnetenhaus von Berlin, später Unternehmensberaterin.

Rzepka, Peter *CDU*

Geb. 7. Juli 1944 Jagertow/Krs. Belgard, Pommern

Abgeordnetenhaus von Berlin:
7. WP
8. WP
9. WP (bis 1983, Nachrücker: Herwig Haase)

13. WP
14. WP
15. WP (bis Oktober 2002, Nachrücker: Rainer Ueckert)

Gymnasium, 1963 Abitur am Ulrich-von-Hutten-Gymnasium Berlin, Studium der Rechtswissenschaft in Berlin, Freiburg im Breisgau und Bonn, ab 1967 Mitglied der CDU, 1969 1. juristische Staatsprüfung, Referendariat, 1974 2. juristische Staatsprüfung, ab 1974 Mitarbeiter bei der Schering AG, zuletzt Fachbereichsleiter Steuern, 1971 bis 1975 Bezirksverordneter in Berlin-Tempelhof, ab 1983 Rechtsanwalt, 2002 bis 2009 Mitglied des Deutschen Bundestags.

Salomon, Werner *SPD*

Geb. 1. Oktober 1926 Berlin
Gest. 12. Juni 2014 Berlin

Abgeordnetenhaus von Berlin:
6. WP (bis 4. Februar 1974, Nachrücker: Freddy Stach)

Sohn eines Buchhalters, Wehrmacht, nach 1945 zunächst Sportreporter, dann Lehre als Dienstanwärter und Tätigkeit in der Steuerverwaltung, ab 1957 hauptamtlicher Sekretär beim DGB, ab 1964 Abteilungsleiter Finanzen beim DGB, ab 1960 Mitglied der SPD, 1974 bis 1979 Arbeitsdirektor der Berliner GASAG, 1979 bis 1992 Bezirksbürgermeister in Spandau, 1993 Verleihung der Würde eines Stadtältesten von Berlin, stellvertretender Vorsitzender der Vereinigung ehemaliger Mitglieder des Abgeordnetenhauses von Berlin e. V.

Sander, Nikolaus *SPD*

Geb. 7. Juni 1943 Danzig

Abgeordnetenhaus von Berlin:
11. WP (ab 4. September 1989, nachgerückt für Norbert Meisner)
12. WP (ab 1. Februar 1991, nachgerückt für Norbert Meisner)
13. WP

Gymnasium, 1964 Abitur, Studium, 1974 1. Staatsprüfung für das Lehramt an Gymnasien, 1976 2. Staatsprüfung, ab 1976 Studienrat beim Bezirksamt Berlin-Kreuzberg, ab 1977 an der Carl-von-Ossietzky-Gesamtschule, ab 1972 Mitglied der SPD, 1976 bis 1984 stellvertretender Vorsitzender der Abteilung Dahlem, ab 1984 Vorsitzender des SPD-Kreisverbands in Berlin Zehlendorf und Mitglied des SPD-Landesvorstands, 1979 bis 1985 Bezirksverordneter in Berlin-Zehlendorf und stellvertretender Fraktionsvorsitzender, medienpolitischer Sprecher der SPD-Fraktion im Abgeordnetenhaus, Schatzmeister bzw. Vorsitzender des „Kulturforums Stadt Berlin der Sozialdemokratie".

Saß (auch: Saß-Viehweger), geb. Weyand, Barbara *CDU*

Geb. 4. August 1943 Worbis/Thüringen

Abgeordnetenhaus von Berlin:
7. WP
8. WP
9. WP
10. WP
11. WP
12. WP

Besuch des katholischen Gymnasium Sankt Ursula, 1962 Abitur, Studium der Rechtswissenschaften in Berlin, Köln und Freiburg, 1967 1. juristische Staatsprüfung, Referendarin am Berliner Kammergericht, 1970 2. juristische Staatsprüfung, ab 1970 Rechtsanwältin, ab 1980 auch Notarin, ab 1963 Mitglied der CDU, ab 1972 Vorsitzende des CDU-Ortsverbands Lichterfelde-Ost, ab 1975 stellvertretende Vorsitzende, 1991 bis 1995 Vorsitzende des CDU-Kreisverbands Berlin-Steglitz, 1971 bis 1975 Bezirksverordnete in Berlin-Steglitz, 1974/75 stellvertretende Vorsitzende der CDU-Fraktion in der Bezirksverordnetenversammlung, Mitglied des Bundesparteigerichts der CDU.

Sauberzweig, Dieter *SPD*

Geb. 17. November 1925 Frankfurt an der Oder
Gest. 28. Dezember 2005 Berlin

Abgeordnetenhaus von Berlin:
9. WP

Gymnasium, 1942 Abitur, anschließend Wehrmacht, Lehre in Schleswig-Holstein, 1947 bis 1953 Studium der Geschichtswissenschaften, Pädagogik, Psychologie und Philosophie an der Universität Hamburg, 1954 Promotion zum Dr. phil., 1953 bis 1956 Referent, Geschäftsführer und geschäftsführendes Vorstandsmitglied bei der Studienstiftung des Deutschen Volkes in Bonn-Bad Godesberg, 1966 Beigeordneter für Schule und Kultur beim Deutschen Städtetag in Köln, ab 1971 Mitglied der SPD, 1971 Ständiger Stellvertreter des Hauptgeschäftsführers und Präsidialmitglied beim Deutschen Städtetag, 1977 bis 1981 Senator für Kulturelle Angelegenheiten, 1981 bis 1985 stellvertretender Vorsitzender des Ausschusses für Kulturelle Angelegenheiten und Mitglied im Ausschuss für Wissenschaft und Forschung des Abgeordnetenhauses von Berlin, 1981 bis 1991 Leiter des Deutschen Instituts für Urbanistik und Geschäftsführer des Vereins für Kommunalwissenschaften, ab 1983 Honorarprofessor der Universität Konstanz, 1999 bis 2001 Kurator des Hauptstadtkulturfonds.

Schaar, geb. Nothroff, Ursula *AL*

Geb. 30. August 1923 Berlin
Gest. 28. April 2005 Berlin

Abgeordnetenhaus von Berlin:
9. WP (bis 24. Februar 1983, Nachrücker durch Rotation:
Jürgen Wachsmuth)

Realschule, Lehre und Arbeit als Buchhändlerin, Studium, 1948 1. Staatsprüfung, 1952 2. Staatsprüfung für das Lehramt, Lehrerin (Konrektorin) an der 5. Grundschule Berlin-Neukölln, Mitglied der GEW, zeitweise Bezirksvorsitzende der GEW in Berlin-Neukölln, Mitglied der SPD, ab 1980 der AL, 1981 bis 1983 schulpolitische Sprecherin und zeitweise stellvertretende Fraktionsvorsitzende der AL-Fraktion im Abgeordnetenhaus von Berlin, 1983 Austritt aus der AL.

Schade, Rudi *SPD*

Geb. 5. Februar 1914 Berlin
Gest. 24. Juli 1981 Berlin

Abgeordnetenhaus von Berlin:
3. WP (ab 26. Januar 1959, nachgerückt für Bruno Lösche)
4. WP (ab 1. November 1965, nachgerückt für Walter Günther)
5. WP
6. WP

Siehe Biografisches Handbuch der Berliner Stadtverordneten und Abgeordneten 1946–1963, im Auftrag des Präsidenten des Abgeordnetenhauses von Berlin bearbeitet von Werner Breunig und Andreas Herbst, mit einer Einleitung von Siegfried Heimann (= Schriftenreihe des Landesarchivs Berlin, Bd. 14), Berlin 2011, S. 227.

Schaeffer, Dietrich *SPD*

Geb. 5. Dezember 1933 Berlin
Gest. 9. Mai 2010 Berlin

Abgeordnetenhaus von Berlin:
7. WP (bis 12. Februar 1976, Verlust des Mandats durch
Urteil des Wahlprüfungsgerichts vom 12. November 1975)

Gymnasium, 1953 Abitur, Studium an der Technischen Universität Berlin und der Pädagogischen Hochschule Berlin, 1957 1. Staatsprüfung für das Lehramt an Grund-, Haupt- und Realschulen, 1962 heilpädagogisches Staatsexamen, ab 1962 an Sonderschulen tätig, ab 1965 Vorsitzender des Personalrats der Lehrer und Erzieher des Bezirks Zehlendorf, ab 1967 Sonderschuldirektor einer Schule für Lernbehinderte, Rektor der Pestalozzi-Schule in Berlin-Zehlendorf, ab 1958 Mitglied der SPD, Abteilungsvorsitzender in Zehlendorf, stellvertretender Vorsitzender bzw. Vorsitzender der GEW Berlin, 1979 bis 1994 Vorsitzender des VBE Berlin, nach 1990 Beauftragter des VBE-Bundesvorstands für die neuen Bundesländer, 1963 bis 1967 Bezirksverordneter in Berlin-Zehlendorf, Schriftführer der Vereinigung ehemaliger Mitglieder des Abgeordnetenhauses von Berlin e. V.

Scharnowski, Ernst *SPD*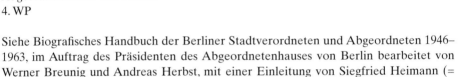

Geb. 5. Dezember 1896 Preußisch Eylau/Ostpreußen
Gest. 9. März 1985 Berlin

Stadtverordnetenversammlung von Groß-Berlin:
2. WP
Abgeordnetenhaus von Berlin:
4. WP

Siehe Biografisches Handbuch der Berliner Stadtverordneten und Abgeordneten 1946–1963, im Auftrag des Präsidenten des Abgeordnetenhauses von Berlin bearbeitet von Werner Breunig und Andreas Herbst, mit einer Einleitung von Siegfried Heimann (= Schriftenreihe des Landesarchivs Berlin, Bd. 14), Berlin 2011, S. 229.

Scheiblich, Horst *CDU*

Geb. 18. August 1921 Berlin
Gest. 3. Juni 1993

Abgeordnetenhaus von Berlin:
6. WP (bis 21. Juni 1972, Nachrücker: Johannes Prostak)

Jahn-Realgymnasium in Berlin-Lichtenberg und Körner-Oberrealschule in Berlin-Köpenick, 1939 Eintritt in den öffentlichen Dienst als Inspektorenanwärter bei der Reichsversicherungsanstalt für Angestellte, 1941 bis 1945 Wehrmacht, zuletzt als Verwaltungsoffizier, nach 1945 wieder im öffentlichen Dienst, ab Februar 1948 im Bezirksamt Berlin-Wilmersdorf, Büroleiter und Hilfsreferent in der Abteilung Volksbildung, ab 1948 Mitglied zunächst des FDGB, dann der UGO und der DAG, nach Wiederzulassung des Deutschen Beamtenbunds im Jahre 1950 Mitglied der Komba, ab 1960 Mitglied der Landesleitung der Komba und Schatzmeister, 1945 bis 1957 Mitglied der LDP bzw. der FDP, ab 1960 Mitglied der CDU, 1972 bis 1978 Bezirksstadtrat für Gesundheitswesen in Berlin-Schöneberg.

Scheil, Erwin *SPD*

Geb. 6. August 1908 Berlin
Gest. 8. Juni 1991 Berlin

Abgeordnetenhaus von Berlin:
3. WP (ab 9. März 1960, nachgerückt für Franz Neumann)
5. WP

Siehe Biografisches Handbuch der Berliner Stadtverordneten und Abgeordneten 1946–1963, im Auftrag des Präsidenten des Abgeordnetenhauses von Berlin bearbeitet von Werner Breunig und Andreas Herbst, mit einer Einleitung von Siegfried Heimann (= Schriftenreihe des Landesarchivs Berlin, Bd. 14), Berlin 2011, S. 231.

Schellenberg, geb. Geiler, Annemarie *SPD*

Geb. 1. Juni 1906 Mannheim
Gest. 6. Februar 1995 Berlin

Abgeordnetenhaus von Berlin:
4. WP

Tochter des Rechtsanwalts und Juristen Karl Geiler (des ersten hessischen Ministerpräsidenten nach 1945), Gymnasium, Abitur, 1925 bis 1933 Studium der Rechtswissenschaften an den Universitäten Heidelberg, München und Berlin, Referendarin, Promotion zum Dr. jur., 1933 gemaßregelt und aus dem Staatsdienst entlassen, Auslandsstudien, 1936 bis 1945 Archivarin in der Spitzenorganisation der Privatversicherung, 1945 Mitglied der KPD, 1946 der SED, 1945/46 Protokollführerin und Sekretärin im Verbindungsbüro der antifaschistischen Parteien, 1947 Leiterin des Sekretariats des Ständigen Ausschusses des Deutschen Volkskongresses, 1947 Heirat mit Ernst Schellenberg, später Austritt aus der SED und Mitglied der SPD, ehrenamtliche Tätigkeit u. a. beim Oberverwaltungsgericht, Landessozialgericht und als Bürgerdeputierte in Berlin-Wilmersdorf, außerdem Mitglied des SFB-Rundfunkrats.

Schenk, Wolfgang *AL*

Geb. 19. April 1948 Frankfurt am Main

Abgeordnetenhaus von Berlin:
10. WP (bis 20. April 1987, Nachrückerin: Gabriele Vonnekold)

1968 Abitur an einem Wirtschaftsgymnasium, Soziologiestudium, Studium mit einem Wahlfach für die Sekundarstufe I an der Pädagogischen Hochschule Berlin, 1973 1. Staatsexamen, 1973 bis 1975 zweite Phase der Lehrerausbildung, bis 2007 Lehrer u. a. für Geschichte und Arbeitslehre an der 3. Hauptschule in Berlin-Kreuzberg, Mitglied der GEW, ab 1978 Mitglied der AL, 1985 bis 1987 schulpolitischer Sprecher der Fraktion der AL im Abgeordnetenhaus von Berlin, später Austritt aus Bündnis 90/Die Grünen und der GEW.

Schermer, geb. Lofing, Gerlinde *SPD*

Geb. 18. Februar 1956 Stolberg/Harz

Abgeordnetenhaus von Berlin:
12. WP
13. WP

POS, kaufmännische Berufsschule, 1974 Finanzkauffrau, Studium an der Fachschule für Finanzwirtschaft in Gotha, 1977 Finanzökonomin (Diplom-Betriebswirtin), 1974 bis 1979 Finanzkauffrau und Revisorin bei VEB Rechnungsführung und Steuerberatung, 1979 bis 1982 Kindererziehung, 1982 bis 1987 Plankoordinierung/stellvertretende Abteilungsleiterin im VEB Energiekombinat, 1987 bis 1990 Fachgebietsleiterin Ökonomie im VEB Energiekombinat Berlin, ab Juli 1990 selbstständige Steuerbevollmächtigte, ab 1990 Mitglied der SPD, 1990 bis 1998 Mitglied des SPD-Landesvorstands Berlin (Beisitzerin), 1994 bis 1996 stellvertretende Landesvorsitzende, 1992 bis 1994 Vorsitzende des SPD-Kreisverbands Berlin-Friedrichshain, ab 2000 Vorsitzende der Abteilung 12 der SPD Friedrichshain-Kreuzberg, 1990 Bezirksverordnete in Berlin-Friedrichshain.

Scheurell, Heinz *CDU*

Geb. 16. März 1918 Liegnitz/Niederschlesien
Gest. 19. Juni 1991 Berlin

Abgeordnetenhaus von Berlin:
7. WP

Volksschule und Deutsche Oberschule, Realreformprogymnasium und Handelsschule, 1935 mittlere Reife, kaufmännische Lehre und Tätigkeit, Besuch der Finanzschule, 1954 Abschlussprüfung für den mittleren, 1956 für den gehobenen Verwaltungsdienst, ab 1955 Steuerassistent, Steuersekretär, 1958 Steuerinspektor, 1965 Steueroberinspektor, 1968 Steueramtmann, 1973 Steuerrat bei der Oberfinanzdirektion Berlin, ab 1975 Steuerrat a. D., ab 1962 Mitglied der CDU, ab 1967 Ortsverbandsvorsitzender in Berlin-Spandau.

Schicks, Heinz *CDU*

Geb. 6. April 1934 Berlin
Gest. 12. November 2008 Berlin

Abgeordnetenhaus von Berlin:
7. WP
8. WP
9. WP
10. WP

Gymnasium, 1950 bis 1953 Verwaltungslehre, 1954 bis 1956 Abschlüsse an der Verwaltungsschule Berlin, ab 1953 Verwaltungsangestellter, ab 1955 Beamter im mittleren, ab 1956 im gehobenen Dienst, 1973/74 im höheren Dienst, ab Januar 1975 Angestellter in der freien Wohlfahrtspflege (Caritasverband für das Erzbistum Berlin e. V.), zunächst Abteilungsleiter für den Bereich Krankenhäuser/Gesundheit, später Geschäftsführer der beiden Trägervereine Caritas-Krankenhilfe Berlin e. V. und Malteser-Werk Berlin e. V., ab 1963 Mitglied der CDU, 1965 bis 1977 Ortsvorstandsmitglied und Ortsverbandsvorsitzender, ab 1971 stellvertretender Vorsitzender, 1984 und 1997 bis 1999 Vorsitzender des CDU-Kreisverbands Berlin-Kreuzberg, Schatzmeister der Vereinigung ehemaliger Mitglieder des Abgeordnetenhauses von Berlin e. V.

Schiela, Gerhard *FDP*

Geb. 1. März 1944 Berlin

Abgeordnetenhaus von Berlin:
12. WP

Grund- und Oberschule, 1962 Abitur, 1962 bis 1964 Maurerlehre, 1964 Gesellenprüfung, 1964 bis 1970 Studium an der Hochschule für Bauwesen Leipzig, 1970 Diplom-Ingenieur für Bauwesen, 1970 bis 1972 postgraduales Studium an der Fachschule für Bauwesen, EDV-Ingenieur, 1970 bis 1973 wissenschaftlicher Mitarbeiter bei der Bauakademie der DDR, 1973 bis 1986 Bereichsbauleiter Baudirektion beim Ministerium für Bauwesen, 1986 bis 1990 Abteilungsleiter für Investitionen an der Akademie der Wissenschaften der DDR, ab 1990 Abteilungsleiter Technik bei der Wohnungsbaugesellschaft Berlin-Treptow, 1963 bis 1988 Mitglied der NDPD, 1988 Austritt, Februar bis Mai 1990 Bezirksstadtrat in Berlin-Treptow, ab 1990 Mitglied der FDP, stellvertretender Vorsitzender des FDP-Kreisverbands Berlin-Treptow, baupolitischer Sprecher und zeitweise stellvertretender Vorsitzender der FDP-Fraktion im Abgeordnetenhaus von Berlin sowie stellvertretender FDP-Landesvorsitzender.

Schippel, Dietrich *CDU*

Geb. 7. November 1944 Zwickau

Abgeordnetenhaus von Berlin:
12. WP (ab 5. Februar 1991, nachgerückt für Steffi Schnoor)

Bis 1962 Realschule, Lehre als Kachelofen- und Luftheizungsbauer, 1965 Abschluss, später Tätigkeit als Handelsvertreter, ab 1971 Mitglied der CDU, 1975 bis 1991 Bezirksverordneter in Berlin-Tempelhof, 1989 bis 1991 stellvertretender Fraktionsvorsitzender, 1996 bis 1999 Bezirksstadtrat für Jugend und Sport in Berlin-Tempelhof, 1999 bis 2001 für Soziales, Wohnen und Migration in Berlin-Neukölln.

Schlawe, Willy *SPD*

Geb. 10. Januar 1902 [Berlin-]Groß-Lichterfelde
Gest. 19. Januar 1989 Berlin

Abgeordnetenhaus von Berlin:
3. WP (ab 5. November 1959, nachgerückt für Erwin Lohrengel)
4. WP

Siehe Biografisches Handbuch der Berliner Stadtverordneten und Abgeordneten 1946–1963, im Auftrag des Präsidenten des Abgeordnetenhauses von Berlin bearbeitet von Werner Breunig und Andreas Herbst, mit einer Einleitung von Siegfried Heimann (= Schriftenreihe des Landesarchivs Berlin, Bd. 14), Berlin 2011, S. 232.

Schlicht, geb. Wiesner, Irina-Cornelia *CDU*

Geb. 22. April 1954 Berlin

Abgeordnetenhaus von Berlin:
11. WP
12. WP

Gymnasium, 1973 Abitur, 1973 bis 1979 Studium der Psychologie an der Technischen Universität Berlin, 1979 Diplom-Psychologin, 1979 bis 1984 Familientätigkeit und freiberufliche Dozentin in der Erwachsenenbildung und Lehrbeauftragte, 1984 bis 1989 Sozialrätin bei der Frauenbeauftragten des Senats von Berlin, ab 1996 eigene Praxis in Berlin, vorrangig Arbeit mit hypnotherapeutischen Techniken, ab 1973 Mitglied der CDU, 1975 bis 1983 verschiedene Funktionen im Kreisvorstand der Jungen Union bzw. im CDU-Ortsvorstand Zehlendorf-Süd, ab 1987 stellvertretende Vorsitzende des CDU-

Kreisverbands Zehlendorf, 1981 bis 1989 Bezirksverordnete in Berlin-Zehlendorf, 1992 Mitbegründerin der Überparteilichen Fraueninitiative Berlin.

Schmid-Petry (auch: Rick-Petry), geb. Petry, Erika *FDP*

Geb. 4. April 1943 Wetzlar

Abgeordnetenhaus von Berlin:
8. WP
10. WP
12. WP

Gymnasium, 1963 Abitur, Studium an der Pädagogischen Hochschule Berlin, 1967 1. und 1969 2. Staatsprüfung für das Lehramt, Studium der Wirtschaftswissenschaften an der Technischen Universität Berlin, 1973 Diplom-Kauffrau, 1973 bis 1975 Tätigkeit beim Bundeskartellamt, 1975 bis 1979 persönliche Referentin des Senators für Wirtschaft, ab 1970 Mitglied der FDP, zeitweise Vorsitzende der FDP in Berlin-Zehlendorf, 1981 bis 1985 Bürgerdeputierte, Februar 1994 Mitbegründerin des nationalkonservativen „Verbandes demokratische Erneuerung", 2001 bis 2005 und ab 2009 Bezirksverordnete in Steglitz-Zehlendorf, zeitweise stellvertretende Vorsitzende der FDP-Fraktion im Abgeordnetenhaus von Berlin.

Schmidt, Ekkehard *CDU*

Geb. 26. Mai 1942 Berlin

Abgeordnetenhaus von Berlin:
8. WP
9. WP
10. WP
11. WP
12. WP

Oberschule, Fachschulreife, Lehre und Arbeit als Kfz-Mechaniker, 1959 Gesellenprüfung, 1962 Ingenieur für allgemeinen Maschinenbau, 1973 technischer Betriebswirt, Tätigkeit als Konstrukteur und Projektingenieur, 1969 bis 1973 selbstständiger Ingenieur, ab 1973 Ingenieur und Betriebswirt bei der Schindler Aufzügefabrik GmbH, ab 1970 Mitglied der CDU, ab 1970 Ortsverbandsvorsitzender, 1975 bis 1979 Bezirksverordneter in Berlin-Spandau, Februar 1994 Mitbegründer des nationalkonservativen „Verbandes demokratische Erneuerung".

Schmidt, Elisabeth *PDS*

Geb. 14. April 1938 Breslau

Abgeordnetenhaus von Berlin:
12. WP

Volksschule, Lehre als Buchhändlerin, 1958 Abschluss, 1971 bis 1974 berufsbegleitende Ausbildung zur Erzieherin, 1974/75 Ausbildung als heilpädagogische Unterrichtshilfe in Sonderschulen für geistig behinderte Kinder, ab 1971 Erzieherin in einem Kinderheim, ab 1976 in einer Sonderschule, ab 1989 Mitglied im Leitungsteam des Demokratischen Frauenbunds, ab 1990 Mitglied der PDS, später Mitglied der Feministischen Partei Die Frauen.

Schmidt, Gerhard *SPD*

Geb. 15. September 1919 Berlin
Gest. 25. November 1984 Kaarst/Nordrhein-Westfalen

Abgeordnetenhaus von Berlin:
3. WP
4. WP

Siehe Biografisches Handbuch der Berliner Stadtverordneten und Abgeordneten 1946–1963, im Auftrag des Präsidenten des Abgeordnetenhauses von Berlin bearbeitet von Werner Breunig und Andreas Herbst, mit einer Einleitung von Siegfried Heimann (= Schriftenreihe des Landesarchivs Berlin, Bd. 14), Berlin 2011, S. 236.

Schmidt, Günther *CDU*

Geb. 23. Mai 1930 Droskau/Landkrs. Sorau, Lausitz

Abgeordnetenhaus von Berlin:
7. WP (ab 11. März 1978, nachgerückt für Wilhelm Padberg)

Volks- und Aufbauschule, 1949 Abitur, Maurerlehre, 1951 Gesellenprüfung, 1951 bis 1956 Studium der Berufspädagogik an der Technischen Hochschule Dresden, 1956 bis 1958 Dozent für Mathematik und Naturwissenschaften, 1958 Übersiedlung nach West-Berlin, Ergänzungsstudium an der Technischen Universität Berlin, 1961 bis 1995 Mitglied der CDU, 1962 bis 1964 Kreisvorstandsmitglied der CDU Berlin-Spandau, ab 1977 Ortsverbandsvorsitzender in Berlin-Spandau, 1963 bis 1969 Dozent an der Ingenieurschule für Bauwesen und der Staatlichen Techniker-Tagesschule in Berlin, 1969 bis 1971 Fachlehrer an der Technikerschule in Osnabrück, 1971 bis 1992 Studienrat in der Zitadelle Berlin-Spandau, Bezirksverordneter in Berlin-Spandau.

Schmidt, Joachim *SPD*

Geb. 22. Juli 1934 Wismar
Gest. 16. Juni 2009 Berlin

Abgeordnetenhaus von Berlin:
12. WP (bis 16. September 1992, Nachrücker: Knut Herbst)

Grundschule, Oberschule, 1954 Abitur, 1954 bis 1958 Studium der Geschichte und Geografie, Lehrbefähigung bis Klasse 10, 1965 bis 1967 Studium an der Humboldt-Universität zu Berlin, Diplom-Historiker, 1967 bis Oktober 1990 wissenschaftlicher Mitarbeiter am Museum für Deutsche Geschichte, ab Januar 1990 Mitglied der SPD, ab Juni 1990 Beisitzer im SPD-Kreisvorstand Pankow, ab August 1990 Ortsvereinsvorsitzender der SPD Pankow-Niederschönhausen.

Schmidt, Klaus-Jürgen *AL*

Geb. 15. September 1953 Berlin

Abgeordnetenhaus von Berlin:
9. WP (bis 10. Juni 1983, Nachrücker durch Rotation: Uwe Tietz)

Grund- und Hauptschule, 1970 bis 1972 Besuch einer kaufmännischen Berufsfachschule, kaufmännische Ausbildung, 1975 Industriekaufmann, zeitweise Mitglied der maoistischen KPD, ab 1979 Mitglied der AL.

Schmidt, Uwe *CDU*

Geb. 1. Juni 1945 Berlin

Abgeordnetenhaus von Berlin:
12. WP
13. WP
14. WP
15. WP

Gymnasium, 1963 bis 1965 Praktikum, 1965 bis 1969 Besuch der Ingenieurakademie Beuth sowie einer privaten Fachschule, 1969 Maschinenbauingenieur, 1969/70 Ausbildung zum Kraftfahrzeugsachverständigen, Tätigkeit als Kfz-Sachverständiger bei verschiedenen Versicherungen, ab 1967 Mitglied der CDU, 1981 bis 1990 Mitglied der Bezirksverordnetenversammlung Berlin-Tempelhof, Vorsitzender des Ortsvorstands der CDU in Berlin-Mariendorf, zeitweise Mitglied des CDU-Kreisvorstands Berlin-Tempelhof, später außerdem Beauftragter für demografischen Wandel und Seniorenpolitik beim CDU-Kreisvorstand Tempelhof-Schöneberg.

Schmitt, Ingo *CDU*

Geb. 30. Juli 1957 Berlin

Abgeordnetenhaus von Berlin:
9. WP (ab 26. Juni 1981, nachgerückt für Wolfgang Antes)
10. WP
11. WP
12. WP (bis 22. März 1991, Nachrückerin: Dagmar Gloatz)

Gymnasium, 1976 Abitur, Studium der Rechtswissenschaften und der Betriebswirtschaft an der Freien Universität Berlin, 1983 1. und 1986 2. juristische Staatsprüfung, 1983 bis 1986 Referendar am Berliner Kammergericht, ab März 1986 selbstständiger Rechtsanwalt, ab 1975 Mitglied der CDU, 1978 bis 1981 Kreisvorsitzender der Jungen Union in Berlin-Charlottenburg, ab 1981 stellvertretender Ortsverbandsvorsitzender, 1991 bis 2000 Vorsitzender des CDU-Kreisverbands Berlin-Charlottenburg, 2000 bis 2009 Vorsitzender des CDU-Kreisverbands Charlottenburg-Wilmersdorf, 1991 bis 1999 Staatssekretär in der Senatsverwaltung für Bauen und Verkehr, 2003 bis 2005 Landesschatzmeister der CDU, 2005 bis 2008 Landesvorsitzender der CDU in Berlin, 1999 bis 2005 Mitglied des Europäischen Parlaments, 2005 bis 2009 Mitglied des Deutschen Bundestags, 2014 Austritt aus der CDU.

Schmitz, Karl-Heinz *CDU*

Geb. 9. Juni 1932 Berlin
Gest. 21. April 2016 Berlin

Abgeordnetenhaus von Berlin:
3. WP
4. WP
5. WP
6. WP
7. WP
8. WP
9. WP

Siehe Biografisches Handbuch der Berliner Stadtverordneten und Abgeordneten 1946–1963, im Auftrag des Präsidenten des Abgeordnetenhauses von Berlin bearbeitet von Werner Breunig und Andreas Herbst, mit einer Einleitung von Siegfried Heimann (= Schriftenreihe des Landesarchivs Berlin, Bd. 14), Berlin 2011, S. 239.

Schneider, Dirk *PDS*

Geb. 21. April 1939 Rostock
Gest. 3. November 2002 Berlin

Abgeordnetenhaus von Berlin:
12. WP (bis 10. Oktober 1991, Nachrücker: Jürgen Nowak)

Oberschule, Abitur, Übersiedlung der Familie in die Bundesrepublik, 1958 zweites Abitur. 1958 bis 1961 Studium der Architektur in Braunschweig und 1963 bis 1967 der Geschichte, Publizistik und Philosophie an der Freien Universität Berlin, ab 1968 Fernsehjournalist, Reporter-Assistent des SFB, Mitherausgeber der APO-Zeitung „Agit 883" und der alternativen Zeitschrift „radikal", 1978 Gründungsmitglied der AL, 1979 bis 1981 Bezirksverordneter und Vorsitzender der AL-Fraktion in Berlin-Kreuzberg, 1981/82 Mitglied des Geschäftsführenden Ausschusses der AL, 1983 bis 1985 Mitglied des Deutschen Bundestags, Mitglied des Ausschusses für innerdeutsche Beziehungen sowie stellvertretendes Mitglied im Innen- und Verteidigungsausschuss, ab 1990 Mitglied der PDS, Oktober 1991 Mandatsniederlegung wegen „Zusammenarbeit mit dem Ministerium für Staatssicherheit der DDR", 1996 Austritt aus der PDS.

Schneider, geb. Hartwig, Doris *SPD*

Geb. 9. September 1934 Berlin
Gest. 21. Februar 2011 Berlin

Abgeordnetenhaus von Berlin:
10. WP
11. WP
12. WP

Gymnasium, 1954 Abitur, Studium der Geschichte und Germanistik an der Freien Universität Berlin, 1960 Staatsexamen, Referendarausbildung, Lehrerin, Hausfrau, ab 1972 Mitglied der SPD, ab 1982 Mitglied des SPD-Landesvorstands Berlin, 1982 bis 1986 Mitglied des Parteirats und stellvertretende Vorsitzende des SPD-Kreisverbands Berlin-Reinickendorf, 1979 bis 1985 Bezirksverordnete in Berlin-Reinickendorf.

Schneider, geb. Kasna, Eleonore *CDU*

Geb. 17. Mai 1907 Berlin
Gest. 17. September 1982 Berlin

Abgeordnetenhaus von Berlin:
2. WP
3. WP
4. WP

5. WP
6. WP

Siehe Biografisches Handbuch der Berliner Stadtverordneten und Abgeordneten 1946–1963, im Auftrag des Präsidenten des Abgeordnetenhauses von Berlin bearbeitet von Werner Breunig und Andreas Herbst, mit einer Einleitung von Siegfried Heimann (= Schriftenreihe des Landesarchivs Berlin, Bd. 14), Berlin 2011, S. 240.

Schneider, Gerhard *SPD*

Geb. 11. Juli 1942 Rüdersdorf bei Berlin

Abgeordnetenhaus von Berlin:
7. WP
8. WP
9. WP
10. WP
11. WP (bis 6. April 1989, Nachrücker: Ernst-Christoph Bösener)

Gymnasium, 1962 Abitur, 1962/63 Bundeswehrdienst, 1963 bis 1967 Studium der Politischen Wissenschaft, der Neueren Geschichte und des Staatsrechts an der Freien Universität Berlin, 1967 Diplom-Politologe, 1968 bis 1970 wissenschaftlicher Tutor, 1964 bis 2002 Mitglied der SPD, ab 1971 Abteilungsvorsitzender und Mitglied des SPD-Kreisvorstands Berlin-Steglitz, 1970 bis 1975 wissenschaftlicher Assistent bei der SPD-Fraktion des Abgeordnetenhauses von Berlin, 1975 bis 1981 wissenschaftlicher Mitarbeiter bei der Berlin-Consult-GmbH, 1971 bis 1975 Bezirksverordneter in Berlin-Steglitz, zeitweise Mitglied des SPD-Landesvorstands sowie des geschäftsführenden SPD-Landesvorstands Berlin, 1981 bis 1989 Fraktionsgeschäftsführer, parlamentarischer Geschäftsführer und stellvertretender Vorsitzender der SPD-Fraktion im Abgeordnetenhaus von Berlin, 1989 bis 1991 Staatssekretär in der Senatsverwaltung für Arbeit, Verkehr und Betriebe.

Schneider, Günter *CDU*

Geb. 23. Oktober 1936 [Hamburg-]Altona
Gest. 10. Februar 2008 Berlin

Abgeordnetenhaus von Berlin:
8. WP

Gymnasium, 1958 externes Abitur, Studium der Volkswirtschaft an der Freien Universität Berlin, zwei Jahre AStA-Außenreferent, ab 1956 Mitglied der CDU, stellvertretender Vorsitzender, 1974/75 Vorsitzender des CDU-Kreisverbands Berlin-Reinickendorf, ab 1977 erneut stellvertretender Vorsitzender, 1958 bis 1971 freiberuflicher Referent für politische Bildungsarbeit, 1963 bis 1971 Bezirksverordneter, 1967 bis 1971 stellvertretender Vorsteher der Bezirksverordnetenversammlung Berlin-Reinickendorf, 1971 bis 1979 Bezirksstadtrat für Gesundheitswesen in Berlin-Reinickendorf.

Schnoor, geb. Schindler, verh. Lamers, Steffie *CDU*

Geb. 19. August 1948 Berlin

Abgeordnetenhaus von Berlin:
12. WP (bis 5. Februar 1991, Nachrücker: Dietrich Schippel)

Gymnasium, 1969 Abitur, 1970 bis 1972 Studium Englisch und Technisches Werken an der Pädagogischen Hochschule Freiburg, 1972 1. Staatsprüfung und Eintritt in den Schuldienst des Landes Berlin, 1974 2. Staatsexamen für die Fächer Englisch und Sport, 1979 Rektorin einer Gesamtschule und 1983 stellvertretende Schulleiterin der Heinrich-Mann-Oberschule in Berlin-Neukölln, ab 1977 Mitglied der CDU, ab 1987 Mitglied des CDU-Ortsvorstands Lichtenrade und Mitglied des CDU-Kreisvorstands Berlin-Tempelhof, 1981 bis 1985 Bezirksverordnete in Berlin-Tempelhof, ab 1985 Schulrätin in Berlin-Tiergarten, 1991/92 Staatssekretärin für Wissenschaft und Forschung im Berliner Senat und Vorsitzende der Ständigen Konferenz der Kultusminister, 1992 bis 1994 Kultusministerin des Landes Mecklenburg-Vorpommern, 1994 bis 2002 Mitglied des Landtags von Mecklenburg-Vorpommern, bildungspolitische Sprecherin der CDU-Fraktion, 2000/01 Landesvorsitzende der CDU Mecklenburg-Vorpommern, 1995 bis 1997 Präsidentin des Deutschen Volleyball-Verbands, November 1999 bis April 2000 Bildungsministerin für die Interimsverwaltungsmission der Vereinten Nationen im Kosovo, Mitglied im Präsidium bzw. Vizepräsidentin für Bildung des Landessportbunds Brandenburg.

Schönherr, Siegfried *FDP*

Geb. 20. Oktober 1915 Haselbach/Erzgebirge
Gest. 28. Dezember 1989 Berlin

Abgeordnetenhaus von Berlin:
6. WP

Gymnasium, Abitur, Reichsarbeitsdienst und Wehrmacht (Luftwaffe), Berufsoffizier, Kriegsgefangenschaft, Landarbeiter und Tierpfleger, Studium an der Universität Berlin, Gründungsmitglied der Veterinärmedizinischen Fakultät der Freien Universität Berlin, 1945 Mitglied der LDP, später der FDP, 1952 wissenschaftlicher Assistent, 1953 Zulassung als Tierarzt, 1954 Promotion, 1971 Professor, 1963 bis 1965 Vizepräsident, 1966 bis 1971 Präsident der Tierärztekammer Berlin, 1973 bis 1975 Vizepräsident des Abgeordnetenhauses von Berlin.

Schoenthal, Hans-Ludwig *SPD*

Geb. 9. Februar 1923 Hahnenklee/Krs. Zellerfeld
Gest. 10. Juli 2002 in Berlin

Abgeordnetenhaus von Berlin:
7. WP (ab 8. September 1977, nachgerückt für Klaus Schütz)
8. WP
9. WP (ab 27. April 1983, nachgerückt für Hans-Jochen Vogel)
10. WP

Gymnasium, 1942 Abitur, nach 1933 rassische Verfolgung, „wehrunwürdig",1942 bis 1944 zwangsverpflichtet zur Arbeit in der Kalichemie in Berlin-Oberschöneweide, später zur Organisation Todt nach Frankreich, bis April 1946 als Zivilgefangener in französischer Gefangenschaft, Rückkehr nach Berlin, ab 1946 Mitglied der SPD, 1946 bis 1955 Studium der Chemie, zunächst an der Universität Berlin, Flucht nach West-Berlin, Fortsetzung des Studiums an der Freien Universität Berlin, Mitglied des Sozialistischen Deutschen Studentenbunds, in der Senatsverwaltung für Jugend und Sport tätig, später in der Landeszentrale für politische Bildungsarbeit, zuletzt Leiter der Gedenk- und Bildungsstätte Stauffenbergstraße, stellvertretender Vorsitzender der Deutsch-Israelischen Gesellschaft in Berlin, ab September 1977 Inhaber eines Reisebüros.

Schöttler, Gabriele *SPD*

Geb. 27. September 1953 Zehdenick/Brandenburg

Abgeordnetenhaus von Berlin:
12. WP
13. WP
14. WP

Oberschule, 1970 bis 1974 Studium an der Medizinischen Fachschule Berlin-Buch, Krankenschwester, 1974 bis 1977 Krankenschwester an der Neurologischen Klinik in Berlin-Buch, 1977 bis 1979 stellvertretende Stationsschwester, 1979 bis 1983 Sachgebietsleiterin Aus- und Weiterbildung Elektromontage, 1980 bis 1984 Fernstudium Betriebswirtschaft an der Fachschule für Betriebswirtschaft Dippoldiswalde, Ingenieur-Ökonomin, ab Herbst 1989 Mitglied der SDP/SPD, Mai 1990 bis Januar 1991 Mitglied der Stadtverordnetenversammlung von Berlin, 1991 bis 1995 und 1997/98 stellvertretende Vorsitzende der SPD-Fraktion im Abgeordnetenhaus von Berlin, ab November 1998 Senatorin für Arbeit, Berufliche Bildung und Frauen, Dezember 1999 bis Januar 2002 Senatorin für Arbeit, Soziales und Frauen, Leiterin der Sanssouci Business Academy, 2006 bis 2011 Bezirksbürgermeisterin von Berlin-Treptow-Köpenick, Vorstandsmitglied der Veolia Stiftung (Umwelt, Beschäftigung und Solidarität).

Scholz, Rupert *CDU*

Geb. 23. Mai 1937 Berlin

Abgeordnetenhaus von Berlin:
10. WP (bis 15. September 1988, Nachrücker: Günter Eilers)

1957 Abitur, Studium der Rechtswissenschaft und Volkswirtschaft an der Freien Universität Berlin und an der Universität Heidelberg, 1961 1. und 1967 2. juristische Staatsprüfung, 1966 Promotion zum Dr. jur., 1971 Habilitation an der Universität München, 1972 bis 1978 ordentlicher Professor für Staats- und Verwaltungsrecht im Fachbereich Rechtswissenschaft der Freien Universität Berlin, 1978 bis 2005 ordentlicher Professor für Staats- und Verwaltungsrecht, Verwaltungswissenschaft und Finanzrecht an der Juristischen Fakultät der Universität München, 2005 emeritiert, ab 1983 Mitglied der CDU, 1998 bis 2001 stellvertretender Landesvorsitzender der CDU Berlin, 1981 bis 1983 Senator für Justiz, 1983 bis 1985 für Bundesangelegenheiten und Bevollmächtigter des Landes Berlin beim Bund, 1985 bis 1988 Senator für Justiz und Bundesangelegenheiten, 1988/89 Bundesminister der Verteidigung, 1990 bis 2002 Mitglied des Deutschen Bundestags, 1994 bis 1998 stellvertretender Vorsitzender der CDU/CSU-Bundestagsfraktion, 1998 bis 2002 Vorsitzender des Rechtsausschusses des Bundestages, 2008 Verleihung der Würde eines Stadtältesten von Berlin.

Schramm, geb. Speer, Hilde *AL*

Geb. 17. April 1936 Berlin

Abgeordnetenhaus von Berlin:
10. WP (bis 18. April 1987, Nachrückerin durch Rotation: Kirsten Jörgensen-Ullmann)
11. WP

Gymnasium, 1955 Abitur, Studium Deutsch, Latein und Soziologie an den Universitäten München und Tübingen sowie an der Freien Universität Berlin, 1965 1. wissenschaftliche Staatsprüfung, Referendarin im Berliner Schuldienst, 1968 2. Staatsprüfung, Studienassessorin für Deutsch und Latein, 1970 Diplom in Soziologie, 1972 bis 1976 wissenschaftliche Assistentin an der Freien Universität Berlin, Fachbereich Erziehungswissenschaften, 1976 Promotion zum Dr. phil., 1977 bis 1982 Assistenzprofessorin/Hochschulassistentin im Fachbereich Erziehungswissenschaften an der Freien Universität Berlin, 1981 Habilitation an der Technischen Universität Berlin, Privatdozentin, Mitglied der AL, März 1989 bis März 1990 Vizepräsidentin des Abgeordnetenhauses von Berlin, 1990 bis 1999 Leiterin der Regionalen Arbeitsstellen für Ausländerfragen im Land Brandenburg, Mitbegründerin der „Stiftung Zurückgeben", Vorsitzende im Kuratorium der Internationalen Liga für Menschenrechte, Beiratsmitglied des Vereins „KONTAKTE-KOHTAKTbI e. V. – Verein für Kontakte zu Ländern der ehemaligen Sowjetunion", 2004 Verleihung des Moses-Mendelssohn-Preises der Stadt Berlin zur Förderung der Toleranz zwischen den Völkern, Rassen und Religionen.

Schraut, Helene *AL*

Geb. 17. Mai 1945 in Finsterbrunnertal/Rheinland-Pfalz

Abgeordnetenhaus von Berlin:
11. WP

Gymnasium, Abitur, Studium an der Universität Würzburg, 1972 1. Staatsprüfung für das Lehramt (Sekundarstufe I), Lehrerin an einem Oberstufenzentrum, ab 1986 Mitglied der AL, 1986/87 Mitglied des geschäftsführenden Ausschusses der AL.

Schreyer, Michaele *Bündnis 90/Grüne (AL)/UFV*

Geb. 9. August 1951 Köln

Abgeordnetenhaus von Berlin:
12. WP
13. WP

Gymnasium, 1970 Abitur, 1970 bis 1976 Studium der Wirtschaftswissenschaften an der Universität Köln, 1976 Diplom-Volkswirtin, 1977 bis 1982 wissenschaftliche Assistentin am Institut für Steuern, Finanzen und Sozialpolitik der Freien Universität Berlin, Fachbereich Wirtschaftswissenschaften, 1982 Promotion zum Dr. rer. pol., 1983 bis 1987 wissenschaftliche Mitarbeiterin der Fraktion der Grünen im Deutschen Bundestag, ab 1987 Mitglied der Grünen, 1987 bis 1989 Referentin am Ifo-Institut für Wirtschaftsforschung München, Abteilung Umweltökonomie, 1989/90 Senatorin für Stadtentwicklung und Umweltschutz in Berlin, 1991 bis 1995 Mitglied des Präsidiums des Abgeordnetenhauses, finanzpolitische Sprecherin der Fraktion der Grünen, 1998/99 Fraktionsvorsitzende der Fraktion der Grünen im Abgeordnetenhaus von Berlin, 1999 bis 2004 Mitglied der Europäischen Kommission, zuständig für Haushalt und für das Europäische Amt für Betrugsbekämpfung, Vizepräsidentin der Europäischen Bewegung Deutschland und ab 2007 Ko-Sprecherin des Aufsichtsrats der Heinrich-Böll-Stiftung, ab 2008 stellvertretende Vorsitzende des Stiftungsrats der Europa-Universität Viadrina Frankfurt (Oder).

Schröter, Roland *SPD*

Geb. 16. Oktober 1927 Lübeck

Abgeordnetenhaus von Berlin:
5. WP (am 14. März 1967 auf die Mandatsannahme verzichtet, Nachrücker: Rudolf Rass)

1967 bis 1985 Bezirksstadtrat für Volksbildung in Berlin-Steglitz, zeitweise auch stellvertretender Bürgermeister.

Schubert, Horst *FDP*

Geb. 24. April 1923 Berlin
Gest. 27. Oktober 1996 Herzberg am Harz

Abgeordnetenhaus von Berlin:
4. WP

Volks- und Oberrealschule, 1940 bis 1943 Lehre als Industriekaufmann, 1941 Mitglied der NSDAP, 1943 bis 1945 kaufmännischer Angestellter, 1945 bis 1947 arbeitslos, 1948 bis 1958 Archivar, ab 1959 Verwaltungsangestellter bei der Landesversicherungsanstalt Berlin.

Schürmann, Ulrich *SPD*

Geb. 7. September 1943 Berlin

Abgeordnetenhaus von Berlin:
7. WP (ab 1. März 1978, nachgerückt für Wolfgang Haus)
8. WP
9. WP
10. WP

Gymnasium, 1963 Abitur, Studium der Geschichte, Politik und Anglistik an der Freien Universität Berlin, ab 1964 Mitglied der SPD, ab 1969 Mitglied des SPD-Kreisvorstands Wilmersdorf, Kreisgeschäftsführer, bis 1978 Abteilungsvorsitzender der SPD in Schmargendorf, 1968 bis 1970 wissenschaftlicher Hilfsassistent am Englischen Seminar der Freien Universität Berlin, 1970/71 Kreisgeschäftsführer der SPD in Berlin-Wilmersdorf, 1971 1. und 1972 2. Staatsprüfung, Eintritt in den Schuldienst, ab 1974 Studienrat, ab 1978 Studiendirektor, zuletzt deutscher Direktor an der John-F.-Kennedy-Schule in Berlin-Zehlendorf, 1971 bis 1978 Bezirksverordneter in Berlin-Wilmersdorf, 1988 bis 1992 Schatzmeister, ab 1992 evangelischer Vorsitzender der Gesellschaft für Christlich-Jüdische Zusammenarbeit.

Schütz, Klaus *SPD*

Geb. 17. September 1926 Heidelberg
Gest. 29. November 2012 Berlin

Abgeordnetenhaus von Berlin:
2. WP (bis Oktober 1957, Nachrücker: Werner Matthies)
4. WP
5. WP
6. WP
7. WP (bis 6. September 1977, Nachrücker: Hans-Ludwig Schoenthal)

Siehe Biografisches Handbuch der Berliner Stadtverordneten und Abgeordneten 1946–1963, im Auftrag des Präsidenten des Abgeordnetenhauses von Berlin bearbeitet von Werner Breunig und Andreas Herbst, mit einer Einleitung von Siegfried Heimann (= Schriftenreihe des Landesarchivs Berlin, Bd. 14), Berlin 2011, S. 246 f.

Schütze, Diethard *CDU*

Geb. 18. November 1954 Berlin

Abgeordnetenhaus von Berlin:
9. WP
10. WP
11. WP
12. WP (bis 7. November 1994, Nachrückerin: Inge Pohl)

Gymnasium, 1973 Abitur, 1974 bis 1979 Studium der Rechtswissenschaften an der Freien Universität Berlin, 1979 1. und 1981 2. juristisches Staatsexamen, ab 1982 selbstständiger Rechtsanwalt in Berlin, ab 1993 auch Notar, Oktober 2007 Anschluss der Berliner Kanzlei SCHÜTZE/SCHMIEDER an die Sozietät PETERS Rechtsanwälte, ab 1973 Mitglied der CDU, 1974 bis 1975 Landesvorsitzender der Berliner Schülerunion, 1975 bis 1979 Vorsitzender der Jungen Union in Berlin-Reinickendorf, 1989 bis 2001 Kreisvorsitzender der CDU in Berlin-Reinickendorf und 1998 bis 2000 stellvertretender Landesvorsitzender der CDU Berlin, 1979 bis 1981 Bezirksverordneter in Berlin-Reinickendorf, 1991 bis 1994 stellvertretender Vorsitzender der CDU-Fraktion im Abgeordnetenhaus von Berlin, 1994 bis 2002 Mitglied des Deutschen Bundestags, Vizepräsident der European Consultants Unit, Mitglied der Vertreterversammlung der Berliner Volksbank, des International Club Berlin und der Deutschen Parlamentarischen Gesellschaft.

Schult, Reinhard *Gruppe „Neues Forum/Bürgerbewegung"*

Geb. 23. September 1951 Berlin

Abgeordnetenhaus von Berlin:
12. WP

1971 Abitur mit Berufsausbildung, Baufacharbeiter, 1971/72 Theologiestudium (nicht beendet), 1972 bis 1982 Bauarbeiter, 1976 bis 1978 Wehrersatzdienst als Bausoldat, 1979/80 wegen „Verbreitung illegaler Literatur" achtmonatige Freiheitsstrafe, bis 1989 aktive Mitarbeit im Friedenskreis der Evangelischen Studenten Gemeinde Berlin und ab 1983 im Friedrichsfelder Friedenskreis u. a. Bürgerrechtsinitiativen, Herbst 1989 Gründungsmitglied der Bürgerbewegung „Neues Forum", Vertreter am Zentralen Runden Tisch, März bis Oktober 1990 Abteilungsleiter im Staatlichen Komitee zur Auflösung des Ministeriums für Staatssicherheit, 1992 bis 1994 Mitglied des Bundeskoordinationsrats des Neuen Forums sowie des Vorstands des Bürgerkomitees „15. Januar" e. V., 1995 stellvertretender Bürgermeister von Fredersdorf, später Angestellter beim Landesbeauftragten für die Stasi-Unterlagen Berlin bzw. bei der Landesbeauftragten zur Aufarbeitung der Folgen der kommunistischen Diktatur in Brandenburg, 2000 Verleihung des Nationalpreises durch die Deutsche Nationalstiftung.

Schulz, Klaus-Peter *SPD*

Geb. 2. April 1915 Berlin
Gest. 15. November 2000 Berlin

Stadtverordnetenversammlung von Groß-Berlin:
1. WP (bis 22. Mai 1947)
Abgeordnetenhaus von Berlin:
4. WP (bis 30. September 1965, Nachrücker: Walter Löffler)

Siehe Biografisches Handbuch der Berliner Stadtverordneten und Abgeordneten 1946–1963, im Auftrag des Präsidenten des Abgeordnetenhauses von Berlin bearbeitet von Werner Breunig und Andreas Herbst, mit einer Einleitung von Siegfried Heimann (= Schriftenreihe des Landesarchivs Berlin, Bd. 14), Berlin 2011, S. 247.

Schulz (auch: Schulz-Asche), Kordula *AL*

Geb. 31. Dezember 1956 Berlin

Abgeordnetenhaus von Berlin:
9. WP (ab 15. Juni 1983, nachgerückt durch Rotation für
Rita Kantemir)

Grundschule und Lily-Braun-Oberschule, Abitur, Ausbildung als Krankenschwester beim Roten Kreuz, Studium der Kommunikationswissenschaften, Geschichte und Politologie an der Freien Universität Berlin, 1978 Gründungsmitglied der AL, 1983 jüngste Fraktionsvorsitzende in der deutschen Parteiengeschichte, 1986 bis 1998 Auslandsaufenthalt in verschiedenen Ländern Afrikas, Tätigkeit für verschiedene Entwicklungsorganisationen, u. a. für die Deutsche Gesellschaft für Technische Zusammenarbeit und den Deutschen Entwicklungsdienst im Bereich Gesundheitsaufklärung, 2000 bis 2003 Mitarbeiterin bei der Gesellschaft für Technische Zusammenarbeit, Eschborn, im Projekt „HIV/Aids-Bekämpfung in Entwicklungsländern", ab 1999 Vorstandsmitglied der Grünen im Main-Taunus-Kreis, 2001 bis 2003 Beisitzerin im Landesvorstand der hessischen Grünen, April 2003 bis Oktober 2013 Mitglied des Hessischen Landtags, u. a. Sprecherin der Landtagsfraktion für Sozialpolitik, Frauenpolitik, Gesundheitspolitik und ältere Menschen, ab Juli 2005 bis 2013 Landesvorsitzende von Bündnis 90/Die Grünen in Hessen, 2008 zusammen mit Tarek Al-Wazir Spitzenkandidatin von Bündnis 90/Die Grünen zur Landtagswahl in Hessen, ab 2013 Mitglied des Deutschen Bundestags.

Schulz, Lothar *CDU*

Geb. 8. Mai 1904 Lauchhammer/Krs. Liebenwerda
Gest. 5. November 1976

Abgeordnetenhaus von Berlin:
4. WP
5. WP
6. WP

Sohn eines Modelleurs, Volksschule, kaufmännische Lehre und Arbeit als Kontorist, Expedient und Buchhalter, Mitglied der Christlichen Gewerkschaften, 1928 Mitbegründer der Volkskonservativen Vereinigung, ab 1939 Geschäftsführer der Baugenossenschaft „Ideal" in Berlin-Britz, 1940 Mitglied der NSDAP, Wehrmacht, amerikanische Kriegsgefangenschaft, ab 1946 Mitglied der CDU, Angestellter der Universität Berlin, ab 1951 der Freien Universität Berlin, 1957 bis 1969 Verwaltungsleiter des Instituts für Organische Chemie an der Freien Universität Berlin, 1960 bis 1963 Bezirksverordneter in Berlin-Neukölln, 1971 Alterspräsident des Abgeordnetenhauses von Berlin, 1976 Verleihung der Würde eines Stadtältesten von Berlin, Vorsitzender des Britzer Bürgervereins.

Schulz, Wolf *SPD*

Geb. 1. Mai 1942 Pastow bei Rostock

Abgeordnetenhaus von Berlin:
12. WP

Oberschule, 1962 Abitur, Schlosserlehre, 1963 Facharbeiterprüfung, Studium an der Universität Rostock bzw. der Technischen Universität Dresden, 1968 Diplom-Ingenieur, 1974 Fachingenieur für Informationstechnik, 1986 Promotion zum Dr.-Ing., 1968 bis 1974 Projektant, Betriebsorganisator, 1974 bis 1978 Systemanalytiker, 1978 bis 1981 Gruppenleiter F/E Firma BESV GmbH Neuenhagen, ab 1991 selbstständig, ab 1989 Mitglied der SDP/SPD, Mai 1990 bis Januar 1991 Mitglied der Stadtverordnetenversammlung von Berlin.

Schulze, Friedrich *SPD*

Geb. 19. September 1896 Berlin
Gest. 23. April 1976 Berlin

Abgeordnetenhaus von Berlin:
2. WP
3. WP
4. WP

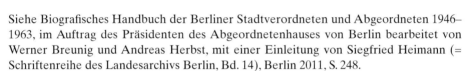

Siehe Biografisches Handbuch der Berliner Stadtverordneten und Abgeordneten 1946–1963, im Auftrag des Präsidenten des Abgeordnetenhauses von Berlin bearbeitet von Werner Breunig und Andreas Herbst, mit einer Einleitung von Siegfried Heimann (= Schriftenreihe des Landesarchivs Berlin, Bd. 14), Berlin 2011, S. 248.

Schulze, Gerd *SPD*

Geb. 17. Juni 1945 Schmalkaden/Thüringen
Gest. 10. August 2006

Abgeordnetenhaus von Berlin:
12. WP

Oberschule, 1964 Abitur und Abschluss als technischer Rechner, 1968 als mathematisch-technischer Assistent, 1964 bis 1966 EDV-Operator, 1966 bis 1969 Wehrdienst NVA, 1969 bis 1977 Leiter einer Rechenstation, 1977 Diplom-Betriebswirt, 1977/78 Programmierer, ab 1978 Filialleiter, ab 1990 Mitglied der SPD.

Schulze, Waldemar *SPD*

Geb. 9. Juli 1930 in Seifersdorf

Abgeordnetenhaus von Berlin:
5. WP

6. WP
7. WP (bis 31. Dezember 1976, Nachrücker: Erwin Beck)

Volksschule, Lehre und Arbeit als Elektromonteur, ab 1947 Mitglied der „Falken", ab 1951 der SPD, ab 1952 Heimleiter beim Bezirksamt Berlin-Kreuzberg, 1953 bis 1955 Ausbildung als Heimerzieher beim Sozialpädagogischen Institut der AWO mit Staatsexamen, 1958 bis 1961 Ausbildung als Jugendpfleger im Institut für Jugendgruppenarbeit mit Staatsexamen, ab 1972 Mitglied des SPD-Landesvorstands Berlin, ab 1973 Vorsitzender der SPD in Berlin-Kreuzberg, ab 1975 Jugendpfleger bzw. Sozialoberamtsrat beim Bezirksamt Berlin-Kreuzberg, 1976 bis 1980 Mitglied des Deutschen Bundestags (Berliner Vertreter), Februar bis Juni 1981 Bezirksbürgermeister von Berlin-Kreuzberg, anschließend stellvertretender Bürgermeister und Bezirksrat für Volksbildung.

Schuster, Peter *SPD*

Geb. 31. Juli 1934 Berlin

Abgeordnetenhaus von Berlin:
12. WP
13. WP
14. WP

Gymnasium, 1956 Abitur, Studium der Geschichte und Politologie an der Freien Universität Berlin, 1961 bis 1971 Redakteur, Dozent und Dolmetscher, 1971 bis 1979 wissenschaftlicher Assistent an der Pädagogischen Hochschule Berlin, 1979/80 Mitarbeiter beim Senator für Wissenschaft und Forschung, 1980 bis 1999 wissenschaftlicher Angestellter an der Technischen Universität Berlin, ab 1975 Mitglied der SPD, 1986 Abteilungsvorsitzender der SPD in Tiergarten-Süd, 1992 bis 1998 Vorsitzender des SPD-Kreisverbands Berlin-Tiergarten, bildungspolitischer Sprecher der SPD-Fraktion, 1999 Alterspräsident zur Eröffnung der 14. Wahlperiode des Abgeordnetenhauses von Berlin, Sprecher des SPD-Fachausschusses „Wissen" des SPD-Landesverbands Berlin.

Schwäbl, Dieter *SPD*

Geb. 8. Dezember 1928 Berlin
Gest. 23. Dezember 2014 Berlin

Abgeordnetenhaus von Berlin:
5. WP
6. WP (bis 4. Mai 1971, Nachrücker: Joachim Gribach)

1943 aus rassischen Gründen (Opfer der Nürnberger NS-Gesetze) Relegation von der Schule, 1945/46 Besuch des Goethe-Pädagogiums zur Erlangung der mittleren Reife, anschließend Studium an der Hochschule für Politik, 1949/50 Volontär bei der Versicherungsanstalt Berlin, anschließend dort Angestellter, ab August 1951 hauptamtlicher Gewerkschaftsangestellter bei der Gewerkschaft ÖTV, Landesbezirk Berlin, ab 1945 Mitglied der SPD, 1963 bis 1965 stellvertretender Vorsitzender bzw. ab März 1965 Vorsitzender der SPD in Berlin-Zehlendorf, 1951 bis 1957 Sekretär für Jugend, Schule und Bildung der Gewerkschaft ÖTV Berlin, 1957 bis 1963 Sekretär für die Berliner Verkehrsbetriebe, ab März 1961 stellvertretender Vorsitzender der Gewerkschaft ÖTV in Berlin (Tarifarbeit), ab 1964 Vorsitzender des ÖTV-Landesbezirks Berlin und Mitglied des Hauptvorstands der Gewerkschaft ÖTV, 1971 bis 1976 Senatsdirektor für Eigenbetriebe Berlins, im Zusammenhang mit dem KPM-Skandal Versetzung in den einstweiligen Ruhestand.

Schwarz, Gerhard *SPD*

Geb. 3. Dezember 1919 Berlin
Gest. 15. März 1992 Berlin

Abgeordnetenhaus von Berlin:
4. WP (ab 14. Juni 1965, nachgerückt für Paul Fleischmann)

Sohn eines Porzellandrehers, Volks- und Oberrealschule in Berlin-Moabit, mittlere Reife, 1938/39 Lehre als technischer Kaufmann, Kaufmannsgehilfenprüfung, 1943 Abitur als Externer, 1939 bis 1945 Wehr- und Arbeitsdienst, 1946 bis 1948 Studium an der Universität Berlin, 1948 bis 1950 an der Freien Universität Berlin, 1951 1. juristische Staatsprüfung, 1954 2. juristische Staatsprüfung, ab 1954 Rechtsanwalt, ab April 1965 zusätzlich auch Zulassung als Notar, ab 1946 Mitglied der SPD, 1963 bis 1965 und 1967 bis 1979 Bezirksverordneter und Fraktionsvorsitzender der SPD in Berlin-Zehlendorf.

Schwarz, Hubert *SPD*

Geb. 6. August 1923 Berlin
Gest. 9. April 2004 Berlin

Abgeordnetenhaus von Berlin:
5. WP (ab 6. Dezember 1967, nachgerückt für Herbert Kleusberg)
6. WP
7. WP

Gymnasium, 1940 Abitur, 1940 bis 1945 Wehrmacht, 1946 bis 1948 Studium der Pädagogik in Göttingen, 1948 1. Staatsprüfung für das Lehramt, 1949 bis 1952 Lehrer, 1949 Mitglied des DGB, 1954 2. Staatsprüfung für das Lehramt an Sonderschulen, Sonderschullehrer in Niedersachsen, 1958 auf eigenen Wunsch Versetzung nach Berlin, ab 1958 Mitglied der SPD, ab 1964 Leiter einer Sonderschule, ab 1959 Mitglied in der Vereinigung „Lebenshilfe für geistig Behinderte", im Verein „Albert-Schweitzer-Kinderdorf" und in der „Vereinigung für Jugendhilfe".

Schwarze, Hans-Joachim *CDU*

Geb. 17. April 1917 Apolda/Thüringen
Gest. 17. November 1995 Berlin

Abgeordnetenhaus von Berlin:
7. WP

Realgymnasium, 1937 Abitur, Studium an der Hochschule für Welthandel in Wien und der Universität Jena, 1947 Diplom-Volkswirt, ab 1946 Mitglied der CDU, 1947 bis 1950 stellvertretender Vorsitzender des CDU-Kreisverbands Weimar, 1947 bis 1950 Verwaltungsdirektor der Hochschule für Architektur in Weimar, Flucht nach West-Berlin, 1950 bis 1952 Angestellter in der Senatsverwaltung für Arbeit und Sozialwesen, 1952 bis 1956 Angestellter im Bundeshaus Berlin, 1956 bis 1958 Angestellter beim Entschädigungsamt Berlin, 1954 bis 1958 Bezirksverordneter in Berlin-Wilmersdorf, 1955 bis 1958 Vorsitzender der CDU-Fraktion, 1959 bis 1975 Bezirksstadtrat für Jugend und Sport und für Bauwesen im Bezirksamt Berlin-Wilmersdorf, 1969 bis 1971 stellvertretender Bezirksbürgermeister, stellvertretender Vorsitzender bzw. Vorsitzender des CDU-Kreisverbands Berlin-Wilmersdorf.

Schwedler, Rolf *SPD*

Geb. 25. März 1914 Berlin
Gest. 13. Februar 1981 Berlin

Abgeordnetenhaus von Berlin:
3. WP
4. WP
5. WP
6. WP (bis 8. Dezember 1972, Nachrücker: Klaus Agricola)

Siehe Biografisches Handbuch der Berliner Stadtverordneten und Abgeordneten 1946–1963, im Auftrag des Präsidenten des Abgeordnetenhauses von Berlin bearbeitet von Werner Breunig und Andreas Herbst, mit einer Einleitung von Siegfried Heimann (= Schriftenreihe des Landesarchivs Berlin, Bd. 14), Berlin 2011, S. 248 f.

Schwenke, Hans *Bündnis 90/Grüne (AL)/UFV/FDP*

Geb. 28. Februar 1934 Düsseldorf

Abgeordnetenhaus von Berlin:
12. WP

Sohn des Drehers und kommunistischen Widerstandskämpfers Hans August Schwenke, der 1944 in Berlin-Plötzensee hingerichtet wurde, Mittelschule, 1951 bis 1957 Angestellter beim Deutschen Sportausschuss, Ausbildung und Tätigkeit als Fotograf, 1963 Facharbeiterabschluss, 1967 bis 1981 Fotograf und Fachschriftsteller, 1981 bis 1989 erwerbslos, 1990 Mitarbeiter im Komitee zur Auflösung des Ministeriums für Staatssicherheit/Amtes für Nationale Sicherheit und Publizist, 1948 bis 1981 Mitglied der SED, 1989 Mitglied der Bürgerbewegung „Vereinigte Linke", Vorsitzender des Bürgerkomitees „15. Januar" e. V., ab 1997 zeitweise Mitglied der FDP, 2001 bis 2009 Bundesvorsitzender des Bundes der Stalinistisch Verfolgten, Januar 1991 bis Februar 1992 Mitglied der Gruppe „Neues Forum/Bürgerbewegung", dann fraktionsloser Abgeordneter für die Partei „Liberale Demokraten" und 1993/94 Mitglied der FDP-Fraktion im Abgeordnetenhaus von Berlin, anschließend wieder fraktionslos.

Schwierzina, Tino-Antoni *SPD*

Geb. 30. Mai 1927 Königshütte/Oberschlesien
Gest. 29. Dezember 2003 Berlin

Abgeordnetenhaus von Berlin:
12. WP

Oberschule in Magdeburg, 1944 Wehrmacht, amerikanische Kriegsgefangenschaft, 1948 Abitur, 1948 bis 1952 Studium der Rechtswissenschaft an der Humboldt-Universität zu Berlin, Wirtschaftsjurist, ab 1952 Justitiar in der Vereinigung Volkseigener Betriebe, ab Ende 1989 Mitglied der SDP/SPD, bis Mai 1990 Schatzmeister des SDP/SPD-Bezirksverbands Ost-Berlin, Spitzenkandidat der SPD in Ost-Berlin zur Stadtverordnetenwahl am 6. Mai 1990, Mai 1990 bis Januar 1991 Mitglied der Stadtverordnetenversammlung von Berlin, 30. Mai 1990 Wahl zum Ost-Berliner Oberbürgermeister, 1991 bis 1995 Vizepräsident des Abgeordnetenhauses von Berlin, 1996 Verleihung der Würde eines Stadtältesten von Berlin.

Seelig, geb. Luhm, Marion *PDS/Die Linke*

Geb. 3. Januar 1953 Berlin
Gest. 12. März 2013 Berlin

Abgeordnetenhaus von Berlin:
12. WP
13. WP
14. WP
15. WP
16. WP
17. WP (bis 12. März 2013, Nachrücker: Steffen Zillich)

POS, EOS, 1971 Abitur, 1971/72 Volontariat bei der „Berliner Zeitung", 1972 bis 1974 Redakteurin, wegen der Übersiedlung des Vaters nach West-Berlin nicht zum Studium zugelassen, 1974/75 Redakteurin im Berlin Haus für Kulturarbeit, 1975 bis 1989 freiberufliche Autorin von Hörspielen, Erzählungen und Gedichten, ab 1978 Mitinitiatorin regelmäßiger „Kinderseminare" bei der evangelischen Kirche, 1982 Mitunterzeichnerin der Eingabe der Gruppe „Frauen für den Frieden" gegen das neue Wehrdienstgesetz der DDR, das die Einberufung von Frauen im Mobilmachungsfall vorsah, ab 1983 Mithilfe bei der Friedensarbeit in der Ost-Berliner Zionsgemeinde, Mitbegründerin der international orientierten „Zwei-Drittel-Welt Kindergruppe Banana" und Teilnehmerin an verschiedenen Friedensseminaren, 1986 Mitorganisatorin des 1. Menschenrechtsseminars in Berlin-Friedrichsfelde und Mitglied der oppositionellen Gruppe „Gegenstimmen", ab 1987 Mitarbeit in der „Kirche von Unten", 1988/89 Mitglied der Gruppe „Konkrete Solidarität", Oktober 1989 Mitbegründerin und Sprecherin der Vereinigten Linken, ab Dezember 1989 Vertreterin der Vereinigten Linken am Zentralen Runden Tisch, ab Ende 1989 Redakteurin bei der „Weltbühne" und bei der Oppositionszeitung „die andere", Dezember 1990 auf der offenen Liste der PDS in das Abgeordnetenhaus von Berlin gewählt, ab 1999 Mitglied der PDS bzw. der Linkspartei, stellvertretende Fraktionsvorsitzende und innenpolitische Sprecherin der PDS-Fraktion bzw. der Linksfraktion im Abgeordnetenhaus von Berlin.

Seerig, Thomas *FDP*

Geb. 18. April 1960 Berlin

Abgeordnetenhaus von Berlin:
12. WP

1979 Abitur, Studium der Betriebswirtschaft an der Freien Universität Berlin, 1985 Diplom-Kaufmann, 1986/87 Assistent der Geschäftsleitung in einem Betrieb der Lebensmittelindustrie, 1988 bis 1992 Abteilungsleiter bei der Firma ALBA (Entsorgung/Recycling), Bereich Verkauf/Vertrieb, ab 1992 Firma DASS, Bereich Öffentlichkeitsarbeit/Verwaltung, ab 1978 Mitglied der FDP, 1986 bis 1990 Mitglied des Landesvorstands Berlin „Junge Liberale", 1988 bis 1990 stellvertretender Landesvorsitzender, ab 1989 Ortsvorsitzender der FDP in Steglitz-Nord und stellvertretender Vorsitzender des FDP-Bezirksverbands Berlin-Steglitz, ab 2001 zunächst Geschäftsführer, später Vorstandsvorsitzender des Berlin-Brandenburger Landesverbands des Deutschen Jugendherbergswerks.

Seidel, Johannes *SPD*

Geb. 15. November 1917 Chemnitz
Gest. 26. Juli 1988 Berlin

Abgeordnetenhaus von Berlin:
4. WP (ab 1. Februar 1965, nachgerückt für Gottfried Wurche)

Gymnasium, Abitur, Reichsarbeitsdienst, Wehrmacht, bis 1945, zuletzt Oberleutnant der Reserve, September 1945 Fortsetzung des während des Krieges als Schwerverwundeter begonnenen Studiums der Rechts- und Staatswissenschaften an der Universität Göttingen, 1949 1. juristisches Staatsexamen, 1960 Promotion zum Dr. jur., bis 1959 an verschiedenen Stellen der Planung und Leitung der mitteldeutschen Wirtschaft tätig, zuletzt Vorsitzender einer Schiedskommission beim Vertragsgericht, nach der Flucht aus der DDR Gerichtsreferendar im Bezirk des Kammergerichts und Studium an der Hochschule für Verwaltungswissenschaften in Speyer, 1964 2. juristisches Staatsexamens, anschließend Assessor im Rechtsamt des Bezirksamts Berlin-Charlottenburg, ab 1946 Mitglied der SPD in Göttingen, ab 1959 Mitglied der SPD in Berlin, 1963 bis September 1964 Bezirksverordneter in Berlin-Charlottenburg.

Seiler, Günter *AL*

Geb. 16. November 1946 Kirchheimbolanden/Pfalz

Abgeordnetenhaus von Berlin:
10. WP (ab 21. April 1987, nachgerückt durch Rotation für
Heidemarie Bischoff-Pflanz)

Volksschule und Gymnasium, 1966 Abitur, Studium an den Universitäten Mannheim, Mainz und Saarbrücken, 1972 Diplom-Volkswirt, 1972/73 wissenschaftlicher Mitarbeiter am Institut für empirische Sozialforschung der Universität Saarbrücken, ab 1973 Verwaltungsangestellter beim Berliner Senator für Wirtschaft und Arbeit, 1980 bis 1983 freigestellter Personalratsvorsitzender, 1983 bis 1985 beurlaubt, Fraktionsassistent bei der AL-Fraktion im Abgeordnetenhaus von Berlin, ab 1983 Mitglied der AL.

Seitz, Hans-Peter *SPD*

Geb. 30. Mai 1942 Dresden

Abgeordnetenhaus von Berlin:
12. WP
13. WP
14. WP

EOS, 1960 Abitur, 1960 bis 1963 Studium an der Universität Rostock, Fakultät Schiffbautechnik, Fachrichtung Angewandte Mechanik, 1963/64 Arbeit am Institut für Angewandte Mechanik Berlin, 1964 bis 1966 Mitarbeiter bei der Studiotechnik Fernsehen der Deutschen Post, 1966 bis 1972 Studium der Physik an der Humboldt-Universität zu Berlin, Diplom-Physiker, 1973 Promotion zum Dr. rer. nat., ab 1972 wissenschaftlicher Mitarbeiter am Zentralinstitut für Molekularbiologie der Akademie der Wissenschaften bzw. ab 1991 am Max-Delbrück-Zentrum für Molekulare Medizin in Berlin-Buch, ab Januar 1990 Mitglied der SPD, Juli 1990 stellvertretender, ab September 1990 Vorsitzender des SPD-Kreisverbands Berlin-Pankow, 1994/95 stellvertretender Fraktionsvorsitzender, 1995 bis 1999 parlamentarischer Geschäftsführer der SPD-Fraktion im Abgeordnetenhaus von Berlin, Vorstandsmitglied im Freundeskreis der Musikschule Pankow e. V.

Sellin, Peter *AL*

Geb. 6. Mai 1949 Marl/Westfalen

Abgeordnetenhaus von Berlin:
9. WP (bis 11. Juni 1983, Nachrücker durch Rotation: Dieter Kunzelmann)
14. WP (ab 27. Juni 2001, nachgerückt für Bernd Köppl)

Grund- und Handelsschule, 1965 bis 1969 kaufmännische Ausbildung und Arbeit als Bankkaufmann, Studium an der Fachhochschule für Wirtschaft Berlin und an der Freien Universität Berlin, 1972 Examen als Betriebswirt, 1975 als Diplom-Volkswirt und Diplom-Handelslehrer, 1976/77 Studienreferendariat für Diplom-Handelslehrer, 1977 2. Staatsprüfung, anschließend Assessor des Lehramts (Berufsschullehrer), 1978 Gründungsmitglied der AL, 1987 bis 1989 Mitglied des Deutschen Bundestags, später Mitarbeiter im Büro der Bundestagsabgeordneten Christine Scheel (Bündnis 90/Grüne).

Sendlewski, Edmund *CDU*

Geb. 10. Dezember 1911 Berlin
Gest. 20. September 1978 Berlin

Abgeordnetenhaus von Berlin:
3. WP
4. WP

Siehe Biografisches Handbuch der Berliner Stadtverordneten und Abgeordneten 1946–1963, im Auftrag des Präsidenten des Abgeordnetenhauses von Berlin bearbeitet von Werner Breunig und Andreas Herbst, mit einer Einleitung von Siegfried Heimann (= Schriftenreihe des Landesarchivs Berlin, Bd. 14), Berlin 2011, S. 250.

Sermann, Rainer *CDU*

Geb. 16. Januar 1945 Dittmannsdorf/Marienberg

Abgeordnetenhaus von Berlin:
12. WP (bis 13. Juni 1992, Nachrücker: Krystian Szoepe)

EOS, 1964 Abitur, Gärtnerlehre, 1964 Facharbeiterabschluss, 1964 bis 1971 Studium an der Humboldt-Universität zu Berlin, 1969 Diplom-Gartenbauingenieur, 1971 Promotion zum Dr. agr., 1971 bis 1974 Produktionsleiter, 1974 bis 1977 Direktor des VEB Düngestoffe Frankfurt (Oder), 1978 bis 1986 Abteilungsleiter des Agrochemischen Zentrums Berlin, 1986 bis 1990 Fachdirektor WTÖZ Organische Düngestoffe und Torf, 1990/91 amtierender Direktor des Prüfinstituts für Landwirtschaftliche Abfallnutzung und Humuswirtschaft, ab 1991 Regionalleiter Technologie- und Marketingberatung in der Entsorgungswirtschaft (TME GmbH), ab 1992 Mitglied der Geschäftsleitung, ab 1968 Mitglied der DBD, 1988 bis 1990 Kreisvorsitzender der DBD in Berlin-Hellersdorf, ab 1990 Mitglied der CDU, Bezirksgarten-Fachberater, Bezirksverband Berlin-Marzahn der Gartenfreunde e. V.

Sickert, Walter *SPD*

Geb. 2. Februar 1919 Hamburg
Gest. 21. Februar 2013 Berlin

Abgeordnetenhaus von Berlin:
4. WP
5. WP
6. WP
7. WP
8. WP
9. WP

Volksschule, Lehre und Arbeit als Schlosser und Maschinenbauer, Mitglied des Jungspartakusbunds und des KJVD, nach 1933 illegale Arbeit gegen das NS-Regime, 1934/35 inhaftiert im KZ Hamburg-Fuhlsbüttel, Maschinenaspirant bei der Kriegsmarine, Kriegsgefangenschaft, 1948 bis 2002 und ab 1. Januar 2012 Mitglied der SPD, 1946 bis 1948 Streifenpolizist, 1948 Angestellter der Wohnungsbaugesellschaft GEHAG, 1949 Betriebsratsvorsitzender, 1948 Mitglied der UGO, 1950 Mitglied des Vorstands der IG Bau-Steine-Erden Berlin, 1954 ehrenamtlicher Vorsitzender und 1955 bis 1963 hauptamtlicher Geschäftsführer der IG Bau-Steine-Erden Berlin, 1960 bis 1982 Vorsitzender des DGB-Landesbezirks von Berlin (Nachfolger von Ernst Scharnowski), 1949 Berufung zum ehrenamtlichen Arbeits- und Sozialrichter, später Landesarbeits- und Landessozialrichter, ab 1957 Bundesarbeitsrichter beim Bundesarbeitsgericht in Kassel, 1964 bis 1967 stellvertretender Fraktionsvorsitzender der SPD im Abgeordnetenhaus von Berlin, 1967 bis 1975 Präsident des Abgeordnetenhauses, 1975 bis 1981 Vizepräsident des Abgeordnetenhauses, 1986 Verleihung der Würde eines Stadtältesten von Berlin.

Siebenhüner, Thomas *CDU/REP*

Geb. 5. Februar 1952 Helbra/Krs. Eisleben

Abgeordnetenhaus von Berlin:
12. WP

EOS, 1970 Abitur, Lehre als Agrotechniker, 1970 Facharbeiterprüfung, Studium der Volkswirtschaftslehre und Soziologie an der Universität Halle, 1974 Diplom-Ökonom, 1974 bis 1978 Assistent an der Technischen Hochschule Ilmenau, 1978 bis 1983 Hauptreferent in der Hauptverwaltung Verlage und Buchhandel des Ministeriums für Kultur, 1983 bis 1990 Mitarbeiter im Ministerium für Maschinenbau, Juni bis September 1990 Unterabteilungsleiter, ab Oktober 1990 Verwaltungsangestellter im Bundesministerium der Finanzen, Außenstelle Berlin, 1987 bis 1993 Mitglied der CDU, August 1990 Kreisschatzmeister des CDU-Kreisverbands Berlin-Mitte. Mai 1989 bis Mai 1990 Mitglied der Stadtbezirksversammlung Berlin-Mitte, Februar 1993 Austritt aus der CDU und fraktionsloser Abgeordneter, ab Januar 1994 Mitglied der Partei „Die Republikaner", für diese dann als fraktionsloser Abgeordneter im Abgeordnetenhaus von Berlin.

Sieglerschmidt, Ramona *SPD*

Geb. 22. März 1952 Berlin

Abgeordnetenhaus von Berlin:
11. WP

Gymnasium, 1972 Abitur, Studium der Rechtswissenschaften an der Freien Universität Berlin, 1980 2. juristische Staatsprüfung, ab 1981 Rechtsanwältin in Berlin, ab 1970 Mitglied der SPD, stellvertretende Vorsitzende der SPD-Schiedskommission des SPD-Kreisvorstands Berlin-Steglitz, stellvertretende Vorsitzende des Vereins der Freunde des Gymnasiums zu Berlin-Steglitz.

Siegmund, Norbert *CDU*

Geb. 2. Dezember 1933 Breslau

Abgeordnetenhaus von Berlin:
4. WP

Januar 1945 Flucht nach Dresden, 1948 Übersiedlung nach Berlin, 1954 Abitur, danach kaufmännische Lehre als Holzkaufmann, 1956 bis 1960 in der Holzbranche tätig, nebenher Studium der Geschichte und der Politischen Wissenschaft an der Freien Universität Berlin, ab 1961 freiberuflich als Handelsvertreter tätig, ab 1957 Mitglied der CDU, zeitweise Ortsverbandsvorsitzender und Mitglied des CDU-Kreisvorstands in Berlin-Wedding, Juni bis Dezember 1962 Bezirksverordneter in Berlin-Wedding.

Simon, Heinz-Viktor *CDU*

Geb. 17. Juli 1943 Berlin

Abgeordnetenhaus von Berlin:
7. WP
8. WP
9. WP
10. WP
11. WP
12. WP
13. WP (bis 2. Oktober 1998, Nachrücker: Gerald Mattern)

Gymnasium, 1963 Abitur, Studium der Rechtswissenschaften sowie der Volks- und Betriebswirtschaftslehre, 1971 1. und 1974 2. juristische Staatsprüfung, ab 1962 Mitglied der CDU, Tätigkeit als Rechtsanwalt, Vorstandsmitglied der Erbbauverein Moabit e. G. gemeinnützige Wohnungsbaugenossenschaft, 1983 bis 1999 Vorstandsmitglied der Wohnungsbaugesellschaft GEHAG, 1991 bis 1999 Vorstandsvorsitzender der GEHAG und der Sanierungs- und Gewerbebau-AG Aachen, 1990 bis Juni 1995 stellvertretender Geschäftsführer der Wohnungsbaugesellschaft Berlin-Weißensee, 1979 bis 1982 Vorsitzender des CDU-Kreisverbands Berlin-Steglitz, 1971 bis 1975 Bezirksverordneter in Berlin-Steglitz, zeitweise stellvertretender Vorsitzender der CDU-Fraktion im Abgeordnetenhaus von Berlin, Vorstandsmitglied der Claus-Jürgen-Thies-Stiftung.

Simson, Clara von *FDP*

Geb. 4. Oktober 1897 Rom
Gest. 26. Januar 1983 Berlin

Abgeordnetenhaus von Berlin:
4. WP
5. WP

Tochter eines Bankiers, Volksschule und Gymnasium, Studium der Naturwissenschaften an der Universität Berlin, 1923 Promotion zum Dr. phil., anschließend Assistentin am physikalisch-technischen Institut der Universität Berlin, 1933 bis 1940 wissenschaftliche Übersetzerin, 1940 bis 1945 Mitarbeiterin in einem Patentanwaltsbüro, 1945 Angestellte in der Deutschen Zentralverwaltung für Volksbildung, später Assistentin am Institut für anorganische Chemie der Technischen Universität Berlin, 1949/50 Studienaufenthalt an der Universität Oxford, 1952 Habilitation, Privatdozentin an der Technischen Universität Berlin, 1952 bis 1963 Direktorin des Lette-Vereins, Ehrensenator der Technischen Universität Berlin, ab 1948 Mitglied der FDP, 1951 bis 1964 Bezirksverordnete in Berlin-Wilmersdorf, 1948 Vorstandsmitglied des Frauenbunds, später Vorsitzende, ab 1958 Mitglied und 1969 bis 1977 Vorsitzende des Kuratoriums der Friedrich-Naumann-Stiftung, 1973 Verleihung der Würde einer Stadtältesten von Berlin.

Skrodzki, Bernhard *CDU*

Geb. 23. Februar 1902 Wiersbau/Krs. Neidenburg, Ostpreußen
Gest. 14. März 1969 Berlin

Abgeordnetenhaus von Berlin:
2. WP
3. WP
4. WP
5. WP (bis 14. März 1969, Nachrücker: Friedrich von Kekulé)

Siehe Biografisches Handbuch der Berliner Stadtverordneten und Abgeordneten 1946–1963, im Auftrag des Präsidenten des Abgeordnetenhauses von Berlin bearbeitet von Werner Breunig und Andreas Herbst, mit einer Einleitung von Siegfried Heimann (= Schriftenreihe des Landesarchivs Berlin, Bd. 14), Berlin 2011, S. 251.

Sommer, Frank *FDP*

Geb. 27. August 1956 Völklingen/Saar

Abgeordnetenhaus von Berlin:
12. WP (ab 24. Februar 1994, nachgerückt für Carola von Braun)

Realschule, 1975 Verwaltungsprüfung bei der Bundeszollverwaltung, 1982 Eintritt in die Daimler-Benz AG, 1983 Prüfung als Werkschutzfachkaft bei der IHK Stuttgart, ab 1986 Werkschutzleiter bei Mercedes-Benz, Werk Berlin-Marienfelde, ab 1973 Mitglied der FDP.

Sommerfeld, Alfred *CDU*

Geb. 24. August 1928 Berlin
Gest. 24. März 2000 Berlin

Abgeordnetenhaus von Berlin:
5. WP
6. WP
7. WP

Sohn eines Landwirts, Grundschule und Freiherr-von-Stein-Schule, 1946 Abitur, 1947 bis 1950 Studium der Veterinärmedizin an der Berliner Universität, 1949 Übernahme des elterlichen Landwirtschaftsbetriebs, selbstständiger Landwirt, ab 1952 Mitglied der CDU, Kreisvorsitzender der Jungen Union bzw. stellvertretender Vorsitzender des CDU-Kreisverbands Berlin-Spandau, 1958 bis 1967 Bezirksverordneter in Berlin-Spandau, 1965 bis 1967 Fraktionsvorsitzender.

Sonnemann, geb. Fräntzel, Grete *SPD*

Geb. 12. November 1903 Berlin
Gest. 22. Februar 1990 Berlin

Abgeordnetenhaus von Berlin:
3. WP
4. WP

Siehe Biografisches Handbuch der Berliner Stadtverordneten und Abgeordneten 1946–1963, im Auftrag des Präsidenten des Abgeordnetenhauses von Berlin bearbeitet von Werner Breunig und Andreas Herbst, mit einer Einleitung von Siegfried Heimann (= Schriftenreihe des Landesarchivs Berlin, Bd. 14), Berlin 2011, S. 252.

Spiesmacher, Sabine *AL*

Geb. 4. April 1953 Waiblingen/Baden-Württemberg

Abgeordnetenhaus von Berlin:
10. WP (ab 21. April 1987, nachgerückt durch Rotation für Peter Lohauß)

Grundschule und Gymnasium, 1972 Abitur, 1972 bis 1977 Studium der Politischen Wissenschaft und Slawistik an der Universität Tübingen und der Freien Universität Berlin, 1977 Diplom-Politologin, 1979 bis 1983 Gesellschafterin und Geschäftsführerin in einem Buchgroßhandel, 1985 bis 1987 Prokuristin einer Firma für Betriebsberatung und Anzeigenverwaltung, ab 1979 Mitglied im Frauenforschungs-, -bildungs- und -informationszentrum (FFBIZ) e. V.

Spiller, Jörg-Otto *SPD*

Geb. 14. Mai 1942 Berlin

Abgeordnetenhaus von Berlin:
9. WP
10. WP (bis 7. November 1985, Nachrücker: Hans-Jürgen Hess)

Gymnasium, 1961 Abitur, Studium der Geschichte und Politikwissenschaft an der Freien Universität Berlin, der Universität Tübingen und dem Institut d'Études Politiques de Paris, 1966 Diplom-Politologe, 1966 bis 1973 wissenschaftlicher Tutor, dann wissenschaftlicher Assistent am Otto-Suhr-Institut der Freien Universität Berlin, 1974 bis 1985 Mitarbeiter in der volkswirtschaftlichen Abteilung der Berliner Bank AG, ab 1964 Mitglied der SPD, ab 1970 Mitglied des SPD-Kreisvorstands Berlin-Wedding, 1981 bis 1985 Mitglied des Fraktionsvorstands und stellvertretendes Mitglied im Hauptausschuss des Abgeordnetenhauses von Berlin, 1985/86 Bezirksstadtrat für Volksbildung, 1986 bis 1994 Bezirksbürgermeister von Berlin-Wedding, 1994 bis 2009 Mitglied des Deutschen Bundestags, 1998 bis 2005 finanzpolitischer Sprecher der SPD-Bundestagsfraktion.

Stach, Fredy *SPD*

Geb. 1. April 1936 Berlin
Gest. 3. April 2007 Edemissen/Niedersachsen

Abgeordnetenhaus von Berlin:
6. WP (ab 4. Februar 1974, nachgerückt für Werner Salomon)
8. WP
9. WP
10. WP

Volksschule und Gymnasium, 1955 Abitur, Lehre als Melker, Studium der Mathematik und Physik an der Freien Universität Berlin, 1962 1. und 1964 2. Staatsprüfung, 1964 bis 1967 Studienassessor, 1967 bis 1972 Studienrat, 1972/73 Oberstudienrat, ab 1973 Studiendirektor an der Lessing-Oberschule in Berlin-Wedding, Fachbereichsleiter für Mathematik, ab 1956 Mitglied der SPD, 1971 bis 1974 Bezirksverordneter in Berlin-Spandau, 1989 bis 1999 Bezirksstadtrat für Jugend und Sport und stellvertretender Bezirksbürgermeister in Berlin-Spandau, 1981 bis 1989 Vorsitzender des Sportausschusses des Abgeordnetenhauses von Berlin.

Städing, Karl-Heinz *SPD*

Geb. 3. Mai 1928 Berlin
Gest. 25. Februar 2008 Berlin

Abgeordnetenhaus von Berlin:
8. WP
9. WP
10. WP

Realschule, Lehre und Arbeit als Bäcker, 1949 Gesellenprüfung, ab Anfang der 50er-Jahre Verwaltungslehre, Beamtenlaufbahn, Amtsrat im Bezirksamt Berlin Charlottenburg, Abteilung Finanzen, ab 1964 Mitglied der SPD, ab 1970 und erneut von 1996 bis 2004 Abteilungsvorsitzender der SPD im Märkischen Viertel, sportpolitischer Sprecher der SPD im Sportausschuss des Abgeordnetenhauses von Berlin, 1952 bis 1975 Fußballer und Schiedsrichter bei Tennis Borussia, ab 1998 Gründungs- und Vorstandsmitglied der Wohnungsgenossenschaft im Märkischen Viertel eG.

Staffelt, Ditmar *SPD*

Geb. 1. August 1949 Berlin

Abgeordnetenhaus von Berlin:
8. WP
9. WP
10. WP
11. WP
12. WP
13. WP (bis 31. Oktober 1998, Nachrücker: Peter Korch)

Grundschule und Gymnasium, 1969 Abitur, 1969 bis 1974 Studium an der Freien Universität Berlin, Diplom-Politologe, 1975 Staatsexamen, 1986 Promotion an der Universität Göttingen, wissenschaftlicher Mitarbeiter am Franz-Neumann-Institut Berlin, freiberuflicher Dozent, Angestellter der FTB Stahlbau-Fertigungstechnik GmbH Berlin, Vorstandsmitglied in der Hölter-Gruppe, Geschäftsführer der GEB Gesellschaft zur Energieerzeugung mbH, Geschäftsführer der VEBA-Kommunalpartner GmbH, ab 1969 Mitglied der SPD, 1980 bis 1990 Vorsitzender des SPD-Kreisverbands Berlin-Tempelhof, 1980 bis 1994 Mitglied des SPD-Landesvorstands, 1992 bis November 1994 Vorsitzender des SPD-Landesverbands Berlin, 1992 bis 1995 Mitglied des SPD-Parteivorstands, 1985 bis 1989 stellvertretender Vorsitzender der SPD-Fraktion, 1989 bis 1994 Vorsitzender der SPD-Fraktion im Abgeordnetenhaus von Berlin, 1998 bis 2009 Mitglied des Deutschen Bundestags, ab Anfang 2009 Vorstandsbeauftragter für Politik und Regierungsarbeiten in Deutschland beim Luft-, Raumfahrt- und Rüstungskonzern EADS.

Stahmer, geb. Ulrici, Ingrid *SPD*

Geb. 16. September 1942 Mittersill bei Zell am See

Abgeordnetenhaus von Berlin:
12. WP (bis 31. Januar 1991, Nachrücker: Heiner Rogall)
13. WP (bis April 1996, Nachrücker: Heiner Rogall)

1962 Abitur in Bremen, ab 1964 Mitglied der SPD, Ausbildung zur Sozialarbeiterin, 1966 bis 1971 Angestellte im Bezirksamt Berlin-Charlottenburg, ab 1971 in der Senatsverwaltung für Jugend und Sport tätig, 1971 bis 1974 berufsbegleitende Ausbildung zur Trainerin für Gruppendynamik, ab 1978 SPD-Abteilungsvorsitzende in Berlin-Charlottenburg, Mitglied des SPD-Kreisvorstands, Landesparteitagsdelegierte, 1981 bis 1989 Stadträtin für Sozialwesen und stellvertretende Bezirksbürgermeisterin in Berlin-Charlottenburg, 1985 und 1989 Spitzenkandidatin der SPD für die Wahlen zur Bezirksverordnetenversammlung Berlin-Charlottenburg, 1985 bis 1989 stellvertretende SPD-Landesvorsitzende, 1989 bis 1991 Bürgermeisterin und Senatorin für Gesundheit und Soziales, 1991 bis 1995 Senatorin für Soziales, November 1994 zusätzlich Übernahme des Jugendressorts, 1995 Spitzenkandidatin der Berliner SPD zur Abgeordnetenhauswahl, 1995 bis 1999 Senatorin für Schule, Jugend und Sport, ab 2000 Tätigkeit als Trainerin für Gruppen- und Organisationsdynamik, Vorstandsvorsitzende des Deutschen Zentralinstituts für soziale Fragen und Honorarprofessorin an der Alice-Salomon-Fachhochschule für Sozialarbeit und Sozialpädagogik in Berlin.

Stange, Helmut *SPD*

Geb. 5. Juli 1934 Berlin

Abgeordnetenhaus von Berlin:
10. WP

1956 Abitur, Studium an der Freien Universität Berlin, 1962 Diplom-Handelslehrer, 1964 2. Staatsexamen, 1964 bis 1966 Studienassessor, 1966 bis 1970 Studienrat, 1970 bis 1972 Oberstudienrat und ab 1972 Studiendirektor an kaufmännischen Berufsschulen, zeitweise stellvertretender Vorsitzender des Hauptpersonalrats des Landes Berlin, ab 1968 Mitglied der SPD, Mitglied des SPD-Kreisvorstands Berlin-Neukölln und Vorsitzender der 16. Abteilung.

Statz, Albert *AL*

Geb. 1. Mai 1946 Hilden/Nordrhein-Westfalen

Abgeordnetenhaus von Berlin:
11. WP

Gymnasium, 1965 Abitur, 1965 bis 1972 Studium der Politologie, Soziologie und des Völkerrechts an der Freien Universität Berlin und der Universität Marburg, 1972 Diplom-Politologe, 1977 Promotion zum Dr. phil., 1975 bis 1981 wissenschaftlicher Assistent an der Freien Universität Berlin, 1981 bis 1987 Hochschulassistent, ab 1981 Mitglied der AL, ab 1984 Mitglied der Bundesarbeitsgemeinschaft Frieden der Grünen, 1989 bis 1991 stellvertretender Vorsitzender der AL-Fraktion im Abgeordnetenhaus von Berlin, 1991/92 Lehrstuhlvertretung Sozialwissenschaften an der Hochschule der Künste Berlin, 1992 bis 1995 Referent im Niedersächsischen Ministerium für Bundes- und Europaangelegenheiten, 1995 bis 1999 europapolitischer Koordinator der Fraktion von Bündnis 90/Die Grünen im Deutschen Bundestag, 1999 bis 2007 Referatsleiter im Bundesministerium für Umwelt, Naturschutz und Reaktorsicherheit, zuletzt Leiter des Referats „Grundsatzangelegenheiten des Umweltschutzes und Nachhaltigkeitsstrategien" und Mitglied der Arbeitsgruppe „Nationale Nachhaltigkeitsstrategie" der Bundesregierung, 1. Juli 2007 Eintritt in den Ruhestand.

Steffel, Frank *CDU*

Geb. 2. März 1966 Berlin

Abgeordnetenhaus von Berlin:
12. WP
13. WP
14. WP
15. WP
16. WP (bis 2. Dezember 2009, Nachrücker: Michael Wegner)

Gymnasium, 1984 Abitur, 1985 bis 1990 Studium der Wirtschaftswissenschaften an der Freien Universität Berlin, Diplom-Kaufmann, 1999 Promotion zum Dr. rer. pol., ab 1990 zunächst Assistent der Geschäftsleitung im Raumausstattungsgroßhandel, dann als mittelständischer Unternehmer, Inhaber der Steffel Unternehmensgruppe Dienstleistungs-GmbH & Co. KG, ab 1983 Mitglied der CDU, ab 1985 Vorsitzender der Jungen Union Berlin-Reinickendorf, 1997 bis 2001 Ortsvorsitzender der CDU in Berlin-Frohnau, ab 2001 Vorsitzender der CDU Berlin-Reinickendorf, 1985 bis 1989 Bürgerdeputierter, 1989 bis 1990 Bezirksverordneter in Berlin-Reinickendorf, 2000/01 und 2006 bis 2009 Vorsitzender des Ausschusses für Wirtschaft, Betriebe und Technologie, 2005/06 Vorsitzender des Unterausschusses Sport im Abgeordnetenhaus von Berlin, 1999 bis 2001 sowie 2006 bis 2009 stellvertretender Vorsitzender, 2001 bis 2003 Vorsitzender der CDU-Fraktion im Abgeordnetenhauses von Berlin, 1999 bis 2001 sowie 2006 bis 2009 stellvertretender Vorsitzender der CDU-Fraktion im Abgeordnetenhauses von Berlin, 2000/01 und ab 2009 stellvertretender Landesvorsitzender der Berliner CDU, 2001 Spitzenkandidat der Berliner CDU zur Abgeordnetenhauswahl, ab 2009 Mitglied des Deutschen Bundestags.

Stein, Werner *SPD*

Geb. 14. Dezember 1913 Berlin-Wilmersdorf
Gest. 31. März 1993 Berlin

Abgeordnetenhaus von Berlin:
2. WP
3. WP
4. WP
5. WP
6. WP

Siehe Biografisches Handbuch der Berliner Stadtverordneten und Abgeordneten 1946–1963, im Auftrag des Präsidenten des Abgeordnetenhauses von Berlin bearbeitet von Werner Breunig und Andreas Herbst, mit einer Einleitung von Siegfried Heimann (= Schriftenreihe des Landesarchivs Berlin, Bd. 14), Berlin 2011, S. 253 f.

Steinberg, Heinz-Joachim *SPD*

Geb. 10. August 1928 Breslau

Abgeordnetenhaus von Berlin:
5. WP

Volks- und Oberschule, 1944/45 Luftwaffenhelfer, 1945 bis 1947 Besuch der Max-Planck-Oberschule, Abitur, 1948 Verwaltungsangestellter beim Bezirksamt Berlin-Wedding, 1948 bis 1952 Studium an der Pädagogischen Hochschule Berlin (1. Staatsprüfung) und 1953 bis 1956 an der Deutschen Hochschule für Politik, Schulamtsanwärter (2. Staatsprüfung), ab 1956 Lehrer an der Oberschule Praktischer Zweig und Oberschule Technischer Zweig, Mitglied der SPD, ab 1970 Rektor und Leiter der Ulrike-von-Levetzow-Oberschule in Berlin-Moabit, 1959 bis 1967 Bezirksverordneter in Berlin-Wedding.

Steinborn, Sigrun *PDS*

Geb. 3. Januar 1942 Guhrau/Niederschlesien

Abgeordnetenhaus von Berlin:
12. WP

Volks- und kaufmännische private Schule, Progymnasium, Bürotätigkeit und Arbeit als ungelernte Arbeiterin, 1969 bis 1972 Abendschule, externes Abitur, 1972 bis 1979 Studium an der Pädagogischen Hochschule Berlin, 1981 2. Staatsprüfung für das Lehramt, Lehrerin an der Ferdinand-Freiligrath-Oberschule in Berlin-Kreuzberg, ab 1996 Lehrerin an der Carl-von-Ossietzky-Schule in Berlin-Kreuzberg, 1980 bis 1990 Mitglied der SPD, zuletzt Abteilungsvorsitzende der SPD in Berlin-Schöneberg, ab 1990 Linke Liste/PDS, ab März 1991 Mitglied der PDS, Bezirksverordnete in Berlin-Schöneberg, später Austritt aus der PDS und Mitglied der DKP.

Steinbring, Werner *CDU, ab 1958 SPD*

Geb. 12. Mai 1904 Berlin
Gest. 14. April 1972 Hamburg

Abgeordnetenhaus von Berlin:
2. WP
4. WP

Siehe Biografisches Handbuch der Berliner Stadtverordneten und Abgeordneten 1946–1963, im Auftrag des Präsidenten des Abgeordnetenhauses von Berlin bearbeitet von Werner Breunig und Andreas Herbst, mit einer Einleitung von Siegfried Heimann (= Schriftenreihe des Landesarchivs Berlin, Bd. 14), Berlin 2011, S. 254 f.

Steinecke, Klaus-Peter *CDU*

Geb. 29. September 1935 Berlin

Abgeordnetenhaus von Berlin:
8. WP

Haupt- und Berufsschule, kaufmännische Lehre, Kaufmannsgehilfenprüfung, 1955 bis 1965 kaufmännischer Angestellter, ab 1965 selbstständig im Baugewerbe tätig, Mitinhaber der Firma Domino-Bau GmbH, ab 1972 Mitglied der CDU, Mitglied des CDU-Kreisvorstands Berlin-Wilmersdorf.

Stobbe, Dietrich *SPD*

Geb. 25. März 1938 Weepers/Ostpreußen
Gest. 19. Februar 2011 Berlin

Abgeordnetenhaus von Berlin:
5. WP
6. WP
7. WP
8. WP

Grund- und Oberschule, 1958 Abitur, Studium an der Deutschen Hochschule für Politik und der Freien Universität Berlin, 1962 Diplom-Politologe, ab 1960 Mitglied der SPD, 1962/63 Sekretär des SPD-Kreisvorstands Berlin-Charlottenburg, 1963 bis 1966 persönlicher Referent bzw. Pressereferent des Senators für Jugend und Sport, 1967 bis 1973 parlamentarischer Geschäftsführer der SPD-Fraktion im Abgeordnetenhaus von Berlin, 1973 bis 1977 Bundessenator und Bevollmächtigter des Landes Berlin beim Bund, 1977 bis 1981 Regierender Bürgermeister, 1978/79 Präsident des Bundesrats, 1981 bis 1983 Leiter des Büros der Friedrich-Ebert-Stiftung in New York, 1983 bis 1990 Mitglied des Deutschen Bundestags (Berliner Vertreter), 1991 bis 1997 Direktor bzw. Vizepräsident bei Arthur D. Little International, Inc., European, 1997 bis 2001 Berliner Beratungsdienste Stobbe Sachs GbR, Partner, 2001 bis 2004 Berliner Beratungsdienste Stobbe Sachs Nymoen GbR, Partner, 2005 bis 2006 Stobbe Nymoen & Partner consult GbR (SNPC), 2007 bis 2011 Senior Advisor SNPC.

Stötzer, geb. Schaffer, Utta *SPD*

Geb. 26. Januar 1940 Mährisch Schildberg/Landkrs. Hohenstadt

Abgeordnetenhaus von Berlin:
12. WP
13. WP

Oberschule, 1958 Abitur, Lehre als Chemielaborantin, Studium an der Ingenieurschule der Textilindustrie, 1962 Chemiefaseringenieurin, Studium an der Hochschule für Ökonomie in Berlin-Karlshorst, 1975 Diplom-Wirtschaftlerin, 1962 bis 1964 Technologin, 1964 bis 1970 Fachschullehrerin an der Ingenieurschule für Landtechnik, 1974 bis 1982 Mitarbeiterin bzw. Abteilungsleiterin in der zentralen Planung Werkzeugmaschinenkombinat, 1982 bis 1989 Themen-Projektleiterin Rationalisierungs- und Forschungszentrum Gaststätten, ab Januar 1990 kaufmännische Leiterin/Geschäftsführerin einer Wohnungsbaugenossenschaft, ab Ende 1989 Mitglied der SPD, stellvertretende Kreisvorsitzende in Berlin-Hohenschönhausen, Mai 1990 bis Januar 1991 Mitglied der Stadtverordnetenversammlung von Berlin, wohnungspolitische Sprecherin der SPD-Fraktion, bis 2009 Mitglied der Wohnungsbaugenossenschaft „Neues Berlin" eG.

Straßmeir, Günter *CDU*

Geb. 20. Juni 1929 Röthenbach bei Sankt Wolfgang
Gest. 24. Dezember 2009 Büdingen/Hessen

Abgeordnetenhaus von Berlin:
12. WP

Gymnasium, 1947 Abitur, ab 1950 Studium der Politikwissenschaft an der Deutschen Hochschule für Politik in Berlin, 1954 Diplom-Politikwissenschaftler, anschließend wissenschaftlicher Assistent, 1954 bis 1964 Referent beim Senator für Inneres des Landes Berlin bzw. in der Senatskanzlei, ab 1956 Mitglied der CDU, 1965 bis 1971 Bezirksstadtrat für Finanzen und Wirtschaft, 1971/72 Bezirksstadtrat für Volksbildung des Bezirks Berlin-Wilmersdorf, 1969 bis 1979 Vorsitzender des CDU-Kreisverbands Berlin-Wilmersdorf, 1981 bis 1985 Generalsekretär und 1986 bis 1988 stellvertretender Vorsitzender des Landesverbands Berlin der CDU, 1972 bis 1990 Mitglied des Deutschen Bundestags, 1989 bis Januar 1991 parlamentarischer Staatssekretär beim Bundeskanzler und Bevollmächtigter der Bundesregierung in Berlin.

Striek, Heinz *SPD*

Geb. 27. Juli 1918 Berlin
Gest. 29. Oktober 2011 Berlin

Abgeordnetenhaus von Berlin:
2. WP
3. WP (bis 31. Januar 1962)
6. WP
7. WP
8. WP
9. WP (am 12. Juni 1981 nachgerückt für Frank Dahrendorf)

Siehe Biografisches Handbuch der Berliner Stadtverordneten und Abgeordneten 1946–1963, im Auftrag des Präsidenten des Abgeordnetenhauses von Berlin bearbeitet von Werner Breunig und Andreas Herbst, mit einer Einleitung von Siegfried Heimann (= Schriftenreihe des Landesarchivs Berlin, Bd. 14), Berlin 2011, S. 257.

Stürzkober, Jürgen *FDP*

Geb. 20. Juni 1936 Berlin

Abgeordnetenhaus von Berlin:
5. WP

Lehre als Rechtsanwalts- und Notariatsgehilfe, Bürovorsteher, ab 1966 Mitglied der FDP.

Stuff, Eckhard *SPD*

Geb. 3. März 1956 Neumünster

Abgeordnetenhaus von Berlin:
10. WP

Gymnasium, 1974 Abitur, 1975 bis 1978 Studium an der Fachhochschule für Verwaltung und Rechtspflege Berlin, ab 1976 Mitglied der SPD, ab 1984 Mitglied des SPD-Kreisvorstands Berlin-Reinickendorf, 1978 Diplom-Verwaltungswirt, 1978/79 Regierungsinspektor z. A. in der Senatskanzlei, 1979 bis 1984 Studium der Politologie an der Freien Universität Berlin und an der Stanford University in den USA, 1980 bis 1982 Tutor an der Freien Universität Berlin, 1982/83 Teaching and Research Assistant an der Stanford University, ab 1984 Lehrbeauftragter an der Fachhochschule für Verwaltung und Rechtspflege, 1983 bis 1985 auch Assistent des Bundestagsabgeordneten Dietrich Stobbe, später Leiter Aus- und Fortbildung beim SFB bzw. Redakteur beim ORB bzw. rbb-Kulturradio.

Sünderhauf, Ernst *SPD*

Geb. 19. Januar 1908 Lichtentanne/Sachsen
Gest. 3. Oktober 1974 Berlin

Abgeordnetenhaus von Berlin:
3. WP (Mandatsannahme abgelehnt)
4. WP (bis 18. April 1963, Nachrückerin: Hildegart Döring)

Siehe Biografisches Handbuch der Berliner Stadtverordneten und Abgeordneten 1946–1963, im Auftrag des Präsidenten des Abgeordnetenhauses von Berlin bearbeitet von Werner Breunig und Andreas Herbst, mit einer Einleitung von Siegfried Heimann (= Schriftenreihe des Landesarchivs Berlin, Bd. 14), Berlin 2011, S. 258.

Süß, Reiner *SPD*

Geb. 2. Februar 1930 Chemnitz
Gest. 29. Januar 2015 Friedland/Mecklenburg-Vorpommern

Abgeordnetenhaus von Berlin:
12. WP

Gymnasium (Thomasschule), mittlere Reife, Mitglied des Leipziger Thomanerchors, 1946 bis 1948 Studium an der Hochschule für Musik in Leipzig, 1948 bis 1952 Privatstudium (Gesang), 1953 bis 1956 Chorsänger am Rundfunkchor Leipzig, 1956/57 Solist am Stadttheater Bernburg, 1957 bis 1959 am Landestheater Halle, ab 1959 1. Bassbuffo an der Deutschen Staatsoper Berlin, 1962 Ernennung zum Kammersänger, 1991 bis 1998 freiberuflicher Sänger, ab Januar 1990 Mitglied der SPD, Mai 1990 bis Januar 1991 Mitglied und stellvertretender Vorsteher der Stadtverordnetenversammlung von Berlin.

Sund, Olaf *SPD*

Geb. 31. August 1931 Heide/Holstein
Gest. 8. Januar 2010 Beedenbostel bei Celle

Abgeordnetenhaus von Berlin:
8. WP
9. WP (bis 1. September 1982, Nachrücker: Rudolf Glagow)

Grundschule, Hilfsarbeiter, 1949 bis 1952 Verwaltungslehre und Verwaltungsangestellter bei der AOK in Heide und Rendsburg, 1954 Abitur im zweiten Bildungsweg, 1954 bis 1957 Studium der Wirtschafts- und Sozialwissenschaften in Wilhelmshaven, Tübingen und Hamburg, 1957 Diplom-Volkswirt, 1957 bis 1961 Direktionsassistent in der Chemieindustrie, ab 1962 Mitglied der SPD, 1962 bis 1977 Lehrer bzw. Dozent, ab 1969 Leiter der Heimvolkshochschule Jägerei Husted e. V. bei Celle, 1970 bis 1972 Mitglied des Niedersächsischen Landtags, 1972 bis 1977 Mitglied des Deutschen Bundestags, zeitweise stellvertretender Fraktionsvorsitzender, 1977 bis 1981 Senator für Arbeit und Soziales, 1982 bis 1991 Präsident des Landesarbeitsamts von Nordrhein-Westfalen, 1991 bis 1996 Staatssekretär im Ministerium für Arbeit, Soziales, Gesundheit und Frauen des Landes Brandenburg.

Susen, Kurt *SPD*

Geb. 2. August 1905 [Berlin-]Rixdorf
Gest. 13. Mai 1975 Berlin

Abgeordnetenhaus von Berlin:
4. WP
5. WP
6. WP

Oberrealschule, kaufmännische Lehre in der Textilfabrikation, im Textilgroßhandel und Kleinhandel, 1933 bis 1945 in der Organisation der gewerblichen Wirtschaft, ab 1945 Mitglied der SPD, zeitweise stellvertretender Kreisvorsitzender der SPD in Berlin-Steglitz, 1945 bis 1949 Referent in der Abteilung Ernährung des Magistrats von Groß-Berlin, 1952 bis 1970 Verwaltungsangestellter, zuletzt im Bezirksamt Berlin-Neukölln, 1954 bis 1963 Deputierter und Bezirksverordneter in Berlin-Steglitz, zeitweise Vorsitzender des Ausschusses für Verkehrsfragen des Abgeordnetenhauses von Berlin.

Swinne, Edgar *FDP*

Geb. 24. Dezember 1936 Berlin

Abgeordnetenhaus von Berlin:
8. WP
9. WP

Gymnasium, 1958 Abitur und Eintritt in die FDP, Bezirksverbandsvorsitzender in Berlin-Spandau, Studium an der Pädagogischen Hochschule Berlin, 1963 1. und 1966 2. Staatsprüfung für das Lehramt, 1966 Aufnahme des Schuldienstes, zunächst Grundschule, dann Haupt- und Realschule, 1977 bis 1979 Leiter der schulischen Einrichtungen des Berliner Justizvollzugs (Rektor), ab April 1979 Rektor der Gesamtoberschule Kreuzberg, 1967 bis 1979 Bezirksverordneter und von 1972 bis 1979 Vorsitzender der FDP-Fraktion in Berlin-Spandau, später Vorsitzender der FDP und Stadtverordneter in Liebenwalde/Brandenburg, 1979 bis 1981 stellvertretender Vorsitzender der FDP-Fraktion im Abgeordnetenhaus.

Szoepe, Krystian *CDU*

Geb. 25. November 1952 Rokitnica (Zabrze)/Polen

Abgeordnetenhaus von Berlin:
12. WP (ab 5. Juli 1992, Nachrücker: Rainer Sermann)
13. WP

Hauptschule, 1971 Berufskraftfahrer, ab 1991 Angestellter im medizinisch-technischen Bereich des Gesundheitsamts Berlin-Hellersdorf, ab 1986 Mitglied der CDU, ab 1989 Vorsitzender des Ortsverbands Alt-Hellersdorf bzw. Ortsverbandsvorsitzender von Berlin-Hellersdorf, 1989 bis 1992 Mitglied des CDU-Kreisvorstands Berlin-Hellersdorf, 1990 bis 1992 Bezirksverordneter in Berlin-Hellersdorf, Fraktionsvorsitzender.

Tannert, Christof *SPD*

Geb. 4. April 1946 Wehrsdorf/Krs. Bautzen

Abgeordnetenhaus von Berlin:
12. WP (bis 19. Juli 1994, Nachrückerin: Christel Powierski)

Gymnasium, 1964 Abitur, 1964 bis 1969 Studium an der Karl-Marx-Universität Leipzig, 1969 Diplom-Biologe, 1969 bis 1971 wissenschaftlicher Aspirant an der Akademie der Wissenschaften der DDR, 1971 wegen staatsgefährdender Gruppenbildung verhaftet, Androhung von fünf Jahren Freiheitsentzug, 1972 bis 1981 wissenschaftlicher Assistent an der

Humboldt-Universität zu Berlin, 1979 Promotion zum Dr. rer. nat., ab 1980 im Fernkurs Studium der evangelischen Theologie, 1984 theologisches Examen, 1981 bis 1990 freiberuflich als Buchhändler und Kunstgalerist in Ost-Berlin tätig, 1989 Mitbegründer der Bürgerbewegung „Neues Forum" in Berlin-Lichtenberg, 1990 Kampagnenleiter und Geschäftsführer bei Greenpeace DDR e. V., ab 1990 Mitglied der SPD, 1992 bis 1994 stellvertretender Landesvorsitzender der SPD Berlin, 1994 bis 1999 Mitglied des Europaparlaments.

Tappert, Reinhold *CDU*

Geb. 17. Juni 1926 Neuzelle/Krs. Luckau
Gest. 5. Januar 1991 Berlin

Abgeordnetenhaus von Berlin:
5. WP (ab 5. November 1969, nachgerückt für Georg Kotowski)

Volks- und Mittelschule, 1943 Lehre bei der Deutschen Reichsbahn, 1943 bis 1945 Reichsarbeitsdienst und Wehrmacht, Mai bis Dezember 1945 Kriegsgefangenschaft, ab Dezember 1945 Mitglied der CDU, Januar bis August 1946 Ausbildung zum Neulehrer, 1946 bis 1950 Neulehrer (Schulamtsbewerber), 1950 bis 1954 Notstandsarbeit und Wachdienst, 1954 bis 1956 Ausbildung zum Sozialarbeiter, ab 1957 Fürsorger beim Bezirksamt Berlin-Schöneberg bzw. ab 1969 beim Bezirksamt Berlin-Tiergarten.

Telge, Dieter *AL*

Geb. 2. Dezember 1955 Hamburg

Abgeordnetenhaus von Berlin:
11. WP

Gymnasium, Abitur, 1975 bis 1979 Studium der Rechtswissenschaften, Pädagogik, Geschichte und Latein an der Universität Hamburg, 1975 bis 1979 Verkehrszähler, 1978/79 Wehrersatzdienst, 1979/80 Naturspeisehändler, 1981 bis 1986 Geschäftsführer und Buchhändler, 1986/87 Projektleiter und Aids-Berater der Aids-Arbeitsstelle im Verein Sozialwissenschaften und Gesundheit e. V., 1987/88 Kongressorganisator (Angestellter) bei der Partei „Die Grünen", Bundesgeschäftsstelle, ab 1987 Koordinator der „Bundesarbeitsgemeinschaft Schwulenpolitik", später Sprecher des Berliner Forums Patienteninteressen, ab 2009 einer der drei Positivensprecher der Aids-Hilfe Berlin und Geschäftsführer der Landesarbeitsgemeinschaft Berliner Aidshilfen.

Theis, Herbert *SPD*

Geb. 15. April 1906 [Berlin-]Rixdorf
Gest. 15. Februar 1972 Berlin

Stadtverordnetenversammlung von Groß-Berlin:
1. WP
2. WP
Abgeordnetenhaus von Berlin:
1. WP
2. WP
3. WP
4. WP
5. WP

Siehe Biografisches Handbuch der Berliner Stadtverordneten und Abgeordneten 1946–1963, im Auftrag des Präsidenten des Abgeordnetenhauses von Berlin bearbeitet von Werner Breunig und Andreas Herbst, mit einer Einleitung von Siegfried Heimann (= Schriftenreihe des Landesarchivs Berlin, Bd. 14), Berlin 2011, S. 261.

Theuner, Otto *SPD*

Geb. 3. August 1900 Göritz/Oder
Gest. 29. Januar 1980 Berlin

Stadtverordnetenversammlung von Groß-Berlin:
2. WP (ab 9. März 1950, nachgerückt für Margarete Fechner)
Abgeordnetenhaus von Berlin:
2. WP
3. WP
4. WP
5. WP

Siehe Biografisches Handbuch der Berliner Stadtverordneten und Abgeordneten 1946–1963, im Auftrag des Präsidenten des Abgeordnetenhauses von Berlin bearbeitet von Werner Breunig und Andreas Herbst, mit einer Einleitung von Siegfried Heimann (= Schriftenreihe des Landesarchivs Berlin, Bd. 14), Berlin 2011, S. 261 f.

Thiemann, Burkhardt *SPD*

Geb. 30. September 1946 Stendal

Abgeordnetenhaus von Berlin:
10. WP (ab 9. September 1986, nachgerückt für Gottfried Wurche)
11. WP

Realschule, Lehre als Elektroinstallateur an der Berufsfachschule für das Bauhauptgewerbe, Gesellenprüfung, 1970 bis 1974 Studium an der Fachschule für Sozialarbeit, 1974 Abschluss als Sozialarbeiter/Sozialpädagoge, 1974 bis 1980 Sozialarbeiter beim Bezirksamt Berlin-Tiergarten, ab 1980 freigestellter Personalratsvorsitzender, ab 1973 Mitglied der SPD, 1979 bis 1982 Vorsitzender der 5. Abteilung der SPD in Berlin-Tiergarten, ab Juni 1985 stellvertretender Vorsitzender des SPD-Kreisverbands Berlin-Tiergarten, zuletzt Bereichsgeschäftsführer in der Gewerkschaft ÖTV.

Thies, Claus-Jürgen *CDU*

Geb. 17. Mai 1931 Hamburg
Gest. 3. Februar 2012 Berlin

Abgeordnetenhaus von Berlin:
6. WP (bis 24. Januar 1973, Nachrücker: Dieter Biewald)

Gymnasium, Abitur, kaufmännische Ausbildung und Arbeit als Angestellter in Hamburger Firmen, 1958 bis 1960 Studium an der Hochschule für Politik und Wirtschaft in Hamburg, Diplom-Sozialwirt, 1957 Übersiedlung nach Berlin, ab 1961 Mitglied der CDU, Studium am Otto-Suhr-Institut der Freien Universität Berlin, anschließend bei verschiedenen Institutionen und Firmen tätig, Referent der CDU-Fraktion im Abgeordnetenhaus von Berlin, langjähriger Vorsitzender der CDU in Berlin-Lankwitz, zuletzt Ehrenvorsitzender der CDU in Berlin-Lankwitz, 1967 bis 1971 Bezirksverordneter in Berlin-Steglitz, zeitweise stellvertretender Vorsitzender der Fraktion in der Bezirksverordnetenversammlung, Januar 1973 bis Juni 1988 Bezirksstadtrat für Wirtschaft und Gesundheitswesen bzw. Sozialwesen in Berlin-Steglitz, anschließend bis zur Pensionierung Geschäftsführer der Arwobau (Tochtergesellschaft der Berlinovo Immobilien Gesellschaft mbH).

Thomas, Bodo *SPD*

Geb. 1. Februar. 1932 Berlin
Gest. 10. Mai 1995 Berlin

Abgeordnetenhaus von Berlin:
6. WP
7. WP

8. WP
9. WP
10. WP

Volksschule und Gymnasium, 1951 Abitur, Lehre und Arbeit als Rohrleger, Studium der Rechtswissenschaften und Geschichte an der Freien Universität Berlin, anschließend Angestellter bei der AOK, ab 1954 Mitglied der SPD, 1961 bis 1965 Vorsitzender der Jungsozialisten in Berlin-Reinickendorf, 1967 bis 1971 stellvertretender Vorsitzender des SPD-Kreisverbands Berlin-Reinickendorf, 1958 bis 1971 Bezirksverordneter in Berlin-Reinickendorf, 1967 bis 1971 stellvertretender Fraktionsvorsitzender, 1964/65 Geschäftsführer des Ringes Politischer Jugend, anschließend in der Erwachsenenbildung tätig, freiberuflich als Dozent tätig, Mitglied des Präsidiums des Abgeordnetenhauses und des Ausschusses für Bundesangelegenheiten und Gesamtberliner Fragen.

Thomas, geb. Herms, Helga *SPD*

Geb. 5. September 1936 Berlin

Abgeordnetenhaus von Berlin:
11. WP
12. WP

Volksschule, kaufmännische Lehre, 1954 Kaufmannsgehilfenprüfung, bis 1955 Bürogehilfin, dann bis 1962 kaufmännische Angestellte, bis 1971 Buchhalterin, anschließend bis 1979 parlamentarische Assistentin, ab 1979 Verwaltungsangestellte, ab 1984 Verwaltungsleiterin bei der AWO der Stadt Berlin e. V., ab 1963 Mitglied der SPD, 1972 bis 1981 stellvertretende Landesvorsitzende der Arbeitsgemeinschaft Sozialdemokratischer Frauen und Mitglied des SPD-Landesvorstands Berlin, 1971 bis 1989 Bezirksverordnete in Berlin-Reinickendorf, 1972 bis 1975 stellvertretende Fraktionsvorsitzende, 1975 bis 1979 und 1981 bis 1989 stellvertretende Vorsteherin der Bezirksverordnetenversammlung Berlin-Reinickendorf.

Tiedt, Peter *FDP*

Geb. 24. August 1945 in Steyr/Oberösterreich

Abgeordnetenhaus von Berlin:
10. WP (ab 30. April 1985, nachgerückt für Horst Vetter)
12. WP

Gymnasium, 1964 Abitur, Studium der Staatswissenschaften und der Politologie an der Freien Universität Berlin und der Universität Wien, 1969 Diplom-Politologe, ab 1966 Mitglied der FDP, 1969 bis 1971 wissenschaftlicher Assistent in einem Abgeordnetenbüro des Deutschen Bundestags, ab 1971 Mitarbeiter der Geschäftsführung des Kommunalwissenschaftlichen Forschungszentrums bzw. in der Institutsleitung des Deutschen Instituts für Urbanistik, 1987 bis 1989 Landesgeschäftsführer der FDP Berlin, ab 1989 leitender Mitarbeiter in der Unternehmensgruppe Grieneisen/GBG, später Projektleiter Sonderobjekte beim Liegenschaftsfonds Berlin Projektgesellschaft mbH & Co. KG.

Tietz, Norbert *CDU*

Geb. 21. Dezember 1942 Berlin

Abgeordnetenhaus von Berlin:
9. WP (ab 18. Juni 1984, nachgerückt für Richard von Weizsäcker)

Realschule, 1961 Industriekaufmannsgehilfenprüfung, Stadtreisender und Handlungsbevollmächtigter, Geschäftsführer, ab 1969 Mitglied der CDU, 1972 bis 1976 Kreisvorsitzender der Jungen Union in Berlin-Neukölln, 1975 bis 1979 und 1981 bis 1984 Bezirksverordneter in Berlin-Neukölln.

Tietz, Uwe *AL*

Geb. 20. November 1947 Berlin

Abgeordnetenhaus von Berlin:
9. WP (ab 15. Juni 1983, nachgerückt durch Rotation für Klaus-Jürgen Schmidt)

Ausbildung zum Speditionskaufmann, 1963 bis 1965 kaufmännischer Angestellter in der Industrie bzw. in verschiedenen Berufen tätig, 1969 bis 1970 Erzieher, danach ein Jahr als Kraftfahrer tätig, 1971 bis 1975 Lagerverwalter und bis 1977 Aufzugsmonteur, bis 1979 Ausbildung zum Schlosser, danach als Aufzugs- und Lüftungsmonteur tätig, ab 1980 selbstständiger Kleinunternehmer (Autovermietung, 1982 Taxi), Mitglied der KPD, 1975 Kandidat bei der Abgeordnetenhauswahl im Wahlkreisverband Neukölln, als Betriebsratsmitglied bei der Firma Krone aus der IG Metall ausgeschlossen, ab 1978 Mitglied der AL, 1983 bis 1985 Mitglied des Ausschusses für Bundesangelegenheiten und Gesamtberliner Fragen im Abgeordnetenhaus von Berlin, später im Immobiliengeschäft tätig und Geschäftsführer der Alpine Finanz Bau GmbH, Berlin.

Tietze, Jürgen *CDU*

Geb. 6. April 1935 in Berlin

Abgeordnetenhaus von Berlin:
8. WP
9. WP
10. WP

Gymnasium, 1955 Abitur, Studium der Rechtswissenschaften an der Universität Frankfurt am Main, 1961 1. und 1965 2. juristisches Staatsexamen, ab 1965 als Rechtsanwalt tätig, später auch als Notar, ab 1967 Mitglied der CDU, 1975 bis 1979 Bezirksverordneter in Berlin-Steglitz.

Toepfer, Günter *CDU*

Geb. 12. Dezember 1941 Magdeburg

Abgeordnetenhaus von Berlin:
12. WP
13. WP

Oberschule, 1960 Abitur, 1961 Haft wegen versuchter Flucht nach West-Berlin, später Studium an der Hochschule für Architektur und Bauwesen Weimar, 1969 Diplom-Ingenieur, 1969 bis 1978 Fachschullehrer an der Ingenieurschule für Bauwesen Berlin, 1978 bis 1983 Aufbau und Leiter eines kirchlichen Bauhofs, ab 1983 Mitarbeiter beim Rat des Stadtbezirks Berlin-Lichtenberg, ab 1990 beim Bezirksamt, Oberbauleiter im Gesundheits- und Sozialwesen, ab 1990 Mitglied der CDU, zeitweise stellvertretender CDU-Kreisvorsitzender von Berlin-Lichtenberg, Frühjahr 1990 berufener Bürger in der Stadtbezirksversammlung Berlin-Lichtenberg bzw. ab Mai Mitglied in der Bezirksverordnetenversammlung Berlin-Lichtenberg.

Toepfer (später: Toepfer-Kataw), Sabine *CDU*

Geb. 14. November 1963 Berlin

Abgeordnetenhaus von Berlin:
12. WP (ab 5. März 1991, nachgerückt für Wolfgang Branoner)
13. WP
14. WP

Gymnasium, 1981 Abitur, Studium der Rechtswissenschaften an der Freien Universität Berlin, dazwischen Studienaufenthalte in Großbritannien und Frankreich und Jahresaufenthalt als Cultural Representative in den USA, 1989 Diplom als Verwaltungswirtin an der Fachhochschule des Bundes, ab 1981 Mitglied der CDU, CDU-Ortsvorsitzende in Britz, stellvertretende Kreisvorsitzende der CDU in Berlin-Neukölln und Mitglied des CDU-Landesvorstands Berlin, 1986 bis 2011 Beamtin bei der Deutschen Rentenversicherung, ab Dezember 2011 Staatssekretärin in der Senatsverwaltung Justiz und Verbraucherschutz, Vorstandsmitglied der Deutsch-Türkischen Gesellschaft.

Tolksdorf, Michael *FDP*

Geb. 10. Mai 1942 Berlin

Abgeordnetenhaus von Berlin:
10. WP
12. WP

Gymnasium, 1961 Abitur, 1961 bis 1966 Studium der Volkswirtschaftslehre an der Freien Universität Berlin und der London School of Economics and Political Science, 1966 Diplom-Volkswirt an der Freien Universität Berlin, 1967 bis 1971 wissenschaftlicher Mitarbeiter und stellvertretender Referatsleiter für Internationale Wettbewerbsbeziehungen im Bundeskartellamt, 1970 Promotion zum Dr. rer. pol. an der Freien Universität Berlin, ab 1971 Professor an der Fachhochschule für Wirtschaft bzw. der Hochschule für Wirtschaft und Recht in Berlin, Professor für Staatliche Wettbewerbspolitik und Marktregulierung, ab 1972 Mitglied der FDP, 1981 bis 1985 Mitglied des FDP-Landesvorstands Berlin, zeitweise Bezirksvorsitzender der FDP in Berlin-Reinickendorf, 2000 bis März 2010 Erster Prorektor der Hochschule für Wirtschaft und Recht Berlin, 1991 bis 1995 Vorsitzender des Ausschusses für Wissenschaft und Forschung des Abgeordnetenhauses von Berlin.

Tonnätt, Ralf *SPD*

Geb. 24. April 1931 Hamburg
Gest. 9. Januar 2015 Berlin

Abgeordnetenhaus von Berlin:
5. WP (ab 5. Mai 1969, nachgerückt für Hans Kohlberger)

Volks- und Oberschule, 1948 bis 1951 kaufmännische Lehre, 1951 bis 1958 Tätigkeit als Buchhalter bei verschiedenen Hamburger Firmen, 1958/59 Vorpraktikum in Heimen der AWO in Duisburg und Bremerhaven, 1959 bis 1961 Studium am Seminar für Sozialberufe der AWO in Mannheim, 1961/62 Berufspraktikum beim Jugendamt Duisburg, 1962/63 Heimleiter des Arbeiterwohnheims der AWO in Osnabrück, ab 1963 Sozialarbeiter, ab 1967 Sozialarbeiter beim Bezirksamt Berlin-Kreuzberg, ab 1957 Mitglied der SPD, ab

1965 2. Vorsitzender, ab 1969 1. Vorsitzender der 9. Abteilung der SPD in Kreuzberg, 1967 bis 1969 Bezirksverordneter in Berlin-Kreuzberg.

Tromp, Winfried *CDU*

Geb. 24. Oktober 1938 Berlin
Gest. 18. April 2002 Berlin

Abgeordnetenhaus von Berlin:
5. WP
6. WP
7. WP (bis 29. Mai 1975, Nachrücker: Peter Rauschenbach)

Gymnasium, Abitur, Studium der Rechtswissenschaften an der Freien Universität Berlin, ab 1958 Mitglied der CDU, ab 1960 zeitweise stellvertretender Landesvorsitzender der Jungen Union, ab 1962 als Journalist und Referent für politische Bildungsarbeit tätig, 1966 bis 1968 Kreisvorsitzender der Jungen Union in Berlin-Wedding, 1968/69 Vorsitzender des Ringes Politischer Jugend, 1968 bis 1970 Geschäftsführer des Demokratischen Klubs, ab 1970 Redakteur der „Berliner Rundschau" und Pressereferent bzw. Pressesprecher des CDU-Landesverbands Berlin, 1975 bis 1985 Bezirksstadtrat in Berlin-Wedding, später erneut Tätigkeit als freiberuflicher Journalist.

Troppa, Fritz *CDU*

Geb. 1. Dezember 1921 Spremberg/Niederlausitz
Gest. 20. November 1972 Berlin

Abgeordnetenhaus von Berlin:
6. WP (ab 29. Juni 1971, nachgerückt für Peter Kittelmann)

Grundschule, Lehre und Arbeit als Tuchmacher, 1940 bis 1944 Wehrmacht, 1940 Mitglied der NSDAP, 1944/45 Besuch der Textilingenieurschule Cottbus, ab 1946 Mitglied der CDU, 1947 bis 1950 Sachbearbeiter in der Kreisverwaltung Spremberg, Flucht nach West-Berlin, 1950 bis 1956 Tätigkeit als Buchhalter, ab 1956 Verwaltungsangestellter beim Senat von Berlin, ab Juli 1971 Angestellter beim Bezirksamt Berlin-Tiergarten, stellvertretender Kreisvorsitzender der CDU in Berlin-Tiergarten, 1954 bis 1975 Bezirksverordneter in Berlin-Tiergarten, stellvertretender Vorsteher der Bezirksverordnetenversammlung Berlin-Tiergarten, an den Folgen eines Verkehrsunfalls verstorben.

Twehle, Manfred *SPD*

Geb. 19. Februar 1941 Berlin
Gest. 6. Januar 1984 Berlin

Abgeordnetenhaus von Berlin:
6. WP (ab 24. Juni 1971, nachgerückt für Gerhard Böhm)
7. WP
8. WP

Grundschule, Lehre und Arbeit als Chemigraf, ab 1959 Mitglied der SPD, ab 1976 Abteilungsvorsitzender in Berlin-Neukölln, 1963 bis 1969 Angestellter in der Berliner Verwaltung, 1969 bis 1975 Geschäftsführer der SPD in Berlin-Neukölln, ab August 1975 Angestellter bei der Stadt und Land Wohnbautengesellschaft mbH, März bis Mai 1971 Bezirksverordneter in Berlin-Neukölln.

Ueberhorst, Reinhard *SPD*

Geb. 26. April 1948 Elmshorn/Schleswig-Holstein

Abgeordnetenhaus von Berlin:
9. WP

Gymnasium, 1966 Abitur, Studium der Rechts- und Sozialwissenschaften sowie Sprachen an den Universitäten Hamburg und Tübingen, 1972 1. juristisches Staatsexamen, bis 1974 politikwissenschaftliches Studium an der Universität Amsterdam, ab 1966 Mitglied der SPD, 1975 bis 1981 Vorsitzender des SPD-Ortsvereins Elmshorn, 1973 bis 1974 Mitarbeiter der Planungsgesellschaft „Metaplan" in Quickborn bei Hamburg, 1976 bis 1981 Mitglied des Deutschen Bundestags sowie von 1976 bis 1980 Mitglied der Versammlung des Europarats und der Beratenden Versammlung der WEU, Januar bis Juni 1981 Senator für Gesundheit und Umweltschutz, ab 1981 Inhaber eines Beratungsbüros für diskursive Projektarbeiten und Planungsstudien in Elmshorn.

Ulrich, Peter *SPD*

Geb. 13. Juli 1928 Stuttgart
Gest. 30. Juli 2011 Berlin

Abgeordnetenhaus von Berlin:
9. WP

Volksschule, Notabitur (Sonderreifeprüfung), 1945 Hilfsschlosser und Traktorist, später Angestellter in der Kommunalverwaltung einer brandenburgischen Stadt, 1949 Flucht nach West-Berlin, Mitglied der SPD, 1950 Studium an der Hochschule für Politik und an der Freien Universität Berlin, Diplom-Politologe, Erzieher für schwer erziehbare Kinder im Jugendhof, 1956 bis 1960 Landesjugendleiter der DAG und Leiter der Jugendleiterschule Wannseeheim e. V., 1965 bis 1967 Landesjugendpfleger beim Senator für Jugend und Sport, 1968 bis 1976 Senatsdirektor (Staatssekretär) beim Senator für Inneres und 1976/77 Senatsdirektor beim Senator für Bau- und Wohnungswesen, 1977 bis 1981 Innensenator bzw. Januar bis Juni 1981 Senator für Bau- und Wohnungswesen, 1981 bis 1985 Landesvorsitzender der Berliner SPD, 1983 bis 1985 Vorsitzender der SPD-Fraktion im Abgeordnetenhaus von Berlin, ab 1985 ehrenamtliches Vorstandsmitglied der Universal-Stiftung Helmut Ziegner.

Ulzen, Jürgen *CDU*

Geb. 30. März 1937 Rostock
Gest. 14. April 2010 Berlin

Abgeordnetenhaus von Berlin:
6. WP
7. WP
8. WP

Gymnasium, 1956 Abitur, 1956 bis 1962 Studium an der Freien Universität Berlin, Diplom-Handelslehrer, ab 1962 Schuldienst (Bezirksamt Berlin-Steglitz), Lehrer an der Berufsschule (Bank- und Versicherungsoberschule in Berlin-Lichterfelde), ab 1966 Mitglied der CDU, 1981 bis 1989 Bezirksrat für Volksbildung in den Bezirken Berlin-Tiergarten und Berlin-Wilmersdorf, anschließend Tätigkeit im Bereich der Unternehmensberatung Consulting bei früheren ostdeutschen Betrieben und Schulleiter der privaten Bildungsstätte didactica.

Unger, geb. Krause, Barbara *SPD*

Geb. 3. September 1943 Königsberg/Ostpreußen

Abgeordnetenhaus von Berlin:
12. WP (ab 4. November 1992, nachgerückt für Thomas Krüger)

Oberschule, 1962 Abitur, 1964 Außenhandelskauffrau, Fernstudium an der Fachschule für Außenhandel, 1966 Außenhandelsökonom, 1962 bis 1966 Buchhalterin bei OIA Textil, 1966 bis 1969 Expedientin bei der Interflug, 1970 bis 1975 Exportkauffrau bei Polygraph-Export, 1975 bis 1990 bei Chemie –Export-Import, ab 1990 Bürosachbearbeiterin beim Arbeitsamt VI, ab Herbst 1989 Mitglied der SDP/SPD, diverse ehrenamtliche Funktionen, u. a. ab 1991 Vorsitzende der Arbeitsgemeinschaft Sozialdemokratischer Frauen (ASF) in Berlin-Lichtenberg, ab 1992 stellvertretende Landesvorsitzender der ASF, Mai 1990 bis Januar 1991 Mitglied der Stadtverordnetenversammlung von Berlin, Vorsitzende des Hauptausschusses.

Urban, Michael *CDU*

Geb. 19. April 1943 Berlin

Abgeordnetenhaus von Berlin:
6. WP (ab 27. November 1972, nachgerückt für Fritz Troppa)

Grundschule, Handelsschule, Lehre und Arbeit als Industriekaufmann bei der Siemens AG, Mitglied der CDU, Mitglied des CDU-Kreisvorstands Tiergarten, Schatzmeister der CDU Tiergarten, Ehrenvorsitzender des CDU-Ortsverbands Berlin-Tiergarten, 1971 bis 1979 und 1985 bis 1995 Bezirksverordneter in Berlin-Tiergarten, 1975 bis 1995 Bezirksstadtrat für Jugend und Sport und Finanzen bzw. Gesundheitswesen und Wirtschaft in Berlin-Tiergarten, ab 1999 Vorsteher der Bezirksverordnetenversammlung in Berlin-Tiergarten, Vorsitzender des Heimatvereins und der Geschichtswerkstatt Berlin-Tiergarten.

Urban, Wilhelm *SPD*

Geb. 28. August 1908 Brunebeck/Krs. Hörde, Westfalen
Gest. 8. Februar 1973 Berlin

Stadtverordnetenversammlung von Groß-Berlin:
1. WP
2. WP (bis 11. Juli 1949)
Abgeordnetenhaus von Berlin:
1. WP (bis 6. April 1951)
2. WP (bis 10. März 1955)
3. WP (Mandatsannahme abgelehnt)
6. WP (bis 15. September 1972, Nachrücker: Lutz Rohleder)

Siehe Biografisches Handbuch der Berliner Stadtverordneten und Abgeordneten 1946–1963, im Auftrag des Präsidenten des Abgeordnetenhauses von Berlin bearbeitet von Werner Breunig und Andreas Herbst, mit einer Einleitung von Siegfried Heimann (= Schriftenreihe des Landesarchivs Berlin, Bd. 14), Berlin 2011, S. 265 f.

Vandrei, Helmut *SPD*

Geb. 10. November 1922 Kummersdorf
Gest. 6. Oktober 1983 in Berlin

Abgeordnetenhaus von Berlin:
5. WP

Volksschule, Lehre als Maschinenschlosser, 1941 Wehrmacht, 1945 sowjetische Kriegsgefangenschaft, 1949 Rückkehr nach Deutschland, anschließend Bau- und Gießereiarbeiter, 1952 bis 1959 Maschinenschlosser bei der Berliner Maschinenbau AG, ab 1957 Mitglied der SPD, ab 1960 hauptamtlicher Sekretär der IG Metall in Berlin-Reinickendorf und Berlin-Wedding.

Vetter, Horst *FDP*

Geb. 28. August 1927 Berlin

Abgeordnetenhaus von Berlin:
6. WP
7. WP
8. WP
9. WP (bis 5. Dezember 1983, Nachrücker: Arnold Krüger)
10. WP (bis 30. April 1985, Nachrücker: Peter Tiedt)

Mittelschule, 1945/46 kaufmännische Ausbildung, ab 1947 Handelsvertreter, ab 1951 Mitinhaber der Firma „Großhandlung Vetter & Huffert", 1956 Gründer der Firma „Horst Vetter Großhandel", 1966 Gründer des Berliner Glückwunschkarten-Vertriebs, ab 1970 Alleininhaber, 1969 Gründer der Einzelhandelsfirma „Horst Vetter Papier- und Bürobedarf", ab 1961 Mitglied der FDP, 1965 bis 1979 Vorsitzender des Bezirksverbands Berlin-Reinickendorf, 1973 bis 1975 stellvertretender FDP-Landesvorsitzender von Berlin, 1987/88 erneut Mitglied des FDP-Landesvorstands, 1975 bis 1983 Fraktionsvorsitzender der FDP im Abgeordnetenhaus von Berlin, 1983 bis 1986 Senator für Stadtentwicklung und Umweltschutz.

Vetter, Peter *CDU*

Geb. 15. September 1941 Karlsbad
Gest. 8. Juni 2009 in Berlin

Abgeordnetenhaus von Berlin:
7. WP
8. WP
9. WP
10. WP
11. WP

Haupt- und Handelsschule, Lehre als Orthopädie-Mechaniker, 1960 Gesellenprüfung, 1962 bis 1977 Mechaniker, Mitinhaber und Geschäftsführer in verschiedenen Senioren-, Heimbetreuungs- und Krankenheimen in Berlin, ab 1959 Mitglied der CDU, Ortsvorsitzender und Mitglied des CDU-Kreisvorstands in Berlin-Tiergarten, 1987 bis 2007 Vorsitzender des Landesverbands Berlin des Sozialverbands Deutschland (SoVD) bzw. Vorsitzender des Landesverbands Berlin-Brandenburg, 2001 bis 2003 Vorsitzender des SoVD,

Vorsitzender des Ausschusses für Gesundheit und Soziales und Mitglied des Präsidiums des Abgeordnetenhauses von Berlin.

Voelker, Alexander *SPD*

Geb. 1. August 1913 [Berlin-]Neukölln
Gest. 24. Februar 2001 Berlin

Stadtverordnetenversammlung von Groß-Berlin:
2. WP (ab 14. Februar 1949, nachgerückt für Otto Burgemeister)
Abgeordnetenhaus von Berlin:
1. WP
2. WP
3. WP
4. WP
5. WP
6. WP
7. WP

Siehe Biografisches Handbuch der Berliner Stadtverordneten und Abgeordneten 1946–1963, im Auftrag des Präsidenten des Abgeordnetenhauses von Berlin bearbeitet von Werner Breunig und Andreas Herbst, mit einer Einleitung von Siegfried Heimann (= Schriftenreihe des Landesarchivs Berlin, Bd. 14), Berlin 2011, S. 267.

Vogel, Hans-Jochen *SPD*

Geb. 3. Februar 1926 Göttingen

Abgeordnetenhaus von Berlin:
9. WP (bis 26. April 1983, Nachrücker: Hans-Ludwig Schoenthal)

Gymnasium, 1943 Abitur, 1943 bis 1945 Wehrmacht, Studium der Rechtswissenschaften an den Universitäten München und Marburg, 1948 1. und 1951 2. juristische Staatsprüfung, 1950 Promotion zum Dr. jur., ab 1950 Mitglied der SPD, ab 1970 Mitglied des SPD-Parteivorstands, ab 1972 des Präsidiums des SPD-Parteivorstands, 1952 Assessor, später Regierungsrat im bayerischen Justizministerium, 1954 Amtsgerichtsrat in Traunstein, 1955 zur Bereinigung des bayerischen Landesrechts Berufung in die bayerischen Staatskanzlei, 1958 bis 1972 Mitglied des Stadtrats von München, 1958 bis 1960 Leiter des Rechtsreferats in München, 1960 bis 1972 Oberbürgermeister von München, 1972 bis 1981 Bundesminister für Raumordnung, Bauwesen und Städtebau bzw. der Justiz, Januar bis Juni 1981 Regierender Bürgermeister von Berlin, Mai 1981 Spitzenkandidat der SPD bei den vorgezogenen Wahlen zum Abgeordnetenhaus von Berlin, 1981 bis 1983 Vorsitzender der SPD-Fraktion im Abgeordnetenhaus von Berlin, 1983 Kanzlerkandidat der SPD für die Bundestagswahl, 1983 bis 1991 Vorsitzender der SPD-Fraktion im Bundestag, 1987 bis 1991 Bundesvorsitzender der SPD, 1972 bis 1981 und 1983 bis 1994 Mitglied des Deutschen Bundestags.

Vogel, Hans-Werner *CDU*

Geb. 17. November 1945 Pansfelde/Sachsen-Anhalt

Abgeordnetenhaus von Berlin:
12. WP

Oberschule, 1964 Abitur, Studium, 1971 Diplom-Geograf, ab September 1971 Angestellter im öffentlichen Dienst, Mitarbeiter beim Stadtrat für Bauwesen in Ost-Berlin, ab Januar 1990 Mitglied der CDU, Vorsitzender des CDU-Ortsverbands Königstor, Juni 1990 bis 1992 Vorsitzender des CDU-Kreisverbands Berlin-Prenzlauer Berg, Mai 1990 bis Januar 1991 Mitglied der Stadtverordnetenversammlung von Berlin.

Vogt, Hubert *CDU*

Geb. 28. September 1936 Berlin
Gest. 9. März 2016 Berlin

Abgeordnetenhaus von Berlin:
10. WP
11. WP (ab 9. November 1989 nachgerückt für Uwe Ewers)
12. WP
13. WP

Realschule, mittlere Reife, 1952 bis 1955 Abend-Aufbaulehrgang für die Ingenieurschule, 1955 Gesellenprüfung für das Maurerhandwerk, 1958 bis 1962 Missionshelfer für die katholische Mission in Südwestafrika, Ehrenvorsitzender der Berliner Schüler-Union, ab 1961 Mitglied der CDU, 1975 bis 1978 stellvertretender Vorsitzender des CDU-Ortsverbands Tegel bzw. Lübars-Waidmannslust, 1962 bis 1965 Studium an der Technischen Fachschule Berlin, Hochbauingenieur, 1966 bis 1970 Bauingenieur für die katholische Kirche in Namibia (Südwestafrika), 1971 bis 1973 Bauleiter in der Katholischen Kirche Berlin, ab 1974 Abteilungsleiter (Bau) und ab 1978 Diözesanbaurat im Bischöflichen Ordinariat Berlin, ab 1983 Leiter der Wirtschaftsabteilung und Vorstandsmitglied des Malteser Hilfsdienstes Berlin, Bevollmächtigter für Bauangelegenheiten, 1979 bis 1985 Bezirksverordneter in Berlin-Reinickendorf, 1983 bis 1985 Fraktionsvorsitzender, kirchenpolitischer Sprecher der CDU-Fraktion im Hauptausschuss des Abgeordnetenhauses.

Volkholz, geb. Schuster, Sybille *Bündnis 90/Grüne*

Geb. 17. März 1944 Dramburg/Pommern

Abgeordnetenhaus von Berlin:
12. WP
13. WP

Gymnasium, 1963 Abitur, 1963 bis 1967 Studium an den Universitäten Bonn, Köln und Münster, 1967 Diplom-Soziologin, 1970 bis 1972 Studium an der Pädagogischen Hochschule Berlin, 1972 1. Staatsprüfung für das Lehramt, 1967 bis 1970 wissenschaftliche Mitarbeiterin am Max-Planck-Institut für Bildungsforschung in Berlin, 1972 Lehrerin an einer Hauptschule in Berlin-Charlottenburg, 1979 bis 1989 Lehrerin an der Berufsfachschule/Fachschule für Erzieher/heute Sozialpädagogik, ab 1986 Fachstudienrätin, 1979 bis 1989 stellvertretende Vorsitzende der GEW Berlin, März 1989 bis November 1990 Senatorin für Schule, Berufsbildung und Sport und stellvertretendes Mitglied des Rates der Bürgermeister, ab November 1990 Mitglied der Grünen/AL, 1991 bis 1999 bildungspolitische Sprecherin der Fraktion von Bündnis 90/Die Grünen im Abgeordnetenhaus von Berlin, Januar 2000 bis Dezember 2004 Koordinatorin der Bildungskommission der Heinrich-Böll-Stiftung.

Vonnekold, Gabriele *AL*
Geb. 11. April 1952 Berlin

Abgeordnetenhaus von Berlin:
10. WP (ab 21. April 1987, nachgerückt durch Rotation für Wolfgang Schenk)

Gesamtschule, 1971 Abitur, 1971 bis 1978 Studium der Politologie und Germanistik an der Freien Universität Berlin, 1981 Staatsexamen, 1984 bis 1986 Referendariat für das höhere Lehramt, 2002/2003 Zusatzausbildung zur Personalreferentin, 1989 bis 2006 Tätigkeiten im kaufmännischen Bereich (Filialleitung im Buchhandel, Bewerbungstraining für Schwerbehinderte, Finanzmanagement sozialer Projekte), 1979 Gründungsmitglied der AL, 1981 bis 1983 Bezirksverordnete in Berlin-Neukölln, Vorsitzende der AL-Fraktion, 2001 bis 2006 erneut Bezirksverordnete in Berlin-Neukölln, Vorsitzende der Fraktion von Bündnis 90/Die Grünen, 1998 bis 2000 Vorstandssprecherin des Kreisverbands Neukölln von Bündnis 90/Die Grünen, ab 2006 Bezirksstadträtin für Jugend im Bezirksamt Neukölln.

Vortisch, Lothar *SPD*

Geb. 7. Juli 1934 Berlin

Abgeordnetenhaus von Berlin:
5. WP

Volksschule, Gymnasium, Abitur, Jurastudium in Freiburg im Breisgau und Berlin, 1. und 2. juristisches Staatsexamen in Berlin, ab 1962 als Rechtsanwalt tätig, ab 1959 Mitglied der SPD, 1963 bis 1967 Bezirksverordneter in Berlin-Charlottenburg.

Vortisch, Otto *SPD*

Geb. 19. Dezember 1897 Plaue an der Havel
Gest. 22. Mai 1971 Berlin

Abgeordnetenhaus von Berlin:
2. WP
3. WP
4. WP (ab 2. Mai 1963, nachgerückt für Dora Lösche)
5. WP

Siehe Biografisches Handbuch der Berliner Stadtverordneten und Abgeordneten 1946–1963, im Auftrag des Präsidenten des Abgeordnetenhauses von Berlin bearbeitet von Werner Breunig und Andreas Herbst, mit einer Einleitung von Siegfried Heimann (= Schriftenreihe des Landesarchivs Berlin, Bd. 14), Berlin 2011, S. 268.

Voss, Hermann *REP*

Geb. 4. Februar 1941 Lübeck

Abgeordnetenhaus von Berlin:
11. WP

Realschule und Hotelfachschule, 1957 bis 1959 Lehre als Hotelkaufmann/Koch, 1965 Prüfung Güterkraftverkehr (Spedition und Taxi), 1972 Ausbildung zum Industriekaufmann, bis 1975 als Industriekaufmann tätig, ab 1976 Angestellter im öffentlichen Dienst, Verwaltungsangestellter in der Bundesversicherungsanstalt für Angestellte, ab 1986 Mitglied der Republikaner und stellvertretender Vorsitzender des Kreisverbands Berlin-Charlottenburg, Landesschatzmeister.

Wachs, Robert *CDU*

Geb. 16. Juli 1921 Tilsit/Ostpreußen
Gest. 11. März 1989 Berlin

Abgeordnetenhaus von Berlin:
7. WP (ab 3. Juli 1978, nachgerückt für Siegfried Zimmer)
9. WP (ab 29. Juni 1981, nachgerückt für Werner Dolata)
10. WP

Volks- und Mittelschule, kaufmännische Berufsschule, 1940 Kaufmannsgehilfenprüfung, ab 1948 selbstständiger Kaufmann, Inhaber der Fabrik Robert Wachs Nachrichtentechnik, Autofunk-Autotelefon, ab 1949 Mitglied der CDU, ab 1965 Vorsitzender des CDU-Ortsverbands Dürer, ab 1971 stellvertretender Vorsitzender der CDU in Berlin-Schöneberg, 1967 bis 1978 und 1979 bis 1981 Bezirksverordneter in Berlin-Schöneberg, 1971/72 stellvertretender Fraktionsvorsitzender, 1972 bis 1978 Fraktionsvorsitzender.

Wachsmuth, Jürgen *AL*

Geb. 30. April 1951 Berlin

Abgeordnetenhaus von Berlin:
9. WP (ab 28. Februar 1983, nachgerückt durch Rotation für Ursula Schaar)

Grundschule und Gymnasium, kaufmännische Lehre als Groß- und Außenhandelskaufmann, 1971 Kaufmannsgehilfenprüfung, ab 1971 kaufmännischer Angestellter beim Sanitär- und Heizungsgroßhandel „Peter Breitenbach", ab 1978 Mitglied der AL, Fraktionsgeschäftsführer der Fraktion von Bündnis 90/Die Grünen im Abgeordnetenhaus von Berlin, später Referent der Fraktion von Bündnis 90/Die Grünen im Deutschen Bundestag, Mitglied des Kreisvorstands Charlottenburg-Wilmersdorf.

Wagner, geb. Guse, Heide-Lore *PDS*

Geb. 4. September 1954 Gnoien/Krs. Teterow

Abgeordnetenhaus von Berlin:
12. WP (ab 2. August 1994, nachgerückt für Heiko-Joachim Horn)

POS, Spezialschule der Humboldt-Universität zu Berlin (Abitur), Studium an der Humboldt-Universität zu Berlin, Diplom-Lehrerin für Mathematik/Physik, Direktorin der 12. Oberschule in Berlin-Marzahn, ab 1982 Mitglied der SED, ab 1990 der PDS, Mitarbeiterin bzw. bis 1995 Leiterin des Wahlkreisbüros des Bundestagsabgeordneten Gregor

Gysi, Mai 1990 bis Januar 1991 Mitglied der Stadtverordnetenversammlung von Berlin, später zeitweise Bezirksvorsitzende der PDS bzw. der Linkspartei in Marzahn-Hellersdorf sowie Mitglied der Bezirksverordnetenversammlung Marzahn-Hellersdorf.

Wagner, Heidi *SPD*

Geb. 29. Juni 1947 Groß-Gerau/Hessen

Abgeordnetenhaus von Berlin:
11. WP

Realschule, 1963 mittlere Reife, Bauzeichnerlehre, 1966 Abschluss, Studium an der Staatlichen Ingenieurschule für Bauwesen in Darmstadt, 1969 Ing. grad., 1969 bis 1973 in Architekturbüros in Darmstadt und Berlin tätig, Studium Architektur und Stadtbau an der Technischen Universität Berlin, 1975 Diplom-Ingenieur, 1976 bis 1980 Stadtplanerin im Bezirksamt Berlin-Reinickendorf, ab 1980 im Stadtplanungsamt Bezirksamt Berlin-Kreuzberg, ab 1980 Mitglied der SPD, ab 1986 stellvertretende Abteilungsvorsitzende und Mitglied im Geschäftsführenden Kreisvorstand (Kreiskassiererin).

Wagner, Horst *SPD*

Geb. 21. April 1931 Berlin
Gest. 21. Mai 2011 Berlin

Abgeordnetenhaus von Berlin:
9. WP
10. WP
11. WP

Volksschule, 1945 bis 1948 Ausbildung zum Industriekaufmann in einem Berliner Metallbetrieb, 1948 bis 1969 Gewerkschaftssekretär, 1969 bis 1980 2. Bevollmächtigter, 1980 bis 1989 1. Bevollmächtigter der IG Metall, Verwaltungsstelle Berlin (Geschäftsführer), 1990 bis 1995 Leiter des neugegründeten Bezirks der IG Metall Berlin/Brandenburg, ab 1950 Mitglied der SPD, Vorstandsmitglied der IG Metall für die Bundesrepublik, als Gewerkschaftsvertreter Mitglied im Aufsichtsrat von Siemens, Osram, der Neuen Heimat und von Orenstein & Koppel, ab 1981 wirtschaftspolitischer Sprecher und 1983 bis 1989 stellvertretender Vorsitzender der SPD-Fraktion im Abgeordnetenhaus von Berlin, ab 1979 Mitglied des SPD-Landesvorstands Berlin, 1989 bis 1991 Senator für Arbeit, Verkehr und Betriebe, Vorsitzender bzw. Ehrenvorsitzender des Fördererkreises Haus am Lützowplatz.

Wagner, Jürgen *SPD*

Geb. 19. September 1934 Bromberg/Westpreußen

Abgeordnetenhaus von Berlin:
10. WP
11. WP
12. WP (ab 14. November 1994, nachgerückt für Ingrid Holzhütter)

Volks- und Oberschule, 1953 Abitur, Studium an der Fachschule für Optik und Fototechnik Berlin, 1956 Abschluss als staatlich geprüfter Fotomechaniker, Studium der Wirtschaftswissenschaften, Germanistik und Publizistik an der Freien Universität Berlin und der Universität München, 1960 bis 1970 Foto- und Filmtechniker am Institut für Luftfahrzeugbau der Technischen Universität Berlin, 1971 bis 1994 Verwaltungsleiter der Bundeslehr- und Forschungsstätte der DLRG Berlin, ab 1961 Mitglied der SPD, 1963 bis 1969 stellvertretender Abteilungsvorsitzender, 1965 bis 1991 Mitglied des SPD-Kreisvorstands Berlin-Tempelhof, 1970/71 Kreissekretär der SPD Berlin-Tempelhof, 1963 bis 1967 Bürgerdeputierter, 1967 bis 1985 Bezirksverordneter in Berlin-Tempelhof, 1975 bis 1985 stellvertretender Fraktionsvorsitzender.

Wahl, Jürgen *FDP*

Geb. 28. Juni 1922 Berlin
Gest. 10. Mai 1990 Berlin

Abgeordnetenhaus von Berlin:
5. WP (ab 15. Januar 1970, nachgerückt für den am 11. Januar 1970 verstorbenen Kurt Weber)
6. WP
7. WP (ab 10. Januar 1978, nachgerückt für Ulrich Roloff)
8. WP (ab 10. Mai 1979, nachgerückt für Wolfgang Lüder)

Grundschule und Gymnasium, 1940 Abitur, Studium an der Universität Innsbruck, Wehrmacht (Führungsnachrichtentruppe in Afrika und Italien), amerikanische Kriegsgefangenschaft in Italien bis 1947, Fortsetzung des Studiums an der Gaußschule Berlin, Tätigkeit als Elektromonteur, technischer Angestellter in verschiedenen elektronischen Betrieben Berlins, ab 1950 Mitglied der FDP, Vorsitzender der FDP-Ortsgruppe in Berlin-Lichterfelde.

Wahler, Emma *CDU*

Geb. 31. August 1906 Fulda
Gest. 9. März 1993 Berlin

Abgeordnetenhaus von Berlin:
3. WP
4. WP

Siehe Biografisches Handbuch der Berliner Stadtverordneten und Abgeordneten 1946–1963, im Auftrag des Präsidenten des Abgeordnetenhauses von Berlin bearbeitet von Werner Breunig und Andreas Herbst, mit einer Einleitung von Siegfried Heimann (= Schriftenreihe des Landesarchivs Berlin, Bd. 14), Berlin 2011, S. 270.

Waller, Peter *SPD*

Geb. 12. April 1935 Neuburg/Donau

Abgeordnetenhaus von Berlin:
8. WP (vom 9. Mai 1979, nachgerückt für Harry Ristock)

Oberschule, 1953 Abitur, Studium der Betriebswirtschaft an der Universität München und am Amherst College in den USA, Studium der Geografie an der University of British Columbia in Vancouver/Kanada, 1959 Diplom-Kaufmann, 1963 Promotion zum Dr. oec. publ., 1963/64 Assistent am Institut für Wirtschaftsgeografie der Universität München, ab 1964 wissenschaftlicher Mitarbeiter und Abteilungsleiter im Deutschen Institut für Entwicklungspolitik in Berlin, ab 1978 Hochschullehrer, später Professor für Wirtschaftsgeografie an der Freien Universität Berlin, 1981 bis 2000 stellvertretender Geschäftsführer des Deutschen Instituts für Entwicklungspolitik in Bonn, ab 1965 Mitglied der SPD, 1971 bis 1978 Abteilungsvorsitzender der Abteilung 8/West in Berlin-Charlottenburg, ab 1995 zeitweise Vorsitzender von Transparency Deutschland.

Wallot, Julius *CDU*

Geb. 21. April 1950 Berlin

Abgeordnetenhaus von Berlin:
12. WP (ab 27. März 1992, nachgerückt für Klaus Finkelnburg)

Gymnasium, 1970 Abitur, 1970 bis 1975 Studium an der Freien Universität Berlin, 1975 1. und 1979 2. juristisches Staatsexamen, ab November 1976 Referendar beim Kammergericht Berlin, ab April 1979 Rechtsanwalt, ab 1970 Mitglied der CDU, 1979 bis 1982 stellvertretender Landesvorsitzender Jungen Union, stellvertretender Vorsitzender des

CDU-Ortsverbands Bismarck des CDU-Kreisverbands Berlin-Charlottenburg, 1980/81 Geschäftsführer des Ringes Politischer Jugend.

Walter, Erwin *CDU*

Geb. 14. September 1912 Berlin
Gest. 13. Februar 1998 Berlin

Abgeordnetenhaus von Berlin:
3. WP
4. WP
6. WP

Siehe Biografisches Handbuch der Berliner Stadtverordneten und Abgeordneten 1946–1963, im Auftrag des Präsidenten des Abgeordnetenhauses von Berlin bearbeitet von Werner Breunig und Andreas Herbst, mit einer Einleitung von Siegfried Heimann (= Schriftenreihe des Landesarchivs Berlin, Bd. 14), Berlin 2011, S. 271.

Walter, Reinhard *SPD*

Geb. 15. Dezember 1939 Berlin

Abgeordnetenhaus von Berlin:
9. WP

1954 Realschulabschluss, 1955 bis 1958 Lehre als Industriekaufmann, 1958 bis 1961 als Industriekaufmann tätig, ab 1959 Mitglied der SPD, Abteilungsvorsitzender, 1961 bis 1964 Ausbildung am Sozialpädagogischen Institut der AWO (Fachschule für Sozialarbeit), ab 1965 beim Bezirksamt Berlin-Tiergarten tätig, Sozialamtmann in der Abteilung Jugend und Sport/Jugendpflege.

Walther, Gerhard *SPD*

Geb. 18. Juni 1923 Berlin

Abgeordnetenhaus von Berlin:
4. WP

Volks-, Mittel- und Oberschule, 1942 Abitur, anschließend Wehrmacht, 1945 bis Ende 1948 Kriegsgefangenschaft, Studium der Theaterwissenschaft, Publizistik, Kunstgeschichte und Germanistik an der Freien Universität Berlin, 1953 Promotion zum Dr. phil., während des

Studiums 2. Bundesvorsitzender des Internationalen Studentenbunds, Mitglied der SPD, Abteilungsvorsitzender, freiberufliche Tätigkeit als Journalist, freier fester Mitarbeiter beim RIAS bzw. Redakteur, 1958 bis 1962 Bezirksverordneter in Berlin-Wilmersdorf.

Waltzog, Alfons *CDU*

Geb. 24. Dezember 1910 [Berlin-]Spandau
Gest. 22. April 1981 Grabenstätt/Oberbayern

Abgeordnetenhaus von Berlin:
2. WP
3. WP
4. WP
5. WP

Siehe Biografisches Handbuch der Berliner Stadtverordneten und Abgeordneten 1946–1963, im Auftrag des Präsidenten des Abgeordnetenhauses von Berlin bearbeitet von Werner Breunig und Andreas Herbst, mit einer Einleitung von Siegfried Heimann (= Schriftenreihe des Landesarchivs Berlin, Bd. 14), Berlin 2011, S. 271 f.

Wanjura, geb. Güssow, Marlies *CDU*

Geb. 7. Januar 1945 Berlin

Abgeordnetenhaus von Berlin:
12. WP (bis 18. Februar 1991, Nachrückerin: Charlotte Wegener)

Realschule, 1961 mittlere Reife, Ausbildung zur Krankenschwester, 1965 Examen, 1965 bis 1967 Krankenschwester, 1967 bis 1976 Familienphase, 1976 bis 1980 Leiterin eines sozialpflegerischen Dienstes, 1980 bis 1983 Referentin der Pflegedienstleitung Caritasverband, 1984 bis 1990 stellvertretende Referatsleiterin beim Senator für Gesundheit und Soziales, ab Dezember 1990 Referatsleitung in der Bezirksverwaltung Potsdam, ab 1970 Mitglied der CDU, 2001 bis 2009 stellvertretende Vorsitzende des CDU-Landesverbands Berlin, 1991 bis 1995 Stadträtin für Gesundheit und Umweltschutz in Berlin-Reinickendorf, 1992 bis 1995 stellvertretende Bezirksbürgermeisterin, 1995 bis 2009 Bezirksbürgermeisterin von Berlin-Reinickendorf, ab April 2011 Präsidentin der DLRG, Landesverband Berlin e. V.

Wartenberg, Gerd *SPD*

Geb. 26. Juni 1944 Swinemünde

Abgeordnetenhaus von Berlin:
7. WP
8. WP (bis 14. November 1980, Nachrücker: Günter Abendroth)

Gymnasium, Abitur, Lehre als Schriftsetzer, Studium der Volkswirtschaft, 1955 bis 1965 Mitglied der „Falken", seit 1967 Mitglied der SPD, ab 1975 Mitglied des SPD-Landesvorstands Berlin, 1985 bis 1989 Vorsitzender des SPD-Kreisverbands Berlin-Kreuzberg, 1972 bis 1980 Fachredakteur im Bereich Architektur, Städtebau und Wohnungswesen, bis 1980 Redakteur der Zeitschrift „Bauwelt", 1996 bis 2001 Staatssekretär für Bundes- und Europa-Angelegenheiten beim Regierenden Bürgermeister von Berlin, 2001/02 Europabeauftragter des Landes Berlin, zeitweise Vorsitzender des Humanistischen Verbandes Berlin-Brandenburg und des Landesverbands Berlin der Europa-Union, 1979/80 stellvertretender Vorsitzender der SPD-Fraktion im Abgeordnetenhaus von Berlin, 1980 bis 1994 Mitglied des Deutschen Bundestags.

Weber, Anton *CDU*

Geb. 31. Oktober 1890 Horchheim/Krs. Koblenz
Gest. 24. Februar 1969 Berlin

Stadtverordnetenversammlung von Groß-Berlin:
1. WP
2. WP
Abgeordnetenhaus von Berlin:
2. WP
3. WP (ab 13. Februar 1959, nachgerückt für Gerhard Schulze)
4. WP

Siehe Biografisches Handbuch der Berliner Stadtverordneten und Abgeordneten 1946–1963, im Auftrag des Präsidenten des Abgeordnetenhauses von Berlin bearbeitet von Werner Breunig und Andreas Herbst, mit einer Einleitung von Siegfried Heimann (= Schriftenreihe des Landesarchivs Berlin, Bd. 14), Berlin 2011, S. 272.

Weber, Kurt *FDP*

Geb. 10. Oktober 1924 Kainzen/Krs. Guhrau
Gest. 11. Januar 1970 Berlin

Abgeordnetenhaus von Berlin:
5. WP

Gymnasium, 1942 Abitur, 1942 bis 1945 Wehrmacht (Luftwaffe), 1945 bis 1949 technischer Kaufmann, Angestellter bei einem Industriebetrieb in Sachsen-Anhalt, 1949 bis 1955 Studium an der Freien Universität Berlin, Diplom-Physiker, 1955 bis 1962 Geschäftsführer einer gemeinnützigen Lehrwerkstätte für Metallberufe, ab 1962 Redakteur, zuletzt Chefredakteur der Zeitschrift „Das Berliner Wort", 1945 Mitglied der LDP in Sachsen-Anhalt, Ortsgruppenvorsitzender, stellvertretender Kreisvorsitzender, 1947/48 LDP-Vertreter in mehreren Ausschüssen des Magistrats von Delitzsch bei Leipzig, 1949 Übersiedlung nach West-Berlin, Mitglied der FDP, 1950 bis 1958 und 1963 bis 1967 Bezirksverordneter in Berlin-Steglitz.

Wegehaupt, Friedrich *CDU*

Geb. 25. August 1904 Dresden
Gest. 23. April 2000 Berlin

Abgeordnetenhaus von Berlin:
4. WP

Volksschule, Lehre und Arbeit als technischer Zeichner und Industrie-Werbefachmann, ab 1924 Mitglied im Jungdeutschen Orden, 1930 Mitglied der Deutschen Staatspartei, Mitbegründer in Sachsen, 1932 bis 1934 Redakteur an einer Lokalzeitung, anschließend Werbeleiter eines feinmechanischen Großbetriebs, nach 1933 im Widerstand gegen das NS-Regime, kurzzeitig inhaftiert, 1946 Inhaber eines Werbebüros für Filmreklame, 1945 Mitglied und Funktionär der CDU in Dresden und Mitglied des erweiterten CDU-Landesverbands Sachsen, Oktober 1948 aus politischen Gründen inhaftiert, Verurteilung zu eineinhalb Jahren Zuchthaus, 1950 Flucht nach West-Berlin, Angestellter in der Flüchtlingskommission des Senats von Berlin und Leiter des Berliner Büros des Bundesministers für gesamtdeutsche Fragen, Ernst Lemmer, Funktionär zahlreicher Flüchtlingsorganisationen, 1951 Mitbegründer und später Vorsitzender bzw. Ehrenvorsitzender der „Kameradschaft ehemaliger politischer Häftlinge aus der SBZ" sowie stellvertretender Landesvorsitzender und Bezirksvorsitzender des Gesamtverbands der Sowjetzonenflüchtlinge, Mitgründer des Museums „Haus am Checkpoint Charlie", 1954 bis 1962 Bezirksverordneter in Berlin-Schöneberg, zuletzt stellvertretender Vorsitzender der CDU-Fraktion, 1983 Verleihung der Würde eines Stadtältesten von Berlin.

Wegener, geb. Schubert, Charlotte *CDU*

Geb. 19. Januar 1929 Berlin

Abgeordnetenhaus von Berlin:
12. WP (ab 18. Februar 1991, nachgerückt für Marlies Wanjura)

Gymnasium, 1947 Abitur, staatliches Dolmetscherseminar, 1948 staatlich geprüfte Dolmetscherin für Englisch, Verwaltungsangestellte in der Finanzverwaltung, später Hausfrau, 1967 bis 1978 Mitglied der SPD, ab 1980 der CDU, 1978 Mitglied des Gründungskomitees der „Wählerinitiative Bildung und Wissenschaft für Richard von Weizsäcker", 1981 bis 1991 Bezirksverordnete in Berlin-Reinickendorf, schulpolitische Sprecherin der CDU-Fraktion, Juni 1990 bis Februar 1991 stellvertretende Fraktionsvorsitzende.

Weingärtner, Bernd *SPD*

Geb. 11. März 1941 Mainz

Abgeordnetenhaus von Berlin:
6. WP

Realschule, Lehre und Arbeit als Chemielaborant, Abendgymnasium in Mainz, 1965 Reifeprüfung, ab 1965 in Berlin, Angestellter im Chemisch-Technologischen Labor der Siemens-Kabelwerke, Studium der Rechtswissenschaften an der Freien Universität Berlin, ab 1962 Mitglied der SPD, 1975 bis 1979 Bezirksverordneter in Berlin-Tiergarten.

Weißler, Sabine *AL*

Geb. 22. August 1958 Groß-Umstadt/Hessen

Abgeordnetenhaus von Berlin:
11. WP
12. WP (bis 31. Januar 1991, Nachrücker: Albert Eckert)

Gymnasium, 1977 Abitur, Studium der Kunstgeschichte und Politischen Wissenschaft an der Universität Heidelberg und der Freien Universität Berlin, 1982 Diplom-Politologin, 1982/83 Volontariat an der Staatlichen Kunsthalle Berlin, bis März 1985 Fraktionsassistentin der AL-Fraktion im Abgeordnetenhaus von Berlin, bis Anfang 1987 Ausstellungskoordinatorin für die Neue Gesellschaft für bildende Kunst, bis Ende 1988 Mitarbeiterin des Werkbundarchivs, Museum der Alltagskultur des 20. Jahrhunderts, ab 1982 Mitglied der AL, 1991 bis 2001 Leiterin des Kunstamts in Berlin-Steglitz, 2001 bis 2011 Leiterin des Kulturamts und des Fachbereichs Bibliotheken in Steglitz-Zehlendorf, ab

2011 Bezirksstadträtin für Weiterbildung, Kultur, Umwelt und Naturschutz im Bezirksamt Mitte von Berlin.

Weitzel, Joachim *CDU*

Geb. 23. Juli 1952 Berlin

Abgeordnetenhaus von Berlin:
12. WP
13. WP (bis 30. September 1999, Nachrücker: Frank Eichelberger)

1971 Realschulabschluss, 1969 Eintritt in den Polizeidienst, bis 1973 Bereitschaftspolizeibeamter, 1973 bis 1990 Beamter bei der Schutzpolizei, 1987 bis 1990 im Disziplinarbereich verwendet, ab 1991 a. D., 1991 bis 1995 Sicherheitsberater für Logistik, Kommunikation und Dienstleistung Firma Joachim Weitzel, ab Oktober 1999 Rückkehr in den Polizeidienst, ab März 2008 Versetzung in den Ruhestand, ab 1982 Mitglied der CDU, ab 1987 Ortsvorsitzender der CDU Alt-Cölln, Mitglied des Polizeiarbeitskreises der CDU, 1985 bis 1989 Bezirksverordneter in Berlin-Neukölln.

Weizsäcker, Richard von *CDU*

Geb. 15. April 1920 Stuttgart
Gest. 31. Januar 2015 Berlin

Abgeordnetenhaus von Berlin:
8. WP (bis 17. Dezember 1979, Nachrücker: Rainer B. Giesel)
9. WP (bis 15. Juni 1984, Nachrücker: Norbert Tietz)

Schulbesuch zeitweise in Kopenhagen, Berlin, Oslo und Bern, 1937 Abitur in Berlin, Studium in Oxford und Grenoble, 1938 bis 1945 Wehrmacht und Kriegsgefangenschaft, Mai 1945 Rückkehr nach Lindau am Bodensee, Studium der Rechtswissenschaft und Geschichte an der Universität Göttingen, Verteidiger seines Vaters Ernst von Weizsäcker in den Nürnberger Kriegsverbrecherprozessen, Tätigkeit am Oberlandesgericht Celle und bei der Mannesmann AG in Düsseldorf, 1954 Promotion zum Dr. jur., ab 1954 Mitglied der CDU, Tätigkeit beim Bankhaus Waldthausen und beim Chemieunternehmen Boehringer, ab 1966 Rechtsanwalt in Berlin, ab 1962 Präsidiumsmitglied des Deutschen Evangelischen Kirchentags, 1964 bis 1970 und 1979 bis 1981 dessen Präsident, Mitglied der Synode der Evangelischen Kirche in Deutschland und des Exekutivausschusses des Weltkirchenrats, 1969 bis 1981 Mitglied des Deutschen Bundestags, 1973 bis 1979 stellvertretender Vorsitzender der CDU/CSU-Fraktion und anschließend Vizepräsident des Deutschen Bundestags, 1971 bis 1977 Vorsitzender der Grundsatzkommission des CDU-Bundesvorstands, 1979 und 1981 Spitzenkandidat der CDU bei der Wahl zum Abgeordnetenhaus von Berlin, 1981 bis 1984 Regierender Bürgermeister von Berlin, 1984 bis 1994 Bundespräsident, Juni 1990 Verleihung der Berliner Ehrenbürgerwürde.

Weltlinger, Siegmund *CDU*

Geb. 29. März 1886 Hamburg
Gest. 18. Mai 1974 Berlin

Abgeordnetenhaus von Berlin:
2. WP (ab 12. April 1957, nachgerückt für Hans Matthee)
3. WP
4. WP

Siehe Biografisches Handbuch der Berliner Stadtverordneten und Abgeordneten 1946–1963, im Auftrag des Präsidenten des Abgeordnetenhauses von Berlin bearbeitet von Werner Breunig und Andreas Herbst, mit einer Einleitung von Siegfried Heimann (= Schriftenreihe des Landesarchivs Berlin, Bd. 14), Berlin 2011, S. 274.

Wendt, Michael *AL*

Geb. 1. Dezember 1955 Berlin
Gest. 22. Januar 2011 Berlin

Abgeordnetenhaus von Berlin:
9. WP (bis 10. Juni 1983, Nachrücker durch Rotation: Klaus Freudenthal)

Gymnasium, 1975 Abitur, Studium an der Technischen Fachhochschule Berlin, 1979 Ing. grad., Maschinenbauingenieur, 1979 Assistent der Betriebsleitung in der Firma Elkoflex, 1980/81 Geschäftsführer der systemdruck GmbH, Mitglied der „Falken", 1978 Mitgründer der AL, 1989 bis 1999 Bezirksstadtrat für Jugend bzw. für Bildung und Kunst in Berlin-Neukölln, 1999 bis 2000 in Berlin-Tiergarten, 2001 bis 2003 Mitglied im Landesvorstand der Berliner Grünen, ab 2003 Mitglied des erweiterten Landesvorstands.

Werner, Winfried *CDU*

Geb. 2. April 1958 in Berlin

Abgeordnetenhaus von Berlin:
12. WP
13. WP
14. WP

Gymnasium, 1976 Abitur, Lehre als Versicherungskaufmann, 1979 Abschlussprüfung, 1979/80 Angestellter im Versicherungsaußendienst, zuletzt als Generalagent, 1980 bis 1993 selbstständiger Versicherungskaufmann, 1985 bis 1990 Honorarreferent bei der Bundesanstalt für gesamtdeutsche Aufgaben, Studium der Rechtswissenschaften an der Freien Universität Berlin, 1990 1. und 1993 2. juristische Staatsprüfung, Assessor, 1993

Zulassung als Rechtsanwalt bei dem Landgericht Berlin, 1999 Zulassung bei dem Kammergericht Berlin, 1999 bis 2001 Mitglied des Richterwahlausschusses Berlin, ab 1975 Mitglied der CDU, 1976 bis 1986 stellvertretender Kreisvorsitzender der Jungen Union in Berlin-Neukölln, 1982 bis 1986 stellvertretender Landesvorsitzender Jungen Union, 1985 bis 1989 Bezirksvorsitzender in Berlin-Neukölln.

Werth, Wolfgang *CDU*

Geb. 22. März 1920 Lübtheen
Gest. 7. Dezember 2006 Berlin

Abgeordnetenhaus von Berlin:
5. WP

Gymnasium, Abitur, Wehrmacht, Studium der Rechtswissenschaften, ab 1952 im höheren Verwaltungsdienst tätig, ab 1954 Angestellter bei der Bundesversicherungsanstalt für Angestellte, Verwaltungsdirektor, ab 1957 Mitglied der CDU, Ortsverbandsvorsitzender in Wannsee, 1959 bis 1967 Bezirksverordneter in Berlin-Zehlendorf.

Wetzel, Manfred *SPD*

Geb. 22. Dezember 1929 Hagen

Abgeordnetenhaus von Berlin:
5. WP
6. WP (vom 25. Februar 1972, nachgerückt für Werner Neugebauer)

Gymnasium, 1949 Abitur, Studium an der Deutschen Hochschule für Politik und bis 1956 an der Freien Universität Berlin, 1950 bis 1956 Mitglied im Sozialistischen Deutschen Studentenbund, Bundessekretär der „Falken", 1959 bis 1962 Berliner Landessekretär der „Falken", anschließend bis 1967 Hauptsachbearbeiter für die politische Bildungsarbeit beim Senator für Jugend und Sport, ab März 1967 Leiter der Pressestelle beim Bezirksamt Berlin-Kreuzberg.

Wiechatzek, geb. Zemla, Gabriele *CDU*

Geb. 23. Juli 1948 Berlin

Abgeordnetenhaus von Berlin:
7. WP
8. WP

9. WP
10. WP
11. WP

Gymnasium, 1968 Abitur, 1968 bis 1971 Studium an der Pädagogischen Hochschule Berlin, 1971 1. und 1973 2. Staatsprüfung für das Lehramt, Lehrerin an der Peter-Witte-Grundschule in Berlin-Reinickendorf, ab 1970 Mitglied der CDU, ab 1983 Mitglied des CDU-Landesverbands Berlin, ab April 1989 stellvertretende Vorsitzende der CDU-Fraktion im Abgeordnetenhaus von Berlin, 1981 bis 1992 Mitglied, 1988 bis 1992 Vorsitzende des SFB-Rundfunkrats, Mitglied des SFB-Verwaltungsrats und der ARD-Hauptversammlung, 1983 bis 1989 stellvertretende Präsidentin des Abgeordnetenhauses von Berlin, 1987 bis 1990 Vizepräsidentin des Deutschen Roten Kreuzes, Landesverband Berlin, 1990 bis 1994 Mitglied des Deutschen Bundestags, 1994 bis 2000 Repräsentantin des Vorstands der ProSieben Media AG, seit 2000 selbstständige Medienberatung (GWC).

Wiechert, geb. Schlingmann, Erna *SPD*

Geb. 7. Mai 1905 [Bielefeld-]Sieker
Gest. 24. Juli 1974 Bielefeld

Stadtverordnetenversammlung von Groß-Berlin:
1. WP (bis 23. Januar 1947)
2. WP (bis 28. Januar 1949)
Abgeordnetenhaus von Berlin:
4. WP

Siehe Biografisches Handbuch der Berliner Stadtverordneten und Abgeordneten 1946–1963, im Auftrag des Präsidenten des Abgeordnetenhauses von Berlin bearbeitet von Werner Breunig und Andreas Herbst, mit einer Einleitung von Siegfried Heimann (= Schriftenreihe des Landesarchivs Berlin, Bd. 14), Berlin 2011, S. 276.

Wiedenhaupt, Rolf-Thorsten *CDU*

Geb. 4. Januar 1958 Berlin

Abgeordnetenhaus von Berlin:
10. WP
11. WP (vom 16. Juni 1989, nachgerückt für Wilhelm Kewenig)
12. WP

Gymnasium, 1976 Abitur, 1976 bis 1981 Studium der Rechtswissenschaften an der Freien Universität Berlin, 1981 1. und 1984 2. juristisches Staatsexamen, 1981 bis 1984 Referendar im Kammergerichtsbezirk Berlin, ab 1984 Rechtsanwalt mit eigener Praxis, 1987 Gründer und Geschäftsführer der Modeschuhe Wiedenhaupt Vertriebs GmbH, ab 1985 stellvertretender Vorsitzender des gemeinnützigen Charlottenburger Kinderladens e. V., ab 1977 Mitglied der CDU, 1979 bis 1981 Vorsitzender des RCDS an der Freien Universität Berlin, 1981 bis 1985 stellvertretender Vorsitzender des CDU-Ortsverbands Charlottenburg-Lietzensee, ab 1981 Mitglied des CDU-Kreisvorstands Berlin-Charlottenburg, 1981 bis 1985 Bezirksverordneter in Berlin-Charlottenburg, wirtschaftspolitischer Sprecher der CDU-Fraktion im Abgeordnetenhaus von Berlin.

Wieland, Wolfgang *AL/Bündnis 90/Die Grünen*

Geb. 9. März 1948 Berlin

Abgeordnetenhaus von Berlin:
10. WP (ab 21. April 1987, nachgerückt durch Rotation für Dagmar Birkelbach)
12. WP
13. WP
14. WP (bis 20. Juni 2001, Nachrücker: Norbert Schellberg)
15. WP (bis 26. Mai 2004, Nachrückerin: Jasenka Villbrandt)

Grundschule und Gymnasium, 1966 Abitur, Studium der Rechtswissenschaft an der Universität Frankfurt am Main und der Freien Universität Berlin, 1973 1. juristisches Staatsexamen, Referendariat, 1976 2. juristisches Staatsexamen, ab 1976 selbstständiger Rechtsanwalt in Berlin, 1978 Mitbegründer der AL, ehrenamtlicher Vorsitzender des Republikanischen Anwältinnen- und Anwältevereins, Juni 2001 bis Januar 2002 Bürgermeister und Justizsenator des Landes Berlin, 2004 Spitzenkandidat von Bündnis 90/Die Grünen für die Landtagswahl in Brandenburg, 2005 bis 2012 Mitglied des Deutschen Bundestags.

Wiemann, Werner *FDP*

Geb. 10. Juni 1944 Dietfurt/Posen

Abgeordnetenhaus von Berlin:
12. WP

EOS, 1962 Abitur, Kochlehre, 1964 Gesellenprüfung, Studium an der Humboldt-Universität zu Berlin, Diplom-Lebensmittelchemiker, Studium am Sprachenkonvikt (kirchliche Hochschule), 1987 1. theologisches Examen, 1970 bis 1983 freiberuflicher Übersetzer, 1987 bis 1989 Vikar, ab 1990 Unternehmer, Beratungstätigkeit, freiberuflicher Übersetzer in Berlin-Marzahn, ab Januar 1990 Mitglied der FDP, Mitglied des Gründungsvorstands der FDP in der DDR, 1990 bis 1994 Vorsitzender des FDP-Bezirksverbands Berlin-Marzahn, ab Mai 1990 Mitglied der Stadtbezirksversammlung Berlin-Marzahn, Fraktionsvorsitzender der FDP, 1994 Austritt aus der FDP und der Abgeordnetenhausfraktion, ab 13. Oktober 1994 bis Ende der Legislaturperiode Hospitant der Fraktion „Bündnis 90/Grüne (AL)/UFV".

Wienhold, Klaus-Hermann *CDU*

Geb. 27. Dezember 1949 Berlin

Abgeordnetenhaus von Berlin:
10. WP
11. WP
12. WP

Realschule, höhere Wirtschaftsschule, 1968 bis 1973 Bereitschaftspolizeibeamter, 1973 bis 1981 Kriminalbeamter, ab 1979 Mitglied der CDU, ab 1981 Ortsvorsitzender, 1981 bis 1984 persönlicher Referent beim Senator für Arbeit und Betriebe, Edmund Wronski, 1984 bis 1990 Landesgeschäftsführer des CDU-Landesverbands Berlin, 1992 bis1994 Mitglied der Geschäftsführung der Firmengruppe „Gegenbauer" (Gebäudereinigungen), ab 1994 geschäftsführender Gesellschafter bzw. Vorstandsvorsitzender der „Aubis-Gruppe", „Aubis-Immobilien AG" und Gesellschafter der Firma „WSN GmbH – Wirtschaftsberatung", 1981 bis 1985 Bezirksverordneter in Berlin-Spandau, im Zusammenhang mit einer Parteispende an die CDU Berlin und der dadurch ausgelösten Berliner Bankenaffäre 2004 Anklage „wegen Betrugs und versuchten Betrugs" vor der 19. Großen Strafkammer des Landgerichts Berlin, 2006 Verhandlungsunfähigkeit „aus physischen und psychischen Gründen".

Wingefeld, Jürgen *SPD*

Geb. 22. April 1943 Angersbach/Hessen

Abgeordnetenhaus von Berlin:
9. WP
10. WP

Hauptschule, Lehre als Betriebsschlosser, 1960 Abschlussprüfung vor der IHK, 1960 bis 1969 Betriebsschlosser, 1969 bis 1972 Meister in der chemischen Industrie, 1972 bis 1977 Gewerkschaftssekretär, Geschäftsführer, ab 1977 Vorsitzender der IG Chemie-Papier-Keramik, Verwaltungsstelle Berlin, ab 1959 Mitglied der SPD, später Geschäftsführer bzw. Arbeitsdirektor der Lausitzer und Mitteldeutschen Bergbau-Verwaltungsgesellschaft.

Wingert, Hans-Rudolf *CDU*

Geb. 20. April 1920 Berlin

Abgeordnetenhaus von Berlin:
5. WP

Gymnasium, 1938 Abitur, Reichsarbeitsdienst und Wehrmacht, 1943 Leutnant, Kriegsgefangenschaft, Ende 1946 Bemühung um Zulassung zum Studium an der Universität Berlin, 1948 Zulassung zum Studium der Mathematik und Physik, 1950 Übergang zur Freien Universität Berlin, 1952 wissenschaftliche Prüfung, 1955 pädagogische Prüfung für das Lehramt an der Oberstufe (Gymnasium), 1957 Studienrat, 1966 Oberstudienrat, ab 1947 Mitglied der CDU, Kreisvorsitzender der Jungen Union, Ortsverbandsvorsitzender, 1959 bis 1969 Vorsitzender der CDU in Berlin-Tiergarten, Mitglied des CDU-Landesvorstands, 1954 bis 1967 und 1971 bis 1979 Bezirksverordneter in Berlin-Tiergarten.

Wirths, geb. Zimmermann, Gisela *AL*

Geb. 21. Februar 1949 Hämmerholz/Rheinland-Pfalz
Gest. 21. Januar 2011 Berlin

Abgeordnetenhaus von Berlin:
11. WP

Volksschule und Gymnasium, 1963 bis 1965 Pflegevorschule, 1965 bis 1967 Ausbildung zur Krankenpflegerin, 1976 bis 1988 Krankenschwester, Stationsleitung, zeitweise freigestellte Betriebsrätin, Fortbildung zur Fachschwester für Psychiatrie, ab 1988 Fortbildung zur Unterrichtsschwester, ab 1983 Mitglied der AL, gesundheits- und sozialpolitische Sprecherin der AL im Abgeordnetenhaus, nach 1999 Austritt aus Bündnis90/Die Grünen.

Wischner, Claus *CDU*

Geb. 28. März 1935 Berlin
Gest. 22. Februar 2013 Berlin

Abgeordnetenhaus von Berlin:
6. WP
7. WP
8. WP
9. WP (bis 1. Oktober 1981, Nachrücker: Klaus-Ulrich Reipert)
11. WP

Volks- und Berufsschule, Lehre und Arbeit als Maurer, 1957 bis 1960 Ausbildung zum Sozialarbeiter, 1960 Staatsexamen, ab 1961 Sozialarbeiter beim Jugendamt des Bezirksamts Berlin-Steglitz, 1973 Abschluss als Sozialpädagoge, Sozialamtsrat, Amtsleiter der Familienfürsorge im Bezirksamt Steglitz, ab 1959 Mitglied der CDU, 1960 bis 1964 stellvertretender Vorsitzender, 1964 bis 1966 Vorsitzender der Jungen Union in Berlin-Tempelhof, ab 1985 Vorsitzender des CDU-Ortsverbands Berlin-Mariendorf, 1981 bis 1985 Senatsdirektor (Staatssekretär) beim Senator für Gesundheit, Soziales und Familie, 1967 bis 1971 Bezirksverordneter in Berlin-Tempelhof, Vorsitzender des Sozialverbands VdK Deutschland e. V., Berlin-Brandenburg.

Wittwer, Georg *CDU*

Geb. 8. April 1932 Waldshut
Gest. 13. April 2013 Berlin

Abgeordnetenhaus von Berlin:
11. WP
12. WP

Gymnasium, 1951 Abitur, 1951 bis 1953 Maurerlehre, Gesellenprüfung, 1954 Mitarbeiter in einem Architekturbüro, Studium Architektur und Städtebau an der Technischen Universität Berlin, 1960 Diplom, 1961 bis 1963 Mitarbeiter in Architekturbüros, 1963 bis 1966 Assistent und Oberingenieur für Städtebau an der Technischen Universität Berlin, 1967 bis 1981 Angestellter bei der Entwicklungsgesellschaft Wulfen mbH, ab 1971 dort Geschäftsführer, 1981 bis 1986 Senatsdirektor bzw. Staatssekretär beim Senator für Stadtentwicklung und Umweltschutz, 1986 bis 1989 Senator für Bau- und Wohnungswesen, ab 1984 Mitglied der CDU, Mitglied des CDU-Kreisvorstands Berlin-Kreuzberg, 1989 bis 1992 Vorsitzender des CDU-Kreisverbands Berlin-Kreuzberg.

Wohlrabe, Jürgen *CDU*

Geb. 12. August 1936 Hanau
Gest. 19. Oktober 1995 Berlin

Abgeordnetenhaus von Berlin:
5. WP (bis 31. Oktober 1969, Nachrücker: Günther Niemsch)
8. WP
9. WP
10. WP
11. WP
12. WP

Aufgewachsen im altmärkischen Gardelegen, Besuch der Oberschule, Flucht nach West-Berlin, 1957 Abitur, Studium der Rechtswissenschaften an der Freien Universität Berlin, ab 1962 selbstständig als Verlagskaufmann und PR-Manager, Filmkaufmann und Produzent, 1978 Übernahme des Jugendfilm-Verleihs, 1950 bis 1965 Vorsitzender der Jungen Union in Berlin-Charlottenburg, 1958 Mitglied der CDU und deren Studentenorganisation RCDS, 1960/61 AStA-Vorsitzender und Berliner Landesvorsitzender des Verbandes Deutscher Studentenschaften, 1965 bis 1967 stellvertretender Vorsitzender, 1967 bis 1969 Vorsitzender der Jungen Union Berlin, ab 1965 Mitglied des Geschäftsführenden Vorstands des CDU-Landesverbands Berlin, 1969 bis 1981 und 1993 bis 1995 stellvertretender Vorsitzender des CDU-Landesverbands Berlin, 1963 bis 1967 Bezirksverordneter in Berlin-Charlottenburg, 1969 bis 1979 und 1993/94 Mitglied des Deutschen Bundestags, März 1989 bis Januar 1991 Präsident des Abgeordnetenhauses von Berlin.

Wolf, Hans-Peter *FDP*

Geb. 20. April 1937 Dessau

Abgeordnetenhaus von Berlin:
12. WP (bis 16. Mai 1991, Nachrücker: Burkhard Cornelius)

Oberschule, 1955 Abitur, Studium, 1963 Diplom-Landwirt, 1963 bis 1970 Vorsitzender einer LPG, ab 1954 Mitglied der LDPD, 1970 bis 1989 hauptamtliche Tätigkeit in der LDPD, ab August 1990 der FDP, ab März 1990 Mitarbeiter im Umweltministerium der DDR, ab Oktober 1990 Referent im Bundesumweltministerium, Abteilung Naturschutz, Außenstelle Berlin, 1974 Promotion zum Dr. rer. pol., 1984 bis 1989 Mitglied der Stadtbezirksversammlung Berlin-Lichtenberg, Mai 1990 bis Januar 1991 Mitglied der Stadtverordnetenversammlung von Berlin.

Wolf, Harald *PDS/Die Linke*

Geb. 25. August 1956 Offenbach am Main

Abgeordnetenhaus von Berlin:
12. WP
13. WP
14. WP
15. WP (bis 31. Dezember 2002, Nachrücker: Klaus Lederer)
16. WP (bis 15. April 2007, Nachrückerin: Mari Weiß)
17. WP

1975 Abitur an der Hohen Landesschule in Hanau, 1975 bis 1977 Studium der Philosophie und Sozialwissenschaften an der Ruhr-Universität in Bochum, 1977 bis 1981 an der Freien Universität Berlin, Diplom-Politologe, 1981 bis 1983 Schreibkraft in Berliner Unternehmen, 1983 bis 1987 wissenschaftlicher Angestellter am Hamburger Institut für Sozialforschung, ab 1988 freier Journalist, Mitgründer des Parteiprojekts Demokratische Sozialisten, 1982 bis 1984 Mitglied des Bundesvorstands, ab 1986 Mitglied der AL, 1987 und 1988 Mitglied des Bundeshauptausschusses der Grünen, 1988 bis 1990 Mitglied des geschäftsführenden Ausschusses der AL, September 1990 Austritt aus der AL, 1988 bis 1991 Bezirksverordneter in Berlin-Kreuzberg, 1995 bis 2002 Vorsitzender der PDS-Fraktion im Abgeordnetenhaus von Berlin, 2002 bis 2011 Senator für Wirtschaft, Technologie und Frauen und Bürgermeister von Berlin.

Wolf, Peter *SPD*

Geb. 16. April 1939 Berlin

Abgeordnetenhaus von Berlin:
12. WP

Oberschule, 1957 mittlere Reife, Besuch der Bergingenieurschule Zwickau, 1961 Bergmaschineningenieur, Studium an der Ingenieurschule für Bauwesen Berlin und der Technischen Hochschule Magdeburg, Fachingenieur für Arbeitsschutz und Brandschutz, 1961 bis 1965 Gebietsingenieur in der Erdölerkundung, 1965 bis 1975 Leiter Baugrundbohrungen, 1975 bis 1990 Sicherheitsingenieur für Arbeitssicherheit und Brandschutz bei der Berliner Bär-Bausanierung GmbH, ab 1989 Mitglied der SDP/SPD, Mai 1990 bis Januar 1991 Mitglied der Stadtverordnetenversammlung von Berlin, arbeitspolitischer Sprecher der SPD-Fraktion, 1991 bis 1995 stellvertretender Vorsitzender der SPD-Fraktion im Abgeordnetenhaus von Berlin.

Wolf, Peter *CDU*

Geb. 22. Juni 1940 Stuttgart-Weil

Abgeordnetenhaus von Berlin:
7. WP (ab 6. Februar 1976, nachgerückt durch Nachwahl in Berlin-Zehlendorf)

Gymnasium, 1961 Abitur, 1961 bis 1965 Studium der Klassischen Philologie und Romanistik an der Freien Universität Berlin, anschließend Ausbildung als Postbeamter, 1969 Prüfung für den gehobenen Postdienst, Postinspektor bei der Bundespost, ab 1964 Mitglied der CDU.

Wolf, Werner *SPD*

Geb. 7. Februar 1929 Berlin
Gest. 19. Februar 2005 Berlin

Abgeordnetenhaus von Berlin:
3. WP (ab 26. Januar 1959, nachgerückt für Ernst Sünderhauf)
4. WP
5. WP

Siehe Biografisches Handbuch der Berliner Stadtverordneten und Abgeordneten 1946–1963, im Auftrag des Präsidenten des Abgeordnetenhauses von Berlin bearbeitet von Werner Breunig und Andreas Herbst, mit einer Einleitung von Siegfried Heimann (= Schriftenreihe des Landesarchivs Berlin, Bd. 14), Berlin 2011, S. 281.

Wolff, Joachim *CDU*

Geb. 6. August 1918 Landsberg/Warthe
Gest. 12. November 1977 Berlin

Abgeordnetenhaus von Berlin:
2. WP (bis 9. Februar 1955)
4. WP
5. WP

Siehe Biografisches Handbuch der Berliner Stadtverordneten und Abgeordneten 1946–1963, im Auftrag des Präsidenten des Abgeordnetenhauses von Berlin bearbeitet von Werner Breunig und Andreas Herbst, mit einer Einleitung von Siegfried Heimann (= Schriftenreihe des Landesarchivs Berlin, Bd. 14), Berlin 2011, S. 283.

Wollenschläger, Harry *CDU*

Geb. 3. Juni 1927 Berlin
Gest. 20. Juni 2001 Berlin

Abgeordnetenhaus von Berlin:
6. WP (ab 1. Juli 1971, nachgerückt für Horst Heinschke)

Volks- und Berufsschule, Eintritt in das elterliche Schaustellergeschäft, 1944/45 Wehrmacht, Kriegsgefangenschaft, ab 1948 als selbstständiger Schausteller tätig, 1949 Gründungsmitglied des Berliner Schaustellerverbands, 1957 bis 1969 geschäftsführendes Vorstandsmitglied, ab 1970 bis 2001 1. Vorsitzender des Berliner Schaustellerverbands, Hauptvorstandsmitglied des Deutschen Schaustellerbunds, Mitbegründer des Deutsch-Amerikanischen Volksfestes sowie anderer großer Volksfeste in Berlin, ab 1957 Mitglied der CDU, 1963 Bürgerdeputierter, 1967 bis 1971 Bezirksverordneter in Berlin-Charlottenburg.

Wosenitz, Wilhelm *CDU*

Geb. 30. Juli 1903 Lübeck
Gest. 12. März 1964 Berlin

Abgeordnetenhaus von Berlin:
3. WP
4. WP (bis 12. März 1964, Nachrücker: Klaus Franke)

Siehe Biografisches Handbuch der Berliner Stadtverordneten und Abgeordneten 1946–1963, im Auftrag des Präsidenten des Abgeordnetenhauses von Berlin bearbeitet von Werner Breunig und Andreas Herbst, mit einer Einleitung von Siegfried Heimann (= Schriftenreihe des Landesarchivs Berlin, Bd. 14), Berlin 2011, S. 283 f.

Wronski, Edmund *CDU*

Geb. 17. Januar 1922 Berlin

Abgeordnetenhaus von Berlin:
3. WP
5. WP
6. WP
7. WP
8. WP
9. WP
10. WP
11. WP

Siehe Biografisches Handbuch der Berliner Stadtverordneten und Abgeordneten 1946–1963, im Auftrag des Präsidenten des Abgeordnetenhauses von Berlin bearbeitet von Werner Breunig und Andreas Herbst, mit einer Einleitung von Siegfried Heimann (= Schriftenreihe des Landesarchivs Berlin, Bd. 14), Berlin 2011, S. 284.

Wruck, Ekkehard *CDU*

Geb. 12. Oktober 1942 Berlin
Gest. 4. Juni 2003 in Berlin

Abgeordnetenhaus von Berlin:
8. WP
9. WP
10. WP
11. WP
12. WP
13. WP
14. WP

1963 Abitur, Studium der Geschichte und der Rechtswissenschaften an den Universitäten Berlin, Tübingen, Frankfurt am Main und Hamburg, 1968 1. und 1973 2. juristische Staatsprüfung, 1970 Promotion zum Dr. jur., 1969 bis 1973 Assistent im Fachbereich Rechtswissenschaft der Freien Universität Berlin, ab 1973 Rechtsanwalt und Notar in Berlin, 1971 bis 1999 Mitglied der CDU, 1979 bis 1999 Vorsitzender des Kreisverbands Berlin-Wilmersdorf, 1999 Austritt aus der CDU, Januar 2000 bis November 2001 fraktionsloser Abgeordneter im Abgeordnetenhaus von Berlin, zeitweise Vorsitzender des Ausschusses für Ausländerangelegenheiten sowie Mitglied des Rechtsausschusses und des Richterwahlausschusses.

Würzburg, Hans *SPD*

Geb. 21. Dezember 1904 Berlin
Gest. 15. Dezember 1983 Berlin

Abgeordnetenhaus von Berlin:
4. WP

1923 bis 1927 Studium der Rechts- und Staatswissenschaften an den Universitäten Berlin, Tübingen und Breslau, 1927 Referendarexamen, 1928 Promotion zum Dr. jur., 1931 Assessorexamen, bis 1933 Rechtsanwalt in Liegnitz, ab 1933 vorübergehend Berufsverbot, später wieder Rechtsanwalt in Berlin, 1940 bis 1945 Militärdienst, ab 1945 Mitglied der SPD, Tätigkeit als Notar, vorübergehende Richtertätigkeit, 1950 bis 1958 Bezirksverordneter in Berlin-Steglitz, 1955 bis 1961 Vorsitzender der Arbeitsgemeinschaft Sozialdemokratischer Juristen in Berlin, ab 1959 Vorsitzender der Spruchkammer Berlin.

Wurche, Gottfried *SPD*

Geb. 24. September 1929 Essen

Abgeordnetenhaus von Berlin:
4. WP (bis 19. Januar 1965, Nachrücker: Johannes Seidel)
8. WP
9. WP
10. WP (bis 9. September 1986, Nachrücker: Burkhardt Thiemann)

Volksschule, ab 1944 Ausbildung bei der Deutschen Reichsbahn, zunächst technischer Beamter bei der Reichsbahndirektion Berlin, 1948 Entlassung wegen seines Engagements in der UGO, ab 1946 Mitglied der SPD, ab 1949 technischer Angestellter im Bezirksamt Tiergarten, Mitglied der „Falken" und der Gewerkschaft ÖTV, Mitglied im Verwaltungsbeirat der Berliner Hafen- und Lagerhausbetriebe sowie im Kuratorium der Ingenieurschule Gauß, nach beruflicher Fortbildung u. a. an den Vereinigten Bauschulen Berlin und den Ingenieurschulen für Bauwesen ab 1953 Bauleiter für öffentliche Bauvorhaben, Beisitzer im SPD-Landesvorstand, ab 1962 zeitweise Kreisvorsitzender der SPD Tiergarten und Beisitzer im Kreisvorstand Tiergarten der Arbeiterwohlfahrt, 1965 bis 1972 Bezirksstadtrat für Bau- und Wohnungswesen in Berlin-Tiergarten, 1972 bis Juni 1975 Mitglied des Deutschen Bundestags (Berliner Vertreter), ordentliches Mitglied im Ausschuss für Verkehr und für das Post- und Fernmeldewesen, 1975 bis 1979 Bezirksbürgermeister von Berlin-Tiergarten, ab 1979 in der privaten Wirtschaft tätig, ab 1992 Geschäftsführer.

Wustlich (später: Lehmann), Wolfgang *Bündnis 90/Grüne (AL)/UFV*

Geb. 5. September 1943 Landsberg/Warthe

Abgeordnetenhaus von Berlin:
12. WP (ab 21. Januar 1992, nachgerückt für Hans-Jürgen Fischbeck)

1949 bis 1959 POS, 1960 bis 1963 Lehre als technischer Zeichner, 1963 bis 1965 technischer Zeichner VEB Wärmeanlagenbau Berlin, 1965/66 NVA, 1967 bis 1970 Teilkonstrukteur Kühlmöbelwerk Erfurt, Betriebsteil Berlin, 1970 bis 1978 Anlagentechniker Heizung, Lüftung, Klimatechnik (HLK), Minol-Rechenzentrum Berlin, 1972 bis 1978 Studium an der Ingenieurschule für Energiewirtschaft, Ingenieur für Wärmetechnik, 1978/79 Ingenieur für HLK, 1979 bis 1990 Abteilungsleiter HLK, Hausverwaltung Haus der Elektroindustrie, Diplom-Ingenieur für Wärmetechnik, 1985 bis 1989 Mitglied der CDU, 1995/96 technischer Betriebsleiter, Objektverwalter/Bau- und Projektleiter bei der Alex Hausverwaltung GmbH, 1996/97 freiberufliche Tätigkeit als beratender Ingenieur Heizung, Lüftung, Sanitär für Modernisierungs- und Sanierungsvorhaben, Wartungs- und Instandhaltungsmaßnahmen, 1997/98 Weiterbildung zum CAD-Planungsingenieur für Gebäudetechnik, 1998 bis 2000 Bauleiter im Planungsbüro E. Rönspieß GmbH, 2000 bis 2008 Objektverwalter für die Immobilie Kulturbrauerei, Berlin-Prenzlauer Berg, 1991/92 Fraktionsassistent Bündnis 90/Grüne (AL)/UFV im Abgeordnetenhaus von Berlin, ab September 1989 Mitglied der Bürgerrechtsbewegung „Neues Forum", Mai 1990 bis Januar 1991 Mitglied der Stadtverordnetenversammlung von Berlin, ab Oktober 1991 Mitglied des Berliner Landesverbands Bündnis 90 und Mitglied des geschäftsführenden Ausschusses, später Bezirksverordneter in Berlin-Mitte und sportpolitischer Sprecher der Fraktion von Bündnis 90/Die Grünen.

Zarth, Hans *SPD*

Geb. 27. August 1926 Berlin

Abgeordnetenhaus von Berlin:
6. WP (ab 13. Februar 1974, nachgerückt für Werner Jannicke)

Gymnasium, 1948 Schulhelfer, Studium, 1951 1. Staatsexamen, 1955 2. Staatsexamen, Lehrer, ab 1965 stellvertretender Schulleiter in der Riesengebirgs-Oberschule in Berlin-Schöneberg, ab 1963 Mitglied der SPD.

Zehden, Werner-Alfred *SPD*

Geb. 2. Mai 1911 Berlin
Gest. 28. September 1991 Berlin

Abgeordnetenhaus von Berlin:
4. WP
5. WP

Sohn eines Patentanwalts, Volksschule und Gymnasium, 1930 bis 1933 Studium der Rechtswissenschaften und der Volkswirtschaft an der Universität Berlin, 1933 Mitglied der SPD, 1933 aus politischen und rassistischen Gründen verfolgt, aktiver Widerstand an der Berliner Universität, Relegation wegen „marxistischer Betätigung", 1944 inhaftiert, Strafgefangenenlager, 1945 bis 1951 Handlungsbevollmächtigter bei einem Unternehmen der chemischen Industrie, 1946 Mitbegründer und Vorsitzender des „Verbandes der Opfer der Nürnberger Gesetze", 1950 bis 1991 Vorsitzender, später Ehrenvorsitzender des „Bundes der Verfolgten des Naziregimes", 1948 Mitglied der FDP, 1957 Parteiaustritt, ab 1959 Mitglied der SPD, 1951 bis 1955 Bezirksbürgermeister von Berlin-Steglitz, 1955 bis 1976 Verwaltungsleiter des Deutschen Instituts für Wirtschaftsforschung in Berlin, 1976 Verleihung der Würde eines Stadtältesten von Berlin.

Zellermayer, Heinz *CDU*

Geb. 9. Oktober 1915 Berlin
Gest. 31. Oktober 2011 Rapperswil/Schweiz

Abgeordnetenhaus von Berlin:
3. WP
4. WP
5. WP
6. WP
7. WP

Siehe Biografisches Handbuch der Berliner Stadtverordneten und Abgeordneten 1946–1963, im Auftrag des Präsidenten des Abgeordnetenhauses von Berlin bearbeitet von Werner Breunig und Andreas Herbst, mit einer Einleitung von Siegfried Heimann (= Schriftenreihe des Landesarchivs Berlin, Bd. 14), Berlin 2011, S. 286.

Zemla, Günter *CDU*

Geb. 18. Mai 1921 Groschowitz/Oberschlesien
Gest. 3. November 2000 Berlin

Abgeordnetenhaus von Berlin:
5. WP
6. WP
7. WP
8. WP
9. WP

Volks- und Oberschule, 1940 bis 1945 Reichsarbeitsdienst, Wehrmacht und Kriegsgefangenschaft, April bis November 1946 Neulehrerkurs (Magistrat von Groß-Berlin), Dezember 1946 Beginn der Lehrtätigkeit in Berlin-Reinickendorf, Mai 1946 1. Lehrerprüfung, Dezember 1952 2. Lehrerprüfung, 1956 bis 1967 stellvertretender Schulleiter an der 14. Grundschule in Berlin-Reinickendorf, ab 1956 Mitglied der CDU, Oktober 1955 Ernennung zum Lehrer und Beamten auf Lebenszeit, 1960 bis 1965 1. Vorsitzender des CDU-Ortsverbands Borsigwalde, ab 1962 Mitglied im CDU-Kreisvorstand Berlin-Reinickendorf, 1960 bis 1963 Bezirksverordneter in Berlin-Reinickendorf, 1963 bis 1967 Bürgerdeputierter in Berlin-Reinickendorf, langjähriger Rektor der 5. Grundschule in Berlin-Reinickendorf.

Zieger, Christiane *AL*

Geb. 21. März 1952 Hamburg

Abgeordnetenhaus von Berlin:
9. WP (ab 15. Juni 1983, nachgerückt durch Rotation für Manfred Rabatsch)

Grund- und Realschule, Schule für Krankengymnastik im Universitätskrankenhaus Eppendorf/Hamburg, 1973 staatliche Anerkennung als Krankengymnastin, 1973 bis 1975 Tätigkeit als Krankengymnastin, 1977 Abitur über den zweiten Bildungsweg, 1977 bis 1983 Krankengymnastin in krankengymnastischen Praxen, ab 1978 Mitglied der AL, 1979/80 Mitglied des Geschäftsführenden Ausschusses der AL, zeitweise stellvertretende Vorsitzende der AL-Fraktion im Abgeordnetenhaus von Berlin.

Ziemer, Elisabeth *Bündnis 90/Die Grünen*

Geb. 22. März 1952 Lübeck

Abgeordnetenhaus von Berlin:
12. WP
13. WP (bis 7. März 1996, Nachrückerin: Regine Schmidt)

1958 bis 1972 Schulbesuch, Abitur auf dem Thomas-Mann-Gymnasium in Lübeck, 1972 bis 1974 Ausbildung zur Restauratorin am Museum für Kunst und Gewerbe in Hamburg, 1975/76 Fortsetzung der Ausbildung in der Restauratorenwerkstatt des Kirchbauamts in Lübeck im Dom, ab Sommersemester 1976 Immatrikulation an der Universität Hamburg im Fach Kunstgeschichte, Nebenfächer Archäologie sowie Mittlere und Neuere Geschichte, Veranstaltungen in Germanistik, 1981 bis 1984 Mitarbeit am „Forschungsprojekt Innenstadt" des Instituts für Bau- und Kunstgeschichte an der Universität Hannover in Lübeck, 1988 bis 1990 Beteiligung am Aufbau einer Datenbank für die Denkmalpflege, eingerichtet vom Informationszentrum Raum und Bau der Fraunhofer-Gesellschaft in Stuttgart, 1989/90 Bezirksverordnete in Berlin-Schöneberg, 1996 bis 2001 Bezirksbürgermeisterin von Berlin-Schöneberg, 2001 Stadträtin für Bürgerdienste und Gesundheit, 2002 bis 2006 Stadträtin für Gesundheit, Stadtentwicklung und Quartiersmanagement von Tempelhof-Schöneberg.

Zieseke, Christiane *AL*

Geb. 19. Juli 1948 Hannover

Abgeordnetenhaus von Berlin:
10. WP (bis 20. April 1987, Nachrücker durch Rotation: Frank Kapek)

Gymnasium, 1967 Abitur, Studium der Publizistik, Germanistik und Kunstgeschichte an der Universität Münster und der Freien Universität Berlin, 1975 Magister Artium, 1976 bis 1979 Koordinatorin beim Modellversuch Künstlerweiterbildung an der Hochschule der Künste (HdK) Berlin, 1979 bis 1981 Volontärin an der Staatlichen Kunsthalle Berlin, ab 1982 Kunst-am-Bau-Beauftragte des Berufsverbands Bildender Künstler Berlin, Mitglied des Kuratoriums der HdK, Vorstandsmitglied im Berliner Kulturrat und im Verein Aktives Museum e. V., Geschäftsführerin der Bundesvereinigung der Gewerkschaftsverbände Bildender Künstler, später Referatsleiterin für die Förderung von Künstlerinnen, Künstlern, Projekten und Freien Gruppen in der Senatskanzlei – Abteilung für Kulturelle Angelegenheiten.

Zillbach, Käthe *SPD*

Geb. 24. Januar 1952 Köln
Gest. 11. Juni 2005 Berlin

Abgeordnetenhaus von Berlin:
11. WP
12. WP
13. WP

Gymnasium, 1977 Abitur, Studium Kunsterziehung und Werken an der Hochschule der Künste Berlin, 1977 1. künstlerische Staatsprüfung, Meisterschülerin an der Hochschule der Künste Berlin, Studium der Geografie, Meteorologie und Geologie an der Freien Universität Berlin, 1981 Diplom-Geografin, 1984 Promotion Geografie, 1982 bis 1985 wissenschaftliche Mitarbeiterin an der Freien Universität Berlin, ab 1985 selbstständig als Kauffrau (EDV), ab 1982 Mitglied der SPD, 1991 bis 1999 verkehrspolitische Sprecherin der SPD-Fraktion sowie Mitglied des Kulturausschusses im Abgeordnetenhaus von Berlin.

Zillich, Steffen *PDS/Die Linke*

Geb. 16. Juli 1971 Berlin

Abgeordnetenhaus von Berlin:
12. WP (ab 1. September 1991, nachgerückt für Wolfram Adolphi)
13. WP (ab 6. November 1998, nachgerückt für Petra Pau)
14. WP
15. WP (ab 7. August 2002, nachgerückt für Gregor Gysi)
16. WP (ab 16. April 2007, nachgerückt für Heidi Knake-Werner)
17. WP (ab 18. März 2013, nachgerückt für Marion Seelig)

POS und EOS, 1990 Abitur, 1991 Lehre als Zimmerer (unterbrochen), 1991 bis 1999 Studium der Rechtswissenschaften, später der Politikwissenschaft an der Fernuniversität Hagen, 1990 Mitbegründer und Sprecher der Marxistischen Jugendvereinigung Junge Linke, 1992 bis 2006 Mitglied der Jungdemokraten/Junge Linke, dort zeitweise Bundesvorsitzender, ab 1996 Mitglied der PDS, 2001 bis 2007 Bezirksvorsitzender der PDS bzw. später Vorstandmitglied der Linkspartei im Bezirk Friedrichshain-Kreuzberg, 2007 bis 2011 bildungspolitischer Sprecher der Linksfraktion im Abgeordnetenhaus von Berlin, anschließend Referent für Haushalt und Finanzen bei der Linksfraktion im Abgeordnetenhaus, stellvertretender Präsident des Humanistischen Verbandes Berlin-Brandenburg.

Zimmer, Siegfried *CDU*

Geb. 13. September 1930 Plauen/Vogtland
Gest. 16. Januar 2009 in Halle/Saale

Abgeordnetenhaus von Berlin:
6. WP
7. WP (bis 30. Juni 1978, Nachrücker: Robert Wachs)

Gymnasium, Abitur, Studium der Politischen Wissenschaft, Diplom-Politologe, 1956 bis 1962 Mitarbeiter beim Senator für Inneres, ab 1962 Mitarbeiter (Politische Bildung) beim Bezirksamt Berlin-Steglitz, ab 1951 Mitglied der CDU, 1959 bis 1965 Vorsitzender der Jungen Union in Berlin-Schöneberg, 1958 bis 1971 Bezirksverordneter Berlin-Schöneberg, ab Juli 1978 Bezirksstadtrat für Gesundheitswesen in Berlin-Schöneberg.

Zimmermann, Otto *SPD*

Geb. 1. Januar 1898 Strausberg/Krs. Oberbarnim
Gest. 30. April 1972 Berlin

Abgeordnetenhaus von Berlin:
4. WP

Volksschule, Lehre und Arbeit als Schriftsetzer, ab 1916 gewerkschaftlich organisiert, 1917 bis 1919 Militärdienst, ab 1919 Mitglied der SPD, ab 1927 beamteter Werkmeister beim Provinzialverband Brandenburg, bis 1933 Stadtverordneter, nach § 4 des Gesetzes zur Wiederherstellung des Berufsbeamtentums aus dem öffentlichen Dienst entlassen, Haft im KZ Sachsenhausen, 1935 bis 1945 Betriebsleiter im Druckhaus E. Heckendorff, 1937 und 1944 Gestapohaft wegen des Verdachts illegaler Arbeit gegen das NS-Regime, 1945 Mitglied der SPD, zunächst Referent in der Pressestelle des Bezirksamts Berlin-Lichtenberg, 1947/48 Bezirksrat für Sozialwesen in Berlin-Lichtenberg, Dezember 1948 auf Druck der sowjetischen Besatzungsmacht Niederlegung des Mandats als Bezirksrat, 1949 bis 1955 Leiter des Haushaltsamts in Berlin-Neukölln, 1955 bis 1962 Bezirksstadtrat und stellvertretender Bürgermeister in Berlin-Kreuzberg, ab Mai 1962 im Ruhestand.

Zimmermann, Ulrike *AL*

Geb. 3. Oktober 1963 Karlsruhe

Abgeordnetenhaus von Berlin:
11. WP (ab 3. April 1990, nachgerückt durch Rotation für
Heidemarie Bischoff-Pflanz)

Gymnasium, 1983 Abitur, 1983 bis 1987 Studium der Geschichte, Germanistik und Politikwissenschaft an der Universität Stuttgart, 1987 bis 1990 an der Freien Universität Berlin, September 1986 bis Januar 1987 Pressereferentin der Grünen in Baden-Württemberg, 1987 bis 1990 Fraktionsgeschäftsführerin der AL in Berlin-Charlottenburg, 1988 nebenberufliche Tätigkeit als sozialpädagogische Betreuerin, ab 1988 Mitglied der AL, Februar bis März 1990 Bezirksverordnete in Berlin-Charlottenburg.

Zippel, Christian *CDU*

Geb. 7. Oktober 1942 Nattkischten/Krs. Tilsit

Abgeordnetenhaus von Berlin:
12. WP

Gymnasium, 1961 Abitur, 1961/62 pflegerisches Vorpraktikum an der Charité, 1962 bis 1968 Studium der Humanmedizin an der Humboldt-Universität zu Berlin, 1970 Promotion zum Dr. med., 1969 bis 1974 Facharztausbildung für Innere Medizin in Staßfurt, 1974 bis 1977 Facharzt, Stationsarzt am Klinikum Berlin-Buch, 1977 bis 1982 1. Oberarzt, ab 1982 Chefarzt, 1984 Dr. sc. med., 1986 Facultas Docendi, ab 1970 Mitglied der CDU (Ost), 1973/74 Ortsgruppenvorsitzender der CDU in Staßfurt, Februar bis September 1990 Mitglied des CDU-Bezirksvorstands bzw. Landesvorstands Berlin (Ost), Mai 1990 bis Januar 1991 Stadtrat für Gesundheit im Magistrat von Ost-Berlin.

Zotl, Peter-Rudolf *PDS/Die Linke*

Geb. 10. Oktober 1944 Köthen

Abgeordnetenhaus von Berlin:
12. WP
13. WP
14. WP
15. WP
16. WP

Grund- und Oberschule, 1963 Abitur, Studium am Pädagogischen Institut bzw. an der Pädagogischen Hochschule Dresden, 1967 Staatsexamen, Oberstufenlehrer für Geschichte und Deutsch, 1967 bis 1972 Lehrer bzw. Direktor einer Oberschule in Köthen, ab 1964 Mitglied der SED, 1972 bis 1976 Studium der Geschichte und Politikwissenschaft sowie anschließende Aspirantur an der Akademie für Gesellschaftswissenschaften beim ZK der SED, 1976 Promotion zum Dr. phil., 1980 Habilitation, 1976 bis 1981 Oberassistent, 1981 Hochschuldozent, 1986 bis 1989 Forschungsbereichsleiter an der Akademie für Gesellschaftswissenschaften beim ZK der SED, Ende November 1989 Wahl zum Sekretär für Parteienpluralismus, Koalitionsarbeit und staatliche Angelegenheiten der

SED-Bezirksleitung Berlin, Januar 1990 bis Ende 1999 stellvertretender Vorsitzender des Landesverbands Berlin der SED-PDS bzw. PDS, Vorsitzender der Kommission „Politisches System", Mai 1990 bis Januar 1991 Mitglied der Stadtverordnetenversammlung von Berlin, 1991 bis 1993 stellvertretender Vorsitzender, Februar 1993 bis November 1995 Vorsitzender der PDS-Fraktion im Abgeordnetenhaus von Berlin, 2014 Verleihung der Würde eines Stadtältesten von Berlin.

Zuchowski, geb. Peschlow, Christel *CDU*

Geb. 4. April 1936 Berlin

Abgeordnetenhaus von Berlin:
12. WP
13. WP

Gymnasium zum Grauen Kloster, Abschluss der 10. Klasse, 1956 Gesellenprüfung Fotografie, 1977 Handelsschule, 1978 bis 1990 Sparkassenangestellte, ab 1970 Mitglied der CDU, ab 1977 Vorsitzende der Frauen-Union der CDU Berlin-Spandau, 1996 bis 2000 Vorsitzende des CDU-Kreisverbands Berlin-Spandau, Bezirksverordnete in Berlin-Spandau, stellvertretende Vorsteherin.

Biografien der Mitglieder der Stadtverordnetenversammlung von Berlin (1. WP)

Adolphi, Wolfram *PDS*

Stadtverordnetenversammlung von Berlin:
1. WP

Siehe Biografien der Mitglieder des Abgeordnetenhauses von Berlin (4. bis 12. WP).

Ansorge, Peter *PDS*

Geb. 23. Mai 1931 Dresden

Stadtverordnetenversammlung von Berlin:
1. WP

Diplom-Ingenieur oec. Technische Universität Dresden, Hauptabteilungsleiter Plankoordination und Finanzen.

Bähler, Marcel *PDS*

Geb. 23. März 1940 Paris

Stadtverordnetenversammlung von Berlin:
1. WP

Abitur, Studium an der Technischen Universität Dresden, Diplom-Ingenieur (Bauwesen), Dr.-Ing., Consult-Ingenieur VEB Industrie-Consult Berlin.

Balke, Detlef *Bündnis 90/Grüne/UFV*

Geb. 30. September 1945 Dresden

Stadtverordnetenversammlung von Berlin:
1. WP

Oberschule, Abitur, Hochschulabschluss, Diplom-Kulturwissenschaftler, Dramaturg, ab 2001 Sachbearbeiter im Israelreferat der Aktion Sühnezeichen Friedensdienste e. V., Leiter der Geschäftsstelle der Deutsch-Israelischen Gesellschaft Berlin.

Ballke, Dierk-Eckhardt *CDU*

Stadtverordnetenversammlung von Berlin:
1. WP

Siehe Biografien der Mitglieder des Abgeordnetenhauses von Berlin (4. bis 12. WP).

Beckmann, Karl-Heinz *CDU*

Geb. 5. Juli 1932 Königsberg

Stadtverordnetenversammlung von Berlin:
1. WP

Tischler, Hochschulabschluss in Humanmedizin, Promotion zum Dr. med., Arzt, Facharzt für Gynäkologie, Medizinalrat, Ärztlicher Direktor der Poliklinik beim Staatlichen Rundfunkkomitee, ab 1953 Mitglied der CDU, Vorsitzender des CDU-Kreisverbands Berlin-Friedrichshain, Mitglied des CDU-Bezirksvorstands Berlin, Vorsitzender der Gesellschaft für Arbeitsmedizin Berlin, 1971 bis 1990 Stadtverordneter, Vorsitzender der Ständigen Kommission Kultur der Stadtverordnetenversammlung von Berlin, zuletzt Vorsitzender der Senioren Union im CDU-Kreisverband Berlin-Friedrichshain-Kreuzberg.

Bellack, Arnold *FDP – Die Liberalen/DSU*

Geb. 11. September 1934 Säpzig

Stadtverordnetenversammlung von Berlin:
1. WP

Abschluss 10. Klasse, Steuermann, Maschinenbau- und Schlossermeister.

Bergmann, geb. Wange, Christine *SPD*

Stadtverordnetenversammlung von Berlin:
1. WP

Siehe Biografien der Mitglieder des Abgeordnetenhauses von Berlin (4. bis 12. WP).

Bethke, Angela *PDS*

Geb. 21. August 1952 Hohenberg-Krusemak

Stadtverordnetenversammlung von Berlin:
1. WP

Chemiefacharbeiterin, Archivarin, wissenschaftliche Mitarbeiterin GHG Technik Berlin, Personalleiterin.

Bödeker, Jürgen *SPD*

Geb. 12. Januar 1939 Berlin

Stadtverordnetenversammlung von Berlin:
1. WP

Chemiefacharbeiter, Studium an der Humboldt-Universität zu Berlin, Diplom-Chemiker, 1968 Promotion zum Dr. rer. nat., 1984 Habilitation, freischaffend.

Bohley, Bärbel *Bündnis 90/Grüne/UFV*

Geb. 24. Mai 1945 Berlin
Gest. 11. September 2010 Strasburg/Landkrs. Uecker-Randow

Stadtverordnetenversammlung von Berlin:
1. WP

Oberschule, 1963 Abitur, anschließend Lehre als Industriekauffrau, Beschäftigung als Lehrausbilderin sowie im Kulturbereich, 1969 Studium an der Kunst-Hochschule Berlin-

Weißensee, seit 1974 freischaffende Malerin, Ausstellungen u. a. in der Bundesrepublik Deutschland und auf der IX. Kunstausstellung der DDR 1982/83 in Dresden, 1979 Mitglied der Sektionsleitung Malerei und des Bezirksvorstands Berlin des Verbandes Bildender Künstler, 1982 Gründungsinitiatorin des unabhängigen Netzwerks „Frauen für den Frieden", Eingabe beim Staatsratsvorsitzenden gegen das neue Wehrdienstgesetz (Einberufung von Frauen in Vorbereitung von Mobilmachung), 1983 Ausschluss aus dem Bezirksvorstand Berlin des Verbandes Bildender Künstler, sechs Wochen Untersuchungshaft beim MfS wegen „Verdachts auf landesverräterischer Nachrichtenübermittlung", Entlassung nach internationalen Protesten, Auslandsreiseverbot, Auftrags- und Ausstellungsboykott, private Keramikwerkstatt, 1985/86 Mitbegründerin der Bewegung Initiative Frieden und Menschenrechte, Januar 1988 Verhaftung im Zusammenhang mit den Protestaktionen bei der Liebknecht-Luxemburg-Demonstration, Abschiebung, Aufenthalt in Großbritannien, Anfang August 1988 Rückkehr nach Berlin, Engagement für die Loslösung oppositioneller Gruppen von der evangelischen Kirche, September 1989 Initiatorin der illegalen Gründung des Neuen Forums in Grünheide, Januar 1990 Mitglied des Arbeitsausschusses des Neuen Forums, 1990 Mitbesetzerin der MfS-Zentrale in Berlin, Initiatorin des „Runden Tisches von unten", 1991 Mitarbeiterin der Fraktion Neues Forum/Bürgerbewegung im Abgeordnetenhaus von Berlin, 1994 Spitzenkandidatin des Neuen Forums zur Europawahl, 1996 Gründungsvorsitzende und bis 2009 Mitglied des Bürgerbüros zur Aufarbeitung von Folgeschäden der SED-Diktatur, 1996 bis 1999 EU-Beauftragte in Sarajewo für die Rückkehr von Flüchtlingen und den Wiederaufbau, lebte 1999 bis 2008 in Celina (bei Split/Kroatien), ab 2000 dort Bürgermeisterin, organisierte verschiedene Hilfsprojekte, 2008 Rückkehr nach Berlin, 1994 Bundesverdienstkreuz, 2000 Nationalpreis der Deutschen Nationalstiftung.

Borngräber, Hubert *Bündnis 90/Grüne/UFV*

Geb. 4. Juni 1947 Wriezen

Stadtverordnetenversammlung von Berlin:
1. WP

Oberschule, ISB Berlin, Betonbauer, Ingenieur für Hochbau, Invest-Bauleiter, 1989/90 Sprecher der Grünen Partei Marzahn, später Mitglied von Bündnis 90/Die Grünen, Dezember 1990 Kandidat von Bündnis 90/Grüne/UFV zur Abgeordnetenhauswahl, zeitweise Mitglied und Fraktionsvorsitzender Bündnis 90/Die Grünen in der Bezirksverordnetenversammlung Berlin-Marzahn, später Mitinhaber des ökologischen Hofes „Öko Jule" (Julianenhof) in Märkische Höhe/Landkrs. Märkisch-Oderland, Brandenburg.

Brandt, Holger *SPD*

Geb. 18. Juni 1961 Neubrandenburg

Stadtverordnetenversammlung von Berlin:
1. WP

1968 bis 1978 Oberschule, ab 1978 Berufsausbildung zum Facharbeiter/Gärtner für Zierpflanzenbau im Botanischen Garten der Humboldt-Universität zu Berlin (Berlin-Nordend), 1980 bis 1983 Studium an der Ingenieurschule für Zierpflanzenwirtschaft in Bannewitz/Dresden, dann als Gartenbauingenieur tätig, 1983 bis 1989 in kirchlichen Umwelt-, Friedens- und Menschenrechtsgruppen aktiv, ab November 1989 Mitglied der SDP/SPD, 1989/90 Mitglied im Abteilungsvorstand der SDP/SPD in Berlin-Prenzlauer Berg, Mai 1990 bis Januar 1991 Stadtrat für Umwelt und Naturschutz, ab 1991 Mitarbeiter in der Senatsverwaltung für Stadtentwicklung und Umwelt, Abteilung I, Stadt- und Freiraumplanung, Referat I E, Landschaftsplanung und Naturschutz.

Braselmann, Hans *SPD*

Stadtverordnetenversammlung von Berlin:
1. WP

Siehe Biografien der Mitglieder des Abgeordnetenhauses von Berlin (4. bis 12. WP).

Brauer, Wolfgang *PDS*

Geb. 13. Mai 1954 Aschersleben

Stadtverordnetenversammlung von Berlin:
1. WP

1972 Abitur, 1972 bis 1974 Grundwehrdienst bei der NVA, 1974 bis 1978 Studium an der Pädagogischen Hochschule Potsdam, 1978 Diplom-Lehrer für Deutsch und Geschichte, 1978/79 Lehrer in Berlin-Köpenick, 1979 bis 1985 Politischer Mitarbeiter im Bundessekretariat des Kulturbunds der DDR, 1985 bis 1999 erneut Lehrer in Berlin-Marzahn, nach einem Ergänzungsstudium in Geschichte an der Freien Universität Berlin ab 1996 Lehrer, seit 1999 Mitglied des Abgeordnetenhauses von Berlin, wegen der Abgeordnetentätigkeit aus dem Staatsdienst beurlaubt, ab 1976 Mitglied der SED, ab 1990 der PDS, 1990 bis 1996 Bezirksvorsitzender der PDS in Berlin-Marzahn, 1991 Sprecher des Bundesparteirats der PDS, Mitglied im Ausschuss für Verwaltungsreform, Kommunikations- und Informationstechnik, im Ausschuss für Kulturelle Angelegenheiten sowie im Sonderausschuss Restitution, kulturpolitischer Sprecher der Linksfraktion, ab 2006 Vorsitzender des Heimatvereins Marzahn-Hellersdorf.

Burkhardt, Manfred *SPD*

Geb. 27. Juli 1951 Ludwigslust

Stadtverordnetenversammlung von Berlin:
1. WP

Abitur, Studium, Dipl.-oec., Promotion zum Dr. phil., Diplom-Volkswirt, wissenschaftlicher Mitarbeiter.

Dahlmann, Ulf *Bündnis 90/Grüne/UFV*

Geb. 4. Januar 1965 Berlin

Stadtverordnetenversammlung von Berlin:
1. WP

Abitur, Wirtschaftskaufmann, Student, Sprecher des Schwulenverbands in Deutschland (SVD e. V.), später „schwulenpolitischer Sprecher" von Bündnis 90.

Dannies, Klaus *PDS*

Geb. 4. September 1939 Berlin

Stadtverordnetenversammlung von Berlin:
1. WP

Grundschule, Berufsschule, Facharbeiter für Nachrichtentechnik, Werkzeughobler im VEB Funkwerk Köpenick.

Daum, Wolfgang *SPD*

Geb. 21. Oktober 1930 Berlin

Stadtverordnetenversammlung von Berlin:
1. WP

Oberschule, 1949 Abitur, Arbeit als technischer Rechner bei der Berliner Volksfürsorge, Lebensversicherungsgesellschaft, Lehre als Finanzamtsangestellter beim Finanzamt

Berlin-Weißensee, später Abschluss als Finanzbuchhalter und Betriebsabrechner, 1953 bis 1958 Studium an der Humboldt-Universität zu Berlin, Fakultät Veterinärmedizin, Staatsexamen, Pflichtassistent in privater Tierarztpraxis in Neubrandenburg, 1959 Approbation als Tierarzt, Tätigkeit in Berlin-Treptow und Berlin-Pankow, 1962 bis 1988 Tätigkeit beim Magistrat von Berlin, zuletzt Obertierarzt für Hygiene, Qualität und Export im VEB Fleischkombinat Berlin, 1966 Promotion zum Dr. med. vet., ab 1. Dezember 1989 Mitglied der SDP/SPD.

Decker, Wolfgang *SPD*

Geb. 5. April 1936 Eisenach

Stadtverordnetenversammlung von Berlin:
1. WP

Abitur, Studium der Physik, Promotion zum Dr. rer. nat., wissenschaftlicher Mitarbeiter.

Detering, Anette *Bündnis 90/Grüne/UFV*

Stadtverordnetenversammlung von Berlin:
1. WP

Siehe Biografien der Mitglieder des Abgeordnetenhauses von Berlin (4. bis 12. WP).

Döpke, Werner *CDU*

Geb. 7. November 1929 Verden/Aller

Stadtverordnetenversammlung von Berlin:
1. WP

Studium, Diplom-Chemiker, 1959 Promotion zum Dr. rer. nat., 1964 Habilitation, ab 1965 Dozent, später Professor an der Humboldt-Universität zu Berlin, Mathematisch-Naturwissenschaftliche Fakultät I, Institut für Chemie, Fachinstitut für Organische und Bioorganische Chemie, ab 1948 Mitglied der CDU, Mitglied der CDU-Kreisvorstände Berlin-Treptow und Berlin-Pankow, Mitglied des CDU-Bezirksvorstands Berlin, ab 1986 Mitglied der Stadtverordnetenversammlung von Berlin, 1989/90 Mitglied des Präsidiums der Stadtverordnetenversammlung.

Dörre, geb. Hombach, Karin *PDS*

Stadtverordnetenversammlung von Berlin:
1. WP

Siehe Biografien der Mitglieder des Abgeordnetenhauses von Berlin (4. bis 12. WP).

Eisner, Udo *SPD*

Geb. 1938

Stadtverordnetenversammlung von Berlin:
1. WP (ausgeschieden, Nachrücker: Wolfgang Jacoby)

Engler, Eberhard *CDU*

Stadtverordnetenversammlung von Berlin:
1. WP

Siehe Biografien der Mitglieder des Abgeordnetenhauses von Berlin (4. bis 12. WP).

Essen, Gerhard von *SPD*

Stadtverordnetenversammlung von Berlin:
1. WP

Siehe Biografien der Mitglieder des Abgeordnetenhauses von Berlin (4. bis 12. WP).

Falkenberg, Marianne *PDS*

Geb. 6. September 1936 Berlin

Stadtverordnetenversammlung von Berlin:
1. WP

Studium an der Hochschule für Ökonomie in Berlin-Karlshorst, Diplom-Ökonomin, Oberinspektorin beim Komitee für Volkskontrolle.

Fechner, Helmut *SPD*

Stadtverordnetenversammlung von Berlin:
1. WP

Siehe Biografien der Mitglieder des Abgeordnetenhauses von Berlin (4. bis 12. WP).

Fischbeck, Hans-Jürgen *Bündnis 90/Grüne/UFV*

Stadtverordnetenversammlung von Berlin:
1. WP

Siehe Biografien der Mitglieder des Abgeordnetenhauses von Berlin (4. bis 12. WP).

Flemming, Bert *SPD*

Stadtverordnetenversammlung von Berlin:
1. WP

Siehe Biografien der Mitglieder des Abgeordnetenhauses von Berlin (4. bis 12. WP).

Förste, Joachim *SPD*

Geb. 18. Februar 1934 Berlin

Stadtverordnetenversammlung von Berlin:
1. WP

1952 Abitur, 1952 bis 1956 Studium an Pädagogischen Hochschule Potsdam, 1956 Staatsexamen, Lehrer, wissenschaftlicher Mitarbeiter, 1961 Promotion zum Dr. rer. nat., ab 1957 Mitarbeiter an der Akademie der Wissenschaften, ab 1970 Honorarprofessor für Analysis an der Sektion Mathematik der Technischen Hochschule Magdeburg.

Freundl, geb. Bluhm, Carola *PDS*

Stadtverordnetenversammlung von Berlin:
1. WP

Siehe Biografien der Mitglieder des Abgeordnetenhauses von Berlin (4. bis 12. WP).

Friedersdorff, Wolfram *PDS*

Geb. 16. März 1950 Naundorf

Stadtverordnetenversammlung von Berlin:
1. WP

Studium an der Technischen Hochschule Carl Schorlemmer in Leuna-Merseburg, 1972 Diplom-Ingenieur oec., 1977 Promotion zum Dr. rer. nat., Hochschuldozent, Mitglied der SED, 1989/90 Arbeitsgruppenleiter der Kommission Wirtschaft, Landwirtschaft und Sozialpolitik im Parteivorstand der PDS, 1990 wirtschaftspolitischer Sprecher der PDS-Fraktion in der Stadtverordnetenversammlung von Berlin, 1992 bis 1995 Stadtrat für Wirtschaft und Finanzen, 1995 bis 2001 Bezirksbürgermeister von Berlin-Lichtenberg, 2002 bis 2006 Staatssekretär im Sozialministerium des Landes Mecklenburg-Vorpommern, ab 2006 Beigeordneter und 1. Stellvertreter des Oberbürgermeisters von Schwerin, 1. Mai bis 31. Oktober 2008 geschäftsführender Oberbürgermeister von Schwerin.

Giessmann, Barbara *PDS*

Geb. 18. Juli 1952 Dippoldiswalde

Stadtverordnetenversammlung von Berlin:
1. WP

Abitur, Studium, Diplom-Lehrerin für Mathematik und Physik, Lehrerin an der „Schule der Solidarität", Promotion zum Dr. phil., Soziologin, wissenschaftliche Mitarbeiterin an der Akademie der Pädagogischen Wissenschaften der DDR, später Immobilienmanagerin, Abgeordnete der Partei „Die Linke" in der Gemeindevertretung Glienicke/Nordbahn in Brandenburg.

Girnus, Wolfgang *PDS*

Stadtverordnetenversammlung von Berlin:
1. WP

Siehe Biografien der Mitglieder des Abgeordnetenhauses von Berlin (4. bis 12. WP).

Hampel, Winfried *FDP – Die Liberalen/DSU*

Stadtverordnetenversammlung von Berlin:
1. WP

Siehe Biografien der Mitglieder des Abgeordnetenhauses von Berlin (4. bis 12. WP).

Heinrich, Ursula *PDS*

Geb. 11. Juli 1944 Radeberg

Stadtverordnetenversammlung von Berlin:
1. WP

Studium der Medizin am Staatlichen Medizinischen Institut in Kalinin/Sowjetunion, Stomatologin, Zahnärztin, Promotion zum Dr. med., Fachzahnärztin für Kinderstomatologie, Stomatologisches Ambulatorium in Berlin-Lichtenberg.

Hellmich, Gisela *CDU*

Geb. 7. September 1936 Johanngeorgenstadt

Stadtverordnetenversammlung von Berlin:
1. WP

Oberschule und Volkshochschule, Zahnärztliche Helferin, 1990/91 Mitglied des Rundfunkbeirats.

Hennig, Karl *CDU*

Geb. 4. März 1948 Niederludwigsdorf

Stadtverordnetenversammlung von Berlin:
1. WP

Oberschule, Abitur, Studium der Theologie, Mitglied der CDU, 1972 bis 1985 Mitarbeiter im Nationalrat der Nationalen Front, 1986 bis 1989 Chefredakteur der Zeitschrift „Standpunkt", 1987 bis 1989 Mitglied des CDU-Hauptvorstands, 1988/89 Mitglied des Präsidiums des CDU-Hauptvorstands, 1989/90 Mitarbeiter im CDU-Hauptvorstand, Frühjahr 1990 Geschäftsführer der „Nationalen Bürgerbewegung der DDR", später Mitarbeiter der CDU-Fraktion im Abgeordnetenhaus von Berlin bzw. Pressesprecher des Senators für Verkehr von Berlin, Mitbegründer und Vorsitzender der Antigrafittiorganisation „Nofitti", 2006 Austritt aus der CDU.

Hennig, Wolfgang *CDU*

Geb. 27. Februar 1945 Schmiedeberg

Stadtverordnetenversammlung von Berlin:
1. WP

Abitur, Meisterausbildung, Maschinenbauer, selbstständiger Handwerksmeister, Inhaber der Firma Wolfgang Hennig, Schlosserei und Stanzerei, ab 1979 Mitglied der CDU, Vorsitzender der Mittelstandsvereinigung Berlin-Mitte.

Herbst, Knut *SPD*

Stadtverordnetenversammlung von Berlin:
1. WP

Siehe Biografien der Mitglieder des Abgeordnetenhauses von Berlin (4. bis 12. WP).

Herer, geb. Meinel, Elke *PDS*

Stadtverordnetenversammlung von Berlin:
1. WP

Siehe Biografien der Mitglieder des Abgeordnetenhauses von Berlin (4. bis 12. WP).

Hiekisch, Karl *CDU*

Geb. 20. Januar 1934 Böhmisch-Kamnitz

Stadtverordnetenversammlung von Berlin:
1. WP

Studium, Staatsexamen, Lehrer, Oberstufenlehrer Geschichte, Mitglied der CDU, Instrukteur, wissenschaftlicher Mitarbeiter, zuletzt stellvertretender Leiter der Abteilung Kirchenfragen beim Sekretariat des Hauptvorstands der CDU, Mitglied des Arbeitsausschusses der Berliner Konferenz Europäischer Katholiken, ab April 1990 Leiter der Geschäftsstelle im Büro des Ministerpräsidenten Lothar de Maizière.

Hillenberg, Ralf *SPD*

Stadtverordnetenversammlung von Berlin:
1. WP

Siehe Biografien der Mitglieder des Abgeordnetenhauses von Berlin (4. bis 12. WP).

Hofmann (später verh. Maes), geb. Brückner, Elke *CDU*

Stadtverordnetenversammlung von Berlin:
1. WP

Siehe Biografien der Mitglieder des Abgeordnetenhauses von Berlin (4. bis 12. WP).

Honert, Hans-Werner *PDS*

Geb. 7. August 1950 Leipzig

Stadtverordnetenversammlung von Berlin:
1. WP (Oktober 1990 ausgeschieden, Nachrücker: Torsten Klatte)

Lehre und Arbeit als Maurer, 1969 Abitur an der Leibniz-EOS in Leipzig, 1971 bis 1975 Studium am Institut für Kinematografie in Moskau, Diplom-Spielfilm- und Fernsehregisseur, 1976 bis 1990 Regisseur beim Fernsehen der DDR bzw. ab 1990 beim Deutschen Fernsehfunk, 1990 ehrenamtlicher Leiter der Kommission Volksbildung, Wissenschaft und Kultur im Bezirksvorstand der PDS, Oktober 1990 Austritt aus der PDS und Mandatsniederlegung, 1995 bis 2012 Geschäftsführer und Produzent der Saxonia Media, Regisseur, Drehbuchautor und Produzent zahlreicher „Tatort"-Produktionen für den MDR.

Horn, Heiko *PDS*

Stadtverordnetenversammlung von Berlin:
1. WP

Siehe Biografien der Mitglieder des Abgeordnetenhauses von Berlin (4. bis 12. WP).

Hubrich, Werner *SPD*

Geb. 16. April 1943 Berlin

Stadtverordnetenversammlung von Berlin:
1. WP

Oberschule, Abitur, Medizinstudium an der Humboldt-Universität zu Berlin, 1971 Promotion zum Dr. med., ab 1974 Facharzt für Urologie, Facharzt am St. Elisabeth-Krankenhaus in Ost-Berlin, ab Herbst 1989 Mitglied der SDP, ab 1990 der SPD, ab 1991 Aufbau einer eigenen urologischen Arztpraxis.

Hübner, Beate *CDU*

Stadtverordnetenversammlung von Berlin:
1. WP

Siehe Biografien der Mitglieder des Abgeordnetenhauses von Berlin (4. bis 12. WP).

Jacob, Roland *CDU*

Geb. 7. Januar 1940 Grünbach

Stadtverordnetenversammlung von Berlin:
1. WP

Oberschule, Universität, Promotion zum Dr. med., Habilitation, Dr. sc. med., Facharzt für Röntgendiagnostik und Strahlentherapie im Klinikum Berlin, Zentralinstitut für Krebsforschung bei der Akademie der Wissenschaften der DDR, Medizinalrat, später Obermedizinalrat, ab März 1990 Ärztlicher Direktor des Klinikums Berlin-Buch, Chefarzt Strahlentherapeutische Klinik im HELIOS Klinikum Berlin-Buch, ab 1967 Mitglied der CDU, 1971 bis 1990 Mitglied der Stadtverordnetenversammlung, Vorsitzender der Kommission Gesundheits- und Sozialwesen, ab Dezember 1989 Fraktionsvorsitzender der CDU in der Stadtverordnetenversammlung, 1990 Mitglied des Präsidiums des CDU-Landesverbands Berlin, Mai 1990 Kandidat der CDU für das Amt des Oberbürgermeisters von Berlin.

Jacoby, Wolfgang *SPD*

Geb. 28. Februar 1940 Berlin

Stadtverordnetenversammlung von Berlin:
1. WP (nachgerückt für Udo Eisner)

Oberschule, Abitur, Studium an der Humboldt-Universität zu Berlin, Diplom-Fachlehrer für Mathematik und Physik.

Jahn, Manfred *SPD*

Geb. 1. August 1938 Uhlstädt/Krs. Rudolstadt

Stadtverordnetenversammlung von Berlin:
1. WP

Oberschule, Abitur, Lehre und Arbeit als Werkzeugmacher, Studium an der Technischen Hochschule Ilmenau, Diplom-Ingenieur, Promotion, Direktor einer Hochschulbibliothek.

Jopt, Andreas *PDS*

Geb. 30. Dezember 1954 Berlin

Stadtverordnetenversammlung von Berlin:
1. WP

Studium, Diplom-Ingenieur, Mitglied der SED, 1982 bis 1989 Abteilungsleiter bzw. stellvertretender Direktor Export Nachrichtentechnik, 1990 Leiter Kommission Politisches System des Kreisvorstands der PDS Berlin-Prenzlauer Berg, Mai 1990 bis Januar 1991 kommunalpolitischer Sprecher der PDS-Fraktion in der Stadtverordnetenversammlung, 1992 bis 2002 Geschäftsführender Gesellschafter der Spezialtief- und Brunnenbau GmbH, 1994 bis 2000 Geschäftsführer des Ingenieurbüros für Baugrund und Umwelt PROMEUS, ab 1994 Geschäftsführer der Grundstücks- und Projektentwicklung GmbH & Co. KG, ab 1996 Geschäftsführer der Complan Consulting und Planung für Communen GmbH.

Jordan, Carlo (Karl-Heinz) *Bündnis 90/Grüne/UFV*

Stadtverordnetenversammlung von Berlin:
1. WP

Siehe Biografien der Mitglieder des Abgeordnetenhauses von Berlin (4. bis 12. WP).

Jung, Norbert *Bündnis 90/Grüne/UFV*

Geb. 11. Januar 1943 Neustrelitz

Stadtverordnetenversammlung von Berlin:
1. WP

Oberschule, Abitur, 1961 bis 1966 Studium der Biologie an der Ernst-Moritz-Arndt-Universität Greifswald, Staatsexamen, Biologielehrer, Verhaltensbiologe (Ethonologe), 1986 Promotion zum Dr. rer. nat., 1989 Sprecher der Bürgerbewegung „Neues Forum" im Stadtbezirk Berlin-Pankow, ab 1990 Dozent am Institut für Verhaltenstherapie Lübben, ab 1996 Professor an der Hochschule für nachhaltige Entwicklung Eberswalde, 2008 Ruhestand, 2009 Gründung der Tagungsreihe „Eberswalder Symposium für Umweltbildung" (zusammen mit Hochschularbeitsgruppe), ab 2010 Mitherausgeber der Schriftenreihe „Eberswalder Beiträge zu Bildung und Nachhaltigkeit".

Kayser, Boto *CDU*

Stadtverordnetenversammlung von Berlin:
1. WP

Siehe Biografien der Mitglieder des Abgeordnetenhauses von Berlin (4. bis 12. WP).

Kellner, Horst *PDS*

Stadtverordnetenversammlung von Berlin:
1. WP

Siehe Biografien der Mitglieder des Abgeordnetenhauses von Berlin (4. bis 12. WP).

Klatte, Torsten *PDS*

Geb. 8. August 1963 Kropstädt (Ortsteil von Wittenberg/Sachsen-Anhalt)

Stadtverordnetenversammlung von Berlin:
1. WP (Oktober 1990 nachgerückt für Hans-Werner Honert)

Lokomotivführer.

Klein, Dieter *PDS*

Stadtverordnetenversammlung von Berlin:
1. WP

Siehe Biografien der Mitglieder des Abgeordnetenhauses von Berlin (4. bis 12. WP).

Klier, geb. Bügel, Cornelia *PDS*

Geb. 19. März 1957 Dorfilm

Stadtverordnetenversammlung von Berlin:
1. WP

Studium an der medizinischen Fachschule, Fachschulabschluss als Physiotherapeutin, leitende Physiotherapeutin am Institut für Sportmedizin und Poliklinik in Berlin-Friedrichshain, Weltmeisterin (1978 im Ruderachter) und 1980 Olympiasiegerin im Rudern (im Zweier ohne Steuerfrau).

Klotz, Knut *SPD*

Stadtverordnetenversammlung von Berlin:
1. WP

Siehe Biografien der Mitglieder des Abgeordnetenhauses von Berlin (4. bis 12. WP).

Knopf, Birgit *PDS*

Geb. 10. Juni 1956 Güstrow

Stadtverordnetenversammlung von Berlin:
1. WP

Abitur, Studium, Fachschulabschluss, Lehrerin für die unteren Klassen, Lehrerin bzw. stellvertretende Direktorin an der 35. Oberschule in Berlin-Hellersdorf.

Kny, Otmar *CDU*

Geb. 31. Oktober 1940 Annahütte

Stadtverordnetenversammlung von Berlin:
1. WP

Grund- und Oberschule, Lehre und Arbeit als Dreher, Abitur, Studium, Hochschulabschluss, Diplom-Ingenieur, Abteilungsleiter im VEB Fertigungsbau Neuruppin, Betriebsteil Berlin, ab 1966 Mitglied der CDU, bis 1998 CDU-Kreisvorsitzender in Berlin-Lichtenberg, Promotion zum Dr.-Ing., ab 1970 Mitglied der Stadtbezirksversammlung Berlin-Lichtenberg, 1989/90 Stadtrat in Berlin-Lichtenberg, Mai bis Januar 1991 Stadtrat für Wissenschaft und Forschung im Magistrat von Berlin, zuletzt Angestellter beim Amt zur Regelung offener Vermögensfragen.

Köppe, Ingrid *Bündnis 90/Grüne/UFV*

Geb. 6. März 1958 Berlin

Stadtverordnetenversammlung von Berlin:
1. WP

Oberschule, 1976 Abitur, Studienbeginn an der Pädagogischen Hochschule Güstrow, 1977 nach Weigerung, eine Resolution gegen den Sänger Wolf Biermann zu unterschreiben, Abbruch des Studiums, anschließend kurzzeitig arbeitslos, dann Bibliothekarhelferin, 1978 bis 1981 Studium an der Fachschule für Bibliothekare in Leipzig, Bibliothekarin in Berlin, 1983/84 Beteiligung an einer Flugblattaktion gegen die nukleare Nachrüstung des Warschauer Paktes, 1985 Postzustellerin, 1986 bis 1988 Mitarbeiterin am Zentralinstitut für Bibliothekswesen, 1988 bis 1990 Fleurop-Botin, Frühjahr 1989 Teilnahme an Protestaktionen gegen die Fälschung der Kommunalwahlergebnisse vom 7. Mai 1989, ab September 1989 Mitglied des Neuen Forums, Mitglied des Sprecherrats des Neuen Forums bis Mai 1990, Dezember 1989 bis März 1990 Vertreterin des Neuen Forums am

Zentralen Runden Tisch, 1990 bis 1994 Mitglied des Deutschen Bundestags, Vertreterin der Abgeordnetengruppe Bündnis 90/Die Grünen im Wahlprüfungs-, Rechts- und Innenausschuss sowie im Untersuchungsausschuss zur Aufklärung der früheren Aktivitäten des von Alexander Schalck-Golodkowski geleiteten Bereichs Kommerzielle Koordinierung, 1996 bis 2000 Studium der Rechtswissenschaften an der Europa-Universität Viadrina in Frankfurt (Oder), danach Rechtsanwältin in Wriezen/Brandenburg.

Kraft, Eckehard *SPD*

Geb. 27. August 1941 Elbing/Westpreußen

Stadtverordnetenversammlung von Berlin:
1. WP

Oberschule, Teilabitur, Ingenieur/Ing. oec., Betriebswirt, Taktstraßenleiter des Berliner Wohnungsbaukombinats, Stadtrat für Bau- und Wohnungswesen.

Krause, Werner *SPD*

Stadtverordnetenversammlung von Berlin:
1. WP

Siehe Biografien der Mitglieder des Abgeordnetenhauses von Berlin (4. bis 12. WP).

Kucklinski, Jürgen *PDS*

Geb. 29. März 1949 Finowfurt

Stadtverordnetenversammlung von Berlin:
1. WP

Postbetriebsfacharbeiter, Studium, Diplom-Lehrer für Geschichte, Redakteur, Bereichsleiter Verlag Volk und Wissen.

Kühnau, Karl-Heinz *PDS*

Geb. 1. Januar 1934 Halle/Saale

Stadtverordnetenversammlung von Berlin:
1. WP

Oberschule, Abitur, ab 1952 Mitglied der SED, ab 1990 der PDS, Studium der Rechtswissenschaften an der Humboldt- Universität zu Berlin, 1961 Diplom-Jurist, 1964 Diplom-Gesellschaftswissenschaftler, 1969 Promotion zum Dr. rer. pol., 1985 Dr. sc. pol., 1987 Dozentur, 1961 bis 1989 Hochschullehrer an der Parteihochschule „Karl Marx", 1990 Mitarbeiter der Kommission Organisation und Parteileben im Parteivorstand der PDS, 1990 Vorsitzender des Petitionsausschusses der Stadtverordnetenversammlung, ab 2003 Stadtverordneter und Fraktionsvorsitzender für die Partei „Die Linke" in Friesack/Mark, 1. Vorsitzender des Landschaftsfördervereins Friesacker Pforte e. V.

Lakomy, geb. Erhardt, Monika *PDS*

Geb. 18. September 1947 Oßmannstedt/Thüringen

Stadtverordnetenversammlung von Berlin:
1. WP

Staatliche Ballettschule, 1964 bis 1969 Studium klassischer Bühnentanz, 1969 bis 1981 Tänzerin, ab 1981 freischaffende Schriftstellerin, gemeinsam mit ihrem Mann Reinhard Lakomy Drehbuchautorin, u. a. für sämtliche Kinderrevuen im Friedrichstadtpalast Berlin, außerdem zahlreiche Stücke für Musiktheater und Fernsehproduktionen, ab 1991 Mitglied im Verband deutscher Schriftsteller und 2000 stellvertretende Vorsitzende des Verbandes deutscher Schriftsteller Berlin, 2001 Vizepräsidentin des Nationalen Delphischen Rates Deutschland, 2002 Berufung in das internationale Präsidium für den Dialog zwischen den Religionen und Kulturen mit Sitz in Nikosia/Zypern, ab 2003 Präsidentin des Nationalen Delphischen Rates Deutschland.

Lamberz, Katja *PDS*

Geb. 12. November 1948

Stadtverordnetenversammlung von Berlin:
1. WP

Oberschule, Abitur, Studium an der Humboldt-Universität zu Berlin, Diplom-Archivarin, Staatliches Komitee für Rundfunk, Mitarbeiterin im Zentralen Parteiarchiv der

SED, später in der Stiftung Archiv der Parteien und Massenorganisationen der DDR im Bundesarchiv.

Lang, Henryk *CDU*

Geb. 30. März 1963 Dresden

Stadtverordnetenversammlung von Berlin:
1. WP

Oberschule, Fachschulabschluss als Staatswissenschaftler, Wirtschaftskaufmann, Geschäftsführer des Bundes der Allergiker und Asthmatiker.

Langer, Karl-Heinz *CDU*

Geb. 23. Oktober 1933 Schmölln
Gest. 10. Mai 2007 Berlin

Stadtverordnetenversammlung von Berlin:
1. WP

Gärtner, Studium, Diplom-Gartenbauingenieur, Promotion, wissenschaftlicher Mitarbeiter in der LPG „1. Mai" in Berlin-Wartenberg, anschließend wissenschaftlicher Mitarbeiter im Applikationszentrum der Akademie der Landwirtschaftswissenschaften, Mitglied der CDU, Mitglied des CDU-Bezirksvorstands Berlin, Mitglied des Zentralvorstands der Agrarwissenschaftlichen Vereinigung der DDR, Mai 1990 Mitglied der Bezirksversammlung Berlin-Pankow.

Lauterbach, Jürgen *PDS*

Geb. 1. Januar 1934 Schmalkalden

Stadtverordnetenversammlung von Berlin:
1. WP

Oberschule, Lehre und Arbeit als Werkzeugmacher, Meister und Obermeister im VEB Metallleichtbaukombinat Berlin.

Lehmann, Uwe *Bündnis 90/Grüne/UFV*

Stadtverordnetenversammlung von Berlin:
1. WP

Siehe Biografien der Mitglieder des Abgeordnetenhauses von Berlin (4. bis 12. WP).

Lötzsch, geb. Gorisch, Gesine *PDS*

Stadtverordnetenversammlung von Berlin:
1. WP

Siehe Biografien der Mitglieder des Abgeordnetenhauses von Berlin (4. bis 12. WP).

Lommatzsch, Klaus *SPD*

Geb. 25. Juli 1936 Neukuddezow

Stadtverordnetenversammlung von Berlin:
1. WP

Oberschule, 1954 Abitur, 1954 bis 1959 Studium an der Humboldt-Universität zu Berlin, 1959 Diplom-Mathematiker, 1961 bis 1964 Aspirantur Karls-Universität Prag, 1965 Promotion zum Dr. rer. nat., 1973 Habilitation, Dr. sc., Dozent an der Humboldt-Universität zu Berlin, ab Oktober 1989 Mitglied der SDP, ab 1990 der SPD, Mai 1990 bis Januar 1991 hochschulpolitischer Sprecher der SPD-Fraktion in der Stadtverordnetenversammlung von Berlin, seit 1990 aktive Mitarbeit im Wissenschaftsforum der SPD und im Wissenschaftsausschuss der SPD Berlin, 1995 bis 2001 Kreisvorsitzender der AWO Pankow, 2006 bis 2011 Kreiskassierer der AWO Berlin Nordost e. V.

Luft, Christine *SPD*

Stadtverordnetenversammlung von Berlin:
1. WP

Siehe Biografien der Mitglieder des Abgeordnetenhauses von Berlin (4. bis 12. WP).

Luft, Johannes *PDS*

Geb. 29. Juli 1936 Minden
Gest. 16. Mai 2006 Berlin

Stadtverordnetenversammlung von Berlin:
1. WP

Abitur, Studium der Wirtschaftswissenschaften an der Humboldt-Universität zu Berlin, Diplom-Wirtschaftler, Mitglied der SED, Promotion zum Dr. rer. oec., Habilitation, Hochschullehrer an der Karl-Marx-Universität Leipzig, in den 60er-Jahren Mitglied einer Arbeitsgruppe beim Ministerium für Landwirtschaft der DDR, später Forschungsbereichsleiter bzw. stellvertretender Institutsdirektor an der Akademie für Gesellschaftswissenschaften beim Zentralkomitee der SED, ab 1990 freiberuflich tätig.

Mebel, Moritz *PDS*

Geb. 23. Februar 1923 Erfurt

Stadtverordnetenversammlung von Berlin:
1. WP

1932 Übersiedlung mit den Eltern in die UdSSR (Moskau), Besuch der Karl-Liebknecht-Schule, ab 1937 der 118. Mittelschule in Moskau, 1938 Mitglied des Komsomol, 1940 Abitur, ab 1940 Medizinstudium am 1. Medizinischen Institut in Moskau, Oktober 1941 bis 1947 Militärdienst in der Roten Armee, u. a. Offizier der Politischen Abteilung der 53. Armee, 1943 bis 1958 Mitglied der KPdSU, 1945 bis 1947 Offizier in der SMAD in Halle und Merseburg, 1947 Fortsetzung des Studiums in Moskau, 1951 Examen, 1951 bis 1954 Oberarzt und Chirurg im Kreiskrankenhaus Keila/Estland, 1954 bis 1958 Aspirant am Lehrstuhl für Urologie des Zentralinstituts für Ärztliche Fortbildung in Moskau, dort 1958 Promotion, 1958 Übersiedlung in die DDR, Mitglied der SED, ab 1958 als Urologe in verschiedenen Berliner Kliniken tätig, 1963 Habilitation, bis 1981 Chefarzt der Urologischen Klinik und Poliklinik des Städtischen Krankenhauses Berlin-Friedrichshain, ab 1962 Aufbau des ersten Nierentransplantationszentrums in der DDR, 1982 bis 1988 Chef der Urologischen Klinik der Charité, 1967 bis 1971 Mitglied der Stadtverordnetenversammlung, Mai 1990 Alterspräsident der Stadtverordnetenversammlung, 1970 ordentlicher Professor für Urologie an der Humboldt-Universität zu Berlin (Charité), 1971 bis 1989 Kandidat bzw. Mitglied des ZK der SED, Mitglied der Akademie der Wissenschaften der DDR, 1983 bis 1990 Vorsitzender des Komitees „Ärzte der DDR zur Verhütung eines Nuklearkrieges", Ordentliches Auswärtiges Mitglied der Akademie der Medizinischen Wissenschaften der UdSSR, ab 1990 Mitglied der PDS bzw. der Partei „Die Linke".

Mehnert, Dieter *SPD*

Stadtverordnetenversammlung von Berlin:
1. WP

Siehe Biografien der Mitglieder des Abgeordnetenhauses von Berlin (4. bis 12. WP).

Meier, Ullrich *CDU*

Stadtverordnetenversammlung von Berlin:
1. WP

Siehe Biografien der Mitglieder des Abgeordnetenhauses von Berlin (4. bis 12. WP).

Merkert, Karin *SPD*

Geb. 7. September 1951 Berlin

Stadtverordnetenversammlung von Berlin:
1. WP

Oberschule, Abitur, Studium an der Humboldt-Universität zu Berlin, Diplom-Lehrerin.

Messlin, Wolfmar *Bündnis 90/Grüne/UFV*

Geb. 3. April 1942 Graudenz/Westpreußen

Stadtverordnetenversammlung von Berlin:
1. WP

Studium, Diplom-Gärtner, Fachrichtung Landschaftsarchitektur, Geschäftsführer im Unabhängigen Institut für Umweltfragen.

Meves, Heike *PDS*

Stadtverordnetenversammlung von Berlin:
1. WP

Siehe Biografien der Mitglieder des Abgeordnetenhauses von Berlin (4. bis 12. WP).

Michels, geb. Meyer, Martina *PDS*

Stadtverordnetenversammlung von Berlin:
1. WP

Siehe Biografien der Mitglieder des Abgeordnetenhauses von Berlin (4. bis 12. WP).

Molter, Alfred-Mario *CDU*

Stadtverordnetenversammlung von Berlin:
1. WP

Siehe Biografien der Mitglieder des Abgeordnetenhauses von Berlin (4. bis 12. WP).

Mory, Stephan *SPD*

Stadtverordnetenversammlung von Berlin:
1. WP

Siehe Biografien der Mitglieder des Abgeordnetenhauses von Berlin (4. bis 12. WP).

Müller, geb. Barz, Eva *PDS*

Stadtverordnetenversammlung von Berlin:
1. WP

Siehe Biografien der Mitglieder des Abgeordnetenhauses von Berlin (4. bis 12. WP).

Müller, Hans *CDU*

Stadtverordnetenversammlung von Berlin:
1. WP

Siehe Biografien der Mitglieder des Abgeordnetenhauses von Berlin (4. bis 12. WP).

Naumann, Thomas *PDS*

Geb. 23. Mai 1944 Leipzig

Stadtverordnetenversammlung von Berlin:
1. WP

Landwirt, Studium, Diplom-Agraringenieur, Promotion zum Dr. oec., Mitglied der SED, 1984 bis 1990 Mitglied des Magistrats und Stadtrat für Land-, Forst- und Nahrungsgüterwirtschaft von Berlin.

Niedergesäß, Fritz *CDU*

Stadtverordnetenversammlung von Berlin:
1. WP

Siehe Biografien der Mitglieder des Abgeordnetenhauses von Berlin (4. bis 12. WP).

Nuß, Hannelore *PDS*

Stadtverordnetenversammlung von Berlin:
1. WP

Siehe Biografien der Mitglieder des Abgeordnetenhauses von Berlin (4. bis 12. WP).

Nussbaum, Michael *SPD*

Geb. 13. April 1951 Berlin

Stadtverordnetenversammlung von Berlin:
1. WP

Abitur, Studium an der Humboldt-Universität zu Berlin, 1973 Diplom-Mathematiker, 1973 bis 1985 wissenschaftlicher Mitarbeiter am Institut für Mathematik der Humboldt-Universität zu Berlin, 1979 Promotion, 1990 Habilitation, 1985 bis 1991 wissenschaftlicher Mitarbeiter am Karl-Weierstraß-Institut für Mathematik der Akademie der Wissenschaften der DDR, bis 1999 Leiter der Forschungsgruppe Stochastische Algorithmen und nichtparametrische Statistik, ab 1999 Professor für Mathematik an der Cornell University in den USA.

Pavlik, Dieter *SPD*

Stadtverordnetenversammlung von Berlin:
1. WP

Siehe Biografien der Mitglieder des Abgeordnetenhauses von Berlin (4. bis 12. WP).

Peters, Hinrich *SPD*

Geb. 18. Mai 1952 Olbernhau

Stadtverordnetenversammlung von Berlin:
1. WP

Abitur, Lehre und Arbeit als Fernmeldemonteur, Buchbinder, Buchbindemeister.

Pfitzmann, Günter *CDU*

Geb. 28. April 1952 Neuruppin

Stadtverordnetenversammlung von Berlin:
1. WP

Fachschule für Gaststätten- und Hotelwesen Leipzig, Kellner, Ingenieur, privater Gastronom.

Pflugbeil, Sebastian *Bündnis 90/Grüne/UFV*

Stadtverordnetenversammlung von Berlin:
1. WP

Siehe Biografien der Mitglieder des Abgeordnetenhauses von Berlin (4. bis 12. WP).

Pöltelt, Helmut *Bündnis 90/Grüne/UFV*

Geb. 15. September 1944 Großröhrsdorf

Stadtverordnetenversammlung von Berlin:
1. WP

Diplom-Ingenieur für Kraftwerkstechnik, Kraftwerksmaschinist, wissenschaftlicher Mitarbeiter, Promotion.

Pohle, geb. Stammnitz, Dagmar *PDS*

Stadtverordnetenversammlung von Berlin:
1. WP

Siehe Biografien der Mitglieder des Abgeordnetenhauses von Berlin (4. bis 12. WP).

Poschepny, Frank *SPD*

Stadtverordnetenversammlung von Berlin:
1. WP

Siehe Biografien der Mitglieder des Abgeordnetenhauses von Berlin (4. bis 12. WP).

Reiche, Klaus *SPD*

Geb. 22. Februar 1929 Berlin

Stadtverordnetenversammlung von Berlin:
1. WP (Nachrücker: Rainer Röbke)

Oberschule, Abitur, Studium der Betriebs- und Volkswirtschaft an der Berliner Universität, 1952 Diplom-Wirtschaftler, 1947 bis 1953 Mitglied der SED, 1957 bis 1960 Fernstudium Chemie an der Technischen Universität Dresden, Diplom-Chemiker, ab 1955 Mitarbeiter, Produktionsabteilungsleiter bzw. Technischer Leiter im VEB Fotochemische Werke Berlin-Köpenick, Herbst 1989 Mitbegründer der SDP in Köpenick.

Reimann, Horst *CDU*

Stadtverordnetenversammlung von Berlin:
1. WP

Siehe Biografien der Mitglieder des Abgeordnetenhauses von Berlin (4. bis 12. WP).

Richter, Jörg *SPD*

Geb. 13. November 1939 Dresden

Stadtverordnetenversammlung von Berlin:
1. WP

Oberschule, Abitur, Studium der Psychologie an der Humboldt-Universität zu Berlin, 1965 Diplom-Psychologe, 1981 Promotion zum Dr. rer. nat., Fachpsychologe der Medizin, Zentralinstitut für Arbeitsmedizin, ab 1988 Mitarbeiter und ab 1990 Geschäftsführer des „Telefons des Vertrauens" (Einrichtung des Berliner Magistrats), 1992 bis 1999 Bezirksbürgermeister von Berlin-Pankow, Herbst 1989 Mitglied der SDP, ab 1990 der SPD, Mitglied des SDP-Landesvorstands Berlin bzw. bis 1994 des SPD-Landesvorstands Berlin, Mai 1990 bis Januar 1991 stellvertretender Vorsitzender der SPD-Fraktion.

Riedrich, Karin *SPD*

Stadtverordnetenversammlung von Berlin:
1. WP

Siehe Biografien der Mitglieder des Abgeordnetenhauses von Berlin (4. bis 12. WP).

Röbke, Rainer *SPD*

Geb. 3. Mai 1942 Berlin

Stadtverordnetenversammlung von Berlin:
1. WP (nachgerückt für Klaus Reiche)

1961 Abitur, Ingenieurschule, Feinmechaniker, Maschinenbauingenieur, Schichtingenieur.

Röhl, Klaus *FDP – Die Liberalen/DSU*

Geb. 12. November 1933 Berlin

Stadtverordnetenversammlung von Berlin:
1. WP

Volksschule, Mittelschule und Oberschule, Abitur, Chemiewerker, Studium an der Humboldt-Universität zu Berlin, Diplom-Chemiker, Promotion zum Dr. rer. nat. an der Bergakademie Freiberg, wissenschaftlicher Mitarbeiter an der Bergakademie Freiberg und an der Akademie der Wissenschaften Berlin, bis 1989 parteilos, Herbst 1989 Aufbau der FDP in Berlin, Gründungsmitglied der FDP in der DDR, Mitglied des FDP-Landesvorstands Berlin in der DDR, ab September 1990 Landesvorstandsmitglied der FDP Berlin, Mai 1991 stellvertretender Landesvorsitzender, Mai 1990 bis Januar 1991 Fraktionsvorsitzender der FDP in der Stadtverordnetenversammlung von Berlin, 1990 bis 1998 Mitglied des Deutschen Bundestags.

Röhrdanz, Lothar *SPD*

Geb. 11. Februar 1955 Sanitz/Krs. Rostock

Stadtverordnetenversammlung von Berlin:
1. WP

1961 bis 1971 Oberschule, Facharbeiterabschluss als Anlagentechniker, 1974/75 NVA, bis 1978 Kraftfahrer bei verschiedenen Arbeitsstellen, nach Autounfall Invalidisierung, Invalidenrentner.

Roloff, Jürgen *Bündnis 90/Grüne/UFV*

Geb. 19. August 1947 Genthin

Stadtverordnetenversammlung von Berlin:
1. WP

Oberschule, Lehre und Arbeit als Elektromonteur und Elektromeister im VEB Werk für Fernsehelektronik in Berlin-Köpenick.

Rusta, Irana *SPD*

Stadtverordnetenversammlung von Berlin:
1. WP

Siehe Biografien der Mitglieder des Abgeordnetenhauses von Berlin (4. bis 12. WP).

Sawitzki, Hans *SPD*

Geb. 15. Januar 1938 Berlin

Stadtverordnetenversammlung von Berlin:
1. WP

Grund- und Oberschule, 1956 Abitur, Lehre und Arbeit als Maurer, Studium an der Hochschule für Architektur und Bauwesen Weimar, 1964 Diplom-Ingenieur und Architekt, 1964 bis 1972 Bereichsbauleiter, später Tragwerksplaner im VEB Wohnungskombinat Berlin, anschließend bis 1976 Mitarbeiter in einem Ingenieurbüro, 1976 bis 1990 Projektbauleiter bei der Sonderbaudirektion Berlin, ab 1990 Mitgesellschafter eines Ingenieurbüros und eines mittelständischen Bauunternehmens, 2003 Ruhestand, ab den 80er-Jahren engagiert in einem evangelischen Hauskreis, Herbst 1989 Mitglied der Bürgerbewegung „Neues Forum", dann der SDP bzw. der SPD.

Schlaak, Uwe *PDS*

Geb. 1. Mai 1948 Berlin

Stadtverordnetenversammlung von Berlin:
1. WP

1966 Abitur, Lehre und Arbeit als Kfz-Schlosser, Studium an der Technischen Universität Dresden, 1971 Diplom-Ingenieur, Promotion, Studium an der Parteihochschule, Diplom-Gesellschaftswissenschaftler, 2. Sekretär der SED-Kreisleitung Berlin-Treptow, 1989/90 Mitglied der Stadtbezirksverordnetenversammlung Berlin-Treptow, 1990 Leiter der Kommission Wirtschaft und Sozialwesen des PDS-Kreisvorstands Berlin-Treptow, später Vorsitzender der Fraktion „Die Linke" in der Gemeindeverordnetenversammlung Plau am See/Landkrs. Ludwigslust-Parchim, Vertreter im Beirat der Wohnungsbaugesellschaft der Stadt Plau am See.

Schmahl, Wolfgang *CDU*

Geb. 17. Juni 1942 Berlin

Stadtverordnetenversammlung von Berlin:
1. WP

Studium an der Humboldt-Universität zu Berlin, Diplom-Mathematiker, Promotion zum Dr.-Ing., ab 1969 Mitglied der CDU, Mitarbeiter im Projektierungskollektiv der Abteilung Datenverarbeitung im VEB Funkwerk Köpenick, später Leiter des Rechenzentrums und Chef der Abteilung Datenvorbereitungsprojektierung, Fachdirektor für Organisation und Datenverarbeitung bei der Interflug, Stadtbezirksverordneter und 1977 bis 1982 Vorsitzender des CDU-Kreisverbands Berlin-Treptow, ab Juni 1981 Mitglied der Stadtverordnetenversammlung und Stellvertreter des Oberbürgermeisters für Internationale Verbindungen auf kommunalem Gebiet von Berlin, Frühjahr 1990 Vorsitzender des DTSB-Bezirksvorstands Berlin, Mitglied des Präsidiums des NOK der DDR, Stellvertreter des Geschäftsführers Olympia-Büro.

Schöttler, Gabriele *SPD*

Stadtverordnetenversammlung von Berlin:
1. WP

Siehe Biografien der Mitglieder des Abgeordnetenhauses von Berlin (4. bis 12. WP).

Schulz, Carl-Günter *Bündnis 90/Grüne/UFV*

Geb. 5. Oktober 1940 Genthin

Stadtverordnetenversammlung von Berlin:
1. WP

Abitur, Studium an der Technischen Universität Dresden, Diplom-Ingenieur, Promotion zum Dr. rer. nat., später Habilitation, Abteilungsleiter (Bereich Wellenoptik) am Zentralinstitut für Elektronenphysik, Beauftragter der Treuhandgesellschaft, später Mitarbeiter am Paul-Drude-Institut für Festkörperelektronik (Forschungsverbund Berlin).

Schulz, Manfred *SPD*

Geb. 23. Januar 1935 Berlin

Stadtverordnetenversammlung von Berlin:
1. WP

1954 Abitur, Studium der Evangelischen Theologie, 1960 Abschluss, Studium der Medizin, 1970 Abschluss, Arzt.

Schulz, Wolf *SPD*

Stadtverordnetenversammlung von Berlin:
1. WP

Siehe Biografien der Mitglieder des Abgeordnetenhauses von Berlin (4. bis 12. WP).

Schure, Horst *CDU*

Geb. 9. Januar 1941 Berlin

Stadtverordnetenversammlung von Berlin:
1. WP

Mittelschule, Lehre und Arbeit als Kältemonteur, Kälte- und Klimaanlagenbaumeister, Innungsmeister, Mitglied der CDU, ab 1986 Mitglied der Stadtverordnetenversammlung und Mitglied der Ständigen Kommission Örtliche Versorgungswirtschaft der Stadtverordnetenversammlung, 1990 zunächst Vorsitzender Mittelstandsvereinigung in Berlin, ab Juli 1990 stellvertretender Vorsitzender des Landesverbands des Mittelstands Berlin.

Schwieger, Jürgen *PDS*

Geb. 27. März 1952 Bad Frankenhausen

Stadtverordnetenversammlung von Berlin:
1. WP

Studium, Diplom-Lehrer, Promotion zum Dr. rer. nat., wissenschaftlicher Mitarbeiter im Ministerium für Bildung und Wissenschaft.

Schwierzina, Tino-Antoni *SPD*

Stadtverordnetenversammlung von Berlin:
1. WP

Siehe Biografien der Mitglieder des Abgeordnetenhauses von Berlin (4. bis 12. WP).

Seidel, Eberhard *Bündnis 90/Grüne/UFV*

Geb. 24. April 1949 Leipzig

Stadtverordnetenversammlung von Berlin:
1. WP

Grund- und Oberschule, 1968 Abitur mit Lehre als Buchdrucker, 1968 Facharbeiter, 1968 bis 1970 NVA (Grundwehrdienst), Studium der Medizin an der Humboldt-Universität zu Berlin (Charité), Hochschulabschluss, Promotion zum Dr. med., 1975 bis 1978 Arzt in Brandenburg an der Havel, ab 1978 an verschiedenen Krankenhäusern in Berlin, u. a. Facharzt für Innere Medizin am Krankenhaus Berlin-Friedrichshain, ab 1998 Niederlassung als Internist, ab 1984 Sprecher der oppositionellen Organisation der Ärzte für den Frieden, September 1989 Mitunterzeichner des Gründungsaufrufs des Neuen Forums, ab Ende 1989 Vorstandsmitglied der DDR-Sektion von IPPNW, Teilnehmer am Zentralen Runden Tisch und ab März 1990 Teilnehmer am Berliner Runden Tisch „AG Gesundheitswesen".

Sondermann, Roderich *PDS*

Geb. 14. Dezember 1944 Sinzig/Rheinland

Stadtverordnetenversammlung von Berlin:
1. WP

Rinderzüchter, Studium der Veterinärmedizin, Tierarzt, Fachtierarzt, Veterinärrat, Promotion zum Dr. med. vet., Ministerium für Ernährung, Land- und Forstwirtschaft, später Praxisinhaber des Tiergesundheitszentrums Berlin-Mahlsdorf.

Sperling, Klaus-Peter *SPD*

Geb. 4. Januar 1936 Fürstenwalde/Spree

Stadtverordnetenversammlung von Berlin:
1. WP

Grundschule, Lehre und Arbeit als Bau- und Möbeltischler, später Studium an der Ingenieurschule für Bauwesen Magdeburg, Ingenieur, Studium an der Technischen Hochschule Leipzig, Diplom-Ingenieur, Oktober 1990 Austritt aus der SPD-Fraktion und Wechsel zur Fraktion FDP – Die Liberalen/DSU.

Stötzer, geb. Schaffer, Utta *SPD*

Stadtverordnetenversammlung von Berlin:
1. WP

Siehe Biografien der Mitglieder des Abgeordnetenhauses von Berlin (4. bis 12. WP).

Süß, Rainer *SPD*

Stadtverordnetenversammlung von Berlin:
1. WP

Siehe Biografien der Mitglieder des Abgeordnetenhauses von Berlin (4. bis 12. WP).

Teinz, Karl-Friedrich *SPD*

Geb. 26. Februar 1944 Spremberg

Stadtverordnetenversammlung von Berlin:
1. WP

Abitur, Betonbauer, Studium, Mathematiker, Promotion.

Thurmann, Clemens *SPD*

Geb. 3. Juli 1949 in Berlin

Stadtverordnetenversammlung von Berlin:
1. WP

Oberschule, Abitur, Studium, Diplom-Mathematiker, 1972 bis 1989 wissenschaftlicher Mitarbeiter am Institut für Städtebau und Architektur der Bauakademie der DDR, 1987 Promotion zum Dr. rer. nat., ab Herbst 1989 Mitglied der SDP/SPD, später zeitweise Kreisvorsitzender der SPD in Berlin-Marzahn, Mai 1990 bis Januar 1991 Stadtrat für Stadtentwicklung und Regionalplanung im Magistrat von Berlin, anschließend Geschäftsführer eines privaten Projektentwicklers und Bauträgers, dann Geschäftsführer der KÖWOGE (Köpenicker Wohnungsgesellschaft), anschließend Prokurist der DEGEWO (Deutsche Gesellschaft zur Förderung des Wohnungsbaus), ab Mai 2007 Technischer Vorstand der Wohnungsgenossenschaft Berlin-Lichtenberg.

Tietze, Christian *Bündnis 90/Grüne/UFV*

Geb. 11. August 1941 Stettin

Stadtverordnetenversammlung von Berlin:
1. WP

Oberschule, Abitur, Studium, Diplom-Ingenieur (Architekt), Promotion zum Dr.-Ing., wissenschaftlicher Mitarbeiter an der Akademie der Wissenschaften der DDR, 1989 Mitgründer der Bürgerbewegung „Neues Forum", 1990 Mitgründer der Deutschen Gesellschaft e. V.

Unger, geb. Krause, Barbara *SPD*

Stadtverordnetenversammlung von Berlin:
1. WP

Siehe Biografien der Mitglieder des Abgeordnetenhauses von Berlin (4. bis 12. WP).

Unger, Frank *SPD*

Geb. 15. Oktober 1946 Jena

Stadtverordnetenversammlung von Berlin:
1. WP

Oberschule, Abitur, Studium, Diplom-Soziologe, Promotion.

Vogel, Hans-Werner *CDU*

Stadtverordnetenversammlung von Berlin:
1. WP

Siehe Biografien der Mitglieder des Abgeordnetenhauses von Berlin (4. bis 12. WP).

Voigt, Wolfgang *FDP – Die Liberalen/DSU*

Geb. 7. August 1933 Biesen/Ostprignitz

Stadtverordnetenversammlung von Berlin:
1. WP

Studium an der Humboldt-Universität zu Berlin, Staatsexamen Kommunikationswissenschaft (Psycholinguistik), Archivwissenschaftlicher Mitarbeiter.

Wagner, geb. Guse, Heide-Lore *PDS*

Stadtverordnetenversammlung von Berlin:
1. WP

Siehe Biografien der Mitglieder des Abgeordnetenhauses von Berlin (4. bis 12. WP).

Wenzlaff, Winfried *CDU*

Geb. 2. Januar 1941 Stettin

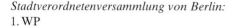

Stadtverordnetenversammlung von Berlin:
1. WP

Hochschulabschluss, Diplom-Ingenieur für Maschinenbau, Abteilungsleiter Konstruktion bzw. Leiter der Rationalisierungsmittelkonstruktion im VEB Berliner Akkumulatoren- und Elementefabrik Berlin-Oberschöneweide.

Wessel, Walter *SPD*

Geb. 8. September 1938 in Halle/Saale

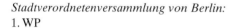

Stadtverordnetenversammlung von Berlin:
1. WP

Oberschule, 1956 Abitur, 1956 bis 1962 Studium der Mathematik an der Martin-Luther-Universität Halle-Wittenberg, 1962 Diplom-Mathematiker, Promotion, 1962 bis 1991 wissenschaftlicher Mitarbeiter an der Akademie der Wissenschaften der DDR, 1981 bis 1989 Mitglied der Synode des Bundes der Evangelischen Kirchen der DDR, ab 1991 Mitglied der EKD-Synode, 1982 bis 1991 Mitglied der Konferenz der Evangelischen Kirchenleitungen, 1982 bis 1994 Mitglied der EKU-Synode.

Wolf, Hans-Peter *FDP – Die Liberalen/DSU*

Stadtverordnetenversammlung von Berlin:
1. WP

Siehe Biografien der Mitglieder des Abgeordnetenhauses von Berlin (4. bis 12. WP).

Wolf, Peter *SPD*

Stadtverordnetenversammlung von Berlin:
1. WP

Siehe Biografien der Mitglieder des Abgeordnetenhauses von Berlin (4. bis 12. WP).

Wustlich (später: Lehmann), Wolfgang *Bündnis 90/Grüne/UFV*

Stadtverordnetenversammlung von Berlin:
1. WP

Siehe Biografien der Mitglieder des Abgeordnetenhauses von Berlin (4. bis 12. WP).

Zekina, Gabriele *Bündnis 90/Grüne/UFV*

Geb. 22. Februar 1965 Bernau

Stadtverordnetenversammlung von Berlin:
1. WP

Oberschule, Abitur, 1983 bis 1988 Studium der Pädagogik, Anglistik und Germanistik an der Humboldt-Universität zu Berlin, 1988 Hochschulabschluss, Lehrerin für Deutsch und Englisch, wissenschaftliche Assistentin an der Sektion Fremdsprachen der Humboldt-Universität zu Berlin, 1989 Engagement für die Frauenbewegung in der DDR, zunächst unter dem Dach der evangelischen Kirche, später Mitgründerin der politischen Frauengruppe „Lila Offensive", 1992 Mitgründerin das Projektes „Frauenkreise Berlin", seit 1999 Projektleitung bei den Frauenkreisen.

Zimmering, Ronald *PDS*

Geb. 14. August 1949 Dresden

Stadtverordnetenversammlung von Berlin:
1. WP

Mechaniker, Studium der Humanmedizin, Arzt, ab 1979 Facharzt für Allgemeinmedizin mit den Zusatzbezeichnungen Physiotherapie, Chirotherapie und psychosomatische Medizin, Berufsoffizier, Promotion zum Dr. med., Ministerium für Abrüstung und Verteidigung (Informationszentrum), 1990 Präsidiumsmitglied der Stadtverordnetenversammlung, ab Januar 1991 Facharzt für Allgemeinmedizin in Berlin-Köpenick.

Zorn, André *PDS*

Geb. 10. April 1963 Arnstadt

Stadtverordnetenversammlung von Berlin:
1. WP

Studium, Diplom-Meteorologe, wissenschaftlicher Mitarbeiter bei der Staatlichen Umweltinspektion.

Zotl, Peter-Rudolf *PDS*

Stadtverordnetenversammlung von Berlin:
1. WP

Siehe Biografien der Mitglieder des Abgeordnetenhauses von Berlin (4. bis 12. WP).

Anhang

Abgeordnetenhaus von Berlin, 4. WP

Wahltag: 17. Februar 1963
Erste Sitzung: 8. März 1963
Letzte Sitzung: 2. März 1967

Präsidium

Präsident des Abgeordnetenhauses von Berlin
Otto Bach (SPD)

Stellvertreter des Präsidenten des Abgeordnetenhauses von Berlin
Wolfram Müllerburg (CDU)
Hans Reif (FDP)

Schriftführer
Ferdinand Hannemann (SPD)
Edith Lowka (SPD)
Alfred Rojek (CDU)
Ilse Roschanski (SPD)

Fraktionen

Fraktion der SPD
Vorsitzender: Alexander Voelker
Stellvertretende Vorsitzende: Wolfgang Büsch, Walter Sickert, Herbert Theis
Geschäftsführer: Wolfgang Büsch

Fraktion der CDU
Vorsitzender: Franz Amrehn
Stellvertretende Vorsitzende: Günter Dach, Günter Riesebrodt
Geschäftsführer: Heinrich Lummer

Fraktion der FDP
Vorsitzender: Hermann Oxfort
Stellvertretende Vorsitzende: Ella Barowsky
Geschäftsführer: Gerhard Emig

Ausschüsse

Ausschuss für Arbeit und soziale Angelegenheiten
Vorsitzender: Erich Gießner (SPD)
Stellvertretender Vorsitzender: Fritz Giersch (CDU)

Ausschuss für Bau- und Wohnungswesen
Vorsitzender: Wiegand Hennicke (CDU)
Stellvertretender Vorsitzender: Kurt Böttcher (SPD)

Ausschuss für Bundesangelegenheiten
Vorsitzender: Egon Endres (CDU)
Stellvertretender Vorsitzender: Wolfgang Büsch (SPD)

Ausschuss für Eingaben und Beschwerden
Vorsitzender: Alfred Rojek (CDU)
Stellvertretende Vorsitzende: Meta Omankowsky (SPD)

Ausschuss für Gesamtberliner Fragen
Vorsitzender: Friedrich Schulze (SPD)
Stellvertretender Vorsitzender: Karl Elgaß (SPD)

Ausschuss für Gesundheitswesen
Vorsitzender: Julius Hadrich (SPD)
Stellvertretender Vorsitzender: Hans-Jürgen Behrendt (CDU)

Ausschuss für Heimatvertriebene, Flüchtlinge und Lastenausgleich
Vorsitzender: Erich Reinhardt (SPD)
Stellvertretender Vorsitzender: Hans-Joachim Kenneweg (CDU)

Ausschuss für Inneres
Vorsitzender: Alfons Waltzog (CDU)
Stellvertretender Vorsitzender: Georg Liljeberg (SPD)

Ausschuss für Jugend
Vorsitzende: Emma Wahler (CDU)
Stellvertretende Vorsitzende: Ella Kay (SPD)

Ausschuss für Justiz
Vorsitzender: Otto Vortisch (SPD)
Stellvertretender Vorsitzender: Hans Würzburg (SPD)

Ausschuss für Sicherheit und Ordnung
Vorsitzender: Franz Ehrke (SPD)
Stellvertretender Vorsitzender: Alfons Waltzog (CDU)

Ausschuss für Sport
Vorsitzende: Ella Kay (SPD)
Stellvertretender Vorsitzender: Georg Liljeberg (SPD)

Ausschuss für Verkehr und Betriebe
Vorsitzender: Erwin F. Krüger (SPD)
Stellvertretender Vorsitzender: Anton Weber (CDU)

Ausschuss für Vermögensverwaltung
Vorsitzender: Herbert Theis (SPD)
Stellvertretender Vorsitzender: Otto Lischeweski (FDP)

Ausschuss für Wirtschaft
Vorsitzender: Bernhard Skrodzki (CDU)
Stellvertretender Vorsitzender: Friedrich Schulze (SPD)

Ausschuss für Wissenschaft und Kunst
Vorsitzender: Gerd Löffler (SPD)
Stellvertretender Vorsitzender: Peter Lorenz (CDU)

Geschäftsordnungsausschuss
Vorsitzender: Hermann Oxfort (FDP)
Stellvertretende Vorsitzende: Ilse Roschanski (SPD)

Hauptausschuss
Vorsitzende: Edith Lowka (SPD)
Stellvertretender Vorsitzender: Rudolf Mendel (CDU)

Rechnungsprüfungsausschuss
Vorsitzender: Alexander Voelker (SPD)
Stellvertretender Vorsitzender: Herbert Theis (SPD)

Verfassungsausschuss
Vorsitzender: Otto Bach (SPD)
Stellvertretender Vorsitzender: Otto Vortisch (SPD)

Abgeordnetenhaus von Berlin, 5. WP

Wahltag: 12. März 1967
Erste Sitzung: 6. April 1967
Letzte Sitzung: 25. Februar 1971

Präsidium

Präsident des Abgeordnetenhauses von Berlin
Walter Sickert (SPD)

Stellvertreter des Präsidenten des Abgeordnetenhauses von Berlin
Peter Lorenz (CDU)
Hans Reif (FDP)

Schriftführer
Edith Lowka (SPD)
Artur Prozell (SPD)
Ilse Roschanski (SPD)
Eleonore Schneider (CDU)

Fraktionen

Fraktion der SPD
Vorsitzender: Alexander Voelker
Stellvertretende Vorsitzende: Wolfgang Haus, Werner Jannicke, Dietrich Stobbe, Herbert Theis, Gerd Löffler
Geschäftsführer: Dietrich Stobbe

Fraktion der CDU
Vorsitzender: Franz Amrehn, ab April 1969 Heinrich Lummer
Stellvertretende Vorsitzende: Hans-Jürgen Behrendt, Günter Dach, Günter Riesebrodt, Karl-Heinz Schmitz
Geschäftsführer: Heinrich Lummer, Heinrich Knafla

Fraktion der FDP
Vorsitzender: Hermann Oxfort
Stellvertretende Vorsitzende: Ella Barowsky
Geschäftsführer: Gerhard Emig

Ausschüsse

Ausschuss für Arbeit und soziale Angelegenheiten
Vorsitzender: Erich Gießner (SPD)
Stellvertretender Vorsitzender: Günter Dach (CDU)

Ausschuss für Bau- und Wohnungswesen
Vorsitzender: Wiegand Hennicke (CDU)
Stellvertretender Vorsitzender: Kurt Böttcher (SPD)

Ausschuss für Betriebe
Vorsitzender: Otto Theuner (SPD)
Stellvertretender Vorsitzender: Edmund Wronski (CDU)

Ausschuss für Bundesangelegenheiten und Gesamtberliner Fragen
Vorsitzender: Hans Kohlberger (SPD), Nachfolger Klaus Riebschläger (SPD)
Stellvertretender Vorsitzender: Hans-Joachim Boehm (CDU), Nachfolger Werner Goldberg (CDU)

Ausschuss für Eingaben und Beschwerden
Vorsitzender: Rudolf Luster (CDU), Nachfolger Alfred Rojek (CDU)
Stellvertretender Vorsitzender: Kurt Susen (SPD), Nachfolgerin Meta Omankowsky (SPD)

Ausschuss für Gesundheitswesen
Vorsitzender: Hans-Jürgen Behrendt (CDU)
Stellvertretender Vorsitzender: Günter Reimann (SPD)

Ausschuss für Heimatvertriebene, Flüchtlinge und Lastenausgleich
Vorsitzender: Erich Reinhardt (SPD)
Stellvertretender Vorsitzender: Hans-Joachim Kenneweg (CDU)

Ausschuss für Inneres
Vorsitzender: Alfons Waltzog (CDU)
Stellvertretender Vorsitzender: Wolfgang Haus (SPD)

Ausschuss für Familie, Jugend und Sport
Vorsitzender: Erich Mach (CDU)
Stellvertretende Vorsitzende: Ida Grund (SPD)

Ausschuss für Justiz
Vorsitzender: Otto Vortisch (SPD), Nachfolger Wolfgang Büsch (SPD)
Stellvertretender Vorsitzender: Manfred Pawlak (SPD)

Ausschuss für Schulwesen
Vorsitzender: Kurt Behrend (SPD)
Stellvertretender Vorsitzender: Wolfgang Boehm (SPD), Nachfolgerin Clara von Simson (FDP)

Ausschuss für Sicherheit und Ordnung
Vorsitzender: Franz Ehrke (SPD)
Stellvertretender Vorsitzender: Alfons Waltzog (CDU)

Ausschuss für Jugend und Sport
Vorsitzender: Erich Mach (CDU)
Stellvertretende Vorsitzende: Ida Grund (SPD)

Ausschuss für Verkehrsfragen
Vorsitzender: Kurt Susen (SPD)
Stellvertretender Vorsitzender: Herbert Arndt (SPD)

Ausschuss für Vermögensverwaltung
Vorsitzender: Herbert Theis (SPD)
Stellvertretender Vorsitzender: Kurt Exner (SPD)

Ausschuss für Wirtschaft
Vorsitzender: Bernhard Skrodzki (CDU), Nachfolger Hans-Joachim Boehm (CDU)
Stellvertretender Vorsitzender: Erich Gießner (SPD)

Ausschuss für Wissenschaft und Kunst
Vorsitzender: Gerd Löffler (SPD), Nachfolger Gerhard Heimann (SPD)
Stellvertretender Vorsitzender: Peter Lorenz (CDU), Nachfolgerin Ursula Besser (CDU)

Geschäftsordnungsausschuss
Vorsitzender: Hermann Oxfort (FDP)
Stellvertretender Vorsitzender: Otto Vortisch (SPD)

Hauptausschuss
Vorsitzende: Edith Lowka (SPD)
Stellvertretender Vorsitzender: Rudolf Mendel (CDU)

Petitionsausschuss
Vorsitzender: Rudolf Luster (CDU)
Stellvertretender Vorsitzender: Kurt Susen (SPD)

Rechnungsprüfungsausschuss
Vorsitzender: Alexander Voelker (SPD)
Stellvertretender Vorsitzender: Herbert Theis (SPD)

Verfassungsausschuss
Vorsitzender: Walter Sickert (SPD)
Stellvertretender Vorsitzender: Eberhard Hesse (SPD)

Abgeordnetenhaus von Berlin, 6. WP

Wahltag: 14. März 1971
Erste Sitzung: 19. April 1971
Letzte Sitzung: 20. März 1975

Präsidium

Präsident des Abgeordnetenhauses von Berlin
Walter Sickert (SPD)

Stellvertreter des Präsidenten des Abgeordnetenhauses von Berlin
Peter Lorenz (CDU)
Hans-Günter Hoppe (FDP), ab Oktober 1973 Siegfried Schönherr (FDP)

Schriftführer
Hildegard Döring (SPD)
Ferdinand Hannemann (SPD)
Edith Lowka (SPD)
Artur Prozell (SPD)
Bernd Weingärtner (SPD)
Klaus Franke (CDU)
Rudolf Gunkel (CDU), Nachfolger Wilhelm Padberg (CDU)
Eleonore Schneider (CDU)

Fraktionen

Fraktion der SPD
Vorsitzender: Alexander Voelker, Nachfolger Wolfgang Haus
Stellvertretende Vorsitzende: Wolfgang Haus, Werner Jannicke, Dietrich Stobbe, Franz Ehrke, Hans-Jürgen Heß, Waldemar Schulze
Geschäftsführer: Dietrich Stobbe, Nachfolger Jürgen Brinckmeier

Fraktion der CDU
Vorsitzender: Heinrich Lummer
Stellvertretende Vorsitzende: Hans-Jürgen Behrendt, Günter Dach, Karl-Heinz Schmitz
Geschäftsführer: Heinrich Knafla

Fraktion der FDP
Vorsitzender: Hermann Oxfort
Stellvertretende Vorsitzende: Karl-Heinz Baetge, Walter Rasch
Geschäftsführer: Alexander von Stahl

Ausschüsse

Ausschuss für Arbeit und soziale Angelegenheiten
Vorsitzender: Erich Gießner (SPD), Nachfolger Rolf Konrad (SPD)
Stellvertretender Vorsitzender: Günter Dach (CDU)

Ausschuss für Ausländerfragen
Vorsitzende: Ingeborg Renner (SPD)
Stellvertretender Vorsitzender: Rudolf Luster (CDU)

*Ausschuss für Bau- und Wohnungswese*n
Vorsitzender: Wiegand Hennicke (CDU), Nachfolger Klaus Franke (CDU)
Stellvertretender Vorsitzender: Adolf Blasek (SPD)

Ausschuss für Bundesangelegenheiten und Gesamtberliner Fragen
Vorsitzender: Klaus Riebschläger (SPD), Nachfolger Waldemar Schulze (SPD)
Stellvertretender Vorsitzender: Walter Rasch (FDP), Nachfolger Claus-Gerd Richter (FDP)

Ausschuss für Familie, Jugend und Sport
Vorsitzender: Werner Dolata (CDU)
Stellvertretender Vorsitzender: Hans Mertsch (SPD)

Geschäftsordnungsausschuss
Vorsitzender: Joachim Fielitz (SPD), Nachfolger Manfred Pawlak (SPD)
Stellvertretender Vorsitzender: Manfred Pawlak (SPD), Nachfolger Kurt Susen (SPD)

Ausschuss für Gesundheit und Umweltschutz
Vorsitzender: Hans-Jürgen Behrendt (CDU)
Stellvertretender Vorsitzender: Klaus Bodin (SPD), Nachfolger Lothar Königstein (SPD)

Hauptausschuss
Vorsitzender: Werner Heubaum (SPD), Nachfolger Franz Ehrke (SPD)
Stellvertretender Vorsitzender: Rudolf Mendel (CDU)

Ausschuss für Inneres
Vorsitzender: Karl Buckow (CDU), Nachfolger Karl-Heinz Schmitz (CDU)
Stellvertretender Vorsitzender: Wolfgang Haus (SPD), Nachfolger Hans-Jürgen Heß (SPD)

Ausschuss für Justiz
Vorsitzender: Hermann Oxfort (FDP)
Stellvertretender Vorsitzender: Horst Lange (SPD)

Petitionsausschuss
Vorsitzender: Siegfried Klein (CDU)
Stellvertretender Vorsitzender: Artur Prozell (SPD)

Ausschuss für Planung und Stadtentwicklung
Vorsitzender: Wolfgang Haus (SPD)
Stellvertretender Vorsitzender: Rudolf Luster (CDU)

Rechnungsprüfungsausschuss
Vorsitzender: Alexander Voelker (SPD)
Stellvertretender Vorsitzender: Siegfried Zimmer (CDU)

Ausschuss für Schulwesen
Vorsitzender: Eberhard Diepgen (SPD)
Stellvertretende Vorsitzende: Ingeborg Renner (SPD)

Ausschuss für Sicherheit und Ordnung
Vorsitzender: Franz Ehrke (SPD)
Stellvertretender Vorsitzender: Karl-Heinz Schmitz (CDU)

Verfassungsausschuss
Vorsitzender: Walter Sickert (SPD)
Stellvertretender Vorsitzender: Peter Lorenz (CDU)

Ausschuss für Verkehr und Betriebe
Vorsitzender: Edmund Wronski (CDU)
Stellvertretender Vorsitzender: Kurt Susen (SPD)

Ausschuss für Vermögensverwaltung
Vorsitzender: Gerhard Beier (SPD)
Stellvertretender Vorsitzender: Rudolf Mendel (CDU)

Ausschuss für Wirtschaft
Vorsitzender: Hans-Joachim Boehm (CDU)
Stellvertretender Vorsitzender: Erich Gießner (SPD), Nachfolger Herbert Blume (SPD)

Ausschuss für Wissenschaft und Kunst
Vorsitzender: Rudolf Rass (SPD)
Stellvertretende Vorsitzende: Ursula Besser (CDU)

Abgeordnetenhaus von Berlin, 7. WP

Wahltag: 2. März 1975
Erste Sitzung: 24. April 1975
Letzte Sitzung: 15. März 1979

Präsidium

Präsident des Abgeordnetenhauses von Berlin
Peter Lorenz (CDU)

Stellvertreter des Präsidenten des Abgeordnetenhauses von Berlin
Walter Sickert (SPD)
Karl-Heinz Baetge (FDP)

Schriftführer
Nikola Greiff (CDU)
Wilhelm Padberg (CDU)
Peter Vetter (CDU)
Gabriele Wiechatzek (CDU)
Fritz Hiersemann (SPD)
Artur Prozell (SPD)
Rudolf Rass (SPD)
Ingeborg Renner (SPD)

Fraktionen

Fraktion der SPD
Vorsitzender: Franz Ehrke
Stellvertretende Vorsitzende: Rüdiger Hitzigrath, Rainer Papenfuß, Artur Prozell, Achim Rheinländer
Geschäftsführer: Rainer Papenfuß

Fraktion der CDU
Vorsitzender: Heinrich Lummer
Stellvertretende Vorsitzende: Karl-Heinz Schmitz, Eberhard Diepgen, Klaus Franke
Geschäftsführer: Heinrich Knafla

Fraktion der FDP
Vorsitzender: Horst Vetter
Stellvertretende Vorsitzende: Jürgen Dittberner, Volker Hucklenbroich
Geschäftsführer: Jochen Koch

Ausschüsse

Ausschuss für Arbeit und Soziales
Vorsitzender: Rolf Konrad (SPD)
Stellvertretender Vorsitzender: Claus Wischner (CDU)

Ausschuss für Bau- und Wohnungswesen
Vorsitzender: Klaus Franke (CDU)
Stellvertretender Vorsitzender: Adolf Blasek (SPD)

Ausschuss für Bundesangelegenheiten und Gesamtberliner Fragen
Vorsitzender: Karl Gottschalk (SPD)
Stellvertretender Vorsitzender: Heinrich Lummer (CDU)

Ausschuss für Familie und Jugend
Vorsitzender: Werner Dolata (CDU)
Stellvertretender Vorsitzender: Hans Mertsch (SPD)

Ausschuss für Geschäftsordnung
Vorsitzender: Rainer Papenfuß (SPD)
Stellvertretender Vorsitzender: Siegfried Zimmer (CDU), Nachfolger Heinz Scheurell (CDU)

Ausschuss für Gesundheit und Umweltschutz
Vorsitzender: Lothar Königstein (SPD)
Stellvertretender Vorsitzender: Alexander Hasenclever (CDU)

Hauptausschuss
Vorsitzender: Rudolf Mendel (CDU)
Stellvertretender Vorsitzender: Franz Ehrke (SPD)

Ausschuss für Inneres
Vorsitzender: Peter Conen (CDU)
Stellvertretender Vorsitzender: Hans-Jürgen Heß (SPD)

Ausschuss für Justiz
Vorsitzender: Ulrich Biel (CDU)
Stellvertretender Vorsitzender: Horst Lange (SPD)

Ausschuss für Kulturelle Angelegenheiten
Vorsitzender: Ulrich Roloff (FDP), Nachfolger Jürgen Kunze (FDP)
Stellvertretender Vorsitzender: Dieter Biewald (CDU)

Ausschuss für Planung und Stadtentwicklung
Vorsitzender: Hans-Jürgen Heß (SPD)
Stellvertretender Vorsitzender: Friedrich von Kekulé (CDU)

Rechnungsprüfungsausschuss
Vorsitzender: Alexander Voelker (SPD)

Stellvertretender Vorsitzender: Siegfried Zimmer (CDU), Nachfolger Robert Wachs (CDU)

Ausschuss für Schulwesen
Vorsitzender: Sigurd Hauff (SPD)
Stellvertretender Vorsitzender: Christian Kayser (FDP)

Ausschuss für Sicherheit und Ordnung
Vorsitzender: Franz Ehrke (SPD)
Stellvertretender Vorsitzender: Karl-Heinz Schmitz (CDU)

Ausschuss für Sport
Vorsitzender: Hans-Jochen Fröhner (SPD)
Stellvertretender Vorsitzender: Hans Beitz (CDU)

Verfassungsausschuss
Vorsitzender: Peter Lorenz (CDU)
Stellvertretender Vorsitzender: Walter Sickert (SPD)

Ausschuss für Verkehr und Betriebe
Vorsitzender: Achim Rheinländer (SPD)
Stellvertretender Vorsitzender: Edmund Wronski (CDU)

Ausschuss für Vermögensverwaltung
Vorsitzender: Klaus-Rüdiger Landowsky (CDU)
Stellvertretender Vorsitzender: Walter Milschewsky (SPD)

Ausschuss für Wirtschaft
Vorsitzender: Hans-Joachim Boehm (CDU)
Stellvertretender Vorsitzender: Herbert Blume (SPD)

Ausschuss für Wissenschaft und Kunst
Vorsitzende: Ursula Besser (CDU)
Stellvertretender Vorsitzender: Rudolf Rass (SPD)

Abgeordnetenhaus von Berlin, 8. WP

Wahltag: 18. März 1979
Erste Sitzung: 26. April 1979
Letzte Sitzung: 9. April 1981

Präsidium

Präsident des Abgeordnetenhauses von Berlin
Peter Lorenz (CDU), ab Dezember 1980 Heinrich Lummer (CDU)

Stellvertreter des Präsidenten des Abgeordnetenhauses von Berlin
Walter Sickert (SPD)
Karl-Heinz Baetge (FDP)

Schriftführer
Reinhard Führer (CDU)
Nikola Greiff (CDU)
Peter Vetter (CDU)
Gabriele Wiechatzek (CDU)
Fritz Hiersemann (SPD)
Rudolf Rass (SPD)
Ingeborg Renner (SPD)
Ulrich Schürmann (SPD)

Fraktionen

Fraktion der SPD
Vorsitzender: Franz Ehrke
Stellvertretende Vorsitzende: Jonny Gollnick, Rüdiger Hitzigrath, Rainer Papenfuß, Gerd Wartenberg
Geschäftsführer: Rainer Papenfuß

Fraktion der CDU
Vorsitzender: Heinrich Lummer, Nachfolger Eberhard Diepgen
Stellvertretende Vorsitzende: Eberhard Diepgen, Karl-Heinz Schmitz, Jürgen Wohlrabe
Geschäftsführer: Heinrich Knafla

Fraktion der FDP
Vorsitzender: Horst Vetter
Stellvertretende Vorsitzende: Jürgen Dittberner, Volker Hucklenbroich
Geschäftsführer: Bernd Löhning

Ausschüsse

Ausschuss für Arbeit und Soziales
Vorsitzender: Walter Sickert (SPD)
Stellvertretender Vorsitzender: Claus Wischner (CDU)

Ausschuss für Bau- und Wohnungswesen
Vorsitzender: Ulrich Rastemborski (CDU)
Stellvertretender Vorsitzender: Rüdiger Hitzigrath (SPD)

Ausschuss für Betriebe
Vorsitzender: Heinz Ritter (SPD)
Stellvertretender Vorsitzender: Ekkehard Kittner (CDU)

Ausschuss für Bundesangelegenheiten und Gesamtberliner Fragen
Vorsitzender: Rudolf Rass (SPD)
Stellvertretender Vorsitzender: Jürgen Wohlrabe (CDU)

Ausschuss für Familie und Jugend
Vorsitzender: Werner Dolata (CDU)
Stellvertretender Vorsitzender: Wolfgang Maerz (SPD)

Ausschuss für Gesundheit und Umweltschutz
Vorsitzender: Hans Mertsch (SPD)
Stellvertretender Vorsitzender: Alexander Hasenclever (CDU)

Hauptausschuss
Vorsitzender: Eberhard Diepgen (CDU)
Stellvertretender Vorsitzender: Franz Ehrke (SPD)

Ausschuss für Inneres
Vorsitzender: Alfred Lippschütz (SPD)
Stellvertretende Vorsitzende: Barbara Saß-Viehweger (CDU)

Ausschuss für Justiz
Vorsitzender: Hubert Rösler (CDU)
Stellvertretender Vorsitzender: Andreas Gerl (SPD)

Ausschuss für Kulturelle Angelegenheiten
Vorsitzender: Jürgen Kunze (FDP)
Stellvertretender Vorsitzender: Dieter Biewald (CDU)

Petitionsausschuss
Vorsitzende: Nicola Greiff (CDU)
Stellvertretender Vorsitzender: Artur Prozell (SPD)

Rechnungsprüfungsausschuss
Vorsitzender: Heinz Striek (SPD)
Stellvertretender Vorsitzender: Günter Elsner (CDU)

Ausschuss für Schulwesen
Vorsitzender: Alexander Longolius (SPD)
Stellvertretender Vorsitzender: Jürgen Ulzen (CDU)

Ausschuss für Sicherheit und Ordnung
Vorsitzender: Franz Ehrke (SPD)
Stellvertretender Vorsitzender: Karl-Heinz Schmitz (CDU)

Ausschuss für Sport
Vorsitzender: Hans-Jochen Fröhner (SPD)
Stellvertretender Vorsitzender: Jürgen Dittberner (FDP)

Ausschuss für Verfassung und Geschäftsordnung
Vorsitzender: Henning Lemmer (CDU)
Stellvertretender Vorsitzender: Jonny Gollnick (SPD)

Ausschuss für Verkehr
Vorsitzender: Edmund Wronski (CDU)
Stellvertretender Vorsitzender: Achim Rheinländer (SPD)

Ausschuss für Vermögensverwaltung
Vorsitzender: Klaus-Rüdiger Landowsky (CDU)
Stellvertretender Vorsitzender: Heinz Striek (SPD)

Ausschuss für Wirtschaft
Vorsitzender: Hans-Joachim Boehm (CDU)
Stellvertretender Vorsitzender: Herbert Blume (SPD)

Ausschuss für Wissenschaft
Vorsitzende: Ursula Besser (CDU)
Stellvertretender Vorsitzender: Rudolf Rass (SPD)

Abgeordnetenhaus von Berlin, 9. WP

Wahltag: 10. Mai 1981
Erste Sitzung: 11. Juni 1981
Letzte Sitzung: 7. März 1985

Präsidium

Präsident des Abgeordnetenhauses von Berlin
Peter Rebsch (CDU)

Stellvertreter des Präsidenten des Abgeordnetenhauses von Berlin
Alexander Longolius (SPD)
Klaus Franke (CDU), ab September 1983 Gabriele Wiechatzek (CDU)

Beisitzer
Reinhard Führer (CDU)
Manfred Paris (CDU)
Peter Vetter (CDU)
Fritz Hiersemann (SPD)
Artur Prozell (SPD)
Ulrich Schürmann (SPD)
Bernd Köppl (AL)
Karl-Heinz Baetge (FDP)

Fraktionen

Fraktion der SPD
Vorsitzender: Hans-Jochen Vogel, Nachfolger Peter Ulrich
Stellvertretende Vorsitzende: Anke Brunn, Helga Korthaase, Walter Momper, Gerhard Schneider, Olaf Sund, Horst Wagner
Parlamentarischer Geschäftsführer: Gerhard Schneider

Fraktion der CDU
Vorsitzender: Eberhard Diepgen, Nachfolger Dankward Buwitt
1. stellvertretender Vorsitzender: Klaus-Rüdiger Landowsky
Stellvertretende Vorsitzende: Heinz-Viktor Simon, Dankwart Buwitt, Uwe Lehmann-Brauns, Christian Neuling
Geschäftsführer: Klaus Rettel

Fraktion der AL
Vorsitzende: Peter Finger, Jürgen Wachsmuth, Kordula Schulz (nach Rotationsprinzip)
Stellvertretende Vorsitzende: Peter Sellin, Ursula Schaar, Kordula Schulz, Dieter Kunzelmann, Klaus Freudenthal, Christiane Zieger
Geschäftsführer: Matthias Bergmann, Helga Wilkerling

Fraktion der FDP
Vorsitzender: Horst Vetter, Nachfolger Walter Rasch
Stellvertretende Vorsitzende: Walter Rasch, Jürgen Dittberner, Edgar Swinne
Geschäftsführer: Rolf-Peter Lange

Ausschüsse

Ausschuss für Arbeit
Vorsitzender: Walter Sickert (SPD)
Stellvertretender Vorsitzender: Franz Braun (CDU)

Ausschuss für Arbeit und Wirtschaft
Vorsitzender: Hans-Joachim Boehm (CDU)
Stellvertretender Vorsitzender: Jörg Spiller (SPD)

Ausschuss für Ausländerfragen
Vorsitzender: Jürgen Dittberner (FDP)
Stellvertretender Vorsitzender: Heinz Schicks (CDU)

Ausschuss für Bau- und Wohnungswesen
Vorsitzender: Heinz-Viktor Simon (CDU)
Stellvertretender Vorsitzender: Heinz Puhst (SPD)

Ausschuss für Betriebe
Vorsitzender: Ditmar Staffelt (SPD)
Stellvertretender Vorsitzender: Ekkehard Kittner (CDU)

Ausschuss für Bundesangelegenheiten und Gesamtberliner Fragen
Vorsitzender: Jürgen Wohlrabe (CDU)
Stellvertretender Vorsitzender: Bodo Thomas (SPD)

Ausschuss für Frauenfragen
Vorsitzende: Gabriele Wiechatzek (CDU)
Stellvertretende Vorsitzende: Ursula Schaar (AL), Nachfolgerin Christiane Zieger (AL)

Ausschuss für Gesundheit, Soziales und Familie
Vorsitzender: Peter Vetter (CDU)
Stellvertretende Vorsitzende: Marianne Brinckmeier (SPD)

Hauptausschuss
Vorsitzender: Dankward Buwitt (CDU)
Stellvertretender Vorsitzender: Klaus Jungclauß (SPD), Nachfolger Heinz Striek (SPD)

Ausschuss für Inneres, Sicherheit und Ordnung
Vorsitzender: Alfred Lippschütz (SPD)
Stellvertretende Vorsitzende: Barbara Saß-Viehweger (CDU)

Ausschuss für Jugend
Vorsitzender: Manfred Rabatsch (AL), Nachfolger Uwe Tietz (AL)
Stellvertretende Vorsitzende: Christa-Maria Blankenburg (CDU)

Ausschuss für Kulturelle Angelegenheiten
Vorsitzender: Dieter Biewald (CDU)
Stellvertretender Vorsitzender: Dieter Sauberzweig (SPD)

Petitionsausschuss
Vorsitzender: Hans-Jochen Vogel (SPD), Nachfolger Peter Ulrich (SPD)
Stellvertretender Vorsitzender: Manfred Bode (CDU)

Rechnungsprüfungsausschuss
Vorsitzender: Heinz Striek (SPD), Nachfolgerin Helga Müller (SPD)
Stellvertretender Vorsitzender: Jürgen Tietze (CDU)

Rechtsausschuss
Vorsitzender: Hubert Rösler (CDU)
Stellvertretender Vorsitzender: Walter Rasch (FDP), Nachfolger Karl-Heinz Baetge (FDP)

Ausschuss für Schulwesen
Vorsitzender: Harry Ristock (SPD), Nachfolger Hans Kremendahl (SPD)
Stellvertretender Vorsitzender: Günter Zemla (CDU)

Ausschuss für Sport
Vorsitzender: Fredy Stach (SPD)
Stellvertretender Vorsitzender: Diethard Schütze (CDU)

Ausschuss für Stadtentwicklung und Umweltschutz und Verkehr
Vorsitzender: Peter Ulrich (SPD), Nachfolger Diethard Rüter (SPD)
Stellvertretender Vorsitzender: Peter Boroffka (CDU), Volker Liepelt (CDU)

Ausschuss für Verkehr
Vorsitzender: Rainer B. Giesel (CDU)
Stellvertretender Vorsitzender: Gottfried Wurche (SPD)

Ausschuss für Vermögensverwaltung und Beteiligungen
Vorsitzender: Klaus-Rüdiger Landowsky (CDU)
Stellvertretender Vorsitzender: Andreas Gerl (SPD)

Ausschuss für Wirtschaft
Vorsitzender: Hans-Joachim Boehm (CDU)
Stellvertretender Vorsitzender: Olaf Sund (SPD)

Ausschuss für Wissenschaft und Forschung
Vorsitzende: Ursula Besser (CDU)
Stellvertretender Vorsitzender: Manfred Paris (CDU), Nachfolger Rudolf Glagow (SPD)

Abgeordnetenhaus von Berlin, 10. WP

Wahltag: 10. März 1985
Erste Sitzung: 18. April 1985
Letzte Sitzung: 11. Februar 1989

Präsidium

Präsident des Abgeordnetenhauses von Berlin
Peter Rebsch (CDU)

Stellvertreter des Präsidenten des Abgeordnetenhauses von Berlin
Alexander Longolius (SPD)
Gabriele Wiechatzek (CDU)

Beisitzer
Reinhard Führer (CDU)
Peter Gierich (CDU)
Peter Vetter (CDU)
Marianne Brinckmeier (SPD)
Ulrich Schürmann (SPD)
Bodo Thomas (SPD)
Reimund Helms (AL)
Brunhild Enkemann (AL)
Karl-Heinz Baetge (FDP)

Fraktionen

Fraktion der SPD
Vorsitzender: Walter Momper
Stellvertretende Vorsitzende: Helga Korthaase, Gerhard Schneider, Ditmar Staffelt, Horst Wagner
Parlamentarischer Geschäftsführer: Gerhard Schneider

Fraktion der CDU
Vorsitzender: Dankward Buwitt

1. stellvertretender Vorsitzender: Klaus-Rüdiger Landowsky
Stellvertretende Vorsitzende: Uwe Lehmann-Brauns, Christian Neuling, Klaus Franke
Geschäftsführer: Klaus Rettel

Fraktion der AL
Vorsitzende: Heidemarie Bischoff-Pflanz, Wolfgang Wieland (nach Rotationsprinzip)
Stellvertretende Vorsitzende: Renate Künast, Peter Lohauß, Gabriele Vonnekold, Helga Hentschel, Hans-Jürgen Kuhn
Geschäftsführer: Matthias Bergmann

Fraktion der FDP
Vorsitzender: Walter Rasch
Stellvertretende Vorsitzende: Wolfgang Fabig, Erika Schmid-Petry
Geschäftsführer: Rolf-Peter Lange

Ausschüsse

Ausschuss für Ausländerfragen
Vorsitzender: Eberhard Wruck (CDU)
Stellvertretender Vorsitzender: Rolf-Peter Lange (FDP)

Ausschuss für Bau- und Wohnungswesen
Vorsitzender: Heinz-Viktor Simon (CDU)
Stellvertretender Vorsitzender: Heinz Puhst (SPD)

Ausschuss für Bundesangelegenheiten und Gesamtberliner Fragen
Vorsitzender: Jürgen Wohlrabe (CDU)
Stellvertretender Vorsitzender: Bodo Thomas (SPD)

Ausschuss für Frauenfragen
Vorsitzende: Dagmar Birkelbach (AL), Nachfolgerin Helga Hentschel (AL)
Stellvertretende Vorsitzende: Christa-Maria Blankenburg (CDU), Nachfolger Manfred Jewarowski (CDU)

Ausschuss für Gesundheit, Soziales und Familie
Vorsitzender: Peter Vetter (CDU)
Stellvertretender Vorsitzender: Michael Haberkorn (AL), Nachfolgerin Sabine Nitz-Spatz (AL)

Hauptausschuss
Vorsitzender: Dankward Buwitt (CDU), Nachfolger Herwig Haase (CDU)
Stellvertretender Vorsitzender: Erich Pätzold (SPD)

Ausschuss für Inneres, Sicherheit und Ordnung
Vorsitzender: Helmut Hildebrand (SPD)
Stellvertretende Vorsitzende: Barbara Saß-Viehweger (CDU)

Ausschuss für Jugend und Familie
Vorsitzender: Klaus Löhe (SPD)
Stellvertretender Vorsitzender: Dieter Hapel (CDU)

Ausschuss für Kulturelle Angelegenheiten
Vorsitzender: Dieter Biewald (CDU)
Stellvertretender Vorsitzender: Gerd Löffler (SPD)

Petitionsausschuss
Vorsitzender: Karl-Heinz Baetge (FDP)
Stellvertretender Vorsitzender: Manfred Bode (CDU)

Rechtsausschuss
Vorsitzender: Hubert Rösler (CDU)
Stellvertretende Vorsitzende: Gisela Grotzke (SPD)

Ausschuss für Schule und Sport
Vorsitzender: Fredy Stach (SPD)
Stellvertretender Vorsitzender: Manfred Preuss (CDU)

Ausschuss für Stadtentwicklung und Umweltschutz
Vorsitzender: Diethard Rüter (SPD)
Stellvertretender Vorsitzender: Volker Liepelt (CDU)

Ausschuss für Verkehr und Betriebe
Vorsitzender: Klaus Finkelnburg (CDU)
Stellvertretender Vorsitzender: Jürgen Wingefeld (SPD)

Ausschuss für Wirtschaft und Arbeit
Vorsitzender: Klaus Riebschläger (SPD), Nachfolger Joachim Niklas (SPD)
Stellvertretender Vorsitzender: Joachim Palm (CDU)

Ausschuss für Wissenschaft und Forschung
Vorsitzender: Jörg-Otto Spiller (SPD), Nachfolger Nils-Walter Ferberg (SPD)
Stellvertretender Vorsitzender: Roman Legien (CDU), Nachfolger Rudolf Glagow (SPD)

Abgeordnetenhaus von Berlin, 11. WP

Wahltag: 29. Januar 1989
Erste Sitzung: 2. März 1989
Letzte Sitzung: 29. November 1990

Präsidium

Präsident des Abgeordnetenhauses von Berlin
Jürgen Wohlrabe (CDU)

Stellvertreter des Präsidenten des Abgeordnetenhauses von Berlin
Marianne Brinckmeier (SPD)
Hilde Schramm (AL)

Beisitzer
Reinhard Führer (CDU)
Peter Gierich (CDU)
Peter Vetter (CDU)
Raimund Bayer (SPD)
Klaus Dürr (SPD)
Helga Müller (SPD)

Fraktionen

Fraktion der SPD
Vorsitzender: Ditmar Staffelt
Stellvertretende Vorsitzende: Elga Kampfhenkel, Helga Korthaase, Joachim Niklas, Gerd Löffler
Parlamentarischer Geschäftsführer: Horst-Achim Kern

Fraktion der CDU
Vorsitzender: Eberhard Diepgen
Geschäftsführender Vorsitzender: Dankward Buwitt
Stellvertretende Vorsitzende: Klaus-Rüdiger Landowsky, Volker Hassemer, Manfred Preuss, Gabriele Wiechatzek
Geschäftsführer: Klaus Rettel

Fraktion der AL (ab Juli 1990: GRÜNE/AL)
Vorsitzende: Heidemarie Bischoff-Pflanz, Nachfolgerin Renate Künast
Stellvertretende Vorsitzende: Renate Künast, Bernd Köppl, Albert Statz
Geschäftsführer: Jürgen Wachsmuth

Fraktion der REP
Vorsitzender: Bernhard Andres, Nachfolger Frank Degen
Stellvertretende Vorsitzende: Michael Häusler, Richard Miosga
Parlamentarischer Geschäftsführer: Rudolf Kendzia
Geschäftsführer: Thorsten Thaler

Ausschüsse

Ausschuss für Arbeit und Betriebe
Vorsitzender: Burkhard Thiemann (SPD)
Stellvertretender Vorsitzender: Joachim Palm (CDU)

Ausschuss für Ausländerfragen
Vorsitzende: Helga Korthaase (SPD)
Stellvertretender Vorsitzender: Eberhard Wruck (CDU)

Ausschuss für Bau- und Wohnungswesen
Vorsitzender: Carsten Pagel (REP)
Stellvertretender Vorsitzender: Hans-Joachim Gardain (SPD)

Ausschuss für Bundesangelegenheiten und Gesamtberliner Fragen
Vorsitzender: Reinhard Führer (CDU)
Stellvertretender Vorsitzender: Wolfgang Maerz (SPD)

Ausschuss für Frauenfragen
Vorsitzende: Christa Friedl (SPD)
Stellvertretende Vorsitzende: Lydia Hohenberger (AL)

Ausschuss für Gesundheit und Soziales
Vorsitzender: Peter Vetter
Stellvertretende Vorsitzende: Inge Frohnert (SPD)

Hauptausschuss
Vorsitzender: Ditmar Staffelt (SPD)
Stellvertretender Vorsitzender: Dankward Buwitt (CDU)

Ausschuss für Inneres, Sicherheit und Ordnung
Vorsitzender: Helmut Hildebrand (SPD)
Stellvertretende Vorsitzende: Barbara Saß-Viehweger (CDU)

Ausschuss für Jugend und Familie
Vorsitzender: Raimund Bayer (SPD)
Stellvertretende Vorsitzende: Christa-Maria Blankenburg (CDU)

Ausschuss für Kulturelle Angelegenheiten und Medienpolitik
Vorsitzender: Dieter Biewald (CDU)
Stellvertretende Vorsitzende: Ramona Sieglerschmidt (SPD)

Petitionsausschuss
Vorsitzende: Hanna-Renate Laurien (CDU)
Stellvertretende Vorsitzende: Inge Frohnert (SPD)

Rechtsausschuss
Vorsitzender: Hubert Rösler (CDU)
Stellvertretender Vorsitzender: Albert Eckert (AL)

Ausschuss für Schulwesen
Vorsitzende: Petra-Evelyne Merkel
Stellvertretende Vorsitzende: Hanna-Renate Laurien (CDU)

Ausschuss für Sport
Vorsitzender: Peter Rebsch (CDU)
Stellvertretender Vorsitzender: Hans-Jürgen Heß (SPD)

Ausschuss für Stadtplanung und Stadtentwicklung
Vorsitzender: Heinz-Viktor Simon (CDU)
Stellvertretender Vorsitzender: Wolfgang Behrendt (SPD)

Ausschuss für Umweltschutz
Vorsitzender: Hans-Joachim Gardain (SPD)
Stellvertretender Vorsitzender: Otto-Wilhelm Pöppelmeier (CDU)

Ausschuss für Verkehr
Vorsitzender: Michael Cramer (AL)
Stellvertretender Vorsitzender: Peter Rieger (REP)

Ausschuss für Wirtschaft
Vorsitzender: Herwig Haase (CDU)
Stellvertretende Vorsitzende: Anna Damrat (SPD)

Ausschuss für Wissenschaft und Forschung
Vorsitzende: Sabine Weißler (AL)
Stellvertretender Vorsitzender: Ekkehard Kittner (CDU)

Ausschuss für Verfassungsschutz
Vorsitzender: Klaus Franke (CDU)
Stellvertretender Vorsitzender: Hans-Georg Lorenz (SPD)

Stadtverordnetenversammlung von Berlin (1. WP)

Wahltag: 6. Mai 1990
Erste Sitzung: 28. Mai 1990
Letzte Sitzung: 20. Dezember 1990

Präsidium

Stadtverordnetenvorsteherin
Christine Bergmann (SPD)

Stellvertretende Vorsteher
Elke Herer (PDS)
Eberhard Engler (CDU)
Reiner Süß (SPD)

Beisitzer
Birgit Knopf (PDS)
Wolfgang Wustlich (Bündnis 90/Grüne/UFV)
Karin Riedrich (SPD)
Ronald Zimmering (PDS)
Gisela Hellmich (CDU)

Fraktionen

Fraktion der SPD
Vorsitzender: Knut Herbst

Fraktion der PDS
Vorsitzender: Peter-Rudolf Zotl

Fraktion der CDU
Vorsitzender: Roland Jacob

Fraktion Bündnis 90/Grüne/UFV
Vorsitzende: Ingrid Köppe

FDP – Die Liberalen/DSU
Vorsitzender: Klaus Röhl

Ausschüsse

Ausschuss für die Einheit Berlins
Vorsitzender: Knut Herbst (SPD)
Stellvertretender Vorsitzender: Eberhard Engler (CDU)

Ausschuss für Arbeit und Betriebe
Vorsitzender: Manfred Burkhardt (SPD)
Stellvertretender Vorsitzender: Peter Ansorge (PDS)

Ausschuss für Bauwesen
Vorsitzender: Uwe Schlaak (PDS)
Stellvertretender Vorsitzender: Dierk-Eckhardt Ballke (CDU)

Ausschuss für Bildung
Vorsitzender: Karl Hiekisch (CDU)

Ausschuss für Wissenschaft und Forschung
Vorsitzender: Joachim Förste (SPD)
Stellvertretender Vorsitzender: Wolfgang Girnus (PDS)

Ausschuss für Finanzen und Haushalt
Vorsitzende: Barbara Unger (SPD)

Ausschuss für Gesundheit
Vorsitzender: Manfred Schulz (SPD)
Stellvertretender Vorsitzender: Ronald Zimmering (PDS)

Ausschuss für Soziales
Vorsitzende: Dagmar Pohle (PDS)

Ausschuss für Gleichstellungsfragen
Vorsitzende: Gabriele Zekina (Bündnis 90/Grüne/UFV)
Stellvertretende Vorsitzende: Karin Riedrich (SPD)

Ausschuss für Inneres, Sicherheit und Ordnung
Vorsitzender: Lothar Röhrdanz (SPD)
Stellvertretende Vorsitzende: Ingrid Köppe (Bündnis 90/Grüne/UFV)

Ausschuss für Jugend, Familie und Sport
Vorsitzender: Andreas Jopt (PDS)

Ausschuss für Kulturelle Angelegenheiten
Vorsitzende: Gisela Hellmich (CDU)
Stellvertretende Vorsitzende: Heike Meves (PDS)

Ausschuss für Stadtentwicklung, Regionalplanung, Wohnen und Verkehr
Vorsitzender: Fritz Niedergesäß (CDU)

Ausschuss für Umwelt- und Naturschutz
Vorsitzender: Sebastian Pflugbeil (Bündnis 90/Grüne/UFV)
Stellvertretender Vorsitzender: Karl-Heinz Langer (CDU)

Ausschuss für Wirtschaft
Vorsitzender: Hans Luft (PDS)

Ausschuss für Petitionen
Vorsitzender: Heinz Kühnau (PDS)

Abgeordnetenhaus von Berlin, 12. WP

Wahltag: 2. Dezember 1990
Erste Sitzung: 11. Januar 1991
Letzte Sitzung: 21. September 1995

Präsidium

Präsidentin des Abgeordnetenhauses von Berlin
Hanna-Renate Laurien (CDU)

Stellvertreter der Präsidentin des Abgeordnetenhauses von Berlin
Marianne Brinckmeier (SPD)
Reinhard Führer (CDU)
Tino Schwierzina (SPD)

Beisitzer
Ursula Birghan (CDU)
Eberhard Engler (CDU)
Peter Gierich (CDU)

Beate Hübner (CDU)
Peter Krause (CDU)
Ursula Leyk (SPD)
Karin Riedrich (SPD)
Reiner Süß (SPD)
Eva Müller (PDS)
Michaele Schreyer (Bündnis 90/Grüne (AL)/UFV)
Axel Kammholz (FDP)

Fraktionen

Fraktion der CDU
Vorsitzender: Klaus-Rüdiger Landowsky
Stellvertretende Vorsitzende: Manfred Preuss, Uwe Lehmann-Brauns, Fritz Niedergesäß, Joachim Palm, Barbara Saß-Viehweger, Irina-Cornelia Schlicht, Diethard Schütze, Klaus-Hermann Wienhold
Parlamentarische Geschäftsführer: Volker Liepelt, Gisela Greiner, Dieter Hapel, Christa-Maria Blankenburg
Geschäftsführer: Klaus Rettel

Fraktion der SPD
Vorsitzender: Ditmar Staffelt, Nachfolger Klaus Böger
Stellvertretende Vorsitzende: Klaus Böger, Elga Kampfhenkel, Christine Luft, Karin Riedrich, Joachim Niklas, Gabriele Schöttler, Peter Wolf
Leitender Parlamentarischer Geschäftsführer: Horst-Achim Kern
Parlamentarischer Geschäftsführer: Helmut Fechner

Fraktion der PDS
Vorsitzende: Gesine Lötzsch, Nachfolger Peter-Rudolf Zotl
Mitglieder des Fraktionsvorstands: Karin Dörre, Elke Herer, Martina Michels, Eva Müller, Marion Seelig, Harald Wolf, Peter-Rudolf Zotl
Geschäftsführer: Uwe Melzer

Fraktion Bündnis 90/Grüne (AL)/UFV
Vorsitzende: Renate Künast, Uwe Lehmann (Nachfolgerin Sibyll-Anka Klotz), Nachfolger Wolfgang Wieland, Anette Detering
Stellvertretende Vorsitzende: Sibyll-Anka Klotz, Christian Puls, Wolfgang Wieland, Arnold Krause, Michaele Schreyer, Elisabeth Ziemer
Geschäftsführer: Jürgen Wachsmuth

Fraktion der FDP
Vorsitzende: Carola von Braun, Nachfolger Axel Kammholz
Stellvertretende Vorsitzende: Peter Gadow, Otto Hoffmann, Peter Thiedt, Axel Kammholz, Gerhard Schiela
Geschäftsführer: Jürgen Biederbick

Gruppe „Neues Forum/Bürgerbewegung"

Ausschüsse

Ausschuss für Arbeit
Vorsitzender: Reimund Helms (Bündnis 90/Grüne)
Stellvertretender Vorsitzender: Dierk-Eckhardt Ballke (CDU)

Ausschuss für Ausländerfragen
Vorsitzende: Anke Reuter (SPD)
Stellvertretende Vorsitzende: Gabriele Rost (CDU)

Ausschuss für Bau- und Wohnungswesen
Vorsitzender: Rudolf Müller (CDU)
Stellvertretender Vorsitzender: Wolfgang Behrendt (SPD)

Ausschuss für Bundes- und Europaangelegenheiten
Vorsitzender: Jürgen Wohlrabe (CDU)
Stellvertretender Vorsitzender: Heike Ließfeld (SPD)

Ausschuss für Frauenfragen
Vorsitzende: Elke Herer (PDS)
Stellvertretende Vorsitzende: Helga Delau (CDU)

Ausschuss für Gesundheit
Vorsitzender: Hans-Peter Seitz (SPD)
Stellvertretender Vorsitzender: Beate Hübner (CDU)

Hauptausschuss
Vorsitzender: Klaus Franke (CDU)
Stellvertretender Vorsitzender: Jürgen Lüdtke (SPD)

Ausschuss für Inneres, Sicherheit und Ordnung
Vorsitzender: Helmut Hildebrandt (SPD)
Stellvertretender Vorsitzender: Siegmund Jaroch (CDU)

Ausschuss für Jugend und Familie
Vorsitzende: Bettina Pech (PDS), Nachfolger Steffen Zillich (PDS)
Stellvertretender Vorsitzender: Andreas Apelt (CDU)

Ausschuss für Kulturelle Angelegenheiten
Vorsitzender: Dieter Biewald (CDU)
Stellvertretender Vorsitzender: Nikolaus Sander (SPD)

Ausschuss für Medienfragen
Vorsitzende: Christine Kowallek (CDU)
Stellvertretender Vorsitzender: Winfried Hampel (FDP), Nachfolgerin Erika Schmid-Petry (FDP)

Petitionsausschuss
Vorsitzender: Tino-Antoni Schwiezina (SPD)
Stellvertretender Vorsitzender: Manfred Bode (CDU)

Rechtsausschuss
Vorsitzender: Hubert Rösler (CDU)
Stellvertretender Vorsitzender: Stephan Mory (SPD)

Ausschuss für Schulwesen
Vorsitzender: Dieter Pavlik (SPD)
Stellvertretender Vorsitzender: Karl-Heinz Lesnau (CDU)

Ausschuss für Soziales
Vorsitzender: Christian Zippel (CDU)
Stellvertretende Vorsitzende: Dagmar Pohle (PDS)

Ausschuss für Sport
Vorsitzender: Manfred Preuss (CDU)
Stellvertretender Vorsitzender: Dirk Schneider (PDS), Nachfolgerin Heike Meves (PDS)

Ausschuss für Stadtplanung und Stadtentwicklung
Vorsitzender: Hans-Joachim Gardain (SPD)
Stellvertretender Vorsitzender: Manuel Heide (CDU)

Ausschuss für Umweltschutz
Vorsitzender: Georg Wittwer (CDU)
Stellvertretender Vorsitzender: Christof Tannert (SPD)

Ausschuss für Verfassungsschutz
Vorsitzender: Klaus-Hermann Wienhold (CDU), Nachfolger Julius Wallot (CDU)
Stellvertretende Vorsitzende: Helga Thomas (SPD), Nachfolger Hans-Georg Lorenz (SPD)

Ausschuss für Verkehr und Betriebe
Vorsitzender: Kurt Blankenhagel (SPD)
Stellvertretender Vorsitzender: Fritz Niedergesäß (CDU)

Ausschuss für Wirtschaft und Technologie
Vorsitzender: Joachim Palm (CDU)
Stellvertretender Vorsitzender: Klaus Riebschläger (SPD)

Ausschuss für Wissenschaft und Forschung
Vorsitzender: Michael Tolksdorf (FDP)
Stellvertretende Vorsitzende: Marlis Dürkop (Bündnis 90/Grüne), Nachfolgerin Sybille Volkholz (Bündnis 90/Grüne)

Ausschuss für Zusammenarbeit der Länder Berlin und Brandenburg
Vorsitzender: Peter Tiedt (FDP)
Stellvertretender Vorsitzender: Jürgen Adler (CDU)

Bildnachweis

Umschlagbild: LAB, F Rep. 290 (Allgemeine Fotosammlung), Johann Willa, Nr. 0088113.

Werner Breunig: Mauerzeit, Mauerfall und Einheit

S. 12: LAB, F Rep. 290 (Allgemeine Fotosammlung), Johann Willa, Nr. 0082846.
S. 13: LAB, F Rep. 290 (Allgemeine Fotosammlung), Johann Willa, Nr. 0088113.
S. 14: bpk/Will McBride.
S. 15: ullstein bild – dpa.
S. 17: dpa, freundlicherweise zur Verfügung gestellt vom AdsD/Friedrich-Ebert-Stiftung, 6/FOTA005438.
S. 19: ullstein bild.
S. 20: ullstein bild – Lilo Frank.
S. 22: bpk/Klaus Lehnartz.
S. 24: ullstein bild – AP.
S. 27: ullstein bild – dpa.
S. 31: ullstein bild – Klaus Mehner.
S. 36 oben: ullstein bild – Brüchmann.
S. 36 unten: LAB, F Rep. 290 (Allgemeine Fotosammlung), Horst Siegmann, Nr. 0233309.
S. 37: ullstein bild – Quax.
S. 39: LAB, F Rep. 290 (Allgemeine Fotosammlung), Horst Siegmann, Nr. 0235749.
S. 41: J. H. Darchinger/Friedrich-Ebert-Stiftung, 6/FJHD015776.
S. 43: LAB, F Rep. 290 (Allgemeine Fotosammlung), Horst Siegmann, Nr. 0255089.
S. 47: LAB, F Rep. 290 (Allgemeine Fotosammlung), Edmund Kasperski, Nr. 0014164_C.
S. 48: LAB, F Rep. 290 (Allgemeine Fotosammlung), Ludwig Ehlers, Nr. 0304164.
S. 50: ullstein bild – Stark-Otto.
S. 53: bpk/Klaus Lehnartz.
S. 55 oben: LAB, F Rep. 290 (Allgemeine Fotosammlung), Edmund Kasperski, Nr. 0318390.
S. 55 unten: LAB, F Rep. 290 (Allgemeine Fotosammlung), Edmund Kasperski, Nr. 0318395.
S. 57: LAB, F Rep. 290 (Allgemeine Fotosammlung), Edmund Kasperski, Nr. 0322104.
S. 61 oben: LAB, F Rep. 290 (Allgemeine Fotosammlung), Barbara Esch-Marowski, Nr. 0323777.
S. 61 unten: ullstein bild – Zentralbild.
S. 65 oben: LAB, F Rep. 290 (Allgemeine Fotosammlung), Thomas Platow, Nr. 0327864.
S. 65 unten: LAB, F Rep. 290 (Allgemeine Fotosammlung), Thomas Platow, Nr. 0018821_C.
S. 66: LAB, F Rep. 290 (Allgemeine Fotosammlung), Thomas Platow, Nr. 0351902.

Biografien der Mitglieder des Abgeordnetenhauses von Berlin (4. bis 12. WP)

Abendroth, Günther: Handbuch des AvB, 3. WP, Teil II: Die Abgeordneten.
Aberle, Peter: Handbuch des AvB, 8. WP, Teil II: Die Abgeordneten.
Adamek, Leo: Handbuch des AvB, 5. WP, Teil II: Die Abgeordneten.
Adelmann, Sofie Marie Gräfin: Handbuch des AvB, 4. WP, Teil II: Die Abgeordneten.
Adler, Jürgen: Handbuch des AvB, 9. WP, Teil II: Die Abgeordneten.
Adolphi, Wolfram: Handbuch des AvB, 12. WP, Teil II: Die Abgeordneten.
Agricola, Klaus: Handbuch des AvB, 6. WP, Teil II: Die Abgeordneten.
Ahme, Annette: Handbuch des AvB, 10. WP, Teil II: Die Abgeordneten.
Albertz, Heinrich: Handbuch des AvB, 4. WP, Teil II: Die Abgeordneten.

Amonat, Reinhold: Handbuch des AvB, 8. WP, Teil II: Die Abgeordneten.
Amrehn, Franz: Handbuch des AvB, 4. WP, Teil II: Die Abgeordneten.
Andres, Bernhard: Handbuch des AvB, 11. WP, Teil II: Die Abgeordneten.
Antes, Wolfgang: Handbuch des AvB, 7. WP, Teil II: Die Abgeordneten.
Apel, Brigitte: Handbuch des AvB, 10. WP, Teil II: Die Abgeordneten.
Apel, Hans: J. H. Darchinger/Friedrich-Ebert-Stiftung, 6/FJHD005651.
Apelt, Andreas: Handbuch des AvB, 12. WP, Teil II: Die Abgeordneten.
Arndt, Herbert: Handbuch des AvB, 4. WP, Teil II: Die Abgeordneten.
Arndt, Klaus Dieter: J. H. Darchinger/Friedrich-Ebert-Stiftung, 6/FJHD008123.
Arndt, Kurt: Handbuch des AvB, 4. WP, Teil II: Die Abgeordneten.

Bach, Otto: Rechteinhaber unbekannt, freundlicherweise zur Verfügung gestellt vom AdsD/Friedrich-Ebert-Stiftung, 6/FOTA019268.
Baetge, Karl-Heinz: Handbuch des AvB, 6. WP, Teil II: Die Abgeordneten.
Bahner, Dietrich: Handbuch des AvB, 7. WP, Teil II: Die Abgeordneten.
Ballke, Dierk-Eckhardt: Handbuch des AvB, 12. WP, Teil II: Die Abgeordneten.
Baltruschat, Hans: Handbuch des AvB, 7. WP, Teil II: Die Abgeordneten.
Barowsky, Ella: Handbuch des AvB, 4. WP, Teil II: Die Abgeordneten.
Bartel, Horst: Handbuch des AvB, 5. WP, Teil II: Die Abgeordneten.
Barthel, Eckhardt: Handbuch des AvB, 10. WP, Teil II: Die Abgeordneten.
Bartsch, Peter: Handbuch des AvB, 11. WP, Teil II: Die Abgeordneten.
Bartsch, Willy: Handbuch des AvB, 3. WP, Teil II: Die Abgeordneten.
Baschista, Adolf: Handbuch des AvB, 4. WP, Teil II: Die Abgeordneten.
Bauwens, Hans-Günter: Handbuch des AvB, 9. WP, Teil II: Die Abgeordneten.
Bayer, Raimund: Handbuch des AvB, 10. WP, Teil II: Die Abgeordneten.
Beck, Erwin: Handbuch des AvB, 7. WP, Teil II: Die Abgeordneten.
Behr, Reinhart: Handbuch des AvB, 9. WP, Teil II: Die Abgeordneten.
Behrend, Kurt: Handbuch des AvB, 4. WP, Teil II: Die Abgeordneten.
Behrendt, Hans-Jürgen: Handbuch des AvB, 4. WP, Teil II: Die Abgeordneten.
Behrendt, Wolfgang: Handbuch des AvB, 10. WP, Teil II: Die Abgeordneten.
Beier, Gerhard: Handbuch des AvB, 5. WP, Teil II: Die Abgeordneten.
Beise, Emil: Handbuch des AvB, 4. WP, Teil II: Die Abgeordneten.
Beitz, Hans: Handbuch des AvB, 6. WP, Teil II: Die Abgeordneten.
Benda, Rudolf: Handbuch des AvB, 4. WP, Teil II: Die Abgeordneten.
Bendkowski, Halina: Handbuch des AvB, 12. WP, Teil II: Die Abgeordneten.
Bergemann, Charlotte: Handbuch des AvB, 4. WP, Teil II: Die Abgeordneten.
Berger, Erich: Handbuch des AvB, 5. WP, Teil II: Die Abgeordneten.
Berger, Hartwig: Handbuch des AvB, 11. WP, Teil II: Die Abgeordneten.
Berger, Lieselotte: LAB, F Rep. 290 (Allgemeine Fotosammlung), Filipp Israelson, Nr. 0204892.
Bergmann, Christine: Handbuch des AvB, 12. WP, Teil II: Die Abgeordneten.
Besser, Ursula: Handbuch des AvB, 5. WP, Teil II: Die Abgeordneten.
Biederbick, Jürgen: Handbuch des AvB, 10. WP, Teil II: Die Abgeordneten.
Biel, Ulrich: Handbuch des AvB, 6. WP, Teil II: Die Abgeordneten.
Bierschenk, Friedrich: Handbuch des AvB, 4. WP, Teil II: Die Abgeordneten.
Biewald, Dieter: Handbuch des AvB, 6. WP, Teil II: Die Abgeordneten.
Birghan, Ursula: Handbuch des AvB, 12. WP, Teil II: Die Abgeordneten.
Birkelbach, Dagmar: Handbuch des AvB, 10. WP, Teil II: Die Abgeordneten.
Birkholz, Ekkehard: Handbuch des AvB, 8. WP, Teil II: Die Abgeordneten.
Bischoff-Pflanz, Heidemarie: Handbuch des AvB, 10. WP, Teil II: Die Abgeordneten.
Bislich, Michael: Handbuch des AvB, 8. WP, Teil II: Die Abgeordneten.
Blankenburg, Christa-Maria: Handbuch des AvB, 9. WP, Teil II: Die Abgeordneten.
Blankenhagel, Kurt: Handbuch des AvB, 12. WP, Teil II: Die Abgeordneten.
Blasek, Adolf: Handbuch des AvB, 4. WP, Teil II: Die Abgeordneten.
Blüm, Norbert: Handbuch des AvB, 9. WP, Teil II: Die Abgeordneten.
Blume, Herbert: Handbuch des AvB, 6. WP, Teil II: Die Abgeordneten.
Bock, Günter: Handbuch des AvB, 7. WP, Teil II: Die Abgeordneten.

Bode, Manfred: Handbuch des AvB, 7. WP, Teil II: Die Abgeordneten.
Bodin, Klaus: Handbuch des AvB, 7. WP, Teil II: Die Abgeordneten.
Böger, Klaus: Handbuch des AvB, 11. WP, Teil II: Die Abgeordneten.
Böhm, Gerhard: Handbuch des AvB, 5. WP, Teil II: Die Abgeordneten.
Boehm, Hans-Joachim: Handbuch des AvB, 5. WP, Teil II: Die Abgeordneten.
Boehm, Wolfgang: Handbuch des AvB, 4. WP, Teil II: Die Abgeordneten.
Bösener, Ernst-Christoph: Handbuch des AvB, 11. WP, Teil II: Die Abgeordneten.
Böttcher, Bruno: Handbuch des AvB, 5. WP, Teil II: Die Abgeordneten.
Böttcher, Kurt: Handbuch des AvB, 4. WP, Teil II: Die Abgeordneten.
Bogen, Wolfgang: Handbuch des AvB, 11. WP, Teil II: Die Abgeordneten.
Bonkowski, Paul: Handbuch des AvB, 10. WP, Teil II: Die Abgeordneten.
Borges, Friedrich: Handbuch des AvB, 4. WP, Teil II: Die Abgeordneten.
Borghorst, Hermann: Handbuch des AvB, 12. WP, Teil II: Die Abgeordneten.
Borgis, Michael: Handbuch des AvB, 12. WP, Teil II: Die Abgeordneten.
Borm, William: Handbuch des AvB, 4. WP, Teil II: Die Abgeordneten.
Boroffka, Peter: Handbuch des AvB, 6. WP, Teil II: Die Abgeordneten.
Brandt, Hillmer: Handbuch des AvB, 6. WP, Teil II: Die Abgeordneten.
Brandt, Willy: Handbuch des AvB, 4. WP, Teil II: Die Abgeordneten.
Branoner, Wolfgang: Handbuch des AvB, 12. WP, Teil II: Die Abgeordneten.
Braselmann, Hans: Handbuch des AvB, 12. WP, Teil II: Die Abgeordneten.
Brauer, Monika: Handbuch des AvB, 12. WP, Teil II: Die Abgeordneten.
Braun, Carola von: Handbuch des AvB, 12. WP, Teil II: Die Abgeordneten.
Braun, Franz: Handbuch des AvB, 9. WP, Teil II: Die Abgeordneten.
Brinckmeier, Jürgen: Handbuch des AvB, 6. WP, Teil II: Die Abgeordneten.
Brinckmeier, Marianne: Handbuch des AvB, 8. WP, Teil II: Die Abgeordneten.
Brinsa, Ulrich: Handbuch des AvB, 7. WP, Teil II: Die Abgeordneten.
Brünig, Sabine: Handbuch des AvB, 12. WP, Teil II: Die Abgeordneten.
Brunn, Anke: Handbuch des AvB, 9. WP, Teil II: Die Abgeordneten.
Brunner, Guido: Handbuch des AvB, 9. WP, Teil II: Die Abgeordneten.
Bubel, Gerhard: Handbuch des AvB, 10. WP, Teil II: Die Abgeordneten.
Buchholz, Ingrid: Handbuch des AvB, 12. WP, Teil II: Die Abgeordneten.
Buckow, Karl: Handbuch des AvB, 4. WP, Teil II: Die Abgeordneten.
Bühling, Reinhard: Handbuch des AvB, 4. WP, Teil II: Die Abgeordneten.
Büsch, Wolfgang: Handbuch des AvB, 4. WP, Teil II: Die Abgeordneten.
Buwitt, Dankward: Handbuch des AvB, 7. WP, Teil II: Die Abgeordneten.

Celebi-Gottschlich, Sevim: Handbuch des AvB, 10. WP, Teil II: Die Abgeordneten.
Coenen, Frank-Elmar: Handbuch des AvB, 9. WP, Teil II: Die Abgeordneten.
Conen, Peter: Handbuch des AvB, 6. WP, Teil II: Die Abgeordneten.
Corduan, Gerhild: Handbuch des AvB, 7. WP, Teil II: Die Abgeordneten.
Cornelius, Burkhard: Handbuch des AvB, 12. WP, Teil II: Die Abgeordneten.
Craatz, Heinz: Handbuch des AvB, 5. WP, Teil II: Die Abgeordneten.
Cramer, Michael: Handbuch des AvB, 11. WP, Teil II: Die Abgeordneten.
Czollek, Michael: Handbuch des AvB, 12. WP, Teil II: Die Abgeordneten.

Dach, Günther: Handbuch des AvB, 4. WP, Teil II: Die Abgeordneten.
Dahrendorf, Frank: J. H. Darchinger/Friedrich-Ebert-Stiftung, 6/FJHD005148.
Damrat, Anna: Handbuch des AvB, 11. WP, Teil II: Die Abgeordneten.
Degen, Frank: Handbuch des AvB, 11. WP, Teil II: Die Abgeordneten.
Dehms, Alexander: Handbuch des AvB, 4. WP, Teil II: Die Abgeordneten.
Delau, Helga: Handbuch des AvB, 12. WP, Teil II: Die Abgeordneten.
Demba, Judith: Handbuch des AvB, 12. WP, Teil II: Die Abgeordneten.
Detering, Anette: Handbuch des AvB, 12. WP, Teil II: Die Abgeordneten.
Diepgen, Eberhard: Handbuch des AvB, 6. WP, Teil II: Die Abgeordneten.
Dilschneider, Otto: Handbuch des AvB, 4. WP, Teil II: Die Abgeordneten.
Dittberner, Jürgen: Handbuch des AvB, 7. WP, Teil II: Die Abgeordneten.

Dluzewski, Christina: Handbuch des AvB, 12. WP, Teil II: Die Abgeordneten.
Döring, Hildegart: Handbuch des AvB, 4. WP, Teil II: Die Abgeordneten.
Dörre, Karin: Handbuch des AvB, 12. WP, Teil II: Die Abgeordneten.
Doeschner, Herbert: Handbuch des AvB, 4. WP, Teil II: Die Abgeordneten.
Dolata, Werner: Handbuch des AvB, 5. WP, Teil II: Die Abgeordneten.
Dormann, Daniel: Handbuch des AvB, 12. WP, Teil II: Die Abgeordneten.
Dornberger, Peter: Handbuch des AvB, 12. WP, Teil II: Die Abgeordneten.
Drews, Monika: Handbuch des AvB, 12. WP, Teil II: Die Abgeordneten.
Drogula, Karl-Heinz: Handbuch des AvB, 6. WP, Teil II: Die Abgeordneten.
Dromowicz, Werner: Handbuch des AvB, 4. WP, Teil II: Die Abgeordneten.
Dümchen, Rudolf: Handbuch des AvB, 5. WP, Teil II: Die Abgeordneten.
Dünnebacke, Adolf: Handbuch des AvB, 4. WP, Teil II: Die Abgeordneten.
Dürkop, Marlis: Handbuch des AvB, 12. WP, Teil II: Die Abgeordneten.
Dürr, Klaus: Handbuch des AvB, 11. WP, Teil II: Die Abgeordneten.
Dyllick, Paul: Handbuch des AvB, 4. WP, Teil II: Die Abgeordneten.

Ebel, Detlef: Handbuch des AvB, 12. WP, Teil II: Die Abgeordneten.
Eckert, Albert: Handbuch des AvB, 12. WP, Teil II: Die Abgeordneten.
Eckert, Wolfgang: Handbuch des AvB, 5. WP, Teil II: Die Abgeordneten.
Edel, Otto: Handbuch des AvB, 10. WP, Teil II: Die Abgeordneten.
Egert, Jürgen: AdsD/Friedrich-Ebert-Stiftung, 6/FOTA041248.
Eggert, Michael: Handbuch des AvB, 10. WP, Teil II: Die Abgeordneten.
Ehrke, Franz: Handbuch des AvB, 4. WP, Teil II: Die Abgeordneten.
Eichelberger, Frank: Handbuch des AvB, 14. WP, Teil II: Die Abgeordneten.
Eichler, Ulrich: Handbuch des AvB, 12. WP, Teil II: Die Abgeordneten.
Eilers, Günter: Privatbesitz Christa Eilers, Berlin.
Elgaß, Karl: Handbuch des AvB, 4. WP, Teil II: Die Abgeordneten.
Elsner, Günter: Handbuch des AvB, 6. WP, Teil II: Die Abgeordneten.
Emig, Gerhard: LAB, F Rep. 290 (Allgemeine Fotosammlung), Bert Saß, Nr. 0142820.
Endres, Egon: Handbuch des AvB, 4. WP, Teil II: Die Abgeordneten.
Engler, Brigitte: Handbuch des AvB, 12. WP, Teil II: Die Abgeordneten.
Engler, Eberhard: Handbuch des AvB, 12. WP, Teil II: Die Abgeordneten.
Enkemann, Brunhild: Handbuch des AvB, 10. WP, Teil II: Die Abgeordneten.
Essen, Gerhard von: Handbuch des AvB, 12. WP, Teil II: Die Abgeordneten.
Evers, Carl-Heinz: Handbuch des AvB, 5. WP, Teil II: Die Abgeordneten.
Ewald, Hein-Detlef: Handbuch des AvB, 12. WP, Teil II: Die Abgeordneten.
Ewers, Uwe: Handbuch des AvB, 7. WP, Teil II: Die Abgeordneten.
Exner, Kurt: Handbuch des AvB, 4. WP, Teil II: Die Abgeordneten.

Faber, Horst: Handbuch des AvB, 12. WP, Teil II: Die Abgeordneten.
Fabig, Wolfgang: Handbuch des AvB, 9. WP, Teil II: Die Abgeordneten.
Fechner, Gisela: Handbuch des AvB, 6. WP, Teil II: Die Abgeordneten.
Fechner, Helmut: Handbuch des AvB, 12. WP, Teil II: Die Abgeordneten.
Feige, Hildegard: Handbuch des AvB, 5. WP, Teil II: Die Abgeordneten.
Feilcke, Jochen: Handbuch des AvB, 7. WP, Teil II: Die Abgeordneten.
Ferberg, Nils-Walter: Handbuch des AvB, 5. WP, Teil II: Die Abgeordneten.
Fichtner, Eckhard: Handbuch des AvB, 5. WP, Teil II: Die Abgeordneten.
Fielitz, Joachim: Handbuch des AvB, 5. WP, Teil II: Die Abgeordneten.
Finger, Peter: Handbuch des AvB, 9. WP, Teil II: Die Abgeordneten.
Fink, Ulf: Handbuch des AvB, 10. WP, Teil II: Die Abgeordneten.
Finkelnburg, Klaus: Handbuch des AvB, 10. WP, Teil II: Die Abgeordneten.
Fischbeck, Hans-Jürgen: Handbuch des AvB, 12. WP, Teil II: Die Abgeordneten.
Fischer, Heidemarie: Handbuch des AvB, 10. WP, Teil II: Die Abgeordneten.
Fleischhauer, Irene: Handbuch des AvB, 4. WP, Teil II: Die Abgeordneten.
Fleischmann, Paul: Handbuch des AvB, 3. WP, Teil II: Die Abgeordneten.
Flemming, Bert: Handbuch des AvB, 12. WP, Teil II: Die Abgeordneten.

Fluhr, Christa: Handbuch des AvB, 8. WP, Teil II: Die Abgeordneten.
Förster, Kurt: Handbuch des AvB, 5. WP, Teil II: Die Abgeordneten.
Franke, Klaus: Handbuch des AvB, 4. WP, Teil II: Die Abgeordneten.
Franz, Rudolf: Handbuch des AvB, 10. WP, Teil II: Die Abgeordneten.
Freudenthal, Klaus: Handbuch des AvB, 9. WP, Teil II: Die Abgeordneten.
Freundl, Carola: Handbuch des AvB, 12. WP, Teil II: Die Abgeordneten.
Frick, Heinz: Handbuch des AvB, 5. WP, Teil II: Die Abgeordneten.
Friedl, Christa: Handbuch des AvB, 11. WP, Teil II: Die Abgeordneten.
Fröhner, Hans-Jochen: Handbuch des AvB, 5. WP, Teil II: Die Abgeordneten.
Frohnert, Inge: Handbuch des AvB, 9. WP, Teil II: Die Abgeordneten.
Führer, Erich: Handbuch des AvB, 4. WP, Teil II: Die Abgeordneten.
Führer, Reinhard: Handbuch des AvB, 7. WP, Teil II: Die Abgeordneten.

Gabriel, Hellwart: LAB, F Rep. 290 (Allgemeine Fotosammlung), Ludwig Ehlers, Nr. 0192777.
Gadow, Peter: Handbuch des AvB, 12. WP, Teil II: Die Abgeordneten.
Gardain, Hans-Joachim: Handbuch des AvB, 11. WP, Teil II: Die Abgeordneten.
Gaudszun, Thomas: Handbuch des AvB, 11. WP, Teil II: Die Abgeordneten.
Gaus, Günter: J. H. Darchinger/Friedrich-Ebert-Stiftung, 6/FJHD009360.
Gebler, Günter: Handbuch des AvB, 4. WP, Teil II: Die Abgeordneten.
Gehrke, Willi: Handbuch des AvB, 4. WP, Teil II: Die Abgeordneten.
Gerl, Andreas: Handbuch des AvB, 6. WP, Teil II: Die Abgeordneten.
Geschinsky, Helmut: Handbuch des AvB, 5. WP, Teil II: Die Abgeordneten.
Gethke, Frank: Handbuch des AvB, 5. WP, Teil II: Die Abgeordneten.
Gewalt, Roland: Handbuch des AvB, 12. WP, Teil II: Die Abgeordneten.
Gierich, Peter: Handbuch des AvB, 7. WP, Teil II: Die Abgeordneten.
Giersch, Fritz: Handbuch des AvB, 4. WP, Teil II: Die Abgeordneten.
Giese, Reiner: Handbuch des AvB, 7. WP, Teil II: Die Abgeordneten.
Giesel, Rainer B.: Handbuch des AvB, 7. WP, Teil II: Die Abgeordneten.
Gießner, Erich: Handbuch des AvB, 4. WP, Teil II: Die Abgeordneten.
Girnus, Wolfgang: Handbuch des AvB, 12. WP, Teil II: Die Abgeordneten.
Glagow, Rudolf: Handbuch des AvB, 6. WP, Teil II: Die Abgeordneten.
Gloatz, Dagmar: Handbuch des AvB, 12. WP, Teil II: Die Abgeordneten.
Göllner, Artur: Handbuch des AvB, 11. WP, Teil II: Die Abgeordneten.
Götze, Alfried: Handbuch des AvB, 4. WP, Teil II: Die Abgeordneten.
Goetze, Uwe: Handbuch des AvB, 12. WP, Teil II: Die Abgeordneten.
Goiny, Christian: Handbuch des AvB, 16. WP, Teil II: Die Abgeordneten.
Goldberg, Werner: Handbuch des AvB, 4. WP, Teil II: Die Abgeordneten.
Gollnick, Jonny: Handbuch des AvB, 6. WP, Teil II: Die Abgeordneten.
Gomann, Heinz: Handbuch des AvB, 6. WP, Teil II: Die Abgeordneten.
Goryanoff, Michael-Sergij: Handbuch des AvB, 10. WP, Teil II: Die Abgeordneten.
Gottschalk, Karl: Handbuch des AvB, 6. WP, Teil II: Die Abgeordneten.
Grabert, Horst: J. H. Darchinger/Friedrich-Ebert-Stiftung, 6/FJHD007988.
Graf, Fritz: Handbuch des AvB, 4. WP, Teil II: Die Abgeordneten.
Gram, Andreas: Handbuch des AvB, 12. WP, Teil II: Die Abgeordneten.
Greiff, Nicola: Handbuch des AvB, 7. WP, Teil II: Die Abgeordneten.
Greiner, Gisela: Handbuch des AvB, 12. WP, Teil II: Die Abgeordneten.
Gresse, Franz: Handbuch des AvB, 4. WP, Teil II: Die Abgeordneten.
Greve, Karen: Handbuch des AvB, 11. WP, Teil II: Die Abgeordneten.
Gribach, Joachim: Handbuch des AvB, 6. WP, Teil II: Die Abgeordneten.
Grieger, Harald: Handbuch des AvB, 10. WP, Teil II: Die Abgeordneten.
Grotzke, Gisela: Handbuch des AvB, 10. WP, Teil II: Die Abgeordneten.
Grützke, Gerhard: Handbuch des AvB, 4. WP, Teil II: Die Abgeordneten.
Grugelke, Gunnar: Handbuch des AvB, 10. WP, Teil II: Die Abgeordneten.
Grund, Ida: Handbuch des AvB, 4. WP, Teil II: Die Abgeordneten.
Gruner, Gert: Handbuch des AvB, 8. WP, Teil II: Die Abgeordneten.
Günther, Joachim: Handbuch des AvB, 11. WP, Teil II: Die Abgeordneten.

Güthling, Horst: Handbuch des AvB, 6. WP, Teil II: Die Abgeordneten.
Gunkel, Rudolf: Handbuch des AvB, 4. WP, Teil II: Die Abgeordneten.
Gutjahr, Karl-Heinz: Handbuch des AvB, 3. WP, Teil II: Die Abgeordneten.

Haase, Herwig: Handbuch des AvB, 10. WP, Teil II: Die Abgeordneten.
Haase, Werner: TdP, 3. WP, H. 2, Januar 1961, S. 16.
Haberkorn, Michael: Handbuch des AvB, 10. WP, Teil II: Die Abgeordneten.
Hackel, Wolfgang: Handbuch des AvB, 7. WP, Teil II: Die Abgeordneten.
Hadrich, Julius: Handbuch des AvB, 4. WP, Teil II: Die Abgeordneten.
Härtig, Volker: Handbuch des AvB, 10. WP, Teil II: Die Abgeordneten.
Häusler, Michael: Handbuch des AvB, 11. WP, Teil II: Die Abgeordneten.
Hahn, Axel: Handbuch des AvB, 12. WP, Teil II: Die Abgeordneten.
Hale, Horstmar: Handbuch des AvB, 7. WP, Teil II: Die Abgeordneten.
Hampel, Winfried: Handbuch des AvB, 12. WP, Teil II: Die Abgeordneten.
Hannemann, Ferdinand: Handbuch des AvB, 4. WP, Teil II: Die Abgeordneten.
Hapel, Dieter: Handbuch des AvB, 9. WP, Teil II: Die Abgeordneten.
Harloff, Günter: Handbuch des AvB, 6. WP, Teil II: Die Abgeordneten.
Harries, Helmuth: Handbuch des AvB, 5. WP, Teil II: Die Abgeordneten.
Hartung, Egon: Handbuch des AvB, 10. WP, Teil II: Die Abgeordneten.
Hasenclever, Alexander: Handbuch des AvB, 4. WP, Teil II: Die Abgeordneten.
Hassemer, Volker: Handbuch des AvB, 8. WP, Teil II: Die Abgeordneten.
Hauff, Sigurd: Handbuch des AvB, 6. WP, Teil II: Die Abgeordneten.
Haus, Wolfgang: Handbuch des AvB, 5. WP, Teil II: Die Abgeordneten.
Heide, Manuel: Handbuch des AvB, 10. WP, Teil II: Die Abgeordneten.
Heimann, Gerhard: Handbuch des AvB, 5. WP, Teil II: Die Abgeordneten.
Heinrich, Ursula: Handbuch des AvB, 6. WP, Teil II: Die Abgeordneten.
Heinschke, Horst: Handbuch des AvB, 5. WP, Teil II: Die Abgeordneten.
Heinschke, Michael: Handbuch des AvB, 8. WP, Teil II: Die Abgeordneten.
Heitmann, Renate: Handbuch des AvB, 10. WP, Teil II: Die Abgeordneten.
Helias, Siegfried: Handbuch des AvB, 10. WP, Teil II: Die Abgeordneten.
Helms, Reimund: Handbuch des AvB, 10. WP, Teil II: Die Abgeordneten.
Hennicke, Wiegand: Handbuch des AvB, 4. WP, Teil II: Die Abgeordneten.
Hennig, Helmut: Handbuch des AvB, 7. WP, Teil II: Die Abgeordneten.
Henschel, Georg: Handbuch des AvB, 4. WP, Teil II: Die Abgeordneten.
Hentschel, Helga: Handbuch des AvB, 10. WP, Teil II: Die Abgeordneten.
Herbst, Knut: Handbuch des AvB, 12. WP, Teil II: Die Abgeordneten.
Herer, Elke: Handbuch des AvB, 12. WP, Teil II: Die Abgeordneten.
Herfort, Ronald: Handbuch des AvB, 11. WP, Teil II: Die Abgeordneten.
Herrmann, Annelies: Handbuch des AvB, 11. WP, Teil II: Die Abgeordneten.
Herrmann, Dieter: Handbuch des AvB, 10. WP, Teil II: Die Abgeordneten.
Heß, Hans-Jürgen: Handbuch des AvB, 6. WP, Teil II: Die Abgeordneten.
Hesse, Eberhard: Handbuch des AvB, 6. WP, Teil II: Die Abgeordneten.
Heubaum, Werner: Handbuch des AvB, 5. WP, Teil II: Die Abgeordneten.
Heyden, Gerd: Handbuch des AvB, 6. WP, Teil II: Die Abgeordneten.
Hiersemann, Fritz: Handbuch des AvB, 6. WP, Teil II: Die Abgeordneten.
Hildebrandt, Helmut: Handbuch des AvB, 8. WP, Teil II: Die Abgeordneten.
Hillenberg, Ralf: Handbuch des AvB, 12. WP, Teil II: Die Abgeordneten.
Hilse, Torsten: Handbuch des AvB, 12. WP, Teil II: Die Abgeordneten.
Hitzigrath, Rüdiger: Handbuch des AvB, 6. WP, Teil II: Die Abgeordneten.
Hönig, Hans-Christoph: Handbuch des AvB, 7. WP, Teil II: Die Abgeordneten.
Hoffmann, Dieter: Handbuch des AvB, 7 WP, Teil II: Die Abgeordneten.
Hoffmann, Otto: Handbuch des AvB, 10. WP, Teil II: Die Abgeordneten.
Hofmann, Elke: Handbuch des AvB, 12. WP, Teil II: Die Abgeordneten.
Hohenberger, Lydia: Handbuch des AvB, 11. WP, Teil II: Die Abgeordneten.
Holzhütter, Ingrid: Handbuch des AvB, 10. WP, Teil II: Die Abgeordneten.
Hopmann, Benedikt: Handbuch des AvB, 11. WP, Teil II: Die Abgeordneten.

Hoppe, Hans-Günter: Handbuch des AvB, 4. WP, Teil II: Die Abgeordneten.
Horn, Heiko: Handbuch des AvB, 12. WP, Teil II: Die Abgeordneten.
Hucklenbroich, Volker: Handbuch des AvB, 7. WP, Teil II: Die Abgeordneten.
Hübner, Beate: Handbuch des AvB, 12. WP, Teil II: Die Abgeordneten.

Ibscher, Paul: Handbuch des AvB, 5. WP, Teil II: Die Abgeordneten.

Jacoby, Hans: Handbuch des AvB, 5. WP, Teil II: Die Abgeordneten.
Jänichen, Horst: Handbuch des AvB, 5. WP, Teil II: Die Abgeordneten.
Jänicke, Martin: Handbuch des AvB, 9. WP, Teil II: Die Abgeordneten.
Jannicke, Werner: Handbuch des AvB, 4. WP, Teil II: Die Abgeordneten.
Jaroch, Siegmund: Handbuch des AvB, 12. WP, Teil II: Die Abgeordneten.
Jewarowski, Manfred: Handbuch des AvB, 10. WP, Teil II: Die Abgeordneten.
Jöhren, Heinz-Horst: Handbuch des AvB, 5. WP, Teil II: Die Abgeordneten.
Jörgensen-Ullmann, Kirsten; Handbuch des AvB, 10. WP, Teil II: Die Abgeordneten.
John, Barbara: Handbuch des AvB, 9. WP, Teil II: Die Abgeordneten.
Jordan, Carlo (Karl-Heinz): Handbuch des AvB, 12. WP, Teil II: Die Abgeordneten.
Jungclaus, Klaus: Handbuch des AvB, 8. WP, Teil II: Die Abgeordneten.
Jungnickel, Wolfgang: Handbuch des AvB, 6. WP, Teil II: Die Abgeordneten.

Kaczmarek, Alexander: Handbuch des AvB, 12. WP, Teil II: Die Abgeordneten.
Kalleja, Hartmut: Handbuch des AvB, 12. WP, Teil II: Die Abgeordneten.
Kammholz, Axel: Handbuch des AvB, 10. WP, Teil II: Die Abgeordneten.
Kampfhenkel, Elga: Handbuch des AvB, 10. WP, Teil II: Die Abgeordneten.
Kantemir, Rita: Handbuch des AvB, 9. WP, Teil II: Die Abgeordneten.
Kapek, Frank: Handbuch des AvB, 10. WP, Teil II: Die Abgeordneten.
Kaschke, Heinz: Handbuch des AvB, 4. WP, Teil II: Die Abgeordneten.
Kay, Ella: Handbuch des AvB, 4. WP, Teil II: Die Abgeordneten.
Kayser, Boto: Handbuch des AvB, 12. WP, Teil II: Die Abgeordneten.
Kayser, Christian: Handbuch des AvB, 6. WP, Teil II: Die Abgeordneten.
Keil, Alfred: Handbuch des AvB, 4. WP, Teil II: Die Abgeordneten.
Kekulé, Friedrich von: Handbuch des AvB, 5. WP, Teil II: Die Abgeordneten.
Kellner, Horst: Handbuch des AvB, 12. WP, Teil II: Die Abgeordneten.
Kendzia, Rudolf: Handbuch des AvB, 11. WP, Teil II: Die Abgeordneten.
Kenneweg, Hans-Joachim: Handbuch des AvB, 4. WP, Teil II: Die Abgeordneten.
Kern, Horst-Achim: Handbuch des AvB, 9. WP, Teil II: Die Abgeordneten.
Kettner, Hans: Handbuch des AvB, 3. WP, Teil II: Die Abgeordneten.
Keul, Heinrich: Handbuch des AvB, 5. WP, Teil II: Die Abgeordneten.
Kewenig, Wilhelm: Handbuch des AvB, 9. WP, Teil II: Die Abgeordneten.
Kiele, Ingvild: Handbuch des AvB, 10. WP, Teil II: Die Abgeordneten.
Kittelmann, Marion: Handbuch des AvB, 12. WP, Teil II: Die Abgeordneten.
Kittelmann, Peter: Handbuch des AvB, 14. WP, Teil II: Die Abgeordneten.
Kittner, Ekkehard: Handbuch des AvB, 7. WP, Teil II: Die Abgeordneten.
Klauck, Fritz: Handbuch des AvB, 4. WP, Teil II: Die Abgeordneten.
Klebba, Rainer: Handbuch des AvB, 8. WP, Teil II: Die Abgeordneten.
Klein, Dieter: Handbuch des AvB, 12. WP, Teil II: Die Abgeordneten.
Klein, Reinhard: Handbuch des AvB, 12. WP, Teil II: Die Abgeordneten.
Klein, Siegfried: Handbuch des AvB, 5. WP, Teil II: Die Abgeordneten.
Klemann, Jürgen: Handbuch des AvB, 12. WP, Teil II: Die Abgeordneten.
Kleusberg, Herbert: Handbuch des AvB, 4. WP, Teil II: Die Abgeordneten.
Kliche, Horst: Handbuch des AvB, 10. WP, Teil II: Die Abgeordneten.
Kliem, Wolfgang: Handbuch des AvB, 10. WP, Teil II: Die Abgeordneten.
Klinski, Stefan: Handbuch des AvB, 10. WP, Teil II: Die Abgeordneten.
Klotz, Knut: Handbuch des AvB, 12. WP, Teil II: Die Abgeordneten.
Klotz, Sibyll-Anka: Handbuch des AvB, 12. WP, Teil II: Die Abgeordneten.
Kochan, Paul: Handbuch des AvB, 5. WP, Teil II: Die Abgeordneten.

König, Karl: Handbuch des AvB, 5. WP, Teil II: Die Abgeordneten.
Königstein, Lothar: Handbuch des AvB, 6. WP, Teil II: Die Abgeordneten.
Köppen, Ernst: Handbuch des AvB, 5. WP, Teil II: Die Abgeordneten.
Köppl, Bernd: Handbuch des AvB, 11. WP, Teil II: Die Abgeordneten.
Körting, Ehrhart: Handbuch des AvB, 11. WP, Teil II: Die Abgeordneten.
Kohl, Hans-Joachim: Handbuch des AvB, 11. WP, Teil II: Die Abgeordneten.
Kohlberger, Hans: Handbuch des AvB, 4. WP, Teil II: Die Abgeordneten.
Kohlhepp, Irmgard: Handbuch des AvB, 9. WP, Teil II: Die Abgeordneten.
Kohlmann, Carla: Handbuch des AvB, 6. WP, Teil II: Die Abgeordneten.
Kollat, Horst: Handbuch des AvB, 7. WP, Teil II: Die Abgeordneten.
Kollotschek, Cordula: Handbuch des AvB, 11. WP, Teil II: Die Abgeordneten.
Konrad, Rolf: Handbuch des AvB, 7. WP, Teil II: Die Abgeordneten.
Korber, Horst: Handbuch des AvB, 6. WP, Teil II: Die Abgeordneten.
Korthaase, Helga: Handbuch des AvB, 9. WP, Teil II: Die Abgeordneten.
Korthaase, Werner: Handbuch des AvB, 6. WP, Teil II: Die Abgeordneten.
Kosan, Ismail H.: Handbuch des AvB, 12. WP, Teil II: Die Abgeordneten.
Kotowski, Georg: Handbuch des AvB, 4. WP, Teil II: Die Abgeordneten.
Kowalewsky, Herbert: Handbuch des AvB, 4. WP, Teil II: Die Abgeordneten.
Kowallek, Christine: Handbuch des AvB, 12. WP, Teil II: Die Abgeordneten.
Kox, Gerhard: Handbuch des AvB, 4. WP, Teil II: Die Abgeordneten.
Kraetzer, Jakob: Handbuch des AvB, 9. WP, Teil II: Die Abgeordneten.
Krahe, Friedrich-Wilhelm: Handbuch des AvB, 10. WP, Teil II: Die Abgeordneten.
Krause, Alfred: Handbuch des AvB, 4. WP, Teil II: Die Abgeordneten.
Krause, Arnold: Handbuch des AvB, 12. WP, Teil II: Die Abgeordneten.
Krause, Peter: Handbuch des AvB, 12. WP, Teil II: Die Abgeordneten.
Krause, Siegfried: Handbuch des AvB, 4. WP, Teil II: Die Abgeordneten.
Krause, Werner: Handbuch des AvB, 12. WP, Teil II: Die Abgeordneten.
Krebs, Dieter: Handbuch des AvB, 10. WP, Teil II: Die Abgeordneten.
Kremendahl, Hans: Handbuch des AvB, 9. WP, Teil II: Die Abgeordneten.
Kriebel, Jürgen: Handbuch des AvB, 11. WP, Teil II: Die Abgeordneten.
Krüger, Arnold: Handbuch des AvB, 6. WP, Teil II: Die Abgeordneten.
Krüger, Erwin F.: Handbuch des AvB, 4. WP, Teil II: Die Abgeordneten.
Krüger, Friedrich: Handbuch des AvB, 4. WP, Teil II: Die Abgeordneten.
Krüger, Thomas: Handbuch des AvB, 12. WP, Teil II: Die Abgeordneten.
Krüger, Ulrich F.: Handbuch des AvB, 9. WP, Teil II: Die Abgeordneten.
Krüger, Werner: Handbuch des AvB, 12. WP, Teil II: Die Abgeordneten.
Krutz, Herbert: Handbuch des AvB, 4. WP, Teil II: Die Abgeordneten.
Kuchler, Heinz: Handbuch des AvB, 6. WP, Teil II: Die Abgeordneten.
Künast, Renate: Handbuch des AvB, 10. WP, Teil II: Die Abgeordneten.
Kuhlisch, Karl: Handbuch des AvB, 4. WP, Teil II: Die Abgeordneten.
Kuhn, Hans-Jürgen: Handbuch des AvB, 10. WP, Teil II: Die Abgeordneten.
Kujath, Rudolf: Handbuch des AvB, 12. WP, Teil II: Die Abgeordneten.
Kukutz, Irina: Handbuch des AvB, 12. WP, Teil II: Die Abgeordneten.
Kunz, Gerhard: Handbuch des AvB, 9. WP, Teil II: Die Abgeordneten.
Kunze, Jürgen: Handbuch des AvB, 7. WP, Teil II: Die Abgeordneten.
Kunzelmann, Dieter: LAB, F Rep. 290 (Allgemeine Fotosammlung), Horst Siegmann, Nr. 0255571.

Ladeburg, Heinz: Handbuch des AvB, 4. WP, Teil II: Die Abgeordneten.
Laggies, Lothar: LAB, F Rep. 290 (Allgemeine Fotosammlung), Karl-Heinz Schubert, Nr. 0152077.
Lancken, Raven Henning von der: LAB, F Rep. 290 (Allgemeine Fotosammlung), Horst Siegmann, Nr. 0224454.
Landowsky, Klaus-Rüdiger: Handbuch des AvB, 7. WP, Teil II: Die Abgeordneten.
Lange, Horst: Handbuch des AvB, 6. WP, Teil II: Die Abgeordneten.
Lange, Kurt: Handbuch des AvB, 12. WP, Teil II: Die Abgeordneten.
Lange, Rolf-Peter: Handbuch des AvB, 10. WP, Teil II: Die Abgeordneten.
Laurien, Hanna-Renate: Handbuch des AvB, 10. WP, Teil II: Die Abgeordneten.

Lawrentz, Gerhard: Handbuch des AvB, 10. WP, Teil II: Die Abgeordneten.
Leber, Annedore: Handbuch des AvB, 4. WP, Teil II: Die Abgeordneten.
Legien, Roman: Handbuch des AvB, 9. WP, Teil II: Die Abgeordneten.
Lehmann, Uwe: Handbuch des AvB, 12. WP, Teil II: Die Abgeordneten.
Lehmann-Brauns, Uwe: Handbuch des AvB, 8. WP, Teil II: Die Abgeordneten.
Lemmer, Ernst: Handbuch des AvB, 4. WP, Teil II: Die Abgeordneten.
Lemmer, Henning: Handbuch des AvB, 6. WP, Teil II: Die Abgeordneten.
Lesnau, Karl-Heinz: Handbuch des AvB, 10. WP, Teil II: Die Abgeordneten.
Leyk, Ursula: Handbuch des AvB, 11. WP, Teil II: Die Abgeordneten.
Liebig, Günter: Handbuch des AvB, 6. WP, Teil II: Die Abgeordneten.
Liehr, Harry: Handbuch des AvB, 7. WP, Teil II: Die Abgeordneten.
Liepelt, Volker: Handbuch des AvB, 9. WP, Teil II: Die Abgeordneten.
Liessfeld, Heike: Handbuch des AvB, 11. WP, Teil II: Die Abgeordneten.
Liljeberg, Georg: Handbuch des AvB, 4. WP, Teil II: Die Abgeordneten.
Lindemann, Eckard: Handbuch des AvB, 7. WP, Teil II: Die Abgeordneten.
Lippert, Arno: Handbuch des AvB, 6. WP, Teil II: Die Abgeordneten.
Lippschütz, Alfred: Handbuch des AvB, 7. WP, Teil II: Die Abgeordneten.
Lipschitz, Eleonore: Handbuch des AvB, 4. WP, Teil II: Die Abgeordneten.
Lischewski, Otto: Handbuch des AvB, 4. WP, Teil II: Die Abgeordneten.
Lobermeier, Winfried: Handbuch des AvB, 10. WP, Teil II: Die Abgeordneten.
Löffler, Gerd: Handbuch des AvB, 4. WP, Teil II: Die Abgeordneten.
Löffler, Walter: Handbuch des AvB, 4. WP, Teil II: Die Abgeordneten.
Löhe, Klaus: Handbuch des AvB, 10. WP, Teil II: Die Abgeordneten.
Lösche, Dorothea: Handbuch des AvB, 3. WP, Teil II: Die Abgeordneten.
Lötzsch, Gesine: Handbuch des AvB, 12. WP, Teil II: Die Abgeordneten.
Lohauß, Peter: Handbuch des AvB, 10. WP, Teil II: Die Abgeordneten.
Lonchant, Dieter: Handbuch des AvB, 6. WP, Teil II: Die Abgeordneten.
Longolius, Alexander: Handbuch des AvB, 7. WP, Teil II: Die Abgeordneten.
Lorenz, Gerald: Handbuch des AvB, 7. WP, Teil II: Die Abgeordneten.
Lorenz, Hans-Georg: Handbuch des AvB, 8. WP, Teil II: Die Abgeordneten.
Lorenz, Peter: Handbuch des AvB, 4. WP, Teil II: Die Abgeordneten.
Loßmann, Erwin: Handbuch des AvB, 12. WP, Teil II: Die Abgeordneten.
Lowka, Edith: Handbuch des AvB, 4. WP, Teil II: Die Abgeordneten.
Luckow, Gero: Handbuch des AvB, 8. WP, Teil II: Die Abgeordneten.
Lueddecke, Werner: Handbuch des AvB, 5. WP, Teil II: Die Abgeordneten.
Lüder, Wolfgang: LAB, F Rep. 290 (Allgemeine Fotosammlung), Karl-Heinz Schubert, Nr. 0216189.
Lüdtke, Jürgen: Handbuch des AvB, 12. WP, Teil II: Die Abgeordneten.
Luft, Christine: Handbuch des AvB, 12. WP, Teil II: Die Abgeordneten.
Lummer, Heinrich: Handbuch des AvB, 5. WP, Teil II: Die Abgeordneten.
Luster, Rudolf: Handbuch des AvB, 5. WP, Teil II: Die Abgeordneten.
Luther, Peter: Handbuch des AvB, 12. WP, Teil II: Die Abgeordneten.
Luuk, Dagmar: Handbuch des AvB, 7. WP, Teil II: Die Abgeordneten.

Mach, Erich: Handbuch des AvB, 5. WP, Teil II: Die Abgeordneten.
Maerz, Wolfgang: Handbuch des AvB, 7. WP, Teil II: Die Abgeordneten.
Mahlo, Dietrich: Handbuch des AvB, 8. WP, Teil II: Die Abgeordneten.
Maletzke, Ursula: Handbuch des AvB, 6. WP, Teil II: Die Abgeordneten.
Manske, Ulrich: Handbuch des AvB, 10. WP, Teil II: Die Abgeordneten.
Mardus, Günter: Handbuch des AvB, 12. WP, Teil II: Die Abgeordneten.
Masteit, Dietrich: Handbuch des AvB, 6. WP, Teil II: Die Abgeordneten.
Matthes, Jürgen: Handbuch des AvB, 7. WP, Teil II: Die Abgeordneten.
Mattig, Edmund: Handbuch des AvB, 7. WP, Teil II: Die Abgeordneten.
Mehnert, Dieter: Handbuch des AvB, 12. WP, Teil II: Die Abgeordneten.
Meier, Ullrich: Handbuch des AvB, 12. WP, Teil II: Die Abgeordneten.
Meisner, Norbert: Handbuch des AvB, 8. WP, Teil II: Die Abgeordneten.
Meissner, Kurt W. R.: Handbuch des AvB, 6. WP, Teil II: Die Abgeordneten.

Mendel, Rudolf: Handbuch des AvB, 4. WP, Teil II: Die Abgeordneten.
Merkel, Petra: Handbuch des AvB, 11. WP, Teil II: Die Abgeordneten.
Mertsch, Hans: Handbuch des AvB, 6. WP, Teil II: Die Abgeordneten.
Meves, Heike: Handbuch des AvB, 12. WP, Teil II: Die Abgeordneten.
Meyer, Franz: Handbuch des AvB, 6. WP, Teil II: Die Abgeordneten.
Meyer, Peter: Handbuch des AvB, 12. WP, Teil II: Die Abgeordneten.
Meyer-Feltges, Claire: Handbuch des AvB, 12. WP, Teil II: Die Abgeordneten.
Michaelis, Michael: Handbuch des AvB, 11. WP, Teil II: Die Abgeordneten.
Michels, Martina: Handbuch des AvB, 12. WP, Teil II: Die Abgeordneten.
Milschewsky, Walter: Handbuch des AvB, 4. WP, Teil II: Die Abgeordneten.
Miosga, Richard: Handbuch des AvB, 11. WP, Teil II: Die Abgeordneten.
Misch, Gerda: Handbuch des AvB, 7. WP, Teil II: Die Abgeordneten.
Mleczkowski, Wolfgang: Handbuch des AvB, 12. WP, Teil II: Die Abgeordneten.
Mollin, Gert: Handbuch des AvB, 4. WP, Teil II: Die Abgeordneten.
Molter, Alfred-Mario: Handbuch des AvB, 12. WP, Teil II: Die Abgeordneten.
Mommert, Almut: Handbuch des AvB, 12. WP, Teil II: Die Abgeordneten.
Momper, Walter: Handbuch des AvB, 7. WP, Teil II: Die Abgeordneten.
Mory, Stephan: Handbuch des AvB, 12. WP, Teil II: Die Abgeordneten.
Müller, Erwin: Handbuch des AvB, 6. WP, Teil II: Die Abgeordneten.
Müller, Eva: Handbuch des AvB, 12. WP, Teil II: Die Abgeordneten.
Müller, Gertrud: Handbuch des AvB, 4. WP, Teil II: Die Abgeordneten.
Müller, Hans: Handbuch des AvB, 12. WP, Teil II: Die Abgeordneten.
Müller, Helga: Handbuch des AvB, 8. WP, Teil II: Die Abgeordneten.
Müller, Rudolf: Handbuch des AvB, 6. WP, Teil II: Die Abgeordneten.
Müller-Schoenau, Bernhard: Handbuch des AvB, 7. WP, Teil II: Die Abgeordneten.
Müllerburg, Wolfram: Handbuch des AvB, 4. WP, Teil II: Die Abgeordneten.

Nagel, Wolfgang: Handbuch des AvB, 9. WP, Teil II: Die Abgeordneten.
Nauber, Horst: Handbuch des AvB, 5. WP, Teil II: Die Abgeordneten.
Nauck, Joachim: Handbuch des AvB, 6. WP, Teil II: Die Abgeordneten.
Neubauer, Kurt: Handbuch des AvB, 5. WP, Teil II: Die Abgeordneten.
Neugebauer, Werner: Handbuch des AvB, 5. WP, Teil II: Die Abgeordneten.
Neuling, Christian: Handbuch des AvB, 8. WP, Teil II: Die Abgeordneten.
Neumann, Kurt (geb. 1924): Handbuch des AvB, 4. WP, Teil II: Die Abgeordneten.
Neumann, Kurt (geb. 1945): Handbuch des AvB, 9. WP, Teil II: Die Abgeordneten.
Neumann, Manfred: Handbuch des AvB, 12. WP, Teil II: Die Abgeordneten.
Neumann, Ulrike: Handbuch des AvB, 12. WP, Teil II: Die Abgeordneten.
Niedergesäß, Fritz: Handbuch des AvB, 12. WP, Teil II: Die Abgeordneten.
Niedergesäss, Rosemarie: Handbuch des AvB, 7. WP, Teil II: Die Abgeordneten.
Niemsch, Günther: Handbuch des AvB, 5. WP, Teil II: Die Abgeordneten.
Niklas, Joachim: Handbuch des AvB, 10. WP, Teil II: Die Abgeordneten.
Nisblé, Hans: Handbuch des AvB, 10. WP, Teil II: Die Abgeordneten.
Nisblé, Heide: Handbuch des AvB, 11. WP, Teil II: Die Abgeordneten.
Nitz-Spatz, Sabine: Handbuch des AvB, 10. WP, Teil II: Die Abgeordneten.
Nix, Adrian: Handbuch des AvB, 12. WP, Teil II: Die Abgeordneten.
Noetzel, Michael: Handbuch des AvB, 4. WP, Teil II: Die Abgeordneten.
Nolte, Karlheinz: Handbuch des AvB, 12. WP, Teil II: Die Abgeordneten.
Nuß, Hannelore: Handbuch des AvB, 12. WP, Teil II: Die Abgeordneten.

Oesterlein, Willi: Handbuch des AvB, 6. WP, Teil II: Die Abgeordneten.
Ollech, Ernst: Handbuch des AvB, 12. WP, Teil II: Die Abgeordneten.
Omankowsky, Manfred: Handbuch des AvB, 7. WP, Teil II: Die Abgeordneten.
Omankowsky, Meta: Handbuch des AvB, 4. WP, Teil II: Die Abgeordneten.
Oxfort, Hermann: Handbuch des AvB, 4. WP, Teil II: Die Abgeordneten.

Padberg, Wilhelm: Handbuch des AvB, 5. WP, Teil II: Die Abgeordneten.

Pätzold, Erich: Handbuch des AvB, 7. WP, Teil II: Die Abgeordneten.
Pagel, Carsten: Handbuch des AvB, 11. WP, Teil II: Die Abgeordneten.
Pagel, Detlef: Handbuch des AvB, 9. WP, Teil II: Die Abgeordneten.
Palm, Joachim: Handbuch des AvB, 7. WP, Teil II: Die Abgeordneten.
Papenfuß, Rainer: Handbuch des AvB, 6. WP, Teil II: Die Abgeordneten.
Paris, Manfred: Handbuch des AvB, 8. WP, Teil II: Die Abgeordneten.
Partzsch, Anni: Handbuch des AvB, 4. WP, Teil II: Die Abgeordneten.
Patt, Hans-Peter: Handbuch des AvB, 9. WP, Teil II: Die Abgeordneten.
Pavlik, Dieter: Handbuch des AvB, 12. WP, Teil II: Die Abgeordneten.
Pawlak, Manfred: Handbuch des AvB, 5. WP, Teil II: Die Abgeordneten.
Pawlowski, Dietrich: Handbuch des AvB, 10. WP, Teil II: Die Abgeordneten.
Pech, Bettina: Handbuch des AvB, 12. WP, Teil II: Die Abgeordneten.
Petersen, Wolfgang: Handbuch des AvB, 9. WP, Teil II: Die Abgeordneten.
Pewestorff, Norbert: Handbuch des AvB, 12. WP, Teil II: Die Abgeordneten.
Pfennig, Gero: LAB, F Rep. 290 (Allgemeine Fotosammlung), Ludwig Ehlers, Nr. 0257492.
Pflugbeil, Sebastian: Handbuch des AvB, 12. WP, Teil II: Die Abgeordneten.
Pickert, Silvia: Handbuch des AvB, 12. WP, Teil II: Die Abgeordneten.
Piefke, Friedrich: Handbuch des AvB, 4. WP, Teil II: Die Abgeordneten.
Pieroth, Elmar: Handbuch des AvB, 9. WP, Teil II: Die Abgeordneten.
Pietschker, Rudi: Handbuch des AvB, 4. WP, Teil II: Die Abgeordneten.
Pistor, Bernd: Handbuch des AvB, 12. WP, Teil II: Die Abgeordneten.
Platzeck, Werner: Handbuch des AvB, 6. WP, Teil II: Die Abgeordneten.
Pöppelmeier, Otto-Wilhelm: Handbuch des AvB, 10. WP, Teil II: Die Abgeordneten.
Pohl, Inge: Handbuch des AvB, 12. WP, Teil II: Die Abgeordneten.
Pohle, Dagmar: Handbuch des AvB, 12. WP, Teil II: Die Abgeordneten.
Poritz, Ernst-August: Handbuch des AvB, 8. WP, Teil II: Die Abgeordneten.
Porzner, Konrad: J. H. Darchinger/Friedrich-Ebert-Stiftung, 6/FJHD005075.
Poschepny, Frank: Handbuch des AvB, 12. WP, Teil II: Die Abgeordneten.
Powierski, Christel: Handbuch des AvB, 12. WP, Teil II: Die Abgeordneten.
Preisler-Holl, Luise: Handbuch des AvB, 10. WP, Teil II: Die Abgeordneten.
Preuss, Manfred: Handbuch des AvB, 8. WP, Teil II: Die Abgeordneten.
Prostak, Johannes: Handbuch des AvB, 6. WP, Teil II: Die Abgeordneten.
Prozell, Artur: Handbuch des AvB, 4. WP, Teil II: Die Abgeordneten.
Puhst, Heinz: Handbuch des AvB, 8. WP, Teil II: Die Abgeordneten.
Pulz, Christian: Handbuch des AvB, 12. WP, Teil II: Die Abgeordneten.
Puschnus, Erika: Handbuch des AvB, 6. WP, Teil II: Die Abgeordneten.

Raasch, Martin: Handbuch des AvB, 7. WP, Teil II: Die Abgeordneten.
Rabatsch, Manfred: Handbuch des AvB, 9. WP, Teil II: Die Abgeordneten.
Radziejewski, Max: Handbuch des AvB, 4. WP, Teil II: Die Abgeordneten.
Rasch, Walter: Handbuch des AvB, 6. WP, Teil II: Die Abgeordneten.
Rass, Rudolf: Handbuch des AvB, 5. WP, Teil II: Die Abgeordneten.
Rastemborski, Ulrich: Handbuch des AvB, 7. WP, Teil II: Die Abgeordneten.
Rathje, Heiner: Handbuch des AvB, 12. WP, Teil II: Die Abgeordneten.
Rauschenbach, Peter: Handbuch des AvB, 7. WP, Teil II: Die Abgeordneten.
Rebsch, Peter: Handbuch des AvB, 8. WP, Teil II: Die Abgeordneten.
Rechenberg, Armgard: Handbuch des AvB, 7. WP, Teil II: Die Abgeordneten.
Reichel, Ilse: Handbuch des AvB, 7. WP, Teil II: Die Abgeordneten.
Reif, Hans: Handbuch des AvB, 4. WP, Teil II: Die Abgeordneten.
Reimann, Günther: Handbuch des AvB, 5. WP, Teil II: Die Abgeordneten.
Reimann, Horst: Handbuch des AvB, 12. WP, Teil II: Die Abgeordneten.
Reinhardt, Erich: Handbuch des AvB, 4. WP, Teil II: Die Abgeordneten.
Reipert, Klaus-Ulrich: Handbuch des AvB, 9. WP, Teil II: Die Abgeordneten.
Reiss, Stefan: Handbuch des AvB, 10. WP, Teil II: Die Abgeordneten.
Renner, Ingeborg: Handbuch des AvB, 5. WP, Teil II: Die Abgeordneten.
Reuther, Anke: Handbuch des AvB, 12. WP, Teil II: Die Abgeordneten.

Rheinländer, Achim: Handbuch des AvB, 6. WP, Teil II: Die Abgeordneten.
Richter, Claus-Gerd: Handbuch des AvB, 6. WP, Teil II: Die Abgeordneten.
Richter-Kotowski, Cerstin: Handbuch des AvB, 12. WP, Teil II: Die Abgeordneten.
Riebschläger, Klaus: Handbuch des AvB, 5. WP, Teil II: Die Abgeordneten.
Riedmüller-Seel, Barbara: Handbuch des AvB, 12. WP, Teil II: Die Abgeordneten.
Riedrich, Karin: Handbuch des AvB, 12. WP, Teil II: Die Abgeordneten.
Rieger, Peter: Handbuch des AvB, 11. WP, Teil II: Die Abgeordneten.
Riehl, Elko: Handbuch des AvB, 7. WP, Teil II: Die Abgeordneten.
Riesebrodt, Günter: Handbuch des AvB, 4. WP, Teil II: Die Abgeordneten.
Ristock, Harry: Handbuch des AvB, 7. WP, Teil II: Die Abgeordneten.
Ritter, Heinz: Handbuch des AvB, 7. WP, Teil II: Die Abgeordneten.
Röseler, Hartmut: Handbuch des AvB, 9. WP, Teil II: Die Abgeordneten.
Rösler, Hubert: Handbuch des AvB, 10. WP, Teil II: Die Abgeordneten.
Rogall, Arved: Bezirksbildstelle Berlin-Charlottenburg, freundlicherweise zur Verfügung gestellt vom AdsD/Friedrich-Ebert-Stiftung, 6/FOTA103089.
Rogall, Holger: Handbuch des AvB, 12. WP, Teil II: Die Abgeordneten.
Rohleder, Lutz: Handbuch des AvB, 6. WP, Teil II: Die Abgeordneten.
Rojek, Alfred: Handbuch des AvB, 4. WP, Teil II: Die Abgeordneten.
Roloff, Ulrich: Handbuch des AvB, 7. WP, Teil II: Die Abgeordneten.
Roques, Renate von: Handbuch des AvB, 5. WP, Teil II: Die Abgeordneten.
Roschanski, Ilse: Handbuch des AvB, 4. WP, Teil II: Die Abgeordneten.
Roß, Reinhard: Handbuch des AvB, 10. WP, Teil II: Die Abgeordneten.
Rossmann, Hugo: Handbuch des AvB, 6. WP, Teil II: Die Abgeordneten.
Rost, Gabriele: Handbuch des AvB, 11. WP, Teil II: Die Abgeordneten.
Rudolf, Johannes: Handbuch des AvB, 10. WP, Teil II: Die Abgeordneten.
Rüther, Diethard: Handbuch des AvB, 8. WP, Teil II: Die Abgeordneten.
Runge, Kurt: Handbuch des AvB, 8. WP, Teil II: Die Abgeordneten.
Rusta, Irana: Handbuch des AvB, 12. WP, Teil II: Die Abgeordneten.
Rzepka, Peter: Handbuch des AvB, 7. WP, Teil II: Die Abgeordneten.

Salomon, Werner: Handbuch des AvB, 6. WP, Teil II: Die Abgeordneten.
Sander, Nikolaus: Handbuch des AvB, 12. WP, Teil II: Die Abgeordneten.
Saß, Barbara: Handbuch des AvB, 7. WP, Teil II: Die Abgeordneten.
Sauberzweig, Dieter: Handbuch des AvB, 9. WP, Teil II: Die Abgeordneten.
Schaar, Ursula: Handbuch des AvB, 9. WP, Teil II: Die Abgeordneten.
Schade, Rudi: Handbuch des AvB, 4. WP, Teil II: Die Abgeordneten.
Schaeffer, Dietrich: LAB, F Rep. 290 (Allgemeine Fotosammlung), Edmund Kasperski, Nr. 0295681.
Scharnowski, Ernst: Handbuch des AvB, 4. WP, Teil II: Die Abgeordneten.
Scheiblich, Horst: LAB, F Rep. 290 (Allgemeine Fotosammlung), Karl-Heinz Schubert, Nr. 0154941.
Scheil, Erwin: Handbuch des AvB, 5. WP, Teil II: Die Abgeordneten.
Schellenberg, Annemarie: Handbuch des AvB, 4. WP, Teil II: Die Abgeordneten.
Schenk, Wolfgang: Handbuch des AvB, 10. WP, Teil II: Die Abgeordneten.
Schermer, Gerlinde: Handbuch des AvB, 12. WP, Teil II: Die Abgeordneten.
Scheurell, Heinz: Handbuch des AvB, 7. WP, Teil II: Die Abgeordneten.
Schicks, Heinz: Handbuch des AvB, 7. WP, Teil II: Die Abgeordneten.
Schiela, Gerhard: Handbuch des AvB, 12. WP, Teil II: Die Abgeordneten.
Schippel, Dietrich: Handbuch des AvB, 12. WP, Teil II: Die Abgeordneten.
Schlawe, Willy: Handbuch des AvB, 4. WP, Teil II: Die Abgeordneten.
Schlicht, Irina-Cornelia: Handbuch des AvB, 11. WP, Teil II: Die Abgeordneten.
Schmid-Petry, Erika: Handbuch des AvB, 10. WP, Teil II: Die Abgeordneten.
Schmidt, Ekkehard: Handbuch des AvB, 8. WP, Teil II: Die Abgeordneten.
Schmidt, Elisabeth: Handbuch des AvB, 12. WP, Teil II: Die Abgeordneten.
Schmidt, Gerhard: Handbuch des AvB, 4. WP, Teil II: Die Abgeordneten.
Schmidt, Joachim: Handbuch des AvB, 12. WP, Teil II: Die Abgeordneten.
Schmidt, Klaus-Jürgen: Handbuch des AvB, 9. WP, Teil II: Die Abgeordneten.
Schmidt, Uwe: Handbuch des AvB, 12. WP, Teil II: Die Abgeordneten.

Schmitt, Ingo: Handbuch des AvB, 9. WP, Teil II: Die Abgeordneten.
Schmitz, Karl-Heinz: Handbuch des AvB, 5. WP, Teil II: Die Abgeordneten.
Schneider, Dirk: Handbuch des AvB, 12. WP, Teil II: Die Abgeordneten.
Schneider, Doris: Handbuch des AvB, 10. WP, Teil II: Die Abgeordneten.
Schneider, Eleonore: Handbuch des AvB, 4. WP, Teil II: Die Abgeordneten.
Schneider, Gerhard: Handbuch des AvB, 7. WP, Teil II: Die Abgeordneten.
Schneider, Günter: Handbuch des AvB, 8. WP, Teil II: Die Abgeordneten.
Schnoor, Steffi: Handbuch des AvB, 12. WP, Teil II: Die Abgeordneten.
Schönherr, Siegfried: Handbuch des AvB, 6. WP, Teil II: Die Abgeordneten.
Schoenthal, Hans-Ludwig: Handbuch des AvB, 8. WP, Teil II: Die Abgeordneten.
Schöttler, Gabriele: Handbuch des AvB, 12. WP, Teil II: Die Abgeordneten.
Scholz, Rupert: Handbuch des AvB, 10. WP, Teil II: Die Abgeordneten.
Schramm, Hilde: Handbuch des AvB, 10. WP, Teil II: Die Abgeordneten.
Schraut, Helene: Handbuch des AvB, 11. WP, Teil II: Die Abgeordneten.
Schreyer, Michaele: Handbuch des AvB, 12. WP, Teil II: Die Abgeordneten.
Schröter, Roland: LAB, F Rep. 290 (Allgemeine Fotosammlung), Ludwig Ehlers, Nr. 0147912.
Schubert, Horst: Handbuch des AvB, 4. WP, Teil II: Die Abgeordneten.
Schürmann, Ulrich: Handbuch des AvB, 8. WP, Teil II: Die Abgeordneten.
Schütz, Klaus: Handbuch des AvB, 4. WP, Teil II: Die Abgeordneten.
Schütze, Diethard: Handbuch des AvB, 9. WP, Teil II: Die Abgeordneten.
Schult, Reinhard: Handbuch des AvB, 12. WP, Teil II: Die Abgeordneten.
Schulz, Klaus-Peter: Handbuch des AvB, 4. WP, Teil II: Die Abgeordneten.
Schulz, Kordula: Handbuch des AvB, 9. WP, Teil II: Die Abgeordneten.
Schulz, Lothar: Handbuch des AvB, 4. WP, Teil II: Die Abgeordneten.
Schulz, Wolf: Handbuch des AvB, 12. WP, Teil II: Die Abgeordneten.
Schulze, Friedrich: Handbuch des AvB, 4. WP, Teil II: Die Abgeordneten.
Schulze, Gerd: Handbuch des AvB, 12. WP, Teil II: Die Abgeordneten.
Schulze, Waldemar: Handbuch des AvB, 5. WP, Teil II: Die Abgeordneten.
Schuster, Peter: Handbuch des AvB, 12. WP, Teil II: Die Abgeordneten.
Schwäbl, Dieter: Handbuch des AvB, 5. WP, Teil II: Die Abgeordneten.
Schwarz, Gerhard: Handbuch des AvB, 4. WP, Teil II: Die Abgeordneten.
Schwarz, Hubert: Handbuch des AvB, 5. WP, Teil II: Die Abgeordneten.
Schwarze, Hans-Joachim: Handbuch des AvB, 7. WP, Teil II: Die Abgeordneten.
Schwedler, Rolf: Handbuch des AvB, 4. WP, Teil II: Die Abgeordneten.
Schwenke, Hans: Handbuch des AvB, 12. WP, Teil II: Die Abgeordneten.
Schwierzina, Tino-Antoni: Handbuch des AvB, 12. WP, Teil II: Die Abgeordneten.
Seelig, Marion: Handbuch des AvB, 12. WP, Teil II: Die Abgeordneten.
Seerig, Thomas: Handbuch des AvB, 12. WP, Teil II: Die Abgeordneten.
Seidel, Johannes: Handbuch des AvB, 4. WP, Teil II: Die Abgeordneten.
Seiler, Günter: Handbuch des AvB, 10. WP, Teil II: Die Abgeordneten.
Seitz, Hans-Peter: Handbuch des AvB, 12. WP, Teil II: Die Abgeordneten.
Sellin, Peter: Handbuch des AvB, 9. WP, Teil II: Die Abgeordneten.
Sendlewski, Edmund: Handbuch des AvB, 4. WP, Teil II: Die Abgeordneten.
Sermann, Rainer: Handbuch des AvB, 12. WP, Teil II: Die Abgeordneten.
Sickert, Walter: Handbuch des AvB, 4. WP, Teil II: Die Abgeordneten.
Siebenhüner, Thomas: Handbuch des AvB, 12. WP, Teil II: Die Abgeordneten.
Sieglerschmidt, Ramona: Handbuch des AvB, 11. WP, Teil II: Die Abgeordneten.
Siegmund, Norbert: Handbuch des AvB, 4. WP, Teil II: Die Abgeordneten.
Simon, Heinz-Viktor: Handbuch des AvB, 7. WP, Teil II: Die Abgeordneten.
Simson, Clara von: Handbuch des AvB, 4. WP, Teil II: Die Abgeordneten.
Skrodzki, Bernhard: Handbuch des AvB, 4. WP, Teil II: Die Abgeordneten.
Sommer, Frank: Handbuch des AvB, 12. WP, Teil II: Die Abgeordneten.
Sommerfeld, Alfred: Handbuch des AvB, 5. WP, Teil II: Die Abgeordneten.
Sonnemann, Grete: Handbuch des AvB, 4. WP, Teil II: Die Abgeordneten.
Spiesmacher, Sabine: Handbuch des AvB, 10. WP, Teil II: Die Abgeordneten.
Spiller, Jörg-Otto: Handbuch des AvB, 9. WP, Teil II: Die Abgeordneten.

Stach, Fredy: Handbuch des AvB, 6. WP, Teil II: Die Abgeordneten.
Städing, Karl-Heinz: Handbuch des AvB, 7. WP, Teil II: Die Abgeordneten.
Staffelt, Ditmar: Handbuch des AvB, 8. WP, Teil II: Die Abgeordneten.
Stahmer, Ingrid: Handbuch des AvB, 12. WP, Teil II: Die Abgeordneten.
Stange, Helmut: Handbuch des AvB, 10. WP, Teil II: Die Abgeordneten.
Statz, Albert: Handbuch des AvB, 11. WP, Teil II: Die Abgeordneten.
Steffel, Frank: Handbuch des AvB, 12. WP, Teil II: Die Abgeordneten.
Stein, Werner: Handbuch des AvB, 4. WP, Teil II: Die Abgeordneten.
Steinberg, Heinz-Joachim: Handbuch des AvB, 5. WP, Teil II: Die Abgeordneten.
Steinborn, Sigrun: Handbuch des AvB, 12. WP, Teil II: Die Abgeordneten.
Steinbring, Werner: Handbuch des AvB, 4. WP, Teil II: Die Abgeordneten.
Steinecke, Klaus-Peter: Handbuch des AvB, 8. WP, Teil II: Die Abgeordneten.
Stobbe, Dietrich: Handbuch des AvB, 5. WP, Teil II: Die Abgeordneten.
Stötzer, Utta: Handbuch des AvB, 12. WP, Teil II: Die Abgeordneten.
Straßmeir, Günter: Handbuch des AvB, 12. WP, Teil II: Die Abgeordneten.
Striek, Heinz: Handbuch des AvB, 6. WP, Teil II: Die Abgeordneten.
Stürzkober, Jürgen: Handbuch des AvB, 5. WP, Teil II: Die Abgeordneten.
Stuff, Eckhard: Handbuch des AvB, 10. WP, Teil II: Die Abgeordneten.
Sünderhauf, Ernst: AdsD/Friedrich-Ebert-Stiftung, 6/FOTA117022.
Süß, Reiner: Handbuch des AvB, 12. WP, Teil II: Die Abgeordneten.
Sund, Olaf: Handbuch des AvB, 8. WP, Teil II: Die Abgeordneten.
Susen, Kurt: Handbuch des AvB, 4. WP, Teil II: Die Abgeordneten.
Swinne, Edgar: Handbuch des AvB, 8. WP, Teil II: Die Abgeordneten.
Szoepe, Krystian: Handbuch des AvB, 12. WP, Teil II: Die Abgeordneten.

Tannert, Christof: Handbuch des AvB, 12. WP, Teil II: Die Abgeordneten.
Tappert, Reinhold: Handbuch des AvB, 5. WP, Teil II: Die Abgeordneten.
Telge, Dieter: Handbuch des AvB, 11. WP, Teil II: Die Abgeordneten.
Theis, Herbert: Handbuch des AvB, 4. WP, Teil II: Die Abgeordneten.
Theuner, Otto: Handbuch des AvB, 4. WP, Teil II: Die Abgeordneten.
Thiemann, Burkhardt: Handbuch des AvB, 11. WP, Teil II: Die Abgeordneten.
Thies, Claus-Jürgen: Handbuch des AvB, 6. WP, Teil II: Die Abgeordneten.
Thomas, Bodo: Handbuch des AvB, 6. WP, Teil II: Die Abgeordneten.
Thomas, Helga: Handbuch des AvB, 11. WP, Teil II: Die Abgeordneten.
Tiedt, Peter: Handbuch des AvB, 10. WP, Teil II: Die Abgeordneten.
Tietz, Norbert: Handbuch des AvB, 9. WP, Teil II: Die Abgeordneten.
Tietz, Uwe: Handbuch des AvB, 9. WP, Teil II: Die Abgeordneten.
Tietze, Jürgen: Handbuch des AvB, 8. WP, Teil II: Die Abgeordneten.
Toepfer, Günter: Handbuch des AvB, 12. WP, Teil II: Die Abgeordneten.
Toepfer, Sabine: Handbuch des AvB, 12. WP, Teil II: Die Abgeordneten.
Tolksdorf, Michael: Handbuch des AvB, 10. WP, Teil II: Die Abgeordneten.
Tonnätt, Ralf: Handbuch des AvB, 5. WP, Teil II: Die Abgeordneten.
Tromp, Winfried: Handbuch des AvB, 5. WP, Teil II: Die Abgeordneten.
Twehle, Manfred: Handbuch des AvB, 6. WP, Teil II: Die Abgeordneten.

Ueberhorst, Reinhard: Handbuch des AvB, 9. WP, Teil II: Die Abgeordneten.
Ulrich, Peter: Handbuch des AvB, 9. WP, Teil II: Die Abgeordneten.
Ulzen, Jürgen: Handbuch des AvB, 6. WP, Teil II: Die Abgeordneten.
Unger, Barbara: Handbuch des AvB, 12. WP, Teil II: Die Abgeordneten.
Urban, Michael: Handbuch des AvB, 6. WP, Teil II: Die Abgeordneten.
Urban, Wilhelm: Handbuch des AvB, 6. WP, Teil II: Die Abgeordneten.

Vandrei, Helmut: Handbuch des AvB, 5. WP, Teil II: Die Abgeordneten.
Vetter, Horst: Handbuch des AvB, 6. WP, Teil II: Die Abgeordneten.
Vetter, Peter: Handbuch des AvB, 7. WP, Teil II: Die Abgeordneten.
Voelker, Alexander: Handbuch des AvB, 4. WP, Teil II: Die Abgeordneten.

Vogel, Hans-Jochen: Handbuch des AvB, 9. WP, Teil II: Die Abgeordneten.
Vogel, Hans-Werner: Handbuch des AvB, 12. WP, Teil II: Die Abgeordneten.
Vogt, Hubert: Handbuch des AvB, 10. WP, Teil II: Die Abgeordneten.
Volkholz, Sybille: Handbuch des AvB, 12. WP, Teil II: Die Abgeordneten.
Vonnekold, Gabriele: Handbuch des AvB, 10. WP, Teil II: Die Abgeordneten.
Vortisch, Lothar: Handbuch des AvB, 5. WP, Teil II: Die Abgeordneten.
Vortisch, Otto: Handbuch des AvB, 4. WP, Teil II: Die Abgeordneten.
Voss, Hermann: Handbuch des AvB, 11. WP, Teil II: Die Abgeordneten.

Wachs, Robert: Handbuch des AvB, 9. WP, Teil II: Die Abgeordneten.
Wachsmuth, Jürgen: Handbuch des AvB, 9. WP, Teil II: Die Abgeordneten.
Wagner, Heide-Lore: Handbuch des AvB, 12. WP, Teil II: Die Abgeordneten.
Wagner, Heidi: Handbuch des AvB, 11. WP, Teil II: Die Abgeordneten.
Wagner, Horst: Handbuch des AvB, 9. WP, Teil II: Die Abgeordneten.
Wagner, Jürgen: Handbuch des AvB, 11. WP, Teil II: Die Abgeordneten.
Wahl, Jürgen: Handbuch des AvB, 5. WP, Teil II: Die Abgeordneten.
Wahler, Emma: Handbuch des AvB, 4. WP, Teil II: Die Abgeordneten.
Waller, Peter: Handbuch des AvB, 8. WP, Teil II: Die Abgeordneten.
Wallot, Julius: Handbuch des AvB, 12. WP, Teil II: Die Abgeordneten.
Walter, Erwin: Handbuch des AvB, 4. WP, Teil II: Die Abgeordneten.
Walter, Reinhard: Handbuch des AvB, 9. WP, Teil II: Die Abgeordneten.
Walther, Gerhard: Handbuch des AvB, 4. WP, Teil II: Die Abgeordneten.
Waltzog, Alfons: Handbuch des AvB, 4. WP, Teil II: Die Abgeordneten.
Wanjura, Marlies: Handbuch des AvB, 12. WP, Teil II: Die Abgeordneten.
Wartenberg, Gerd: Handbuch des AvB, 7. WP, Teil II: Die Abgeordneten.
Weber, Anton: Handbuch des AvB, 4. WP, Teil II: Die Abgeordneten.
Weber, Kurt: Handbuch des AvB, 5. WP, Teil II: Die Abgeordneten.
Wegehaupt, Friedrich: Handbuch des AvB, 4. WP, Teil II: Die Abgeordneten.
Wegener, Charlotte: Handbuch des AvB, 12. WP, Teil II: Die Abgeordneten.
Weingärtner, Bernd: Handbuch des AvB, 6. WP, Teil II: Die Abgeordneten.
Weißler, Sabine: Handbuch des AvB, 11. WP, Teil II: Die Abgeordneten.
Weitzel, Joachim: Handbuch des AvB, 12. WP, Teil II: Die Abgeordneten.
Weizsäcker, Richard von: Handbuch des AvB, 8. WP, Teil II: Die Abgeordneten.
Weltlinger, Siegmund: Handbuch des AvB, 4. WP, Teil II: Die Abgeordneten.
Wendt, Michael: Handbuch des AvB, 9. WP, Teil II: Die Abgeordneten.
Werner, Winfried: Handbuch des AvB, 12. WP, Teil II: Die Abgeordneten.
Werth, Wolfgang: Handbuch des AvB, 5. WP, Teil II: Die Abgeordneten.
Wetzel, Manfred: Handbuch des AvB, 5. WP, Teil II: Die Abgeordneten.
Wiechatzek, Gabriele: Handbuch des AvB, 7. WP, Teil II: Die Abgeordneten.
Wiechert, Erna: Handbuch des AvB, 4. WP, Teil II: Die Abgeordneten.
Wiedenhaupt, Rolf-Thorsten: Handbuch des AvB, 10. WP, Teil II: Die Abgeordneten.
Wieland, Wolfgang: Handbuch des AvB, 10. WP, Teil II: Die Abgeordneten.
Wiemann, Werner: Handbuch des AvB, 12. WP, Teil II: Die Abgeordneten.
Wienhold, Klaus-Hermann: Handbuch des AvB, 10. WP, Teil II: Die Abgeordneten.
Wingefeld, Jürgen: Handbuch des AvB, 9. WP, Teil II: Die Abgeordneten.
Wingert, Hans-Rudolf: Handbuch des AvB, 5. WP, Teil II: Die Abgeordneten.
Wirths, Gisela: Handbuch des AvB, 11. WP, Teil II: Die Abgeordneten.
Wischner, Claus: Handbuch des AvB, 6. WP, Teil II: Die Abgeordneten.
Wittwer, Georg: Handbuch des AvB, 11. WP, Teil II: Die Abgeordneten.
Wohlrabe, Jürgen: Handbuch des AvB, 5. WP, Teil II: Die Abgeordneten.
Wolf, Hans-Peter: Handbuch des AvB, 12. WP, Teil II: Die Abgeordneten.
Wolf, Harald: Handbuch des AvB, 12. WP, Teil II: Die Abgeordneten.
Wolf, Peter (SPD): Handbuch des AvB, 12. WP, Teil II: Die Abgeordneten.
Wolf, Peter (CDU): Handbuch des AvB, 7. WP, Teil II: Die Abgeordneten.
Wolf, Werner: Handbuch des AvB, 4. WP, Teil II: Die Abgeordneten.
Wolff, Joachim: Handbuch des AvB, 4. WP, Teil II: Die Abgeordneten.

Wollenschläger, Harry: Handbuch des AvB, 6. WP, Teil II: Die Abgeordneten.
Wosenitz, Wilhelm: Handbuch des AvB, 3. WP, Teil II: Die Abgeordneten.
Wronski, Edmund: Handbuch des AvB, 5. WP, Teil II: Die Abgeordneten.
Wruck, Ekkehard: Handbuch des AvB, 8. WP, Teil II: Die Abgeordneten.
Würzburg, Hans: Handbuch des AvB, 4. WP, Teil II: Die Abgeordneten.
Wurche, Gottfried: Handbuch des AvB, 8. WP, Teil II: Die Abgeordneten.
Wustlich, Wolfgang: Handbuch des AvB, 12. WP, Teil II: Die Abgeordneten.

Zarth, Hans: Handbuch des AvB, 6. WP, Teil II: Die Abgeordneten.
Zehden, Werner-Alfred: Handbuch des AvB, 4. WP, Teil II: Die Abgeordneten.
Zellermayer, Heinz: Handbuch des AvB, 4. WP, Teil II: Die Abgeordneten.
Zemla, Günter: Handbuch des AvB, 5. WP, Teil II: Die Abgeordneten.
Zieger, Christiane: Handbuch des AvB, 9. WP, Teil II: Die Abgeordneten.
Ziemer, Elisabeth: Handbuch des AvB, 12. WP, Teil II: Die Abgeordneten.
Zieseke, Christiane: Handbuch des AvB, 10. WP, Teil II: Die Abgeordneten.
Zillbach, Käthe: Handbuch des AvB, 11. WP, Teil II: Die Abgeordneten.
Zillich, Steffen: Handbuch des AvB, 12. WP, Teil II: Die Abgeordneten.
Zimmer, Siegfried: Handbuch des AvB, 6. WP, Teil II: Die Abgeordneten.
Zimmermann, Otto: Handbuch des AvB, 4. WP, Teil II: Die Abgeordneten.
Zippel, Christian: Handbuch des AvB, 12. WP, Teil II: Die Abgeordneten.
Zotl, Peter-Rudolf: Handbuch des AvB, 12. WP, Teil II: Die Abgeordneten.
Zuchowski, Christel: Handbuch des AvB, 12. WP, Teil II: Die Abgeordneten.

Biografien der Mitglieder der Stadtverordnetenversammlung von Berlin (1. WP)

Ansorge, Peter: Die Stadtverordnetenversammlung von Berlin. Die Stadtverordneten nach der Wahl vom 6. Mai 1990, Berlin 1990, S. 3.

Bähler, Marcel: Die Stadtverordnetenversammlung von Berlin. Die Stadtverordneten nach der Wahl vom 6. Mai 1990, Berlin 1990, S. 3.
Balke, Detlef: Die Stadtverordnetenversammlung von Berlin. Die Stadtverordneten nach der Wahl vom 6. Mai 1990, Berlin 1990, S. 3.
Beckmann, Karl-Heinz: Die Stadtverordnetenversammlung von Berlin. Die Stadtverordneten nach der Wahl vom 6. Mai 1990, Berlin 1990, S. 3.
Bellack, Arnold: Die Stadtverordnetenversammlung von Berlin. Die Stadtverordneten nach der Wahl vom 6. Mai 1990, Berlin 1990, S. 3.
Bethke, Angela: Die Stadtverordnetenversammlung von Berlin. Die Stadtverordneten nach der Wahl vom 6. Mai 1990, Berlin 1990, S. 3.
Bödeker, Jürgen: Die Stadtverordnetenversammlung von Berlin. Die Stadtverordneten nach der Wahl vom 6. Mai 1990, Berlin 1990, S. 4.
Bohley, Bärbel: Die Stadtverordnetenversammlung von Berlin. Die Stadtverordneten nach der Wahl vom 6. Mai 1990, Berlin 1990, S. 4.
Borngräber, Hubert: Die Stadtverordnetenversammlung von Berlin. Die Stadtverordneten nach der Wahl vom 6. Mai 1990, Berlin 1990, S. 4.
Brandt, Holger: Die Stadtverordnetenversammlung von Berlin. Die Stadtverordneten nach der Wahl vom 6. Mai 1990, Berlin 1990, S. 4.
Brauer, Wolfgang: Die Stadtverordnetenversammlung von Berlin. Die Stadtverordneten nach der Wahl vom 6. Mai 1990, Berlin 1990, S. 4.
Burkhardt, Manfred: Die Stadtverordnetenversammlung von Berlin. Die Stadtverordneten nach der Wahl vom 6. Mai 1990, Berlin 1990, S. 4.

Dahlmann, Ulf: Die Stadtverordnetenversammlung von Berlin. Die Stadtverordneten nach der Wahl vom 6. Mai 1990, Berlin 1990, S. 4.
Dannies, Klaus: Die Stadtverordnetenversammlung von Berlin. Die Stadtverordneten nach der Wahl vom 6. Mai 1990, Berlin 1990, S. 4.

Daum, Wolfgang: Die Stadtverordnetenversammlung von Berlin. Die Stadtverordneten nach der Wahl vom 6. Mai 1990, Berlin 1990, S. 5.

Decker, Wolfgang: Die Stadtverordnetenversammlung von Berlin. Die Stadtverordneten nach der Wahl vom 6. Mai 1990, Berlin 1990, S. 5.

Döpke, Werner: Die Stadtverordnetenversammlung von Berlin. Die Stadtverordneten nach der Wahl vom 6. Mai 1990, Berlin 1990, S. 5.

Falkenberg, Marianne: Die Stadtverordnetenversammlung von Berlin. Die Stadtverordneten nach der Wahl vom 6. Mai 1990, Berlin 1990, S. 5.

Förste, Joachim: Die Stadtverordnetenversammlung von Berlin. Die Stadtverordneten nach der Wahl vom 6. Mai 1990, Berlin 1990, S. 6.

Friedersdorff, Wolfram: Die Stadtverordnetenversammlung von Berlin. Die Stadtverordneten nach der Wahl vom 6. Mai 1990, Berlin 1990, S. 6.

Giessmann, Barbara: Die Stadtverordnetenversammlung von Berlin. Die Stadtverordneten nach der Wahl vom 6. Mai 1990, Berlin 1990, S. 6.

Heinrich, Ursula: Die Stadtverordnetenversammlung von Berlin. Die Stadtverordneten nach der Wahl vom 6. Mai 1990, Berlin 1990, S. 6.

Hellmich, Gisela: Die Stadtverordnetenversammlung von Berlin. Die Stadtverordneten nach der Wahl vom 6. Mai 1990, Berlin 1990, S. 7.

Hennig, Karl: Die Stadtverordnetenversammlung von Berlin. Die Stadtverordneten nach der Wahl vom 6. Mai 1990, Berlin 1990, S. 7.

Hennig, Wolfgang: Die Stadtverordnetenversammlung von Berlin. Die Stadtverordneten nach der Wahl vom 6. Mai 1990, Berlin 1990, S. 7.

Hiekisch, Karl: Die Stadtverordnetenversammlung von Berlin. Die Stadtverordneten nach der Wahl vom 6. Mai 1990, Berlin 1990, S. 7.

Honert, Hans-Werner: Die Stadtverordnetenversammlung von Berlin. Die Stadtverordneten nach der Wahl vom 6. Mai 1990, Berlin 1990, S. 7.

Hubrich, Werner: Die Stadtverordnetenversammlung von Berlin. Die Stadtverordneten nach der Wahl vom 6. Mai 1990, Berlin 1990, S. 8.

Jacob, Roland: Die Stadtverordnetenversammlung von Berlin. Die Stadtverordneten nach der Wahl vom 6. Mai 1990, Berlin 1990, S. 8.

Jacoby, Wolfgang: Die Stadtverordnetenversammlung von Berlin. Die Stadtverordneten nach der Wahl vom 6. Mai 1990, Berlin 1990, S. 8.

Jahn, Manfred: Die Stadtverordnetenversammlung von Berlin. Die Stadtverordneten nach der Wahl vom 6. Mai 1990, Berlin 1990, S. 8.

Jopt, Andreas: Die Stadtverordnetenversammlung von Berlin. Die Stadtverordneten nach der Wahl vom 6. Mai 1990, Berlin 1990, S. 8.

Jung, Norbert: Die Stadtverordnetenversammlung von Berlin. Die Stadtverordneten nach der Wahl vom 6. Mai 1990, Berlin 1990, S. 8.

Klier, Cornelia: Die Stadtverordnetenversammlung von Berlin. Die Stadtverordneten nach der Wahl vom 6. Mai 1990, Berlin 1990, S. 9.

Knopf, Birgit: Die Stadtverordnetenversammlung von Berlin. Die Stadtverordneten nach der Wahl vom 6. Mai 1990, Berlin 1990, S. 9.

Kny, Otmar: Die Stadtverordnetenversammlung von Berlin. Die Stadtverordneten nach der Wahl vom 6. Mai 1990, Berlin 1990, S. 9.

Köppe, Ingrid: Die Stadtverordnetenversammlung von Berlin. Die Stadtverordneten nach der Wahl vom 6. Mai 1990, Berlin 1990, S. 9.

Kraft, Eckehard: Die Stadtverordnetenversammlung von Berlin. Die Stadtverordneten nach der Wahl vom 6. Mai 1990, Berlin 1990, S. 9.

Kucklinski, Jürgen: Die Stadtverordnetenversammlung von Berlin. Die Stadtverordneten nach der Wahl vom 6. Mai 1990, Berlin 1990, S. 10.

Kühnau, Karl-Heinz: Die Stadtverordnetenversammlung von Berlin. Die Stadtverordneten nach der Wahl vom 6. Mai 1990, Berlin 1990, S. 10.

Lakomy, Monika: Die Stadtverordnetenversammlung von Berlin. Die Stadtverordneten nach der Wahl vom 6. Mai 1990, Berlin 1990, S. 10.
Lamberz, Katja: Die Stadtverordnetenversammlung von Berlin. Die Stadtverordneten nach der Wahl vom 6. Mai 1990, Berlin 1990, S. 10.
Lang, Henryk: Die Stadtverordnetenversammlung von Berlin. Die Stadtverordneten nach der Wahl vom 6. Mai 1990, Berlin 1990, S. 10.
Langer, Karl-Heinz: Die Stadtverordnetenversammlung von Berlin. Die Stadtverordneten nach der Wahl vom 6. Mai 1990, Berlin 1990, S. 10.
Lauterbach, Jürgen: Die Stadtverordnetenversammlung von Berlin. Die Stadtverordneten nach der Wahl vom 6. Mai 1990, Berlin 1990, S. 10.
Lommatzsch, Klaus: Die Stadtverordnetenversammlung von Berlin. Die Stadtverordneten nach der Wahl vom 6. Mai 1990, Berlin 1990, S. 11.
Luft, Johannes: Die Stadtverordnetenversammlung von Berlin. Die Stadtverordneten nach der Wahl vom 6. Mai 1990, Berlin 1990, S. 11.

Mebel, Moritz: Die Stadtverordnetenversammlung von Berlin. Die Stadtverordneten nach der Wahl vom 6. Mai 1990, Berlin 1990, S. 11.
Merkert, Karin: Die Stadtverordnetenversammlung von Berlin. Die Stadtverordneten nach der Wahl vom 6. Mai 1990, Berlin 1990, S. 11.
Messlin, Wolfmar: Die Stadtverordnetenversammlung von Berlin. Die Stadtverordneten nach der Wahl vom 6. Mai 1990, Berlin 1990, S. 11.

Naumann, Thomas: Die Stadtverordnetenversammlung von Berlin. Die Stadtverordneten nach der Wahl vom 6. Mai 1990, Berlin 1990, S. 12.
Nussbaum, Michael: Die Stadtverordnetenversammlung von Berlin. Die Stadtverordneten nach der Wahl vom 6. Mai 1990, Berlin 1990, S. 13.

Peters, Hinrich: Die Stadtverordnetenversammlung von Berlin. Die Stadtverordneten nach der Wahl vom 6. Mai 1990, Berlin 1990, S. 13.
Pfitzmann, Günter: Die Stadtverordnetenversammlung von Berlin. Die Stadtverordneten nach der Wahl vom 6. Mai 1990, Berlin 1990, S. 13.
Pöltert, Helmut: Die Stadtverordnetenversammlung von Berlin. Die Stadtverordneten nach der Wahl vom 6. Mai 1990, Berlin 1990, S. 13.

Richter, Jörg: Die Stadtverordnetenversammlung von Berlin. Die Stadtverordneten nach der Wahl vom 6. Mai 1990, Berlin 1990, S. 14.
Röbke, Rainer: Die Stadtverordnetenversammlung von Berlin. Die Stadtverordneten nach der Wahl vom 6. Mai 1990, Berlin 1990, S. 14.
Röhl, Klaus: Die Stadtverordnetenversammlung von Berlin. Die Stadtverordneten nach der Wahl vom 6. Mai 1990, Berlin 1990, S. 14.
Röhrdanz, Lothar: Die Stadtverordnetenversammlung von Berlin. Die Stadtverordneten nach der Wahl vom 6. Mai 1990, Berlin 1990, S. 14.
Roloff, Jürgen: Die Stadtverordnetenversammlung von Berlin. Die Stadtverordneten nach der Wahl vom 6. Mai 1990, Berlin 1990, S. 14.

Sawitzki, Hans: Die Stadtverordnetenversammlung von Berlin. Die Stadtverordneten nach der Wahl vom 6. Mai 1990, Berlin 1990, S. 14.
Schlaak, Uwe: Die Stadtverordnetenversammlung von Berlin. Die Stadtverordneten nach der Wahl vom 6. Mai 1990, Berlin 1990, S. 14.
Schmahl, Wolfgang: Die Stadtverordnetenversammlung von Berlin. Die Stadtverordneten nach der Wahl vom 6. Mai 1990, Berlin 1990, S. 15.
Schulz, Carl-Günter: Die Stadtverordnetenversammlung von Berlin. Die Stadtverordneten nach der Wahl vom 6. Mai 1990, Berlin 1990, S. 15.

Schulz, Manfred: Die Stadtverordnetenversammlung von Berlin. Die Stadtverordneten nach der Wahl vom 6. Mai 1990, Berlin 1990, S. 15.
Schure, Horst: Die Stadtverordnetenversammlung von Berlin. Die Stadtverordneten nach der Wahl vom 6. Mai 1990, Berlin 1990, S. 15.
Schwieger, Jürgen: Die Stadtverordnetenversammlung von Berlin. Die Stadtverordneten nach der Wahl vom 6. Mai 1990, Berlin 1990, S. 15.
Seidel, Eberhard: Die Stadtverordnetenversammlung von Berlin. Die Stadtverordneten nach der Wahl vom 6. Mai 1990, Berlin 1990, S. 15.
Sondermann, Roderich: Die Stadtverordnetenversammlung von Berlin. Die Stadtverordneten nach der Wahl vom 6. Mai 1990, Berlin 1990, S. 16.
Sperling, Klaus-Peter: Die Stadtverordnetenversammlung von Berlin. Die Stadtverordneten nach der Wahl vom 6. Mai 1990, Berlin 1990, S. 16.

Teinz, Karl-Friedrich: Die Stadtverordnetenversammlung von Berlin. Die Stadtverordneten nach der Wahl vom 6. Mai 1990, Berlin 1990, S. 16.
Thurmann, Clemens: Die Stadtverordnetenversammlung von Berlin. Die Stadtverordneten nach der Wahl vom 6. Mai 1990, Berlin 1990, S. 16.
Tietze, Christian: Die Stadtverordnetenversammlung von Berlin. Die Stadtverordneten nach der Wahl vom 6. Mai 1990, Berlin 1990, S. 16.

Unger, Frank: Die Stadtverordnetenversammlung von Berlin. Die Stadtverordneten nach der Wahl vom 6. Mai 1990, Berlin 1990, S. 16.

Voigt, Wolfgang: Die Stadtverordnetenversammlung von Berlin. Die Stadtverordneten nach der Wahl vom 6. Mai 1990, Berlin 1990, S. 17.

Wenzlaff, Winfried: Die Stadtverordnetenversammlung von Berlin. Die Stadtverordneten nach der Wahl vom 6. Mai 1990, Berlin 1990, S. 17.
Wessel, Walter: Die Stadtverordnetenversammlung von Berlin. Die Stadtverordneten nach der Wahl vom 6. Mai 1990, Berlin 1990, S. 17.

Zekina, Gabriele: Die Stadtverordnetenversammlung von Berlin. Die Stadtverordneten nach der Wahl vom 6. Mai 1990, Berlin 1990, S. 17.
Zimmering, Ronald: Die Stadtverordnetenversammlung von Berlin. Die Stadtverordneten nach der Wahl vom 6. Mai 1990, Berlin 1990, S. 18.
Zorn, André: Die Stadtverordnetenversammlung von Berlin. Die Stadtverordneten nach der Wahl vom 6. Mai 1990, Berlin 1990, S. 18.

Quellen- und Literaturverzeichnis

1. Ungedruckte Quellen

Archiv der DDR-Opposition der Robert-Havemann-Gesellschaft e. V., Berlin
Nachlass Bärbel Bohley
Nachlass Hans-Jürgen Fischbeck.
Nachlass Carlo Jordan.
Nachlass Thomas Krüger.
Nachlass Anke Reuther.
Nachlass Reinhard Schult.
Nachlass Jutta und Eberhard Seidel.
Unterlagen der Gruppe „Neues Forum/Bürgerbewegung" im ersten Gesamtberliner Abgeordnetenhaus.

Archiv der sozialen Demokratie (AdsD) der Friedrich-Ebert-Stiftung, Bonn-Bad Godesberg
Nachlass Heinrich Albertz.
Nachlass Adolf Arndt.
Nachlass Alexander Dehms.
Nachlass Jürgen Egert.
Nachlass Karl Elgaß.
Nachlass Gerhard Heimann.
Nachlass Horst Kollat.
Nachlass Thomas Krüger.
Nachlass Dagmar Luuk.
Nachlass Kurt Mattick.
Nachlass Dietrich Stobbe.
Nachlass Christof Tannert.
Nachlass Hans-Jochen Vogel.
Nachlass Gerd Wartenberg.
Sammlung Personalia.
SPD-Fraktion des Abgeordnetenhauses von Berlin.
SPD-Landesverband Berlin.
Telegraf-Pressearchiv.
Willy-Brandt-Archiv.

Archiv des Instituts für Zeitgeschichte (IfZ), München
Nachlass William Borm.

Archiv des Liberalismus (ADL) der Friedrich-Naumann-Stiftung, Gummersbach
Nachlass Ella Barowsky.
Nachlass Hans-Günter Hoppe.
Nachlass Heinz Kaschke.
Nachlass Wolfgang Lüder.
Nachlass Hans Reif.
Nachlass Clara von Simson.

Archiv für Christlich-Demokratische Politik (ACDP) der Konrad-Adenauer-Stiftung, Sankt Augustin
CDU-Fraktion des Abgeordnetenhauses von Berlin.

Nachlass Franz Amrehn.
Nachlass Lieselotte Berger.
Nachlass Ursula Besser.
Nachlass Eberhard Diepgen.
Nachlass Werner Dolata.
Nachlass Jochen Feilcke.
Nachlass Heinrich Keul.
Nachlass Peter Kittelmann.
Nachlass Fritz Klauck.
Nachlass Hanna-Renate Laurien.
Nachlass Ernst Lemmer.
Nachlass Peter Lorenz.
Nachlass Heinrich Lummer.
Nachlass Rudolf Luster.
Nachlass Dietrich Mahlo.
Nachlass Willi Oesterlein.
Nachlass Gero Pfennig.
Nachlass Günter Riesebrodt.
Nachlass Alfred Rojek.
Nachlass Barbara Saß-Viehweger.
Nachlass Diethard Schütze.
Nachlass Friedrich Wegehaupt.
Nachlass Jürgen Wohlrabe.
Nachlass Joachim Wolff.
Nachlass Wilhelm Wosenitz.
Teilnachlass Norbert Blüm.

Bundesarchiv (BArch), Koblenz
Nachlass Günter Gaus.
Nachlass Karl Schiller.
Nachlass Klaus-Peter Schulz.
Teilnachlass Norbert Blüm.

Julius und Annedore Leber-Archiv, München
Nachlass Annedore Leber.

Landesarchiv Berlin (LAB)
Der Präsident des Abgeordnetenhauses von Berlin, B Rep. 001.
Der Regierende Bürgermeister von Berlin/Senatskanzlei, B Rep. 002.
Die Mitglieder der Stadtverordneten-Versammlung von 1918–1950 und des Abgeordnetenhauses von 1950–1958.
Einwohnermeldeamt Berlin, B Rep. 021.
Ernst-Reuter-Archiv, E Rep. 200-21-01.
Gedenkbuch der Ältesten der Stadt Berlin seit Einführung der Städteordnung vom 19. November 1808.
Gedenkbuch der Ehrenbürger der Stadt Berlin seit Einführung der Städteordnung vom 19. November 1808.
Landesarchiv Berlin, B Rep. 125.
Landesverwaltungsamt Berlin, B Rep. 080.
Magistrat der Stadt Berlin, Personalbüro, A Rep. 001-06.
Nachlass Otto Bach, E Rep. 200-30.
Nachlass Adolf Dünnebacke, E Rep. 200-47.
Nachlass Kurt Exner, E Rep. 200-66.
Nachlass Ella Kay, E Rep. 300-95.
Nachlass Wilhelm A. Kewenig, E Rep. 300-13.
Nachlass Herbert Kleusberg, E Rep. 200-62.

Nachlass Joachim Lipschitz und Eleonore Lipschitz, geb. Krüger, E Rep. 200-32.
Nachlass Gerd Löffler, E Rep. 300-76.
Nachlass Ilse Reichel-Koß, E Rep. 300-96.
Nachlass Harry Ristock, E Rep. 300-89.
Nachlass Dieter Sauberzweig, E Rep. 300-67.
Nachlass Klaus Schütz, E Rep. 300-64.
Nachlass Siegmund Weltlinger, E Rep. 200-22.
Office of Military Government Berlin Sector (OMGBS), B Rep. 036-01.
Personenfonds Walter Momper, E Rep. 300-60.
Quellensammlung zur Berliner Zeitgeschichte (LAZ-Sammlung), F Rep. 280.
Rechtsanwaltskammer Berlin, B Rep. 068.
Senatsverwaltung für Inneres, B Rep. 004.
Zeitgeschichtliche Sammlung, F Rep. 240.

2. Gedruckte Quellen und Literatur (Auswahl)

Abgeordnete des Deutschen Bundestages. Aufzeichnungen und Erinnerungen, hrsg. vom Deutschen Bundestag, Wissenschaftliche Dienste, Unterabteilung Wissenschaftliche Dokumentation, Bd. 4, Boppard am Rhein 1988.
Abgeordnetenhaus von Berlin, 1. Wahlperiode ff., Stenographische Berichte bzw. Plenarprotokolle.
AL. Die Alternative Liste Berlin. Entstehung, Entwicklung, Positionen, hrsg. von Michael Bühnemann/Michael Wendt/Jürgen Wituschek, Berlin 1984.
Albertz, Heinrich: Dagegen gelebt – von den Schwierigkeiten, ein politischer Christ zu sein. Gespräche mit Gerhard Rein (= rororo aktuell, 4001), Reinbek bei Hamburg 1976.
Albertz, Heinrich: Blumen für Stukenbrock. Biographisches (= Radius-Bücher), Stuttgart 1981.
Amtsblatt für Berlin, 1951 ff.
Antes & Co. Geschichten aus dem Berliner Sumpf, mit Beiträgen von Michael Sontheimer/Jochen Vorfelder (= Rotbuch 324), 2., aktualisierte Auflage, Berlin 1986.
Apel, Hans: Der Abstieg. Politisches Tagebuch 1978–1988, 5. Auflage, Stuttgart 1990.

Barclay, David E.: *On the Back Burner* – Die USA und West-Berlin 1948–1994, in: Deutschland aus internationaler Sicht, hrsg. von Tilman Mayer (= Schriftenreihe der Gesellschaft für Deutschlandforschung, Bd. 96), Berlin 2009, S. 25–36.
Barclay, David E.: Kein neuer Mythos. Das letzte Jahrzehnt West-Berlins, in: Aus Politik und Zeitgeschichte, 46/2015, S. 37–42.
Bergmann, Christine: Von Null auf Hundert. Stationen eines politischen Lebens, Berlin 2012.
Berlin. Behauptung von Freiheit und Selbstverwaltung 1946–1948, hrsg. im Auftrage des Senats von Berlin (= Schriftenreihe zur Berliner Zeitgeschichte, Bd. 2), Berlin 1959.
Berlin. Chronik der Jahre 1951–1954, hrsg. im Auftrage des Senats von Berlin, bearb. durch Hans J. Reichhardt/Joachim Drogmann/Hanns U. Treutler (= Schriftenreihe zur Berliner Zeitgeschichte, Bd. 5), Berlin 1968.
Berlin. Chronik der Jahre 1955–1956, hrsg. im Auftrage des Senats von Berlin, bearb. durch Hans J. Reichhardt/Joachim Drogmann/Hanns U. Treutler (= Schriftenreihe zur Berliner Zeitgeschichte, Bd. 6), Berlin 1971.
Berlin. Chronik der Jahre 1957–1958, hrsg. im Auftrage des Senats von Berlin, bearb. durch Hans J. Reichhardt/Joachim Drogmann/Hanns U. Treutler (= Schriftenreihe zur Berliner Zeitgeschichte, Bd. 8), Berlin 1974.
Berlin. Chronik der Jahre 1959–1960, hrsg. im Auftrage des Senats von Berlin, bearb. durch Hans J. Reichhardt/Joachim Drogmann/Hanns U. Treutler (= Schriftenreihe zur Berliner Zeitgeschichte, Bd. 9), Berlin 1978.
Berlin. Kampf um Freiheit und Selbstverwaltung 1945–1946, hrsg. im Auftrage des Senats von Berlin (= Schriftenreihe zur Berliner Zeitgeschichte, Bd. 1), 2., erg. und erw. Auflage, Berlin 1961.
Berlin. Quellen und Dokumente 1945–1951, hrsg. im Auftrage des Senats von Berlin, bearb. durch Hans J. Reichhardt/Hanns U. Treutler/Albrecht Lampe (= Schriftenreihe zur Berliner Zeitgeschichte, Bd. 4 [1. und 2. Halbbd.]), Berlin 1964.

Berlin. Ringen um Einheit und Wiederaufbau 1948–1951, hrsg. im Auftrage des Senats von Berlin (= Schriftenreihe zur Berliner Zeitgeschichte, Bd. 3), Berlin 1962.

Berlin vom Kriegsende bis zur Wende 1945–1989. Jahr für Jahr: Die Ereignisse in der geteilten Stadt, von Axel Steinhage/Thomas Flemming, mit einem Geleitwort von Bundespräsident Roman Herzog, Berlin 1995.

Berliner Adreßbuch, 1920–1943.

Berliner Montags-Echo, 1947 ff.

Berliner Stadtverordnete von 1809 bis 2001. Eine Dokumentation, hrsg. von Hans-Jürgen Mende, Berlin 2001.

Berliner Stimme, 1951 ff.

Berliner Zeitung, 1945 ff.

Bienert, Michael C./Uwe Schaper/Hermann Wentker (Hrsg.): Hauptstadtanspruch und symbolische Politik. Die Bundespräsenz im geteilten Berlin 1949–1990 (= Zeitgeschichte im Fokus, Bd. 1), Berlin 2012.

Biografisches Handbuch der Berliner Stadtverordneten und Abgeordneten 1946–1963, im Auftrag des Präsidenten des Abgeordnetenhauses von Berlin bearb. von Werner Breunig/Andreas Herbst, mit einer Einleitung von Siegfried Heimann (= Schriftenreihe des Landesarchivs Berlin, Bd. 14), Berlin 2011.

Biographisches Handbuch der deutschsprachigen Emigration nach 1933/International Biographical Dictionary of Central European Emigrés 1933–1945, hrsg. vom Institut für Zeitgeschichte, München, und von der Research Foundation for Jewish Immigration, Inc., New York, unter der Gesamtleitung von Werner Röder/Herbert A. Strauss, Bd. I–III, München, New York, London und Paris 1980/1983.

Biographisches Handbuch der Mitglieder des Deutschen Bundestages 1949–2002, hrsg. von Rudolf Vierhaus/Ludolf Herbst unter Mitarbeit von Bruno Jahn, 3 Bde., München 2002/2003.

Biographisches Handbuch der SBZ/DDR 1945–1990, hrsg. von Gabriele Baumgartner/Dieter Hebig, Bd. 1: Abendroth–Lyr, München, New Providence, London und Paris 1996.

Biographisches Handbuch der SBZ/DDR 1945–1990, hrsg. von Gabriele Baumgartner/Dieter Hebig, Bd. 2: Maaßen–Zylla, Nachtrag zu Bd. 1, München 1997.

Biographisches Handbuch des deutschen Auswärtigen Dienstes 1871–1945, Hrsg.: Auswärtiges Amt, Historischer Dienst, Maria Keipert/Peter Grupp, Bd. 1: A–F, Bearb.: Johannes Hürter/Martin Kröger/Rolf Messerschmidt/Christiane Scheidemann, Paderborn 2000.

Biographisches Handbuch des deutschen Auswärtigen Dienstes 1871–1945, Hrsg.: Auswärtiges Amt, Historischer Dienst, Maria Keipert/Peter Grupp, Bd. 2: G–K, Bearb.: Gerhard Keiper/Martin Kröger, Paderborn 2005.

Biographisches Handbuch des deutschen Auswärtigen Dienstes 1871–1945, Hrsg.: Auswärtiges Amt, Historischer Dienst, Maria Keipert/Peter Grupp, Bd. 3: L–R, Bearb.: Gerhard Keiper/Martin Kröger, Paderborn 2008.

Biographisches Handbuch des deutschen Auswärtigen Dienstes 1871–1945, Hrsg.: Auswärtiges Amt, Historischer Dienst, Bd. 4: S, Bearb.: Bernd Isphording/Gerhard Keiper/Martin Kröger, Paderborn 2012.

Biographisches Handbuch des deutschen Auswärtigen Dienstes 1871–1945, Hrsg.: Auswärtiges Amt, Historischer Dienst, Bd. 5: T–Z, Nachträge, Bearb.: Bernd Isphording/Gerhard Keiper/Martin Kröger, Paderborn 2014.

Brandt, Willy: Links und frei. Mein Weg 1930–1950, Hamburg 1982.

Brandt, Willy: Erinnerungen, 5. Auflage, Frankfurt am Main 1990.

Breunig, Werner: Verfassunggebung in Berlin 1945–1950 (= Beiträge zur Politischen Wissenschaft, Bd. 58), Berlin 1990.

Breunig, Werner: Berlin-Chronik 1990 ff., in: Berlin in Geschichte und Gegenwart. Jahrbuch des Landesarchivs Berlin 1991 ff.

Breunig, Werner: Berlin-Chronik 1969 ff., in: Berlin in Geschichte und Gegenwart. Jahrbuch des Landesarchivs Berlin 1992 ff.

Breunig, Werner/Wolfgang Kringe/Frank R. Pfetsch: Datenhandbuch Länderparlamentarier 1945–1953 (= Verfassungspolitik. Heidelberger Studien zur Entstehung von Verfassungen nach 1945, Bd. 2), Frankfurt am Main, Bern und New York 1985.

Casdorff, Claus Hinrich (Hrsg.): Demokraten – Profile unserer Republik, Königstein/Ts. 1983.
Christliche Demokraten der ersten Stunde, Hrsg.: Konrad-Adenauer-Stiftung für politische Bildung und Studienförderung e. V., Bonn 1966.

Das Parlament der Berliner. Die Geschichte des Abgeordnetenhauses von Berlin seit 1945. Fotos und Texte, Berlin [1966].
Das sozialistische Jahrhundert, 1946 ff.
Der Abend, 1946 ff.
Der Kurier, 1945 ff.
Der Morgen, 1945 ff.
Der Preußische Staatsrat 1921–1933. Ein biographisches Handbuch, mit einer Dokumentation der im „Dritten Reich" berufenen Staatsräte, bearb. von Joachim Lilla (= Handbücher zur Geschichte des Parlamentarismus und der politischen Parteien, Bd. 13), Düsseldorf 2005.
Der Tagesspiegel, 1945 ff.
Die Entstehung der Verfassung von Berlin. Eine Dokumentation, im Auftrag des Präsidenten des Abgeordnetenhauses von Berlin hrsg. von Hans J. Reichhardt unter Mitarbeit von Werner Breunig/Josephine Gabler, 2 Bde., Berlin und New York 1990.
Die Franzosen in Berlin. Besatzungsmacht – Schutzmacht – Partner für Europa, hrsg. vom Bezirksamt Reinickendorf von Berlin – Abteilung Finanzen, Wirtschaft und Kultur –, Kunstamt/Heimatmuseum, Text und Konzeption: Ulrike Wahlich, mit Beiträgen von Dorothea Führe/Ingolf Wernicke, Berlin 1996.
Die Sitzungsprotokolle des Magistrats der Stadt Berlin 1945/46. Teil I: 1945, bearb. und eingel. von Dieter Hanauske (= Schriftenreihe des Landesarchivs Berlin, Bd. 2/I), Berlin 1995.
Die Sitzungsprotokolle des Magistrats der Stadt Berlin 1945/46. Teil II: 1946, bearb. und eingel. von Dieter Hanauske (= Schriftenreihe des Landesarchivs Berlin, Bd. 2/II), Berlin 1999.
Die Stadtverordnetenversammlung von Berlin. Die Stadtverordneten nach der Wahl vom 6. Mai 1990, Berlin 1990.
Die Stadtverwaltung, 1946 ff.
die tageszeitung, 1978 ff.
Die Todesopfer an der Berliner Mauer 1961–1989. Ein biographisches Handbuch, hrsg. vom Zentrum für Zeithistorische Forschung Potsdam und der Stiftung Berliner Mauer, Projektleiter: Hans-Hermann Hertle/Maria Nooke, Mitarbeiter: Udo Baron/Christine Brecht/Martin Ahrends/Lydia Dollmann, Berlin 2009.
Die UdSSR und die deutsche Frage. Dokumente aus dem Archiv für Außenpolitik der Russischen Föderation, Bd. 3, Berlin 2004.
Die Verhandlungen der Einheitsausschüsse der Berliner Parlamente, hrsg. von der Präsidentin des Abgeordnetenhauses von Berlin, 3 Bde., Berlin o. J.
Diepgen, Eberhard (Hrsg.): Erlebte Einheit. Ein deutsches Lesebuch, Berlin und Frankfurt am Main 1995.
Diepgen, Eberhard: Zwischen den Mächten. Von der besetzten Stadt zur Hauptstadt, Berlin 2004.
Dittberner, Jürgen: FDP – Partei der zweiten Wahl. Ein Beitrag zur Geschichte der liberalen Partei und ihrer Funktionen im Parteiensystem der Bundesrepublik, Opladen 1987.
Dittberner, Jürgen: Die FDP. Geschichte, Personen, Organisation, Perspektiven. Eine Einführung, Wiesbaden 2005.
Dokumente zur Berlin-Frage 1944–1966, mit einem Vorwort des Regierenden Bürgermeisters von Berlin, hrsg. vom Forschungsinstitut der Deutschen Gesellschaft für Auswärtige Politik e. V., Bonn, in Zusammenarbeit mit dem Senat von Berlin (= Schriften des Forschungsinstituts der Deutschen Gesellschaft für Auswärtige Politik e. V., Bonn, Reihe: Internationale Politik und Wirtschaft, Bd. 52/I), 4. Auflage, München 1987.
Dokumente zur Berlin-Frage 1967–1986, mit einem Vorwort des Regierenden Bürgermeisters von Berlin, hrsg. für das Forschungsinstitut der Deutschen Gesellschaft für Auswärtige Politik e. V. in Zusammenarbeit mit dem Senat von Berlin von Hans Heinrich Mahnke (= Schriften des Forschungsinstituts der Deutschen Gesellschaft für Auswärtige Politik e. V., Bonn, Reihe: Internationale Politik und Wirtschaft, Bd. 52/II), München 1987.

Dr. Hanna-Renate Laurien. Parlamentspräsidentin im wiedervereinigten Berlin (= Persönlichkeiten, Ereignisse), Hrsg.: Der Präsident des Abgeordnetenhauses von Berlin, Referat Öffentlichkeitsarbeit, Berlin 2013.

Drogmann, Joachim: Chronik des Jahres 1981 ff. Ereignisse in und um Berlin, in: Berlin in Geschichte und Gegenwart. Jahrbuch des Landesarchivs Berlin 1982 ff.

Drogmann, Joachim: Chronik des Jahres 1961 ff. Ereignisse in und um Berlin, in: Berlin in Geschichte und Gegenwart. Jahrbuch des Landesarchivs Berlin 1983 ff.

Feierstunde aus Anlass des 10. Jahrestages der konstituierenden Sitzung des ersten frei gewählten Gesamtberliner Parlaments nach der Wiedervereinigung der Stadt am 11. Januar 2001 in der Nikolaikirche, hrsg. vom Präsidenten des Abgeordnetenhauses von Berlin, Referat Öffentlichkeitsarbeit, Berlin 2001.

Festakt des Abgeordnetenhauses und des Senats von Berlin aus Anlaß der Verabschiedung der amerikanischen, der britischen und der französischen Schutzmacht von Berlin am Dienstag, dem 6. September 1994, hrsg. von der Präsidentin des Abgeordnetenhauses von Berlin, Referat Öffentlichkeitsarbeit, Berlin 1994.

Fieber, Hans-Joachim/Thomas Rockmann: An der Spitze Berlins. Zweiter Teil: Biographisches und Kommunalgeschichtliches zu den Stadtoberhäuptern Berlins von 1871 bis zur Gegenwart (= Studientexte – Dokumentationen – Berichte zur Kultur- und Sozialgeschichte Berlins und Brandenburgs), Berlin 1995.

Finkelnburg, Klaus: Verfassungsgerichtsbarkeit in Berlin, in: Berlin in Geschichte und Gegenwart. Jahrbuch des Landesarchivs Berlin 2001, S. 7–19.

Finkelnburg, Klaus: Berlins vergessene Verfassung. Zur Erinnerung an die von der Stadtverordnetenversammlung am 11. Juli 1990 beschlossene und am 11. Januar 1991 außer Kraft getretene „Verfassung von Berlin", in: Berlin in Geschichte und Gegenwart. Jahrbuch des Landesarchivs Berlin 2003, S. 171–201.

Finkelnburg, Klaus: 20 Jahre Verfassungsgerichtshof des Landes Berlin, in: Berlin in Geschichte und Gegenwart. Jahrbuch des Landesarchivs Berlin 2012, S. 191–199.

Fraktion Bündnis 90/Die Grünen im Abgeordnetenhaus von Berlin (Hrsg.): 30 Jahre für Berlin. 1981–2011. Dokumentation zur Ausstellung im Abgeordnetenhaus von Berlin, Berlin 2011.

Fuhrer, Armin: Wer erschoss Benno Ohnesorg? Der Fall Kurras und die Stasi, Berlin 2009.

Gaus, Günter: Widersprüche. Erinnerungen eines linken Konservativen, [Berlin] 2004.

Gedenken im Zwiespalt. Konfliktlinien europäischen Erinnerns, hrsg. von Alexandre Escudier zus. mit Brigitte Sauzay/Rudolf von Thadden, Göttingen 2001.

Gehm, Karl Heinz: Der Machtzerfall der sozialliberalen Koalition in Berlin. Innenansicht einer Stadtpolitik (= Politologische Studien, Bd. 29), 2., aktualisierte Auflage, Berlin 1985.

Gesetz- und Verordnungsblatt für Berlin, 1951 ff.

Glotz, Peter: Kampagne in Deutschland. Politisches Tagebuch 1981–1983, Hamburg 1986.

Glotz, Peter: Von Heimat zu Heimat. Erinnerungen eines Grenzgängers, Berlin 2005.

Görtemaker, Manfred: Kleine Geschichte der Bundesrepublik Deutschland, München 2002.

Hammer, Walter: Hohes Haus in Henkers Hand. Rückschau auf die Hitlerzeit, auf Leidensweg und Opfergang Deutscher Parlamentarier, 2. Auflage, Frankfurt am Main 1956.

Handbuch des Abgeordnetenhauses von Berlin, 1. Wahlperiode.

Hans Reif. Liberalismus aus kritischer Vernunft. Vermächtnis eines freiheitlichen Demokraten und Europäers, hrsg. von Ella Barowsky/Peter Juling (= Schriften der Friedrich-Naumann-Stiftung. Liberale in Programm und Praxis), Baden-Baden 1986.

Heimann, Siegfried: Der ehemalige Preußische Landtag. Eine politische Geschichte des heutigen Abgeordnetenhauses von Berlin 1947 bis 1993, hrsg. vom Präsidenten des Abgeordnetenhauses von Berlin, Berlin 2014.

Heinsohn, Till: Mitgliederfluktuation in den Parlamenten der deutschen Bundesländer. Eine Bestandsaufnahme und Ursachenforschung (= Policy-Forschung und Vergleichende Regierungslehre, Bd. 17), Berlin 2014.

Herzberg, Wolfgang/Patrik von zur Mühlen (Hrsg.): Auf den Anfang kommt es an. Sozialdemokratischer Neubeginn in der DDR 1989. Interviews und Analysen, Bonn 1993.

Heß, Hans-Jürgen: Die „Ära" Albertz. Ein Abschnitt aus dem Machtverfall der Berliner SPD, in: Berlin in Geschichte und Gegenwart. Jahrbuch des Landesarchivs Berlin 1984, S. 119–162.

Holmsten, Georg: Die Berlin-Chronik. Daten, Personen, Dokumente (= Drostes Städte-Chronik), 3., durchgesehene, aktualisierte Auflage, Düsseldorf 1990.

Hübner, Klaus: Einsatz. Erinnerungen des Berliner Polizeipräsidenten 1969–1987, mit einem Vorwort von Bundeskanzler a. D. Helmut Schmidt, Berlin 1997.

Internationales Biographisches Archiv – Personen aktuell (Munzinger-Archiv).

Jeschonnek, Friedrich/Dieter Riedel/William Durie: Alliierte in Berlin 1945–1994. Ein Handbuch zur Geschichte der militärischen Präsenz der Westmächte, Berlin 2002.

Junge, Christian/Jakob Lempp (Hrsg.): Parteien in Berlin, Berlin 2007.

Kaczmarek, Norbert: „… statt immer nur herumzudenken". Richard von Weizsäcker und Berlin 1978 bis 1984, Berlin 2012.

Kaczmarek, Norbert: Wie zwei Berlins zusammenwuchsen. Revolution ist, wenn die Verwaltung Überstunden macht, Berlin 2015.

Keiderling, Gerhard/Percy Stulz: Berlin 1945–1968. Zur Geschichte der Hauptstadt der DDR und der selbständigen politischen Einheit Westberlin, Berlin 1970.

Köhler, Henning: Adenauer und Berlin, in: Berlin in Geschichte und Gegenwart. Jahrbuch des Landesarchivs Berlin 2002, S. 173–185, hier S. 184.

Köpfe der Politik, Wirtschaft, Kunst und Wissenschaft, hrsg. von Karl Ritter von Klimesch, Augsburg 1953.

Körting, Ehrhart: Die Entwicklung der nur in den Westsektoren in Kraft gesetzten Verfassung von Berlin zur ersten Gesamtberliner Verfassung vom 11. Januar 1991, in: Berlin in Geschichte und Gegenwart. Jahrbuch des Landesarchivs Berlin 1992, S. 9–61.

Kohl, Helmut: Erinnerungen 1982–1990, München 2005.

Kosch, Wilhelm: Biographisches Staatshandbuch. Lexikon der Politik, Presse und Publizistik, fortgeführt von Eugen Kuri, 2 Bde., Bern 1963.

Kotowski, Georg: Vom Vorposten der westlichen Demokratie zur Stadt des Viermächte-Abkommens 1963–1985, in: Georg Kotowski/Hans J. Reichhardt, Berlin als Hauptstadt im Nachkriegsdeutschland und Land Berlin 1945–1985 (= Veröffentlichungen der Historischen Kommission zu Berlin, Bd. 70/2), Berlin und New York 1987, S. 203–283.

Kunze, Gerhard: Grenzerfahrungen. Kontakte und Verhandlungen zwischen dem Land Berlin und der DDR 1949–1989 (= Studien des Forschungsverbundes SED-Staat an der Freien Universität Berlin), Berlin 1999.

Kunzelmann, Dieter: Leisten Sie keinen Widerstand! Bilder aus meinem Leben, Berlin 1998.

Lange, Erhard H. M.: Hans Reif – Ein liberaler Politiker der ersten Stunde und Anwalt Berlins, in: Berlin in Geschichte und Gegenwart. Jahrbuch des Landesarchivs Berlin 2000, S. 155–197.

Laurien, Hanna-Renate: Diese Steine sprechen. Das Berliner Abgeordnetenhaus im ehemaligen Preußischen Landtag, in: Berlin in Geschichte und Gegenwart. Jahrbuch des Landesarchivs Berlin 2003, S. 203–219.

Lemmer, Ernst: Manches war doch anders. Erinnerungen eines deutschen Demokraten, Frankfurt am Main 1968.

Lempp, Jakob: Berlin – die Parteien im „wiedervereinigten Bundesland", in: Andreas Kost/Werner Rellecke/Reinhold Weber (Hrsg.), Parteien in den deutschen Ländern. Geschichte und Gegenwart, München 2010, S. 161–173.

Lorenz, Astrid: Demokratisierung in Ostdeutschland. Verfassungspolitische Weichenstellungen in den neuen Ländern und Berlin, Wiesbaden 2013.

Lütjen, Torben: Karl Schiller (1911–1994). „Superminister" Willy Brandts (= Historisches Forschungszentrum der Friedrich-Ebert-Stiftung, Reihe: Politik- und Gesellschaftsgeschichte, Bd. 76), Bonn 2007.

Lummer, Heinrich: Standpunkte eines Konservativen. Reden und Aufsätze aus zwei Jahrzehnten (= Gegenwart und Zeitgeschichte, Bd. 11), Krefeld 1987.

Materna, Ingo/Wolfgang Ribbe in Verbindung mit Rosemarie Baudisch/Bärbel Holtz/Gaby Huch/ Heinz Seyer: Geschichte in Daten. Berlin, 2. Auflage, Wiesbaden 2003.
M.d.B. Volksvertretung im Wiederaufbau 1946–1961. Bundestagskandidaten und Mitglieder der westzonalen Vorparlamente. Eine biographische Dokumentation, hrsg. von Martin Schumacher, Düsseldorf 2000.
M.d.L. Das Ende der Parlamente 1933 und die Abgeordneten der Landtage und Bürgerschaften der Weimarer Republik in der Zeit des Nationalsozialismus. Politische Verfolgung, Emigration und Ausbürgerung 1933–1945. Ein biographischer Index, hrsg. von Martin Schumacher, Düsseldorf 1995.
M.d.R. Die Reichstagsabgeordneten der Weimarer Republik in der Zeit des Nationalsozialismus. Politische Verfolgung, Emigration und Ausbürgerung 1933–1945. Eine biographische Dokumentation, mit einem Forschungsbericht zur Verfolgung deutscher und ausländischer Parlamentarier im nationalsozialistischen Herrschaftsbereich, hrsg. von Martin Schumacher, 3., erheblich erw. und überarb. Auflage, Düsseldorf 1994.
Merseburger, Peter: Willy Brandt 1913–1992. Visionär und Realist, Stuttgart und München 2002.
Meyer, Bernhard: Sozialdemokraten in der Entscheidung (Biographien und Chronologie) (= Marginalien zur politischen Geschichte Berlin-Brandenburg), Berlin 1994.
Michalski, Bettina: Louise Schroeders Schwestern. Berliner Sozialdemokratinnen der Nachkriegszeit, hrsg. vom Franz-Neumann-Archiv, Bonn 1996.
Mielke, Siegfried (Hrsg.): Einzigartig. Dozenten, Studierende und Repräsentanten der Deutschen Hochschule für Politik (1920–1933) im Widerstand gegen den Nationalsozialismus, Berlin 2008.
Momper, Walter: Grenzfall. Berlin im Brennpunkt deutscher Geschichte, München 1991.

Nacht-Expreß, 1945 ff.
Nauber, Horst: Das Berliner Parlament. Struktur und Arbeitsweise des Abgeordnetenhauses von Berlin, hrsg. vom Präsidenten des Abgeordnetenhauses von Berlin, 5., neu bearb. und erg. Auflage, Berlin 1986.
Neue Zeit, 1945 ff.
Neues Deutschland, 1946 ff.
Neugebauer, Gero/Richard Stöss: Die PDS. Geschichte. Organisation. Wähler. Konkurrenten (= Analysen. Politik – Gesellschaft – Wirtschaft, Bd. 54), Opladen 1996.

Osterroth, Franz/Dieter Schuster: Chronik der deutschen Sozialdemokratie, Hannover 1963.
Otto, Martin: Ulrich Biel (1907–1996) – graue Eminenz der (West-)Berliner Politik. Eine erste biografische Annäherung, in: Berlin in Geschichte und Gegenwart. Jahrbuch des Landesarchivs Berlin 2011, S. 285–304.
Oxfort, Hermann: Plädoyer für Berlin (Reden eines Liberalen 1963–1970), ausgewählt und zusammengestellt von Michael Roßberg/Walter Rasch, Berlin 1971.

Politik für Berlin. Willy Brandt 1957–1966. Festveranstaltung der Bundeskanzler-Willy-Brandt-Stiftung am 6. Februar 1998 im Rathaus Schöneberg zu Berlin (= Schriftenreihe der Bundeskanzler-Willy-Brandt-Stiftung, H. 2), 2. Auflage, Berlin 1999.
Pressedienst des Landes Berlin, 1967.
Pries, Dorit: Stasi-Mitarbeiter in deutschen Parlamenten? Die Überprüfung der Abgeordneten auf eine Zusammenarbeit mit dem Staatssicherheitsdienst der ehemaligen DDR (= Juristische Schriftenreihe, Bd. 262), Berlin 2008.
Prowe, Diethelm: „Ich bin ein Berliner". Kennedy, die Mauer und die „verteidigte Insel" West-Berlin im ausgehenden Kalten Krieg im Spiegel amerikanischer Akten, in: Berlin in Geschichte und Gegenwart. Jahrbuch des Landesarchivs Berlin 1989, S. 143–167.

Reich-Ranicki, Marcel: Meine Geschichte der deutschen Literatur. Vom Mittelalter bis zur Gegenwart, hrsg. von Thomas Anz, München 2014.
Reichart-Dreyer, Ingrid: Das Parteiensystem Berlins, in: Uwe Jun/Melanie Haas/Oskar Niedermayer (Hrsg.), Parteien und Parteiensysteme in den deutschen Ländern, Wiesbaden 2008, S. 147–166.

Reichhardt, Hans J.: Wiederaufbau und Festigung demokratischer Strukturen im geteilten Berlin 1945–1963, in: Georg Kotowski/Hans J. Reichhardt, Berlin als Hauptstadt im Nachkriegsdeutschland und Land Berlin 1945–1985 (= Veröffentlichungen der Historischen Kommission zu Berlin, Bd. 70/2), Berlin und New York 1987, S. 1–138.

Reichhardt, Hans J.: Chronik des Jahres 1987 ff. Ereignisse in und um Berlin, in: Berlin in Geschichte und Gegenwart. Jahrbuch des Landesarchivs Berlin 1988 ff.

Reutter, Werner: Das Abgeordnetenhaus von Berlin: Ein Stadtstaatenparlament im Bundesstaat, in: Siegfried Mielke/Werner Reutter (Hrsg.), Landesparlamentarismus. Geschichte – Struktur – Funktionen, 2., durchgesehene und aktualisierte Auflage, Wiesbaden 2012, S. 143–175.

Ribbe, Wolfgang: Berlin 1945–2000. Grundzüge der Stadtgeschichte (= Kleine Schriftenreihe der Historischen Kommission zu Berlin, H. 6), Berlin 2002.

Ribbe, Wolfgang/Jürgen Schmädeke: Kleine Berlin-Geschichte, hrsg. von der Landeszentrale für politische Bildungsarbeit Berlin in Verbindung mit der Historischen Kommission zu Berlin, 3., erw. und aktualisierte Auflage, Berlin 1994.

Riebschläger, Klaus: Vor Ort. Blicke in die Berliner Politik (= Politologische Studien, Bd. 20), 2. Auflage, Berlin 1983.

Ristock, Harry: Neben dem roten Teppich. Begegnungen, Erfahrungen und Visionen eines Politikers, Berlin 1991.

Roloff-Momin, Ulrich: Zuletzt: Kultur, Berlin 1997.

Rotenberg, Dirk: Berliner Demokratie zwischen Existenzsicherung und Machtwechsel. Die Transformation der Berlin-Problematik 1971 bis 1981, mit einem Geleitwort von Otto Büsch † (= Schriften der Historischen Kommission zu Berlin, Bd. 5), Berlin 1995.

Rott, Wilfried: Die Insel. Eine Geschichte West-Berlins 1948–1990, München 2009.

Schöne, Helmar: Probleme und Chancen parlamentarischer Integration. Eine empirische Studie zum Ost-West-Integrationsprozess unter Abgeordneten, mit einem Geleitwort von Dietrich Herzog, Wiesbaden 1999.

Schröder, Dieter: Von Politik und dummen Fragen. Beobachtungen in Deutschland, Rostock 2002.

Schröder, Wilhelm Heinz: Sozialdemokratische Parlamentarier in den deutschen Reichs- und Landtagen 1867–1933. Biographien – Chronik – Wahldokumentation. Ein Handbuch (= Handbücher zur Geschichte des Parlamentarismus und der politischen Parteien, Bd. 7), Düsseldorf 1995.

Schütz, Klaus: Logenplatz und Schleudersitz. Erinnerungen, Berlin und Frankfurt am Main 1992.

Schütz, Klaus: Willy Brandt: Der 27. November 1958 und seine Folgen, in: Berlin in Geschichte und Gegenwart. Jahrbuch des Landesarchivs Berlin 2002, S. 187–196.

Schulz, Klaus-Peter: Berlin zwischen Freiheit und Diktatur, Berlin 1962.

Schulz, Klaus-Peter: Authentische Spuren. Begegnungen mit Personen der Zeitgeschichte (= Schriften des Bundesarchivs, 42), Boppard am Rhein 1993.

Schuster, Jacques: Heinrich Albertz – der Mann, der mehrere Leben lebte. Eine Biographie, Berlin 1997.

Schwarz, Max: MdR. Biographisches Handbuch der Reichstage, Hannover 1965.

Sie, 1945 ff.

Soukup, Uwe: Wie starb Benno Ohnesorg? Der 2. Juni 1967, Berlin 2007.

Stadtoberhäupter. Biographien Berliner Bürgermeister im 19. und 20. Jahrhundert, hrsg. von Wolfgang Ribbe (= Berlinische Lebensbilder, Bd. 7), Berlin 1992.

Stadtverordnetenversammlung von Berlin, 1. Wahlperiode, Plenarprotokolle.

Stadtverordnetenversammlung von Groß-Berlin, 1. und 2. Wahlperiode, Stenographische Berichte.

Stöss, Richard (Hrsg.): Parteien-Handbuch. Die Parteien der Bundesrepublik Deutschland 1945–1980, Bd. I: AUD bis EFP (= Schriften des Zentralinstituts für sozialwissenschaftliche Forschung der Freien Universität Berlin, Bd. 38), Opladen 1983.

Stöss, Richard (Hrsg.): Parteien-Handbuch. Die Parteien der Bundesrepublik Deutschland 1945–1980, Bd. II: FDP bis WAV (= Schriften des Zentralinstituts für sozialwissenschaftliche Forschung der Freien Universität Berlin, Bd. 39), Opladen 1984.

Stöver, Bernd: Geschichte Berlins, München 2010.

Stratenschulte, Eckart D.: Kleine Geschichte Berlins, 3. Auflage, München 2001.

Stronk, Detlef: Berlin in den achtziger Jahren. Im Brennpunkt der deutsch-deutschen Geschichte, Berlin 2009.

Tägliche Rundschau, 1945 ff.
Telegraf, 1946 ff.
Thijs, Krijn: Party, Pomp und Propaganda. Die Berliner Stadtjubiläen 1937 und 1987, hrsg. von Kulturprojekte Berlin, Berlin 2012.
Tribüne, 1945 ff.
Tribüne des Parlaments, 1954 ff.

Verordnungsblatt der Stadt Berlin, 1945/46.
Verordnungsblatt für Berlin, 1950/51.
Verordnungsblatt für Groß-Berlin, 1946–1950.
Viergutz, Volker: Studentenproteste in Berlin 1967/68. Eine Ausstellung des Landesarchivs Berlin, in: Berlin in Geschichte und Gegenwart. Jahrbuch des Landesarchivs Berlin 2008, S. 303–320.
Vogel, Hans-Jochen: Nachsichten. Meine Bonner und Berliner Jahre, München 1996.
Volksblatt, 1948 ff.
Vor die Tür gesetzt. Im Nationalsozialismus verfolgte Berliner Stadtverordnete und Magistratsmitglieder 1933–1945, Hrsg.: Verein Aktives Museum e. V., Berlin 2006.
Vorwärts, 1946 ff.

Weizsäcker, Richard von: Vier Zeiten. Erinnerungen, Berlin 1997.
Wer ist wer? Das deutsche Who's who, Berlin bzw. Frankfurt am Main bzw. Lübeck 1951 ff.
Wer ist wer? 1 100 Kurzbiographien deutscher Persönlichkeiten aus Politik, Wirtschaft und Kultur, Berlin 1948.
Willy Brandt. Berliner Ausgabe, Bd. 3: Berlin bleibt frei. Politik in und für Berlin 1947–1966, bearb. von Siegfried Heimann, Bonn 2004.
„Wir Deutschen sind jetzt das glücklichste Volk auf der Welt". Die Reden am 10. November 1989 vor dem Rathaus Schöneberg, hrsg. von der Senatskanzlei Berlin, Abt. Information, Berlin o. J.

Zellermayer, Heinz M.: Alles zu meiner Zeit. Tagebuch-Erinnerungen. Ein reiches Leben. Politik, Gastlichkeit und Kunst, Hochheim 1990.

3. Internet

http://www.biographie-portal.eu/search.
http://www.bioparl.de/.
http://www.cdu-pollex.de/kategorien/personen.
http://www.deutsche-biographie.de/index.html.
http://www.kas.de/.
http://www.landesarchiv-berlin-chronik.de/.
http://www.landesarchiv-berlin.de/.
http://www.munzinger.de/.
http://www.nachlassdatenbank.de/.
http://www.parlament-berlin.de/.
http://www.spd.berlin/landesverband/unsere-geschichte/personen/.
http://www.spiegel.de/spiegel/print/.
http://www.tagesspiegel.de/.
http://www.zeit.de/index.
http://www.zotl.de/.
https://www.bpb.de/nachschlagen/gesetze/einigungsvertrag/.
https://www.fes.de/de/.
https://www.reaganfoundation.org/.
https://www.wahlen-berlin.de/.

Abkürzungsverzeichnis

ABM	Arbeitsbeschaffungsmaßnahme
Abt.	Abteilung
ACDP	Archiv für Christlich-Demokratische Politik
a. D.	außer Dienst
ADL	Archiv des Liberalismus
AdsD	Archiv der sozialen Demokratie
AdW	Akademie der Wissenschaften
AEG	Allgemeine Elektricitäts-Gesellschaft
AG	Arbeitsgemeinschaft
AG; A.G.	Aktiengesellschaft
AHB	Außenhandelsbetrieb
AL	Alternative Liste – Für Demokratie und Umweltschutz
ALL	Alternative Linke Liste
ALSO	Association Liberal Soziale Ordnung
Anm.	Anmerkung
AOK	Allgemeine Ortskrankenkasse
AP	Associated Press
apl.	außerplanmäßig
APO	Außerparlamentarische Opposition
ARD	Arbeitsgemeinschaft der öffentlich-rechtlichen Rundfunkanstalten der Bundesrepublik Deutschland
ASF	Arbeitsgemeinschaft Sozialdemokratischer Frauen
ASH	Alice Salomon Hochschule
AStA	Allgemeiner Studentenausschuss
AUD	Aktionsgemeinschaft Unabhängiger Deutscher
AvB	Abgeordnetenhaus von Berlin
AWO	Arbeiterwohlfahrt
BArch	Bundesarchiv
BBU	Verband Berlin-Brandenburgischer Wohnungsunternehmen
Bd.	Band
Bde.	Bände
bearb.	bearbeitet
Bearb.	Bearbeiter
BEWAG	Berliner Elektrizitätswerke Aktiengesellschaft
BfA	Bundesversicherungsanstalt für Angestellte
BFD	Bund Freies Deutschland
BFD; B.F.D.	Bund Freier Demokraten B.F.D. – Die Liberalen
BMFT	Bundesministerium für Forschung und Technologie
bpk	Bildarchiv Preußischer Kulturbesitz
BSR	Berliner Stadtreinigung
BT	Betriebsteil
BTU	Brandenburgische Technische Universität
BVG	Berliner Verkehrs-Aktiengesellschaft bzw. Berliner Verkehrs-Betriebe
bzw.	beziehungsweise
CAD	Computer-Aided Design

CDA	Christlich-Demokratische Arbeitnehmerschaft
CDU	Christlich-Demokratische Union
CMC	Computer Machinery Corporation
CMK	Chemieanlagen- und Montagekombinat
Co; Co.	Compagnie
CSU	Christlich-Soziale Union
DA	Demokratische Allianz [kandidierte 1989]; Demokratische Alternative für Umweltschutz, Steuerzahler und Arbeitsplätze [kandidierte 1985]; Demokratischer Aufbruch – sozial + ökologisch [kandidierte Mai 1990]
DAAD	Deutscher Akademischer Austauschdienst
DAG	Deutsche Angestellten-Gewerkschaft
DBB	Deutscher Beamtenbund
DBD	Demokratische Bauernpartei Deutschlands
DDD	Bund der Deutschen Demokraten
DDR	Deutsche Demokratische Republik
DEGEWO	Deutsche Gesellschaft zur Förderung des Wohnungsbaus
DGB	Deutscher Gewerkschaftsbund
Dipl.-oec.	Diplom-Ökonom
DKP	Deutsche Kommunistische Partei
DLRG	Deutsche Lebens-Rettungs-Gesellschaft
DOB	Damenoberbekleidung
DP	Deutsche Partei
dpa	Deutsche Presse-Agentur
DPG	Deutsche Postgewerkschaft
Dr.	Doktor
Dr. agr.	Doctor agriculturae
Dr.-Ing.	Doktoringenieur
Dr. jur.	Doctor juris
DRK	Deutsches Rotes Kreuz
Dr. med.	Doctor medicinae
Dr. med. vet.	Doctor medicinae veterinariae
Dr. oec.	Doctor oeconomiae
Dr. oec. publ.	Doctor oeconomiae publicae
Dr. paed.	Doctor paedagogiae
Dr. phil.	Doctor philosophiae
Dr. rer. nat.	Doctor rerum naturalium
Dr. rer.oec.	Doctor rerum oeconomicarum
Dr. rer. pol.	Doctor rerum politicarum
Dr. sc. jur.	Doctor scientiae juris
Dr. sc. med.	Doctor scientiae medicae
Dr. sc. nat.	Doctor scientiae naturalis
Dr. sc. pol.	Doctor scientiae politicae
Dr. theol.	Doctor theologiae
DSU	Deutsche Soziale Union
DT	Deutsches Theater
DTSB	Deutscher Turn- und Sportbund
DVP	Deutsche Volkspartei
EADS	European Aeronautic Defence and Space Company
EAP	Ecole des Affaires de Paris
ebd.	ebenda
EDV	Elektronische Datenverarbeitung
EG	Europäische Gemeinschaft
eG; e. G.	eingetragene Genossenschaft
eingel.	eingeleitet

EK	Evangelische Kirche	
EKD	Evangelische Kirche in Deutschland	
EKO	Eisenhüttenkombinat Ost	
EKU	Evangelische Kirche der Union	
EOS	Erweiterte Oberschule	
erg.	ergänzt	
erw.	erweitert	
ESCP	Ecole Supérieure de Commerce de Paris	
EU	Europäische Union	
e. V.	eingetragener Verein	
f.	folgende (Seite)	
Fa.	Firma	
FC	Fußballclub	
FDGB	Freier Deutscher Gewerkschaftsbund	
FDJ	Freie Deutsche Jugend	
FDP; F.D.P.	Freie Demokratische Partei	
ff.	folgende (Seiten)	
FFBIZ	Frauenforschungs-, -bildungs- und -informationszentrum	
GAL	Grün-Alternative Liste	
GASAG	Gaswerke Aktiengesellschaft	
GbR	Gesellschaft bürgerlichen Rechts	
geb.	geboren; geborene	
GEHAG	Gemeinnützige Heimstätten-Aktiengesellschaft	
GESOBAU	Gesellschaft für sozialen Wohnungsbau	
gest.	gestorben	
Gestapo	Geheime Staatspolizei	
GEW	Gewerkschaft Erziehung und Wissenschaft	
GEWOBA	Gemeinnützige Wohn- und Baugesellschaft	
GHG	Großhandelsgesellschaft	
GLB	Grüne Liste Berlin	
GmbH	Gesellschaft mit beschränkter Haftung	
grad.	graduiert	
GRÜNE/AL	DIE GRÜNEN/Alternative Liste für Demokratie und Umweltschutz	
GrüneL	Grüne Liste	
GSW	Gemeinnützige Siedlungs- und Wohnungsbaugesellschaft	
H.	Heft	
Halbbd.	Halbband	
HBV	Handel, Banken und Versicherungen	
HdK	Hochschule der Künste	
HICOG	High Commissioner for Germany	
HJ	Hitlerjugend	
HLK	Heizung, Lüftung, Klimatechnik	
HO	Handelsorganisation	
hrsg.	herausgegeben	
Hrsg.	Herausgeber	
HWL	Höhere Wirtschaftliche Lehranstalt	
HWR	Hochschule für Wirtschaft und Recht	
IBA	Internationale Baufachausstellung	
IBM	International Business Machines	
IFM	Initiative Frieden und Menschenrechte	
IfZ	Institut für Zeitgeschichte	
IG	Industriegewerkschaft	

IHK	Industrie- und Handelskammer
Inc.	incorporated
Ing. grad.	graduierter Ingenieur
Ing. oec.	Ingenieur-Ökonom
IPPNW	International Physicians for the Prevention of Nuclear War
Ipro	Industrieprojektierung
i. R.	im Ruhestand
Juso	Jungsozialist
JVA	Justizvollzugsanstalt
KBW	Kommunistischer Bund Westdeutschland
Kfz	Kraftfahrzeug
KG	Kommanditgesellschaft
Kita	Kindertagesstätte
KJVD	Kommunistischer Jugendverband Deutschlands
KÖWOGE	Köpenicker Wohnungsgesellschaft
Komba	Bund Deutscher Kommunalbeamten und -angestellten
KPD	Kommunistische Partei Deutschlands
KPdSU	Kommunistische Partei der Sowjetunion
KPM	Königliche Porzellan-Manufaktur
Krs.	Kreis
KSZE	Konferenz über Sicherheit und Zusammenarbeit in Europa
KZ	Konzentrationslager
LAB	Landesarchiv Berlin
Landkrs.	Landkreis
LAZ	Landesarchiv Berlin, Abteilung Zeitgeschichte
LD	Liberale Demokraten
LDP	Liberal-Demokratische Partei
LDPD	Liberal-Demokratische Partei Deutschlands
LPG	Landwirtschaftliche Produktionsgenossenschaft
LSVD	Lesben- und Schwulenverband in Deutschland
M. A.	Magister Artium
mbH	mit beschränkter Haftung
M. d. B.	Mitglied des Bundestags
M. d. L.	Mitglied des Landtags
MDR	Mitteldeutscher Rundfunk
MdR; M. d. R.	Mitglied des Reichstags
MfS	Ministerium für Staatssicherheit
Mr.	Mister
MV	Mecklenburg-Vorpommern
NATO	North Atlantic Treaty Organization
NDPD	Nationaldemokratische Partei Deutschlands
NDR	Norddeutscher Rundfunk
NET-GE	Netzwerk Gesundheit
NKWD	Narodny komissariat/Narodny Komissar wnutrennych del
NOK	Nationales Olympisches Komitee
NPD	Nationaldemokratische Partei Deutschlands
Nr.	Nummer
NRW	Nordrhein-Westfalen
NS	Nationalsozialismus
NSDAP	Nationalsozialistische Deutsche Arbeiterpartei
NVA	Nationale Volksarmee

NWDR	Nordwestdeutscher Rundfunk
ÖDP	Ökologisch-Demokratische Partei
ÖTV	Gewerkschaft Öffentliche Dienste, Transport und Verkehr
OHG	Offene Handelsgesellschaft
o. J.	ohne Jahr
OMGBS	Office of Military Government Berlin Sector
OMGUS	Office of Military Government (for Germany) of the United States
OP	Operation
OPZ	Oberschule praktischen Zweiges
ORB	Ostdeutscher Rundfunk Brandenburg
OVG	Oberverwaltungsgericht
PDS	Partei des Demokratischen Sozialismus
POS	Polytechnische Oberschule
PR	Public Relations
Prof.	Professor
PrV	Politisch, rassisch oder religiös Verfolgte
RAF	Rote-Armee-Fraktion
rbb	Rundfunk Berlin-Brandenburg
RCDS	Ring Christlich-Demokratischer Studenten
Regierungsbez.	Regierungsbezirk
REP	Die Republikaner
Rep.	Repositur
RIAS	Rundfunk im amerikanischen Sektor
S.	Seite
SAJ	Sozialistische Arbeiterjugend
SBZ	Sowjetische Besatzungszone
SDP	Sozialdemokratische Partei in der DDR
SDS	Sozialistischer Deutscher Studentenbund
SED	Sozialistische Einheitspartei Deutschlands
SED-PDS	Sozialistische Einheitspartei Deutschlands – Partei des Demokratischen Sozialismus
SED-W	Sozialistische Einheitspartei Deutschlands – Westberlin
SEW	Sozialistische Einheitspartei Westberlins
SFB	Sender Freies Berlin
SHB	Sozialdemokratischer Hochschulbund
SMA	Sowjetische Militäradministration
SMAD	Sowjetische Militäradministration in Deutschland
SNPC	Stobbe Nymoen & Partner consult
SoVD	Sozialverband Deutschland
SPD	Sozialdemokratische Partei Deutschlands
St.	Sankt
Stasi	Staatssicherheitsdienst
SVD	Schwulenverband in Deutschland; Soziale Volkspartei Deutschlands
TdP	Tribüne des Parlaments
TRAN	Ausschuss für Verkehr und Fremdenverkehr
Ts.	Taunus
u.	und
u. a.	und andere; unter anderem
U-Bahn	Untergrundbahn
UdSSR	Union der Sozialistischen Sowjetrepubliken

überarb.	überarbeitet
UFV	Unabhängiger Frauenverband
UGO	Unabhängige Gewerkschaftsorganisation
UNESCO	United Nations Educational, Scientific and Cultural Organization
UNO	United Nations Organization
US	United States
USA	United States of America
VBE	Verband Bildung und Erziehung
VdK	Verband der Kriegsbeschädigten, Kriegshinterbliebenen und Sozialrentner
VEB	Volkseigener Betrieb
VEK	Volkseigenes Kombinat
vgl.	vergleiche
WBF	Wohnungsbaugesellschaft Friedrichshain
WBK	Wohnungsbau-Kreditanstalt
WDR	Westdeutscher Rundfunk
WEU	Westeuropäische Union
WIB	Wirtschafts- und Ingenieurberatungsgesellschaft
WOGEHE	Wohnungsbaugesellschaft Hellersdorf
WP	Wahlperiode
WTÖZ	Wissenschaftlich-Technisch-Ökonomisches Zentrum
z. A.	zur Anstellung
z. b. V.	zur besonderen Verfügung/Verwendung
ZDF	Zweites Deutsches Fernsehen
ZK	Zentralkomitee
zus.	zusammen